창의성을 지휘하라

확장판

일러두기

이 책 마지막에 위치해 있는 컬러 페이지들은 원서에는 13장 끝에 자리하고 있습니다.
저자의 동의를 얻어 옮겼음을 알려드립니다.

창의성을 지휘하라

THE EXPANDED EDITION 확장판

지속 가능한 창조와 혁신을 이끄는 힘

에드 캣멀

에이미 월러스

윤태경 · 조기준 옮김

와이즈베리
WISEBERRY

스티브 잡스에게 이 책을 바칩니다.

모두가 활약할 수 있는
우리의 문화를 만들기 위하여

《창의성을 지휘하라》가 처음 발간된 지 거의 10년이 흘렀다. 그동안 수많은 독자와 이야기를 나눌 기회가 여러 번 있었다. 각계각층의 사람들이 자신의 업무 현장에서 창의성을 키우고 독려하는 데 얼마나 큰 도움이 됐는지 나에게 들려줬고, 이런 대화를 하면서 나는 늘 흐뭇했다. 하지만 몇몇 독자들은 예상치 못한 감상평을 전해왔고, 난 '책의 내용 일부를 더 명확하게 설명할 수 있지 않았을까'라는 생각이 들기 시작했다.

예를 들어, 책 사인회에서 악수를 하면 한 명 이상은 창의적인 성공의 청사진을 보여준 것에 대해 축하 인사를 전했는데, "픽사와 디즈니 애니메이션이 매번 블록버스터를 제작할 수 있는 확실한 방법을 고안해낸 점이 고무적이었어요"가 주된 내용이었다.

하지만 당연히 그런 방법은 없었다. 영화 제작 때마다 매번 장애물과 부딮혔고, 영화제작자들에게 로드맵이라는 건 하나도 없었다. 창의성을 키운다는 것은 새로운 문제를 항상 해결하겠다는 의지다. 그리고 모든 문제를 다 해결할 수는 없다. 상상력을 펼칠 수 있는 마법의 열쇠가 있었으면 하고 바라는 독자들의 마음이 이해됐다. 그렇다면 간단할 텐데 말이다. "어떻게 하면 창의성을 더 발휘할 수 있습니까?" 이 책이 출간된 후 많은 사람이 이렇게 물었다. 그럴 때마다 나는 그들에게 질문이 잘못됐다고 말했다. "어떤 문화적 요소가 창의성을 가로막고 있을까요?"가 올바른 질문이다. 이 책의 부제는 "지속 가능한 창조와 혁신을 이끄는 힘"이지만, 몇몇 사람들은 부제를 지나치고 만다.

이 책의 목적은 창의적인 성공을 위한 길을 간단명료하게 알려주는 것이 아니다. 창의성을 발휘할 수 있는 문화를 형성하는 지속적인 과정에 대한 것이다. 그런 문화를 이루려면, 사람들이 예상치 못했던 실수, 편차, 위험도 생각해야 한다. 초판 출간 당시, 아무리 자기 인식이 강하고 근면 성실한 리더라도 예기치 못한 문제를 완전히 막지 못한다고 강조하려 했지만, 그러지 않았다. 다음 페이지에서 읽게 되겠지만, 돌이켜 보면 몇 가지 명백하고 중요한 문제들을 확실히 놓쳤던 것이 사실이다. 건전한 문화를 갖춘 기업들은 안주하지 않는다. 끊임없이 변화한다. 그리고 그러한 변화는 리더들에게 경계를 늦추지 않고 민첩하게 행동하며, 무엇보다도 핵심 가치를 보호할 것을 요구한다.

《창의성을 지휘하라》의 핵심은 우리 각자(특히 리더들)가 구성원들이 활약할 수 있는 문화 형성에 대해 생각하는 방법을 조명하는 것이다. (도움을 구해야 하는) '모르는 것'은 약점이 아닌 강점으로 여겨지는 문화 말이다. 실제로 훌륭한 아이디어는 누구에게나 나올 수 있고, 모든 사람이 자유롭게 아이디어를 낼 수 있도록 하는 것이 리더의 일이다. 하지만 리더가 어떤 순간이나 상황에서 아이디어를 내도록 하는 데 성공한다고 하더라도, 문제가 마냥 해결되는 것은 아니다. 지난 몇 년 동안, 스스로 되물었다. 창작 기업을 이끄는 것은 끊임없는 노력이라는 점을 초판에서 너무 모호하게 설명했던 것은 아닐까? 만약 그렇다면, 초판 출간 후 내 생각이 어떻게 발전했는지를 확장판에서 명확히 하고, 다시 강조하고 생각을 나눌 방법이 있을까?

편집자와 이 문제를 논의하던 중 아이디어 하나가 떠올랐다. 초판에서 말한 내 생각이 현재는 어디까지 넓어지고 어떻게 바뀌었는지 솔직하게 터놓는다면 변화의 불가피성에 대한 내 생각을 들려줄 수 있지 않겠느냐고. 우리는 하나의 방법을 고안했는데, 2014년에 틀렸던 몇 가지 오타를 수정하는 것 외에는 원문을 그대로 두기로 했다는 것이다. 예를 들어 현재 기준에서 개봉한 지 거의 28년이 지난 〈토이 스토리〉는 19년 전 극장에서 개봉했다고 그대로 두었다. 그 순간을 붙잡으려 한다는 점을 독자들이 이해해주리라 믿었다. 하지만 몇 군데 추가 설명이 필요하다고 생각되는 내용에는 별표를 표시하기도 했다. 이렇게 표시한 몇몇 장의 마지막에는 해당 문제에 대해 새롭거나 확장된 생각을 담은 포스트스크립트 postscript(후기)를 추가했다.

지금 독자 여러분이 손에 들고 있는 확장판이 바로 그 결과물이다. 네 개의 새로운 포스트스크립트와 두 개의 새로운 장이 추가되었다. 14장인 〈노트 데이의 지속적 영향〉은 2013년 픽사의 부족한 부분과 약점을 있는 그대로 파악해 활력을 불어넣으려는 시도였던 노트 데이 토론회를 다룬 13장 마지막 부분에서 계속 이어진다. 노트 데이 토론회의 초기 목표는 영화 한 편을 제작하는 데 필요한 '인주person-weeks'(픽사가 제작에 필요한 인력과 시간을 측정하기 위해 사용하는 단위 – 옮긴이)를 10퍼센트 줄이는 방법을 찾는 것이었다. 하루 동안 픽사 애니메이션 스튜디오를 닫고 해결책을 논의한 끝에 나온 여러 가지 아이디어 덕분에 궁극적으로 예산을 절감하고 효율성을 높이는 데 성공했다. 하지만 노트 데이 토론회로 우리 기업 문화가 스튜디오의 핵심 가치와 어떻게 멀어졌는가라는 더 깊숙한 문제도 드러났다. 그날 얻은 교훈을 회사에 적용하는 데 수년이 걸렸고, 어떤 분야에서는 그 적용 작업이 여전히 진행 중이다. 이렇게 어려운 일을 전적으로 수용해 준 픽사에 감사의 말을 전한다. 다른 기업들이 어떤 효과를 보았는지에 대해 더 많은 이야기를 듣고 도움이 되었으면 한다.

15장인 〈창의성 통합하기〉에서는 위계질서 남용 방지, 유희성 허용, 실험 장려, 인간 감정 중시 등 지금도 고민 중인 몇 가지 주제에 대해 더 자세히 다루고자 한다. 또한, 이 책의 초판에서 빠진 부분을 공개한다. 독자 여러분은 픽사가 최초의 장편 컴퓨터 애니메이션 영화 제작에 성공한 후, 내가 인생의 새로운 목적을 찾기 위해 고군분투했던 모습을 기억할 것이다. 하지만 〈토이 스토리〉 개봉 직후 나를 괴롭혔던 또 다른 문제가 있었는데, 초판에서는 언급하지 않았지만 다른 경영자들에게 도움이 되길 바라는 마음으로 현재 매우 탐구하고 있는 문제다.

많은 경영진은 재임 기간에 악재가 일어나지 않도록 노력한다고 말한다. "내 임기 중에는 어림없다"라고 하면서 말이다. 특히 2019년에 나의 은퇴가 다가오면서 나의 목표는 내 뒤를 잇는 리더들이 내가 은퇴한 후에 필연적으로 발생할 수 있는 문제를 해결할 수 있도록 하는 것이었다. 나에게 있어 다이내믹하고 창의적인 문화를 만드는 그 자체가 창의적인 행위다. 이 행위는 오직 한 가지, 육아와 비교할 수 있을 것이다. 두 행위 모두 24시간 내내 기쁨과 도전이 뒤따르고, 예상치 못한 일이 많이 일어난다. 어느 쪽 일이든 잘 해내려면 우리 자신의 내면을 깊이 들여다봐야 한다. 픽사에서 시작해 훗날 디즈니 애니메이션에서 근무하면서 나는 실패와 성공, 그리고 최고의 리더와 창립자들이 물러난 후에도 살아남을 수 있는 건전하고 순응할 수 있는 문화를 만드는 데 일조하고 싶었다. 이번 확장판에서는, 그 문화가 어떻게 운영되고(그리고 어떻게 운영되지 않는지)에 대해 이야기하고자 한다.

– 2023년 1월,
에드 캣멀

머리말

잃어버리고 되찾은 것

매일 아침 픽사 애니메이션 스튜디오에 들어설 때마다 나는 다른 곳에서는 접할 수 없는 독특한 분위기에 매료된다. 건물에 들어서자마자 픽사 로고에 등장하는 램프 스탠드가 나를 반긴다. 픽사의 마스코트 '룩소 주니어Luxo Jr.'다. 6미터 높이의 룩소 주니어 조각상을 지나쳐 안쪽으로 들어가면 거대한 유리 지붕으로 덮인 아트리움atrium(건물 내부로 들어갔을 때 최초로 마주치는 안뜰－옮긴이)이 나온다. 이곳에선 레고 블록으로 조립된 실제 사람 크기의 〈토이 스토리Toy Story〉 주인공 우디Woody와 버즈 라이트이어Buzz Lightyear가 나를 맞이한다. 아트리움을 가로질러 열네 편의 픽사 애니메이션에 등장하는 캐릭터들의 스케치와 그림이 벽에 걸려 있는 계단을 오른다. 지금까지 픽사 본사를 수없이 들락거렸지만 이곳에서 따분함을 느낀 적은 단 한 번도 없다.

샌프란시스코 베이브리지 근처, 예전에 통조림 공장이 있던 자리에 들어선 1만 8000평 넓이의 픽사 건물은 스티브 잡스가 설계했다. 그래서 건물 이름부터가 스티브 잡스 빌딩The Steve Jobs Building이다. 잡스는 직원들이 자유롭게 드나들며 소통할 수 있도록 건물 내부와 주변을 꼼꼼하게 디자인했다. 야외에는 축구장, 배구장, 수영장, 600석 규모의 원형극장이 있다. 픽사 건물의 독특하고 화려한 디자인이 단순히 잡스의 별난 취향을 반영한 것일 뿐이라고 생각하는 방문객도 일부 있다. 이 건물을 관통하는 일관된 개념이 '공동체'라는 점을 깨닫지 못해 생기는 오해다. 잡스는 뭔가 있어 보이려고 건물을 설계한 것이 아니라, 직원들이 효율적으로 협력해 창조적 업무를 수행할 수 있도록 지원하려는 목적의식에 따라 이 건물을 설계했다.

픽사 애니메이터들은 자신의 작업 공간을 취향대로 자유롭게 꾸밀 수 있다. 경영진 역시 이를 적극 권장한다. 그래서인지 픽사 애니메이터들의 작업 공간은 매우 독특하기로 유명하다. 천장에 작은 샹들리에가 달린 분홍색 인형의 집, 진짜 대나무로 만든 오두막집도 있고, 스티로폼으로 만들었지만 정교하게 페인트칠해 진짜 돌로 지은 것처럼 보이는 4.5미터 높이의 탑들로 둘러싸인 성도 있다. 그뿐 아니라 픽사는 해마다 본사 건물 앞 야외무대에서 '픽사팔루자Pixarpalooza'라는 직원 록밴드 경연대회를 개최한다.

이런 픽사의 기업문화는 경영진이 직원들의 자기표현을 중시한다는 메시지를 전달한다. 이런 기업문화에 많은 방문객이 깊은 감명을 받는다. 자신의 직장에서 볼 수 없는 것들, 예컨대 넘치는 에너지와 가능성, 서로 협력하고 마음껏 창의성을 발휘해 일하는 픽사의 분위기를 이들은 더 없이 부러워한다. 나는 (이들이 "넉넉한 여유, 발칙한 상상력, 엉뚱한 이탈"이라고 표현하는) 픽사의 기업문화야말로 픽사가 성공하는 데 있어서 필수불가결한 요소였다고 생각한다. 그렇지만 픽사가 성공할 수 있었던 핵심 비결은 따로 있다.

그것은 '문제는 항상 존재하는 법이고, 그중 상당수는 자신의 눈에 보이지 않는다'는 사실을 직원들이 인정한다는 점이다. 픽사 직원들은 자신이 그냥 지나쳐버리는 문제들을 찾아내려고 많은 노력을 기울인다. 다소 불편해도 노력을 중단하지 않는다. 그리고 문제를 발견하면 모든 에너지를 문제를 해결하는 데 투입한다. 바로 이것이 내가 즐겁게 출근할 수 있는 가장 큰 이유다. 나는 미지의 문제들을 발견하고 해결하는 과제를 수행하며, 직원들도 이 같은 과제를 수행할 수 있게 돕고 싶다. 이것이 내가 픽사에서 일하는 동기이자, 내가 느끼는 사명감이다.

하지만 나 역시 이곳에서 일하는 목적을 잃고 방황했던 적이 있었다. 그때가 언제였는지 짐작할 수 있는 독자는 별로 없을 것이다.

■ ■ ■

〈토이 스토리〉는 1995년 11월 22일 미국 전역에서 개봉해 추수감사절 개봉작 중 역대 최고 흥행 기록을 세웠다. 언론들은 이 작품에 일제히 찬사를 보냈다. "혁신적이다"(《타임》), "재기발랄하다"(《뉴욕 타임스》), "선구적이다"(《시카고 선 타임스》) 같은 문구가 영화 평론 기사에 등장했다. 《워싱턴 포스트》는 이 작품에 견줄 만한 영화를 찾으려면 1939년 개봉한 〈오즈의 마법사〉까지 거슬러 올라가야 한다고 평가했다.

세계 최초의 장편 컴퓨터그래픽 애니메이션 〈토이 스토리〉가 세상에 나오기까지 픽사의 모든 직원은 예술성과 기술적 역량, 집념과 인내력을 최대한 발휘해야 했다. 〈토이 스토리〉 제작에 참여한 100여 명의 남녀 직원은 픽사의 생존이 이 실험적인 80분짜리 영상에 달려 있다는 사실을 잘 알았기에 수많은 역경을 견뎌냈다. 픽사 직원들은 〈토이 스토리〉를 픽사의 방식대로 제작하기 위해 5년간 고군분투했다. 뮤지컬 영화로 큰 성공을 거둔 디즈니 경영진은 픽사 애니메이션에도 노래를 채워넣어야 한다고 주장했지만, 픽사는 끝끝내 거부했다(〈토이 스토리〉 제작 당시 디즈니는 픽사 애니메이션의 제작비용 지원 및 배급과 마케팅을 맡은 협력사였다 – 옮긴이).

픽사는 관객들이 공감할 수 있는 이야기를 만들어내기 위해 〈토이 스토리〉 각본을 수차례 완전히 갈아엎고 새로 구상했다. 대다수의 직원이 밤낮도 휴일도 가리지 않고 불평 없이 계속 일했다. 당시 픽사는 파산 위기에 처한 신생 영화사에 불과했지만, 직원들은 신념을 공유했다. 우리가 보고 싶은 영화를 만들면 관객들도 보러 올 것이라는 신념이었다. 우리는 이 신념을 지키기 위해, 계속해서 커다란 바위를 산꼭대기로 밀어올리는 시시포스처럼 불가능한 일에 무모하게 도전하는 기분을 맛봐야 했다. 픽사가 문 닫을지도 모르는 위기의 순간이 무수히 찾아오기도 했다. 그랬던 우리가 갑자기 예술가들의 담대한 도전 성공 사례로 세계 언론의 칭송을 받게 된 것이다.

〈토이 스토리〉는 세계적으로 3억 5800만 달러를 벌어들여 1995년 한 해 동안 가장 많은 수익을 올린 영화로 기록됐다. 픽사 임직원이 자부심을 느낀 대목은 이런 숫자가 아니다. 수익은 기업의 성과를 측정하는 여러 가지 잣대 중 하나로, 가장 의미 있는 잣대라고는 할 수 없다. 내가 가장 자부심을 느끼는 부분은 우리가 만든 작품의 예술적 성취도다. 대다수의 언론이 〈토이 스토리〉가 컴퓨터그래픽으로만 만들어진 애니메이션이라는 기술적 부분보다는, 감동적인 플롯 라인을 따라 풍부한 감정을 표출하는 캐릭터 같은 예술적 부분에 초점을 맞추어 보도했다. 물론 〈토이 스토리〉를 제작하는 데 여러 가지 기술적 혁신이 필요했지만, 우리는 기술에 정신이 팔려 진짜 목적을 망각하는 우를 범하지 않았다. 우리가 추구한 진짜 목적은 그때나 지금이나 위대한 영화를 제작하는 것이다.

〈토이 스토리〉는 내가 어릴 적부터 꿈꿨고, 20년 이상 추구해온 목표를 실현한 작품이다. 1950년대에 어린 시절을 보낸 나는 월트 디즈니 애니메이션 스튜디오에서 애니메이터로 일하길 꿈꿨지만, 어떻게 해야 그 길로 갈 수 있을지 알지 못했다. 지금 돌이켜보면, 당시 나는 새로운 영역으로 떠오르던 컴퓨터그래픽이 내 꿈을 실현할 수단이 되리라고 본능적으로 느꼈던 것 같다. 손으로 그림을 그려 애니메이션을 제작할 수 없다면, 다른 방법을 찾아야 했다. 대학원 시절 나는 세계 최초의 장편 컴퓨터 애니메이션 제작을 목표로 설정했다. 그래서 이 목표를 이루기 위해 20년간 지치지 않고 달려왔다.

1995년, 내 인생을 이끌어온 원동력이던 목표를 결국 달성했다. 처음엔 안도와 환희를 느꼈다. 〈토이 스토리〉를 개봉할 무렵 픽사는 주식 상장을 통해 회사 운영자금과 〈벅스 라이프 A Bug's Life〉, 〈토이 스토리 2〉 제작비를 확보했다. 모든 것이 순조롭게 풀렸지만 나는 길을 잃은 것만 같았다. 오랫동안 꿈꿔온 목표를 달성하고 나니, 삶의 길잡이였던 본질적인 의사결정의 틀을 상실한 듯한 기분이 엄습했던 것이다. '지금 하는 일이 정말로 내가 하고 싶어 하던 일인가?' 하는 의문이 들었다. 이런 내 마음에 혼란을 느꼈지만 내색하진 않았다. 나는 픽사 애니메이션 스튜디오가 출범한

1986년 이래 오랜 시간을 픽사 사장으로 일하는 데 쏟았다. 픽사라는 장소와 픽사가 추구하는 모든 것을 사랑했다. 하지만 〈토이 스토리〉가 개봉한 이후 나는 애니메이션 제작자로서 목표를 잃어버렸다. '오랜 세월 노력한 끝에 결국 달성한 게 이것이 전부인가? 다른 새로운 도전에 나설 때가 아닌가?' 하는 고민이 들었다.

물론 픽사가 탄탄대로에 진입했다든지, 픽사에서 내가 해결해야 하는 과제가 더 이상 존재하지 않는다고 생각한 것은 아니다. 픽사 앞에는 여전히 큰 난관들이 존재했다. 기업 규모가 팽창함에 따라 인력 관리의 부담이 커졌고, 픽사 주주들에게 수익을 안겨줘야 할 의무가 생겼으며, 제작 중인 작품이 두 편이나 있었다. 그 외에도 업무 시간에 신경 써야 할 문제는 많았다. 하지만 어릴 적 꿈의 퍼즐 조각들을 맞추고자 여러 해 동안 고민하고, 대학원 시절 조금이라도 더 오래 메인프레임 컴퓨터를 사용하려고 컴퓨터 연구실에서 밤낮으로 죽치고 살 정도로 내 가슴을 뜨겁게 달구었던 목표의식은 사라졌다. 나는 20년간 기차와 선로를 만들었다. 선로를 따라 기차를 운행하는 일은 훨씬 덜 흥미로운 일처럼 보였다. '앞으로 계속 영화를 만드는 것이 인생을 바칠 만한 일일까? 이제 어떤 원리에 따라 나를 구성해야 할까?' 하는 의문이 들었다. 이 의문의 답을 얻기까지 꼬박 1년이 걸렸다.

■ ■ ■

사회에 발을 내디딘 시점부터 나는 실리콘밸리와 할리우드에서 일하도록 운명지어진 것 같다. 내가 영화 산업에 몸담은 시점은 1979년이다. 〈스타워즈Star Wars〉를 흥행시킨 조지 루카스George Lucas 감독이 영화에 컴퓨터 영상 기술을 접목하기 위해 나를 채용했다. 루카스 감독이 자리 잡은 곳은 할리우드가 있는 LA가 아니다. 그는 샌프란시스코 광역도시권의 북쪽 가장자리 샌라파엘 시에 루카스필름Lucasfilm을 설립했다. 이곳에서 차로 한 시간 정도 가면 실리콘밸리의 중심지인 팰러앨토 시가 나온다. 1970년대 말은 반도체 산업과 컴퓨터 산업의 초창기로, 실리콘밸리라는 이름이 아직 낯설던 시절이다. 실리콘밸리 근처에서 일한 덕분에 나는 샌드힐로드에서 태동 중이던 벤처캐피털 산업을 비롯해 여러 하드웨어 및 소프트웨어 기업이 몇 년 만에 그곳을 지배하게 되는 과정을 생생하게 지켜볼 수 있었다.

내가 루카스필름에서 일하게 된 시점은 그 어느 때보다 역동적이고 유동적인 시기였다. 나는 많은 스타트업 기업이 성공해 찬란하게 빛나는 모습과 쇠락해 하얗게 타버리는 모습을 지켜봤다. 이토록 역동적인 시대에 루카스필름에 합류한 덕분에 썬마이크로시스템즈Sun Microsystems, 실리콘그래픽스Silicon Graphics, 크레이컴퓨터Cray Computer 같은 기업의 리더들과 어깨를 맞대고 일하며 친해질 수 있었다. 당시 나는 경영자이기에 앞서 과학자였던 까닭에 그들이 경영하는 기업이 어떤 궤도를 따라 성장하는지 배우고 싶었다.

관찰해보니 다음과 같은 패턴이 보였다. 누군가가 창의적인 아이디어를 내놓고, 자금을 조달받고, 영리한 직원들을 많이 채용해 많은 관심을 끌어모으는 제품을 개발하고 판매한다. 최초의 성공은 더 많은 성공을 낳는다. 최고의 공학자들이 일하려고 몰려들고, 세간의 이목을 끄는 흥미로운 문제들을 안고 있는 소비자들이 고객으로 찾아온다. 이런 기업들은 성장하면서 패러다임을 바꾸는 기업이라는 평가를 받고, 최고경영자는 《포춘》

표지를 장식하며 "신시대의 거인"이라는 찬사를 받는다. 특히 이런 최고 경영자들의 자신감이 기억에 남는다. 이들은 극도로 자신감에 차 있었다. 이들이 잘 경영한 덕에 기업이 탁월한 실적을 내고 정점에 섰으니 그럴 만도 했다.

그러다가 이들은 어리석은 짓을 저지르고 만다. 그것도 시간이 흐른 뒤에야 어리석었다고 평가받는 잘못이 아니라, 당시에도 명백히 어리석어 보이는 잘못을 저지른다. 나는 이들이 왜 그런 잘못을 저지르는지 알고 싶었다. 도대체 영리한 경영자들이 바보처럼 기업을 위기에 빠뜨리는 결정을 내리는 이유는 무엇일까? 물론 이들은 자신이 옳은 결정을 내렸다고 믿었을 것이다. 이 점에는 의심의 여지가 없다. 하지만 어찌된 일인지 이들은 기업이 직면한 문제를 제대로 인식하지 못했다. 그 결과, 이들이 경영하는 기업은 거품처럼 급성장하다가 한순간에 몰락했다. 내가 실리콘밸리 기업들을 관찰하면서 흥미를 느낀 대목은 기업의 흥망성쇠나 기술 진보에 따른 업계의 지각변동이 아니라, 외부 경쟁에 너무 신경을 쓴 나머지 정작 기업을 파멸로 몰고 가는 조직 내부의 문제들은 제대로 보지 못하는 경영자들의 맹점이었다.

이후 오랜 세월 기업을 경영하면서(돌이켜보면 픽사는 하드웨어 기업으로 출발해 소프트웨어 기업을 거쳐 결국에는 애니메이션 및 광고 제작사가 됐다) 다음과 같이 자문했다. 만약 픽사가 성공적인 기업이 된다면 우리도 멍청한 짓을 저지를까? 다른 기업 경영자들의 실수를 유심히 살펴보면 우리가 저지르는 실수를 더 잘 자각할 수 있을까? 아무리 영리한 사람도 정작 리더가 되면 기업의 건전성을 위협하는 요소들을 왜 보지 못하는 걸까? 여기엔 어떤 원인이 있을까? 영리하고 창의적인 기업들이 실패하는 공통된 원인은 분명히 존재했다. 그러나 그것이 정확히 무엇인지는 수수께끼였다. 나는 이 수수께끼를 풀기로 결심했다.

〈토이 스토리〉를 개봉한 후 1년간 고민한 결과, 나는 이 수수께끼를 푸는 일을 다음 도전과제로 삼았다. 많은 기업을 파멸로 몰고 간 힘에 픽사가 휘둘리지 않길 바랐기 때문에 이 새로운 도전에 집중할 수 있었다. 그덕분에 리더로서 내 역할을 더 명확히 자각하고, 단순히 성공적인 기업을 건설하는 데 그치지 않고 창의적 기업문화를 지속시키는 방법을 고안하는 일에 전념할 수 있었다. 관심의 초점이 기술적 문제를 해결하는 데서 건전한 경영철학을 일구는 것으로 옮겨가면서 나는 다시 한번 가슴이 뛰었다. 내가 도전할 두 번째 과제는 첫 번째 과제만큼이나 신나는 도전이 될 것이라는 확신이 들었다.

● ● ●

픽사 사장으로서 내 목표는 언제나 픽사가 창업자들(스티브 잡스 회장, 존 래스터John Lasseter 최고크리에이티브책임자, 그리고 나)보다 오래 생존할 수 있게 픽사에 계속 생명력을 불어넣는 창의적 기업문화를 구축하는 것이었다. 예술과 상업이라는 상호충돌하면서도 상호보완적인 동력을 관리하느라 애를 먹고 있는 경영자들과 창의적 기업문화에 관한 철학을 공유하는 것도 내 목표다. 이 책은 픽사를 지탱하는 기업문화를 구축한 아이디어들을 공유하려는 시도에서 나왔다.

그러므로 픽사 직원이나 애니메이터, 엔터테인먼트 기업 경영자만을 위한 것이 아니다. 창의성과 문제 해결 능력이 필요한 환경에서 일하는 모든 사람을 위해 쓴 책이다. 나는 어떤 분야에든 사람들이 창의성을 발휘해 탁월한 성과를 내도록 이끄는 훌륭한 리더십이 필요하다고 생각한다. 픽사와 디즈니에서 내 목표는 직원들이 능력을 최대한 발휘해 최고의 결과물을 만들어내도록 돕는 것이었다(디즈니가 픽사를 인수한 2006년부터 나와 존 래스터는 각각 사장, 최고크리에이티브책임자로서 월트 디즈니 컴퍼니의 애니메이션 사업부를 이끌고 있다). 우선 나는 직원들이 회사에 기여할 능력, 기여하려는 욕구가 있다는 가정에서 출발했다. 그다음에는 의도한 사람은 없어도 내가 경영하는 기업이 은연중에 직원들의 재능을 억누르고 있다는 사실을 인정했다. 그리고 직원들의 재능 발휘를 억누르는 원인들을 파악하고 제거하려고 노력했다.

나는 40년에 가까운 세월 동안, 영리하고 야망 있는 인재들이 서로 효율적으로 협력하도록 돕는 방법을 고민해왔다. 경영자로서 내 임무는 직원들이 협력할 수 있는 환경을 조성하고, 이를 유지하고, 이런 환경을 위협하는 불안요소들이 없는지 감시하는 것이다. 나는 모든 사람이 창의성을 발휘할 잠재력이 있으며, 이런 잠재력이 표출되도록 이끌어주는 게 경영자의 고귀한 임무라고 확신한다. 내가 흥미를 느끼는 대목은 성공한 기업들의 내부에서 부지불식간에 직원들의 창의성 발휘를 가로막는 요소들이다.

이 책의 주요 내용은 다음과 같다. 기업 내부에는 직원들의 창의성 발휘를 저해하는 위협 요소들이 있다. 이런 요소들을 발견하고 해소하는 것이 중간관리자와 경영자의 임무다. 이와 관련, 픽사 경영진이 창의적 기업문화를 육성하고자 채택한 다양한 경영 전략들을 소개한다. 나는 이 중에서 불확실성, 불안, 소통 부족, 보이지 않는 문제에 대처하는 메커니즘이 가장 중요한 경영 전략이라고 생각한다. 최고의 경영자들은 자신 역시 모르는 것이 있음을 인정한다. 겸손이 미덕이어서가 아니라, 이런 마음 자세로 접근하지 않으면 최고의 혁신을 일으킬 수 없기 때문이다. 나는 경영자들이 통제를 강화하는 대신 완화해야 한다고 생각한다. 경영자는 리스크를 감수해야 한다. 경영자는 직원들을 신뢰해야 하고, 직원들이 마음 놓고 일할 수 있도록 길을 열어줘야 한다. 경영자는 직원들의 공포를 유발하는 요인을 파악해서 그것이 무엇이든 제거해야 한다. 성공한 리더들은 자신의 경영 모델이 잘못됐을 수도 있고, 불완전할 수도 있다는 사실을 열린 자세로 받아들인다. 우선 자신이 모른다는 사실을 인정해야만 모르는 것을 배울 수 있다.

이 책은 총 4부로 구성된다. 회고록을 쓸 생각은 없었지만, 우리가 저지른 실수, 깨달은 교훈, 교훈을 얻게 된 배경을 설명하는 과정에서 부득이하게 픽사의 역사와 내 개인사를 언급할 수밖에 없었다. 다양한 부서들이 협력해 창의적인 성과물을 내놓도록 돕는 일, 최고의 기업들마저 피해 가지 못하는 파괴적인 내부 위협 요소에 대처하는 일에 이골이 난 경영자로서 독자들에게 들려주고 싶은 얘기가 많다. 픽사와 디즈니에서 위기를 겪으며 문제를 탐구하고 해결해 나간 과정을 소개함으로써, 조직을 파멸로 몰고 가는 위험 요소들에 대처하려는 사람들이 참고할 만한 아이디어들을 제공하고 싶었다.

어째서 성공한 기업들이 몰락하게 되는 것일까? 그 원인을 분석하는 일은 경영자에게 의미 있는 과제다. 내가 〈토이 스토리〉 개봉으로 평생의 숙원을 푼 뒤에도 19년째 픽사와 디즈니에서 일하고 있는 것은 바로 이 숙제가 남아 있기 때문이다. 픽사가 〈토이 스토리〉로 처음 상업적 성공을 거뒀을 때, 우리는 자만하지 않고 다른 성공적인 기업들이 빠진 함정을 피할 방안을 찾아내기 위해 궁리했다. 기업을 키워 성공을 거두는 일은 어렵지만 성공한 기업을 유지하는 일은 더 어렵다. 경영자는 끊임없이 자신을 성찰하고 직원들의 문제에 관심을 기울여 직원들이 창의성을 최대한 발휘할 수 있는 환경을 조성해야 한다. 이 책에서는 바로 그 방법들을 이야기하고자 한다.

CONTENTS

PART I
픽사의 탄생과 성장

PART II
문제 대응 및 미래 보호 전략

PART 1

픽사의
탄생과 성장

CREATIVITY, INC.

CHAPTER

1

애니메이션과
기술의 만남

픽사 본사 직원들이 '웨스트원West One'이라고 부르는 넓은 회의실에는 13년째 같은 테이블이 놓여 있었다. 물론 멋진 테이블이었지만, 나는 이 테이블이 싫었다. 코미디 영화에나 나올 법한 길고 좁은 테이블로, 부유한 노부부가 각각 테이블 양쪽 끝에 앉고 중앙에는 근사한 촛대를 두고 식사 하는데 정작 대화하려면 서로 고래고래 소리를 질러야 하는 장면을 떠올리게 만든다. 스티브 잡스가 총애한 디자이너가 고른 이 테이블은 한마디로 디자인은 우아했지만 회의를 하기에는 부적합했다.

우리는 정기적으로 이 테이블에 앉아 작품에 관해 회의했다. 30여 명이 테이블 양쪽에 앉아 서로 마주봤는데, 긴 테이블을 따라 너무 넓게 떨어져 앉은 탓에 서로 대화하기가 어려웠다. 테이블 양쪽 끝에 앉은 사람들은 목을 학처럼 길게 빼지 않는 한 다른 사람과 눈을 마주칠 수도 없었다.

서로 의견을 교환하는 것은 물론 불가능했다. 모든 회의 참석자의 얘기를 들어야 하는 감독과 프로듀서는 테이블 한가운데 앉을 수밖에 없었다. CCO^{Chief Creative Officer}(최고크리에이티브책임자) 존 래스터, 사장인 나, 경험 많은 감독, 프로듀서, 각본가를 비롯한 창작 부서 리더들도 가운데 앉아야 했다(애니메이션 제작을 지휘하는 직책으로는 제작 실무 총책임자인 총감독, 총감독 밑에서 각 작업 분야를 책임지는 작화감독, 동화감독, 촬영감독, 리깅부서 감독, 시각효과부서 감독, 음악부서 감독 등의 현장감독이 있다. 현재 픽사·디즈니 애니메이션 스튜디오에서 총감독, 현장감독, 창작부서 직원들을 총괄 지휘하는 CCO는 존 래스터다 - 옮긴이). 이들이 항상 중앙에 몰려 있게 하기 위해 누군가가 테이블 좌석 앞에 명패를 놓아두기 시작했다. 이렇게 불편한 테이블에 앉아 회의하는 것보다 차라리 디너파티를 열어 대화하는 편이 더 효율적이었을 것이다.

창의적인 영감이 필요한 회의에서 직함과 위계질서는 아무 의미도 없다. 최소한 나는 그렇다고 믿는다. 하지만 기다란 테이블에 앉아 회의를 하다 보니(그 결과 테이블에 명패를 놓다 보니) 회의 참석자들은 부지불식간에 잘못된 인식에 사로잡혔다. 즉, 테이블 가운데 앉을수록 더 중요하고 핵심적인 인물이고, 먼 곳에 앉을수록 덜 중요하고 발언권이 적은 인물이라고 생각하게 된 것이다. 이런 분위기 때문에 테이블 가장자리에 앉은 사람들은 대화에 끼어드는 것을 자제했다. 많은 사람이 회의에 참석해서 테이블에 모두 앉을 수 없을 때는, 회의실 가장자리에 의자를 놓고 앉기도 했다. 이런 과정에서 회의 참석자들은 세 계층(테이블 가운데 앉은 사람, 테이블 가장자리에 앉은 사람, 테이블에 앉지 못한 사람)으로 나뉘었다. 누구도 의도하지 않았지만, 이 긴 테이블은 직원들이 회의에 적극 참여해 의견을 나누는 것을 가로막는 장애물이 됐다.

우리는 10년 넘게 이런 식으로 이 테이블에 앉아 수많은 회의를 열었다. 그러면서도 이런 회의 방식이 픽사의 핵심 원칙들을 얼마나 위배하는지 전혀 깨닫지 못했다. 왜 눈앞의 문제를 인식하지 못했을까? 나를 비롯한 리더들의 편의에 맞춰 테이블 좌석과 명패를 배치한 탓이다. 모든 회의 참석자가 활발히 회의에 참여하고 있다고 착각했던 것이다. 회사 고위층으로서 우리는 회의에서 소외당하는 느낌을 받지 않았기에 회의 방식에서 문제점을 발견하지 못했다. 테이블 가운데 앉지 못한 사람들은 위계질서에 따른 좌석 배치에 문제가 있다고 느꼈지만, 우리(리더들)가 의도한 것으로 생각해 잠자코 있었다. 감히 누구에게 불평할 수 있었겠는가?

그러다가 우연히 작은 사무실에서 정사각형 테이블에 앉아 회의하게 됐을 때, 존 래스터와 나는 비로소 이 문제를 인식할 수 있었다. 서로 가까이 마주볼 수 있는 테이블에 앉자 회의 참석자들은 더 자유롭게 의견을 내놓고 서로 눈을 마주치고 상호 소통했다. 모든 회의 참석자가 직함과 무관하게 자유롭게 발언했다. 이는 우리가 원하는 모습일 뿐 아니라 '지위와 무관하게 거리낌 없이 소통해야 한다'는 픽사의 핵심 원칙에 부합하는 모습이었다. 테이블 가운데 좌석에 편안하게 앉아 있을 때 우리는 직원들이 픽사의 핵심 원칙과 정반대 방향으로 떠밀리고 있다는 사실을 전혀 알지 못했다. 오랜 세월 동안 자신도 모르게 함정에 빠져 있었던 셈이다. 그러다 보니 회의실 내의 역학 구도가 토론에 큰 영향을 미친다는 사실을 알고 있고 끊임없이 문제를 포착해내려고 노력한다고 자부해왔는데도, 정작 바로 눈앞에서 벌어지는 문제는 보지 못했다.

문제를 발견하자마자 나는 곧장 시설관리부서를 찾아가 말했다. "이 부서의 업무 스케줄이 어떤지 모르겠지만, 당장 웨스트원 회의실에 있는 긴 테이블을 빼주세요."

나는 회의 참석자들이 서로 비슷한 거리를 유지하며 앉을 수 있는 테이블이 놓이길 바랐다. 그래야 회의 참석자들이 자신을 덜 중요한 인물이라고 생각하지 않고 마음을 터놓고 의견을 개진할 수 있을 것이기 때문이다. 며칠 뒤 차기 작품에 대한 중요한 회의가 열릴 때쯤, 회의실에 새 테이블이 놓였다. 나는 이로써 문제를 해결했다고 생각했다.

하지만 유감스럽게도, 문제가 말끔히 해결된 것은 아니었다. 웨스트원 회의실에 새로 들여놓은 테이블은 정사각형이라 모든 회의 참석자가 동시에 상호 소통하기 편했다. 하지만 새 테이블에도 이전과 똑같이 명패가 놓여 있었다! 명패가 필요한 상황을 만든 근본 원인을 제거했지만, 명패가 직원들에게 익숙한 관행이 돼버린 탓에 이를 지적하기 전에는 명패를 제거할 생각을 하지 못한 것이다. 명패는 테이블만큼 큰 문제는 아니지만, 어찌됐든 제거해야 할 문제였다. 우리가 픽사에서 피하려고 노력한 위계질서를 상징하는 물건이기 때문이다.

회의가 열리는 날 아침에 앤드루 스탠튼Andrew Stanton 감독이 웨스트원 회의실에 들어오더니 테이블 위의 명패들을 툭툭 밀어내면서 회의실에 있는 모든 사람이 들을 수 있게 말했다. "여기선 더 이상 이런 것들이 필요 없습니다!" 그가 이렇게 명확하게 문제를 지목하고 나서야 비로소 이 부수적인 문제가 해결됐다.

경영이란 이런 것이다. 타당한 이유에 따라 내린 결정이 새로운 문제를 초래하고, 이 새로운 문제를 해결하기 위해 또 다른 결정을 내려야 한다. 기업에서 발생하는 문제는 최초의 오류를 수정하는 것만으로 간단히 풀리는 법이 없다. 하나의 문제를 해결하는 일은 여러 단계를 거쳐야 하는 과정이다. 최초의 문제뿐만 아니라 여기서 파생된 문제가 무엇인지 파악해 함께 해결해야 한다. 참나무 한 그루를 뽑아내는 것만으로는 문제가 사라지지 않는다. 참나무 주변에 떨어진 도토리에서 새로운 참나무가 자랄 수도 있기 때문이다. 도토리를 없애지 않는 한, 참나무를 베었어도 문제가 사라졌다고 볼 수는 없다.

픽사에서 다년간 일했지만, 나는 여전히 내 눈앞에 존재하는 문제들을 어느 순간 깨닫고 종종 놀라곤 한다. 이런 문제들에 대처하는 관건은 도움이 되는 것과 도움이 되지 않는 것을 구분하는 방법을 찾는 것이다. 이는 간단해 보이지만 사실 매우 복잡한 일이다. 현재 픽사는 이런 원리에 따라 운영되고 있다. 나는 평생 그런 방법을 찾아내기 위해 고민해왔는데, 이 고민은 픽사가 설립되기 수십 년 전부터 시작됐다.

■■■

어릴 적 나는 매주 일요일 저녁 7시 몇 분 전에 솔트레이크시티의 평범한 주택 거실 바닥에 앉아 12인치짜리 소형 흑백 TV에서 월트 디즈니 아저씨가 나오길 기다렸다. TV에서 3미터가량 떨어진 곳에 앉아(당시에는 TV 화면 1인치당 30센티미터 정도 떨어진 곳에서 TV를 시청하는 게 상식이었다) 소형 화면으로 시청했지만, 나는 화면 속 광경에서 눈을 떼지 못했다.

매주 〈디즈니의 놀라운 세상 The Wonderful World of Disney〉이라는 TV 프로그램이 시작될 때마다 월트 디즈니 아저씨가 등장했다. 양복과 넥타이 차림으로 TV 화면에 등장한 그는 친절한 이웃집 아저씨처럼 보였다. 그러고는 디즈니 애니메이션의 마법 같은 기법들을 설명해주었다. 〈증기선 월리$^{Steamboat\ Willie}$〉(1928년 개봉한 세계 최초의 유성 애니메이션. 미키마우스를 처음으로 대중에게 알린 작품이다 - 옮긴이)에서 그림에 맞춰 소리를 녹음한 방법이나 〈판타지아^{Fantasia}〉에서의 음악 활용법을 설명했다. TV 화면에서 퇴장할 때마다 월트 디즈니는 애니메이션업계의 선구자들 덕분에 디즈니 제국을 건설할 수 있었다며 모든 공을 그들에게 돌렸다. 그가 소개한 선구자 중에는 〈광대 코코$^{Koko\ the\ Clown}$〉, 〈베티 붑$^{Betty\ Boop}$〉을 제작한 맥스 플라이셔$^{Max\ Fleischer}$, 감정을 표현하는 캐릭터가 등장한 최초의 애니메이션 영화 〈공룡 거티$^{Gertie\ the\ Dinosaur}$〉를 제작한 윈저 맥케이$^{Winsor\ McCay}$가 있었다. 월트 디즈니는 애니메이터, 채색화가, 스토리보드 작가들과 함께 출연해 미키마우스$^{Mickey\ Mouse}$와 도널드덕$^{Donald\ Duck}$을 창조한 과정을 설명해주기도 했다. 이렇듯 그는 매주 최신 기술로 만든 애니메이션을 보여주고 제작 과정을 소개했다.

월트 디즈니와 앨버트 아인슈타인은 어린 시절 내 우상으로, 내 눈에 두 사람은 창의성의 양 극단을 대표하는 인물이었다. 월트 디즈니는 새로운 것을 창조했다. 그는 이전에 존재하지 않던 것을 예술적으로, 기술적으로 존재하게 만들었다. 아인슈타인은 이미 존재하는 것을 설명하는 일의 대가였다. 나는 온갖 종류의 아인슈타인 위인전뿐 아니라 그가 상대성 이론을 직접 설명한 소책자도 읽었다. 이를 통해 아인슈타인의 이론이 인류의 물리학적 접근 방식과 우주관을 얼마나 바꾸어놓았는지 알 수 있었다. 아인슈타인은 사람들이 알고 있다고 생각하는 기존 개념에 도전했다. 더불어 물리학의 최대 수수께끼들을 풀어냈고, 인류의 현실 이해에 큰 영향을 미쳤다.

나는 아인슈타인에게도 영감을 받았지만, 월트 디즈니에게 더 큰 영향을 받았다. 매주 집에서 월트 디즈니 아저씨를 만났기 때문이다. 그를 만나려고 TV 앞에 앉으면, 〈별에게 소원을 빌어요〉라는 오프닝곡이 흘러나오면서 성우가 굵은 저음으로 속삭였다. "여러분이 매주 이 영원의 땅을 방문하면 여러 세계 중 한 곳이 눈앞에 펼쳐질 겁니다." 성우는 디즈니의 세계(환상적 설화와 전설의 무대 '프런티어랜드', 약속의 땅 '투머로랜드', 경이로운 자연 공간 '어드벤처랜드', 행복한 왕국 '판타지랜드')를 설명해주었다. 내가 애니메이션에 매료된 이유는 이처럼 가본 적 없는 세계를 여행할 수 있기 때문이었다. 하지만 내가 가장 가보고 싶은 곳은 이런 애니메이션을 만드는 사람들이 일하는 회사였다.

1950~1955년 디즈니는 고전으로 인정받는 세 작품 〈신데렐라〉, 〈피터팬〉, 〈레이디와 트램프Lady and the Tramp〉를 제작했다. 지금도 많은 사람이 작품 속 장면들(유리 구두를 신은 신데렐라, 피터팬과 소년들이 사는 네버랜드, 스파게티를 먹는 개들)을 기억하지만, 세 작품이 기술적으로 얼마나 경이로운지 아는 사람은 드물다. 디즈니 애니메이터들은 1950년대 애니메이션업계의 최전선에 있었다. 이들은 완벽한 음향과 색상을 구현할 도구를 개발했고, 기존 애니메이션 제작 기법에 안주하지 않고 새로운 기술들을 적극 도입·응용해서 썼다. 예를 들면 블루스크린blue screen(파란색 배경에 찍은 장면을 다른 장면에 합성하는 영상 기법 – 옮긴이), 멀티플레인 카메라Multiplane camera(다단식 촬영대를 갖춘 애니메이션 촬영기기. 각기 다른 장면을 그린 셀들을 카메라 밑에 약간씩 거리를 두고 촬영해 영상의 입체감을 살린다 – 옮긴이), 제로그래피xerography(사무용 복사기 등에 응용되는 전자 사진법의 하나. 디즈니는 이 기술을 애니메이션에 도입해 셀을 복사하는 방식으로 작업 능률을 높였다 – 옮긴이) 등이 있다. 월트 디즈니는 획기적인 기술이 나올 때마다 이를 작품에 적용

하고 TV 프로그램에서 소개하면서 기술과 예술의 관계를 강조했다. 당시 나는 너무 어려서 이것이 얼마나 혁명적인 것인지 알아채지 못했다. 그냥 기술과 예술이 하나라는 월트 디즈니의 설명을 당연한 것으로 받아들였다.

1956년 4월 일요일 저녁, 내 인생 진로에 결정적 영향을 미치는 일이 발생했다. 너무 어릴 적 일이라 자세히 설명할 수는 없지만, 머릿속에 떠오른 한 가지 생각만은 기억한다. 이날 저녁에 방영한 디즈니 프로그램의 제목은 〈애니메이션 스토리는 어떻게 구상하는가?〉였다. 그는 일상사를 만화로 그리는 애니메이터들을 칭찬하면서 설명을 시작했다. 나를 매료시킨 것은 설명하는 월트 디즈니 뒤로 흘러나온 화면이었다. 한 애니메이터가 도널드덕이 산뜻한 옷을 입고 꽃다발과 사탕 상자를 든 채 여자 오리 캐릭터 데이지Daisy에게 구애하는 장면을 그리고 있었다. 그런데 그다음 장면에서 애니메이터의 연필이 종이 위를 쓱쓱 지나가자 도널드덕이 살아 움직이는 것이 아닌가! 도널드덕은 애니메이터의 연필에 저항하듯 주먹을 불끈 쥐기도 하고, 애니메이터가 나비넥타이를 그릴 수 있게 턱을 치켜들기도 했다.

훌륭한 애니메이션을 보면 화면에 나오는 모든 캐릭터가 스스로 생각해서 움직이는 생물처럼 느껴진다. 화면 속의 캐릭터가 공룡이든 개든 램프 스탠드든 스스로 의도(혹은 감정)를 품고 움직인다는 느낌이 들어야 애니메이터가 제대로 작업했다고 할 수 있다. 애니메이터가 종이 위에 그리는 것은 단순한 선이 아니다. 살아 있고 감정을 느끼는 개체다. 이것이 이날 저녁에 내가 애니메이터의 연필 스케치를 통해 종이 위에 나타난 도널드덕을 보면서 생애 최초로 깨달은 사실이다. 정적인 선이 살아 움직이는 입체적인 이미지로 바뀌는 과정은 당시 나로서는 이해할 수 없는 요술 같았다. 애니메이터의 그림 기술뿐 아니라 감정을 표현하는 예술성도 배우고 싶었다. 이날 저녁 나는 TV 화면 속으로 들어가 애니메이션업계의 일원이 되고 싶었다.

...

내가 소년이었던 1950년대 중반부터 1960년대 초는 미국의 황금기였다. 모르몬교도들이 긴밀한 유대 관계를 형성하며 모여 사는 유타주 마을에서 5남매 중 첫째로 태어나 자란 나는 무슨 일이든 할 수 있다고 생각했다. 대공황, 2차 세계대전, 한국전쟁을 모두 경험한 어른들은 1950년대와 1960년대를 태풍이 지나가고 찾아온 평온한 나날처럼 생각하며 긍정적인 자세로 살았다.

당시 어른들이 보여준 긍정적인 에너지를 기억한다. 어른들은 기술 진보로 증가한 부 덕분에 새로운 일에 도전하는 것을 즐겼다. 당시 미국인들은 호황을 누렸다. 제조업지수와 주택건설지수는 사상최고치를 기록했다. 은행들은 기꺼이 대출과 신용을 제공했다. 이에 따라 점점 더 많은 미국인이 새 TV, 주택, 자동차를 소유할 수 있게 됐다. 음식물쓰레기 처리기, 식기세척기 같은 새로운 가전제품들도 잇달아 등장했다(하지만 어릴 적 나는 손으로 설거지했다). 1954년 최초로 장기이식수술이 성공했고, 1955년에는 최초로 소아마비 백신이 나왔다. 1956년에는 인공지능artificial intelligence이라는 용어가 처음으로 쓰였다. TV나 영화 속에서 보던 미래가 코앞에 온 듯한 느낌이었다.

내가 열두 살이던 1957년에는 소련이 세계 최초로 인공위성 스푸트니크 1호를 쏘아 올려 지구 위 궤도에 올려놓았다. 이는 과학계와 정치권뿐 아니라 초등학교 6학년 교실에서도 큰 뉴스였다. 교장 선생님이 세상이 끝난 듯 암울한 표정을 지으며 아침 조회 시간에 갑자기 교실에 들어와 소식을 전했다. 우리는 공산주의자들이 미국의 적이고 버튼 하나만 누르면 핵전쟁이 일어날 수도 있다고 배웠다. 소련이 미국보다 먼저 우주에 인공위성을 쏘아 올렸다는 사실은 소련이 미국보다 우위에 섰다는 증거였기에 상당한 공포감을 자아냈다.

미국 정부는 우주 개발 기술에서 소련에 뒤처진 상황을 만회하고자 1958년 고등연구계획국ARPA(현재의 방위고등연구계획국DARPA)을 설립했다. 고등연구계획국은 국방부 산하 연구기관이지만, 겉으로 드러난 목적은 매우 평화적이었다. 즉, '기술적 기습technological surprise'을 받아 미국의 안보가 위협받는 사태를 미연에 방지하고자 미국 대학들의 과학 연구를 지원하는 것이었다. 고등연구계획국을 설계한 관료들은 미국 최고 과학자들의 연구를 지원하면 보다 나은 해법이 나올 것이라고 기대했다. 지금 되돌아보면, 소련의 군사적 위협에 대한 미국 정부의 이런 대처는 매우 현명했다. 고등연구계획국은 컴퓨터 혁명과 인터넷을 비롯한 수많은 혁신에 엄청난 영향을 미쳤다. 당시 미국에서는 '거대한 변화가 일어나고 있으며 앞으로 훨씬 더 큰 변화가 올 것'이라는 인식이 팽배했다. 미국인들의 미래에는 무궁한 가능성이 흘러넘치는 것 같았다.

중산층 가정에서 자란 우리 형제의 진로는 아버지의 훈육에 큰 영향을 받았다. 아버지가 우리에게 어떤 사람이 되라고 얘기했던 것은 아니다. 우리 아버지 얼 캣멀Earl Catmull은 아이다호에서 가난한 농부의 아들로 태어났다. 아버지는 형제가 열네 명이었는데, 그중 다섯 명은 유아기 때 사망했다. 할머니는 아이다호 스네이크 리버에서 사금을 채취하며 겨우 생계를 유지하던 모르몬교 개척자 집안에서 자란 탓에 열한 살이 될 때까지 학교에 가지 못했다. 집안에서 처음으로 대학에 진학한 아버지는 등록금을 벌기 위해 여러 가지 일을 해야만 했다. 내가 어릴 적, 아버지는 학기 중에는 수학 과외를 했고, 여름에는 건설업 인부로 일했다. 우리 가족이 살았던 집도 아버지가 맨땅에 손수 지은 것이었다. 우리 남매에게 열심히 공부하라고 말하진 않았지만, 우리 남매는 아버지가 '자식들 모두 열심히 공부해서 대학에 갈 것'으로 기대한다는 사실을 알고 있었다.

고등학교 때 나는 조용하고 집중력이 좋은 학생이었다. 한번은 미술 선생님이 내가 수업 시간에 그림 그리는 일에 완전히 빠져 수업이 끝나는 종이 울려도 듣지 못할 정도라고 부모님에게 말하기도 했다. 나는 의자에 앉아 꽃병이나 의자 같은 사물을 주시하고 종이에 그리는 행위에 완전히 몰입했다. 다른 생각을 멈추고 그저 눈에 보이는 대로만 그렸다. 디즈니 애니메이션 〈판타지아〉에서 춤추는 하마들을 그린 애니메이터 프레스턴 블레어Preston Blair가 1948년 출간한 책 《애니메이션Animation》에 나오는 그림 기법을 탐독했고, 만화책 뒤표지 광고에 나온 존 내기Jon Gnagy의 〈그림교실Learn to Draw〉(1950년대와 1960년대 미국 TV에서 방영된 인기 그림 강좌 – 옮긴이)에 나오는 그림 도구를 사서 그림 그리기를 연습했다. 애니메이션용 가압판platen(잉크가 종이에 잘 스며들도록 종이를 누를 때 쓰는 평평한 금속판 – 옮긴이)을 구매하고, 합판과 조명장치로 애니메이션 촬영대까지 만들었다. 플립 북flip book(책 귀퉁이에 그림을 한 장씩 그려놓고 빠르게 넘겨 그림이 움직이는 것처럼 보이게 하는 것 – 옮긴이) 기법을 사용해 한쪽 다리가 자전거 바퀴로 변하는 남자나 디즈니 애니메이션 〈피터팬〉에 등장하는 내 첫사랑 팅커벨Tinker Bell이 움직이는 모습을 그리기도 했다.

하지만 곧 내게는 디즈니 애니메이션 제작에 참여할 만큼 실력 있는 애니메이터가 될 재능이 없다는 것을 깨닫게 됐다. 게다가 애니메이터가 되려면 구체적으로 어떻게 준비해야 하는지도 전혀 알 수 없었다. 고등학교를 졸업하고 진로를 고민할 때, 애니메이터 일을 배울 수 있는 길은 막막하기만 했던 반면 과학자가 될 수 있는 길은 쉽게 보였다. 나는 애니메이터의 길 대신 과학자의 길을 택했다. 훗날 미술에서 물리학으로 진로를 바꿨다고 얘기할 때마다 사람들은 늘 미소를 지었다. 이런 진로 변경이 엉뚱하게 보였던 모양이다. 하지만 물리학을 공부하기로 한 결정 덕분에 결국 난 어릴 적부터 하고 싶었던 일을 할 수 있게 됐다.

■ ■ ■

4년 뒤인 1969년, 나는 유타대학을 졸업했다. 물리학 학위와 당시 떠오르던 분야인 컴퓨터공학 학위를 받았다. 그리고 컴퓨터 언어를 더 배우기 위해 유타대학 대학원에 진학했는데, 대학원에 들어가자마자 진로를 바꾸도록 조언해준 남자가 있었다. 바로 대화형 컴퓨터그래픽interactive computer graphics의 개척자, 이반 서덜랜드 Ivan Sutherland 교수다.

숫자나 데이터로 디지털 그림을 그리고 기계로 조작하는 컴퓨터그래픽 분야는 아직 걸음마 단계였지만, 서덜랜드 교수는 이 분야의 전설적인 인물이었다. 그는 1962년 최초의 컴퓨터 드로잉 프로그램 '스케치패드 Sketchpad'를 개발했다. 이 프로그램 덕분에 디지털 그림의 자유로운 변형이 가능해졌다. 1968년에는 최초로 머리에 쓰는 가상현실 디스플레이 장치를 공동 개발하기도 했다.

이반 서덜랜드 교수와 데이브 에번스Dave Evans 유타대학 컴퓨터공학과

학장은 다양한 관심사를 가진 재능 있는 학생들을 자석처럼 끌어들여 자율적인 분위기에서 학생들을 이끌었다. 그들은 학생들에게 프로그램을 소개하고 작업할 공간과 컴퓨터를 제공한 뒤, 컴퓨터로 하고 싶은 일을 마음대로 하도록 놔뒀다. 그 결과, 유타대학 컴퓨터공학과에는 상호 협조적인 커뮤니티가 형성됐다. 이곳에서 감명받은 나는 훗날 픽사에서 이런 조직문화를 재현하고자 했다.

내 학우 중 한 명인 짐 클라크Jim Clark는 훗날 실리콘그래픽스와 넷스케이프Netscape를 창업했다. 또 다른 학우인 존 워녹John Warnock은 포토숍과 PDF 파일 포맷으로 유명한 어도비Adobe를 공동 설립했다. 앨런 케이Alan Kay는 객체 지향 프로그래밍object-oriented programming과 윈도 같은 그래픽 사용자 인터페이스graphical user interface, GUI 개발을 주도한 컴퓨터공학자다. 내가 대학을 다니면서 가장 많은 영감을 얻은 원천은 바로 학우들이다. 유타대학 컴퓨터공학과의 학구적이고 협력적인 분위기 덕분에 나는 컴퓨터 프로그램의 세계에 흥미를 느끼고 더 열심히 공부하게 됐다.

창의적 환경에는 개인과 집단 간의 긴장이 존재한다. 이런 긴장을 이곳에서 처음으로 접했다. 유타대학 컴퓨터공학과에는 혼자서 뭐든 할 수 있을 것 같은 천재도 있고, 다양한 시각을 가진 구성원들 덕분에 뛰어난 성과를 내는 집단도 있었다. 나는 이 양극단을 어떻게 하면 조화시킬 수 있을지 고민했다. 그 답을 알 수 없었기에, 답을 찾으려는 강한 열망이 생겼다.

유타대학 컴퓨터공학과에서 수행한 연구들은 고등연구계획국으로부터 자금을 지원받았다. 앞서 언급했듯, 그곳은 소련의 스푸트니크 인공위성 발사에 대응하기 위해 설립된 기관이다. 고등연구계획국의 핵심 구성 원칙 중 하나는 협업으로 탁월한 성과를 낼 수 있다는 것이었다. 그곳의 가장 자랑스러운 업적 중 하나는 대학들을 연결하는 아파넷ARPANET을 개발한 것인데, 아파넷은 훗날 인터넷으로 진화했다. 아파넷이 최초로 연결된 네 곳의 기관은 바로 유타대학, 스탠퍼드연구소, UCLA, 캘리포니아대학 산타바버라캠퍼스다. 덕분에 나는 바로 옆에서 이 위대한 실험을 관찰할 수 있었다. 이 경험은 내 인생에 큰 영향을 미쳤다. 고등연구계획국은 다음과 같은 가정에 따라 다양한 분야의 재능 있는 인재들을 지원했다. 즉, 연구자들이 지원을 받으면 생산적인 일에 재능을 발휘할 것이고, 과도하게 간섭받으면 생산성이 떨어질 것이라는 가정이다. 고등연구계획국은 옆에서 연구를 감시하지도 않았고, 군사용 기술을 연구하라고 요구하지도 않았다. 다만 연구자들이 혁신할 것이라고 믿고 후원해줬을 뿐이다.

이런 신뢰 덕분에 나는 온갖 복잡한 과제들을 연구할 자유를 얻고, 열정을 가지고 문제에 달려들 수 있었다. 나뿐만 아니라 여러 대학원 학우들이 조금이라도 더 오래 컴퓨터를 사용하기 위해 컴퓨터실에서 밤을 새웠다. 우리는 혈기왕성했고, 컴퓨터공학 분야를 개척하고 있다고 자부했다. 이런 자부심은 어떤 칭찬, 격려보다 우리가 열심히 연구하도록 자극시키는 동기가 됐다. 유타대학 컴퓨터공학과에서 나는 생애 최초로 예술과 기술을 접목하는 일을 했다. 컴퓨터로 이미지를 구현하는 컴퓨터그래픽 기술을 개발하는 일 말이다. 컴퓨터로 그림을 그리는 작업은 내 좌뇌와 우뇌를 동시에 자극했다. 물론 1969년에 컴퓨터로 그릴 수 있는 그림은 매우 투박했지만, 컴퓨터로 그림을 그리기 위해 새로운 알고리즘을 발명하고, 그 결과 더 나은 그림을 그릴 수 있게 된 과정은 내게 짜릿한 경험이었다. 그러는 과정에서 어릴 적 꿈이 되살아났다.

40

스물여섯 살 때 나는 새로운 목표를 세웠다. 연필 대신 컴퓨터로 애니메이션을 그리는 기술을 개발해 극장에서 상영할 수 있을 만큼 짜임새 있고 멋진 애니메이션 작품을 제작하는 것이었다. 유타대학 컴퓨터공학과에서 컴퓨터그래픽 기술을 접한 덕분에 어쩌면 나도 애니메이션 제작자가 될 수 있겠다는 희망을 품게 됐다.

• • •

1972년 봄, 꼬박 10주를 들여 생애 처음으로 단편 애니메이션을 제작했다. 내 왼손을 컴퓨터 애니메이션으로 표현한 것이다. 빠르게 변하는 기술 분야가 그렇듯, 전통적 기술과 신기술을 결합해 나름의 기법을 강구했다. 먼저 왼손의 석고본을 뜨기 위해 액체 석고통에 왼손을 집어넣었다(왼손에 바셀린을 먼저 발랐어야 했는데, 이 과정을 빼먹은 탓에 석고틀을 떼어낼 때 손에 난 털이 몽땅 뽑히고 말았다). 석고본을 뜬 다음, 석고본에 액체 석고를 부어 왼손 모형을 만들었다. 왼손 모형 표면에 까만 선으로 된 작은 폴리곤(3D 그래픽에서 물체를 표현할 때 쓰이는 기본 단위인 삼각형 이상의 다각형 – 옮긴이) 350개를 그려넣었다. 이 폴리곤들을 결합시켜 곡선으로 된 손 표면을 표현할 수 있었다. 이해되지 않는 독자도 있겠지만, 잘게 나눈 평면 다각형들을 결합시키면 실물과 상당히 유사한 곡선 표면을 표현할 수 있다.

내가 이 프로젝트를 선택한 이유는 표면이 곡면인 복잡한 물체를 렌더링rendering(2차원 그림에 색상, 농도, 그림자 등의 변화를 주어 3차원으로 표현하는 것 – 옮긴이)하는 일에 관심이 있었고, 새로운 목표에 도전하길 원했기 때문이다. 당시 컴퓨터 기술로는 곡선 표면은 고사하고 평면 물체를 그리는 작업도 벅찼다. 곡선 표면을 표현하는 컴퓨터 언어는 제대로 개발되지 않

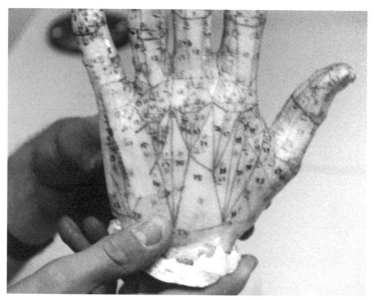

350여 개의 폴리곤을 그려놓은 왼손 모형

았고, 컴퓨터 메모리 용량도 제한적이었다. 사진처럼 생생한 컴퓨터 이미지를 만들 수 있길 열망하는 학생들이 모인 유타대학 컴퓨터공학과에서 학생들이 연구 과제로 삼은 목표는 속도, 사실감, 곡면 표현 기술이었다. 내 프로젝트는 사실감과 곡면 표현 능력을 다뤘다.

인간의 손은 어느 한 부분도 평면인 곳이 없다. 게다가 손의 표면은 공처럼 단순한 곡면이 아니다. 서로 각도가 다른 곡면들이 모여 손의 표면을 구성한다. 그 결과, 손은 무한해 보일 정도로 다양한 움직임을 만들어낸다. 손은 숫자로 표현하고 변환하기에 너무나 어려운 복잡한 '오브젝트object(객체)'다. 당시 제작된 컴퓨터 애니메이션이 대부분 큐브, 피라미드 같은 단순한 오브젝트들을 렌더링한 것에 불과했던 현실을 감안하면,

내 프로젝트는 너무나 야심찬 것이었다.

나는 왼손 모형의 표면에 폴리곤을 그려놓고, 각 모서리의 좌표를 측정해 내가 제작한 3D 애니메이션 프로그램에 좌표 데이터를 입력했다. 그 결과, 왼손 모형에 그린 많은 폴리곤들이 컴퓨터 모니터에 표시됐다. 이렇게 해서 처음 만든 왼손 이미지는 폴리곤으로 구성된 탓에 나무를 깎아놓은 듯 각이 져 부자연스러워 보였다. 그렇지만 다른 대학원생이 개발한 '스무스 셰이딩smooth shading'이라는 기법을 적용하자 왼손 이미지의 모서리를 깎아 자연스러운 곡선 표면을 표현할 수 있었다. 이제 남은 진짜 과제는 이 이미지를 움직이게 하는 것이었다.

1973년 한 컴퓨터공학 컨퍼런스에서 내가 발표한 애니메이션 〈손Hand〉

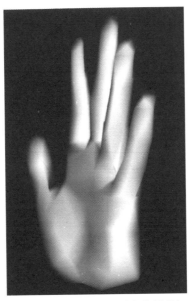

'스무스 셰이딩' 기법을 적용해 매끄럽게 처리된 왼손 모습

은 약간의 반향을 불러일으켰다. 그때까지는 그 누구도 이런 컴퓨터 애니메이션을 본 적이 없었기 때문이다. 애니메이션에서 내 손은 처음에는 하얀 폴리곤 그물로 덮인 듯 보이다가 주먹을 쥐려는 듯 쥐었다 폈다 한다. 이어서 손의 표면이 더 매끄러워지며 실제 손처럼 보인다. 손이 "그래요, 당신에게 얘기하고 있는 겁니다" 하고 말하는 듯 화면 앞쪽을 가리킨다. 그다음, 카메라는 손 안으로 들어가 손 내부를 살펴본다. 카메라 렌즈가 손바닥과 손가락 안을 둘러본다. 이는 컴퓨터로만 표현할 수 있는 관점이라 제작하는 동안에도 매우 흥미로웠다. 이 4분짜리 영상을 만드는 데 6만 분(1000시간) 이상을 투자했다.

이 디지털 애니메이션은 비슷한 시기에 선보인 내 친구 프레드 파크Fred Parke가 아내의 얼굴을 표현한 작품과 함께 수년간 최첨단 컴퓨터 애니메이션 기술의 대표 사례로 꼽혔다. 이 두 애니메이션은 1976년 개봉한 영화 〈미래 세계의 음모Futureworld〉에 일부 삽입됐다. 이 영화를 기억하는 영화팬은 별로 없지만, 마니아들은 컴퓨터그래픽 이미지CGI를 최초로 삽입한 장편 영화로 기억한다.

...

이반 서덜랜드 교수는 유타대학 대학원생들이 불가능에 도전하는 것이 마음에 든다고 종종 얘기했다. 불가능에 도전한 것은 그 역시 마찬가지였다. 그는 할리우드 영화사들이 학계에서 일어나는 기술 혁신에 관심을 보일 것이라고 믿은 최초의 인물 중 한 사람이다. 그래서 학계의 신기술을 영화계에 알리기 위해, 디즈니와의 정기 교환학생 프로그램을 편성하려고 시도했다. 디즈니 애니메이터 한 명이 유타대학에 와서 새로운 컴퓨터 렌더링 기술을 배우고, 유타대학 학생 한 명이 디즈니에 가서 이야기를 애니메이션으로 풀어가는 법을 배우는 내용이었다.

1973년 봄, 이반 서덜랜드 교수는 디즈니 중역들에게 교환학생 프로그램 편성을 제안하고자 나를 캘리포니아주 버뱅크시로 보냈다. 자동차를 타고 빨간 벽돌 게이트를 지나 초창기 디즈니 애니메이션 스튜디오 건물로 들어가면서 나는 짜릿한 흥분을 느꼈다. 1940년 준공한 이 건물은 월트 디즈니의 계획하에 최대한 많은 방이 자연광을 받도록 설계되어 건물 평면도가 이중 H 형태를 띠고 있다. 어린 시절 작은 TV 화면으로만 얼핏 구경했던 건물을 직접 둘러보게 되니 성지순례를 하는 듯한 기분이 들었다. 이곳에서 나는 〈피노키오〉부터 〈피터팬〉까지 내가 좋아한 디즈니 작품들의 캐릭터를 창조한 전설적 애니메이터 집단 '나인 올드 멘Nine Old Men(1930년대부터 1970년대까지 디즈니 애니메이션의 황금기를 이끈 아홉 명의 베테랑 애니메이터. 레스 클라크Les Clark, 마크 데이비스Mark Davis, 올리 존스턴Ollie Johnston, 밀트 칼Milt Kahl, 워드 킴볼Ward Kimball, 에릭 라슨Eric Larson, 존 룬스버리John Lounsbery, 올프강 라이더먼Wolfgang Reitherman, 프랭크 토머스Frank Thomas를 가리킨다 – 옮긴이)' 중 프랭크 토머스와 올리 존스턴을 만났다. 또한 내 상상력을 자극한 모든 디즈니 애니메이션 제작 과정에서 나온 원화들을 보관해놓은 기록보관소를 구경했다. 약속의 땅에 온 것만 같았다.

디즈니를 방문하자마자 한 가지 사실이 명백해졌다. 내가 만난 디즈니 중역들(농담처럼 들리겠지만, 그중 한 명은 이름이 도널드 덕월Donald Duckwall이었다)은 이반 서덜랜드 교수의 교환학생 프로그램에 전혀 관심이 없었다. 1966년 신기술 도입에 적극적이던 월트 디즈니가 사망한 후 디즈니 중역들은 신기술에 대한 관심이 사라진 것 같았다. 내가 신기술을 열정적으로 설명했지만, 디즈니 중역들은 소 닭 쳐다보듯 공허한 눈으로 바라볼 따름이었다. 그들은 컴퓨터와 애니메이션이 물과 기름처럼 서로 섞일 수 없는 존재라고 보았다. 그들이 컴퓨터그래픽 기술 도입을 부정적으로 본 데는 이유가 있었다. 1971년 디즈니가 개봉한 실사영화 〈마법의 빗자루Bedknobs and Broomsticks〉에서 물방울 이미지를 렌더링하기 위해 컴퓨터그래픽 기술을 도입했는데, 결과가 매우 실망스러웠다. 당시 컴퓨터그래픽 기술 수준은 물방울 같은 곡선 이미지를 표현하기에는 턱없이 부족했다. 그래서인지 내 설명에 시큰둥하게 반응했다. 디즈니 중역 몇 명이 내게 말했다. "컴퓨터 애니메이션으로 물방울을 표현할 수 없는 한, 우리가 컴퓨터 애니메이션을 제작하는 일은 없을 겁니다."

디즈니 중역들은 월트 디즈니 컴퍼니의 테마파크 자회사인 월트 디즈니 이매지니어링Walt Disney Imagineering에서 일하지 않겠느냐고 제안했다. 월트 디즈니가 내 인생에서 차지해온 비중을 감안하면 이상하게 들리겠지만, 나는 이 제안을 즉시 거절했다. 테마파크 부서에 들어가면 가고 싶지 않은 길을 가게 될 것만 같았다. 사실 사람들이 탈 놀이기구를 설계하고 싶지 않았다. 오로지 컴퓨터로 애니메이션을 제작하고 싶었다.

■ ■ ■

월트 디즈니와 수작업 애니메이션 선구자들과 마찬가지로, 컴퓨터 애니메이션 개척자들도 새로운 것을 창조하고 싶어 했다. 유타대학 컴퓨터공학과 대학원 학우 중 한 명이 새로운 기술을 개발하면, 다른 학우들이 즉시 이 기술을 도입해 개량했다. 물론 난관에 부딪칠 때도 있었지만, 대개는 머나먼 목표를 향해 꾸준히 전진하는 기분으로 연구에 매달렸다.

디즈니 중역들에게 컴퓨터로 물방울을 표현하는 이야기를 듣기 훨씬 전부터, 나와 학우들은 곡선 표면을 컴퓨터로 매끄럽게 표현하는 방법, 이미 제작한 컴퓨터 이미지를 더 복잡하고 다양한 이미지로 바꾸는 방법을 개발하고자 밤새워 연구했다. 〈컴퓨터상에서 곡면을 표시하는 분할 알고리즘A Subdivision Algorithm for Computer Display of Curved Surfaces〉이라는 내 논문은 이 문제에 대한 해법을 제시했다.

당시 내가 해결하려고 고민한 기술적 문제들은 너무 전문적이라 독자들이 이해하기 어려우니, 최대한 간략하게 설명하겠다. 전에는 반짝거리는 빨간 유리병 표면을 컴퓨터 이미지로 표현할 때 표면 전체를 한 번에 묘사하려 했지만, 내가 제안한 '분할곡면법subdivision surface'은 유리병 표면을 여러 개의 작은 조각으로 나눈다. 이렇게 잘게 나눈 조각들을 어떻게 표시하고 색칠할지 계산하는 일은 생각보다 쉽다. 계산한 결과를 모아 반짝거리는 빨간 유리병 표면을 컴퓨터 모니터에 구현한다. 앞서 언급했듯, 당시 컴퓨터는 처리능력이 매우 부족했던 탓에 기술적 한계를 극복하기 위한 트릭을 고민해야 했다. 분할곡면법은 이런 트릭 중 하나다.

그런데 반짝거리는 빨간 유리병 표면에 얼룩말 무늬를 넣으려면 어떻게 해야 할까? 나는 오브젝트 표면에 얼룩말 무늬나 나뭇결무늬를 집어넣는 기법도 논문에서 설명했다. 바로 '텍스처 매핑texture mapping'이다. 텍스처 매핑은 더 사실감 있는 이미지를 구현하고자 3차원 오브젝트 표면에 2차원 무늬를 입히는 기법으로, 곡면 위를 포장지로 덮는 것과 같다. 내가 최초로 텍스처 매핑 기법을 적용해 제작한 컴퓨터 이미지는 미키마우스였다. 이 기법을 적용해《곰돌이 푸Winnie the Pooh》에 나오는 곰과 호랑이도 그려봤다. 물론 아직 디즈니와 함께 일할 준비가 안 됐지만, 여전히 디즈니 캐릭터를 참고해 연구하고 있었다.

유타대학 컴퓨터공학과 대학원생들은 새로운 컴퓨터 언어를 개발하고 있었다. 우리 중 한 명이 동사를 만들면, 다른 한 명은 명사를 만들었다. 그러면 또 다른 학우가 각 문법 요소들을 연결해 실제 언어로 구성하는 방식을 개발했다. 예를 들어, Z버퍼Z-buffer도 다른 학우의 연구 내용에 내 아이디어를 더해 개발한 기법이다. Z버퍼는 컴퓨터 애니메이션에서 한 오브젝트의 전체 혹은 일부분이 다른 오브젝트에 가려질 때 생기는 문제를 해결하기 위해 개발된 컴퓨터그래픽 기법이다. 다른 오브젝트에 가려지는 부분일지라도 데이터만큼은 컴퓨터 메모리에 존재한다(이는 원하면 보이게 할 수 있다는 뜻이다). 하지만 사람들의 눈에 자연스럽게 보이게 하려면, 다른 오브젝트에 가려지는 부분은 스크린에 표시하지 말아야 한다. 따라서 이런 부분을 컴퓨터가 표시하지 않도록 하는 방법을 강구해야 했다. 예컨대, 정육면체 앞에 구체가 놓여 있으면 컴퓨터 스크린에는 구체의 표면과 정육면체 표면의 일부분만 보여야 한다. Z버퍼는 3차원 공간에 있는 모든 오브젝트에 깊이 값depth(Z좌표 값)을 부여하고, 스크린의 각 픽셀이 어느 오브젝트에 해당하는지 컴퓨터에 알려준다. 당시에는 컴퓨터 메모리 용량이 너무나 제한적이었던 탓에 Z버퍼가 충분한 해법이 되지 못했으나, 혁신적인 해법임에는 틀림없었다. 이렇게 설명하면 단순하게 들리지만, 사실 이것은 무궁무진하게 쓰이는 기법이다. 오늘날 지구상의 모든 게임과 컴퓨터칩에는 Z버퍼가 존재한다.

1974년 유타대학에서 박사학위를 받을 무렵, 나는 몇 가지 기술 혁신에 기여했다고 말할 수 있게 됐다. 하지만 이런 혁신은 거대한 목표를 공유하는 학우들과 함께 연구하는 환경 덕분에 가능했다는 사실 또한 분명히 알고 있다. 나와 학우들은 '다양한 관심사와 재능을 가진 인재들이 보호받으며 높은 목표에 도전할 수 있는 환경'에 있었기에 혁신적인 성과를 낼 수 있었다. 유타대학 컴퓨터공학과를 이끈 학장과 교수들은 연구소가 혁신적 성과를 내려면 다양한 사상가들을 모아 자율적으로 연구할 수 있게 유도해야 한다는 사실을 잘 알고 있었다. 유타대학 교수들은 필요할 경우 학생들에게 피드백을 제공했지만, 학생들이 자유롭게 연구할 공간을 조성하기 위해 물러설 줄도 알았다. 나는 이런 환경이 보기 드물고 가치 있다는 사실을 본능적으로 깨달았다. 내가 유타대학에서 배운 가장 귀중한 가르침은 교수진이 창의적인 학생들에게 영감을 주고 이들을 인도한 방식이다. 나는 다른 곳에서도 이런 창의적인 환경을 누릴 수 있기를 (또는 스스로 이런 환경을 만들 수 있기를) 바랐다.

유타대학을 떠날 때 전보다 목표의식이 뚜렷해졌고, 목표에 내 인생을 바칠 준비가 돼 있었다. 당시 내 목표는 세계 최초의 장편 컴퓨터 애니메이션을 제작하는 것이었다. 이 목표를 달성하는 과정은 쉽지 않을 게 분명했다. 당시 나는 장편 애니메이션은 고사하고 단편 애니메이션이라도 제작하기 위해서는 최소 10년간 캐릭터들을 모델링하고 복잡한 환경에서 렌더링하는 방법을 개발해야 할 것이라고 생각했다. 솔직히 이런 목표를 달성하는 과정에 컴퓨터 기술 외에도 여러 가지가 필요하다는 사실을 몰랐다. 컴퓨터 애니메이션을 제작하려면 기술적 측면뿐 아니라 제작 인력이 협력하는 방식에서도 창의성을 발휘해야 했다.

1974년에는 나처럼 컴퓨터 애니메이션을 제작하겠다는 목표를 세운 기업이나 대학이 없었다. 내가 면접관들 앞에서 컴퓨터 애니메이션 제작이라는 포부를 밝힐 때마다 무거운 침묵이 흘렀을 정도다. 면접관들은

"우리는 컴퓨터공학을 가르칠 교수를 채용하고자 박사님을 모셨습니다"
하고 말하며 난감한 표정을 지었다. 내가 제안한 목표는 그들에게 허황된
몽상, 비용이 많이 드는 환상처럼 보였던 것이다.

1974년 11월, 나는 뉴욕공과대학 여직원의 전화를 받았다. 그녀는 자
신을 뉴욕공과대학 학장의 비서라 밝히고, 내 비행기 표를 예약하기 위해
전화했다고 말했다. 나는 어리둥절했다. "무슨 상황인지 모르겠군요. 무슨
대학이라고 하셨죠? 왜 제가 뉴욕까지 가야 하죠?"라고 묻자, 수화기 저
편에서 어색한 침묵이 흘렀다. 그녀는 "죄송합니다, 박사님. 다른 직원이
먼저 전화를 걸었어야 했는데, 실수로 제가 먼저 걸었군요"라고 말하고
전화를 끊었다. 그다음에 걸려온 전화는 내 인생을 바꿨다.

CHAPTER

2

알렉스 슈어, 조지 루카스,
스티브 잡스

좋은 경영자란 어떤 사람일까?

청년 시절에는 이런 의문을 품지 않았지만, 각기 다른 스타일의 혁신적인 상사 세 명을 거치는 과정에서 경영하는 법을 훈련받으며, 그 답을 고민하게 됐다. 나는 대학원을 졸업하고 10년간 경영자가 해야 할 것과 하지 말아야 할 것, 경영자의 비전과 망상, 자신감과 오만, 창의성을 증진하는 경영 방식과 저해하는 경영 방식을 구분하는 법을 배웠다. 이처럼 헷갈리지만 흥미로운 문제들을 고민하면서 경영 수업을 받았고, 40년이 지난 지금도 끊임없이 이런 문제들을 고민하고 있다.

먼저 첫 번째 상사인 알렉스 슈어Alex Schure의 이야기로 시작해볼까 한다. 나는 1974년 뜬금없이 그의 여비서에게서 비행기 표를 예약하겠다는 전화를 받았다. 그녀는 곧 자신이 실수했다는 사실을 깨닫고는 전화를 툭

끊었다. 몇 분 뒤 전화벨이 다시 울렸다. 이번에는 어느 남직원의 목소리가 들렸다. 그는 알렉스 슈어가 애니메이션 제작과 컴퓨터 기술을 접목하는 연구를 위해 뉴욕 시 롱아일랜드 노스쇼어에 컴퓨터그래픽 연구소를 설립할 예정이라고 설명했다. 슈어가 억만장자이므로 예산이 부족하진 않을 것이라고 장담하며, 내게 컴퓨터그래픽 연구소 소장직에 지원할 의사가 있는지 물었다.

몇 주 후, 나는 뉴욕공과대학 컴퓨터그래픽 연구소 소장이 됐다.

성공한 기업가로서 1955년 뉴욕공과대학을 설립하고 총장을 역임한 슈어는 컴퓨터공학 분야에 전문지식이 전혀 없었지만, 컴퓨터 기술의 잠재력을 높이 평가했다. 그는 애니메이션 제작에 고급 인력이 많이 투입되는 것을 보고, 언젠가 컴퓨터가 애니메이터들을 대체할 것이라고 전망했다. 그래서 컴퓨터 기술 연구에 열정적으로 투자했고, 덕분에 컴퓨터그래픽 연구소는 당대 최고의 기술을 개발할 수 있었다(우리는 그의 전망에는 동의하지 않았지만 열정적인 지원에는 고마움을 느꼈다). 알렉스 슈어는 독특한 화법을 구사했다. 그가 말하는 문장은《이상한 나라의 앨리스》에 등장하는 미친 모자 장수처럼 과장된 표현, 그릇된 추론, 압운시가 뒤섞여 있었다. 이를테면 "우리의 비전은 시간을 단축하고, 궁극적으론 시간을 없앨 것입니다" 하는 식이었다. 한 동료는 그의 화법을 '단어 샐러드'라고 불렀다. 슈어와 함께 일하는 사람들은 종종 그의 얘기를 이해하지 못해 곤혹스러워했다. 그는 은밀한 야망을 품고 있었다(뭐, 그리 은밀할 것도 없다). 제2의 월트 디즈니가 될 생각이 없다고 거의 매일 말했던 것이다. 하도 자주 말해서 우리 모두 그가 제2의 월트 디즈니가 되고 싶어 한다고 생각하게 됐다. 내가 컴퓨터그래픽 연구소 소장이 될 무렵 알렉스 슈어는 〈터비 더 튜바Tubby the Tuba)라는 수작업 애니메이션 제작을 지휘했다. 사실 이 작품은 운이 없었다. 컴퓨터그래픽 연구소에는 애니메이션 제작 기술을 훈련받은 사람도, 제작 감성을 지닌 사람도 없었다. 결국 극장에 개봉하긴 했지만, 이 작품은 소리 소문 없이 사라지고 말았다.

자신의 능력을 과대평가한 감이 있지만, 알렉스 슈어의 선견지명은 높이 평가할 만하다. 그는 언젠가 애니메이션 산업에서 컴퓨터가 중요한 위상을 차지할 것이란 사실을 놀랍도록 정확히 예측하고, 이 비전을 실현하기 위해 거액을 투자했다. 많은 사람이 몽상으로 치부한 수작업 애니메이션과 컴퓨터 기술의 접목에 꾸준히 투자한 그 덕분에 컴퓨터그래픽 연구소는 많은 기술 혁신에 성공했다.

슈어는 나를 영입하자마자, 내게 팀을 조직할 수 있는 권한을 위임했다. 이 점은 높이 평가해야 할 부분이다. 그는 자신이 채용한 사람들을 완전히 신뢰했다. 이는 그의 미덕이자, 나중에 나 자신도 배우고 실천하고자 노력한 부분이다. 함께 일할 사람을 뽑기 위해 최초로 면접한 사람 중에 앨비 레이 스미스Alvy Ray Smith가 있다. 그는 뉴욕대학과 캘리포니아대학 버클리캠퍼스(UC버클리)에서 강의하고, 팰러앨토 시의 제록스 파크 연구소Xerox PARC에서 잠시 연구한 경력이 있었다. 카리스마 넘치는 텍사스 출신 컴퓨터공학 박사인 그를 만났을 때 나는 갈등을 느꼈다. 솔직히 컴퓨터그래픽 연구소를 이끌기에 나보다 적합한 인재로 보였기 때문이다. 당시 내가 느꼈던 불편한 감정이 아직도 머릿속에 생생하다. 언젠가 이 남자에게 내 자리를 뺏길 수도 있겠구나 하는 생각에 위기감이 들었다. 하지만 어쨌든 그를 채용했다.

이 같은 결정을 자신감의 발로라고 해석할 독자도 있을지 모르겠다. 하지만 4년간 동료들과 연구에 몰두하느라 누군가를 채용하거나 관리한 적도 없고 조수를 둔 적도 없다가 덜컥 연구소 소장이 된 스물아홉 살 청년이 자신감에 차 있었다고 말한다면 허풍일 것이다. 나는 컴퓨터그래픽 연구소를 유타대학을 떠날 때 세운 목표를 추구할 수 있는 장소로 보았다. 컴퓨터그래픽 연구소에서 내 꿈을 추구하려면 가장 영리한 인재들을 끌어 모아야 했다. 그러려면 내 자리를 뺏길지도 모른다는 불안감을 떨쳐버려야 했다. 다행히 내 머릿속에는 '도전에 직면했을 때는 더 영리한 인재들이 필요하다'라는 고등연구계획국의 교훈이 자리 잡고 있었다.

그래서 더 영리한 인재들을 채용하려고 노력했다. 그 결과, 앨비 레이 스미스는 나와 가장 가까운 친구이자 가장 신뢰하는 동료가 됐다. 그 후 나는 나보다 똑똑한 사람을 채용하는 것을 신조로 삼았다. 경영자가 뛰어난 인재들을 채용할 때 누릴 수 있는 확실한 이점은, 그들이 기업을 혁신하고 성과를 내는 덕분에 기업은 물론 경영자까지도 더 돋보이게 만든다는 것이다. 나는 특히 더 많은 혜택을 누렸다. 앨비 레이 스미스를 채용한 결정으로 나는 경영자의 길에 접어들었다. 그를 채용함으로써 뛰어난 인재에게 내 자리를 뺏길 것이란 공포를 극복했고, 이런 공포가 근거 없는 것이라는 사실도 깨닫게 됐다. 솔직히 안전해 보이지만 사실은 그리 안전하지 않은 길을 택하는 경영자들을 많이 봤다. 결국 스미스를 채용함으로써 리스크를 짊어졌지만, 최고의 보상(영리하고 헌신적인 동료)을 얻었다. 나는 대학원 시절에 유타대학 대학원 같은 연구 환경을 조성하는 방법을 고민했는데, 컴퓨터그래픽 연구소에서 그 방법을 터득했다. 그 방법이란 비록 자신에게 위협이 될 것처럼 보일지라도 언제나 더 나은 인재에게 기회를 주는 것이다.

컴퓨터그래픽 연구소에서 우리는 한 가지 목표에 초점을 맞췄다. 즉, 애니메이션과 컴퓨터그래픽 분야에서 컴퓨터의 한계를 뛰어넘는 것이다. 이후 이런 목표를 천명하고 이 분야에서 최고의 인재들을 끌어 모으기 시작했다. 연구소 직원의 수가 늘어날수록 그들을 적절하게 관리할 필요성도 커졌다. 나는 유타대학 대학원에서 경험한 바를 반영해 수평적 조직 구조를 만들었다. 중간관리자들에게 보고받는 수직적 구조로 연구소를 조직할 경우, 조직 관리에 너무 시간을 허비해 정작 내가 하고 싶은 연구에 쏟을 시간이 부족해질 것이라는 우려도 그런 결정에 한몫했다. 모든 직원에게 자기 나름의 페이스대로 업무를 진행하도록 권한을 위임하는 수평적 구조는 한계도 있지만 강한 동기를 가진 자기 주도적 인재들에게 자율성을 부여해 단기간에 놀라운 기술 도약을 가능케 했다. 컴퓨터그래픽 연구소 직원들은 모두 힘을 합쳐 수작업 애니메이션과 컴퓨터 기술을 통합하는 방법을 연구해 큰 성과를 거두었다.

컴퓨터그래픽 연구소에서 내가 낸 성과 중 하나는 1977년에 개발한 '자동 동화 작업automatic inbetweening'을 수행하는 '트윈Tween'이라는 2D 애니메이션 프로그램이다. 동화 작업은 원화가(키 애니메이터)가 그린 원화들 사이의 프레임에 해당하는 중간 동작 그림을 그리는 과정을 말한다. 트윈 프로그램을 사용하지 않고 수작업으로 이런 동화들을 제작하려면 많은 비용과 노동력이 든다.

컴퓨터그래픽 연구소 직원들이 고민한 기법 중에 '모션 블러motion blur'라는 것이 있다. 일반적인 애니메이션, 특히 컴퓨터 애니메이션으로 제작한 이미지는 움직일 때도 초점이 완벽하게 맞아 윤곽이 선명하다. 이는 좋은 것처럼 들리지만, 사람들은 완벽하게 초점이 맞아 윤곽이 선명한 채로 이동하는 이미지를 보면 움직임이 어색하다고 인식한다. 실사영화를 볼 때는 이런 문제가 생기지 않는다. 실사영화 카메라는 움직이는 물체의 윤곽이 희미하게 뭉개져 생기는 잔상을 포착하기 때문이다. 인간의 두뇌는 이런 뭉개짐을 자연스러운 현상으로 인식한다. 컴퓨터그래픽 연구소 직원들은 인간의 눈에 자연스러워 보이는 애니메이션을 만들고자 애니메이션에 잔상효과를 도입할 방법, 즉 모션 블러를 연구했다. 사람들의 눈에 부자연스럽게 보일 경우, 컴퓨터 애니메이션의 미래는 없을 것이기 때문이었다.

모션 블러를 연구한 회사가 몇 곳 있었지만, 대부분 자사의 기술과 연구 내용을 외부로 유출하지 않으려고 CIA처럼 철저하게 기밀을 지켰다. 세계 최초의 컴퓨터 애니메이션 영화를 제작하고자 경쟁을 벌이고 있는 사이였기에, 자사의 연구 내용을 다른 회사와 공유하려 하지 않았던 것이다. 하지만 나는 앨비 레이 스미스와 상의한 끝에 컴퓨터그래픽 연구소의 연구 내용을 외부인들과 공유하기로 결정했다. 우리가 축적한 연구 성과가 목표를 달성하기에는 너무나 부족하기 때문에 연구 성과를 독점한 채로 놔두면 오히려 목표에서 멀어지게 될 것이라고 생각했다. 컴퓨터그래픽 연구소는 컴퓨터그래픽 커뮤니티와 손을 잡고, 모든 연구 성과를 출판하고, 연구자들이 작성한 논문을 검토하는 위원회와 모든 주요 학술회의에 적극 참여했다.

투명성 제고의 효과는 즉각 나타나지 않았다(연구 내용을 공개하는 결정과 관련, 우리가 무언가 보상을 기대했던 것은 아니다. 우리는 연구 내용을 공개하는 것이 우리가 해야 할 옳은 일이라고 느꼈기에 그런 결정을 내렸다). 하지만 연구 내용을 공개함으로써 형성된 관계는 시간이 지남에 따라 당초 우리가 생각했던 것보다 훨씬 귀중한 가치를 지녔음이 입증됐다. 컴퓨터그래픽 분야의 인재들과 연구 성과를 공유한 덕분에 우리는 기술 진보에 박차를 가하고 창의적인 애니메이션 제작에 필요한 이해를 높일 수 있었다.

이런 미담과는 별개로, 당시 나는 연구소에서 진퇴양난의 처지에 놓여 있었다. 알렉스 슈어가 자금을 지원해준 덕분에 컴퓨터 애니메이션 분야를 혁신하는 데 필요한 인재들을 채용하고 장비를 구입할 수 있었지만, 영화를 제작할 줄 아는 인재를 구할 수는 없었다. 컴퓨터로 애니메이션을 제작하는 기술은 개발했지만, 작품의 이야기를 풀어나갈 스토리텔러storyteller가 없었다. 이런 한계를 알고 있던 앨비 레이 스미스와 나는 디즈니를 비롯한 애니메이션 스튜디오들에 조용히 접근해 컴퓨터그래픽 연구소의 컴퓨터 애니메이션 제작 기술을 활용할 생각이 없는지 타진했다. 관심을 보이는 애니메이션 스튜디오가 있으면, 스미스와 함께 컴퓨터그래픽 연구소에서 LA로 팀을 이전해 검증된 영화제작자, 각본가와 함께 작업할 작정이었다. 하지만 일이 잘 풀리지 않았다. 애니메이션 스튜디오들은 우리의 제안에 난색을 표했다. 1976년 할리우드 영화사들은 영화 제작에 컴퓨터 기술을 접목한다는 것은 상상도 하지 못했다. 하지만 한 남자가 〈스타워즈〉라는 영화로 고정관념을 깨버렸다.

∙ ∙ ∙

1977년 5월 25일, 〈스타워즈〉가 미국 전역에서 개봉했다. 이 영화의 파격적인 특수효과와 폭발적인 흥행 기록은 영화 산업을 완전히 다른 궤도에 올려놓았다. 갓 서른두 살이 된 감독 겸 각본가 조지 루카스는 이제 막 출발했을 뿐이었다. 그가 설립한 영화사 루카스필름, 그리고 특수효과 전문 회사 인더스트리얼 라이트 앤드 매직ILM, Industrial Light & Magic은 시각효과와 사운드 디자인sound design(가상의 소리를 창조하거나 기존 소리를 섞어 새로운 소리를 만드는 작업 - 옮긴이) 분야의 도구 개발에 앞장섰다. 조지 루카스는 〈스타워즈〉의 성공 덕에 대담한 도전에 나설 자금을 마련할 수 있었다. 어느 영화사도 컴퓨터그래픽 기술부서를 둘 생각을 하지 못했던 1979년 7월, 루카스는 '그래픽스 그룹Graphics Group'이란 부서를 신설한다고 발표했다.

그는 그래픽스 그룹을 운영할 경영자를 찾았다. 무엇보다 컴퓨터 기술에 정통할 뿐 아니라 영화를 사랑하고, 영화와 컴퓨터 기술이 공존 가능하며 서로 도움이 되는 관계라고 믿는 인재를 원했다. 조지 루카스가 이런 인재를 찾아 나선 덕분에 나와 인연이 닿을 수 있었다. 어느 날 오후, 루카스의 핵심 측근이며 ILM의 핵심 인사이자 특수효과의 선구자인 리처드 에드런드Richard Edlund가 내 사무실을 방문했다. 그는 "스타워즈Star Wars"라는 글자가 큼직하게 박힌 버클을 단 혁대를 차고 있었다. 나는 그와 만난다는 사실을 알렉스 슈어에게 들킬까 봐 전전긍긍했다. 어쨌든 슈어는 이 만남을 눈치채지 못했다. 리처드 에드런드는 내가 보여준 컴퓨터 기술에 만족한 것처럼 보였다. 몇 주 뒤, 나는 루카스필름이 신설할 컴퓨터 기술부서 책임자 자리에 지원하고자 캘리포니아주에 있는 루카스필름 본사로 갔다.

처음 만난 면접관은 밥 긴디Bob Gindy로, 그래픽스 그룹 임원 면접관으로서는 뜻밖에도 조지 루카스의 개인 건축 프로젝트도 맡고 있었다. 그가 첫 질문을 던졌다. "이 업계에서 당신 외에 이 직책의 적임자로 누가 있을까요?" 나는 컴퓨터 기술 분야에서 인상적인 업적을 쌓고 있던 여러 사람의 이름을 주저 없이 늘어놓았다. 내 경쟁 상대가 될 수도 있는 사람들의 이름을 거리낌 없이 얘기한 것은 유타대학에서 형성된 가치관이 반영된 결과였다. 나는 유타대학 시절부터 어려운 문제를 풀려면 여러 사람이 동시에 달려들어야 한다고 믿었다. 훗날 알게 된 사실이지만, 루카스필름은 나를 면접하기 전에 내가 말한 인재들을 이미 모두 면접했고, 내게 던진 질문과 똑같은 질문을 그들에게도 던졌다. 면접관에게 다른 인재들의 이름을 제시한 사람은 나밖에 없었다. 확실히 조지 루카스 회사의 임원 자리는 누구나 탐낼 만했다. 그러나 면접에서 경쟁자들의 이름을 얘기하지 않는 행동은 극심한 경쟁심의 발로일 뿐 아니라 자신감 부족의 증거로 받아들여졌다. 이윽고 루카스와 대면했다.

그를 만나러 가는 길에 전에 없이 긴장했다. 그는 〈스타워즈〉 이전에도 1973년 개봉작 〈청춘낙서American Graffiti〉로 각본가, 감독, 프로듀서로서의 재능을 입증했다. 반면 나는 돈이 많이 드는 꿈을 좇는 컴퓨터공학자였을 뿐이다. LA 촬영장에 도착해 루카스를 만나보니 나와 상당히 비슷하다는 인상을 받았다. 우리는 둘 다 30대 초반이었고, 마르고 턱수염을 기르고 안경을 썼으며, 맹목적으로 집중해서 일했고, 할 말만 하고 딱히 할 말이 없을 때는 침묵했다. 그를 만나자마자 그의 철두철미한 실용성에 감명받았다. 조지 루카스는 단순히 재미 삼아 영화와 기술을 접목하려는 감독이 아니었다. 그가 디지털 옵티컬 프린팅digital optical printing(특수기구로 완성된 필름을 또 다른 필름에 재촬영하는 것 – 옮긴이), 디지털 오디오, 디지털 비선형 편집digital non-linear editing(디지털화한 영상 데이터를 하드디스크에 보존해 영상을 편집하는 기술 – 옮긴이), 컴퓨터그래픽 등의 기술에 관심을 보인 이유는 어디까지나 기술이 영화 제작 과정에 새로운 가치를 더할 수 있다고 믿었기 때문이다. 나도 컴퓨터 기술이 영화 제작 과정에 새로운 가치를 더할 수 있다고 확신했다. 그 자리에서 루카스에게 이 같은 신념을 밝혔다. 훗날 그는 내 정직성과 명확한 비전, 컴퓨터 기술의 가능성에 대한 확고한 신념이 마음에 들어서 나를 채용했다고 털어놓았다. 면접이 끝나고 오래 지나지 않아 나를 채용하겠다는 연락이 왔다.

캘리포니아주 샌엔젤모에 있는 2층짜리 루카스필름 그래픽스 그룹 가건물에 첫 출근할 때, 나는 목표를 하나 세웠다. 직원들을 관리하는 방법을 재정립하는 것이었다. 컴퓨터그래픽 연구소의 애니메이션 작품보다 유명하고 더 많은 제작비용이 투입되고 훨씬 충격적인 야심찬 작품을 제작하는 것이 조지 루카스의 목표였다면, 내 목표는 직원들이 이런 작품을 제작하는 일에 최대한 기여하도록 관리하는 것이었다. 컴퓨터그래픽 연구소 시절에 나는 유타대학에서 경험한 수평적 조직 구조를 구축했다. 그 덕분에 연구소 직원들은 많은 재량권을 누리며 연구할 수 있었고, 나는 그 결과에 비교적 만족했다. 하지만 루카스필름에 들어와 보니, 우리 팀원들은 공동 목표를 달성하고자 힘을 합쳐 일하는 팀이라기보다는 대학원생들(각자 자신이 정한 프로젝트를 연구하는 독립적인 사상가들)에 가까웠다. 연구소는 학교가 아니지만 그들은 대학원생 같은 사고방식에서 벗어나지 못했다. 루카스필름으로 이직한 뒤 그래픽팀, 비디오팀, 오디오팀을 관리할 임원들을 채용하고, 그들에게 보고를 받았다. 수직적 직급 구조를 조직에 일부 도입할 필요를 느꼈지만, 이런 위계질서가 문제를 일으킬까 봐 걱정됐다. 한편으로는 꺼림칙했지만 다른 한편으로는 도입의 필요성을 인정할 수밖에 없었기에 천천히 조심스럽게 바꿔나갔다.

1979년 샌프란시스코 부근에서 루카스필름보다 컴퓨터 애니메이션을 제작하기에 좋은 일자리를 제공하는 회사는 없었다. 실리콘밸리에서는 컴퓨터 기업이 우후죽순처럼 생겨나고 있어서 여기저기서 명함을 받느라 명함첩이 금세 가득 찼다. 컴퓨터로 처리해야 하는 업무 종류도 급증했다. 내가 캘리포니아주에 도착하고 얼마 뒤, 빌 게이츠Bill Gates가 경영하는 마이크로소프트Microsoft는 IBM이 새로 출시하는 개인용 컴퓨터에 탑재할 운영체제를 제작하기로 합의했다. 마이크로소프트와 IBM의 만남은 이후 미국인들이 일하는 방식을 획기적으로 바꾸었다. 1년 뒤, 아타리Atari가 최초의 가정용 콘솔 게임기를 출시했다. 이로써 미국인들은 오락실에서 인기를 끈 스페이스 인베이더Space Invaders, 팩맨Pac-Man 같은 게임들을 거실에서 즐길 수 있게 됐다. 현재 가정용 게임기의 세계 시장 규모는 650억 달러가 넘는다.

세상은 그야말로 급변하고 있었다. 내가 대학원생이던 1970년에는 IBM과 메인프레임 컴퓨터 기업 일곱 곳(이 기업군에는 'IBM과 일곱 난쟁이'라는 별명이 붙었다)에서 제조한 거대한 컴퓨터를 사용했다. 컴퓨터실에는 높이 1.8미터, 폭 60센티미터, 두께 35센티미터에 달하는 육중한 컴퓨터 장비들이 줄지어 있었다. 내가 컴퓨터그래픽 연구소에 취직한 1975년에는 옷장만 한 크기의 미니컴퓨터가 각광받았는데, 매사추세츠에 본사를 둔 디지털 이큅먼트Digital Equipment가 미니컴퓨터의 선두주자였다. 루카스필름으로 이직한 1979년에는 워크스테이션 컴퓨터가 각광받았다. 이 분야에선 썬마이크로시스템즈, 실리콘그래픽스 같은 실리콘밸리 신흥 기업들이 IBM과 각축전을 벌였다. 하지만 1979년에도 이미 모든 사람이 워크스테이션은 PC 시대로 가기 위해 잠시 들른 정거장에 불과하다는 점을 꿰뚫고 있었다. 이처럼 급격하게 진화하는 컴퓨터 기술은 혁신할 의지, 혁신할 능력이 있는 자들에게 무한한 기회를 제공하는 것 같았다. 실리콘밸리는 부자가 될 수 있다고 유혹하며 명석하고 야심찬 인재들을 자석처럼 끌어들였다. 그 결과, 컴퓨터 산업 분야에선 경쟁이 격화되고 그만큼 리스크도 커졌다. 기존 비즈니스 모델은 계속 도전에 직면했다.

　루카스필름 본사는 실리콘밸리에서 차를 타고 북쪽으로 한 시간 거리, 할리우드에서 비행기를 타고 한 시간 거리인 마린 카운티에 있었다. 우연히 이런 곳에 자리 잡은 게 아니다. 조지 루카스는 자신을 영화제작자로 생각했기 때문에 실리콘밸리에서 일하고 싶어 하지 않았다. 그렇다고 할리우드가 있는 LA 부근에서 일할 마음도 없었다. 할리우드 근처에는 창작을 억압하는 진부하고 어색한 분위기가 감돈다고 생각했다. 그래서 그는 실리콘밸리와 할리우드에서 어느 정도 거리를 둔 장소에 섬처럼 떨어진, 영화나 컴퓨터 산업 문화에 치우치지 않고 영화 산업 인재도, 컴퓨터 산업 인재도 두루 포용할 수 있는 커뮤니티를 만들었다. 그 결과, 루카스필름 본사는 학술연구소 같은 분위기를 풍겼다. 나는 훗날 픽사의 기업문화를 조성할 때 이런 환경을 참고했다. 루카스필름은 직원들의 실험정신을 높이 평가했지만, 수익을 올려야 한다는 기업 특유의 압박도 존재하는 곳이었다. 다시 말해, 루카스필름 직원들은 수익을 내야 한다는 한 가지 이유 때문에 문제 해결에 달려들었다.

　나는 앨비 레이 스미스를 그래픽팀 책임자로 임명했다. 그래픽팀의 첫 임무는 블루스크린을 활용한 디지털 영상 기법을 개발하는 것이었다. 블루스크린은 하나의 이미지(예컨대, 파도를 타는 남자)를 별개의 이미지(예컨대, 30미터 높이의 파도)와 합성하는 기법이다. 디지털 영상 기법을 개발하기 전, 루카스필름은 정교한 광학 장치를 사용해 수작업으로 특수효과를 냈다. 특수효과팀은 이런 수고스러운 방식에 안주하려고 했다. 우리는 이들이 디지털 영상 기법을 받아들이도록 설득해야 했다. 스미스가 이끄는 그래픽팀은 필름을 스캔하고 실사 이미지와 특수효과 이미지를 합성해 결과물을 녹화하는 일에 특화된 컴퓨터를 설계하기 시작했다. 이 일을 마치는 데 4년 정도 걸렸다. 우리는 이 컴퓨터를 '픽사이미지컴퓨터Pixar Image Computer'라고 명명했다.

'픽사Pixar'란 이름은 어떻게 만들어졌을까? 픽사란 이름은 앨비 레이 스미스와 로렌 카펜터Loren Carpenter의 머리에서 나왔다. 텍사스주와 뉴멕시코주에서 유년기를 보낸 스미스는 스페인어에 친숙했고, '레이저laser' 같은 일부 영어 명사가 스페인어 동사처럼 보이는 현상을 흥미로워했다. 그는 '그림들을 제작하다to make pictures'라는 의미를 담은 가상의 스페인어 동사 '픽서pixer'를 만들어내 새로운 컴퓨터의 이름으로 추천했다. 한편 로렌 카펜터는 '레이더Radar'라는 이름이 더 하이테크적인 느낌이 난다고 생각했다. 두 사람은 이 둘을 합쳐 '픽사pixar'라는 이름을 생각해냈다.

루카스필름 내부에서도 특수효과 전문가들은 상대적으로 컴퓨터그래픽 기술에 무관심했던 반면, 필름 편집자들은 컴퓨터그래픽 기술을 도입하는 데 공공연하게 반대했다. 그럼에도 우리는 조지 루카스의 요청에 따라 컴퓨터로 필름을 편집할 수 있는 비디오 편집 시스템을 개발했다. 루카스는 촬영한 장면들을 컴퓨터 파일로 저장해뒀다가 나중에 쉽고 빠르게 편집할 수 있는 프로그램을 원했다. 내가 컴퓨터그래픽 연구소에서 영입한 컴퓨터 프로그래머 랄프 구겐하임Ralph Guggenheim이 이 프로그램의 제작 프로젝트를 지휘했다(구겐하임은 카네기멜론대학에서 영화 제작 관련 학위를 받기도 했다). 루카스가 원한 프로그램은 너무도 시대를 앞선 것이라서 이런 프로그램을 돌리기 위한 컴퓨터 하드웨어조차 존재하지 않았을 정도다(그래서 구겐하임은 어쩔 수 없이 레이저 디스크를 사용한 정교한 하드웨어 체제를 임시방편으로 제작했다). 이런 물리적 한계는 변화에 대한 사람들의 저항에 비하면 진보를 잠시 늦춘 사소한 장애물에 불과했다.

조지 루카스는 새로 개발한 비디오 편집 시스템을 제작 현장에 도입하길 원했지만, 루카스필름 편집자들은 일제히 반대했다. 이들은 면도날로 필름을 조각내 원하는 장면들끼리 붙이는 기존 편집 방식에 익숙했기 때문에 새로운 편집 방식을 도입할 필요성을 느끼지 못했다. 단기적으로는 적응하느라 오히려 작업 속도를 떨어뜨릴 게 뻔한 변화에 관심이 없었다. 이들에게 변화는 불편했다. 랄프 구겐하임이 제작한 프로그램을 현장에서 시험할 때 편집자들은 참가하길 거부했다. 우리는 새로 개발한 프로그램이 영화 편집 과정에 혁명을 일으킬 것이라고 확신에 차 설명했고 루카스도 새로 개발한 프로그램을 지지했지만, 편집자들은 신경 쓰지 않았다. 새로 개발한 시스템을 현장에서 사용해야 할 사람들이 저항하니 기술 진보는 당연히 중단됐다.

어떻게 해야 할까? 이 문제를 편집자들에게 맡기면 새로운 도구가 개발되는 일도, 기술 개선도 없을 게 분명했다. 편집자들은 컴퓨터 사용이 자신의 업무를 수월하게 하거나 성과를 향상시킬 것이라고 생각하지 못했기에, 변화가 자신에게 이로울 것이라고 보지 않았다. 그렇다고 해서 제작 과정에서 편집자들의 피드백 없이 무작정 새로운 시스템을 설계한다면 편집자들에게 쓸모없는 도구가 만들어질 위험이 있었다. 우리가 혁신의 가치를 확신하는 것만으로는 충분하지 않았다. 혁신의 결과로 나온 도구를 사용할 사람들의 동조가 필요했다. 이들의 동조가 없으면 기술 혁신 계획을 포기할 수밖에 없었다. 경영자들이 좋은 아이디어를 내놓는 것만으로는 충분하지 않다. 이 아이디어를 도입해 실제로 일할 사람들의 지지를 얻을 수 있어야 한다. 나는 이런 교훈을 뼈저리게 느꼈다.

루카스필름에서 일하던 시절, 사실 경영자로서의 중책에 짓눌려 내 능력의 한계를 절감했다. 더 강압적인 경영 스타일을 채택해야 할지 고민했다. 중간관리자들에게 권한을 위임해 나름대로 위계질서를 세우려 했지만, 나 역시 거대한 루카스필름 제국의 명령 계통에서 상부의 지시를 받는 관리자였을 뿐이다. 당시 밤늦게 지쳐서 집으로 돌아갈 때마다 느꼈던 감정이 아직도 기억난다. 각양각색의 말(일부는 순종적이고, 일부는 완전히 야생마고, 일부는 나머지 말들의 속도를 따라가기 벅찬 조랑말) 등에 올라타 균형을 잡는 기수가 된 기분이었다. 말들이 가는 방향을 조정하는 것은 고사하고, 말 등에서 떨어지지 않으려고 균형을 잡는 일조차 힘이 들었다.

경영자로서 나는 엄청나게 고생했다. 아무도 나를 붙잡고 조언해주지 않았다. 경영서적들을 읽어봤지만 대부분 특별한 내용 없이 공허한 책들뿐이었다. 그래서 조지 루카스가 어떻게 경영하는지 관찰했다. 루카스의 경영철학은 그가 쓴 요다의 대사에서 엿볼 수 있다. "한다, 하지 않는다, 둘뿐이다. 해본다는 말은 없어Do, or do not. There is no try." 그는 복잡한 인생사를 깔끔하게 정리해주는 소박한 비유를 좋아했다. 그리고 20제곱킬로미터 부지에 직원들이 거주할 건물과 영화 제작 시설을 갖춘 마을 '스카이워커 목장Skywalker Ranch'을 개발하는 고된 작업을 선장은 밖으로 내쫓기고 선체가 반 토막 난 배가 강을 따라 내려가는 것에 비유했다. 그는 이렇게 말했다. "어쨌든 목적지에는 도착할 겁니다. 열심히 노를 저어 계속 앞으로 나갑시다!"

루카스가 즐겨 사용하는 비유 중 하나는 기업을 건설하는 과정은 역마

차를 타고 서부로 가는 것과 같다는 것이다. 서부로 가는 긴 여정에서 개척자들은 확고한 목표를 가지고 있기에 목적지에 도달하기 위해 서로 똘똘 뭉친다. 그러다 목적지에 도착하면 개척자들은 각자 살 길을 찾아 자연스럽게 흩어진다. 조지 루카스는 아직 도달하지 않은 목표를 향해 움직이는 과정 그 자체를 이상적으로 보았다.

비유야 어떻든, 그는 경영을 장기적 관점에서 생각했다. 미래의 가능성을 믿었고, 미래를 창조해낼 자신의 능력을 믿었다. 젊은 영화제작자 조지 루카스는 〈청춘낙서〉로 성공을 거두고 차기작 〈스타워즈〉 제작에 착수했을 때, 영화사에 더 높은 급료를 요구하라는 주변의 조언을 받았다. 〈스타워즈〉는 많은 예산이 투입된, 할리우드에서도 기대를 모으는 작품이니 이번 기회에 몸값을 높이라는 조언이었다. 하지만 루카스의 생각은 달랐다. 그는 임금 인상을 포기하는 대신 〈스타워즈〉 저작권과 관련 상품의 판권을 달라고 영화사에 요구했다. 〈스타워즈〉 배급을 맡은 20세기 폭스는 이 영화로 큰돈을 벌 수 있을 것으로 생각하지 않았기 때문에 그의 제안을 흔쾌히 받아들였다. 조지 루카스는 〈스타워즈〉로 영화 산업에 일대 변화를 일으키면서, 20세기 폭스가 잘못 판단했음을 입증했다. 그는 자신에게 승부를 걸었고, 승부에서 이겼다.

···

1977년 개봉한 〈스타워즈〉가 대흥행한 후, 루카스필름은 유명한 인재들을 자석처럼 끌어들였다. 스티븐 스필버그Steven Spielberg부터 마틴 스콜세지Martin Scorsese까지 유명 감독들이 우리가 작업하는 과정, 우리가 개발한 새로운 특수효과나 영화에 사용할 신기술을 구경하고자 루카스필름을 잇달아 방문했다. 하지만 이런 유명한 감독들보다 더욱 내 관심을 끈 방문객들은 1983년 발렌타인데이 직후 루카스필름에 견학 온 디즈니 애니메이터들이다. 나는 그들을 안내하다가 헐렁한 청바지를 입은 레스터라는 청년이 우리가 하는 일에 관심을 보이는 것에 주목했다. 가장 먼저 눈에 띈 부분은 그의 호기심이었다. 우리가 '포인트라이스로 가는 길The Road to Point Reyes'이라고 이름 붙인 컴퓨터 애니메이션 이미지를 보여줬을 때, 그는 그 자리에 멈춰 서서 뚫어져라 바라봤다. 나는 '라이스Reyes'라는 소프트웨어 프로그램을 사용해 태평양을 바라보며 완만하게 꺾인 도로의 이미지를 제작했다고 설명했다. 여기서 라이스는 '눈에 보이는 모든 것을 렌더링한다Renders Everything You Ever Saw'는 뜻이자, 루카스필름에서 그리 멀지 않은 곳에 있는 해변 마을인 포인트라이스Point Reyes를 가리키는 말이다. 라이스는 당시 컴퓨터그래픽 분야의 최첨단 기술을 상징하는 소프트웨어 프로그램이었다. 레스터는 이 프로그램의 위력에 정신이 팔렸다.

나는 곧 그 이유를 알게 됐다. 그는 버림받은 토스터, 담요, 램프, 라디오, 진공청소기가 주인을 찾기 위해 숲속 오두막집에서 도시로 여행을 떠나는 이야기를 그린 애니메이션 〈용감한 토스터의 모험The Brave Little Toaster〉을 만들고 싶다고 얘기했다. 내가 보여준 컴퓨터 이미지처럼 이 애니메이션에서 컴퓨터로 제작한 배경에 손으로 그린 캐릭터들을 합성할 거라며, 곧 디즈니 애니메이션 스튜디오의 상사에게 제작을 건의할 계획이라고 설명했다. 그는 루카스필름이 이 애니메이션을 제작하는 과정에 참여할 수 있을지 물었다.

이 애니메이터의 이름은 존 래스터다. 당시에는 몰랐지만, 존 래스터는 루카스필름을 견학하고 나서 얼마 뒤 디즈니에서 해고당했다. 그의 상사들은 〈용감한 토스터의 모험〉이 래스터처럼 지나치게 아방가르드적이라고 느낀 것 같다. 그들은 그의 제안을 듣고 즉시 그를 해고했다. 몇 달 뒤, 나는 퀸메리 호텔에서 우연히 그와 마주쳤다. 롱비치에 있는 유서 깊은 퀸메리 호텔에서는 해마다 프렛대학 컴퓨터그래픽 심포지움이 열렸다. 당시 나는 그가 실직 상태라는 사실을 모른 채, 루카스필름에서 우리와 함께 첫 단편 애니메이션을 제작하지 않겠느냐고 제안했다. 그는 조금도 머뭇거리지 않고 즉시 내 제안을 받아들였다. 마치 이반 서덜랜드 교수가 제안한 교환학생 프로그램이 성사된 것처럼 감격스러운 순간이었다. 짧은 기간이라도 디즈니 애니메이터를 우리 팀에 합류시키면 우리에게 큰 도약의 발판이 마련될 게 분명했다. 이제야 제대로 된 시나리오 작가가 합류해 애니메이션을 제작할 수 있게 된 것이다.

존 래스터는 타고난 몽상가였다. 어린 시절 그는 스케치북에 나무 위의 집, 터널, 우주선을 그리며 몽상에 빠져 있기 일쑤였다. 그의 어머니는 고등학교 미술 교사였고, 아버지는 캘리포니아주 위티어에서 셰보레 자동차 판매망 부품 매니저로 일했다. 래스터는 아버지의 영향을 받아 평생 자동차에 집착했다. 그런데 나처럼 어렸을 때 애니메이션을 제작해 먹고사는 사람들이 있다는 것을 알고 나서 애니메이션 제작을 천직으로 생각했다. 이런 깨달음을 얻은 계기 역시 디즈니와 관련 있다. 고등학교 시절 도서관에서 밥 토머스Bob Thomas가 디즈니 스튜디오의 역사에 대해 서술한 책《애니메이션의 기술The Art of Animation》을 읽었던 것이다. 나와 처음 만났을 때 그는 지구상에서 월트 디즈니와 가장 깊은 인연을 맺고 있는 스물여섯 살짜리 청년이었다. 물론 칼아츠CalArts, California Institute of the Arts (1961년 월트 디즈니가 설립한 아트스쿨-옮긴이)에 입학해 디즈니 황금시대를 수놓은 예술가들 밑에서 애니메이션 제작 기법을 배웠다. 디즈니랜드 정글 크루즈 안내원으로 일한 적도 있는 그는 〈레이디와 트램프Lady and the Tramp〉란 디즈니 애니메이션을 오마주한 〈숙녀와 램프Lady and the Lamp〉란 작품으로 1979년 학생 부문 단편 애니메이션 아카데미상을 받았다. 〈숙녀와 램프〉의 주인공인 하얀 램프는 훗날 픽사 로고로 진화했다.

존 래스터가 디즈니에 입사했던 때는 디즈니 애니메이션의 침체기였다. 디즈니 애니메이션은 1961년 〈101마리 달마시안101 Dalmatians〉 이후 눈에 띄는 기술적 진보를 보이지 못했다. 상당수의 젊고 재능 있는 애니메이터가 자신의 아이디어에 가치를 부여하지 않는 수직적 직급 구조가 점점 굳어지는 추세에 실망해 디즈니를 떠났다. 그가 1979년 디즈니에 입사했을 때 프랭크 토머스, 올리 존스턴을 비롯한 '나인 올드 멘'은 은퇴 직전이었다. 그 당시 나인 올드 멘 중 가장 젊은 사람의 나이는 65세였다. 이들은 애니메이션 제작 일선에서 물러나, 역량은 그들보다 떨어지지만 수십 년간 디즈니 스튜디오의 허리를 담당해온 후배 애니메이터들에게 스튜디오를 맡겼다. 수십 년간 기다려 간신히 중역 자리를 물려받은 후배들은 자신들의 지위에 불안함을 느낀 나머지, 새로 획득한 권력을 젊은 애니메이터들이 재능을 발휘할 수 있도록 장려하는 데 쓰지 않고, 억압하는 데 썼다. 디즈니 스튜디오의 중역들은 젊은 애니메이터들의 창작 아이디어에 무관심했을 뿐 아니라 이들을 숨 막히게 짓눌렀다. 디즈니 스튜디오 중역들은 후배들이 자신보다 빠른 속도로 승진하는 것을 용납하지 못했다. 존 래스터는 디즈니에 입사하자마자 이런 비협조적 근무 환경에 불만을 느꼈다. 해고까지 당하자 더 충격을 받았다. 따라서 루카스필름에서 일해달라는 제안을 받자마자 기꺼이 수락했던 것이다.

래스터가 루카스필름에서 맡은 첫 번째 임무는 〈나와 앙드레의 아침식사My Breakfast with André〉라는 단편 애니메이션 제작을 돕는 것이었다. 루카스필름 직원들이 모두 좋아한 영화 〈나와 앙드레의 저녁식사My Dinner with André〉(1981년)를 오마주한 이 단편 애니메이션의 내용은 지극히 단순하다. 앙드레라는 로봇이 아침에 해가 뜨자 잠에서 깨, 하품을 하고, 몸을 쭉 펴는 모습과 앙드레의 주변 세계를 컴퓨터 렌더링 기법으로 다채롭게 보여주는 것이다. 앨비 레이 스미스가 스토리보드를 그리고 프로젝트를 지휘했다. 이 프로젝트는 우리가 그동안 개발해온 새로운 애니메이션 제작 기술을 시험해볼 수 있는 기회였다. 스미스는 존 래스터가 도울 거라는 소식에 크게 기뻐했다. 래스터는 다른 루카스필름 직원들의 역량을 최대한 끌어냈다. 그의 넘치는 에너지가 이 작품을 살렸던 것이다.

초기 스토리보드를 본 래스터가 "몇 가지 지적해도 괜찮겠습니까?"라고 묻자, 스미스가 흔쾌히 말했다. "물론이죠. 그러라고 채용한 거니까요." 훗날 스미스는 이렇게 회상했다. "래스터는 내가 그린 스토리보드를 어떻게든 살리려고 애썼습니다. 나는 바보처럼 내가 애니메이터가 될 수 있을 거라고 생각했습니다. 그러나 솔직히 난 애니메이터로서 재능이 없었어요. 그럴듯하게 움직이는 그림을 그릴 순 있었지만, 캐릭터가 의식과 감정을 지니고 행동하는 것 같은 그림을 그릴 순 없었습니다. 그건 래스터가 할 수 있는 일이었죠." 존 래스터는 앙드레의 모습(공처럼 생긴 머리에 공처럼 생긴 코가 달린, 사람과 비슷하게 생긴 로봇)에 관해 몇 가지 개선점을 제안했다. 가장 탁월한 제안은 주인공 앙드레와 장단을 맞출 조연인 꿀벌을 추가하는 것이었다. 꿀벌 월리Wally의 이름은 〈나와 앙드레의 저녁식사〉의 주연 배우 월리스 숀Wallace Shawn의 이름에서 따온 것이다. 이 단편 애니메이션 제목은 〈앙드레와 꿀벌 월리의 모험The Adventures of André and Wally B〉으로 바뀌었다. 이 작품에서 앙드레는 숲속에서 자다가 꿀벌 월리가 얼굴 위를 맴돌자 잠에서 깨 도망치는데, 꿀벌이 계속 쫓아온다. 너무 단순하지만, 이것이 이 작품의 전체 플롯이다. 솔직히 우리는 이 작품에서 컴퓨터의 이미지 표현력에 초점을 맞추었고, 스토리에는 별로 신경 쓰지 않았다. 이런 단순한 플롯에서도 긴장감을 이끌어냈다는 데서 레스터의 천재성이 빛났다.

〈앙드레와 꿀벌 월리의 모험〉은 불과 2분짜리 단편 애니메이션인데도, 제작 과정에 너무 많은 시간을 허비한 탓에 기한이 촉박했다. 이 작품은 노동집약적 애니메이션이 아니지만, 새로운 애니메이션 기법을 개발해가면서 만들었기 때문에 통상 애니메이션을 제작하는 데 들어가는 것보다 훨씬 많은 시간과 노력이 들었다. 게다가 마감 기한이 얼마 남지 않았던 터라 제작진은 더욱 스트레스를 받았다. 우리가 정한 기한은 래스터가 루카스필름에 입사한 지 8개월 뒤인 1984년 7월이었다. 그때 미니애폴리스에서 시그래프 컨퍼런스SIGGRAPH, Special Interest Group on GRAPHics and Interactive Techniques가 열릴 예정이었기 때문이다. 시그래프 컨퍼런스는 해마다 한 번 일주일간 학자, 교육자, 예술가, 하드웨어 기업가, 대학원생, 프로그래머 등 컴퓨터그래픽업계 관계자들이 모여 업계의 최신 동향을 파악하는 학회다. 시그래프 컨퍼런스에선 전통적으로 화요일 저녁에 그해의 가장 흥미로운 영상 작품을 상영했다. 그때까지 이 행사에서 상영된 작품은 대부분 15초짜리 TV 뉴스 로고 영상(예컨대, 회전하는 지구나 펄럭이는 미국 국기의 모습) 혹은 과학적 내용을 담은 영상(나사가 발사한 보이저 2호가 토성을 지나가는 영상 또는 1977년 보이저 1호에 담긴 타임캡슐을 묘사한 영상)이었다.

〈앙드레와 꿀벌 윌리의 모험〉은 이 컨퍼런스에서 최초로 상영하는 컴퓨터 캐릭터 애니메이션이 될 터였다.

시간이 지날수록 기한을 지키지 못할 것 같다는 생각이 강하게 들었다. 우리는 더욱 선명하고 생동감 있는 컴퓨터그래픽 이미지를 만들기 위해 작품의 배경을 숲으로 정했다. 숲속의 나뭇잎을 표현하려면 당시 루카스필름의 애니메이션 제작 역량을 극한까지 발휘해야 했다. 하지만 숲의 이미지를 표현하는 데 얼마나 많은 컴퓨터 자원과 시간이 필요한지 정확히 예측하지 못했다. 작품의 골격은 제때 제작했지만 마무리 작업이 늦어진 탓에 일부 영상은 채색 작업을 마치지 못해 화면에 캐릭터의 골격인 와이어프레임 이미지^{wire frame image}(폴리곤이라고 불리는 삼각형 및 다각형을 무수히 덧붙여서 만든 3D 이미지에 색상을 입히지 않은 상태 – 옮긴이)만 등장했다. 시그래프 컨퍼런스에서 〈앙드레와 윌리 꿀벌의 모험〉을 상영할 당시, 이런 와이어프레임 이미지가 나올 때마다 우리는 돌처럼 굳었다. 그런데 놀라운 일이 벌어졌다. 상영 후 내가 만난 사람들 대부분이 스토리의 흡입력에 정신이 뺏겨 이 작품에 와이어프레임이 나왔는지조차 눈치채지 못했다고 말했다. 내가 애니메이션업계에서 경력을 쌓으면서 계속 마주친 현상을 처음 경험한 순간이었다. 애니메이션에서 이야기를 예술적으로 제대로 표현하면 관객들은 종종 시각적 결점에 신경을 쓰지 않는다.

∙∙∙

1983년 조지 루카스는 마시아^{Marcia}와 이혼했다. 이는 루카스필름의 현금흐름에 상당한 타격을 입혔다. 루카스의 야망은 조금도 줄어들지 않았지만, 이혼 비용을 충당하느라 일부 사업을 정리해야 했다. 당시 나는 루카스필름 그래픽스 그룹 직원으로, 장편 컴퓨터 애니메이션을 제작하길 꿈꿨지만, 루카스가 이런 꿈을 공유하지 않는다는 사실을 차츰 깨닫게 됐다. 그의 주요 관심사는 어디까지나 컴퓨터를 사용해 실사영화의 영상을 개선하는 것이었다. 조지 루카스의 목표와 그래픽스 그룹 직원들의 목표가 겹치는 동안에는 서로 함께 갈 수 있었다. 하지만 자금 압박을 받자 그는 그래픽스 그룹을 매각하기로 결심했다. 그래픽스 그룹의 주요 자산은 픽사이미지컴퓨터 사업이었다. 픽사이미지컴퓨터는 실사영화의 프레임을 처리하기 위해 설계됐지만, 영상 작업이 필요한 디자인업체, 의료기관, 정부기관에서 다용도로 쓰일 수 있다는 사실이 입증됐다.

1984년은 내 인생에서 가장 크게 심적 압박을 받은 해 중 하나다. 조지 루카스가 루카스필름을 구조조정하기 위해 현장에 보낸 관리팀은 현금흐름에 가장 신경 쓰는 것처럼 보였다. 그리고 시간이 흐를수록 그래픽스 그룹을 매각하겠다는 의사를 공공연하게 드러냈다. 관리팀을 이끄는 두 남자는 성은 다르지만 이름은 같았는데, 그래픽스 그룹의 업무를 전혀 이해하지 못했다. 앨비 레이 스미스와 나는 이들에게 '꽁생원the Dweebs'이란 별명을 붙였다. 이들은 경영 컨설팅 용어들을 마구 늘어놓았지만(이들은 자신의 "기업가적 직감"을 자랑하며, 우리에게 "전략적 제휴strategic alliance"를 맺어야 한다고 끊임없이 주장했다) 어떻게 해야 그래픽스 그룹이 구매자에게 매력적으로 보일지, 어떤 구매자를 찾을지에 대해서는 어떤 통찰력도 보이지 못했다. 이들은 어느 날 스미스와 나를 사무실로 부르더니, 그래픽스 그룹이 매각될 때까지 비용을 절감하기 위해 일부 직원을 해고해야겠다고 말했다. 이들은 그래픽스 그룹을 인수할 기업을 찾으면 해고 직원들을 다시 채용하는 방안을 논의할 것이라고 했다. 우리는 해고 제안에 가슴이 아팠을 뿐 아니라, 이들이 그래픽스 그룹의 셀링 포인트를 잘못 알고 있는 데 마음이 불편해졌다. 만약 어떤 기업이 그래픽스 그룹을 인수하려 한다면, 그 목적은 그래픽스 그룹이 그때까지 모은 재능 있는 인재들을 활용하려는 것일 터였다. 이런 인재들을 해고한다면 그래픽스 그룹은 빈 껍데기만 남는 것이나 마찬가지였다.

관리팀 책임자들이 해고 직원 명단을 제출하라고 요구했을 때, 앨비 레이 스미스와 나는 우리 두 사람의 이름을 써냈다. 이는 관리팀의 해고 계획이 진행되는 것을 일시적으로나마 중단시켰다. 그러나 1985년이 다가오면서 빨리 인수기업을 찾지 못하면 그래픽스 그룹이 언제 문을 닫을지 모른다는 강한 예감이 들었다.

루카스필름은 현금 1500만 달러에 그래픽스 그룹을 팔고 싶어 했지만, 숨겨진 장애물이 있었다. 그래픽스 그룹은 그동안 축적한 원천기술을 활용해 제품을 생산하고 독자적인 조직으로 자립하기 위해 1500만 달러를 추가로 투자하는 사업계획을 세워놓았다. 그래픽스 그룹을 매입하려고 접촉한 벤처캐피털리스트들은 우리의 사업계획에 난색을 표했다. 벤처캐피털리스트들은 대개 매입한 기업에 이처럼 대규모 현금 투자를 하지 않았다. 루카스필름 그래픽스 그룹을 매입하려는 벤처캐피털 회사가 스무 곳이나 있었지만, 아무도 협상에 적극적으로 나서지 않았다. 그다음에는 제조업체 몇 곳이 매입 가능성을 타진했지만 결국 포기했다.

오랜 기다림 끝에 그래픽스 그룹은 필립스, GM과 인수협상을 벌이기로 합의했다. 필립스는 다양한 전자제품을 생산하는 네덜란드 대기업으로, 그래픽스 그룹이 CT, MRI 같은 의학용 이미지 데이터들을 처리하는 원천기술을 개발한 점에 매력을 느꼈다. GM은 모델링 기술을 선도하고 있는 그래픽스 그룹을 매입해 자동차 디자인에 활용하려고 했다. 인수 계약서에 서명하기 직전까지 갔지만, 서명이 일주일도 남지 않은 시점에서 인수 합의가 무산되고 말았다.

이때 나는 한편으로는 절망하고 한편으로는 안도했다. 인수 협상 초기부터 GM과 필립스가 그래픽스 그룹을 인수하면 컴퓨터 애니메이션 제작을 포기할 것임을 쉽게 짐작할 수 있었다. 어떤 기업이 인수해도 마찬가지였다. 투자자들은 각자 자신이 추구하는 목적에 따라 그래픽스 그룹의 방향을 결정할 터였다. 그래픽스 그룹이 생존하기 위해 어쩔 수 없이 치러야 하는 대가였다. 나는 지금도 GM, 필립스가 그래픽스 그룹 인수를 포기해준 데 감사한다. 그 덕분에 스티브 잡스를 만날 수 있었다.

내가 스티브 잡스를 처음 만난 것은 1985년 2월이다. 당시 그는 애플 컴퓨터 중역이었다. 이날의 만남을 주선한 사람은 애플의 수석 연구원 앨런 케이Alan Kay였다. 케이는 유타대학에서 나와 함께 공부하고, 제록스 파크 연구소에서 앨비 레이 스미스와 함께 일했다. 그는 조지 루카스가 그래픽스 그룹을 매각할 것이라는 소식을 듣고, 잡스에게 최첨단 컴퓨터그래픽 기술을 보고 싶으면 루카스필름 그래픽스 그룹을 방문하라고 말했다. 우리는 화이트보드가 걸려 있고 큰 테이블과 의자들이 놓여 있는 회의실에서 그를 만났는데, 잡스는 진득하게 앉아 있지 않았다. 그는 벌떡 일어서더니 화이트보드에 차트를 그리면서 애플컴퓨터의 매출에 관해 설명했다.

나는 그의 자신감 넘치는 표현방식에 감명받았다. 구체적인 이야기는 오가지 않았다. 스티브 잡스는 "원하는 것이 무엇입니까?" "무엇을 지향하고 있습니까?" "장기 목표는 무엇입니까?" 같은 질문들을 던졌다. 이어서 "미치도록 위대한 제품insanely great product"이란 문구를 써가며 자신의 신념을 설명했다. 그는 앉아서 다른 사람의 설명을 듣는 사람이 아니었다. 곧바로 설명하고 질문을 던진 다음 인수 논의로 넘어갔다.

솔직히 스티브 잡스가 불편했다. 그는 강압적인 인물로, 정반대 성향을 가진 나는 그에게 위협받는 기분이 들었다. 나보다 영리한 인재들과 함께 일하는 것이 중요하다고 생각했지만, 잡스의 강렬함은 그동안에 겪었던 어느 인재들과도 차원이 달라서 이를 어떻게 해석해야 할지 알 수 없었다. 그의 이야기를 듣는데, 당시 한창 TV에 나오던 맥셀Maxell의 카세트테이프 광고가 떠올랐다. 이 광고에는 스피커 앞에 놓인 의자에 앉은 남자의 긴 머리카락이 스피커에서 나오는 음악에 휩쓸리는 장면이 나온다. 그래서 그 남자와 같은 느낌이 들었다. 잡스는 스피커고, 나머지 사람들은 그의 말에 압도당했다.

스티브 잡스와 만난 지 두 달 정도 지났는데 그에게선 아무 연락이 없었다. 우리를 열렬하게 설득하던 그가 이렇게 오래 침묵을 지키니, 우리로선 굉장히 당혹스러웠다. 우리는 1985년 5월 말에야 그 이유를 알게 됐다. 잡스가 애플 CEO 존 스컬리John Sculley에게 밀려 애플에서 쫓겨났다는 뉴스가 보도된 것이다. 그가 애플 이사회에서 쿠데타를 일으킬 것이라는 소문을 들은 스컬리는 이사회를 설득해 그를 매킨토시 부문 책임자 자리에서 해임했다.

풍파가 가라앉자 스티브 잡스는 우리를 다시 찾아왔다. 그는 새로운 도전을 원했고, 우리가 함께 도전할 만한 적임자라고 생각했다.

어느 날 오후 잡스는 루카스필름 하드웨어 연구소를 견학한다는 명목으로 다시 찾아왔다. 그리고는 이번에도 우리를 몰아붙이고 자극했다.

"다른 회사에는 없는, 픽사이미지컴퓨터만의 장점은 무엇입니까?" "어떤 사람들이 픽사이미지컴퓨터를 사용할 것이라고 예상합니까?" "그래픽스 그룹의 장기 계획은 무엇이죠?" 이렇게 질문을 퍼부은 것은 업계의 현실을 파악하려는 목적도 있었겠지만, 우리를 밀어붙여 설득하려는 목적도 있는 것 같았다. 스티브 잡스가 자신만만하게 분위기를 주도하며 몰아붙이면 상대방은 끌려가기 일쑤였다. 그는 조용히 나를 바라보면서 나를 채용하고 싶다고 말했다. 내가 그의 밑에서 일하면 2년 안에 혼자서 기업을 경영하는 법을 배울 수 있을 것이라고 덧붙였다. 물론 나는 이미 혼자서 그래픽스 그룹을 경영하고 있었지만, 그의 대담함에 경탄할 수밖에 없었다. 그는 하루하루가 파리 목숨인 월급쟁이 사장 자리를 제안하면서 내가 이를 매력적인 제안으로 받아들일 것이라고 믿었다!

스티브 잡스는 저돌적이고 심지어 무자비한 남자로, 상대방을 생각지 못한 방향으로 끌고 가는 힘이 있었다. 상대방은 자신의 입장을 방어해야 할 뿐 아니라 적극 호소하도록 유도당했다. 나는 점차 그의 이런 능력이 분명 가치 있음을 확신하게 됐다.

다음 날 루카스필름 그래픽스 그룹 직원 여러 명이 먼로 파크 근처의 우드사이드에 있는 스티브 잡스의 집을 방문했다. 그의 집은 안이 텅 빈 것처럼 느껴질 정도로 한적했다. 오토바이 한 대, 그랜드 피아노 한 대가 놓여 있었고, 유명 레스토랑 셰파니즈Chez Panisse 출신의 요리사 두 명이 개인 요리사로 일하고 있었으며, 3만 제곱미터에 가까운 잔디밭이 딸려 있었다. 잡스는 잔디밭에 앉아 루카스필름 그래픽스 그룹을 인수하겠다고 공식 제안하면서, 독립 기업으로 새 출발할 그래픽스 그룹의 개편안을 제시했다. 설명을 들어보니, 잡스의 목표는 애니메이션 스튜디오를 키우는 것이 아니라 자신을 쫓아낸 애플과 경쟁할 차세대 가정용 컴퓨터 기업을 키우는 것임이 명확해졌다.

이런 개편안은 단순히 우리 꿈에서 멀어지는 것이 아니라 꿈을 완전히 버려야 하는 것이었기에, 잡스의 제안을 정중하게 거절했다. 우리는 다시 새 인수자를 찾아야 하는 처지가 됐다. 시간은 점점 더 촉박해지고 있었다.

■ ■ ■

그 후로 몇 달이 흘렀다. 1984년 7월 시그래프 컨퍼런스에서 〈앙드레와 꿀벌 윌리의 모험〉을 상영하고 1년 가까이 지났을 무렵에도, 생존이 위태로운 우리를 구원해줄 기업은 보이지 않았다. 우리는 초조함을 감출 수 없었다. 그때 행운이 찾아왔다. 1985년 시그래프 컨퍼런스는 실리콘밸리에서 101번 고속도로를 타면 금방 갈 수 있는 샌프란시스코에서 열렸다. 우리는 1층 박람회장에 픽사이미지컴퓨터를 홍보하는 부스를 설치했는데, 첫날 오후 스티브 잡스가 방문했다.

그의 얼굴을 보자마자 예전과 달라진 분위기를 감지했다. 잡스는 우리와 마지막으로 만난 이후 '넥스트NeXT'라는 컴퓨터 회사를 창업했다. 자신의 능력을 입증할 필요성이 줄어든 그는 더 여유 있게 접근해왔다. 우리 부스를 둘러보고 픽사이미지컴퓨터가 시그래프 컨퍼런스에서 가장 흥미롭게 보인다고 말했다.

"잠시 산책 좀 합시다." 잡스의 제안에 그와 함께 홀을 거닐었다.

"요새 상황은 어떻습니까?"

"그리 좋지 않습니다."

잡스의 질문에 나는 여전히 그래픽스 그룹 인수에 관심을 보이는 투자자가 거의 없다고 솔직히 털어놓았다. 그러자 그는 이전에 중단했던 인수 논의를 재개하자고 제안했다. "어쩌면 이번에는 합의점에 도달할 수 있을 겁니다."

우리는 얘기를 나누다가 썬컴퓨터Sun Computer 창업자 중 한 명인 빌 조이Bill Joy를 만났다. 그는 잡스처럼 명석하고, 경쟁심이 강하고, 똑 부러지고, 자기주장이 강한 남자였다. 그곳에서 우리가 나눈 대화의 내용은 잘 기억나지 않지만, 조이와 잡스가 대화하던 모습은 영원히 잊지 못할 것이다. 두 사람은 코가 맞닿을 듯 가까이 서서, 쌍둥이처럼 똑같이 팔을 등 뒤에 대고 흔들면서 주변에서 벌어지는 일에는 전혀 신경 쓰지 않고 대화했다. 한동안 이렇게 대화하다가, 잡스가 다른 사람을 만나러 자리를 떴다.

잡스가 자리를 뜨자 조이가 나를 보며 내뱉었다. "나 원 참, 뭐 이렇게 건방진 남자가 다 있나."

잡스가 우리 부스에 돌아와 조이에 대해 말했다. "나 원 참, 뭐 이렇게 건방진 남자가 다 있나."

나는 두 거인의 충돌에 깊은 감명을 받았다. 두 거인이 상대방의 강한 자아를 꿰뚫어봤으면서도 정작 자신도 똑같다는 사실을 깨닫지 못하는 것을 보며 속으로 웃음이 나왔다.

다시 몇 달이 흘렀다. 1986년 1월 3일, 스티브 잡스가 루카스필름의 그래픽스 그룹 인수 계약을 체결할 준비가 됐다고 말했다. 예전에는 그가 기업을 직접 통제하고 경영하겠다고 고집해 내심 걱정스러웠는데, 이번에는 경영에서 한발 물러설 뿐 아니라 우리가 컴퓨터 분야에서 벗어난 사업을 펼칠 수 있게 허용하겠다고 밝혔다. 이날 회의에서 앨비 레이 스미스와 나는 잡스의 제안과 포부에 만족스러워했다. 이제 유일하게 남은 변수는 그가 과연 함께 일할 동료로서 적합한가였다. 당시에도 잡스는 함께 일하기 어려운 인물로 유명했다. 과연 우리가 그와 함께 회사를 잘 꾸려 나갈 수 있을지는 시간이 흘러야 알 수 있는 문제였다.

나는 그에게 함께 일하는 사람들과 충돌이 빚어질 때 어떻게 풀어 나가는지 정중하게 물어보았다. 그의 의견에 동의하지 않을 경우 어떻게 대응할지 묻는 것이나 다름없었다. 그는 내 질문의 숨은 뜻을 파악하지 못한 듯, 실제 자신의 행동보다 온건한 답을 내놓았다. "함께 일하는 사람들이 나와 다르게 문제를 바라본다면, 그들이 문제를 제대로 이해할 수 있도록 시간을 들여 내 관점이 타당한 이유를 설명합니다."

나중에 루카스필름 동료들에게 스티브 잡스의 답변을 들려주자, 모두들 실소를 터뜨렸다. 그가 대리인으로 보낸 변호사는 우리가 인수 계약을 체결하면, "잡스가 운행하는 롤러코스터를 타는 것을 각오해야 할 것"이라고 말했다. 우리는 절박한 상황에 처해 있었기에 그 롤러코스터를 탈 각오가 돼 있었다.

인수 과정은 난항의 연속이었다. 루카스필름 교섭단의 태도가 무척 불량했기 때문이다. 특히 루카스필름 CFO(최고재무관리자)는 스티브 잡스를 운 좋게 벼락부자가 된 애송이라고 얕잡아봤다. 그는 자신의 권위를 세우는 방법을 내게 자랑스럽게 얘기한 적이 있다. 그 방법이란, 자신이 다른 모든 사람을 기다리게 할 수 있는 '가장 힘센 플레이어'라는 점을 각인시키기 위해 회의실에 맨 마지막에 들어가는 것이었다. 하지만 상대는 스티브 잡스였다.

협상일 아침, 루카스필름 CFO를 제외한 모든 관계자(스티브 잡스, 그의 변호사, 나, 앨비 레이 스미스, 우리 변호사)가 시간에 맞춰 회의실에 들어왔다.

오전 10시 정각, 스티브 잡스는 루카스필름 CFO가 아직 안 온 것을 알고도 회의를 시작했다. 이 한 수로, 그는 상대의 기선 제압 의도를 무산시키고 협상의 주도권을 잡았다. 이후 픽사를 관리하면서 이처럼 전략적이고 공격적인 수를 자주 보여줬다. 더불어 자신의 입장을 대변할 때만큼이나 강경하게 우리 입장을 대변하는 수호자가 됐다. 잡스는 루카스필름의 그래픽스 그룹을 인수해 픽사를 설립하고, 추가로 500만 달러를 투자해 픽사 지분 70퍼센트는 자신이 소유하고 30퍼센트는 픽사 직원들에게 나눠 주기로 했다.

인수 협상은 1986년 2월 월요일 아침에 끝났다. 모든 관계자가 협상 과정에서 녹초가 된 탓에 협상이 타결된 뒤에도 회의실은 정적에 휩싸여 있었다. 인수 계약서에 서명한 뒤, 스티브 잡스는 앨비 레이 스미스와 나를 한쪽으로 끌고 가 우리를 두 팔로 감싸 안으며 말했다. "앞으로 무슨 일이 벌어져도 서로 배신해선 안 됩니다." 자신이 설립한 애플에서 쫓겨난 쓰라린 경험을 한 탓에 꺼낸 말일 테지만, 그 순간을 지금까지도 잊을 수 없다. 오랜 산고를 겪은 끝에 마침내 픽사가 탄생한 순간이기 때문이다.

3

〈토이 스토리〉의 탄생과
목표의 재정립

성공해야 할 필요성과 무지의 결합만큼 신속한 학습 비결은 없다. 내가 직접 경험해봐서 안다. 1986년 나는 신생기업 픽사의 사장이 됐다. 당시 스티브 잡스가 생각한 픽사의 비즈니스 모델은 전문가용 최첨단 컴퓨터인 픽사이미지컴퓨터를 판매하는 것이었다. 그런데 내 유일한 문제는, 픽사 사장으로서 해야 할 일에 완전히 무지했다는 점이다.

외부인의 눈에 픽사는 전형적인 실리콘밸리 신생기업으로 보였을 것이다. 하지만 내부에서 보면 전형적인 실리콘밸리 신생기업과는 정반대였다. 스티브 잡스가 그때까지 활동한 분야는 비전문가용 개인 컴퓨터 제조와 판매였다. 이제 와서 전문가용 최첨단 기기를 판매하려고 하니 낯설기만 할 따름이었다. 픽사에는 판매원도 마케팅 직원도 없었고, 어디서 그런 직원을 채용해야 하는지도 몰랐다. 스티브 잡스, 앨비 레이 스미스, 존 래스터, 그리고 나는 전문가용 최고급 컴퓨터 판매 사업의 기초도 몰랐다. 시작도 하기 전에 익사할 위험에 처했다.

예전에 나는 허용된 예산 범위 안에서만 일했기에, 기업 손익계산서에 신경 써본 적이 없었다. 재고관리, 품질관리 등 제조업 기업에 필요한 여러 가지 업무에 무지했다. 어디서 답을 찾아야 할지 몰라 경영도서들을 읽기 시작했다. 그중에는 당시 유명했던 딕 레빈Dick Levin의 《싸게 사고 비싸게 팔고 일찍 수금하고 늦게 지불하라Buy Low, Sell High, Collect Early, and Pay Late》도 있다.

더 나은 경영자가 되고자 여러 권의 경영도서를 읽었지만, 대부분 현실을 너무 단순하게 설명해 독자를 착각에 빠뜨릴 위험을 내포한 책이었다. 이런 책들은 그럴싸한 광고문구로 포장돼 있기 일쑤였다. "실패를 두려워하지 마라!", "사람들을 따르면, 사람들이 따라온다!", "집중, 집중, 집중하라!"(특히 마지막 조언은 공허하기 짝이 없다. 처음 이 문구를 접하는 독자들은 위대한 진리를 발견한 것처럼 고개를 끄덕이지만, 정작 훨씬 더 중요한 본질적인 문제, 즉 어디에 집중해야 할지 결정해야 하는 문제를 놓치고 있다는 사실을 깨닫지 못한다. 집중해야 할 대상과 집중법을 알려주지 않는 한 이 조언은 무의미하다) 저자는 이런 문구들을 통찰력을 담은 말이라 생각했을 테지만, 이런 책을 읽어봐도 어떻게 경영하고 어디에 초점을 맞춰야 할지 전혀 알 수 없었다.

초창기 픽사에서 풀어야 했던 숙제 중 하나는 스티브 잡스와 함께 일하는 법이었다. 잡스의 강렬한 성공 의지와 거시적 사고방식은 종종 긍정적 영향을 미쳤다. 예를 들어, 그는 미국 전역에 픽사이미지컴퓨터 매장을 열어야 한다고 주장했다. 앨비 레이 스미스와 나로서는 감히 꿈도 꾸지 못한 대담한 주장이다. 스미스와 내 생각은 이랬다. "그래, 우리는 섹시한 제품을 팔고 있지. 하지만 이건 전문가용 제품이야. 그러니까 이 제품의 시장 규모에는 필연적으로 한계가 있어." 반면, 일반 소비자용 컴퓨터 판매 시장에서 경력을 쌓은 잡스는 전문가용 컴퓨터도 같은 방식으로 팔아야 한다고 주장했다. 픽사이미지컴퓨터를 팔려면 전국적 판매망을 갖춰야 한다고 주장한 것이다. 처음에 스미스와 나는 어떻게 해야 전국적 판매망을 갖출지 감도 잡지 못했지만, 어쨌든 잡스가 비전을 제시해준 것은 고마웠다.

스티브 잡스는 이런 비전뿐 아니라 독특한 소통 스타일로도 우리에게 영향을 미쳤다. 그는 다른 사람과 얘기할 때 종종 참을성을 발휘하지 못하고 퉁명스럽게 말을 끊었다. 잠재적 고객과 만나는 회의에서도 상대방이 진부한 얘기를 하거나 준비가 부족하다고 느끼면 즉시 회의실에서 나가라고 요구했다. 이런 행동은 시급히 판로를 뚫거나 충성스러운 고객 기반을 다져야 하는 상황에선 도움이 되지 않았다. 젊고 의욕이 넘치던 잡스는 자신이 다른 사람에게 어떤 충격을 주는지 헤아려 적절히 행동하는 데 익숙하지 않았다. 픽사 초창기에 내가 본 잡스는 일반인(기업을 경영하지 않거나 자신감이 부족한 사람)을 '이해'하지 못했다. 그가 회의실에 모인 사람들을 파악하는 방법은 참으로 도발적이었다. "이 차트들은 쓰레기예요!", "이 협상은 시궁창이군!" 같은 무례한 말을 던지고 사람들의 반응을 관찰했다. 그리고 자신의 말에 용감하게 반박하는 사람을 존중하고 눈여겨봤다. 상대방의 말에서 생각을 추론하고 상대방이 그 생각을 밀고나갈 배짱이 있는지도 재보았다. 초음파를 발사해 물고기 떼의 위치를 파악하는 돌고래처럼, 날카로운 자극을 발산해 반향을 보고 현실을 파악했다. 공격적인 화법을 마치 잠수함의 수중음파탐지기처럼 이용한 것이다. 잡스는 이런 방식으로 주변 환경을 가늠하고 판단했다.

...

1986년 픽사 사장으로 취임한 내가 최초로 맡은 과제는 낯선 신규 사업을 도와줄 핵심 인재를 채용하는 것이었다. 하드웨어 판매 사업을 꾸려나가려면 제조, 판매, 서비스, 마케팅부서를 적절하게 조직해야 했다. 나는 실리콘밸리에서 창업한 친구들에게 연락해 영업 마진, 가격, 수수료부터 고객관리까지 모든 분야에 대한 조언을 구했다. 친구들은 아낌없이 조언해줬다. 그런데 아이러니하게도 가장 소중한 교훈들은 친구들의 조언에서 발견한 결함에서 배울 수 있었다.

나는 "제품 가격을 어떻게 책정해야 하는가?"라는 기초적인 질문부터 던졌다. 썬컴퓨터 사장과 실리콘그래픽스 사장은 우선 가격을 높게 책정하라고 조언해줬다. 최초 가격을 높게 책정하면 나중에 언제든지 가격을 낮출 수 있다. 반면 최초 가격을 낮게 책정하면 나중에 가격을 인상할 때 고객이 반발할 수 있다. 이런 조언을 듣고서 영업 마진을 감안해 픽사이미지컴퓨터 가격을 12만 2000달러로 책정했다. 큰 실수였다. 픽사이미지컴퓨터는 성능이 좋지만 너무 비싸다는 평을 들었다. 나중에 가격을 인하했지만, 그때는 이미 픽사이미지컴퓨터는 지나치게 비싸다는 인식이 모든 사람에게 박혀버린 후였다. 이런 고정관념을 타파하려고 노력했으나 첫인상을 바꾸기란 어려운 일이었다.

현명하고 경험 많은 경영자들이 선의로 조언해줬지만 내가 받은 조언은 우리 실정에 맞지 않았을 뿐 아니라, 우리가 올바른 질문을 던지는 데 방해가 될 뿐이었다. 가격을 올릴지 내릴지 고민하는 대신 고객의 기대에 부합하는 방법, 픽사이미지컴퓨터를 구매한 고객들이 제품을 잘 활용할 수 있도록 소프트웨어 개발에 계속 투자하는 방안 같은 더 본질적 문제들을 고민했어야 했다. 지금 와서 되돌아보면, 나는 자신의 능력을 확신하지 못하고 픽사 사장으로서 요구받는 일들에 스트레스를 받은 나머지, 복잡한 문제에 대처할 때 내심 '이건 하고 이건 하지 마라'는 식의 단순한 해답을 바라면서 경험 많은 경영자들에게 조언을 구했다. 하지만 "최초 가격을 높게 책정하라"는 식의 단순한 해답은 그 자체로는 합리적일지 몰라도, 더 근본적인 질문을 던질 수 없게 내 신경을 분산시켰다.

당시 픽사는 컴퓨터 제조업체였다. 따라서 픽사 경영진은 컴퓨터를 생산한다는 것의 의미를 하루 빨리 배워야 했다. 바로 이 무렵 나는 픽사 초창기의 가장 소중한 경영 교훈을 얻었다. 가르침은 뜻밖의 곳에서 왔다. 바로 일본 제조업이다. 당시 미국에서는 아무도 제조업 현장을 창의적인 작업 환경으로 여기지 않았다. 나 역시 제조업을 영감보다는 효율과 관련 있는 분야라고 생각했다. 그러던 중 일본 경영자들이 제조업 생산 현장에서 직원들의 창의성을 끌어내는 방법을 발견했다는 사실을 알게 됐다. 당시로서 이는 너무나 파격적이고 반직관적인 아이디어였다. 나는 일본 제조업의 역사를 공부하면서 창의적인 근로 환경을 구축하는 법을 배웠다.

2차 세계대전 직후 미국은 호황기에 진입한 반면, 일본은 제조업 기반을 재건하느라 몸부림치고 있었다. 일본 경제는 바닥으로 곤두박질쳤고, 일본 제조업체는 수준 이하인 제품만 생산해 일본산 제품은 조롱거리가 됐다. 내가 어릴 적인 1950년대에 일본산 제품은 싸구려나 쓰레기로 취급받았다(1950년대의 '메이드 인 저팬'만큼 인식이 부정적인 상품은 찾아볼 수 없다. 현재의 '메이드 인 멕시코'나 '메이드 인 차이나'의 이미지조차 이보다는 훨썬 긍정적이다). 반면 미국은 제조업 최강국으로 위풍당당했다. 미국 제조업을 선도한 것은 자동차 산업이다. 포드자동차는 컨베이어벨트를 이용한 조립 공정 시스템을 최초로 도입해 저렴한 대량생산 시대를 열었다. 이로 인해 제품 한 대당 생산 시간이 크게 줄면서 기업의 수익이 증가했다. 포드자동차의 컨베이어 시스템은 모든 미국 자동차 제조사들에 도입된 것은 물론, 전자제품부터 가구까지 모든 제조업으로 퍼져 나가면서 제조업 혁명을 일으켰다.

미국 제조업체들은 대량생산의 주술에 사로잡혔다. "무슨 일이 있어도 컨베이어벨트가 계속 움직이게 하라. 조립라인을 계속 돌리는 것이 효율을 높이고 비용을 낮추는 방법이다. 시간 낭비는 수익 감소로 이어진다. 컨베이어벨트에서 이동하는 특정 제품에 결함이 있으면 즉시 빼내라. 하지만 컨베이어벨트는 언제나 돌아가게 하라." 컨베이어벨트로 이동하는 제품들 중 불량품이 없는지 확인하려면 검사관이 달라붙어 확인해야 한다. 이런 작업 현장은 수직적 직급 구조가 지배하고, 중간관리자들만이 컨베이어벨트를 멈추게 할 권한을 부여받았다.

미국 통계학자이자 품질관리 전문가 에드워드 데밍W. Edwards Deming이 이런 분위기에 일대 혁신을 몰고왔다. 데밍은 일본 인구조사 고문으로 와달라는 미군의 요청을 받고 1947년 일본을 방문했다. 그는 일본 경제재건 사업에 참여하고 수많은 공학자, 경영자, 학자 들에게 자신의 생산성 향상 이론을 교육했다. 그의 강연을 들은 경영자 중에는 소니의 창업자 모리타 아키오盛田昭夫도 있었다. 소니를 비롯한 수많은 일본 기업이 데밍의 품질관리 이론을 받아들여 성공했다. 이즈음 도요타도 그의 품질관리 철학과 일치하는 급진적인 생산 방식을 도입했다.

당시 일본 제조업에서 일어난 품질관리 혁명을 설명하기 위해 적기공급생산just-in-time manufacturing, 전사적 품질관리total quality control 같은 경영학 용어들이 나왔다. 이런 용어들이 설명하려는 아이디어는 간단하다. 즉, 문제를 파악해 수정할 권한을 고위 간부부터 생산라인 말단직원까지 모든 임직원에게 부여해야 한다는 것이다. 데밍은 어떤 직급의 직원이라도 제조 과정에서 문제를 발견하면 조립라인을 멈추도록 장려해야 한다고 생각했다. 이에 따라 일본 기업들은 누구든 버튼을 눌러 컨베이어벨트를 멈출 수 있도록 했다. 그 결과, 오래지 않아 전례 없는 품질 향상과 생산성 향상, 시장점유율 상승을 이룰 수 있었다.

에드워드 데밍과 도요타의 접근법은 제품 생산 과정에 밀접하게 관여하는 사람들에게 제품의 품질을 높일 권한과 책임을 부여했다. 이 과정에서 일본 근로자들은 자신이 단지 컨베이어벨트 위를 지나가는 부품들을 조립하는, 영혼 없는 톱니바퀴 같은 존재가 아니라, 제품 생산 과정의 문제를 지적하고, 변화를 제안하고, 문제 해결에 기여해 회사를 키우는 구성원이라는 '자부심'을 느꼈다(나는 특히 마지막 대목이 중요하다고 생각한다). 그 결과, 끊임없는 개선이 일어나 불량률이 떨어지고 품질이 향상됐다. 즉, 일본의 조립라인은 근로자들이 제품을 개선하기 위해 노력하는 곳이 됐다. 모든 직원이 책임과 권한을 가지고 품질 개선에 달려드는 품질 경영 체제는 세계 제조업의 판도를 완전히 바꾸어놓았다.

내가 픽사를 궤도에 올려놓으려고 고군분투해도 답이 보이지 않아 앞이 캄캄하던 시절에 에드워드 데밍의 이론은 어둠을 밝히는 등불이 돼주었다. 나는 그토록 많은 미국 경영자들이 오랫동안 에드워드 데밍의 이론을 받아들이지 않은 것을 이해할 수 없다. 이들이 데밍의 이론을 접하지 못한 것은 아니다. 그동안 미국 기업들이 너무 잘 굴러가 기존 시스템만으로도 잘해 나갈 수 있다고 확신한 탓에, 그 진가를 알아보지 못했을 뿐이다.

에드워드 데밍의 품질관리 이론이 미국에 정착하기 수십 년 전인 1980년대 HP, 애플 같은 몇몇 실리콘밸리 기업이 데밍의 아이디어를 도입하기 시작했다. 나는 데밍의 이론을 연구하면서 깊은 인상을 받았고, 이를 통해 경영 이론의 틀을 잡을 수 있었다. 그의 품질관리 이론은 '모든 직원은 먼저 허락받지 않은 채, 문제 해결에 나설 수 있어야 한다'라는 민주적 원칙에 기반을 두고 있다. 도요타는 수직적 직급 구조를 지닌 조직이지만 이런 민주적 원칙을 충실히 실천한 결과, 결함이 적은 자동차를 생산하는 기업으로 큰 성공을 거둘 수 있었다.

그런데 도요타 경영진은 도요타의 성공을 이끈 품질관리보다 단기이익 극대화를 우선시하면서 위기를 자초했다. 경영진이 단기이익 극대화에 집착하자 자부심을 가지고 품질 향상에 힘쓰던 직원들은 영혼을 잃은 채 일하게 됐고, 그 결과 품질 결함이 발생하기 시작했다. 도요타 경영진은 자사 자동차 액셀 페달에 심각한 결함이 있다는 사실을 인정하지 않다가 2009년 엄청난 역풍을 맞고서 대규모 리콜을 감행했다. 나는 도요타처럼 현명한 기업도 자사의 핵심가치를 역행해 위기를 자초할 수 있다는 사실에 충격을 받았다. 도요타 리콜 사태는 최고의 기업 경영진조차 자사의 성공 비결을 망각한 채, 잠재적 위협 요소가 재앙을 몰고 오는 것을 방치할 수 있다는 교훈을 주었다.

• • •

내가 동료들과 함께 픽사를 키우고 있던 1980년대 말, 스티브 잡스는 애플에서 쫓겨난 뒤 설립한 개인용 컴퓨터 기업 넥스트를 키우는 일에 매진하고 있었다. 잡스는 1년에 한 번 정도 픽사 본사를 방문했다. 너무나 가끔 방문한 까닭에 그가 길을 잃지 않도록 매번 안내해줘야 했을 정도다. 반면, 나는 넥스트 본사를 정기적으로 방문했다. 몇 주에 한 번씩 레드우드 시티에 있는 잡스의 사무실에 가서 픽사의 업무 상황을 보고했다. 솔직히 나는 이 업무 보고 회의가 부담스러웠고, 종종 좌절감을 느끼기도 했다. 우리는 픽사를 수익을 내는 기업으로 키우려고 안간힘을 썼지만, 픽사가 성장하려면 잡스가 계속 더 투자해야 했다. 그는 종종 추가 투자에 앞서 조건을 달았다. 물론 이해할 수 있는 행동이지만, 그가 제시한 조건(가령 마케팅에 도움이 되어야 한다든가, 새로운 제품을 개발해야 한다든가)은 픽사의 현실에 맞지 않기 일쑤여서 당혹스러웠다. 나는 픽사를 흑자 기업으로 키우기 위한 비즈니스 모델을 끊임없이 고심했고, 다음 사업에서는 성과를 낼 것이라고 믿을 만한 근거가 늘 있었지만, 흑자 전환은 결코 쉽지 않았다.

생존을 위해 몸부림치던 초창기에 픽사는 몇 가지 예술적 성과를 냈다. 존 래스터가 감독하고, 현재 픽사 로고에 등장하는 램프 스탠드가 주인공인 단편 애니메이션 〈룩소 주니어〉가 1987년 아카데미상 후보에 올랐다. 다음 해인 1988년에는 악기를 연주하는 태엽 장난감과 장난치는 아기가 등장하는 단편 애니메이션 〈틴 토이Tin Toy〉가 픽사 애니메이션 최초로 아카데미상을 받았다. 하지만 픽사는 여전히 적자에 허덕이고 있었다. 이 때문에 픽사 경영진과 스티브 잡스 사이의 갈등은 점점 고조됐다. 우리는 픽사에 필요한 것을 잡스가 이해하지 못한다고 생각했고, 잡스는 우리가 기업을 경영하는 법을 모른다고 생각했다. 둘 다 옳았다. 잡스는 우리에게 불만을 느낄 만한 정당한 이유가 있었다. 픽사가 한창 적자에 허덕이고 있던 최악의 시점에 잡스가 픽사에 투자한 개인자금은 5400만 달러에 달했다. 잡스의 순자산을 감안하면 이는 무척 부담스러운 액수였다. 어떤 벤처캐피털 회사도 이 정도 자금을 수익 구조가 나쁜 픽사에 투자하지 않았을 것이다.

그렇다면 픽사는 어째서 이토록 막대한 적자를 냈을까? 초창기 판매 실패로 막대한 자본금이 순식간에 증발한 탓이었다. 픽사이미지컴퓨터는 고작 300대가 팔렸을 뿐이고, 픽사는 소기업이라 다음 제품을 설계하는 데 시간이 많이 걸렸다. 픽사 직원이 70명을 넘어서면서 간접비가 늘어난 것도 픽사의 수익 구조를 악화시켰다. 손실이 계속 증가함에 따라 픽사에 남은 길은 하나뿐이라는 사실이 명백해졌다. 즉, 하드웨어 판매를 포기하는 것이었다. 픽사이미지컴퓨터를 판매하기 위해 온갖 방법을 동원했지만, 이 하드웨어를 계속 붙잡고 있는 한 픽사가 흑자 전환할 가능성이 없다는 사실을 인정해야만 했다. 바다에 떠다니는 빙판 가장자리에 몰린 탐험가처럼, 안정적인 육지로 뛰어내려야만 했다. 물론 픽사이미지컴퓨터를 포기한 다음에 추진할 사업이 과연 수익을 낼지는 알 수 없었다. 쉽게 도약할 수 있는 가능성은 딱 하나였다. 우리는 처음부터 가장 하고 싶던 일(컴퓨터 애니메이션 제작)에 집중하기로 결정했다. 컴퓨터 애니메이션은 진정 열정을 쏟을 수 있는 분야였다. 이제 남은 선택은 우리가 가진 모든 것을 이 목표에 쏟는 것이었다.

샌프란시스코 만 포인트 리치먼드 마을 창고 건물로 본사를 이전한 1990년부터 픽사 직원들은 창작에 역량을 집중하기 시작했다. 우리는 트라이덴트 껌과 트로피카나 오렌지주스 광고에 들어갈 애니메이션을 제작했고, 애니메이션 제작 기술을 연마하면서 내놓은 단편 작품들은 거의 출시하는 즉시 상을 받았다. 문제는 여전히 버는 돈보다 쓰는 돈이 훨씬 많다는 것이었다. 1991년 픽사는 직원의 3분의 1 이상을 해고했다.

1987~1991년 픽사에 진력이 난 스티브 잡스는 세 번이나 픽사 매각을 시도했다. 하지만 자존심에 상처를 입어가면서까지 픽사를 매각하려고 하진 않았다. 마이크로소프트가 9000만 달러를 제시했으나, 잡스는 거절했다. 그가 원한 액수는 1억 2000만 달러였다. 마이크로소프트의 제안이 자신을 모욕하는 것이라고 생각했을 뿐만 아니라, 이 정도 액수밖에 제안하지 못하는 마이크로소프트는 픽사를 인수할 자격이 없다고 여겼다. 앨리어스Alias(산업 디자인 및 자동차 디자인 소프트웨어 기업)와 실리콘그래픽스의 인수 제안도 똑같은 이유로 거부당했다. 잡스는 픽사를 인수하려는 기업들에 높은 가격을 제시했고, 가격을 깎으려고 하지 않았다. 내가 볼 때, 그가 정말로 원한 것은 자금을 회수하는 출구전략exit strategy이라기보다는 자신이 마음고생하며 투자한 결정이 타당했음을 인정받는 외부 검증external validation이었다. 잡스는 다른 기업이 픽사 인수에 지불하는 돈이 픽사의 가치라고 생각했다. 하지만 잡스가 픽사를 놓고 벌이는 줄다리기를 지켜보는 것은 진이 빠지는 일이었다.

1987~1991년 스티브 잡스가 없었으면 픽사는 생존하지 못했을 것이다. 하지만 이 시기에 나는 과연 픽사와 잡스가 계속 동행할 수 있을지 의심이 들었다. 그는 우리가 직면한 모든 문제에 심도 있고 영리하게 대처하는, 명석하고 영감이 번뜩이는 인물이었다. 하지만 동시에 사람들을 무시하고 깔아 누르고 위협하고 괴롭히기까지 하는 문제의 인물이기도 했다.

경영자로서 잡스의 가장 큰 문제는 공감 능력의 부족이었다. 당시 잡스는 훗날과 달리 아직 남의 처지에 감정을 이입해 생각하는 능력도, 유머감각도 없었다. 픽사 직원들은 유쾌하게 일하는 것이 중요하다고 굳게 믿었던 까닭에 항상 농담을 주고받았지만, 그에게 농담을 던져봤자 돌아오는 것은 고통스러울 정도로 무미건조한 반응뿐이었다. 잡스는 회의에서 다른 사람들을 배제시킬 때가 많았는데, 한번은 디즈니 중역들과 만나는 회의에서 우리에게 듣기만 하고 얘기하지 말라고 지시하기도 했다. 너무나 불합리한 지시였던 탓에 나는 참을 수 없었다. "알았어, 잡스. 자제해볼게." 내 농담에 회의실에 있던 모든 직원이 웃었지만, 그는 조금도 웃음기를 보이지 않았다. 이후 디즈니 중역들과 만난 자리에서 디즈니 중역들이 한 문장도 제대로 끝마치지 못할 정도로 한 시간 동안 계속 혼자서 얘기했다.

나는 1991년까지 스티브 잡스와 만나면서 그가 속마음은 그리 둔감하지 않다는 사실을 알게 됐다. 문제는, 아직 다른 사람들이 자신의 속마음을 알 수 있도록 행동하는 법을 터득하지 못했다는 것이었다. 픽사의 만성적자에 언짢아하던 잡스가 한번은 홧김에 픽사 직원들의 월급을 주지 않겠다고 내게 통보했다. 사회생활을 하면서 내가 분노를 참지 못하고 문을 꽝 닫은 것은 이때가 유일하다. 나는 잡스에게 전화를 걸어 얼마나 많은 픽사 직원 가족들이 이 월급으로 살아가는지 아느냐고 따졌다. 그는 내 말을 듣고 결정을 철회했다. 물론 픽사의 가치가 두 배로 높아져도 손실을 메우기엔 부족하다고 말했다. 나는 점점 더 힘이 빠졌다. 픽사 사장직에서 물러날까 하는 생각이 들기도 했다.

하지만 이런 시련들을 겪는 와중에 재미있는 일도 벌어졌다. 잡스와 나는 점차 함께 일하는 방법을 터득했다. 그러면서 서로를 이해하게 됐다.

앞서 언급했듯, 잡스가 픽사를 설립하기 직전, 그와 나 사이에 분쟁이 생길 경우 어떻게 해소할지 물었던 적이 있다. 그의 답변은 내가 이해할 때까지 자신이 옳은 이유를 계속 설명하겠다는 것이었다. 이 답변이 우스울 정도로 자기중심적이라고 생각했지만, 아이러니하게도 이는 내가 잡스에게 사용한 전술이 됐다. 잡스와 의견이 어긋나면, 나는 내 입장의 타당성을 설명했다. 두뇌 회전이 나보다 훨씬 빠른 잡스는 내 주장에 곧장 반박했다. 그러면 일주일간 내 주장을 다듬은 후 다시 그를 찾아가 설득했다. 그래도 그가 내 의견을 받아들이지 않는 경우가 있었지만, 나는 다음 세 가지 중 한 가지 결과가 나타날 때까지 계속 잡스를 찾아갔다. 첫째, 그가 "오케이, 알겠네" 하고 말하고 내가 원하는 것을 주는 것. 둘째, 내가 잡스에게 설득당하고 포기하는 것. 셋째, 논쟁이 결론에 이르지 못할 경우 잡스에게 허가받지 않고 내가 제안한 일을 그냥 시행하는 것. 이 세 가지 경우가 벌어지는 확률은 각각 비슷했는데, 세 번째 경우에도 잡스는 나를 문책하지 않았다. 그는 자기주장이 굉장히 강했지만 상대방의 열정을 존중했다. 내가 이렇게까지 밀어붙일 정도의 일이라면 잘못될 리 없다고 생각하는 것 같았다.

...

월트 디즈니 스튜디오 사장 제프리 카젠버그Jeffrey Katzenberg는 버뱅크 시 디즈니 본사 회의실의 길고 어두운 목재 테이블 끝에 앉아 있었다. 그는 긴장된 분위기 속에서 우리의 환심을 사려고 (최소한 조금이나마) 애쓰고 있었다. 그의 맞은편에는 스티브 잡스, 존 래스터, 그리고 내가 앉아 있었다. 카젠버그는 "여기서 가장 재능 있는 사람은 래스터 씨인 것 같군요"

하고 말하더니 존 래스터를 보고 계면쩍게 덧붙였다. "래스터, 자네가 내 밑에서 일하러 오려 하질 않으니, 이렇게 할 수밖에 없을 것 같군."

픽사 애니메이션 스튜디오보다 훨씬 거대한 기업을 경영하는 카젠버그가 이렇게 우리의 환심을 사려고 애쓴 이유는 한 가지 계획을 제안하기 위해서였다. 픽사를 매입해 장편 애니메이션 작품을 제작하고 디즈니 배급망을 통해 개봉하겠다는 계획이다.

놀라웠지만 생뚱맞은 제안은 아니었다. 초창기 픽사는 디즈니가 추진한 CAPS Computer Animation Production System (애니메이터들이 수작업으로 제작한 셀 애니메이션에 CG를 추가해 완성한 1980~90년대 디즈니 작품 제작 시스템 – 옮긴이) 프로젝트의 소프트웨어 개발에 참여했다. 당시 디즈니는 〈인어공주 The Little Mermaid〉를 제작하고 있었다. 1989년 개봉한 〈인어공주〉는 흥행에 대성공해 디즈니의 두 번째 황금기를 열었다. 디즈니는 1991년 〈미녀와 야수 Beauty and the Beast〉, 1992년 〈알라딘 Aladdin〉, 1994년 〈라이온 킹 The Lion King〉을 개봉해 잇달아 흥행에 성공했다. 이런 성공에 고무된 디즈니는 더 나은 장편 애니메이션을 제작하기 위해 파트너를 찾기 시작했다. 그동안 픽사가 제작한 컴퓨터 애니메이션들이 호평을 받았기에 픽사 인수에 관심을 보인 것이다.

디즈니와 협상을 벌인다는 것은 교활하고 거친 협상가로 악명 높은 제프리 카젠버그를 상대해야 한다는 뜻이었다. 하지만 상대는 스티브 잡스였다. 잡스는 디즈니가 픽사의 첫 번째 장편 애니메이션 제작에 투자했으니 픽사의 기술을 보유할 자격이 있다는 제프리 카젠버그의 논리를 반박했다. "디즈니가 픽사에 돈을 주는 이유는 픽사의 기밀을 매입하기 위해서가 아니라 영화를 만들기 위해서입니다."

디즈니와 픽사의 거래에서 디즈니가 가진 패는 마케팅과 배급 능력이고, 픽사가 가진 패는 기술 혁신이었다. 픽사는 디즈니와의 첫 거래에서 이 패를 팔 의도가 없었다. 잡스는 이 점을 명확히 강조하고 버텼다. 판돈이 치솟는 판에서 잡스는 차원이 다른 플레이어였다. 결국 제프리 카젠버그 사장이 굴복하고 말았다.

1991년 디즈니는 장편 컴퓨터 애니메이션 작품 세 편을 픽사와 함께 제작하기로 계약했다. 계약 조건은 디즈니가 제작비를 대부분 제공하고 배급과 마케팅을 맡는 대신, 판권을 독점하는 것이었다. 평생 노력한 끝에 간신히 이곳까지 왔다는 생각에 감개무량했다. 픽사는 설립한 지 5년 된 신생기업이었으나, 장편 컴퓨터 애니메이션을 제작하겠다는 내 꿈은 20년도 더 된 것이었다. 이번에도 우리는 미지의 영역에 발을 내디뎠다. 픽사에서 장편 애니메이션을 제작해본 인력은 한 명도 없었다. 그때까지 픽사 직원들은 기껏해야 5분도 안 되는 단편 애니메이션만 제작해봤을 뿐이었다. 게다가 장편 컴퓨터 애니메이션 제작은 애니메이션업계에서 전례 없는 일이라 픽사 직원들은 누군가에게 도움을 요청할 수도 없었다. 수백만 달러가 넘는 제작비가 드는 이 일을 실패할 경우, 다음 기회는 절대로 없을 게 분명했다(당시 디즈니는 독자적 판단에 따라 픽사 작품을 포기할 권리가 있었다-옮긴이). 우리는 한시바삐 장편 컴퓨터 애니메이션 제작 아이디어를 내놓아야만 했다.

다행히도 작품 콘셉트는 존 래스터가 이미 구상해놓은 상태였다. 그는 장난감을 사랑하는 앤디Andy라는 소년과 장난감들의 이야기를 그린 〈토이스토리〉란 작품을 구상했다. 당초 제작진은 소년 앤디의 관점에서 이야기를 풀어 나가려고 했으나 몇 달에 걸쳐 플롯을 계속 수정한 결과, 결국 우디라는 카우보이 인형을 중심으로 이야기를 풀어나가기로 결정했다. 우디는 앤디가 가장 좋아한 인형이지만, 버즈 라이트이어라는 우주보안관 인형이 등장해 앤디의 관심을 독차지하면서 소란이 일어난다는 것이 래스터가 구상한 기본 줄거리였다. 그는 이 아이디어를 디즈니에 제시했고, 수차례 대본 수정 작업을 거친 끝에 1993년 1월 작품 제작에 착수해도 좋다는 허가를 받았다.

이 무렵 래스터는 재능 있고 야심만만한 젊은 인재들을 채용해 제작팀을 조직하고 있었다. 그중에 앤드루 스탠튼Andrew Stanton과 피트 닥터Pete Docter가 있었다. 이 두 사람은 이후 픽사에서 가장 영감이 번뜩이는 감독이 됐는데, 이 무렵에는 광고 영상을 제작하고 있었다. 자신이 중요하다고 생각하는 것을 주장할 때는 얼굴이 빨개지도록 힘주어 말하는 스탠튼은 서사 구조에 깊은 통찰력을 갖춘 각본가이자 감독이었다. 그는 플롯을 시퀀스로 분해해 처음부터 재구성하는 작업 방식을 애용했다. 닥터는 스크린 위에서 감정을 표현하는 데 탁월한 재능을 가진 원화 감독이었다. 디즈니에서 존 래스터의 동료였던 조 랜프트Joe Ranft는 1992년 가을 픽사에 합류해 팀 버튼Tim Burton 감독의 1993년 개봉작 〈크리스마스 악몽The Nightmare Before Christmas〉 제작에 참여했다. 곰처럼 우직하게 생긴 랜프트는 작품 속에서 훈훈하고 재치 있는 유머를 구사할 줄 알았다. 그는 관객들이 작품에 집어넣은 비판들을 불편하게 받아들이지 않도록 이런 유머를 활용했다. 당시 픽사 제작팀은 역량이 뛰어났지만 경험이 상당히 부족했다. 비행기에서 뛰어내리기 전 낙하산을 챙기라는 격언에 빗대자면, 당시 픽사 제작팀의 상황은 아무도 낙하산을 사용한 경험이 없는 상태에서 비행기에서 뛰어내린 것이나 다름없었다.

〈토이 스토리〉 제작에 착수한 첫 해, 존 래스터가 이끄는 제작팀은 시퀀스를 담은 스토리보드를 제작하면서 월트 디즈니 스튜디오의 제프리 카젠버그 사장, 피터 슈나이더Peter Schneider 애니메이션 부문 사장, 톰 슈마허Tom Schumacher 극장공연 부문 사장에게 제작 현황을 보고했다. 우디가 지나치게 활기차고 성실한 캐릭터라고 생각한 카젠버그는 캐릭터의 성격이 좀 더 어두워졌으면 좋겠다고 주문했다. 픽사 제작팀이 구상한 스토리를 감안하면 활기차고 성실한 캐릭터가 어울렸지만, 장편 애니메이션을 처음 제작해보는 픽사 제작팀은 그의 조언을 금과옥조처럼 받아들였다. 쾌활하고 느긋한 캐릭터였던 우디는 수개월간 수정을 거치면서 어둡고 비열하고 질투심 많은, 호소력이 떨어지는 캐릭터로 변했다. 우디는 다른 장난감들을 괴상한 별명으로 부르면서 마구 부려먹었다. 한마디로 얼간이가 돼버렸다. 1993년 11월 19일, 제작팀은 이렇게 수정한 우디 캐릭터가 등장하는 스토리 릴story reel(연출자의 의도를 실무진에게 전달하려는 목적으로 스토리보드를 사용해 제작한 초벌 영상 – 옮긴이)을 디즈니 중역들에게 보여줬다. 이날은 픽사 직원들에게 '검은 금요일'이 돼버렸다. 디즈니 중역들은 납득 가능한 대본이 나올 때까지 작품 제작을 전면 중단하겠다고 통보했다.

이 같은 결정은 픽사 직원들에게 크나큰 충격이었다. 첫 번째 장편 애니메이션 제작이 무산될 위기에 처하자 존 래스터는 재빨리 앤드루 스탠튼, 피트 닥터, 조 랜프트를 불러 모았다. 이후 수개월간 이들은 깨어 있는 시간을 대부분 투입해 '사랑받길 원하는 카우보이 장난감'이라는 존 래스터가 최초로 구상한 줄거리의 핵심을 되살리는 작업을 했다. 이 과정에서 이들은 자신의 스토리텔링 직감을 신뢰해야 한다는 중요한 교훈을 얻었다.

픽사 직원들이 〈토이 스토리〉를 제작하려고 안간힘을 쓰는 동안, 루카스필름 시절에 우리가 제작에 기여한 작품들이 할리우드에서 큰 반향을 일으켰다. 1991년에 가장 흥행한 영화인 〈미녀와 야수〉, 〈터미네이터 2〉는 픽사가 개발한 컴퓨터그래픽 기술을 성공적으로 활용한 사례로, 할리우드가 픽사에 주목하는 계기가 됐다. 1993년 개봉한 〈쥬라기 공원Jurassic Park〉은 컴퓨터 특수효과가 더 이상 티가 확 나는 우스꽝스러운 실험이 아니라는 것을 입증했다. 할리우드 영화제작자들은 컴퓨터그래픽을 비로소 영화 제작 도구로 인정하기 시작했다. 영화제작자들은 놀라운 특수효과, 깨끗한 음향, 편리하고 강력한 영상 편집 능력 등 디지털 기술의 장점을 인식했다. 바야흐로 영화계에서 디지털 혁명이 일어나고 있었다.

■ ■ ■

존 래스터는 스티브 잡스의 인생역정을 고전적인 영웅의 여정에 비유한 적이 있다. 자만심 탓에 자신이 설립한 회사에서 쫓겨난 잡스는 황야를 떠돌면서 일련의 모험을 겪었고, 이 과정에서 더 나은 인물로 성장했다. 그가 픽사에서 어떤 역할을 담당했고 어떻게 변해갔는지 할 얘기가 많지만, 여기서는 실패를 통해 더 현명하고 더 친절하고 더 나은 인물로 성장했다는 점만 언급하겠다. 픽사 직원들은 모두 처음 9년간의 여러 도전과 실패에서 교훈을 얻고 겸손해졌다. 이 과정에서 픽사는 한 가지 중요한 자산을 얻었다. 어려운 시절을 서로 의지하면서 함께 헤쳐 나간 경험 덕분에 직원들 간의 신뢰와 유대가 돈독해진 것이다.

물론 잡스는 이런 어려운 시기에도 우리가 상상할 수 없는 일을 시도했다. 〈토이 스토리〉 개봉일이 다가오자 그는 더 큰 그림을 구상했다. 그가 구상한 것은 작품이 아니었다. 그는 이 작품이 애니메이션업계를 크게 바꿀 것이라고 확신했다. 사실 〈토이 스토리〉가 개봉하기 전에 픽사를 상장하려고 했다.

존 래스터와 내가 말했다. "그렇게 서두를 필요가 있을까요? 먼저 두 편 정도 개봉한 다음에 상장하면 더 많은 자금을 모을 수 있을 텐데요."

잡스는 동의하지 않았다. "지금이 적기입니다."

그의 계산은 다음과 같았다. 〈토이 스토리〉가 흥행에 성공했다고 가정해보자. 아니, 크게 성공했다고 가정해보자. 이 경우, 마이클 아이스너 월트 디즈니 컴퍼니 회장은 픽사가 디즈니의 강력한 경쟁자가 될 것이란 사실을 깨달을 것이다(픽사는 〈토이 스토리〉 이후에도 두 작품을 디즈니와 공동제작하기로 계약했다. 픽사는 디즈니와 계약한 작품을 모두 만든 다음에 만들고 싶은 작품을 진행할 수 있었다). 잡스는 〈토이 스토리〉가 개봉하자마자 마이클 아이스너 회장이 픽사를 디즈니의 협력사로 계속 붙잡아두려고 재협상을 시도할 것이라고 예측했다. 이 시나리오대로 흘러갈 경우, 잡스는 픽사의 수익을 디즈니와 50 대 50으로 나누길 원했다(잡스는 이런 배분 비율이 윤리적으로 정당하다고 주장했다. 하지만 디즈니와 수익을 50 대 50으로 나누려면 잡스가 계속 픽사에 제작비용을 투자해야만 했다). 디즈니가 이 조건을 받아들이면 잡스는 큰돈을 벌게 될 터였다. 그러려면 먼저 픽사를 상장해야 했다. 결국 이날도 그의 의지에 끌려갈 수밖에 없었다.

이후 나는 픽사 상장에 앞서 투자자들의 관심을 모으려고 스티브 잡스와 함께 미국 전역을 돌면서 홍보에 나섰다(잡스와 나는 이 홍보 활동을 '약장사 쇼'라고 불렀다). 투자사들을 돌아다닐 때 잡스는 투자자들의 호감을 사려고 평소에는 거들떠보지도 않던 양복 정장을 입었고, 나는 전문가처럼 보여야 한다는 잡스의 주장에 따라 팔꿈치에 가죽을 덧댄 트위드 재킷을 입었다. 사람들이 흔히 생각하는 컴퓨터 전문가의 이미지를 구현하려는 시도였는데, 솔직히 나는 컴퓨터공학 분야에서 그런 재킷을 입은 사람을 본 적이 없다. '약장사 쇼'의 장사꾼 역을 맡은 잡스는 투자자들을 정열적으로 설득했다. 픽사를 최첨단 기술과 독창적인 스토리를 기반으로 지금까지 아무도 보지 못했던 영화를 제작하는 스튜디오라고 선전했다. 잡스는 〈토이 스토리〉 개봉 일주일 뒤에 픽사를 상장하기로 결정했다. 그때쯤이면 픽사가 과연 이익을 낼 수 있는 회사인지 의심하는 투자자가 없을 거라고 생각한 것이다.

그의 예상은 옳았다. 우리가 오랫동안 꿈꿔온 최초의 장편 컴퓨터 애니메이션 〈토이 스토리〉가 개봉하고 일주일 뒤, 픽사는 공개상장으로 1억 4000만 달러에 가까운 자금을 확보했다. 이는 1995년 실시된 기업공개IPO 중 최고 기록이다. 몇 달 뒤, 마치 미리 짜놓았던 것처럼 마이클 아이스너 회장이 재협상을 통해 픽사를 계속 협력사로 두고 싶다고 전화해왔다. 그는 수익을 50 대 50으로 나누자는 잡스의 제안을 수용했다. 나는 어안이 벙벙했다. 잡스는 일이 이렇게 흘러갈 것임을 정확히 예측했던 것이다. 그의 명석한 두뇌와 과감한 실행력은 실로 놀라웠다.

오랫동안 추구해온 꿈이 이뤄진 순간이었다. 너무 감격스러워서 실감이 나지 않았다. 나는 새로운 기술 도구들을 개발하고, 기업을 설립하고, 이 기업이 제대로 돌아가도록 경영하는 데 20년을 바쳤다. 20년간 해온 일은 모두 장편 컴퓨터 애니메이션 제작이라는 한 가지 목표를 위한 과정이었다. 이제 픽사는 잡스 덕분에 장편 컴퓨터 애니메이션을 제작했을 뿐 아니라, 전보다 훨씬 탄탄한 재무 기반을 갖추게 되었다. 픽사가 설립된 이후 처음으로 직원들은 해고 걱정 없이 일할 수 있게 됐다.

〈토이 스토리〉를 개봉한 직후 내가 느낀 감정을 병에 담아 영원히 간직할 수 있으면 얼마나 좋을까. 픽사 직원들은 자신이 이룬 업적을 자랑스러워하며 어깨를 쫙 펴고 다녔다. 우리는 최초의 장편 컴퓨터 애니메이션을 제작했다. 더 자랑스러운 부분은 관객들이 우리가 제작한 스토리에 깊이 감동했다는 사실이었다. 앞으로 제작할 작품을 논의하고 디즈니와의 협상을 마무리 짓는 것을 포함해 할 일이 많아졌다. 눈코 뜰 새 없이 바빴지만, 동료들과 얘기해보면 높아진 자부심과 성취감을 느낄 수 있었다. 우리는 이상을 실현하는 데 성공했다. 게다가 이보다 더 좋을 수 없을 정도로 대성공했다. 존 래스터, 앤드루 스탠튼, 피트 닥터, 조 랜프트, 그리고 1994년 픽사에 합류해 〈토이 스토리〉 편집 작업을 도운 리 언크리치^{Lee} ^{Unkrich}로 구성된 핵심 제작팀은 즉시 〈벅스 라이프〉 제작에 착수했다. 픽사는 즐겁고 들뜬 분위기에 휩싸였다. 하지만 행복감에 젖어 있으면서도 나는 동료들처럼 기쁨을 만끽할 수 없었다.

20년간 내 인생을 규정해온 목표는 최초의 컴퓨터그래픽 영화 제작이었다. 목표를 달성하고 나니 공허한 상실감에 빠졌다. 나는 경영자로서 목표가 부족하다고 느꼈다. 이제 픽사 경영자로서 내가 무슨 일을 해야 한단 말인가? 남은 목표는 기업 경영뿐이었다. 물론 이는 내가 계속해서 많은 시간과 노력을 들여야 하는 목표지만, 특별한 목표는 아니었다. 픽사는 상장해 재무적으로 탄탄해졌고 큰 성공을 거두었다. 그런데 픽사가 계속 잘 굴러갈 수 있을지 전망해볼 때 한 가지 불안 요소가 있었다.

예상치 못한 심각한 문제가 내게 새로운 사명의식을 부여했다. 잘나가는 기업 경영자들이 기업에서 벌어지는 문제를 제대로 인식하지 못해 멍청한 짓을 저지른다는 이야기를 앞서 한 바 있다. 마찬가지로, 〈토이 스토리〉를 제작하는 동안 픽사를 위기에 빠뜨릴 수 있는 문제가 발생했는데, 내가 이를 놓쳤다는 사실을 뒤늦게 발견했다. 심지어 내가 뒤늦게 신경써서 문제를 파악하고 있다고 생각하는 동안에도 나는 문제를 계속 놓치고 있었다.

〈토이 스토리〉를 제작하는 동안, 내 임무를 픽사 직원들이 목표에 집중할 수 있도록 내적·외적 역학관계를 관리하는 것이라고 보았다. 나는 실리콘밸리 기업들이 저지른 실수들을 픽사가 저지르지 않게끔 관리하려고 했다. 이를 위해 직원들과 항상 만날 수 있도록 사무실을 돌아다니며 직원들이 하는 일을 지켜봤다. 존 래스터와 나는 모든 픽사 직원이 발언하고 존중받을 수 있도록 의도적으로 많은 노력을 기울였다. 모든 직원이 자기평가와 건설적 비판을 해야 한다고 진심으로 믿었고, 직원들의 얘기를 듣기 위해 작업 현장을 되도록 자주 돌아다녔다.

하지만 〈토이 스토리〉의 핵심 제작 인력으로 두 번째 장편 애니메이션 〈벅스 라이프〉 제작팀을 구성하는 과정에서 그동안 창작부서와 관리부서 사이의 심각하고 지속적인 균열을 완전히 간과하고 있었음을 깨달았다. 제작관리자들은 〈토이 스토리〉 제작 과정이 악몽처럼 끔찍했다고 내게 털어놓았다. 이들은 〈토이 스토리〉 제작 과정에서 이등시민처럼 무시당하고 소외되는 느낌을 받았다고 했다. 〈토이 스토리〉의 성공에 기뻐하면서도 또다시 애니메이션 제작에 참여하는 것은 꺼렸다. 나는 충격으로 쓰러질 것만 같았다. 어떻게 픽사 내부에 이렇게 심각한 균열이 생기고 있다는 사실을 눈치채지 못했을까?

일부 요인은, 제작관리자들이 애니메이션 제작에서 맡은 역할에서 찾을 수 있었다. 그들의 임무는 영화가 정해진 기한과 예산에 따라 제대로 만들어지도록 세부사항을 끊임없이 추적 관리하는 것이다. 제작관리자들은 창작자들의 전반적인 업무 진행 상황을 관리하고, 세부 작업을 추적하며, 투자한 자원이 제대로 쓰이고 있는지 평가한다. 또 사람들을 설득하고, 구슬리고, 필요하면 제지한다. 다시 말해, 그들은 직원들이 마감 기한을 지키고 경비가 예산을 초과하지 않도록 관리하는 사람들로, 기업의 성공에 필수적인 역할을 한다.

내가 픽사 경영자로서 가장 자부심을 느낀 부분 중 하나는 픽사에서 일하는 애니메이터들과 기술자들이 서로 대등한 인격체로 대하도록 신경써서 관리한 점이다. 나는 창작부서 직원들이 제작관리자들을 대등한 인격체로 대할 것이라고 생각했다. 하지만 이는 내 착각이었다. 애니메이터들과 기술 제작진은 제작관리자들을 픽사에서 덜 중요한 일을 하는 사람들로 인식했고, 그들이 너무 세세하게 작업을 통제해 창작을 저해한다고 생각했다. 그 결과, 제작관리자들은 발톱에 낀 때처럼 무시당하는 기분이 든다고 내게 하소연했다.

내가 픽사 내부의 이런 역학관계를 전혀 몰랐다는 사실이 놀라웠다. 내 사무실 문은 항상 열려 있었고, 직원들은 언제나 내게 와서 얘기할 수 있었다! 나는 늘 직원들에게 가까이 다가가려고 노력했던 까닭에 직원들 사이에 큰 갈등이 생기면 금세 알아챌 수 있을 것이라고 믿었다. 하지만 〈토이 스토리〉를 제작하는 5년 동안 제작관리자 중 어느 누구도 내게 와서 이런 문제를 털어놓지 않았다. 왜 그랬을까? 이유를 알고자 분석에 착수했다.

...

나는 왜 직원들이 내게 문제를 털어놓지 않았는지 알아내야만 했다. 그래서 사무실을 돌아다니면서 의자를 끌어와 앉아 직원들에게 픽사에서 잘 지내고 있는지 묻기 시작했다. 특정 문제들에 대해 직원들이 심문당하는 느낌을 받지 않도록 허심탄회하게 대화하려고 애썼다. 여러 직원들과 대화를 나누면서 서서히 문제가 심각해진 원인을 이해하게 됐다.

영화 제작은 극도로 복잡한 프로젝트인데다가 〈토이 스토리〉에 모든 것이 달려 있었던 만큼 제작관리자들은 제작 과정을 제대로 통제해야 한다는 엄청난 압박감에 시달렸다. 그래서 예산과 스케줄뿐만 아니라, 정보의 흐름까지 통제하려고 했다. 이들은 직원들이 통제받지 않고 일하면 전체 프로젝트가 궤도에서 탈선할 것이라고 믿었다. 따라서 프로젝트를 예정대로 진행하고자 모든 직원에게 절차를 따르도록 지시했다. 불만이 있는 직원은 직속상관에게 얘기해야 했다. 예를 들어, 애니메이터가 모형 제작자에게 할 얘기가 있으면, '적절한 지휘 계통'에 따라 보고하도록 요구받았다. 그런데 애니메이터들과 컴퓨터 기술 개발자들은 제작관리자들의 이런 관료주의적 태도가 성가시고 영화 제작을 방해한다고 생각했다.

나는 이런 제작관리자들의 선택을 선의에서 출발한 마이크로 경영micromanaging(경영자가 직원들을 직접 챙기면서 업무를 지휘 감독하고 통제하는 관리 스타일 - 옮긴이)이라고 해석했다. 영화 제작은 수백 명의 사람을 움직여야 하는 프로젝트이기에 지휘 계통이 필수다. 하지만 여기서 우리는 소통 구조와 조직 구조를 혼동하는 실수를 저질렀다. 물론 애니메이터는 상관에게 사전 보고할 필요 없이 모형 제작자에게 직접 얘기할 수 있어야 한다. 나는 모든 임직원에게 직위나 시간에 상관없이, 누구든 문책받을 걱정하지 말고 다른 임직원에게 자유롭게 얘기하라고 말했다. 직원들끼리 소통하는 일은 지휘 계통을 거칠 필요가 없어야 한다. 정보 교환은 픽사가 애니메이션 제작 사업에 성공하기 위한 열쇠였다. 또한 직원들끼리 직접 소통하고 나중에 상관에게 알리는 편이 '적합한 절차'와 '적절한 지휘 계통'을 거쳐 정보를 교환하는 것보다 효율적이다.

픽사 직원들이 지휘 계통을 거치지 않고 자유롭게 소통하라는 지시를 받았다고 해서 하루아침에 문제가 개선된 것은 아니다. 하지만 〈벅스 라이프〉 제작이 끝날 무렵 창작부서 직원들은 제작관리자들을 더 이상 훼방꾼으로 보지 않고, 동료(일등시민)로 보았다. 직원들 사이의 분열은 확실히 줄어들었다.

이는 자체로도 성공이었지만, 기대하지 않은 효과를 낳았다. 임직원들의 소통 문제에 대해 생각하고 대응하는 과정에서 나는 활기와 보람을 느꼈다. 인기 영화를 만드는 스튜디오를 키우는 것뿐만 아니라 끊임없이 질문하는 창의적 기업문화를 조성하는 것이 우리 경영진의 목표임을 깨달았다. 우리는 다음과 같은 질문들을 끊임없이 던졌다. 어떤 일을 제대로 처리해 성공을 거두었는지 어떻게 파악할 수 있을까? 다음 프로젝트에서 이런 성공 과정을 복제할 수 있을까? 성공 과정을 복제하는 것이 타당한 선택일까? 얼마나 많은, 재앙이 될 수도 있는 심각한 문제들이 눈에 띄지 않은 채 기업 건전성을 훼손하고 있을까? 어떻게 해야 이런 문제들을 직시할 수 있을까? 지금까지 거둔 성공이 얼마나 운에 의존했나? 계속 성공을 거두면 어떤 자아 변화가 생길까? 잇따른 성공으로 자신감이 너무 커져 해가 되진 않을까? 만약 그렇다면 자만심을 적절히 다스리는 법은 무엇일까? 생존을 위해 몸부림치던 스타트업 기업 시절을 지나 성공적인 기업으로 성장해 새로운 직원들을 채용함에 따라 조직의 역학관계에는 어떤 변화가 생길까?

내가 대학교에서 물리학을 전공한 것은 현실을 이해하려는 시도에서 비롯된 선택이었다. 물론 인간의 상호작용은 상대성 이론이나 끈 이론^{string theory}(자연계의 기본 입자가 점이 아니라 '끈'이라는 가설에서 출발해 입자의 성질과 자연의 기본적인 힘이 끈의 모양과 진동에 따라 결정된다고 설명하는 물리 이론 – 옮긴이)보다 훨씬 복잡하다. 그렇기에 내게는 인간의 상호작용이 더 흥미롭고 중요한 문제로 다가왔다. 직원들의 상호작용 문제에 대처하다 보면 내가 가정한 것들이 착각이었음을 깨닫는 경우가 많았다. 픽사에서 계속 영화를 제작하면서 기존에 생각한 픽사의 성공 요인 중 일부는 내 착각이었다는 사실을 깨닫기도 했다. 그렇지만 한 가지만큼은 확실히 말할 수 있다. 지속 가능한 창의적 기업문화를 조성하는 것(단순히 정직, 탁월성, 소통, 독창성, 자기평가 같은 그럴듯한 단어들을 언급하는 데 그치지 않고, 아무리 불편해지더라도 실제로 이를 실천하는 것)은 한 가지 과제를 해결한다고 되는 것이 아니다. 창의적 기업문화를 조성하는 것은 하루도 빠짐없이 늘 신경 써야 하는 일이다. 그리고 나는 이 일을 해내고 싶었다.

경영진이 종종 눈에 보이지 않는 문제를 파악해 해결해야 한다는 사실을 인정하더라도 자만심이나 권위의식처럼 현실 인식을 가로막는 요소가 없는 기업문화를 조성하는 것은 경영자의 책무다. 나는 설립자들이 은퇴하고 오랜 세월이 흘러도 픽사가 여전히 수익을 낼 뿐 아니라 세상에 기여하는 독창적인 영화들을 계속 제작할 수 있도록 지속 가능한 창의적 기업문화를 만들고 싶은 열망이 너무도 강했다. 이는 너무 이상적인 목표처럼 들리지만, 픽사 경영진은 처음부터 이런 목표를 지니고 있었다. 우리는 변화, 리스크, 새로운 일, 기존 방식을 재고하는 사람을 환영하는 직원들과 함께 일하는 복을 누렸다. 이런 훌륭한 직원들이 재능을 꽃피우고, 계속 즐겁게 일하게 하고, 여러 사람이 협력해 일해야 하는 환경에서 필연적으로 발생하는 복잡한 문제들이 조직을 와해시키지 않도록 하려면 어떻게 해야 할까? 이것이 내가 나 자신에게 부과한, 오늘날까지도 여전히 내게 일할 동기를 부여하는 과제다.

CHAPTER 4

픽사의 정체성 구축

〈토이 스토리〉를 제작하는 과정에서 픽사에 지대한 영향을 미치게 될 두 가지 창작 원칙이 만들어졌다. 픽사 임직원들은 회의 때마다 이를 주문처럼 외우고, 지키려고 애썼다. 이 원칙들은 픽사 직원들이 〈토이 스토리〉 제작 과정의 고비를 넘기고 〈벅스 라이프〉 제작에 착수할 때 훌륭한 길잡이가 됐기에 이후 자연스럽게 고수하게 됐다.

제1원칙은 "스토리가 왕이다"이다. 우리는 작품 제작 과정에서 어떠한 요소도, 예컨대 기술이나 캐릭터 상품화 가능성도 스토리를 결정하는 과정에 끼어들지 않도록 조심했다. 우리는 관객들이 컴퓨터그래픽 기술이 아니라 〈토이 스토리〉의 감명 깊은 스토리에 주목해 높은 평가를 내린 사실에 자부심을 느꼈다. 이는 스토리를 제작 과정의 길잡이로 삼은 결과다.

제2원칙은 "프로세스를 신뢰하라"다. 우리는 이 원칙을 좋아했다. 제작 과정의 고민을 덜어주는 원칙이기 때문이다. 복잡한 창작 활동 중에는 문제에 부딪히고 실수를 저지르기 일쑤지만, 픽사 직원들은 '프로세스'를 따라가면 문제를 헤쳐나갈 수 있을 것이라고 믿고 버텼다. 이 원칙은 "조금만 더 힘내!" 같은 낙관적 경구들과 다를 바 없으나 픽사 직원들에게는 매우 유용했다. 픽사의 프로세스는 다른 애니메이션 스튜디오와 다른 점이 있기 때문이다. 픽사 경영진은 애니메이터들에게 자유롭게 작업할 공간을 배정하고, 감독들에게 권한을 부여하고, 각자에게 문제 해결을 맡겼다.

나는 격언이나 규칙을 믿는 편이 아니다. 실제로 필요한 성찰을 방해할 뿐인, 공허한 격언이나 규칙이 많기 때문이다. 그러나 이 두 원칙만큼은 실제로 픽사 직원들에게 도움이 됐다. 픽사는 〈토이 스토리〉가 개봉한 후 얼마 지나지 않아 맞닥뜨린 절박한 상황에서 두 원칙의 유효성을 검증할 수 있었다.

1997년 디즈니 중역들이 〈토이 스토리 2〉 제작을 의뢰했다. 디즈니는 이 작품을 극장에서 개봉하지 않고 비디오 대여용 애니메이션으로 제작할 계획이라고 했다. 당시로서는 일리가 있는 생각이었다. 그때까지 디즈니가 극장에서 개봉한 속편 작품은 딱 하나뿐이었다. 1990년 개봉한 〈코디와 생쥐 구조대The Rescuers Down Under〉가 바로 그것이다. 이 작품의 속편은 흥행에 실패했다. 반면에, 비디오 전용 영화 시장의 규모는 폭발적으로 성장해 극장에서 개봉하지 않고 비디오를 판매하는 것만으로도 높은 수익을 올리는 것이 가능해졌다. 그래서 디즈니가 〈토이 스토리 2〉를 비디오 대여용 애니메이션으로 제작하자고 제안했을 때 우리는 받아들였다. 그때까지 비디오 대여용으로 출시된 대다수의 속편은 극장용 애니메이션보다 질이 떨어졌지만, 우리는 다르게 할 수 있다고 생각했다.

하지만 막상 제작에 착수해보니, 잘못 생각했다는 게 즉시 명백해졌다. 비디오 대여용 애니메이션 제작은 우리가 그때까지 추구해온 것과 정반대되는 프로젝트였다. 우리는 '적당한' 수준으로 애니메이션을 제작하는 법을 몰랐다. 이론적으로, 비디오 대여용 애니메이션을 못 만들 이유는 없었다. 게다가 디즈니는 이미 비디오 대여용 애니메이션 출시로 많은 수익을 올렸다. 하지만 우리는 어떻게 품질을 떨어뜨리지 않고 비디오 대여용 작품을 만들지 알지 못했다. 기대 수준을 낮추고 극장용 애니메이션보다 질이 낮은 비디오 대여용 애니메이션을 제작하는 것은 픽사 내부 문화에도 부정적 영향을 미쳤다. 당시 픽사는 두 작품을 동시에 제작하느라 제작팀을 두 팀으로 구성했다. A팀은 〈벅스 라이프〉를, B팀은 〈토이 스토리 2〉를 제작했다. 하지만 B팀 구성원들은 B급 작품을 제작하는 데 흥미가 없었다. 적지 않은 직원이 내 사무실을 찾아와 그렇게 말했다. 직원들의 열정을 무시하는 것은 어리석은 일이다.

몇 달 뒤, 우리는 디즈니 중역들을 만나 극장용보다 질이 낮은 비디오 대여용 애니메이션을 제작하는 일은 픽사의 기업 성향에 맞지 않는다고 말했다. 픽사의 기업문화는 이를 용납하지 못했다. 우리는 진로를 바꾸어 〈토이 스토리 2〉를 극장용 애니메이션으로 만들자고 제안했다. 놀랍게도 디즈니 중역들은 흔쾌히 승낙했다. 이로써 픽사는 극장용 장편 애니메이션 두 편을 동시에 만들게 됐다. 한편으로는 조금 겁이 났지만, 픽사의 핵심가치를 인정받은 것 같아 내심 뿌듯했다. 동시 제작을 위해 인원을 늘리면서 나는 품질을 떨어뜨리지 않으려고 고집을 부리길 잘했다고 느꼈다. 또한 이런 결정이 미래의 성공을 보장할 것이라는 믿음이 생겼다.

하지만 〈토이 스토리 2〉 제작은 픽사 경영진의 잇따른 착각 탓에 큰 차질이 빚어졌다. 먼저 우리는 이 작품이 〈토이 스토리〉의 속편이기 때문에 〈토이 스토리〉를 만들 때만큼 제작이 어렵지 않을 것이라고 착각했다. 〈토이 스토리〉를 제작한 핵심 인력이 〈벅스 라이프〉 제작에 투입됨에 따라, 나는 감독 경험은 없지만 실력은 있는 애니메이터 두 명에게 〈토이 스토리 2〉 감독을 맡겼다. 물론 이들이 감독 경험이 없더라도 제작자들의 도움을 받으면 전작의 성공을 충분히 재현할 수 있으리라 믿었다. 신예감독들의 짐을 덜어주려고 전작을 제작한 존 래스터와 팀원들에게 신작의 플롯 개요를 짜게 했다. 그 결과, '야드 세일 yard sale (필요 없어진 물건을 집 마당에 늘어놓고 헐값에 파는 행사 – 옮긴이)이 열리는 마당에 나간 우디가 일본 박물관에 팔려고 장난감을 모으는 남자에게 납치당한다'는 플롯이 나왔다. 전작에서 인기를 끌었던 캐릭터들이 다시 등장하고, 경험이 쌓여 영화 제작 과정을 충분히 이해하고 있을 제작진을 투입했으니, 작품을 수월하게 제작할 수 있을 것이라고 믿었다. 그런데 불행히도 완전히 착각이었다.

제작에 착수한 지 1년이 지나자 갖가지 문제점이 눈에 띄었다. 〈토이 스토리 2〉를 맡은 두 신예감독은 존 래스터에게 계속 도움을 청하고 의존하는 모습을 보였다. 이들이 자기 능력에 자신이 없고 팀에 녹아들지 못한다는 신호로 보여 걱정스러웠다. '스토리 릴(임시 음악과 음성을 집어넣은 스토리보드 그림들)'도 문제였다. 픽사 감독들은 몇 달마다 모여서 자기 작품의 스토리 릴을 상영했다. 초기 스토리 릴을 보면 최종적으로 어떤 애니메이션이 나올지 대략 짐작할 수 있다. 뛰어난 제작팀이 만든 것일지라도 초기 스토리 릴은 지저분하고 결함이 있기 마련이지만, 제작 과정에서 어떤 부분을 수정해야 할지 알 수 있는 유일한 방법이다. 물론 초기 스토리 릴을 보고 제작팀을 평가할 수는 없다. 시간이 지날수록 더 나은 스토리 릴이 나오길 바랄 뿐이다. 그런데 〈토이 스토리 2〉는 몇 달이 지나도 스토리 릴의 질이 개선되지 않았다. 래스터와 〈토이 스토리〉 제작진은 이 점을 걱정했지만, 〈토이 스토리 2〉 감독들에게 더 시간을 주고 프로세스의 힘을 믿으라고 경영진에게 조언했다.

존 래스터는 1998년 추수감사절 주말에 〈벅스 라이프〉가 개봉하고 나서야 그때까지 제작된 〈토이 스토리 2〉 영상을 검토할 시간을 낼 수 있었다. 래스터는 영사실에 들어가 스토리 릴을 봤다. 두 시간 뒤 그는 내 사무실로 들어와 문을 닫고서 "재앙"이라고 말했다. 두 신예감독이 만든 스토리는 뻔하고 긴장감이 없고 공허했다. 디즈니에 가서 픽사 직원들은 B급 작품을 만드는 데 만족할 사람들이 아니라고 목소리를 높이며 극장용 애니메이션을 제작하자고 고집 부렸는데, 이랬던 우리가 B급 작품을 만들고 있었던 것이다. 위기 상황이었다.

미처 해결책을 찾기도 전에 디즈니 중역들에게 〈토이 스토리 2〉 중간결과물을 보여주기로 예정한 날이 다가왔다. 1998년 12월, 존 래스터의 오른팔인 앤드루 스탠튼은 디즈니 본사로 가서 디즈니 중역들이 모인 영사실에서 결함이 많은 중간결과물을 상영했다. 스탠튼은 자리에 앉아 이를 악물고 상연이 끝나길 기다렸다. 영사실 불이 켜지자마자 그는 벌떡 일어나 말했다.

"작품을 대폭 수정할 필요가 있다는 건 압니다. 현재 수정하기 위해 준비 중입니다."

뜻밖에도 디즈니 중역들의 생각은 달랐다. 그들은 〈토이 스토리 2〉는 속편일 뿐이니 이 정도로도 충분하다며, 처음부터 다시 만들 정도로 시간이 충분하지도 않다고 말했다. 하지만 스탠튼은 정중하면서도 단호하게 말했다. "처음부터 다시 제작하겠습니다."

1999년 1월 2일, 존 래스터와 나는 〈토이 스토리 2〉를 처음부터 다시 만들기로 결정했다. 래스터는 모든 픽사 직원에게 크리스마스 시즌에 충분히 쉬어두라고 말했다. 좌초 위기에 처한 〈토이 스토리 2〉를 구하려면 새해 벽두부터 모든 직원이 달려들어 쉴 틈 없이 일해야 할 것이라는 비장한 메시지를 보낸 셈이다.

래스터와 나는 어려운 결정을 내려야 했다. 좌초 위기에 처한 배를 구하려면 선장부터 바꿔야 했다. 내가 감독에게 교체를 통보한 것은 이때가 처음이다. 결코 쉽지 않은 일이었다. 래스터가 두 감독 대신 〈토이 스토리 2〉를 감독할 것이라고 통보하는 것은 정말 가슴 아팠다. 하지만 이를 악물고 그렇게 할 수밖에 없었다. 두 감독은 물론 충격을 받았다.

어떤 의미에서는 준비가 안 된 두 사람에게 큰일을 떠맡겨 실패로 내몬 셈이었다. 밀려드는 자책감을 떨쳐낼 수 없었다. 우리가 놓친 것이 무엇일까? 우리는 왜 잘못된 예측을 했을까? 작품에 문제가 있다는 증거가 계속 쌓여가는 동안 개입하지 못한 이유는 무엇일까?

누군가에게 어떤 직책을 맡겼는데, 적임자가 아닌 것으로 판명된 것은 이때가 처음이었다. 실패의 원인을 알고 싶었다. 내가 이 문제를 고민하는 동안 마감 기한은 점점 다가왔다. 픽사에 남은 〈토이 스토리 2〉 제작 기간은 9개월(아무리 노련한 제작진일지라도 극장용 애니메이션을 제작하기에는 충분치 않은 시간이다)에 불과했다. 하지만 픽사 직원들은 확고한 의지를 품고 밀어붙였다. 최선을 다하지 않고 적당히 처리하는 것은 절대 용납할 수 없었다.

제작진의 첫 번째 과제는 스토리 수정이었다. 이 과제는 〈토이 스토리〉

제작 과정에서 자연스럽게 출현한 집단이 많았다. 우리는 이 집단을 브레인트러스트^{Braintrust}라고 불렀다. 브레인트러스트는 작품을 해부해 미진한 장면들을 골라냈다.

픽사 브레인트러스트의 활약상은 다음 장에서 더 자세히 설명하겠지만, 이 집단의 가장 중요한 특징은 영화의 감정 흐름을 냉철하고 이성적으로 분석하는 능력이다. 정식으로 조직한 집단은 아니지만, 이는 픽사에 큰 도움이 됐다. 나중에 확장됐지만, 당시 브레인트러스트 구성원은 존 래스터, 앤드루 스탠튼, 피트 닥터, 조 랜프트, 리 언크리치 이렇게 다섯 명이었다. 언크리치는 픽사 영화에도 이름이 등장하는 오하이오 주 소도시 차그린 폴스에서 온 편집의 달인이다. 그는 1994년에 픽사에 입사해 탁월한 타이밍 감각으로 곧 유명해졌다. 래스터는 언크리치를 〈토이 스토리 2〉 공동감독으로 임명했다. 이후 아홉 달 동안 픽사 직원들이 이제까지 경험한 것 중 가장 촉박한 제작 스케줄에 시달렸다. 픽사의 진정한 자아가 형성된 중요한 시기였다.

• • •

존 래스터가 지휘하는 제작팀이 〈토이 스토리 2〉 제작에 매진하는 동안, 나는 픽사 경영진의 현실을 냉정하게 바라봤다. 우리는 직원들에게 큰 희생을 요구했다. 다시 한 번 말하지만 〈토이 스토리 2〉에 주어진 시간은 9개월에 불과했다.

마감 기한을 맞추려면 모든 직원이 녹초가 될 정도로 일해야 했다. 이 과정에서 픽사는 한계점에 봉착하거나, 지불해야 할 대가가 있을 터였다. 그렇다고 디즈니 중역들의 생각에 순응해 평범한 작품을 내놓고 안주해

버린다면 픽사의 역량은 훨씬 더 타격을 입을 게 분명했다.

래스터가 처음 팀원들을 불러 모았을 때 지적한 〈토이 스토리 2〉의 가장 근본적인 문제는 뻔히 예측할 수 있는 밋밋한 탈출극이라는 점이었다. 이 작품의 시간적 배경은 전작의 3년 뒤로, 우디가 수집가 앨AI이 강요하는 안전하지만 고립된 환경(수집품으로서 삶)을 받아들일지 거부할지 선택하는 것을 축으로 이야기가 돌아갔다. 과연 우디는 주인 앤디의 집으로 돌아가기 위해 싸울까? 스토리가 관객들의 호응을 얻으려면 우디의 선택(집에 돌아가 언젠가 앤디에게 버림받을 운명을 기다릴 것인가, 영원히 사랑받을 수는 없지만 안전한 장난감 박물관에서 지낼 것인가?)이 설득력 있어야 했다. 관객들은 디즈니의 이름을 걸고 개봉하는 작품인 만큼 당연히 해피엔딩을 예상할 것이다.

즉, 우디가 집으로 돌아가 앤디를 만나는 선택을 내릴 것이라고 예상할 수 있다. 이 작품에 필요한 것은 우디가 정말로 어려운 선택에 직면했다고 관객들이 감정이입할 수 있을 정도로 진퇴양난인 상황이다. 다시 말해, 이 작품에 필요한 것은 드라마였다.

제작진이 줄거리를 여러 차례 뜯어고쳤지만, 이야기는 언제나 앤디가 우디를 가지고 놀다가 우디의 팔이 뜯겨서 우디를 집에 놓고 카우보이 캠프로 가는 (그리고 앤디 어머니가 우디를 선반 위에 놓는) 장면으로 시작됐다. 브레인트러스트는 두 가지 주요 내용을 덧붙였다. 우선, 펭귄 인형 위지Wheezy를 집어넣었다. 위지는 펭귄 울음소리를 내는 장치가 망가져 몇 달째 선반에 방치돼 있었다고 우디에게 말한다. 위지라는 캐릭터의 등장으로, 아무리 사랑받던 장난감이라도 망가지면 선반에 방치된 채 영원히 버림받을 수 있다는 사실을 관객들에게 얘기할 수 있다. 위지는 우디가 느낄 갈등에 설득력을 더해줬다.

제작진이 또 덧붙인 주요 내용은 제시Jessie라는 카우걸cowgirl 인형의 이야기다. 우디가 주인 앤디를 사랑하는 것처럼, 제시도 예전에 주인 소녀를 사랑했다. 하지만 소녀는 나이가 들어 제시를 버렸다. 제시는 '우디가 아무리 앤디와 같이 있고 싶어 하고 앤디를 사랑한다 해도 앤디는 언젠가 장난감을 버릴 것'이라는 메시지를 우디에게 전달한다. 이 부분은 사라 맥라클란Sarah McLachlan의 노래 〈그녀가 날 사랑했을 때When She Loved Me〉가 배경음악으로 깔리면서 몽타주 시퀀스montage sequence(여러 장면을 연속적으로 빠르게 연결해 시간과 공간을 압축해서 보여주는 것 – 옮긴이)로 나온다. 제시는 우디와 티격태격 다투는 과정에서 영화 초반부 위지의 도입을 통해 암시적으로 표현된 주제가 작품에서 공개적으로 다뤄지게 한다.

위지와 제시라는 두 캐릭터를 추가한 덕분에 우디의 고민은 더 설득력을 갖게 됐다. 우디는 언젠가 버림받을 것이란 사실을 알면서도 사랑하는 사람과 지낼지, 영원히 보호받지만 삶의 목적인 사랑은 없는 세계로 도망칠지 선택의 갈림길에 놓인다. 이는 현실적인 선택이자 현실적인 문제다. 창작부서 직원들은 이 선택을 '사랑받지 못한 채 영원히 살고 싶은가?'라고 바꿔 말했다. 주인공 앞에 놓인 선택의 고뇌를 관객들이 공감할 수 있어야 좋은 영화다.

우디는 슬픈 미래가 기다리고 있다는 것을 알면서도 앤디를 선택한다. 그리고 집으로 돌아가려는 것을 방해하는 노인 인형 프로스펙터Stinky Pete the Prospector에게 말한다. "앤디가 어른이 되는 걸 막을 순 없어요. 하지만 세상을 다 준다 해도 앤디와 함께 있는 시간을 포기하지 않을 거예요."

각본 작업이 끝나자 픽사 본사 맞은편에 있는 건물 식당에 모든 픽사 직원이 모였다. 픽사 직원이 늘어남에 따라 사들인 이 부속 건물을 우리는 '개구리 마을Frogtown'이라고 불렀다(이 건물이 들어선 자리는 예전에 늪이었다). 존 래스터가 앞으로 걸어 나와 새로 구상한 〈토이 스토리 2〉의 감동적인 줄거리를 동료 직원들에게 설명했다. 설명이 끝나자 직원들은 박수갈채를 보냈다. 〈토이 스토리 2〉 제작진만 참가한 다른 회의에서 스티브 잡스는 다음과 같이 격려했다. "디즈니는 우리가 이 일을 해낼 거라고 생각하지 않습니다. 디즈니가 틀렸다는 걸 증명합시다."

이렇게 해서 픽사 직원들의 고생길이 시작됐다.

이후 6개월간 픽사 직원들은 가족의 얼굴도 거의 보지 못한 채 휴일도 없이 밤낮으로 일에 매진했다. 픽사가 제작한 두 편의 장편 애니메이션이 흥행에 성공했지만, 우리는 아직도 우리의 능력을 입증할 필요가 있었다. 모든 직원이 모든 역량을 투입했다. 아직 갈 길이 멀었는데, 직원들은 지치고 신경이 날카로워졌다.

1999년 6월 아침, 과로로 지친 한 애니메이터가 자동차 뒷좌석에 아기를 태우고 출근했다. 그는 출근하는 길에 탁아소에 아기를 맡길 생각이었다. 출근하고 몇 시간 뒤, 픽사 직원으로 함께 일하던 아내가 그에게 아기를 탁아소에 맡겼는지 물었다. 그는 여름 햇볕을 받아 펄펄 끓는 주차장에 세워둔 자동차 뒷좌석에 아기를 그냥 두고 왔다는 사실을 깨달았다. 부부는 황급히 주차장으로 달려가 아기를 자동차에서 꺼냈다. 아기의 의식이 없자 차가운 물을 뿌렸다. 다행히도 아기는 괜찮았지만, 자칫하면 끔찍한 일이 일어날 뻔했다. 이 사건은 정신적 외상으로 내 머릿속에 깊게 각인됐다.

경영자가 직원들에게 이렇게까지 희생을 요구하는 것은(비록 직원들 자신이 원할지라도) 용납할 수 없는 일이었다. 나는 픽사 직원들에게 험난한 길이 펼쳐질 것이라고 예상했지만, 예상보다 더 극한 상황에 내몰리고 있다는 사실을 인정할 수밖에 없었다. 〈토이 스토리 2〉 제작이 끝날 무렵, 픽사 직원의 3분의 1이 반복성 긴장 질환^{RSI, repetitive stress injury}(장시간 반복되는 작업을 할 때 과도하게 사용되는 근육이나 관절 등에 손상이 오는 것 – 옮긴이)에 걸렸다.

결국 픽사는 세 번째 장편 애니메이션의 개봉 날짜를 지켰다. 평론가들은 전작보다 뛰어난, 몇 안 되는 속편이라고 〈토이 스토리 2〉를 극찬했다. 박스오피스 흥행 수익은 5억 달러를 돌파했다. 모든 직원이 녹초가 됐지만, 이런 고생을 통해 픽사를 규정하게 될 소중한 경험을 얻었다.

리 언크리치는 이렇게 말했다. "우리는 불가능한 일을 해냈습니다. 모든 사람이 해낼 수 없을 거라고 말한 일을 해냈습니다. 게다가 탁월한 성공까지 거뒀어요. 이 경험은 이후 모든 픽사 직원의 내면에서 계속 연소하면서 픽사를 움직이는 연료가 됐습니다."

∙∙∙

〈토이 스토리 2〉 제작 과정에서 우리는 몇 가지 핵심적인 교훈을 얻었다. 이 작품의 핵심 플롯(집과 박물관 사이에서 고민하는 우디)은 브레인트러스트가 개입하기 전에도 똑같았다. 하지만 브레인트러스트가 수정한 스토리는 관객에게 깊은 감동을 줬다. 재능 있는 시나리오 작가들이 관객들의 공감을 이끌어낼 수 있게 스토리라인을 다듬은 덕분이었다. 나는 다음과 같은 교훈을 얻었다. 좋은 아이디어를 평범한 팀에게 맡기면 실망스러운 결과가 나온다. 반면 평범한 아이디어를 탁월한 팀에게 맡기면, 그들은 아이디어를 수정하든 폐기하든 해서 더 나은 결과를 내놓는다.

이 교훈은 더 설명할 가치가 있다. 적합한 팀에게 일을 맡기는 것이 아이디어를 성공적으로 구현하는 선결 조건이다. 재능 있는 인재들을 원한다고 말하기는 쉽고, 경영자들 또한 재능 있는 인재들을 원하지만, 정말로 핵심 관건은 이런 인재들이 상호작용하는 방식이다. 아무리 영리한 사람들을 모아놓아도 서로 어울리지 않으면 비효율적인 팀이 된다. 경영자가 직원 개개인의 재능이 아니라 팀이 돌아가는 상황에 초점을 맞추는 편이 낫다는 뜻이다. 좋은 팀은 서로 보완해주는 사람들로 구성된다. 여기서 도출할 수 있는 중요한(자명해 보이지만 내 경험상 경영자가 깨닫기 어려운) 원리가 있다. 업무에 적합한 인재들이 상성이 맞는 사람들과 함께 일하도록 하는 것이 좋은 아이디어를 내는 것보다 중요하다.

이것이 내가 수년간 고민한 이슈다. 언젠가 다른 영화사 사장과 함께 점심을 먹는데, 그가 좋은 인재를 구하는 것보다 좋은 아이디어를 구하는 것이 더 큰 고민거리라고 말했다. 〈토이 스토리 2〉 제작 과정에서 정반대 상황을 경험한 나로서는 이해할 수 없는 말이었다. 내가 얻은 교훈은 '아이디어보다 인재가 중요하다'는 것이다. 이 교훈이 과연 보편타당한지 검증해보기로 마음먹었다.

이후 2년간 나는 각종 강연회에서 청중에게 "괜찮은 아이디어와 괜찮은 인재 중 어느 쪽이 더 가치 있을까요?"라는 질문을 던졌다. 은퇴한 중역, 학생, 고등학교 교장, 예술가 등 다양한 청중에게 질문을 던지고 손을 들어보라고 했더니 청중은 언제나 50 대 50으로 나뉘었다(통계학에 따르면 이렇게 완벽하게 50 대 50으로 나뉘는 상황을 놓고 청중의 절반이 정답을 말했다고 해석할 순 없다. 이 상황은 모든 청중이 동전 던지기처럼 임의로 선택했다는 것을 의미한다). 내가 2년간 만난 청중 중에는 이 문제를 진지하게 숙고한 사람이 거의 없었다. 한 사람만이 내가 던진 질문에 오류가 있다고 지적했다. 아이디어는 사람에게서 나온다. 사람이 없으면 아이디어도 없다. 따라서 사람이 아이디어보다 중요하다.

왜 사람이 아이디어보다 중요하다고 생각하지 못할까? 너무나 많은 사람이 아이디어가 사람들과 완전히 분리된 채 독립적으로 형성되고 존재한다고 착각하기 때문이다. 아이디어는 독립적인 존재가 아니다. 그것은 종종 수십 명이 관여하는 수만 가지 의사결정을 통해 형성된다. 한 편의 영화에는 수만 개의 아이디어가 담겨 있다. 문장, 대사, 캐릭터, 배경, 디자인, 색감, 조명, 음향 효과 등 영화에 필요한 모든 요소에 아이디어가 반영된다.

사람들은 극장에서 나오면서 "말하는 장난감들만 나오는 영화라니 신선한 아이디어군" 하고 말하지만, 영화는 하나의 아이디어만으로 만들어질 수 없다. 영화는 여러 아이디어의 집합체다. 이런 아이디어들을 구상하고 현실로 구현하는 것은 결국 사람이다. 모든 제품이 마찬가지다. 예컨대 아이폰도 하나의 아이디어만으로 나온 제품이 아니다. 아이폰의 성공 비결을 들여다보면, 하드웨어와 하드웨어를 지원하는 소프트웨어에 관한 다양한 아이디어와 마주친다. 그런데도 제품이 직원들과 무관하게 허공에서 탄생해 독립적으로 존재하는 것인 듯 착각하는 경영자가 많다.

다시 말해, 사람(직원들의 근무 습관, 재능, 가치)에게 초점을 맞추는 것이 모든 창조적 사업의 핵심 성공 비결이다. 〈토이 스토리 2〉 제작 과정에서 나는 이런 사실을 이전보다 명확히 인식하게 됐다. 그러고 나서 픽사 내부를 돌아보니 사람을 우선하지 않는 몇 가지 구조를 발견하게 됐다. 예를 들어, 다른 영화사들과 마찬가지로 픽사에는 아이디어를 구상하고 영화화하는 업무를 맡은 관리부서가 별도로 존재했다.

나는 관리부서에서 이런 기능을 하는 것이 이치에 맞지 않다고 느꼈다. 그래서 관리부서에 인재를 채용하고, 직원들이 원하는 것을 파악하고, 그들에게 능력에 맞는 프로젝트를 할당하고, 그들이 서로 협력해 성과를 내고 있는지 확인하는 업무를 맡겼다. 이후 픽사는 사람을 우선하는 경영 모델을 꾸준히 실천하고 있다. 세부적인 수정은 있었지만, 근본 원리는 언제나 같다. 좋은 인재를 육성하고 지원하면 그들이 좋은 아이디어를 내놓는다는 것이다.

사람을 우선하는 경영은 에드워드 데밍이 일본 기업에 도입한 품질관리 경영과 일맥상통한다. 픽사는 조립라인이 있는 전통적 제조업체가 아니지만, 픽사의 작품도 컨베이어벨트를 따라 순서대로 조립되는 전통적인 제품처럼 각 제조 공정 팀이 아이디어나 영상물을 처리해 다음 제조 공정으로 넘기는 과정을 순서대로 거치면서 완성된다. 질 높은 작품을 완성하려면 모든 팀의 모든 구성원이 문제를 발견하는 즉시, 제작라인을 멈출 수 있어야 한다. 이것이 가능한 기업문화를 창조하기 위해선 각 직원에게 제작라인 중지 권한을 부여하는 것만으로는 불충분하다. 경영진이 "효율efficiency을 높이자"라고 말할 때 의도하는 진짜 목표는 품질quality이라고 직원들에게 알려줘야 한다. 픽사 경영진은 단순히 말로만 사람을 우선한다고 강조한 것이 아니라, 이를 실천함으로써 직원들이 제품 품질을 향상시키는 데 참여하는 기업문화를 구축할 수 있었다.

〈토이 스토리 2〉는 픽사를 밑바닥에서부터 되돌아보게 하는 계기가 됐다. 픽사가 앞으로 나아가기 위해선 소중한 직원들을 희생시키는 사태가 또다시 벌어지지 않도록 방지하고, 직원들의 건강을 유지하기 위해 더 많이 배려할 필요가 있었다. 〈토이 스토리 2〉 제작이 끝나자마자 경영진은 직원들이 작업 중 다치는 확률을 낮추는 방안을 강구했다. 픽사 경영진의 고민은 녹초가 돼 앓는 직원들을 의료진에게 보내고, 인체공학적으로 설계된 컴퓨터, 요가 강좌, 물리치료를 직원들에게 제공하는 차원에서 멈추지 않았다. 근로 의욕이 높고 일에 중독된 직원들이 마감 기한을 맞추고자 불철주야 일하는 모습을 흐뭇하게 보는 경영자가 많지만, 〈토이 스토리 2〉 제작 과정을 지켜본 나는 직원들이 한계를 넘어 과로하다 보면 기업이 파멸할 수도 있겠다고 느꼈다. 픽사 직원들이 해낸 일이 너무도 자랑스러웠지만, 이런 방식으로 또다시 작품을 제작하는 것은 불가능하다고 확신했다. 무릇 경영자라면 직원들이 기업의 성과를 위해 모든 것을 희생하는 사태가 발생하지 않게 개입하고, 직원들을 보호해야 한다. 경영자가 장기적 관점에서 직원들을 보호하지 않는 것은 직무유기다.

직원들을 보호하는 것은 생각보다 까다로운 일이다. 픽사 직원들은 자신의 일에 큰 자부심을 느낀다. 이들은 최선을 다해 높은 목표를 성취하려는 야망을 지닌 노력가들이다. 한편, 픽사 경영진은 예산과 스케줄을 지키면서도 이전 작품보다 나은 작품을 제작하길 원한다. 영감이 풍부한 경영자들이 직원들을 이전보다 탁월한 성과를 내도록 이끌듯, 픽사 경영진역시 직원들을 그렇게 이끌어주고자 한다. 임직원들의 이러한 열망과 노력은 조직에 긍정적 역동성을 불어넣는 강력한 힘이지만, 그 힘이 지나치면 부정적인 결과를 초래할 수 있고, 그 대가 또한 매우 크다.

그런데 그 힘의 적절한 균형을 유지하기가 결코 쉽지 않다. 모든 영화제작 작업에는 직원들이 극도로 갈등을 겪고 압박을 받는 시기가 필연적으로 존재한다. 이런 시기가 너무 장기간 지속되지 않는다면 건전하게 작용할 수도 있다. 하지만 경영진과 팀원이 모두 야망을 품고 극도로 일에 매진하다 보면 결국 문제를 악화시키고 조직의 건전성을 훼손하는 사태가 벌어진다. 경영자는 직원들이 과로하지 않도록 주시하고 통제할 책임이 있다.

직원은 건전지처럼 쓰고 버리는 부품이 아니다. 기업을 오랫동안 유지하고 싶은 경영자라면 직원들이 인간적으로 살 수 있도록 배려해야 한다. 그들이 건강하게 근무할 수 있도록 지원하고 직장 밖에서도 보람찬 생활을 영위하도록 장려해야 한다. 직원들은 언제까지고 미혼이 아니다. 나이를 먹음에 따라 결혼하고 돌봐야 할 가족이 생긴다. 따라서 남녀직원을 불문하고 상사의 눈치를 보지 않고 육아휴직을 쓰는 기업문화를 만들어야 한다. 불행히도 많은 직장인이 육아휴직을 쓰면 불이익을 당한다는 사실을 알고 있다. 많은 기업이 대놓고 말하지는 않아도 '진짜 열심히 일하는 직원들은 휴직하지 않고 계속 출근한다'는 메시지를 직원들에게 주입한다. 하지만 픽사는 다르다.

픽사에서 "경영자가 직원들을 지원한다"라는 말은, 단순히 "일과 생활의 균형을 잡아라"라고 말만 하는 것이 아니라 직원들이 이를 실천할 수 있게 돕고 장려한다는 뜻이다(예컨대, 회사에 수영장, 배구장, 축구장을 갖춰 경영진이 직원들의 업무 성과뿐 아니라 건강도 중시한다는 메시지를 전달한다). 리더십이란 계속 변화하는 회사 내 역학관계에 세심한 관심을 기울이는 것이기도 하다. 예를 들어, 젊은 미혼 직원들이 자녀를 키우는 직원들보다 장시간 일하는 상황이라면, 경영자는 무의식 중에 두 집단의 성과를 비교하는 일이 없도록 조심해야 한다. 직원들을 지원하고 배려하는 경영은 직원들의 건강은 물론이고 장기 생산성과 행복을 증진시킨다. 직원의 건강과 행복에 투자하는 기업은 장기간에 걸쳐 생산성이 높아지는 배당 효과를 누린다.

내가 아는 LA의 한 게임 회사는 해마다 직원의 15퍼센트를 교체하겠다는 인사 정책을 천명했다. 이 회사는 대학을 갓 졸업한 영리하고 배고픈 젊은이들을 채용해 죽도록 일을 시키면 생산성이 오른다는 논리로 이런 인사 정책을 고수했다. 이런 근무 환경에서는 직원들이 필연적으로 소모되지만, 경영진은 직원보다 회사의 이익을 중시했기에 개의치 않았다. 이 회사의 인사 정책이 효과를 거뒀을까? 어느 정도는 성과를 냈을지도 모른다. 하지만 내가 볼 때, 경영진의 이런 사고방식은 기업을 잘못된 방향으로 몰고 갈 뿐 아니라 비윤리적이다. 경영자라면 모든 직원이 삶의 균형을 잡을 필요가 있음을 인식하고, 이를 지원해야 한다. 우리는 픽사를 설립할 때부터 이 원칙을 지켜야 한다고 믿었다. 그러나 〈토이 스토리 2〉 제작 과정에서 마감 기한의 압박 때문에 얼마나 쉽게 신념을 내팽개칠 수 있는지 직시하고 반성하게 됐다.

■ ■ ■

이번 장 도입부에서 픽사의 창작 원칙 두 가지를 소개했는데, 이 원칙들은 픽사 초기 시절 우리에게 큰 도움을 주기도 하고, 혼선을 빚게 하기도 했다. 〈토이 스토리〉를 제작하는 과정에서 도출된 두 문구(스토리가 왕이다, 프로세스를 신뢰하라)는 픽사 임직원들을 앞으로 나아가게 하고 제대로 집중하게 만드는 핵심 원칙이 됐을 뿐 아니라, 실제 업무 과정에서 판단의 길잡이가 됐다.

이 두 문구가 위력을 발휘한 것은 픽사 직원들이 단순히 이를 믿었기 때문이 아니다. 직접 시험해보라. 문화산업 종사자에게 "스토리가 왕이다"라고 말하면 "물론이지!" 하고 고개를 끄덕일 것이다. "스토리가 왕"이라는 말은 당연한 이치처럼 들린다. 심금을 울리도록 잘 구성한 스토리라인이 영화에서 얼마나 중요한지 모든 사람이 알고 있다.

"스토리가 왕이다"는 픽사를 차별화하는 문구다. 우리가 이 말을 만들었기 때문만이 아니라, 우리가 이 말을 믿고 이 말대로 행동하기 때문이다. 영화계 사람들과 얘기를 나누면서 다른 스튜디오에서도 이와 비슷한 문구를 주문처럼 외운다는 사실을 알게 됐다. 예술 작품을 만드는 사람이든, 형편없는 작품을 만드는 사람이든 모든 영화계 사람이 스토리가 가장 중요하다고 말한다. 여기서 자명하지만 많은 사람이 간과하는 이치를 알 수 있다. 단순히 아이디어를 반복해서 말하는 것만으로는 아무 의미가 없다. 말만 하지 말고 그에 따라 행동하고 생각해야 한다. "스토리가 왕이다"란 문구를 앵무새처럼 반복하는 것은 〈토이 스토리 2〉를 제작한 신예감독들에게 아무런 도움이 되지 못했다. 이 지침은 제작 과정에서 많이 언급됐지만, 결국 작품이 산으로 가는 것을 막지 못했다. 오히려 제작진에게 일이 잘 풀릴 것이라는 잘못된 희망만 불어넣었다.

이와 마찬가지로, "프로세스를 신뢰하라"는 문구도 〈토이 스토리 2〉가 잘못된 길로 들어서는 것을 막지 못했다. 제작진은 "프로세스를 신뢰하라"는 문구를 "프로세스가 문제를 해결해줄 테니 걱정하지 마라"라고 해석했다. 제작진은 이 문구를 되뇌며 위안을 얻었다. 그러면서 경계심을 늦추고 수동적으로 변해 대충 작업하게 됐다.

이런 사실을 깨닫고 나서 나는 직원들에게 "프로세스를 신뢰하라"는 문구가 의미 없다고 말하기 시작했다. 나는 이 문구가 우리가 문제에 신경 쓰고 대응하지 못하도록 신경을 흐트러뜨리는 장애물이 됐다고 말했다. 우리가 신뢰해야 할 대상은 프로세스가 아니라 사람이다. 우리가 저지른 오류는 '프로세스' 자체는 내용도, 의미도 없다는 점을 망각한 것이다. 프로세스는 도구이자 체계일 뿐이다. 픽사 직원들은 목표의식과 주인의식을 가지고 스스로 통제하고 책임지고 일할 필요가 있었다.

낡고 무거운 여행가방의 손잡이가 실 몇 가닥에 의존해 가방에 매달려 있는 모습을 상상해보라. "프로세스를 신뢰하라", "스토리가 왕이다"란 문구는 이 가방 손잡이에 비유할 수 있다. 많은 의미를 지닌 듯 보이는 간결하고 함축적인 문구다. 이 문구에 담긴 의미(경험, 깊은 통찰력, 고생하면서 깨달은 진실)는 가방에 비유할 수 있다. 사람들은 너무나 자주 가방 손잡이를 잡고 걸어 나가지만, 가방이 손잡이에서 떨어져 나간 사실은 깨닫지 못한다. 설상가상, 자신이 가방을 떨어뜨린 사실조차 인식하지 못한다. 가방을 들고 돌아다니는 것보다 손잡이만 들고 돌아다니는 것이 훨씬 쉽기 때문이다.

가방·손잡이 문제를 이해하고 나면 이 같은 문제를 모든 곳에서 발견할 수 있다. 사람들은 실제 행동과 의미의 대역일 뿐인 단어와 이야기를 훔친다. 광고업자들은 제품의 가치를 암시하는 단어들을 찾아 가치의 대체물로 사용한다. 기업들은 '탁월'이라는 단어를 사용해 자사 제품의 품질이 최고라고 광고한다. '품질quality'과 '탁월excellence' 같은 단어들은 너무나 자주 잘못 쓰이는 탓에 거의 무의미해져버렸다.

경영자들은 경영을 이해하고자 책과 잡지를 탐독하지만, 결국 책과 잡지에서 마주친 새로운 용어를 가져다 쓸 뿐이다. 그들은 이런 새로운 단어들을 쓰면 기업의 목표에 다가설 수 있다고 착각한다. 누군가가 입에 착 달라붙는 문구를 들고 나오면 유행어가 돼 본래 의미와 단절된 채로 사방팔방에서 쓰이기 일쑤다.

양질의 제품을 만들려면 '탁월'하다고 말만 하지 말고, 이 말이 어울리도록 노력해야 한다. '탁월'하다고 자부하는 것이 아니라 다른 사람에게서 '탁월'하다는 평가를 들어야 한다. 리더는 이들 단어에서 의미와 이상이 떨어져 나가고 껍데기만 남지 않도록 확인할 책임이 있다. 나는 "프로세스를 신뢰하라"라는 문구에 문제가 있다고 보지만, 창작 작업에서 신뢰의 필요성은 인정한다. 현재 존재하지 않는 것을 만들어내야 하다 보니 우리는 출근하는 게 겁이 날 만큼 압박감을 느끼기도 한다. 특히 작품을 제작하는 초기 단계에서는 모든 것이 혼란스럽다. 아직 제작팀 구성원들의 손발이 맞지 않는 데다 이들이 느끼는 책임, 중압감, 기대도 강렬하다. 앞이 보이지 않고 주변이 온통 미지의 영역일 때, 어떻게 해야 앞으로 나아갈 수 있을까?

나는 어디로 가야 할지 보이지 않아 제자리에 멈춰선 채 한 발짝도 앞으로 나가지 못하는 감독들과 각본가들을 많이 보았다. 이 지점에서 일부 동료는 "프로세스를 신뢰하라"는 문구가 무의미하다는 내 주장이 틀렸다고 주장한다. 이들은 이 문구를 "상황이 암울해 보여도 계속 나아가라"라는 뜻으로 해석한다. 또한 다음과 같이 주장한다. '프로세스를 신뢰하면 긴장을 풀고 불안을 떨치고 과감하게 도전할 수 있다. 그렇게 도전해서 생각만큼 잘 풀리지 않을 수도 있지만 실패에 대한 공포를 최소화할 수는 있다. 프로세스를 따라가다 보면 최종적으로 목적지에 도착할 것이라고 믿기 때문이다.

프로세스를 신뢰하면 전에도 이런 좌절을 경험했지만, 결국 목적지에 도착한 경험을 기억해낼 수 있다. 프로세스를 신뢰할 때, 더 정확히 말하면, 프로세스를 이용하는 사람들을 신뢰할 때 우리는 낙관적일 뿐 아니라 현실적으로 바뀐다. 우리가 안전하다는 사실, 동료들이 우리의 실패를 비난하지 않고 우리가 계속 한계를 극복하도록 격려할 것이란 사실을 인지할 때 신뢰가 생긴다.'

일부 동료는 이 같은 주장을 펼치지만, 내가 보기에 관건은 신뢰와 신념에 안주해 개인의 책임의식이 흐트러지지 않도록 하는 것이다. 개인의 책임의식이 흐트러진 채 프로세스를 따라가다 보면 이전에 제작한 것을 공허하게 반복하는 실수를 저지르게 된다.

2000년 감독으로 픽사에 합류한 브래드 버드^{Brad Bird}는 "프로세스는 작품을 만들 수도 있고 망칠 수도 있다"라고 자주 말한다. 나는 이 말에 공감한다. 이 말은 프로세스가 지닌 힘을 인정하면서도, 여전히 제작진이 프로세스 속에서 적극적으로 맡아야 하는 역할이 있음을 암시한다. 〈토이 스토리〉 시절부터 픽사에서 일한 캐서린 새러피언^{Katherine Sarafian} 프로듀서는 프로세스를 신뢰한다는 표현보다는 작동시킨다는 표현을 선호한다. 새러피언은 프로세스가 흔들리면 제대로 작동하도록 개입해야 한다고 생각한다. 가방을 흘리고 다니지 않는 한, 손잡이를 어떻게 다룰지는 개인의 자유다.

궁극적으로 〈토이 스토리 2〉는 다음과 같은 교훈을 픽사에 남겼다. 우리는 언제나 변화하는 역학관계에 주의를 기울여야 한다. 픽사의 미래는 이에 달려 있다. 당초 비디오 대여용 애니메이션으로 기획된 이 프로젝트는 픽사 직원들이 B급 작품에 안주하는 것을 용인하지 못한다는 점뿐 아니라 픽사가 제작하는 모든 작품이 훌륭하다는 사실을 입증했다. 이런 관점에서 생각해보면, 이 프로젝트의 의의는 직원들의 사기를 유지한 데 그치지 않는다. 이 프로젝트는 모든 직원이 픽사의 최대 자산(작품의 품질)에 기여하는 주인이라는 점을 각인시켰다.

이즈음 존 래스터가 "품질이 최고의 사업 계획Quality is the best business plan"이라는 슬로건을 만들었다. 뜻은 이렇다. 품질은 일련의 프로세스를 통해 나온 결과가 아니다. 제작에 나서기 전에 갖춰야 할 전제 조건이자 정신 자세다. 모든 사람이 품질이 중요하다고 말하지만, 말만 하지 말고 항상 품질을 높이는 방안을 생각하며 일해야 한다. 픽사 직원들이 최고 품질의 애니메이션만 제작하길 원한다고 주장하고, 이 이상을 실현하기 위해 자신을 한계까지 몰아붙였을 때 픽사의 정체성이 공고히 다져졌다. 이후 픽사는 절대 안주하지 않는 기업이 됐다.

그렇다고 해서 픽사가 실수를 저지른 적이 없다는 뜻은 아니다. 실수는 창의성의 일부다. 픽사 직원들은 실수를 저질렀을 때 변명하지 않고 적극 변화하려는 의지를 지니고 실수에 정면대응했다. 〈토이 스토리 2〉 제작 경험을 통해 그들은 내면을 성찰하고 자아비판을 하고 자신에 대한 관점을 바꿨다. 〈토이 스토리 2〉 제작 기간은 픽사가 위대한 기업으로 도약할 수 있었던 결정적인 시기였다. 픽사 직원들은 이후에도 계속 도전에 직면했고 자아를 성찰했다.

2부에서는 이런 자아성찰이 어떤 양상으로 펼쳐졌는지 탐구할 것이다. 5장부터 8장까지는 픽사 경영진이 고민한 다음 문제들을 중심으로 서술할 것이다. 정직의 본질은 무엇인가? 모든 사람이 정직의 중요성에 동의하는데, 왜 솔직해지기 어려운가? 실패와 공포에 대해 어떻게 생각하는

가? 아무리 잘 계획했더라도 필연적으로 발생하는 예상치 못한 사태에 경영자들이 더 수월하게 대처하는 방법이 있을까? 프로세스를 과도하게 통제하는 경영자들의 강박관념에 어떻게 대처해야 하는가? 지금까지 학습한 내용을 통해 프로세스를 올바르게 운영할 수 있을까? 우리가 아직도 착각하고 있는 부분은 무엇일까?

지금까지도, 앞으로도 픽사 경영진이 풀어야 할 이런 문제들을 2부에서 살펴보기로 하자.

PART II

문제 대응 및
미래 보호 전략

CREATIVITY, INC.

CHAPTER 5

솔직함의 가치

아무나 잡고 물어보라. "사람은 정직해야 하는가?" 돌아오는 답은 물론 "그렇다"일 것이다. 아니라고 답할 사람이 있겠는가? 아니라고 답하는 것은 정직하지 않은 것을 옹호하는 것이나 마찬가지다. 사람들은 어릴 적부터 정직해야 한다고 교육받는 까닭에 정직하지 않다고 말하면 윤리적 범죄라도 저지른 것처럼 느낀다(미국 문화에서는 정직하지 않은 것dishonesty, 거짓말lie, 부정행위cheating를 큰 윤리적 잘못으로 간주한다 – 옮긴이). 하지만 현실에서는 종종 정직함을 고수할 수 없는 타당한 이유들이 존재한다. 직장에서 다른 사람들과 교류할 때 자신의 생각을 다 털어놓지 않을 때가 많다.

이는 딜레마를 낳는다. 문제를 해결하고 공동 작업을 효율적으로 하려면 사실관계, 이슈, 상대방의 의도를 정확히 파악해야 한다. 그러려면 자기 생각을 숨기거나 상대방을 오해하지 말고 완전히 마음을 털어놓고 소통해야만 한다. 집단 구성원들이 집단 지식collective knowledge을 공유하고 자신의 의견을 솔직히 털어놓으면, 더 나은 결정을 내릴 수 있다는 데는 의심의 여지가 없다. 하지만 정직으로 얻을 수 있는 정보의 가치와 정직의 중요성을 아무리 강조해도 사람들은 공포심과 자기보호 본능 때문에 종종 자신의 생각을 숨긴다. 이런 현실을 개선하기 위해서는 정직이라는 무거운 짐을 내려놓을 필요가 있다.

정직이라는 무거운 짐을 내려놓는 방안 중 하나는 '정직honesty'이라는 단어를 뜻은 비슷하지만 윤리적 함의는 적은 단어인 '솔직함candor'이라는 단어로 대체하는 것이다. 솔직함은 허심탄회하게 마음을 털어놓는 것으로, 정직과 개념이 그리 크게 다르지 않다. 일반적으로 솔직함이라는 단어에는 진실을 말한다는 의미뿐 아니라 생각을 숨기지 않고 털어놓는다는 의미도 담겨 있다. 자신의 생각을 숨기는 것이 때로는 건전하고 생존에 필수적이기까지 하다는 것은 모든 사람이 알고 있다. 덜 솔직하다고 해서 나쁜 사람이라고 매도당하지는 않는다(그러나 정직하지 않은 사람이라고 불리길 원하는 사람은 없다). 사람들은 자신이 얼마나 솔직하거나 솔직하지 않은지 말하는 것에 부담을 덜 느낀다. 때때로 자신의 생각을 털어놓지 않는다고 인정해도 매도당하지 않을 것이라고 생각하기 때문이다. 이는 중요한 부분이다. 솔직함을 가로막는 장벽을 제거하려면 먼저 그런 장벽이 존재한다는 사실을 자유롭게 얘기할 수 있어야 한다(이때 '정직'이라는 단어를 사용하면 이런 장벽의 존재를 얘기하기가 더 어려워진다).

물론 때로는 솔직하지 말아야 할 경우도 있다. 정치인들은 논란이 되는 이슈들에 대해 너무 솔직하게 말할 경우 큰 대가를 치러야 한다. 최고경영자들은 언론이나 주주들에게 기업의 상황을 너무 솔직하게 털어놓을 경우 역풍을 맞을 수 있고, 경쟁사들에 기업 기밀을 누설할 위험도 있다. 나는 직장에서 다른 사람을 당혹스럽게 하지 않기 위해서나, 기분 상하게 하지 않기 위해서 덜 솔직해지기도 한다. 단어를 신중하게 구사하는 것이 현명한 전략처럼 보일 경우에도 마찬가지다. 그렇다고 솔직하지 말라고 장려하는 것은 아니다. 건전한 창작 문화의 특징은 구성원들이 아이디어, 의견, 비판을 자유롭게 공유하는 것이다. 솔직함이 부족한 문화를 방치하면 창의성이 발휘되기 어렵다.

그렇다면 경영자는 어떻게 실무단, 부서, 기업 직원들이 솔직하게 소통하도록 할 수 있을까? 나는 솔직함이 소중한 가치라고 명시적으로 말하는 메커니즘을 설정해 솔직함을 제도화하는 방법들을 오랫동안 모색해왔다. 이번 장에서는 픽사의 핵심 메커니즘 중 하나인 브레인트러스트를 살펴보겠다.

픽사 직원들은 평범한 작품에 안주하지 않고 탁월한 작품을 제작하기 위해 브레인트러스트라는 메커니즘을 활용한다. 몇 달에 한 번씩 모여 각자 제작 중인 작품을 평가하는 브레인트러스트는 픽사 제작진 사이에 솔직한 얘기가 오갈 수 있도록 유도하는 중요한 시스템이다. 이 시스템의 근간은 간단하다. 영리하고 열정적인 직원들을 한 방에 모아놓고 문제들을 파악하고 해결하라고 맡기고, 서로 솔직하게 의견을 얘기하도록 장려하는 것이다. 정직을 요구받는 상황에 부담을 느끼는 사람도 솔직하게 이야기해보자는 요청을 받으면 조금 더 편하게 얘기할 수 있다. 자신이 얘기할지 말지 선택할 수 있는 상황에서는 생각하는 바를 솔직히 얘기하기 쉽다. 브레인트러스트는 픽사의 가장 중요한 전통 중 하나다. 이런 자문단 시스템이 언제나 잘 작동하는 것은 아니다. 때로는 브레인트러스트가 직원들의 소통을 어렵게 하기도 한다. 하지만 제대로 작동할 경우 놀라운 결과를 낸다. 이는 픽사의 모든 작품 제작의 전반적 기조를 조성해왔다.

　브레인트러스트는 여러모로 다른 집단과 다르지 않다. 브레인트러스트 구성원들은 겸손할 때도, 자존심을 내세울 때도, 개방적일 때도, 너그러울 때도 있다. 이는 자문 대상에 따라 규모와 목적이 바뀐다. 하지만 핵심 요소는 언제나 솔직함이다. 솔직함은 그림의 떡 같은 유명무실한 개념이 아니라 결정적인 재료다. 솔직함이 없으면 신뢰도 존재할 수 없다. 신뢰가 없으면 창의적 협업은 불가능하다.

　시간이 흐르면서 브레인트러스트는 진화했고, 브레인트러스트 내의 역학관계도 이에 따라 진화했다. 픽사 경영진은 브레인트러스트에 꾸준히 관심을 기울였다. 나는 거의 모든 브레인트러스트 회의에 참석해 작품의 스토리텔링에 대해 토론하는 것을 즐긴다. 나와 짐 모리스^{Jim Morris} 제작본부장^{general manager}의 주요 역할은 회의 참석자들이 충분히 솔직하게 얘기를 나눠서 회의가 의미 있게 진행되고 있는지 확인하는 것이다. 우리가 이 역할을 늘 완벽히 수행했다고는 볼 수 없다. 직원들이 솔직하게 의견을 개진하는 것을 막는 모든 요소를 파악해 제거하는 것은 불가능하다. 자신의 발언 때문에 바보나 나쁜 사람처럼 보일지도 모른다는 불안감, 남의 기분을 상하게 하거나, 남에게 위축되거나 보복당할지 모른다는 공포가 솔직한 발언을 가로막는다. 경영자가 아무리 직원들이 솔직하게 얘기할 환경을 조성했다고 생각해도, 직원들이 발언 수위를 조절하는 이유는 여러 가지가 있다. 경영자는 이런 이유들을 직시하고 정면으로 대처해야 한다.

■ ■ ■

픽사 브레인트러스트가 탄생한 정확한 시점에는 논쟁의 여지가 있다. 이는 〈토이 스토리〉를 제작하는 과정에서 제작과 편집을 주도한 핵심 인력 다섯 명(존 래스터, 앤드루 스탠튼, 피트 닥터, 리 언크리치, 조 랜프트)의 업무 관계에서 자연스럽게 탄생한 모임이기 때문이다. 픽사 초창기부터 이 다섯 명은 효율적인 실무단의 좋은 예를 보여줬다. 이들은 재미있고, 업무에 집중하고, 영리하고, 서로에게 너무나 솔직했다. 더불어 구조적 문제나 개인적 문제 때문에 집단의 의미 있는 소통이 가로막히는 일이 없도록 주의를 기울였다. 〈토이 스토리 2〉를 수정하기 위해 다시 이 같은 조직을 구성했을 때 비로소 '브레인트러스트'라는 용어가 픽사에서 공식적으로 쓰이기 시작했다.

〈토이 스토리 2〉 마감 기한을 맞추기 위해 픽사의 모든 직원이 달려든 1999년의 9개월간, 브레인트러스트는 대단히 유용하고 효율적인 기구로 진화했다. 나는 초기부터 브레인트러스트의 건설적인 피드백에 깊은 감명을 받았다. 브레인트러스트 구성원들은 자신의 개인적 문제가 아니라 픽사가 당면한 작품의 문제에 에너지를 집중했다. 이들은 〈토이 스토리 2〉 제작 프로젝트에 관해 (때로는 뜨겁게) 논쟁했다. 이들이 논쟁을 벌이는 동기는 다른 직원들과의 상호작용 속에 흔히 숨어 있게 마련인 동기(자신의 기여를 인정받으려는 욕구, 상사에게 잘 보이는 것, 논쟁에서 이겨 만족을 느끼는 것)와 달랐다. 브레인트러스트 구성원들은 서로를 동료로 인식했다. 브레인트러스트 회의에서는 때때로 과격한 표현이 오갔지만, 아무도 개인적인 감정의 골이 깊어지진 않았다. 브레인트러스트 회의에서 오가는 말은 모두 문제 해결을 위한 것임을 잘 알았기 때문이다. 이렇듯, 구성원들의 신뢰와 상호 존중 덕분에 이는 뛰어난 문제 해결력을 발휘했다.

〈토이 스토리 2〉가 개봉한 이후, 픽사의 제작 능력은 빠르게 발전했다. 픽사는 갑자기 한꺼번에 여러 가지 프로젝트를 진행하게 됐다. 이에 따라 초대 브레인트러스트 구성원 다섯 명이 모든 작품에 다 함께 참여할 수 없게 됐다. 픽사는 이제 더 이상 작은 스타트업 기업이 아니었다. 피트 닥터는 〈몬스터 주식회사Monsters, Inc.〉 제작을 맡고, 앤드루 스탠튼은 〈니모를 찾아서Finding Nemo〉 제작을 시작했으며, 브래드 버드는 픽사에 합류해 〈인크레더블The Incredibles〉 제작에 참여했다. 이런 상황 변화에 발맞추어 브레인트러스트는 진화해야 했다. 전에는 브레인트러스트에 다섯 명이 모여 한 작품이 완성될 때까지 해당 작품만 처리했다면, 이제는 픽사가 제작 중인 여러 작품의 문제들을 해결하기 위해 더 많은 사람이 유동적으로 참가해야 했다. 우리는 여전히 브레인트러스트라고 불렀지만, 여기에 항상 참석하는 고정 회원은 없었다. 스토리텔링에 재능만 보여주면 감독, 시나리오 작가, 스토리부서 팀장 등 다양한 사람들이 브레인트러스트에 참석할 수 있다. 이에 합류한 인재로는 스토리 부서장 메리 콜먼Mary Coleman, 관리부서 중역 킬 머리Kiel Murray와 카렌 파익Karen Paik, 각본가 마이클 안트Michael Arndt, 멕 르포브Meg LeFauve, 빅토리아 스트라우스Victoria Strouse 등이 있다. 이렇게 확대된 여러 브레인트러스트 회의가 끝까지 고집한 한 가지 원칙은 솔직함이다. 솔직함의 가치는 너무나 분명해 보이지만, 생각보다 달성하기가 쉽지 않다.

독자가 처음으로 브레인트러스트 회의에 참석했다고 상상해보라. 영리하고 경험 많은 사람들이 최근 개봉한 영화에 대해 의논하기 위해 회의실에 가득 모여 있다. 독자는 조심스럽게 말하려 할 것이다. 정중한 태도를 유지하고, 다른 사람들의 의견을 존중하고, 그 의견에 따르려고 할 것이다. 여러 사람 앞에서 당혹스러운 일을 겪거나, 자신이 모든 답을 아는 것처럼 나서고 싶지는 않을 것이다. 자신의 의견에 확신이 있어도 다음과 같은 질문을 던지며 망설일 것이다. 이것은 좋은 아이디어인가, 나쁜 아이디어인가? 다른 사람들이 내 능력을 평가절하하지 않고 내 바보 같은 말을 몇 번이나 들어줄 수 있을까? 작품의 주인공이 설득력 없거나 스토리가 이해하기 어렵다고 감독에게 얘기할 수 있을까? 이쯤 되면 정직이 문제가 아니다. 자신의 생각을 솔직히 털어놓는 것이 두려워진다. 바보처럼 보이지 않기 위해 신경을 곤두세우게 된다.

더 복잡한 문제는, 회의실에서 이렇게 고민하는 사람이 독자만이 아니라는 것이다. 모든 회의 참석자가 이런 생각 때문에 갈등을 느낀다. 사회적 조건화Societal conditioning(사회 전반 혹은 동료집단에서 일반적으로 통용되는 방식으로 반응하도록 개인이 훈련되는 과정 – 옮긴이) 때문에 사람들은 자신보다 사회적 지위가 높아 보이는 사람에게 진실을 얘기하길 주저한다. 게다가 인간의 본성도 솔직한 발언을 가로막는다. 회의실에 많은 사람이 있을수록 더 잘해야 한다는 압박감이 커진다. 강하고 확신에 찬 사람들은 자신의 생각에 반박하는 부정적 피드백이나 비평에 관심이 없다는 신호를 무의식적으로 보내면서 동료들을 기죽이는 경우가 있다. 회의 참석자들이 작품을 이해하지 못할 때, 제작진은 자신이 그토록 힘들여 만든 작품이 공격받고 있다고 느낀다. 이때 제작진의 두뇌는 상대방 발언의 저의를 의심하고, 모든 비평에 공격적으로 반응한다. 많은 것이 걸려 있는 회의에서는 솔직한 토론을 가로막는 벽이 너무나 많다.

하지만 솔직함은 작품 제작 과정에 있어서 더 없이 중요한 요소다. 그 이유는? 픽사의 모든 영화는 초기 단계에서는 더럽게 형편없기 때문이다.

지나친 평가라고 생각하는 사람도 있겠지만, 나는 이런 말을 자주 한다. 좀 더 부드럽게 얘기하면 픽사 영화들이 초기에 얼마나 질이 나쁜지 직원들에게 전달하는 데 실패할 수도 있기 때문이다. 독자들에게 겸손하게 보이려고 하는 말이 아니라, 진짜로 픽사 영화들은 처음에는 상태가 불량하다. "더럽게 형편없는 상태에서 괜찮은 상태로" 작품을 개선하는 것이 우리의 임무다. 모든 영화가 처음에는 형편없다는 생각은 많은 사람이 받아들이기 어려운 개념이다. 그런데 외로워하거나, 지나치게 감성적이거나, 상품화를 걱정하는 장난감들이 가득 등장하는 애니메이션을 구상하는 것이 과연 쉬운 일일까? 쥐들이 식량을 구하는 이야기를 담은 애니메이션으로 관객들을 끌어 모으기가 얼마나 어려울지, 초반 39분간 대사가 한마디도 나오지 않는 애니메이션을 제작하는 것이 얼마나 위험한 일일지 생각해보라. 픽사는 이런 작품들을 시도하면서 한 번에 성공시키지는 못했다. 이는 당연한 일이다. 창의성을 발휘하려면 어떤 출발점이 있어야 한다. 이 출발점이 곧 도착점이 될 수는 없다. 우리는 솔직한 피드백의 반복 과정, 즉 스토리가 매끄럽게 흘러가고 캐릭터가 영혼을 찾을 때까지 작업하고 또 작업하는 과정을 통해 목적지에 도착할 수 있다고 믿는다.

앞서 설명했듯, 먼저 우리는 연출자의 의도를 실무진에게 전달하기 위해 각본을 스토리보드로 제작한 다음 임시 음성과 음악을 집어넣고 편집한 스토리보드 그림들인 '스토리 릴'을 만든다. 브레인트러스트는 이 스토리 릴을 보고 미흡한 점, 개선할 점, 문제점을 토론한다. 브레인트러스트 참석자들은 자신이 진단한 문제의 해결법을 처방하지 않는다. 이들이 작품의 약점을 검토하고 개선점을 제안하지만, 작품을 수정하는 것은 결국 감독의 몫이다. 새로운 버전의 작품이 3개월에서 6개월마다 제작되고,

브레인트러스트 회의를 거쳐 수정되는 프로세스가 되풀이된다(90분짜리 스토리 릴을 제작하려면 스토리보드 그림 1만 2000장을 그려야 한다. 브레인트러스트를 통한 피드백 과정이 반복되면서 픽사의 스토리팀은 하나의 작품을 제작하는 과정에서 최종 결과물에 쓰이는 것보다 열 배 정도 많은 스토리보드 그림을 그리는 것이 보통이다). 감독이 난관에 빠져 피드백을 제대로 처리하지 못하는 경우도 있지만, 피드백 과정을 반복할수록 작품은 꾸준히 향상된다. 브레인트러스트 회의가 자주 열리는 것은 픽사에 행운이다.

●●●

브레인트러스트가 하는 일, 브레인트러스트가 픽사에 그토록 중요한 이유를 이해하려면, 기본적인 사실부터 이해하고 넘어가야 한다. 복잡한 작품 제작 프로젝트에 참가하는 사람들은 제작 프로세스 도중 어딘가에서 길을 잃기 일쑤다. 작품 제작이라는 것이 원래 그렇다. 창작하는 사람은 한동안 프로젝트를 내면화하고 그 프로젝트에 동화되어야 한다. 작품을 제작하려면 창작자와 프로젝트의 동화가 필수적이다. 그러나 이런 동화는 혼란스러운 과정이기도 하다. 각본가, 감독은 전에는 통찰력을 보였는데 이제는 통찰력을 발휘하지 못하고, 전에는 숲을 봤는데 이제는 나무만 보는 실수를 저지르기도 한다. 여러 세부사항에 신경 쓰다 보면 작품의 전체적인 상황을 놓칠 수도 있다. 이런 경우, 어떤 방향에서 접근해도 작품 제작 과정을 크게 진척시키기 어렵다. 이런 상황을 겪으며 공황 상태에 빠질 수도 있다.

아무리 재능 있고 조직력이 뛰어나고 비전이 있는 감독일지라도 작품 제작 과정에서 길을 잃을 때가 있다. 이는 피드백을 제공하려는 사람들에게도 문제가 된다. 감독에게 보이지 않는 문제를 감독이 해결하게 하려면 어떻게 해야 할까? 답은 물론 상황에 달려 있다. 감독이 제대로 된 아이디어를 냈는데, 브레인트러스트가 이해하도록 충분히 설명하지 못하는 경우도 있다. 작품이 스크린에 어떻게 비쳐질지 감독이 객관적으로 인식하지 못하고 자기 머릿속에 갇혀 있는 경우도 있다. 스토리 릴로 제시한 아이디어들이 제대로 된 작품으로 구성되지 못한 탓에 전부 폐기하고 처음부터 다시 시작해야 하는 경우도 있다. 상황이야 어쨌든 작품의 문제를 명확히 인식하는 과정에는 인내심과 솔직함이 필요하다.

할리우드 영화사 중역들은 중간결과물을 보고 감독에게 세세한 '의견서note'(격식을 차리지 않은 쪽지)를 보낸다. 감독은 이들의 의견을 반영해 수정 작업을 거친 후 영화를 개봉한다. 문제는 감독들이 의견서를 달가워하지 않는다는 점이다. 감독들은 중역들을 영화제작자가 아닌, 영화에 무지하면서 참견하는 사람들로 본다. 따라서 감독과 감독을 고용하는 영화사 사이에는 태생적인 긴장이 흐른다. 쉽게 말해, 영화사는 제작비용을 대고 영화가 상업적으로 성공하길 바라는 데 비해 감독은 자신의 예술적 비전을 지키고 싶어 한다. 나는 영화사 중역들이 보내는 의견서가 상당히 예리하다고 평가한다. 제작 과정을 밖에서 보는 사람들이 문제를 더 명확히 파악하는 경우가 많기 때문이다. 이런 외부인의 지적에 감독이 자신의 일이 얼마나 어려운지(앞서 언급했듯, 감독은 형편없는 중간결과물을 개선하는 반복 과정을 몇 달간 거친다) 모른다고 분노할 경우, 감독과 영화사의 대립은 해소되기 어렵다.

그런 까닭에 픽사 경영진은 이런 식으로 감독에게 의견서를 보내지 않는다. 우리는 픽사를 영화제작자가 주도하는 영화사로 키우기로 결심했고, 따라서 이런 지향점에 맞는 모델을 개발했다. 그렇다고 픽사에 직급 구조가 없다는 뜻은 아니다. 다만 픽사는 아무리 다른 직원의 의견이 불편하고, 모든 직원이 다른 직원의 성공에 이익이 걸려 있는 상황일지라도 직원들이 다른 직원의 의견을 듣고 싶어 하는 환경을 조성하고자 노력한다. 픽사 경영진은 영화제작자들에게 자유와 책임을 둘 다 부여한다. 가장 좋은 스토리는 영화제작자들에게 지시해서 나올 수 있는 것이 아니라, 그들의 내면에서 우러나오는 것이라고 믿는다. 몇몇 예외를 제외하면, 픽사 감독들은 자신이 구상하고 제작하려는 열의가 대단히 강한 작품들을 맡는다. 하지만 픽사 경영진은 이런 감독의 열정이 어느 시점에서는 영화제작 과정에서 필연적으로 생기는 문제들을 감독이 직시하지 못하게 만든다는 사실을 알기 때문에 브레인트러스트 회의를 열어 감독에게 문제를 지적한다.

'픽사의 브레인트러스트가 다른 기업의 피드백 메커니즘과 다른 게 뭐야?' 하는 생각이 들지도 모르겠다. 내가 볼 때, 두 가지 중요한 차이가 있다. 첫째, 픽사의 브레인트러스트는 스토리텔링을 심도 있게 이해하는 사람들, 대개 작품 제작에 참여해본 경험이 있는 사람들로 구성된다. 픽사 감독들은 다양한 사람들의 비평을 환영하지만(사실 모든 픽사 직원들은 중간결과물을 보고 의견서를 보내야 한다), 특히 동료 감독, 각본가가 보낸 피드백을 더 진지하게 받아들인다. 둘째, 픽사의 브레인트러스트는 지시할 권한이 없다. 이는 중요한 차이다. 감독은 브레인트러스트의 특정 제안을 꼭 받아들여야 할 필요가 없다. 브레인트러스트 회의 후, 브레인트러스트의 피드백을 어떻게 받아들일지 결정하는 것은 감독의 몫이다. 브레인트러스트 회의는 강압적인 하향식 피드백 메커니즘이 아니다. 감독에게 해법을 지시할 권한을 브레인트러스트에 부여하지 않음으로써 감독이 이에 반발하거나 소통이 어려워지는 일을 방지한다.

영화 제작의 문제들은 비교적 파악하기 쉽지만, 이런 문제들을 일으키는 원인은 종종 파악하기가 극도로 어렵다. 스토리가 약간만 어긋나도 플롯이 이상하게 꼬이거나 주인공의 심경 변화가 설득력이 떨어진다. 평발 때문에 무릎 통증을 호소하는 환자를 생각해보라. 이 사람의 무릎만 수술하는 것은 고통을 완화시키지 못할 뿐만 아니라 오히려 문제를 복잡하게 만든다. 이 사람의 통증을 완화시키려면 문제의 원인을 파악해 해결해야 한다. 픽사의 브레인트러스트가 의견서를 보내는 목적은 구체적 처방을 지시하려는 것이 아니라, 문제의 진짜 원인을 찾아내려는 것이다.

게다가 우리는 브레인트러스트가 감독의 문제를 대신 해결해주길 바라지 않는다. 브레인트러스트가 내놓는 해법은 감독이나 제작팀이 내놓는 해법만큼 좋을 리 없다고 믿기 때문이다. 우리는 아이디어(영화)가 도전과 검증을 거쳐야만 비로소 위대해질 수 있다고 믿는다. 대학에는 교수들이 서로를 평가하는 동료평가peer review가 있다. 나는 브레인트러스트를 픽사식 동료평가이자, 구체적 해법을 지시하는 대신 솔직하고 심도 있는 분석을 제공해 작품의 질을 높이는 포럼이라고 생각한다.

브레인트러스트 회의는 감독에게 편한 자리가 아니다. 모든 감독이 자신의 작품이 좋은 평가를 받길 원하지만, 브레인트러스트의 원래 목적은 작품의 문제점을 지적하는 것이기 때문에 회의에 참석한 감독은 문제점을 지적받을 수밖에 없다. 하지만 브레인트러스트의 구성 방식은 감독이 문제점과 개선점을 지적받을 때 느끼는 고통을 최소화한다. 감독이 개인적으로 감정이 상하는 일은 거의 발생하지 않는다. 참석자들이 지위를 앞

PART II 문제 대응 및 미래 보호 전략

세우거나 감독에게 구체적인 일을 지시하지 않기 때문이다. 브레인트러스트 회의 참석자들이 현미경으로 들여다보는 대상은 작품이지 감독이 아니다. 이는 대다수의 사람이 간과하지만, 결정적으로 중요한 원리다. 아이디어 제공자는 아이디어 그 자체가 아니다. 아이디어 제공자가 아이디어를 자신과 동일시하면 아이디어가 비판받을 때 자신이 공격받는 것 같은 기분이 든다. 건전한 피드백 시스템을 구축하려면 이런 등식에서 역학관계를 제거해야 한다. 다시 말해, 문제를 지적할 때는 사람이 아니라 문제 자체에 초점을 맞춰야 한다.

픽사 브레인트러스트 회의 과정을 간략히 묘사하면 다음과 같다. 회의 날 아침, 브레인트러스트 회의 참석자들은 작품의 중간결과물을 시청한다. 상연이 끝난 뒤 참석자들은 회의실로 가서 점심을 먹고, 생각을 정리하고, 앉아서 얘기한다. 해당 작품의 감독과 프로듀서가 작품 제작 상황을 요약 발표한다. "1막은 해결했는데, 2막은 여전히 문제가 있습니다." "엔딩이 생각만큼 제대로 연결되지 않습니다." 피드백은 대개 존 래스터부터 시작된다. 브레인트러스트 회의에서는 모든 참석자가 동등한 발언권을 가지고 있지만, 가장 마음에 드는 시퀀스들을 말하고 개선이 필요한 주제와 아이디어들을 지목하는 등 회의의 방향을 이끄는 사람은 대개 래스터다. 그의 발언이 끝나면 모든 참석자가 작품의 강점과 약점에 대한 의견을 주고받기 시작한다.

브레인트러스트 회의의 토론을 가능케 하는 힘들을 소개하기 전에, 잠시 영화제작자의 관점에서 문제를 바라보자. 픽사의 영화제작자들은 브레인트러스트 회의를 꼭 필요하다고 생각한다. 〈토이 스토리 3〉 각본을 쓴 마이클 안트Michael Arndt는 훌륭한 영화를 제작하려면 영화제작자가 자신을 위한 창작에서 남을 위한 창작으로 관점을 전환해야 한다고 말했다. 안트는 바로 브레인트러스트 회의에서 이런 관점의 전환을 경험했다. 그는 이것이 고통스럽지만 필요한 경험이라고 말했다. "고통스러운 이유 중 하나는 내가 통제할 수 없다는 것입니다. 내가 세상에서 가장 재미있는 농담이라고 생각해서 작품에 집어넣은 내용을 회의 참석자들이 모두 재미없다고 생각하면 작품에서 빼야 해요. 내가 보지 못한 부분을 다른 사람들이 발견할 때는 마음이 아프게 마련이죠."

2012년 개봉한 〈주먹왕 랄프Wreck-It Ralph〉라는 디즈니 애니메이션을 감독한 리치 무어Rich Moore는 브레인트러스트 회의 참석자들을 함께 퍼즐을 푸는 사람들에 비유했다(존 래스터와 내가 디즈니 애니메이션 스튜디오를 경영하면서 그곳에서도 이런 솔직한 회의의 전통을 받아들이게 됐다). 작품의 딜레마를 해결하지 못해 어려움을 겪는 감독이라도 다른 감독의 작품은 자신의 작품보다 명확하게 바라볼 수 있다. 다른 감독의 작품에는 자신의 에너지를 투자하지 않았기에 덜 집착하고 더 이성적으로 볼 수 있기 때문이다. 무어는 다음과 같이 비유했다. "내가 풀지 못해 끙끙대던 글자 맞추기 퍼즐을 잠시 제쳐두고, 옆 사람이 루빅큐브Rubik's Cube를 맞출 수 있도록 조금 돕는 것이나 마찬가지입니다."

브레인트러스트를 통해 픽사 작품 열한 편의 각본 수정에 기여하고, 성우로도 참여한 밥 피터슨Bob Peterson은 브레인트러스트 회의를 "사우론의 거대한 눈"에 비유한다. 영화 〈반지의 제왕The Lord of the Rings〉에 나오는 모든 것을 바라보는 거대한 불꽃 눈처럼, 브레인트러스트 회의는 작품의 모든 부분을 꿰뚫어보기 때문이다. 하지만 브레인트러스트는 무자비한 사우론과 달리 자비롭다. 이는 작품 제작에 도움을 주려고 노력할 뿐, 이기적으로 움직이지 않는다.

픽사의 거의 모든 브레인트러스트 회의에 자문위원이나 제작진으로 참가한 앤드루 스탠튼은 픽사를 병원에, 작품을 환자에, 브레인트러스트를 믿을 만한 의사들이 모인 위원회에 비유한다. 이 비유에서 기억해야 할 점은 브레인트러스트가 검토하는 작품의 감독과 프로듀서도 의사라는 것이다. 마치 증상이 극도로 복잡한 질환을 정확히 진단하기 위해 모인 전문가 패널과 같다. 하지만 궁극적으로 치료 방법을 결정하는 사람은 다른 누구도 아닌 감독 자신이다.

〈토이 스토리〉 제작 때 사무보조원으로 일하기 시작해 이후 두 편의 픽사 영화에 프로듀서로 참여한 조너스 리베라^{Jonas Rivera}는 앤드루 스탠튼이 브레인트러스트를 의료계에 비유한 것에 살짝 덧붙여 설명했다. 작품이 환자라면, 브레인트러스트의 평가를 받기 전의 작품은 자궁 속 태아 같은 상태라고 말이다. 그는 이렇게 설명했다. "브레인트러스트 회의는 영화가 태어나는 곳입니다."

● ● ●

픽사 브레인트러스트 회의 참석자들이 얼마나 솔직하게 의견을 주고받는지 구체적으로 알 수 있도록, 회의 풍경을 스케치해보겠다. 〈관객을 머릿속으로 안내하는 무제 영화〉라는 가제가 붙은 피트 닥터의 신작 중간 발표회가 끝나고 열린 브레인트러스트 회의다. 2015년 〈인사이드 아웃^{Inside Out}〉이라는 제목으로 개봉할 예정인 이 작품은 닥터의 아이디어를 바탕으로 출발한, 야심차고 다채롭고 복잡한 프로젝트다. 그가 이끄는 제작팀은 수개월 전부터 인간의 정신세계를 어떻게 묘사할지 구상 중이었다.

이 회의에는 서른다섯 명 정도의 직원이 참석했다. 스무 명 정도는 테이블에, 열다섯 명은 벽 쪽 의자에 앉았다. 직원들은 음식이 담긴 접시를 들고 회의실에 들어와 잠시 담소를 나눈 다음 회의를 시작했다.

작품 상연회가 열리기 전, 피트 닥터가 스토리 포인트를 설명했다. "머릿속에 무엇이 있을까요? 감정입니다. 우리는 감정을 의인화한 캐릭터들을 만들고자 고심했습니다. 주인공은 조이^{Joy}(기쁨)라는 활기찬 캐릭터입니다. 조이는 기쁠 때 문자 그대로 빛을 발합니다. 피어^{Fear}(소심)라는 캐릭터도 있습니다. 피어는 자신감 넘치고 상냥하다고 자부하지만, 약간 신경질적이고 쉽게 겁을 냅니다. 또 다른 캐릭터로는 앵거^{Anger}(버럭), 눈물방울처럼 생긴 새드니스^{Sadness}(슬픔), 만사를 비웃는 디스거스트^{Disgust}(까칠)도 있습니다. 이런 캐릭터들은 모두 헤드쿼터$^{Head-quarter}$(헤드쿼터는 본사라는 뜻이지만, 두 단어로 분리하면 '머리의 4분의 1'이라는 뜻이 된다 – 옮긴이)라는 장소에서 일합니다."

피트 닥터의 설명에 좌중에서 웃음이 터져 나왔다. 10분짜리 프리뷰 영상을 상영하는데도 여러 장면에서 웃음이 터져 나왔다. 모든 회의 참석자가 닥터의 전작 〈업^{Up}〉처럼 매우 독창적이고 재미있는 작품이 될 가능성이 있다고 동의했다. 그는 재미있으면서도 관객의 공감을 불러일으키는 장면들을 만드는 데 탁월한 재능을 보유했다. 대립적인 감정들을 의인화한 그의 작품 아이디어는 성공할 가능성이 컸다. 하지만 작품의 주요 장면 중 하나인, 어떤 기억은 쉽게 사라지는 반면 어떤 기억은 영원히 남는 이유를 둘러싼 두 캐릭터의 논쟁 장면이 작품의 주제를 관객에게 전달하는 데 방해가 된다는 의견이 많이 나왔다.

피트 닥터는 키가 195센티미터에 달하지만 더 없이 온화해 보이는 남자다. 그는 불쾌감을 드러내지 않고 태연한 얼굴로 직원들이 결정적 장면에서 미흡한 점을 지적하는 것을 들었다. 물론 브레인트러스트 회의를 여러 차례 경험했고, 이를 통해 자신이 원하는 목적지로 도달할 힘을 얻을 수 있다고 믿었다.

테이블 중간에 앉은 브래드 버드 감독이 피트 닥터를 바라보며 발언했다. 1999년 워너브러더스가 개봉한 애니메이션 〈아이언 자이언트The Iron Giant〉의 각본을 쓴 버드 감독은 2000년 픽사에 입사했다. 픽사에서 처음으로 감독한 작품은 2004년에 개봉한 〈인크레더블〉이다. 버드는 창작할 때 어떠한 순응도 거부하는 타고난 반항가다. 예술적 성취를 달성할 수 있다는 기대는 그의 심장을 뛰게 하는 아드레날린이자 모든 것을 걸고 창의성을 위해 (심지어 싸울 상대가 없는 상황에서도) 싸울 수 있게 하는 원동력이다. 브래드 버드는 이 작품의 핵심 장면이 미흡하다는 우려를 가장 먼저 토로했다. "이 장면을 간결하면서도 공감할 수 있게 그리려는 피트 닥터 감독님의 의도는 이해합니다만, 관객들의 이목을 끌 만한 요소들을 조금 더 집어넣을 필요가 있어 보입니다."

그다음에는 앤드루 스탠튼이 발언했다. 그는 사람들이 가능한 한 빨리 틀릴 필요가 있다고 말한다. 전투에서 두 고지가 있는데 어느 쪽을 공격해야 할지 모른다면, 답은 서둘러서 어느 쪽이든 선택하는 것이다. 만약 공격한 고지가 틀린 목적지라면 산에서 내려와 다른 산을 공격하면 된다. 이 시나리오에서 유일하게 용납할 수 없는 선택은 두 산 사이를 지나가는 것이다. 이런 비유를 자주 드는 스탠튼은 피트 닥터 제작팀이 틀린 고지를 공격했다고 봤다. "피트 닥터 감독님이 상상하시는 세계의 규칙들을 설정하는 데 더 많은 시간을 들일 필요가 있다고 생각합니다."

픽사의 모든 작품에는 관객이 받아들여야 하는 나름의 규칙이 있다. 예를 들어, 존 래스터 감독의 〈토이 스토리〉에 등장하는 장난감들의 목소리는 사람들에게 절대로 들리지 않는다. 브레드 버드 감독의 〈라따뚜이〉에 등장하는 쥐들은 네 발로 걷지만, 주인공 레미Remy만은 두 발로 걸어 다른 쥐들과 확 구분된다. 피트 닥터 감독의 〈인사이드 아웃〉에 (최소한 당시에는) 존재하는 규칙은 빛나는 유리공들로 묘사된 기억이 미로 같은 운송 과정을 거쳐 기억저장소에 저장되는 것이다. 기억이 되살아날 때는 마치 볼링장에서 공이 사람에게 되돌아가듯이 기억이 공처럼 굴러 되돌아간다.

이 서사 구조는 매끄러웠지만 스탠튼은 또 다른 규칙(시간이 흐르고 두뇌가 나이 들면서 기억과 감정들이 변화하는 과정)을 설정하고 명확히 드러낼 필요가 있다고 피력했다. 게다가 이 과정에서 이 작품의 주요 주제들을 표현할 수 있을 것이라고 설명했다. 나는 〈토이 스토리 2〉에서 위지라는 캐릭터를 추가함으로써 망가진 장난감들이 버림받는 과정을 관객들에게 설명했던 것을 떠올렸다. 스탠튼은 이 지점에서 관객에게 설명하고 스토리에 설득력을 더할 기회를 포착했지만, 닥터가 기회를 간과했다고 느꼈다. "피트 닥터 감독님, 이 영화는 변화와 성장의 불가피성을 얘기하는 작품입니다."

그러자 브레드 버드가 영감을 받았는지 말문을 열었다. "이 자리에 모인 분들 중에서 자신을 아주 성숙한 어른이라 자부할 분은 많지 않을 겁니다. 어린아이 같은 호기심을 유지하면서도 성숙해지는 방법, 책임을 지는 방법, 다른 이가 의지할 수 있는 사람이 되는 방법을 터득하기란 어렵습니다. 이 자리에 모인 분들도 그런 경험이 있겠지만, 많은 사람이 내게 찾아와 '선생님처럼 창의적인 사람이 되고 싶습니다. 그림을 그리려면 재능이 필요하겠지요'라고 말합니다. 나는 모든 사람이 그림 그리는 능력을 타고났다고 생각합니다. 아이들은 본능적으로 그림을 그립니다. 그런데 대부분 나이가 들면서 그림 그리는 법을 잊어버립니다. 어른들이 아이들에게 그림을 그려서는 안 된다고 말하거나, 그림 그리기를 쓸데없는 짓이라고 말하기 때문이죠. 그렇기에 아이들은 어른이 되면서 그림 그리기를 포기합니다. 애니메이션으로 어린 시절 아이디어를 포기하지 않고도 어른이 될 수 있다는 점을 보여줄 수 있지 않을까요?"

그리고 피트 닥터를 바라보며 애정 어린 목소리로 말했다. "이렇게 놀라운 아이디어를 내시다니 정말 대단해요. 박수를 보내고 싶습니다. 감독님의 이전 작품들을 보고 이렇게 말한 적이 있습니다. '감독님은 거센 바람을 맞으며 뒤로 공중제비 세 바퀴를 돌리고 시도하면서 착지 동작이 마음에 안 든다고 투덜거립니다. 이런 위험한 일을 한 뒤 살아 있는 것만 해도 대단한데 말이죠.' 감독님이 이 작품에서 하시려는 일도 이와 같습니다. 감독님 외에는 영화계에서 어느 누구도 거액을 들여 이런 작품을 만들려고 시도하지 않을 겁니다. 박수를 보낼 수밖에 없습니다." 버드가 말을 멈추자 좌중에서 박수가 터져 나왔다. 버드와 닥터는 서로를 바라보며 미소를 머금었다. 버드가 덧붙였다. "닥터 감독님은 고통스러운 창작의 길을 걷고 있습니다."

브레인트러스트 회의에서 솔직하게 얘기하는 것이 의미를 지니려면 영화제작자들이 진실을 들을 준비를 해야 한다. 솔직한 발언은 듣는 사람이 열린 마음으로 받아들이고, 잘못된 부분을 수정하려는 자세를 취할 때만 가치를 지닌다. 피트 닥터의 작품에 프로듀서로 참여한 조너스 리베라는 회의에서 나온 의견의 요점을 정리해 자신이 보좌하는 감독이 덜 고통스럽게 비판을 받아들이도록 돕는다. 이 회의가 끝나자 리베라가 회의에서 가장 큰 문제로 지적받은 장면들을 표시하면서 닥터에게 물었다. "어느 부분을 날릴까요? 어느 부분을 다시 작업할까요? 어느 부분이 마음에 드시나요? 지금 마음에 드는 부분이 처음에 마음에 들었던 부분과 다른가요?"

닥터가 대꾸했다. "영화가 시작하는 부분이 마음에 들어요."

리베라가 경례하듯 손을 이마에 올려붙이며 말했다. "알겠습니다. 그럼 그 부분은 놔둡시다. 그 부분과 들어맞도록 스토리 전개 방식을 구상해야겠군요."

"나도 같은 생각이에요."

두 사람은 이런 말을 주고받으며 제작실로 돌아갔다.

$$\blacksquare\ \blacksquare\ \blacksquare$$

솔직한 대화, 활발한 토론, 웃음, 애착. 브레인트러스트 회의의 핵심 재료를 추출해낼 수 있다면 이 네 가지는 확실히 포함될 것이다.✱ 하지만 브레인트러스트 회의에 처음 참석하는 사람들이 가장 먼저 주목하는 부분은 목소리 크기다. 회의 참석자들이 열정적으로 흥분해서 말하다 보니 사람들의 목소리가 점점 더 커진다. 픽사를 방문한 외부인들은 브레인트러스트 회의 참석자들의 대화를 듣고 논쟁을 벌이거나 대립을 중재하는 중이라고 오해하기 일쑤다. 이런 적이 한두 번이 아니라 이제는 그러려니 하고 넘어간다. 외부인들은 이 회의의 의도를 파악하지 못해 혼란을 느낀다. 브레인트러스트 회의에서 참석자들이 열정적으로 토론하는 이유는 다른 사람을 꺾기 위해서가 아니다. 브레인트러스트 회의에서 '논쟁'이란 것이 벌어진다면, 그것은 오직 진실을 파헤치기 위함이다.

이것이 바로 스티브 잡스가 픽사 브레인트러스트 회의에 참석하지 않았던 이유다. 잡스의 불참은 잡스도, 픽사 직원들도 동의한 바다. 나는 잡스의 강한 카리스마와 존재감 때문에 그가 회의에 참석할 경우 브레인트러스트 회의에서 솔직하게 의견을 주고받기가 어려울 것이라고 생각했다. 우리가 이 같은 합의에 도달한 것은 1993년이다. 당시 나는 마이크로소프트 본사를 방문 중이었는데, 잡스는 내가 마이크로소프트에서 이직 제의를 받은 것으로 오해하고 전화를 걸었다. 나는 마이크로소프트에서 일할 생각이 없었고 다른 목적으로 그곳을 방문했지만, 잡스가 걱정하는 것을 눈치채고 이를 기회 삼아 말했다. "브레인트러스트는 잘 굴러가고 있는데 회장님이 참석하면 지금처럼 굴러가지 못할 겁니다." 스티브 잡스는 이에 동의했다. 그는 존 래스터와 창작부서 직원들이 자신보다 애니메이션 창작에 정통하다고 믿었기에 온전히 그들에게 맡겼다. 잡스는 애플의 모든 제품 개발에 꼬치꼬치 깊이 관여하기로 유명했지만, 픽사에서는 자신의 직감이 픽사 직원들의 직감보다 못하다고 인정하고 제작에 관여하지 않았다. 이 점만 봐도 픽사에서 솔직함이 얼마나 중요하고 큰 비중을 차지하는지 알 수 있다. 잡스조차 솔직히 인정하고 물러섰을 정도니 말이다.

이 회의가 참석자들에게 요구하는 것은 솔직함만이 아니다. 그보다 훨씬 많은 것을 요구한다. 가장 생산적인 창작 회의는 참석자들이 꼬리에 꼬리를 물고 사고의 흐름을 이어나가도록 한다. 제작 초기 단계에서는 〈쓰레기 행성Trash Planet〉이라는 가제가 붙었던 〈월-EWall-E〉를 예로 들어보자. 제작팀은 쓰레기 압축기 로봇 월-E가 사랑하는 로봇 이브EVE가 쓰레기통에서 파괴당하지 않게 구하는 장면으로 이 영화를 끝내려고 오랫동안 구상했다. 하지만 이런 엔딩은 타당성이 떨어져 보였다. 제작팀은 그 이유를 놓고 수없이 토론했지만, 앤드루 스탠튼 감독은 어느 부분이 잘못됐는지 지목할 수 없었고, 따라서 해법도 마련할 수 없었다. 월-E와 이브의 사랑을 중심으로 풀어나가는 플롯은 문제가 없어 보였다. 월-E는 이브를 보자마자 사랑에 빠졌고, 이브를 구했다. 그런데 바로 그것이 문제였다. 브레인트러스트 회의에서 버드가 스탠튼 감독에게 이 점을 지적했다. "감독님은 관객들이 바라는 장면을 빼먹었습니다. 이브가 자신의 프로그래밍을 모두 버리고 월-E를 구하기 위해 달려가는 장면 말입니다. 이 장면을 집어넣으세요. 관객들이 원하니까요." 그의 말을 듣고 보니 그럴듯했다. 브레인트러스트 회의 후 스탠튼 감독은 이브가 월-E를 구하는 내용으로 새로운 엔딩 각본을 썼다. 그다음 상영회에서는 모든 회의 참석자가 엔딩에 만족했다.

각본가 마이클 안트는 앤드루 스탠튼이 〈토이 스토리 3〉 브레인트러스트 회의에서 작품 수정안의 엔딩을 근본적으로 바꾸는 의견서를 제출했다고 기억한다. 이 작품 수정안의 스토리는 탁아소 장난감들의 악랄한 리더로 등장하는 랏소Lotso라는 분홍색 곰 인형이 장난감들의 반란에 떠밀려 추방당하는 것으로 끝났다. 문제는 장난감들이 반란을 일으킬 동기가 부족한 탓에 이런 이야기 전개가 설득력이 없다는 것이었다.

안트가 내게 말했다. "나는 수정안에 랏소가 얼마나 비열한지 성토하는 우디의 연설을 통해 모든 장난감이 마음을 돌리는 장면을 집어넣었습니다. 하지만 브레인트러스트 회의에서 스탠튼은 '나는 이 전개가 마음에 들지 않습니다. 이 장난감들은 멍청하지 않아요. 랏소가 착한 장난감이 아닌 사실을 모를 턱이 없어요. 그들이 연합한 이유는 랏소가 가장 힘센

PART II 문제 대응 및 미래 보호 전략

장난감이기 때문이에요'라며 이견을 보였습니다." 스탠튼의 의견은 논쟁을 촉발했고, 논쟁 중에 각본가 안트는 이런 비유를 들었다. "랏소를 스탈린이라고 한다면, 다른 장난감들은 겁에 질려 따르는 부하들이고, 랏소의 집행자로 행동하는, 한쪽 눈이 감긴 대머리 아기 인형인 빅 베이비^{Big Baby}는 스탈린의 군대라고 할 수 있습니다." 이 비유를 바탕으로 안트는 재수정안을 구상하기 시작했다. "만약 군대가 스탈린에게 등을 돌리면 스탈린을 제거할 수 있습니다. 문제는 우디가 무슨 수로 빅 베이비의 마음을 돌려 랏소에게 대항하게 만들지였습니다. 이것이 내가 직면한 문제였어요."

해법(랏소 때문에 빅 베이비가 주인 소녀에게 버림받았다는 사실을 우디가 폭로하는 것)은 마이클 안트가 구상했지만, 이 회의가 없었으면 그는 스토리에 문제가 있다는 생각조차 못했을 것이고, 따라서 해법 역시 나오지 못했을 것이다.

사람들은 비평받는 자리에 가는 것을 치과에 가는 것처럼 두려워한다. 비평받을 때 위협을 느끼고 불쾌해지는 것은 자연스러운 현상이다. 이에 대처하는 관건은 피드백 집단의 관점이 자신과 경쟁관계가 아니라 보완관계에 있다고 보는 것이다. 경쟁적 접근법은 다른 아이디어들을 자신의 아이디어와 대립하는 것으로 보고, 토론을 승패를 겨루는 논쟁으로 받아들인다. 반면 보완적 접근법은 회의 참가자들이 작품에 무언가 (설령 그것이 토론을 촉발하는 불씨일 뿐이고 별 소득을 거두지 못할지라도) 기여한다는 이해에서 출발한다. 브레인트러스트 회의는 다른 사람의 관점으로 작품을 바라볼 기회를 줌으로써 제작자의 시야를 넓혀주기 때문에 가치가 있다.

브래드 버드는 정확히 이런 사례를 경험했다. 언론의 질타로 은퇴한 슈퍼 히어로 인크레더블^{Mr. Incredible}과 엘라스티걸^{Elastigirl}이 보험회사 직원

밥Bob Parr과 전업주부 헬렌Helen으로 숨어 사는 이야기를 그린 작품 〈인크레더블〉을 제작하던 중, 미처 문제로 인식하지 못한 부분을 브레인트러스트 회의에서 지적받았다. 브레인트러스트는 헬렌과 밥이 논쟁을 벌이는 장면에 우려를 표했다. 많은 회의 참석자가 밥이 슈퍼 히어로로 부업을 뛴 뒤에 밤늦게 집으로 몰래 들어오다가 걸리는 장면을 설득력이 떨어진다고 봤다. 버드가 브레인트러스트에 감사한 부분은, 문제를 정확히 진단하는 데는 실패했어도 해법을 찾는 일은 도와줬다는 것이었다. 브레인트러스트가 제안한 틀린 해법에도 큰 도움을 받았다고 말했다.

"브레인트러스트는 어딘가 문제가 있다고 진단하지만, 어디가 문제인지 정확히 지적하진 못할 때가 가끔 있습니다. 나는 영화의 전반적인 분위기를 잘 알고 있었고, 브레인트러스트 회의에서도 작품 분위기를 잘 살렸다는 평을 들었습니다. 그런데 이 회의에서 목소리가 들어간 영상을 처음 선보이자 상황이 달라졌어요. 회의 참석자들이 속으로 '잉그마르 베르히만Ingmar Bergman 영화처럼 진지한 영화를 만들고 있는 건가' 하고 의아해하는 것 같았습니다. 밥이 헬렌에게 소리를 지르는 장면을 상영한 뒤, 내가 받은 의견서는 이랬습니다. '이런, 밥이 헬렌을 괴롭히는 것처럼 보여요. 밥이 정말로 못돼 보여요. 대본을 다시 써야겠어요.' 그래서 나는 대본을 들여다봤습니다. 그렇지만 '아니야. 역시 밥은 이렇게 말하고, 헬렌은 이렇게 반응하는 것이 자연스러워' 하는 생각이 들었어요. 사실 대본을 전혀 수정하고 싶지 않았습니다. 하지만 이 장면에서 어딘가 어긋난 부분이 있다는 것은 느꼈지요. 그리고 곧 무엇이 문제인지 깨달았습니다. 밥은 머리가 천장에 닿을 것처럼 키가 크고 덩치가 산만 한데 헬렌은 몸집이 작았습니다. 헬렌과 밥은 부부 사이이지만, 스크린에서는 덩치 큰 남자가 여자를 위협하고 학대하는 것처럼 보였습니다. 그래서 나는 헬렌이 한 치도 물러서지 않고 주장을 펼칠 때 그녀의 몸이 쭉 늘어나면서(헬렌, 즉 엘라스티걸은 몸이 고무처럼 늘어나는 캐릭터다 – 옮긴이) '이건 당신에 관한 얘기가 아니라고요!' 하고 말하게 했습니다. 대화는 전혀 수정하지 않았습니다. 헬렌과 밥이 대등한 존재라는 것을 관객들에게 보여주고자 헬렌의 몸이 더 커 보이게 그림을 수정했을 뿐이죠. 수정한 영상을 상영했을 때 브레인트러스트 회의 참석자들은 '한결 낫군요. 어느 대사를 수정하셨나요?' 하고 물었습니다. 나는 점 하나 바꾸지 않았다고 말했어요. 브레인트러스트가 어딘가 잘못됐다는 건 감지했지만 해법을 내놓지 못한 사례입니다. 나는 '대화에 이상이 없다면, 어디가 잘못됐지?' 하고 깊이 검토했습니다. 그러니까 문제가 보이더군요."

...

픽사 초창기에 존 래스터, 앤드루 스탠튼, 피트 닥터, 리 언크리치, 조 랜프트가 서로 약속한 것이 하나 있다. 다섯 사람은 무슨 일이 있어도 언제나 서로 진실을 얘기하기로 약속했다. 이들이 이렇게 약속한 이유는 솔직한 피드백이 얼마나 중요하고 보기 드문 것인지, 그리고 솔직한 피드백 없이 훌륭한 작품을 제작하기가 얼마나 어려운지 잘 알았기 때문이다. 그 후 우리는 건설적인 비평을 '좋은 의견서good note'라고 불렀다.

건설적 의견은 작품에서 잘못된 부분, 미흡한 부분, 명확하지 않은 부분, 말이 안 되는 부분을 지적한다. 건설적 의견이 되려면, 문제를 수정하기에 너무 늦지 않은 순간에 제공돼야 한다. 건설적 의견은 요구하지 않는다. 해법을 제안하지도 않는다. 설령 해법을 제안하더라도 제작자에게 행동을 지시하기 위해서가 아니라 잠재적 해법을 보여주기 위해 제안할 뿐이다. 건설적 의견은 무엇보다 구체적이다. "지루해서 죽는 줄 알았어요" 하는 식의 의견서를 보내놓고 건설적 의견이라고 할 수는 없다.

앤드루 스탠튼의 설명을 들어보자. "비평과 건설적 비평은 다릅니다. 건설적 비평은 비평하는 동시에 건설합니다. 부수는 동시에 짓고, 해체하는 동시에 조립하죠. 건설적 비평은 그 자체로 하나의 예술 형태입니다. 나는 상대방에게 영감을 주는 의견서를 보내야 한다고 생각합니다. 의견서를 보내는 사람은 아이들이 숙제를 하도록 만들기 위해 고민하는 교사와 같습니다. 교사는 학생들에게 문제를 설명하고자 수십 가지 다른 방식으로 얘기하지만 학생들은 잘 알아듣지 못합니다. 그러다가 어느 순간 교사의 말에 학생들이 '나도 그걸 하고 싶어' 하고 생각한 듯 눈을 휘둥그레 뜰 때가 있습니다. '이 장면의 대사가 미흡합니다'라고 말하는 대신 '관객들이 극장을 나갈 때 대사를 따라하길 바라지 않나요?'라고 말하는 거죠. 이렇게 다르게 표현하면 의견서를 받는 사람이 더 열린 자세로 도전을 받아들입니다. '나도 그러길 바랍니다!' 하고 관심을 보이죠."

진실을 말하는 것은 어렵지만, 창의적인 일을 하는 기업에서 탁월한 성과를 보장하는 유일한 방법은 진실을 말하는 것이다. 경영자의 임무는 회의 참석자들이 허심탄회하게 의견을 피력하는지 지켜보는 것이다. 가끔 회의가 끝나고 감독이 찾아와 일부 참석자가 솔직하게 의견을 내놓지 않는다고 말할 때가 있다. 이 경우 해법은 회의 참석자들이 더 작은 규모(소수만 참석하는 일종의 미니 브레인트러스트)로 모이게 해서 직접적인 소통을 장려하는 것이다. 특별히 주의를 기울여야 할 문제가 있는데도 회의 참석자들이 무의식중에 이런 문제를 회피할 때가 있다. 내가 지금까지 경험한 바로, 사람들은 보통 문제를 에둘러 말하는 것을 좋아하지 않는다. 그렇기에 차라리 문제를 처음부터 언급하지 않는 편을 택한다.

솔직함은 잔혹하지 않다. 파괴적이지도 않다. 사실 그 반대다. 모든 성공적인 피드백 시스템은 우리 모두 한 배를 탄 처지라는 생각, 우리 모두 같은 일을 경험한 적이 있기 때문에 당신의 고통을 이해한다는 공감을 기반으로 한다. 사람들은 위로받고 인정받고 싶어 한다. 다만 그런 욕구를 드러내지 않으려고 애쓸 뿐이다. 브레인트러스트를 움직이게 하는 원동력은 바로 그런 연장선상에 있다. 그 자리에서 내놓는 모든 의견은 공동의 목표를 추구하기 위한 것, 즉 회의 참석자들이 더 나은 영화를 제작하기 위해 서로 돕고 지원한다는 것이 브레인트러스트를 움직이게 만드는 연료다.

몇 달마다 한 번씩 직원들을 모아놓고 솔직하게 토론하라고 맡기면 저절로 기업의 병이 나을 것이라고 생각하는 것은 실수다. 첫째, 어떤 집단이건 간에 처벌받을 것이란 공포 없이 솔직하게 의견을 표현하고 비평하고 건설적인 비평 언어를 배우기까지는 일정 수준의 신뢰를 구축할 시간이 필요하다. 둘째, 경험 많은 전문가로 구성된 브레인트러스트일지라도 그것의 철학을 이해하지 못하고 방어적인 자세로 비평을 듣는 사람들 혹은 피드백을 소화해 업무를 재설정하고 재시작할 능력이 없는 사람들을 도울 수는 없다. 셋째, 뒷장에서 설명하겠지만 브레인트러스트는 시간이 흐름에 따라 진화하는 조직이다. 따라서 경영자가 한번 만들고 방치해도 좋은 조직이 아니다. 재능 있고 인성 좋은 사람들을 모아놓은 브레인트러스트일지라도 제대로 기능을 발휘하지 못할 가능성이 크다. 직원들 사이의, 부서들 사이의 역학관계가 늘 바뀌기 때문에 브레인트러스트가 제기능을 수행하도록 보장하기 위해서는 경영자가 지속적으로 관찰하고 보호하고, 필요하면 수정하는 것이 필요하다.

브레인트러스트를 만들기 위해 픽사에서 일할 필요는 없다. 어떤 분야에서 일하든 창의적인 사람은 누구나 지성, 통찰력, 품격을 겸비한 브레인트러스트를 조직할 수 있다. "각자 자신만의 토론 집단solution group을 만들 수 있고, 만들어야 합니다." 이렇게 말한 앤드루 스탠튼은 작품을 제작할 때마다 공식적인 브레인트러스트와는 별개로 소규모 브레인트러스트를 조직해 활용한다. "내가 선발하는 브레인트러스트 회의 참석자의 자격은 이렇습니다. 내가 더 현명하게 생각할 수 있도록 돕든지, 짧은 시간 안에 많은 해법을 제시하는 사람입니다. 이런 사람이라면 경비든 인턴이든 보좌관이든 상관하지 않고 이 회의에 참석하게 하죠. 도움이 되는 사람이라면 누구나 회의 석상에 앉혀야 합니다."

직원들이 회의실보다 복도에서 더 솔직하게 소통하는 기업에서 일하고 싶은 경영자는 없다. 이런 기업으로 전락하는 것을 예방하는 최고의 백신은 무엇일까? 사실을 털어놓으려는 직원들을 찾아 나서고, 이런 직원들을 자주 만나는 것이다.

✪포스트스크립트 1

이 책이 처음 출간된 후에 작가 겸 감독인 스탠튼으로부터 브레인트러스트가 탄생한 기원에 대해 더 자세히 들을 수 있었다. 이번 장에서 언급했듯이, 픽사 초창기에는 문제 해결에 탁월한 재능을 가진 다섯 명이 있었다. 바로 피트 닥터, 존 래스터, 조 랜프트, 리 언크리치, 앤드루 스탠튼이었는데, 그들은 "일이 잘 풀렸습니다. 상황이 좋아졌고요. 얽혔던 문제가 해결됐고, 물 흐르듯이 진행됐습니다"라고 스탠튼이 말한 어떤 문제에 집중해 있었다.

그리고 〈토이 스토리〉가 큰 찬사를 받고 흥행에 성공한 후 픽사는 증권 거래소에 상장됐다. 우리가 한 번에 여러 편의 영화를 신속히 제작해 성실함을 증명하는 것이 잡스에게는 중요했다. 회사 구성원 모두가 성공에 대한 엄청난 압박감을 느꼈다는 표현만으로는 부족했다. "그건 마치 밴드를 결성해 히트 앨범을 한 장 내고는 곧바로 갑자기 5년 안에 히트 앨범을 네 장 더 내겠다고 한 거나 마찬가지였죠. 우리는 서로를 바라보며 '우리 어떻게 해야 하죠?'라고 물었습니다." 스탠튼은 그 무렵 브래드 버드가 문제 해결 그룹에 합류했다고 말을 덧붙이며 당시를 떠올렸다. 그 질문에 대한 답은 이제 여섯 명으로 구성된 그룹이 흩어져서 공략하자는 것이었다. 〈토이 스토리〉에서 대부분 함께했던 것처럼, 그들은 한 영화에서 같이 손발을 맞추지 않았다. 스탠튼이 〈니모를 찾아서〉를 구상하고 있을 때 닥터는 〈몬스터 주식회사〉 스토리를 구상 중이었고, 버드는 〈인크레더블〉을 떠올렸다.

여러 가지의 성패가 달렸다는 것을 아는 여섯 명은 서로를 계속 돕기로 약속했다. "우리는 '적어도 우리는 모두 한 지붕 아래 있다'라고 생각했었습니다." 스탠튼은 이렇게 회상했다. "그래서 어려운 상황에 부닥치면 항상 여섯 명 모두가 모이는 건 아니지만 몇 명이 모여 문제를 해결하거나 사태를 진화하려고 힘을 합쳤어요." 그러던 어느 날, 스탠튼은 즉흥적으로 이 그룹에 브레인트러스트라는 이름을 붙였다.

"그 당시 브레인트러스트는 어떤 프로세스나 시스템이 아니었습니다. 전략도 아니었고요. 운이 좋게 자연스럽게 그렇게 된 것이죠"라고 그는 말했다.

하지만 이렇게 자연스럽게 발생한 역동적인 상황에서 더 계획적이고도 구조화가 되는 상황이 생겨났던 것이다. 픽사 초창기에 몇 편의 작품을 제작할 때, 많은 사람들이 디즈니 임원이었던 톰 슈마허가 우리의 창작 과정에 중요한 역할을 한다고 생각했다. 디즈니가 픽사를 인수하기 전, 픽사가 독립 회사였을 때에도 디즈니는 여전히 픽사 영화 배급을 맡았기에 월트 디즈니 애니메이션 사장이었던 슈마허는 종종 우리에게 조언을 해주곤 했다. 슈마허의 피드백을 반겼던 이유는 우선 그가 똑똑하기도 했지만, 픽사 구성원이 아닌 제3자의 입장에서 새로운 시각으로 문제를 더 분명하고 객관적으로 파악했기 때문이다. 특히 스탠튼은 영화 제작에 외부의 힘이 필요하다고 생각했다. 슈마허가 이 역할을 해주기에 너무 바빠지자 (그리고 디즈니 애니메이션을 떠나 디즈니의 브로드웨이 뮤지컬팀을 이끌게 되면서) 그의 공백을 메워야 한다고 느꼈다.

"어느 날 슈마허가 우리에게 '여러분 모두는 자신이 무엇을 하고 있는지 알고 있잖아요. 그대로 밀고 가 봐요'라고 말해줬습니다. 잠깐, 우리는 '그래, 우리는 이제 더 이상 엄마와 아빠에게 숙제 검사를 받을 필요가 없어!'라고 말하며 좋아했을지도 모르죠. 하지만 그때부터, '문제를 어떻게 파악하죠?'라면서 걱정이 들기 시작했습니다. 그때 '우리 영화를 평가하는 내부 그룹을 공식화하자'라고 외쳤어요. 우리 스스로가 '외부의 힘'이 되어야 했습니다."

바로 이 시점에 브레인트러스트 메커니즘이 탄생했는데, 픽사 작품이 완성될 때까지 4개월마다 객관적이고 솔직한 비평을 나누는 회의를 하는 것이었다. "브레인트러스트는 처음에는 자체적으로 문제를 파악하고 해결하는 5~6명으로 구성된, 작고 뭔가 어수선하고 정신이 없던 그룹이었죠. 그 후 건설적인 피드백을 전달하는 특별한 그룹으로 발전했습니다"라고 설명하면서도 스탠튼은 두 가지 모습이 혼재되어 있을 때 때때로 좌절감을 느낀다고 솔직하게 털어놓았다. 하지만 픽사의 성공은 이 두 가지 모습 덕분이라고 가장 먼저 말했다. "문제를 해결할 때마다 두 모습 다 필요했습니다."

· · ·

나는 브레인트러스트의 역사와 구조를 더 깊이 파고드는 것이 중요하다고 생각했다. 이 책에서 이에 대해 다룬 명성 때문이기도 했고, 이 명칭이 거의 신화적인 지위를 차지했기 때문이기도 했다. 사람들이 브레인트러스트를 따라 해 자신의 삶에 적용하는 방법을 설명하다 보니, 이 명칭의 의미가 어떻게 진화했는지, 즉 내가 처음에 놓쳤던 진화 부분에 대해 일부 독자들이 혼란스러워한다는 사실을 알게 됐다. 그래서 브레인트러스트의 운영 방식에 대한 몇 가지 핵심 요소를 명확히 하고자 한다.

첫째, 브레인트러스트는 단순히 픽사 직원들로만 구성된 그룹이 아니다. 일부 독자들은 (스토리트러스트가 있는 디즈니와 함께) 법원의 대법관처럼 픽사 내부적으로 브레인트러스트에 종신회원으로 가입한 사람들의 명부가 있다고 생각했다. 앞서 말했듯이 픽사의 규모가 작았던 초창기에는 항상 같은 여섯 명으로 구성됐다. 하지만 이는 수년 전에 바뀌었다. 그리고 바로 이 점이 중요하다. 독자들이 본받기를 바라는 브레인트러스트는 특정한 사람들로 구성된 대단한 그룹이 아니다. 한 가지 방식으로 운영되는 하나의 회의 형태일 뿐이다.

어떤 방식을 말할까? 이 책의 초판에서 나는 "솔직한 대화, 활발한 토론, 웃음, 애착. 브레인트러스트 회의의 핵심 재료를 추출할 수 있다면 이 네 가지가 확실히 포함될 것이다"라고 적었다. 하지만 다른 네 가지 원칙이 제대로 갖춰지지 않으면 이런 회의는 성립할 수 없다. 앞에서 언급하긴 했지만 사실 이 네 가지가 핵심 요소라는 점을 명확히 하고 싶다.

1. 회의실에서는 서로를 동료로 인정해야 한다. 회의실 밖에서는 한 사람이 다른 사람보다 더 많은 권한을 가질 수 있지만, 브레인트러스트 회의 안에서는 모든 목소리가 동등하다. 물론 각자의 장단점은 모두 다르겠지만, 여기에 참석한 모두가 영화제작자라는 사실엔 변함이 없다. 진행 중인 작품을 면밀하게 평가받는 감독과 제작자는 회의에 참석한 모든 사람이 자신이 보고 있는 창의적 과제에 대한 통찰력이 있다는 사실을 인지해야 한다. 따라서 참석자 명단을 만들어둘 필요가 있다.

2. 회의실에서는 권력과 영향력을 내려놔야 한다. 누구도 작품을 내놓은 감독보다 우위에 있지 않다는 뜻이다. 동료 대 동료로서 이야기를 나누는 자리이기에, 모두가 작품의 문제점을 파악하고 해결책을 제시하려고 노력한다. 하지만 문제 해결 방법의 최종 결정권자는 항상 감독이다.

3. 영화제작자들은 상처받기 쉽다는 점을 인지해야 한다. 친절한 태도를 보이자.

4. 정직한 의견을 주고받아야 한다. 이것이 가장 중요하다. 앞서 말했듯 이 솔직함이 최고의 핵심이다.

그리고 이상적일 수 있지만 다섯 번째 요소로, 회의실 내부의 역동성을 관찰하면서 모두가 네 가지 원칙을 잘 지키고 있는지를 확인하는 사람이 있어야 한다. 만약의 경우 이 요소가 없어도, 브레인트러스트 회의를 소집할 수는 있다. 이 관찰자는 단기적으로 창의적인 문제 해결에 필수적이기보다 장기적으로 기업 문화를 보호하는 데 더 중요하다.

이 다섯 가지 핵심 요소로 무엇을 만들려고 하는 걸까? 회의실은 언제든 새로운 것을 시도해도 안심할 수 있는 공간이라는 분위기를 만든다. 브레인트러스트의 가장 중요한 원칙은 안심할 수 있다면 더 나은 아이디어 교환으로 이어진다는 것이다. 이 회의에서는 안심해도 된다는 분위기를 형성하려면 어떻게 해야 할까? 가장 좋은 방법은 직접 보여주는 것이다. 브레인트러스트 회의에서 제작자들은 미완성의 작품을 내놓는다. 그들이 공격받을 것이라고 느끼는 것은 당연하다. 최소한의 방어태세로 참석자들의 의견을 경청할 수 있도록 하려면, 무슨 이유에서건 그들을 비판하는 분위기부터 없애야 한다. 과거에 우리는 "브레인트러스트 회의에서 나온 의견들이 의무사항은 아닙니다"라는 점을 전하려고 했다. 하지만 그게 전부는 아니다. 문제점이 확인되면, 제작자는 이를 해결할 방법을 찾아야 한다. 해결을 위해 제작자가 어떤 결정을 내릴지는 그들에게 달려 있다고 의도적으로 반복한다. 이렇게 강조하는 이유는 비판을 받는 일은 누구에게나 정말 힘들고 어렵기 때문이다. 예를 들어, 지난 몇 년간 나는 아무리 뛰어나고 건설적인 의견이라 해도 감독에게 귀 기울이고 그가 처리할 수 있는 능력이 있어야만 그 의견을 받아들였다.

이에 대한 좋은 예는 2016년 디즈니의 〈주토피아〉를 제작하는 동안 일어났다. 모든 종의 동물들이 조화롭게 공존하는 목가적인 대도시를 배경으로 한 이 작품은 부분적으로는 타인을 향한 고정관념의 위험성을 탐구할 수 있는 작품으로 여겨졌다. 프로듀서인 클라크 스펜서Clark Spencer는 〈주토피아〉 제작이 절반을 넘어가는데도 여전히 작품 분위기를 제대로 보여주려고 계속 고군분투하던 디즈니 제작팀의 모습을 기억했다. 포식자와 먹잇감이 평화롭게 공존하는 방법을 설명하기 위해 모든 포식자가 '길들이기 칼라'를 착용하는 데 동의한 세상을 그렸는데, 그 칼라는 포식자가 흉포해지지 않도록 흥분을 하면 약간의 충격을 주었다. 그 당시 작품 주인공은 닉 와일드Nick Wilde라는 냉소적인 여우였다.

이제 디즈니 애니메이션의 회장이 된 스펜서는 당시를 이렇게 회상했다. "우리는 관객들이 닉에게 공감할 방법을 고민 중이었어요. 〈주토피아〉의 오프닝 제작을 거듭했고 그럴 때마다 스토리트러스트에서 똑같은 지적을 받았는데, 닉은 세상사에 염증을 느끼는 사기꾼이라서 응원하기가 힘들다는 것이었어요. 그래서 닉의 관점에서 완전히 새로운 오프닝을 시도했어요. 어린 시절 닉이 아빠와 함께 은행에 가는 장면에서 시작되는 거였죠. 먹잇감 동물인 은행원이 대출을 승인해주지 않자 닉의 아빠는 화를 냈고, 닉의 아빠는 포식자이기 때문에 칼라에 충격을 주죠. 결국, 닉의 아빠는 감옥에 갇히게 되었고요. 그리고는 닉이 왜 그렇게 냉소적이고 진절머리를 부리는지를 관객들이 이해하길 바라며 시점을 곧바로 현재로 건너뛰었습니다. 이 장면은 매우 감동적이었지만 디즈니의 오프닝으로는 매우 우울했죠."

결국 〈주토피아〉 제작팀은 대략적인 스토리 구상을 위해 대여섯 차례나 내부 상영회를 열었고 결과는 상당히 성공적이었다. 특히 아버지 곰이 아들 곰의 목에 처음으로 칼라를 걸어주는 일명 '길들이기 파티'를 묘사하는 장면에서 자부심을 느꼈다. 이 장면은 법에 따라 포식자 동물은 아이가 다섯 살이 되면 칼라를 채워야 한다는 점을 분명히 보여줬다. 부모는 이것이 자식에게 고통스러운 충격을 준다는 것을 알고 있었기 때문에 칼라를 채우는 날을 바르 미츠바bar mitzvah(유대교의 13세 남자 성인식 – 옮긴이)와 같은 축하 행사로 여기도록 최선을 다해 노력했다. 이 장면은 어린 곰이 커서 마침내 아빠처럼 칼라를 목에 걸게 돼서 얼마나 흥분하는지를 보여주기 때문에 감정적으로 큰 한 방을 날렸다. 하지만 처음으로 칼라 때문에 충격을 받은 아들 곰의 눈빛에서 대가가 따른다는 사실을 깨달은 모습도 볼 수 있었다.

바이런 하워드Byron Howard 감독은 매우 일찍부터 구상했던 이 장면이 픽사와 디즈니의 창작부서 모두에게 극찬을 받았기 때문에, 작가 재러드 부시Jared Bush와 함께 대부분의 작품 내용을 이 장면 중심으로 진행했던 것으로 기억한다. "반응이 좋아서 이 장면을 놓쳐서는 안 된다고 확신했죠. 영화 전체의 중심이 바로 그 장면이었어요. '그래, 저 장면은 꼭 넣어야만 해'라고 생각했습니다."

영화 제작 중간쯤에 디즈니 영화제작자들이 픽사에서 (그리고 픽사는 디즈니에서) 중간 상영을 하는 것이 전통이 되었다. 일반적으로 영화제작자들이 성공적으로 영화의 큰 틀은 잡았지만, 아직 세부적인 스토리를 조율 중일 때는 상영회가 열렸다. 2014년 11월, 이때까지 〈주토피아〉의 공동 감독이었던 바이런 하워드와 재러드 부시는 스토리팀을 이끌고 픽사로 향했다. 영화 개봉일이 16개월 남은 상황에서 그들은 피드백을 간절히 원했지만 큰 기대는 없었다.

영화가 상영되고 엔딩 크레딧이 올라간 후, 모두가 회의실에 모여 자신이 본 내용을 파헤치기 시작했다. 약 20분 동안 픽사 감독들은 영화의 분위기를 밝게 하고 닉의 냉소적인 태도에 대해 다양한 방법으로 수정 아이디어를 제시했다. 하지만 그때까지 가만히 앉아 듣고만 있던 스탠튼이 침묵을 깼다.

그는 디즈니팀에 이렇게 말했다. "큰 문제가 있습니다. 영화가 플레이되는 순간부터 '주토피아'라는 도시가 마음에 들지 않았어요. 무너진 도시라는 걸 알고 있으니까요." 그는 전기 충격 칼라도 언급했다. "어떤 여우가 이 잔인한 도시에서 살고 싶겠어요? 제작진이 제게 닉을 이해시키려고 아무리 노력해도, 화면에서 벌어지는 모든 일에 여전히 공감이 안 됩니다. 세상이 얼마나 망가졌는지를 알고 있으니까요. 여러분이 다른 아이디어를 내서 제가 주토피아를 사랑하도록 만들기 전까지는 해결되지 않을 것입니다. 보통, 저는 지엽적인 문제를 이야기하는 데는 인내심이 없어서 바로 본론에 들어가 '문제는 1막에 있어요'라는 식으로 말하는 편입니다. 그게 일반적인 제 방식이죠."

나중에 스탠튼은 내게 이렇게 말했다. "제 말이 틀렸다면, 그것도 괜찮습니다. 더 빨리 해결책을 찾으면 되니까요. 하지만 이 상황에서는 제가 뭘 보고 있는지 정확히 알지 못했습니다. 그래서 알아낼 시간이 필요했어요. '등장인물은 누구인가? 서로 어떤 대화를 할까? 어떻게 듣거나 듣지 않을까? 그들은 무엇을 선택하려는 걸까?' 같은 의문점에 대해서요. 전 다른 사람들의 이야기를 듣고자 했죠. 그런 후, 작품에서 어느 부분이 걸리는지 결론을 내린 후에는 가능한 한 적은 단어로 표현하려고 노력했습니다. 비유하자면, 브레인트러스트에서 가장 좋은 피드백은 학생이 숙제를 다시 하고 싶게 만드는 것입니다. 숙제를 다시 하라는 건 아니에요. 이는 회의실에서 제가 말한 진실을 인정하지는 않더라도, 부정도 못 하게 하고 문제를 해결하기 전까지는 집으로 돌아가는 비행기에서도 꿈에서도 샤워할 때도 괴롭히는 피드백인 거죠."

스탠튼의 말이 영향을 미치는 데는 그리 오랜 시간이 걸리지 않았다. 스펜서는 "우리가 픽사를 떠나 LA로 돌아가려고 공항으로 가고 있을 때 이미 사람들은 '스탠튼의 말이 맞아요'라고 말하기 시작했어요. 이 부분을 이렇게 바꾸면 어떨까요? 폐기해야 할지도 모르는 작업량이 걱정되기는 됐지만 변화를 받아들일 뜻이 있었습니다"라고 말했다.

하워드는 스탠튼의 말에 '대대적인 변화'가 일어났다고 했다. "몇 분간 전 마음을 다잡으려고 노력했어요." 스탠튼이 보여준 현명함은 부정할 수 없었다. 제작팀의 편견이 얼마나 부정적인지를 보여주려는 시도는 좋았지만, 관객들은 이해하기 어려운 방식이라는 스탠튼의 주장에 하워드는 수긍했다.

그 후 3일 동안, 제작자들과 스토리팀 전체는 평소에 하던 작업 공간에서 멀리 떨어져 있는 디즈니 사옥 내 다른 업무 공간을 빌려서 지냈다(이 공간의 위치에 대한 중요성은 나중에 설명하겠다). 그리고 모두가 좋아할 만한 새로운 버전의 '주토피아'를 만들려고 밤낮없이 매달렸다. 그 결과 많은 부분이 바뀌었다. 세상 냉소적인 여우 닉 대신 낙천적인 토끼 경찰관 주디 홉스의 시선에서 주토피아를 보여주기로 정했다. 그 한 가지 변화로 주토피아 세상은 처음에는 아주 멋지게 보이다가 서서히 결함이 드러나게 됐다. 이로써 영화의 톤은 어두운 분위기에서 밝은 분위기로 순식간에 바뀌었으며 제작자는 편견을 탐구해봄 직한 기회가 생겼다. "주디가 포식자 동물들에게 편견이 없다고 생각은 하지만, 만에 하나 편견이 있다면 어떨까요?"라고 누군가가 질문을 던졌다. 다른 누군가는 주디가 벨웨더라는 착하고 실수투성이의 양이 사실은 사악하고 포식자 동물들에게 신경독을 주입해 난폭하게 만든다는 사실을 알게 된다는 아이디어를 냈다(포식자 동물은 믿을 수 없다는 너무나 잘못된 고정관념을 부채질함으로써 벨웨더는 먹잇감 동물들이 권력을 유지할 수 있기를 바랐다). DMV Department of Mammal Vehicle(〈주토피아〉 속 포유류 차량과 – 옮긴이)에서 가장 빠른 세 발가락 나무늘보인 플래시라는 새로운 캐릭터가 추가됐다. 그리고 길들이기 칼라가 빠졌고 많은 사람이 감탄했던 길들이기 파티 장면도 삭제됐다.

이는 제작진에게는 힘든 일이었다. "완전히 폐기된 배경 세트 작업에 1년간 공을 들였던 사람들이 여럿 있었어요." 특히 포식자 동물들이 찾는 놀이동산인 와일드 타임스 Wild Times는 '로어-어-코스터 Roar-a-Coaster'라 불리는 롤러코스터를 포함해 색칠 작업과 구상을 모두 끝낸 상태였다. "그 세트를 빼는 것은 가슴 아프고 고통스러운 결정이었습니다." 하워드는 이렇게 말하면서도 향후 〈주토피아〉 속편이 나온다면 이 세트를 되살려 사용할 수 있음을 암시했다. "하지만 모든 것이 스토리에 도움이 되어야 했기에 당시에는 옳은 결정이었습니다."

"가끔 팀원들이 우리가 '대본을 쓰는 동안에는 왜 이 모든 문제를 해결하지 못하죠?'라고 물어봐요. 그렇게 할 수 있으면 좋죠. 하지만 사실 종이에 개요를 잡을 때까지만 해도 훌륭해 보이지만, 스크린에 실제 목소리를 넣고 스토리보드로 만들어보면 따분하거나 새롭지 않은 경우가 있어요. 최고의 영화를 만들려면 스토리에 몰입해서 작업을 되풀이해야 합니다. 이 과정은 무엇이 필요한지를 말해줄 생명체를 만들고는 있지만 아직은 말하지 못하는 상황인 거죠." 하워드는 생명체가 목소리를 높여 필요한 것을 말할 때까지 스토리 작업을 계속하는 것이 핵심이라고 했다.

〈주토피아〉에서 일어난 모든 변화는 디즈니 영화제작팀이 고안해낸 것임을 다시 한번 말하고 싶다. 스탠튼이 한 일은 제작팀이 새로운 방향으로 나아가야 한다고 설득한 것뿐이다. 이 일은 성공적인 브레인트러스트의 핵심인 또 다른 원칙 강조로써 누군가의 의견을 들어야 할 때 근본적인 문제 해결책을 모색해야 함을 의미한다. 때로는 확실한 해결책이 없지만 그렇다고 해서 문제가 없어지는 것은 아니다.

나중에 나는 클라크 스펜서에게 "제작팀이 문제 해결을 위해 〈주토피아〉를 픽사에서 상영해야겠다고 생각한 이유가 뭔가요? 왜 디즈니 내부의 스토리트러스트에서는 문제를 해결할 수 없었을까요?"라고 물었다. 그의 대답은 흥미로웠다. "스토리트러스트는 처음부터 감독들이 구상한 스토리를 잘 전달할 수 있도록 돕는 데에 집중했어요. 감독들은 '우리는 닉의 시점으로 이야기하고 싶어요. 관객들이 닉의 편에 서서 닉이 세상에서 어떤 문제에 부닥치는지를 보길 바랍니다'라는 말만 계속했습니다. 그리고 누구도 그 말을 떨쳐버리려고 하지 않았죠. 스탠튼과 같은 외부인, 즉 제작자에게 무엇이 중요한지를 전혀 모르는 사람이 '솔직히 말할게요. 어떻게 할지는 당신이 결정하세요'라고 목소리를 내죠."

하워드도 이 말에 동의했다. "새로운 시각은 부담감이 하나도 없다는 점에서 축복입니다. 예산이 얼마인지, 마감일이 언제인지 모르죠. 어떤 장면이 상사들의 극찬을 받았는지도 모르고요. 아무것도 모르는 백지상태입니다. 돌이켜보면 너무 뻔한 소리겠지만, 바로 눈앞에 놓여 있는 문제들을 파악할 수 있도록 도와줄 새로운 시각을 가진 사람이 필요했습니다."

나는 지난 몇 년 동안 이런 회의를 100번 이상 지켜봤고, 영화 한 편당 한 번씩은 자아를 내려놓은 마법 같은 회의를 가졌을 것이다. 이런 회의에서 사람들은 객관적인 입장에서 아이디어를 주고받았다. 마치 서로가 생각하는 바는 다르지만, 같은 방향으로 모두 함께 노를 젓는 것과 같았을 것이다. 자아를 내려놓은 회의에 참석하는 것은 최고 기량의 선수들이 말하는 '플로우flow'와 비슷하게 느껴졌는데, 이는 최고 수준의 경기를 펼치는 동안 자의식을 잊은 채 경기에 완전히 몰입해 시간에 대한 인식이 없을 때 도달하는 정신 상태를 말한다. 이러한 플로우는 우리가 브레인트러스트에서 이루고자 했지만, 항상 성공하지는 못했다. 그러다 보니 혼란스러운 의문점이 들었다. 왜 어떤 브레인트러스트에서는 진정한 자아가 없는 상태에 도달하고 어떤 회의에서는 그렇지 못하는가? 나는 우리가 의도하지 않았지만, 우리를 고집스럽게 잡아끄는 숨겨진 개인적 또는 감정적 장벽이 존재한다는 결론을 내렸다. 그렇다면 이 문제를 어떻게 해결할 수 있을까? 다음은 나에게 도움이 된 몇 가지 접근 방식이다.

- 아이디어에 집착하지 마라(당신 자신과 당신 아이디어를 동일시하지 마라).
- 자신의 아이디어 채택 여부로 자신의 기여 가치를 판단하지 마라.
- 문제에 모든 관심을 기울여라. 아이디어 흐름이 잘 흘러가고 있는지, 정체되고 있는지에 집중하라.
- 섣부른 판단을 내리지 마라.

- 가벼운 대화에서 빈틈을 찾아 자신의 주장을 내세울 때까지 기다리면서 무슨 일이 일어나고 있는지 계속 경청하라.

∎ ∎ ∎

적극적인 경청은 머리로는 이해하기 쉽지만 실천하기에는 매우 어렵다. 수년간 브레인트러스트에 참여했음에도, 픽사에서 가장 경험이 많은 제작자조차도 건설적인 비판을 듣고, 받아들이고, 적용하는 데 어려움을 겪었다. 그리고 이런 일이 일어났을 때 우리는 종종 '투 데이 오프사이트 Two-Day Offsite'라고 불리는 또 다른 접근법을 시도했다. 제작 작업이 제대로 진행되지 않아 제작팀이 더 깊이 파고들 필요가 있다는 공감대를 이룬 상황에서 디즈니와 픽사 모두에서 큰 효과를 발휘했다. 두 회사가 바빠지면서 '투 데이 오프사이트'에 대한 의존도는 낮아졌지만, 나는 그 제도가 필수적인 도구라고 생각한다.

'투 데이 오프사이트'의 중요성을 이해하려면 인지 연구자들이 말하는 '이케아 효과Ikea effect'를 떠올리면 된다. 이케아 효과는 소비자들이 직접 조립한 제품에 지나치게 높은 가치를 부여하는 현상을 말한다. 나의 친구 마이클 안트가 이런 효과를 직접 경험했다. "브루클린의 오래된 아파트에 살 때 이케아에서 커다란 선반 유닛을 주문했었지. 300달러를 지불했고, 그것은 팔레트에 실려 배송됐어. 수많은 선반 포장을 뜯고 부품을 정리해서 하나하나씩 옥상으로 옮겼어. 전부 검은색으로 페인트칠하고 하룻밤 건조한 다음 모든 부품을 다시 아래로 가지고 내려와서 조립했어. 이틀이 걸리더라고. 환상적이진 않았지만 괜찮아 보였지. 하지만 누군가가 나에게 '당신 것보다 훨씬 멋진 1만 달러짜리 빌트인 선반을 공짜로 줄게요'라고 하면 나는 '아니요, 난 이케아 선반이 좋아요'라고 말했을 거야. 많은 시간과 노력을 들였으니까."

제작자들이 몇 달 동안 공들여 제작한 영화에 얼마나 큰 애착을 보이는지 알 수 있는 대목이다. 때로는 이러한 감정적 애착을 정리하고 문제점을 해결하려고 세 시간이 넘는 브레인트러스트가 필요할 때도 있다.

오해하지 마시길. 나는 제작자들이 애착을 가지는 것을 좋아한다. 사람들이 자신의 일에 자부심을 느끼기를 바라고, 감정을 부여하는 것은 창작 과정에 도움이 된다. 하지만 반대로 애착이 지나치면 효과적인 문제 해결에 장벽이 될 수도 있다. 각자의 일상적인 업무 공간에서 멀리 떨어진 호텔이나 회의 공간에서 진행되는 '투 데이 오프사이트'는 이러한 장을 허무는 데 도움이 된다. 나는 사람들이 평소와 다른 창밖 풍경을 바라보게 되면 창의력을 발휘할 수 있는 여유가 생긴다는 것을 알게 됐다.

보통 '투 데이 오프사이트'는 다음과 같이 진행된다. 영화의 전체 스토리팀, 해당 영화에 관여하지 않은 감독과 작가 몇 명, 관리부서 몇 명, 스튜디오의 리더(내가 픽사에서 은퇴하기 전까지 주로 짐 모리스와 나였다)에게 초대장이 발송된다. 지정된 장소에 도착한 후 참석자들은 첫날부터 영화 한 장면 한 장면 살펴보며 시간을 보낸다. 모두가 문제가 있다는 것을 인지했기 때문에 열린 마음으로 임했다. 보통은 오후 3~4시경에 몇 가지 장애물을 돌파하고 문제를 해결하려는 몇 가지 새로운 아이디어와 제안을 내놓는다.

그 공간에 있는 모든 사람이 해결해야 할 한 가지 문제는 영화 창작부서가 영화의 전체 구성을 머릿속에 담고 있다는 것이다. 하지만 그 구성은 제대로 돌아가지 않고 있다. 이를 인지하면서도 단체로 복잡한 이야기의 실타래를 당기기 시작하면 전체가 풀려서 바닥에 쌓일 수 있다. 보통 첫날이 끝날 무렵, 새로운 아이디어가 많이 제시되고 취약한 구조가 새롭게 드러나기 시작했다.

그런 다음 휴식을 취하고 저녁 식사를 한다. 식사 시간에는 업무 일정이 없지만 긴장감이 풀리다 보면 종종 업무 아이디어가 떠오르곤 한다. 그 후 창작부서는 다음 날을 준비하고자 자리를 뜬다. 그다음 2~3시간 동안 그들은 이전 몇 시간 동안 만든 새로운 구성을 해체하고 원래 머릿속 구상으로 되돌아간다. 창작부서는 그룹의 제안이 효과가 없는 여러 가지 이유를 제시한다. 영화가 이케아 선반 유닛이고 그 선반이 마음에 들어서 이런 함정에 빠지는 것이다.

이것이 바로 이틀간의 집중 세션의 묘미로, 피할 수 없는 일이 일어났을 때 첫째 날 즉각적인 영향으로 일의 진척이 떨어지더라도 둘째 날이 밝으면 계속 앞으로 나아갈 기회가 생긴다. 이튿날 아침 다시 모이면 제작자는 전날 제안받은 아이디어가 결국 효과가 없는 이유를 설명하고 원래 계획으로 되돌아간 것을 정당화한다. 하지만 중요한 점은 그 공간에 있는 모든 사람이 전날부터 대비되어 있었다는 것이다. 모든 아이디어와 주장이 여전히 사람들 머릿속에 생생하게 그대로 남아 있다. 따라서 외부 목소리는 영화 전체 구성을 머릿속에 담고 있어야 한다는 부담감이 없기에 제작자들과 공감을 이루면서 어떤 변화가 필요한지를 파악하는 데 도움을 준다.

모든 '투 데이 오프사이트'가 동일한 패턴으로 진행되지는 않지만, 거의 모든 경우에서 참석자가 다 같이 작품의 문제점을 인지하게 된다. 진화의 기회도 생겨난다. 최고의 오프사이트에서는 의견이 통일되고 단합된 분위기 조성으로 꽉 막혔던 문제점이 해결된다.

언제나 그렇듯이 피드백을 어떻게 할 것인지가 중요하다. 마이클 안트는 사람들이 비판을 더 쉽게 들을 수 있는 방법에 대해 많이 고민했다. 예를 들어, "이 부분이 문제니까 해결해야 해요"라고 말하는 대신 "당신이 좋아하고 마음이 쓰이는 아이디어가 있다는 건 이해해요. 하지만 마음에 드는 다른 아이디어도 있을 거 같은데요?"라는 식으로 말하면서 더 많은 피드백을 내놓는다. 이는 사람들이 주어진 과제를 다시 하고 싶도록 격려하는 스탠튼의 의도를 보여준다. 사람들이 새로운 아이디어를 궁리할 때 지혜를 얻을 수 있게 도와주는 것이 목적이다.

가장 기억에 남는 '투 데이 오프사이트'는 〈겨울왕국〉을 제작 중이던 2012년 LA 선셋 마퀴스 호텔Sunset Marquis Hotel에서 진행했던 것이다. 작가 겸 감독인 크리스 벅Chris Buck은 한스 크리스티안 안데르센의 동화 《눈의 여왕》에서 영감을 받은 이 디즈니 영화의 오랜 지지자였다. 하지만 이 당시 스토리와 캐릭터는 크게 와 닿지 않았다. 무엇이든 얼음으로 바꿀 수 있는 능력을 지닌 주인공 엘사는 살아 있는 족제비를 코트로 만들어 입는 크루엘라 드 빌(애니메이션 〈101마리의 달마시안〉에 등장하는 악녀 – 옮긴이) 스타일의 악역이었다. 그리고 여동생 안나가 '평범'하다는 이유로 엘사에게 질투를 부리면서 두 자매는 앙숙 관계였다.

'투 데이 오프사이트'에 크리스 벅과 그의 스토리팀, 작곡가 바비 로페즈Bobby Lopez와 크리스틴 앤더슨-로페즈Kristen Anderson-Lopez, 그리고 바이런 하워드, 〈인어공주〉와 〈알라딘〉의 론 클레멘츠Ron Clements, 〈곰돌이 푸〉의 돈 홀Don Hall, 〈볼트〉의 크리스 윌리엄스Chris Williams 등 디즈니의 걸출한 감독 여러 명이 한자리에 모였다. 마지막에 프로듀서 피터 델 베초Peter Del

Vecho는 〈주먹왕 랄프〉 마무리 작업 중이던 뛰어난 실력의 작가 한 명도 초대했는데 바로 제니퍼 리$^{Jennifer Lee}$였다.

리는 첫날을 이렇게 기억했다. "우리는 스토리의 어느 부분에서 감성적이고 어떤 부분이 그렇지 않은지를 살펴보기 시작했어요. 여자들이 항상 서로를 질투하고 대립하는 것처럼 보여주기 싫은 이유도 이야기하면서요. 난 아이디어를 빠르게 확인할 수 있게 스토리를 여덟 개의 시퀀스로 나누는 방법을 택했어요. 그래서 감성적인 스토리텔러와 논리적인 스토리텔러가 끝장 논의를 하는 동안 스토리보드 앞에 서서 썼다 지우기를 반복했죠. 그리고 하루가 끝날 무렵, 우리는 무언가를 얻었어요."

벅은 그날 화이트보드 앞에 있던 리의 모습을 아직도 생생히 기억한다. "리는 다른 사람의 말을 경청하는 능력이 뛰어나요. 모든 아이디어를 적어놓지만 어떤 아이디어가 샛길이나 삼천포로 빠질 것 같으면, '나중에 다시 이야기해 봐요'라 말하고요. '좋아요, 그리고…' 이런 식으로 그녀는 회의실 분위기를 끌어올려요. '투 데이 오프사이트'에서 '아니, 그건 절대 안될 거예요'라고 말하는 일은 거의 없었습니다. 더 대단하고 더 멋진 아이디어가 튀어나올 수 있었으니까요."

그날 밤, 리는 다음 날 아침 편안하게 처리할 수 있도록 사람들이 논의한 내용을 정리했다. 엘사와 안나는 서로의 차이점 때문에 힘들어하는 사랑스러운 자매가 되었다. 두 번째 날에 클레멘츠는 전날 저녁에 자신이 그렸던 두 페이지 분량의 '골든북$^{Golden Book}$ 버전'을 리가 기억하고 있다고 했다. "옛날 옛적에 어느 자매가 있었습니다"라고 시작되는 버전이었다. 그 구절 덕분에 모두가 마법 같은 날로 기억하는 스토리 분위기가 정해졌다.

다시 리는 이렇게 말했다. "우리는 영화를 구조적으로 다시 살펴봤는

데, 이번에는 사람들이 단순히 지적이나 비판만 하지 않았어요. '캐릭터가 이렇게 하면 좋겠어요, 저렇게 하면 좋겠어요'라는 말을 하더군요. 소리를 높여 의견을 제시하면서 영화의 새로운 비전에 기여하고 있었죠. 단순히 확인하거나 질문을 하는 것이 아니라 만들어가고 있었어요. 놀라운 경험이었습니다."

모임 후에 리는 〈겨울왕국〉 작가가 되기로 동의했고, 곧 벅과 함께 감독도 맡게 되었다(이후 디즈니 애니메이션 CCO로 다시 한번 승진했다). 〈겨울왕국〉의 '투 데이 오프사이트'에서 가장 기억에 남는 것은 바로 이것이라고 리가 말한 적이 있었다. "심판을 하자는 게 아니었어요. 불신도 하지 않았고요. 우리에게 영감을 주는 놀라운 협업이었습니다. 핵심은 바로 이거예요. 관대하고 개방적인 자세로 모든 역량을 보여주는 것. 그리고 자존심은 문 앞에 두고 들어올 것."

CHAPTER 6

실패와 공포에
대처하는 법

〈토이 스토리 3〉 제작은 영화 제작 방법을 배우는 전문 과정이었다. 〈토이 스토리〉 제작진은 2007년 다시 모여 샌프란시스코에서 북쪽으로 80킬로미터 떨어진 토머스 베이의 오두막집에서 이틀간 머물렀다. '시인의 다락방Poet's Loft'이란 이름이 붙은 이 오두막집은 삼나무와 유리만 사용해 지은, 픽사의 비공식 수련원이다. 태평양이 보이는 한적한 시골의 아담한 오두막집이라 아이디어를 구상하기에는 안성맞춤이다. 이날 제작팀의 목표는 관객들이 돈을 내고 보러 올 만한 가치가 있는 영화의 초안을 구상하는 것이었다.

방 한가운데 놓인 화이트보드를 둘러싼 소파들에 앉은 제작팀원들은 기초적인 질문부터 던지기 시작했다. 〈토이 스토리 3〉을 제작해야 하는 이유는 무엇인가? 관객들에게 들려줄 얘기가 남아 있나? 우리가 아직도 이 이야기에 호기심을 느끼는 부분이 있는가? 제작팀은 서로를 잘 알고 신뢰했다. 이들은 오랫동안 함께 멍청한 실수를 저질렀고, 극복할 수 없을 것 같았던 문제들을 함께 극복했다. 제작팀은 오랫동안 알고 지낸 사이처럼 친숙한 캐릭터들에게서 관객의 흥미를 불러일으킬 새로운 요소들을 구상하는 데 집중했다. 각자 자리에서 일어나 자신이 구상한 이야기를 마치 DVD 표지 뒷면에 요약된 작품 줄거리처럼 간략하게 소개했다. 그리고 동료들에게 피드백을 받아 처음부터 다시 스토리를 구상했다.

이때 누군가가 다음과 같은 발언으로 논의의 방향을 바꿨다. "우리는 수년간 다양한 방식으로, 앤디가 어른이 돼 장난감들과 이별하는 이야기를 그리기로 얘기해왔습니다. 이 작품의 핵심 아이디어부터 논의하는 것이 어떨까요? 앤디가 대학교에 진학해 떠나면 장난감들이 어떤 기분이 들까요?" 이 자리에서 이 질문의 정확한 답을 제시한 사람은 없었지만, 모든 참석자가 〈토이 스토리 3〉을 관통할 핵심 아이디어(작품의 긴장을 유지할 요소)를 발견한 기분이 들었다.

이후 〈토이 스토리 3〉 제작 과정은 순조롭게 풀렸다. 앤드루 스탠튼이 기획하고, 마이클 안트가 각본을 쓰고, 리 언크리치와 감독 겸 프로듀서 달라 앤더슨Darla Anderson이 제작한 〈토이 스토리 3〉은 제작 기한 내 완성됐다. 심지어 브레인트러스트 회의에서도 다른 작품을 제작할 때에 비하면 논쟁거리가 나오지 않았다. 물론 〈토이 스토리 3〉 프로젝트도 나름대로 문제가 있었지만, 픽사 설립 이후 우리는 이처럼 원활하게 작품을 제작하기 위해 늘 고생해왔다. 중간에 스티브 잡스가 내게 프로젝트 진행 상황을 물었다.

"정말 이상한 일입니다. 이 영화를 제작하면서 아직 한 번도 큰 문제를 겪은 적이 없습니다."

이런 말을 들은 경영자라면 대부분 기뻐하겠지만, 잡스는 달랐다. "조심하세요. 그럴 때일수록 큰 위기가 닥치는 법입니다."

"너무 걱정하지 마세요. 픽사에서 열한 편의 작품을 만들면서 이렇게 큰 난관에 부딪치지 않아보기는 처음이에요. 게다가 지금 걱정하지 않아도 앞으로 난관에 부딪칠 날이 또 올 겁니다."

아니나 다를까, 이후 2년 사이 잇따른 난관에 부딪쳤다. 〈카 2 Cars 2〉와 〈몬스터 대학교 Monsters University〉는 중간에 감독을 교체해야 했다. 다른 한 작품은 3년간 작업한 결과가 너무나 처참해 아예 제작을 포기해야만 했다.

이 난관에 관해서는 뒤에 얘기하겠지만, 우선 그나마 작품을 완성해 개봉하기 전에 문제를 발견한 데 감사한다. 중간에 문제를 발견한 덕분에 학습 기회로 삼고, 딛고 일어날 수 있었다. 물론 작품을 수정하거나 폐기하는 데 많은 비용이 들었지만, 그대로 개봉했을 때의 손실에 비교하면 적은 비용을 들인 셈이다. 물론 고통스러운 경험이었지만, 이런 실패를 경험한 덕분에 픽사는 더 강하고 훌륭한 애니메이션 회사로 성장할 수 있었다. 나는 작품 제작 중에 봉착하는 심각한 사고를 픽사의 사업에서 어쩔 수 없이 감수해야 하는 부분(이를테면 기업이 지출해야 하는 연구개발 투자비처럼)으로 간주하라고 모든 직원에게 말한다.

...

사람들은 대개 실패를 부담스러워한다. 학창 시절부터 그렇다. 어릴 적부터 실패는 나쁘고, 공부하지 않았거나 준비하지 않았음을 뜻한다고, 태만하거나 더 심하게는 영리하지 못한 증거라고 주입받는다. 그래서 사람들은 실패를 부끄러워한다. 이런 인식은 어른이 돼서도 영향을 미친다. 실패의 긍정적 측면을 학습해 앵무새처럼 반복하는 사람들조차도 예외가 아니다. 실패에 관한 기사가 얼마나 많은가? 사람들은 실패에 긍정적인 면이 있다는 점에 동의하면서도 여전히 어린 시절과 다를 바 없이 실패에 감정적 반응을 보인다. 실패를 하면 무언가 배우려 하기보다는 힘겨워한다. 어릴 적에 실패를 부끄러워한 경험은 오랫동안 지워지지 않고 영향을 미친다. 애니메이션업계에서 일하면서 지켜본 많은 사람이 실패에 저항하고 실패를 부정하고 실패를 피하려고 애썼다. 아무리 실패에 긍정적 측면이 있다고 얘기해도 여전히 실패를 당혹스러워했다. 실패에 대한 사람들의 본능적 반응은 '아프다'는 것이다.

실패를 다르게 바라볼 필요가 있다. 실패에 적절하게 접근하면, 실패는 성장의 기회가 될 수도 있다. 그런데 대다수의 사람이 이 같은 주장을 '실패는 필요악'이라고 해석한다. 실패는 필요악이 아니다. 전혀 '악하지' 않다. 새로운 일을 하는 과정에서 경험하는, 피할 수 없는 귀결이다(그리고 실패는 가치 있다. 실패 없이 독창적인 작품을 만들 수 있는 사람은 없다). 실패를 받아들이는 것은 중요한 학습 기회이지만, 이런 진실을 인정하는 것만으로는 충분하지 않다. 그것은 고통스러운 경험이기에, 실패에 대한 감정이 실패의 가치를 제대로 이해하는 것을 방해하기 때문이다. 실패의 좋은 점과 나쁜 점을 구분하기 위해선 고통스러운 현실과 그 결과 달성하는 성장의 혜택을 둘 다 인식해야 한다.

솔직히 실패하고 싶어 하는 사람은 없다. 하지만 앤드루 스탠튼은 대다수의 사람과 다르다. "일찍, 빨리 실패하라", "가능한 한 빨리 틀려라"라는 그의 말은 픽사 직원들 사이에서 매우 유명하다. 그는 실패를 자전거 타기에 비유한다. 몇 번 넘어지는 것조차 피하려 한다면 자전거를 배울 수 없다. "팔꿈치와 무릎 보호대를 착용하고, 가능한 한 낮은 자전거를 구해 넘어질까 두려워하지 말고 앞으로 나가보세요." 스탠튼은 이런 마음가짐으로 새로운 일을 시도하면 실수를 저지르는 것에 관한 부정적 감정에 휩쓸리지 않을 수 있다고 말한다. "기타를 처음 배우는 사람에게 '어느 줄에 손가락을 대야 할지 잘 기억해두는 게 좋을 거야. 기타를 칠 기회는 한 번뿐이거든. 잘못 쳐도 다시 칠 기회는 없어' 하고 말하는 것이 좋은 교육법은 아니죠."

그렇다고 스탠튼이 다른 사람들에게 자기 작품을 평가받는 것에 부담을 느끼지 않는 것은 아니다. 다만 그는 실패에 정면으로 대처해 고통을 진보의 발판으로 삼을 가능성을 모색한다. 가능한 한 빨리 틀리는 것은 다른 말로, 공격적이고 신속한 학습 기회라고 할 수 있다. 스탠튼은 빨리 틀리는 것을 주저하지 않는다.

픽사 직원들은 이런 이야기를 여러 차례 들었지만, 여전히 많은 직원이 요점을 놓치고 있다. 많은 사람이 그의 주장을 '실패를 의연하게 받아들이고 그다음 단계로 가라'라는 뜻으로 해석한다. 좀 더 나은 해석으로 '실패는 학습과 탐구의 징후'라는 것도 있다. 실패를 경험하지 않으면 훨씬 더 나쁜 실수를 저지르게 된다. 그 실수란 바로 실패를 피하려는 욕구에 따라 살아가는 것이다. 특히 리더들이 지나치게 실패에 신경 쓰면서 실패를 피하려고 노력할 경우, 이들이 맞게 될 결과는 파멸뿐이다. 앤드루 스탠튼이 설명한다. "리더가 일을 추진해야 직원들이 '내가 육지로 가고 있는 배에 타고 있구나' 하는 느낌을 받을 수 있습니다. 반면, 리더가 '아직 확신하지 못하겠군. 지도를 좀 더 들여다봐야겠어. 여기서 배를 멈추고,

내가 결정할 때까지 노를 그만 저어'라고 말하면, 시간이 흐르면서 직원들의 사기가 떨어지고 자기실현적으로 실패가 찾아옵니다. 사람들은 리더를 의심하고 앞날을 불안해하게 됩니다. 이런 의심이 온전히 타당한 것은 아니더라도 팀을 끌고 가는 능력이 없는 리더는 그런 시선을 받을 수밖에 없습니다."

실패를 거부하고 실수를 피하려는 시도는 바람직해 보일지 몰라도, 이를 목표로 추구하다간 완전히 잘못된 길로 빠질 수 있다. '황금양털상 Golden Fleece Award'이 좋은 예다. 윌리엄 프록스마이어 William Proxmire 상원의원이 1975년 제정해 1988년까지 수여한 황금양털상은 쓸모없는 연구에 정부 지원금을 낭비한 단체를 지목해 예산 낭비를 막자는 취지로 출발했다(황금양털상을 받은 단체로는 사랑 연구에 8만 4000달러를 투자한 국립과학재단, 군인들이 우산을 휴대해야 하는지 검토하고자 3000달러를 투자한 국방부도 있다). 하지만 과학 연구에는 부정적인 영향을 미쳤다. 모든 연구기관이 예산을 낭비했다는 오명을 뒤집어쓰고 싶지 않았던 까닭에 과학자들이 연구 과정에서 저지르는 실수를 위험하고 당혹스러운 일로 간주하게 됐다. 사실 매년 수천 건의 연구 프로젝트를 진행하다 보면 명백하게 측정 가능하고 긍정적인 결과를 얻는 프로젝트가 있는 반면, 별 성과 없이 끝나는 프로젝트도 많다. 인간은 미래를 제대로 예측하지 못한다. 이건 당연한 일이다. 그런데 황금양털상은 연구자들이 미래에 어떤 결과가 나올지 정확하게 예측해야 한다고 무언중에 압박했다. 이때 실패는 학습기회가 아니라 연구자들을 위협하는 무기가 됐다. 이는 부작용을 낳았다. 실패하면 대중적으로 망신당할지도 모른다는 사실 때문에 연구자들이 프로젝트를 선택하는 방식이 왜곡돼버렸다. 그 결과, 미국의 과학 기술 진보가 늦어졌다.

여러분이 일하는 기업이 실패를 부정적으로 받아들이는지 금방 파악할 수 있는 방법이 있다. 기업에서 오류가 발견될 때 어떤 일이 일어나는지 한번 생각해보라. 문제가 더 진행되지 않도록 원인을 파악하기 위해 직원들이 모여 함께 논의하는 대신, 일을 멈추고 남에게 알리지 않은 채 문제를 방치하는가? 누구의 잘못인지 따지는가? 만약 그렇다면, 여러분의 기업은 실패를 죄악시하는 기업이다. 굳이 책임을 뒤집어씌울 희생양을 찾으려 고민하는 과정을 거치지 않더라도, 실패는 그 자체로 충분히 힘든 일이다.

공포에 기반을 둔, 실패 혐오 문화에서 직원들은 의식적으로나 무의식적으로나 리스크를 회피하려고 한다. 이런 분위기에선 새로운 것을 시도하기보다는 예전에 통했던 안전한 방식을 반복하려고 한다. 이런 회사에서 내놓은 성과물은 혁신적이지 않고 진부하다. 직원들이 실패의 긍정적 측면을 이해하면, 정반대 현상이 일어난다.

그렇다면 어떻게 해야 직원들이 실패를 두려워하지 않고 직면하도록 할 수 있을까?✲ 답은 간단하다. 경영자가 자신의 실수, 자신이 실패에 기여한 부분을 솔직히 털어놓으면 직원들이 실패해도 괜찮다고 생각하게 된다. 경영자는 실패에서 도망치거나, 실패가 존재하지 않는 척하지 말아야 한다. 이 때문에 나는 프로젝트를 진행하다가 난관에 부딪쳤을 때 숨기지 말고 솔직히 털어놓으라고 직원들에게 강조한다. 문제를 공개하는 것은 문제에서 교훈을 얻는 과정의 첫걸음이다. 내 목표는 직원들이 전혀 공포를 느끼지 않게 하는 것이 아니다. 공포는 많은 것이 걸린 상황에서 필연적으로 경험하는 감정이다. 그러므로 직원들이 공포에 압도당하는 것을 완화하는 것이다. 너무 잦은 실패는 피하고 싶은 게 당연하지만, 실패 비용을 미래에 대한 투자로 생각하는 것은 잊지 말아야 한다.

...

실패를 (인간 본성이 허락하는 한) 두려워하지 않는 기업문화를 조성할 경우, 직원들은 새로운 영역을 탐구하고, 가지 않은 길을 찾아보고, 새로운 것을 시도하는 행위를 훨씬 덜 꺼리게 된다. 또한 과감한 행동의 좋은 면을 인식하게 된다. 막다른 길에 당도했을 때, 자신이 제대로 된 길로 왔는지 되돌아가야 할지 고민하면서 시간을 낭비하지 않는 것만 해도 큰 이득이다.

길을 선택하는 것만으론 충분치 않다. 선택한 길로 가야 한다. 그렇게 해야 전에는 보지 못했던 것을 보게 된다. 새롭게 알게 된 것이 쓸모 없을 수도 있고, 혼란만 더할 수도 있지만 최소한 '몰랐던 곳을 탐색해봤다'는 의미는 있다. 잘못된 곳을 헤맸다고 뒤늦게 깨달았어도 올바른 길로 되돌아갈 시간이 여전히 존재한다. 잘못된 곳을 헤매는 동안 경험한 일들은 헛된 것이 아니다. 당장 업무에 도움되지는 않지만 솔깃한 아이디어를 탐색했다면 기억해뒀다가 나중에 활용할 수도 있다.

'몰랐던 곳을 탐색해봤다'는 것은 무슨 의미일까. 예로 들기에 안성맞춤인 작품이 〈몬스터 주식회사〉다. 난폭한 털북숭이 괴물 설리[Sulley]와 여자아기 부[Boo]의 묘한 우정을 그린 감동적 작품 〈몬스터 주식회사〉의 플롯 라인은 원래는 완전히 달랐다. 피트 닥터 감독이 처음 구상한 스토리는 다음과 같다. '주인공은 다른 사람 눈에는 안 보이는 무서운 괴물들을 볼 수 있는 남자다. 남자는 회계 일에 시달리고, 사는 데 흥미를 잃은 서른 살 직장인이다. 어느 날 어렸을 때 그린 그림을 모아놓은 책을 어머니에게 받는다. 남자는 대수롭지 않게 생각하고 책을 선반 위에 놓는다. 그날 밤 책 속에서 괴물들이 나타난다. 괴물들은 이 남자의 눈에만 보이고, 다른 사람의 눈에는 보이지 않는다. 남자는 자신이 환각을 보고 있다고 생각한다. 괴물들은 남자의 직장과 데이트 장소까지 쫓아온다. 나중에 이 괴물들은 남자가 어릴 적 해결하지 못한 갖가지 공포라는 사실이 드러난다. 남자는 결국 괴물들과 친구가 돼 공포를 극복한다. 괴물들은 서서히 사라지기 시작한다.'

피트 닥터 감독이 구상한 스토리 초안은 실제 개봉한 〈몬스터 주식회사〉와 아무 접점이 없어 보인다. 수년간 수많은 시행착오를 거쳐 스토리를 수정한 결과다. 그가 〈몬스터 주식회사〉를 제작하면서 받은 압박은 엄청났다. 〈몬스터 주식회사〉는 존 래스터가 감독하지 않은 최초의 픽사 애니메이션 영화다. 닥터와 팀원들은 행여 픽사가 쌓아올린 명성에 먹칠하지 않을까 걱정하며 자신의 능력을 최대한 발휘해야 했다. 구상 과정에서 겪은 시행착오는 이런 압박을 가중시켰다.

다행스럽게도 닥터 감독이 최초로 구상한 '아이들을 겁주는 것이 직업인 괴물들'이라는 작품 콘셉트는 끝까지 유지됐다. 어떻게 하면 이 아이디어를 관객의 흥미를 끄는 스토리로 진화시킬 수 있을까? 피트 닥터는 몇 갈래 길을 가본 끝에 방향을 정했다. 감독이 처음에 구상한 주인공은 메리Mary라는 여섯 살짜리 소녀였다. 나중에 소년으로 바뀌었다가 다시 여섯 살짜리 소녀로 돌아갔다가, 제멋대로 행동하는 것처럼 보일 정도로 당돌한 일곱 살짜리 소녀 '부'라는 캐릭터로 바뀌었다. 최종적으로 부는 아직 말하지 못하는, 겁이 없는 유아 캐릭터로 결정됐다. 괴물 설리의 동료 캐릭터(둥근 눈이 하나 달린 외눈박이 괴물 마이크Mike)는 최초 기획안이 나오고 1년 넘게 지나서야 비로소 작품에 추가됐다. 피트 닥터는 자신이 창조한 복잡한 세계의 규칙들을 결정하는 과정에서 막다른 길에 수없이 부딪혔으나, 이런 막다른 길은 결국 제대로 된 스토리로 가는 통로로 바뀌었다.

"스토리 구상 과정은 잇따른 발견의 과정입니다. 다양한 플롯을 시도하고 착오를 겪었지만, 길을 잃지 않은 것은 길잡이 원칙 덕분입니다. 스토리 구상 과정에서 나온 모든 플롯은 '마침내 문제를 해결하고 괴롭지만 즐거운 이별을 맞는다'라는 엔딩을 공유했습니다." 여기서 닥터가 말한 문제란 괴물 설리가 아기를 인간 세계로 돌려보내는 것이다. "문제란 해결 과정에선 괴롭지만, 결국 애착이 생기고, 사라지면 그리워집니다. 나는 이를 애니메이션으로 표현하고 싶었습니다."

〈몬스터 주식회사〉 제작 과정은 어렵고 많은 시간이 들었지만, 피트 닥터와 제작팀은 어떤 시도가 성과를 내지 못하더라도 실패한 것은 아니라고 믿었다. 이들은 여러 아이디어를 시도하는 과정에서 조금씩 더 나은 스토리를 만들어가고 있다고 보았다. 이런 인식 덕분에 난관에 봉착해 혼란에 빠진 시기에도 매일 즐겁게 열심히 일할 수 있었다. 실험을 짜증나는 시간 낭비가 아닌 제품 생산에 필요하고 생산적인 활동으로 간주하면, 설령 실험이 혼란을 가중시키더라도 직원들이 일을 즐길 수 있다.

내가 여기서 설명하고 있는 '시행착오 반복'은 과학계에서 오랫동안 유효성을 인정받아 온 문제 해결 방법이다. 과학자들은 문제가 있으면 가설을 세우고 검증하고 분석해 결론을 도출한다. 그들의 연구는 이 과정의 연속이다. 그들이 이 같은 과정을 거치는 이유는 간단하다. 실험은 사실을 탐구해 나가는 과정으로, 과학자는 실험을 통해 더 많은 것을 이해할 수 있게 된다. 실패한 것처럼 보이는 실험일지라도 모든 실험은 새로운 정보를 제공한다. 실험 결과 이전에 연구한 내용이 다 쓸모없는 것으로 판명나도 뒤늦게 깨닫는 것보다는 낫다. 새로 발견한 사실을 토대로 문제의 프레임을 다시 짤 수 있기 때문이다.

물론 영리 기업으로선 이런 문제 접근법을 받아들이기가 쉽지 않다. 창작이나 제품 개발은 많은 비용과 시간이 소요되는 복잡한 프로젝트다. 흡입력 있는 스토리를 구상하는 과정에서 픽사 임직원이 각각의 방안을 어떻게 평가하는지, 최선의 방안을 어떻게 찾아내는지, 흥행 압박을 극복하고 관객들을 감동시키는 스토리를 쓰기 위해 어떻게 문제에 접근하는지는 뒤에서 차차 설명하겠다.

픽사 경영진이 직원들에게 독려하는 '시행착오 반복'은 최대한 빨리 틀려 학습하고 해법을 모색하는 접근법이다. 모든 가능성과 결과를 염두에 두고 치밀하게 계획을 세워 성공 확률을 높이는 접근법을 쓰는 경영자도 있다. 그러나 창의적인 제품을 생산하려는 기업에서 모든 문제에 이런 방식으로 접근하는 경영자는 자기기만의 함정에 빠질 위험이 있다. 실패 확률을 낮추는 데 집착하면, 과거에 성공한 제품이나 방식을 복제하기 십상이다. 따라서 세밀하고 완벽하게 계획을 세운 뒤에 일을 추진하려는 경영자는 독창적이지 않은 제품을 생산할 확률이 높다. 아니, 무엇보다도 문제 해결 방법을 미리 계획하기란 불가능하다. 계획은 중요하다. 픽사 임직원들도 많이 계획한다. 하지만 창의적 제품을 만들려면 통제해야 할 요소들이 너무 많아 해법을 미리 계획할 수 없다. 내가 지금까지 관찰한 바로는 접근 방식을 오래 고민하고 선뜻 행동에 나서길 주저하는 사람이 오류를 저지를 확률은 빨리 뛰어들어 일하는 사람과 비슷했다. 지나치게 계획하는 사람은 실패 확률을 낮추지 못한다. 실패할 때까지 걸리는 시간이 길어질 뿐이다(투입한 시간이 증가하는 만큼 실패할 때 느끼는 좌절감은 더 커진다). 더군다나 계획에 시간을 많이 들일수록 효과가 없는 것으로 드러나도 받아들이지 못하고 집착하기 십상이다. 현재의 접근 방식으로는 문제를 해결하지 못하는 상황에서도 두뇌가 다른 접근 방식을 생각하지 못한다. 이런 상황에서 가장 필요한 행동은 바로 현재의 방식에서 벗어나 새로운 방식을 시도하는 것인데도 말이다. 창의적인 제품을 만들려는 기업이 실패 확률을 낮추는 데 집착하는 것은 오히려 더 큰 실패를 부르게 마련이다.

∎∎∎

물론 실패 확률을 최소화하기 위해 온갖 노력을 기울여야 하는 분야도 있다. 항공기 운항이 그렇다. 항공사들과 항공기 제조사들은 항공 사고를 최소화하고자 엔진 제조부터 조립, 항공기 정비, 안전 점검, 항공기 운항 규칙까지 모든 단계에서 오류를 제거하려는 노력을 기울인다. 병원도 환자를 정확히 치료하기 위해 정교한 확인 절차를 거치고 안전 조치를 취한다. 은행들은 오류를 방지하기 위해 통신 규약을 준수한다. 제조업체들은 제품 불량률을 0으로 낮추는 목표를 세우고, 이를 달성하기 위해 애쓴다. 여러 분야의 기업이 산업재해가 한 건도 발생하지 않게 하고자 노력을 기울인다. 이처럼 '실패하지 않는 것'을 중요한 목표로 삼는 분야가 있다고 해서, 모든 분야에서 이를 목표로 삼아야 하는 것은 아니다. 창의력을 발휘해야 하는 활동에서 전혀 실패하지 않는다는 목표는 백해무익하다. 이런 목표는 생산성을 저해한다.

물론 실패는 많은 비용을 초래한다. 좋은 제품을 만들지 못하거나 대중적 역풍에 휘말리면 기업의 평판과 직원의 사기가 떨어진다. 픽사 경영진은 실패 비용을 제한하는 조치를 강구했다. 예를 들어, 하나의 작품을 두고 감독들이 몇 년간 구상 단계에 머물 수 있도록 허용한다. 이렇게 프리 프로덕션 단계에서 시도하고 탐구하는 비용이 차라리 적게 들기 때문이다(프리 프로덕션 단계에서는 애니메이션 영상을 제작하지 않기에 관여하는 인원이 적어 큰 비용이 들지 않는다. 기껏해야 감독과 스토리 작가들에게 지급하는 임금 정도다. 반면 프로덕션 단계에 접어들면 많은 애니메이터를 투입해 영상을 제작해야 하기 때문에 비용이 폭발적으로 증가한다).

지금까지 작은 실패들을 통해 학습하는 접근법의 유용성을 설명했다. 하지만 재앙 수준으로 심각한 실패라면 어떨까? 수백만 달러를 들여 프로젝트를 추진하고 대중에게 공개했는데, 흥행에 실패하면 어떨까? 픽사도 이와 비슷한 실패를 겪은 적이 한 번 있다. 픽사에서 창의적이고 신뢰받는 인재로 손꼽히는 (하지만 이전에 영화를 감독한 적 없는) 사람이 낸 아이디어에 기반을 둔 작품이었는데, 실패했다. 그는 과학의 힘으로 생물 종들을 구해야 하는 상황에서, 행성에 마지막으로 남은 암컷과 수컷 영원newt(작은 도마뱀 같은 모습의 양서류 동물 – 옮긴이)을 두고 벌어지는 이야기를 그리고 싶어 했다. 이 작품의 스토리는 〈라따뚜이〉처럼 도전적이었다. 스토리를 제대로 발전시키기만 한다면 멋진 작품이 탄생할 것 같았다.

이 작품의 실패는 짐 모리스 제작본부장과 내가 픽사가 잇따른 성공 때문에 현실에 안주하게 되지 않았는지 자성하던 무렵에 찾아왔다. 당시 고민한 것은 다음과 같다. '제작 과정을 통제하고 제작 효율을 높이기 위해 불필요한 관습과 규칙을 만들지는 않았나? 갈수록 무기력하게 타성에 젖어 하던 대로 하는 위험에 처해 있지는 않은가? 제작비가 아무 이유 없이 점점 증가하고 있지는 않은가?' 우리는 픽사의 현실에 변화를 주고, 초창기에 흘러넘쳤던 에너지를 다시 픽사에 불어넣고자, 외부에서 채용한 인력들로 소규모 작품을 제작하기로 했다. 이 프로젝트는 픽사에 딱 필요한 것을 공급할 수 있을 것 같았다. 우리는 이 프로젝트를 실험으로 간주했다. 신선한 아이디어를 가진 외부 인력을 영입해 전체 제작 과정을 다시 생각할 권한을 준다면 (그리고 경험 많은 팀원들에게 제작 과정에서 도움을 받도록 한다면) 어떤 일이 벌어질까? 이 제작팀을 픽사 본사에서 두 블록 떨어진 곳에서 일하게 하고, 기존 방식대로 작품을 제작하도록 영향을 미칠 수도 있는 기존 픽사 직원들과 접촉을 최소화하면 어떨까? 기억에 남을 만한 작품을 제작하는 것에 더해, 우리는 새롭게 도전하고 프로세스를 개선할 기회를 찾고자 했다. 그리고 이 실험을 인큐베이터 프로젝트Incubator Project라고 불렀다.

일부 동료는 이 실험을 미심쩍어했지만 실험 동기(현재의 영광에 안주하지 않으려는 욕구)에는 모두 공감했다. 나중에 앤드루 스탠튼은 새 프로젝트 팀원들이 얼마나 기존 직원들에게 영향받지 않고 도전할 수 있을지 걱정스러울 정도였다고 내게 말했다. 그는 짐 모리스 제작본부장과 내가 제작 프로세스를 혁신할 가능성에 매료된 나머지, 한꺼번에 많은 변화를 추구할 때 받는 충격을 과소평가한다고 생각했다. 스탠튼의 눈에 우리의 실험은, 마치 재능 있는 음악가 네 명을 뽑아 마음껏 음악을 만들도록 내버려두고 비틀스가 탄생하길 바라는 것처럼 보였다.

실험을 추진하는 우리는 실험이 어떻게 흘러갈지 명확히 예상할 수 없었다. 인큐베이터 프로젝트로 제작하려는 작품의 아이디어는 훌륭했다. 이를 입증하는 증거로, 픽사와 디즈니 작품들을 언론에 소개하는 발표회에서 좋은 반응을 얻었다. 한 뉴스 사이트Ain't It Cool News는 이 작품의 주인공에 대해 호평했다. 주인공은 벽에 개구리의 짝짓기 과정을 설명한 차트가 걸려 있는 실험실에서 올챙이 시절부터 살고 있는 개구리다. 외로웠던 개구리는 암컷 개구리가 올 때를 대비해 벽에 붙은 차트를 보고 짝짓기 연습을 한다. 불행히도 짝짓기 과정의 마지막 단계는 책상 위에 놓인 커피메이커에 가려 안 보이기 때문에 개구리는 이를 알지 못한다.

발표회에서 언론 관계자들은 재치 넘치고 엉뚱하면서도 동시에 의미 있고 그럴듯한 아이디어들을 녹여낸 전형적인 픽사 작품이라고 호평했다. 하지만 막상 제작에 착수하고 보니 스토리를 더 진전시키지 못하고 교착 상태에 빠졌다. 플롯의 초반부는 구상해놓은 상태였다. 주인공 개구리의 소원처럼, 과학자들은 암컷 개구리를 잡아왔다. 그리고 두 개구리는 야생으로 되돌아갔다. 제작진은 이 대목에서 스토리를 어떻게 더 전개시켜야 할지 고민에 빠졌다. 여러 번의 피드백 과정을 거쳐도 상황이 나아지지 않았다.

우리는 초기에 이런 교착 상태를 파악하지 못했다. 경영진이 제작 진행 상황을 파악했을 때, 현장에서는 괜찮다고 보고했다. 감독은 강한 비전을 가지고 있었고, 팀원들도 열정을 가지고 열심히 일했다. 하지만 이들은 한 가지 사실을 몰랐다. 망치로 뜨거운 쇠를 여러 번 쳐서 제련하는 것처럼, 영화 제작 초기 2년은 스토리를 혹독하게 테스트하는 기간이어야 한다는 사실 말이다. 그리고 이런 과정에는 추상적인 토론뿐만 아니라 결정 능력이 필요하다. 제작진은 모두 좋은 의도로 일했지만, 작품은 난무하는 가설과 가능성 속에서 길을 잃었다. 스탠튼의 비유를 인용하자면, 모든 사공이 배를 저었지만 배는 전혀 앞으로 나가지 못했다.

제작 지원을 위해 투입된 노련한 제작자들이 현장 상황을 보고해 경영진이 마침내 상황을 파악했을 때는 이미 너무 늦었다. 픽사의 제작 방식은 독특한 비전에 투자하는 것이다. 이 제작 프로젝트에서도 우리는 독특한 비전을 가진 감독을 믿고 투자했다. 감독을 교체해서 작품을 완성하는 안은 고려하지 않았다. 스토리는 감독의 것으로, 그 감독이 없으면 완성할 수 없다고 생각했다. 2010년 5월, 우리는 무거운 마음으로 인큐베이터 프로젝트를 폐기했다.

애초에 이 프로젝트는 처음부터 실수였다고 생각할 독자가 있을지도 모르겠다. 결론을 이미 알고 있는 상황에서는 검증받지 않은 감독에게 미완성 각본을 맡겼으니 처음부터 실패가 예고된 프로젝트이고, 시작하지 말았어야 했다고 말하기 쉽다. 하지만 나는 이 프로젝트가 시간과 돈을 투자한 값어치는 했다고 생각한다. 이를 통해 우리는 새로운 아이디어와 과거 아이디어 사이의 균형을 잡는 법을 배웠다. 또, 모든 픽사 리더에게 명시적 찬성을 얻지 못한 채 인큐베이터 프로젝트를 추진한 것이 실수였음을 알게 되었다. 인큐베이터 프로젝트의 실패에서 얻은 교훈을 잊지 않고 훗날 새로운 소프트웨어를 도입할 때나 기술 공정을 바꿀 때 참고했다. 실험을 두려워하는 사람이 많지만, 나는 실험하지 않고 과거 방식에 안주하는 것을 훨씬 두려워해야 한다고 생각한다. 위험 회피에 집착하는 기업은 더 이상 혁신하지 못하고 새로운 아이디어들을 받아들이지 못한다. 이는 기업이 몰락의 길로 접어들었다는 신호다. 기업들이 실패를 감수하고 한계를 넘으려고 하는 것은 어쩌면 이런 이유 때문일 것이다. 진정 창의적인 기업이 되려면, 실패할 가능성이 있는 일에 도전할 수 있어야 한다.

PART II 문제 대응 및 미래 보호 전략

...

영화 등 창작물을 개선하기 위해 실패를 감수하고 거듭 도전했는데도 어느 정도 납득할 만한 개선점이 보이지 않으면 문제라고 할 수 있다. 일련의 해법을 강구해 적용해봐도 효과를 보지 못한 감독이 있다면, 이 감독은 자질이 없다고 결론 내릴 수 있다. 때로는 이것이 정확한 결론이기도 하다. 하지만 선을 긋기가 애매하다. 얼마나 많은 오류를 저질러야 문제가 될까? 실패가 성공으로 가는 길의 중간 경유지인 경우는 언제이고, 실패가 국면 전환이 필요하다는 적색 신호인 경우는 언제일까? 픽사 경영진이 브레인트러스트 회의를 신뢰하고, 감독들에게 피드백과 지원을 받도록 했지만, 이런 과정으로도 고칠 수 없는 문제들이 있었다. 솔직한 의견만으로 문제를 해결할 수 없을 경우엔 어떻게 해야 할까? 픽사가 수차례 총체적 난국에 빠졌을 때, 나는 이런 의문들을 품었다.

픽사는 창작자들이 주도하는 애니메이션 제작사다. 픽사 경영진은 창작자들이 프로젝트를 주도하도록 허용한다. 하지만 프로젝트가 총체적 난국에 빠지고 감독이 어떻게 위기를 풀어나갈지 갈피를 못 잡는 상황에 이르면 경영진은 감독을 교체하거나 프로젝트를 폐쇄할 수밖에 없다. 이런 의문을 품은 독자도 있을 것이다. '모든 영화가 처음에는 형편없는 것이 사실이고, 브레인트러스트가 아닌 영화제작자들에게 궁극적인 문제 해결 권한을 부여하는 것이 픽사의 방식이라면, 경영진은 언제 감독을 교체해야 할지 혹은 프로젝트를 폐쇄해야 할지 알 수 있을까?'

픽사 경영진이 개입 시점을 판단하는 기준으로 삼는 것은 현장 직원들의 감독에 대한 신뢰도다. 픽사에서는 하나의 작품을 제작하는 데 300명 정도의 직원이 달려든다. 현장 직원들은 스토리를 다듬어가는 과정에 필요한 무수한 수정과 변화에 익숙해져 있다. 그들은 대체로 이해심이 많다. 제작 과정에서 언제나 문제가 발생할 수 있다는 점을 잘 알기 때문에 어떤 상황에서도 감독을 성급하게 비판하지 않는다. 무엇보다 우선 열심히 일하려고 한다. 실무회의에서 감독이 "나는 이 장면이 마음에 들지 않아요. 어떻게 고쳐야 할지는 아직 모르겠지만, 고민하고 있어요. 일단 계속 작업하세요!"라고 말하면, 실무진은 감독을 믿고 지구 끝까지 따라갈 것이다. 하지만 문제가 곪고 있는데, 모두 문제를 외면하거나 앉아서 지시를 기다리고만 있다면 현장 직원들은 불안해진다. 감독의 인성이나 호감도와는 별개로, 감독에게 과연 프로젝트를 끝까지 끌고 나갈 능력이 있는지 의문을 품게 되기 때문이다. 따라서 현장 직원들이야말로 경영진이 가장 신뢰할 만한 판단 기준이다. 그들이 혼란에 빠졌다면 감독도 혼란에 빠진 상태임이 분명하다.

이런 경우 경영진이 개입해야 한다. 경영진은 언제 개입해야 할지 판단하기 위해 프로젝트가 난관에 봉착한 징후가 있는지 주의 깊게 관찰해야 한다. 예를 들어, 브레인트러스트 회의에서 감독에게 작품 개선안을 건의하고 세 달이 지났는데도 프로젝트가 여전히 진척이 없는 상황이라면 경영진은 개입을 고려한다. "잠깐만요. 감독이 브레인트러스트 회의에서 나온 의견에 따라야 한다는 의무는 없다고 앞서 설명했잖아요!"라고 반문할 독자도 있으리라. 물론 감독이 브레인트러스트의 의견에 따라야 한다는 법은 없다. 하지만 감독은 브레인트러스트가 제기한 문제에 대처할 방법을 찾아내야 한다. 이는 관객의 관점에서 작품을 바라보고 문제를 찾아내는 가상 관객이기 때문이다. 브레인트러스트가 만족하지 못하거나 당혹스러워하는 작품이라면 관객들도 똑같이 느낄 가능성이 크다. 감독이 프로젝트를 주도한다는 말은 감독이 책임지고 해법을 찾아내야 한다는 뜻이다.

창의적 제품을 내놓아야 하는 기업에서 발생하는 모든 실패는 한 개인의 실패가 아닌 여러 사람의 실패다. 기업의 모든 과실은 리더의 과실이기도 하다. 과거의 실패를 임직원들에게 교육하지 않는 리더는 기회를 놓치는 셈이다. 모든 실패에는 두 부분이 있다. 첫 번째 부분은 사건 자체와 이것에 수반되는 실망, 혼란, 수치다. 두 번째 부분은 이에 대한 우리의 반응이다. 우리가 통제할 수 있는 것은 두 번째 부분이다. 실패한 뒤 자신을 되돌아볼까, 아니면 모래 속에 머리를 파묻을까? 다른 직원들이 문제를 인식하고 무언가를 배우도록 할까, 아니면 다른 사람에게 책임을 뒤집어 씌워 토론을 봉쇄할까? 실패는 성장의 기회라는 점을 기억해야 한다. 이런 기회를 무시하고 날리면 그야말로 손해다.

여기서 제기해야 할 질문은 '어떻게 하면 실패를 최대한 활용할 수 있을까?'다. 픽사가 난관에 봉착했을 때 경영진은 내부를 들여다봤다. 재능 있고 창의적인 인재들에게 프로젝트를 맡겼는데 실패했다면, 그들이 성공하지 못하도록 경영진이 뭔가 발목을 잡았을 것이라고 해석했다. 일부 직원은 프로젝트 실패가 픽사 직원들의 기량이 예전보다 떨어졌다는 징후라고 보고 걱정했다. 나는 이에 동의하지 않았다. 우리는 프로젝트가 쉬울 것이라고 말한 적이 없다. 픽사가 탁월한 작품을 만들어야 한다고 주장했을 뿐이다. 나는 경영진이 개입해 조치를 취하지 않는 것이야말로 픽사의 가치를 떨어뜨리는 행위라고 말했다. 이후 몇몇 프로젝트가 실패했지만, 정말 중요한 것은 이런 실패를 재평가해보고 거기서 교훈을 얻는 기회를 마련하는 것이었다.

2011년 3월, 짐 모리스 제작본부장이 감독과 프로듀서 20여 명이 참석하는 특별회의를 열었다. 회의의 의제는 '왜 우리는 잇달아 프로젝트 실패를 경험하고 있는가?'였다. 우리는 누구의 잘못인지 따지지 않았다. 오히려 창작부서 리더들을 모아놓고, 프로젝트가 자꾸 실패하는 원인을 파악하려고 했다.

모리스는 회의 참석자들에게 감사 인사를 전하고 다음과 같이 의제를 설명했다. "픽사가 계속 성공하기 위해 필요한 가장 중요한 요소는 새로운 프로젝트와 감독을 개발하는 능력인데, 이에 성공하지 못하고 있습니다. 픽사는 작품을 더 자주 출시하려고 하지만, 프로젝트가 자꾸 실패해 목표를 달성하지 못했어요. 이틀에 걸쳐 부족한 것이 무엇인지 파악하고, 그것을 채우는 방안을 논의해봅시다."

이날 회의에서는 실패한 프로젝트를 놓고 자신을 방어하거나 남에게 책임을 떠넘기는 사람이 전혀 없었다. 회의 참석자들의 발언에서 의제를 자신의 문제로 생각하고 있다는 것을 느낄 수 있었다. "브레인트러스트 회의 외에 감독에게 피드백을 줄 수 있는 방법이 또 없을까요?" "내 경험을 다른 사람들과 정식으로 공유해야겠어요." 회의 참석자들의 말을 들으며 픽사가 직면한 문제를 남의 일로 여기지 않고 책임지고 해결하려는 마음을 엿볼 수 있었다. 나는 이들이 자랑스러웠다. 픽사가 직면한 문제는 심각했지만, 이날 회의를 통해 픽사의 조직문화(회사의 발전을 위해 진흙밭으로 들어가 헤쳐 나가려는 의지)를 어느 때보다 생생하게 느낄 수 있었다.

회의 참석자들은 프로젝트들이 잘못된 가정에 기반을 두지 않았는지, 리더들이 어째서 결함이 있는 선택을 내렸는지 분석했다. 과거 프로젝트를 진행하는 과정에서 감독 후보들을 찾을 때 간과한 감독의 핵심 자질이

PART II 문제 대응 및 미래 보호 전략

있을까? 어째서 그들이 감독 일을 해낼 수 있도록 적절히 준비시키지 못했을까? 얼마나 여러 차례 새 감독이 실패하도록 놔두지 않을 것이라고 말하면서도 실패하도록 방치했는가? 초기 픽사 작품들을 감독한 존 래스터, 앤드루 스탠튼, 피트 닥터가 정식으로 교육을 받지 않았는데도 감독이 되는 법을 터득한 까닭에 신인들에게 감독 일을 맡겨도 해낼 수 있을 것이라고 착각했다. 하지만 정식 교육을 받지 않고 감독으로서 성공하기란 생각보다 훨씬 어려운 일이다. 앤드루 스탠튼, 피트 닥터, 리 언크리치는 존 래스터 옆에서 수년간 일하면서 그의 교훈(예컨대, 과감하게 결정해야 할 필요성)을 흡수했고, 제작진이 함께 머리를 맞대고 아이디어들을 발전시키는 방식을 배웠다. 래스터의 발자취를 따라 초기 픽사 작품들을 감독한 스탠튼과 닥터는 제작 과정에서 난항을 겪었지만 결국 보기 좋게 성공했다. 우리는 다른 사람들도 이처럼 해낼 수 있을 것으로 가정하고 신인들에게 감독 일을 맡겼던 것이다. 하지만 기업 규모가 거대해진 탓에 신인들은 그들만큼 베테랑 감독 옆에서 오랜 기간 일을 배우지 못했다.

회의 참석자들은 문제의 원인을 분석하고, 앞으로 어떻게 해야 할지 논의했다. 우리는 감독이 될 잠재력이 있는 직원들을 가려내고, 그들의 강점과 약점을 목록에 적고, 그들을 가르치고 지원하는 한편 그들에게 선배 감독들의 경험을 전수하기 위한 구체적 방안을 논의했다. 신인들에게 감독을 맡겼기 때문에 실패했지만, 결코 '안전한' 선택만 내리고 싶지 않았다. 전통적 관점에서는 영화감독으로 적절하지 않은 사람에게 감독 일을 맡기는 위험을 감수하면서까지 창의적 인재를 찾아 기회를 주는 것이 픽사의 정체성을 유지하기 위한 필수적인 선택이라고 생각했다. 그리고 이런 선택을 내렸다면, 감독 후보들을 더 잘 훈련시키고 준비시킬 수 있는 명시적 절차가 필요했다. 이런 공감대에 따라 우리는 감독 후보들이 선배들의 지혜를 알아서 흡수할 것이라고 막연히 기대하는 대신, 픽사 초창기에 피트 닥터, 앤드루 스탠튼, 리 언크리치가 존 래스터와 장시간 함께 일하면서 경험한 것과 똑같은 것을 감독 후보들에게 전수해주는 공식적인 프로그램을 만들기로 결정했다. 그래서 베테랑 감독을 감독 후보의 멘토로 연결하는(베테랑 감독이 감독 후보를 격려하고, 작품 아이디어를 개발하는 데 필요한 조언을 해주는) 멘토링 제도의 도입을 논의했다.

이날 회의에 관해 얘기하자 스탠튼은 멘토링 제도가 일리가 있다고 평가했다. 그는 검증받은 감독들이 자신의 작품을 만드는 일을 계속하면서도 감독 후보들을 가르칠 책임이 있다고 생각했다. "우리는 언젠가 픽사에서 물러날 테니, 누가 감독이 돼도 최고의 작품이 나올 수 있도록 직원들을 가르칠 방안을 찾아야 합니다. 월트 디즈니가 이 일을 하지 않고 물러난 탓에 디즈니 애니메이션 스튜디오는 최소한 15년간 침체기를 겪었어요. 우리는 훗날 후계자들이 감사해할 만큼 신예들을 잘 가르쳐야 합니다."

감독 후보를 가르칠 교사로 베테랑 감독보다 적임자가 어디 있겠는가? 직원들은 세미나나 공식적인 교육 프로그램으로만 배우는 것이 아니다.

자신이 선망하고 따르는 선배들의 행동과 행태를 (좋은 것이든 나쁜 것이든) 배우게 된다. 따라서 경영자는 직원들이 배우고 성장하는 방식에 유념해야 한다. 조직의 리더로서 경영자는 자신을 교사라 생각해야 하며, 남을 가르치는 일을 '전체의 성공에 기여하는 귀중한 활동'이라고 인식하는 조직문화를 조성하도록 노력해야 한다. 그런 까닭에 직장에서 하는 활동을 교육 기회로, 직장에서 경험하는 바를 학습 기회로 만들고 있는지 스스로 자문해보는 것이 필요하다. 경영자의 가장 중요한 책임 중 하나는 기업의 주가를 높이는 사람뿐 아니라 직원들의 열망을 높여주는 사람에게 보상하는 조직문화를 만드는 것이다.

• • •

실패의 의미와 실패가 초래하는 파급 효과를 논의하는 것은 학자만의 일이 아니다. 경영자의 일이기도 하다. 경영자는 이런 논의를 통해 문제를 더 선명하게 이해하고 직원들이 창의성을 발휘해 일하는 것을 방해하는 장애물을 제거할 수 있다. 직원들의 창의성 발휘를 막는 중요한 장애물 중 하나는 공포다. 창의성이 필요한 일을 하면서 실패를 겪는 것은 불가피한 과정이다. 이에 공포를 느껴야 할 필요는 없다. 따라서 경영자가 해야 할 일은 실패와 공포를 분리하는 것이다. 직원들이 실수를 저질러도 공황 상태에 빠지지 않는 근로 환경을 조성해야 한다. 그러려면 어떻게 해야 할까?

기업이 경영자와 중간관리자에게 부여하는 임무는 모순적이다. '직원들을 개발develop하고, 직원들이 기업에 기여하는 팀원으로 성장하도록 도와라. 그런데 가용 자원이 충분하지 않으니 직원들이 시간과 예산에 맞춰 일을 매끄럽게 처리하도록 철저히 관리하라.' 경영자가 직원들을 일일이 통제하는 마이크로 경영을 비판하기는 쉽지만, 사실 경영자의 고충에도 이해할 만한 부분이 있다. 직원 개발이라는 다소 모호한 임무와 기한 준수라는 구체적인 임무 사이에서 선택해야 하는 상황이라면, 언제나 후자를 선택하게 마련이다. 시간과 예산에 여유가 있으면 직원들을 개발하는 일에 신경 쓰겠다고 스스로 다짐하지만, 이 일은 시간과 예산의 여유를 금방 잡아먹는 탓에 결국 직원들이 실수를 저질러가며 일하는 것을 허용하지 못하게 된다. 이런 현실에 부딪힌 경영자들은 모든 것을 철저히 통제하길 원하고, 모든 것이 철저히 통제되는 것처럼 보이길 원한다.

하지만 경영자와 중간관리자가 통제를 목표로 삼는 경우, 기업문화의 다른 부분이 부정적인 영향을 받는다. 내가 아는 경영자 중에는 깜짝 소식을 싫어하는 나머지, 회의 시간에 공개될 내용을 회의 전에 미리 사적으로 듣길 원하는 사람도 있다. 부하직원이 다른 사람들 앞에서 자신에게 새로운 정보를 보고해 놀라게 하는 것을 무례하다고 여기는 경영자도 많다. 이 같은 경영자들은 회의 전에 새로운 정보를 다 들은 까닭에 막상 회의 때는 건성으로 듣고 말하게 된다. 회의가 시간낭비인 셈이다. 더 큰 문제는, 직원들이 경영자를 의식해 조심스럽게 일하게 된다는 점이다. 그 결과, 직원들 사이에 공포가 만연하게 된다.

최고경영자의 중요한 임무 중 하나는 중간관리자들이 문제와 예상치 못한 일을 감당해내도록 만드는 것이다. 중간관리자들은 일을 그르치면 큰일이라는 압박감에 짓눌려 문제와 예상치 못한 일을 위협으로 간주한다. 그들이 프로세스와 리스크를 생각하는 방식을 바꾸기 위해 최고경영자가 해야 할 일은 무엇일까?

공포의 가장 좋은 해독제는 신뢰다. 사람들에게는 불확실한 세계에서 신뢰할 대상을 찾으려는 욕구가 존재한다. 공포와 신뢰는 기업에 강력한 영향력을 미친다. 공포와 신뢰가 정반대의 힘을 지닌 것은 아니지만, 신뢰는 공포를 몰아내는 데 있어서 최고의 도구다. 새로운 일을 하다 보면 두려운 것이 많다. 최고경영자가 임직원에게 신뢰를 보낸다고 해서 그들이 두려움을 해소하거나 실수를 저지르지 않는 건 아니다. 그러나 최고경영자의 신뢰가 뒷받침되면 실수를 저질렀을 때 공포에 얼어붙지 않고 신속하게 문제 해결에 나설 수 있다. 공포는 빨리 형성되지만, 신뢰는 빨리 형성되지 않는다. 리더는 부하직원에 대한 신뢰를 오랜 기간 행동으로 보여줘야 한다. 가장 좋은 방법은 실패에 잘 대응하는 것이다. 픽사에서는 브레인트러스트를 비롯한 다양한 그룹을 조직해 함께 역경을 헤쳐 나가고 문제를 해결하면서 임직원 간의 상호 신뢰를 구축했다. 인내심을 갖고, 일관성을 유지하고, 진정성authenticity을 보여줘야 신뢰를 형성할 수 있다.

진정성을 보여주려면 직원들과 소통하는 방식에 신경 써야 한다. 많은 경영자가 직원들에게 알리지 않고 은밀하게 일을 처리하는 잘못을 저지르곤 한다. 나는 이것이 문제라고 생각한다. 경영자는 직원들에게 알리지 않고 일을 처리하기에 앞서, 은밀하게 일을 처리하는 비용과 직원들에게 알리고 일을 처리하는 비용을 주의 깊게 비교해봐야 한다. 이런 고려를 전혀 하지 않고 은밀하게 일을 진행하는 것은 직원들을 신뢰할 수 없다는 메시지를 보내는 행위나 다름없다. 직원들에게 솔직하게 털어놓는 것은 직원들을 신뢰한다는 메시지, 두려워할 것이 없다는 메시지를 보내는 행위다. 직원들을 신뢰하는 경영자는 직원들로 하여금 정보를 공유하고 있다는 느낌을 받게 한다. 내가 지금까지 거듭 봐온 바로는, 상사에게 신뢰받는 직원들은 정보를 누설할 확률이 낮았다.

픽사 직원들은 지금까지 비밀을 잘 엄수해왔다. 아이디어나 제품이 적절한 순간에 얼마나 전략적으로 공개되느냐에 따라 이윤이 크게 달라지는 콘텐츠 산업 분야에서 경쟁하는 픽사에는 이 점이 매우 중요하다. 애니메이션 제작 과정에서는 혼란스러운 일이 많이 생기기 때문에 임직원들끼리 서로 솔직하게 문제를 털어놓되, 회사 외부에 발설하지 않아야 한다. 픽사 경영진은 문제와 민감한 이슈들을 직원들과 공유함으로써, 직원들을 픽사의 소유권을 일부 지닌 동업자로 대우한다. 이런 대우를 받은 직원들은 서로 실망시키지 않으려고 노력한다.

경영자는 직원들이 영리하다고 믿어야 한다. 애초에 영리하다고 봤기 때문에 뽑은 직원들 아닌가. 직원들을 영리한 동료로 대우하라. 경영자가 진정성을 담은 메시지를 전달하면 직원들은 금세 알아챈다. 이유를 제시하지 않고 계획을 설명하면, 직원들은 '진짜' 의도가 무엇인지 궁금해한다. 설령 숨은 의도가 없을지라도 직원들은 숨은 의도가 있을 것이라고 의심한다. 경영자가 직원들과의 논의 과정을 거치는 이유는 그들에게 경영자의 의도를 의심할 여지를 남기지 않고, 이들이 문제 해결에 집중할 수 있도록 하기 위해서다. 직원들은 정직한 경영자를 금세 알아본다.

■ ■ ■

픽사의 경영자교육management development 팀장 제이미 울프Jamie Woolf는 새로 부임한 관리자와 경험 많은 관리자를 연결하는 멘토링 프로그램을 설계했다. 멘토링 프로그램의 핵심 활동은 멘토(경험 많은 관리자)가 8개월 동안 멘티(경험이 적은 관리자)를 데리고 함께 일하는 것이다. 이 과정에서 멘토는 경력을 개발하는 방법, 신뢰를 구축하는 방법부터 개인적 도전에 대처하는 방법, 건전한 근로 환경을 조성하는 방법까지 경영자에게 필요한 모든 노하우를 멘티에게 전수한다. 이 프로그램의 목표는 깊은 유대감을 구축하고, 공포와 도전을 공유하고, 경영자가 실제 고민하는 외적 문제(이를테면 변덕스러운 상사) 및 내적 문제(끊임없이 자책하는 내면의 목소리)와 씨름해보고, 직원들을 관리하는 기술을 터득하는 것이다. 한마디로 정리하면 신뢰감을 구축하는 것이다.

나는 멘티 두어 명과 함께 일하는 기간에 모든 픽사 직원 앞에서 연례 연설을 했다. 이 연설에서 내가 뉴욕공과대학 컴퓨터그래픽 연구소 소장으로 일하던 시절 얼마나 경영자답지 않았는지 고백했다. 한편으로는 높은 자리에 앉아 기분이 좋았지만, 다른 한편으로는 매일 출근할 때마다 사기꾼이 된 것 같은 기분이 들어 가슴이 뜨끔했다. 픽사 초기에도 이런 석연치 않은 기분이 가시지 않았다. 나는 다른 기업 사장들이 나와 달리 공격적이고 확신에 찬 행동을 하는 것을 보고, 내가 사장답지 않아 보일까 봐 걱정했다. 더 정확히 말하면, 실패가 두려웠다.

결국 연설에서 8~9년 전에야 겨우 사기꾼이 된 것 같은 기분에서 벗어날 수 있었다고 털어놨다. 내가 경영자로 진화할 수 있었던 것은 몇 가지 요인 덕분이다. 우선, 제작 과정에서 여러 번의 실패를 견뎌내고 작품들이 잇달아 성공하는 것을 지켜본 덕분이다. 〈토이 스토리〉가 개봉한 이후 픽사에 남아 픽사를 영속시킬 조직문화를 창조하겠다는 목표를 세운 덕분이기도 하다. 스티브 잡스, 존 래스터와 관계가 돈독해진 것도 한 가지 요인이다. 이렇게 한바탕 넋두리한 다음 나는 직원들에게 물었다. "자신이 사기꾼처럼 느껴지는 분이 있나요?" 그러면 언제나 모든 직원이 손을 든다.

모든 경영자가 어느 정도 두려움을 품고 경영자의 길에 들어선다. 처음 경영자가 된 사람들은 경영자란 어떤 일을 하고 어떤 모습을 보여야 한다고 지레짐작하기 쉽다. 그리고 이렇게 만들어낸 심성모형을 자신의 모습과 비교한다. 하지만 현실은 이런 심성모형과 분명 다르다. 자신이 잘해 나가고 있는지 파악하려면, 머릿속에서 경영자란 어떤 것이어야 한다는 심성모형을 지워야 한다. 경영자의 성공을 측정하는 척도는 '팀원들이 잘 협력해 핵심적인 문제들을 해결하고 있는가?'이다. 이 질문에 '그렇다'고 답할 수 있으면, 경영자로서 잘해 나가고 있다고 볼 수 있다.

자신의 역할을 정확히 인식하지 못해 혼란을 겪는 것은 신예감독들에게서 자주 볼 수 있는 현상이다. 경험 많은 감독이 프로젝트를 지휘하는 방법을 옆에서 계속 조언해줘도 막상 직접 감독으로 일해보면 생각과 다르게 일이 흘러간다. 심성모형으로 고려해보지 못한 책임을 져야 하는 상황에 맞닥뜨리면 겁이 나게 마련이다. 게다가 픽사의 신예감독들은 그동안 픽사 작품들이 박스오피스 흥행순위 1위 기록을 이어왔는데, 자신이 형편없는 작품을 내놓아 이 같은 기록을 깨뜨리게 될까 봐 더욱 부담을 느낀다. 픽사에서 오랫동안 각본가이자 성우로 일한 밥 피터슨이 설명한다. "신예감독들이 느끼는 압박감은 엄청날 수밖에 없어요. 선배들이 쌓아올린 명성을 무너뜨리는 폭탄을 내놓을 순 없잖아요. 이런 중압감 때문에 그들은 더 잘해야 한다고 스스로를 채찍질합니다. 하지만 어떻게 해야 더 잘할 수 있을지 답을 모르는 까닭에 공포를 느끼죠. 픽사에서 성공한 감독들은 이런 중압감 속에서도 긴장을 풀고 아이디어를 개발한 사람들입니다."

피터슨은 신예감독들의 중압감을 덜려면, 픽사가 일부러 흥행 실패작을 내놓아야 한다고 농담한다. 물론 지금까지 픽사가 일부러 형편없는 작품을 내놓은 적은 없지만, 그의 아이디어는 생각해볼 만한 가치가 있다. 경영진이 실패한 직원에게 낙인을 찍지 않는다는 것을 직원들에게 보여줄 수 있는 방법은 없을까?

직원들에게 실수를 허용할 뿐 아니라 실수를 창의적 작품을 제작하기 위해 필요한 과정으로 간주하는 것은 픽사의 독특한 기업문화를 낳았다. 픽사의 기업문화가 얼마나 독특한지 보여주는 예로 〈토이 스토리 3〉이 있다. 앞서 말했듯 〈토이 스토리 3〉은 역대 픽사 작품 중에서 유일하게 큰 위기 없이 제작한 작품이다. 나는 사람들에게 이 점을 반복해서 언급하며 아무 재앙도 초래하지 않고 훌륭히 일을 처리한 제작진을 칭찬했다.

몇몇 독자는 제작진이 내 칭찬을 듣고 기뻐했으리라 생각하겠지만, 그들은 정반대 반응을 보였다. 내가 그동안 하도 실패를 긍정적으로 묘사해 작품을 만들어 나가는 과정에서 실패란 반드시 필요한 것이라는 믿음이 직원들에게 뿌리내린 탓인지 제작진은 내 칭찬을 듣고 마음이 상한 것 같았다. 내 칭찬을 이전 작품을 제작한 동료들보다 덜 노력하고 덜 도전했다는 평가로 해석했다. 내 의도를 오해한 셈이지만, 이런 반응이 픽사의 기업문화가 건전하다는 증거로 보여 내심 흐뭇했다.

앤드루 스탠튼의 말이다. "제작 과정에서 숱하게 위기를 겪어왔고, 우리가 실패를 긍정적으로 묘사하다 보니 제작 과정에서 문제가 발생하지 않으면 직원들이 초조해지는 지경에 이르렀습니다. 직원들은 독창적인 발명 과정에서 맞닥뜨리는 곤경들을 이해하기 시작했습니다. 이제는 '이런 문제는 처음이야. 우리가 감당하기엔 너무 거대한 문제야' 같은 느낌을 즐길 정도가 돼버렸습니다. 우린 이런 느낌에 익숙해졌어요. 좋은 의미로 말입니다."

경영자는 직원들의 실책을 모두 예방하려고 노력하기보다는 그들이 좋은 의도로 일하고 문제를 해결하고 싶어 한다고 가정하고 이를 용인하는 자세를 가져야 한다. 직원들에게 권한과 책임을 부여하고, 직원들이 실수를 저지르도록 허용하고, 스스로 실수를 해결하게 허용하라. 그들이 공포를 느끼면 공포의 원인을 찾아내 해소하라. 이것이 경영자의 임무다. 경영자의 임무는 리스크를 예방하는 것이 아니라 직원들의 회복 능력을 키우는 것이다.

❋ 포스트스크립트 2

독자 여러분은 조금 전에 공포와 실패, 그리고 픽사 내부의 근심 걱정을 최소화하려고 노력하는 과정에서 얻은 교훈을 주제로 한 장을 읽었다. 더불어 책 전편에 걸쳐 실패해도 괜찮다는 내용도 읽었을 것이다. 하지만 성공에 관심이 있는 사람들은 여전히 두려워한다. 그 이유가 뭘까?

이 책을 집필한 지 10년이 지난 지금도 나는 그 질문에 대해 계속 고민 중이지만 몇 가지 답을 찾은 듯하다. 앞서 말했듯이 사람들이 실패를 이해하는 방식에는 두 가지가 있다. 하나는 실패는 교육적이라는 것이다. 사람들은 실패를 통해서만 배울 수 있다는 말을 수없이 들어왔다. 대부분은 이 말이 사실임을 확인한 경험이 있다. 하지만 그 말을 떠올릴 때마다 실패를 이해하는 다른 방식, 즉 망쳤거나 충분히 열심히 하지 않았다거나 현명하게 굴지 못했다는 생각과 부딪쳐 버린다. 공개기업이 분기 실적 목표를 달성하지 못하면 경영자는 해고된다. 선출직 공직자가 선거 공약을 이행하지 못하면 재선에 실패한다. 직원들에게 "빨리 실패하고, 자주 실패하라"고 독려하는 것에 자부심을 느끼는 기업에서도 실패는 종종 원치 않는 결과를 초래한다. 프로젝트는 없어진다. 사람들은 "책임을 져야 한다"라면서 좌천되거나 심지어 해고되기도 한다(난 기업 환경에서 사용되는

210   **PART II** 문제 대응 및 미래 보호 전략

책임이라는 단어가 실패에 대한 두려움을 계속 느끼는 데 무엇보다 크게 일조한다고 생각해 왔다. 물론 우리 스스로 책임을 져야 하지만, 이 단어를 다른 사람에게 적용하면 징벌적인 의미로 쓰이게 되는 경향이 있다).

대부분의 사람은 실패로 인한 잠재적인 징벌적 결과와 실패가 가져다주는 교육적 기회를 구분하는 데 어려움을 겪는다. 실패가 교훈으로 이어질 수 있다는 점을 이성적으로는 이해하더라도 감정적인 두뇌로는 실패가 매우 위험할 수 있다는 것을 알고 있다.

내가 깨달은 바로, 실패는 시간과 비대칭이다. 실패했던 순간을 되돌아보면, 그 실패가 어떻게 긍정적인 발전으로 이어졌는지 단번에 알 수 있는 경우가 많다. "그러한 경험으로 많은 교훈을 얻었습니다"라고 말할 수 있다. 또는 "그때의 경험이 현재의 저를 만들었습니다"라고 말할 수도 있다. 그럼에도 불구하고 미래의 실패를 예상하면 사람들은 자신이 아는 바를 고수하는 데 어려움을 겪는다. 종종 어떤 일이 일어나고 나서 한참 후에야 비로소 그 일에서 '배웠다'라고 말할 수 있다. 앞으로 실망하더라도 뭔가를 배울 수 있다는 것을 알지만 차후의 리스크에 대해 생각할 때는 도움이 되지 않는다. 리스크가 너무 높으면 논리적인 사고가 이루어지지 않기 때문이다.

픽사에서 근무하면서 직원들이 실패라는 단어를 자주 쓰지 않는다는 사실을 알게 되었다. 픽사에서는 무언가가 잘 안 된다고 해서 그것이 궁극적 실패는 아니라는 사실을 알고 있기 때문인 듯하다. 어려운 문제를 해결할 때는 아직 해답을 찾지 못했을 뿐이니 계속 노력하자면서 마음을 다잡는다. 우리 모두가 처음에는 모든 영화가 형편없다는 점을 이해했기 때문이라 생각한다. 특히 제작 초기 단계에서 아이디어가 뛰어난지 아닌지에 따라 (분명히 뛰어나지 않았기 때문에) 작품의 성패를 판단할 수는 없다. 대신 이 단계에서는 제작팀이 제 역할을 하는지에 초점을 맞췄다. 앞서 말했듯이, 제작팀 리더가 팀원들의 신뢰를 잃어서 중간에 감독을 교체한 적이 여러 번 있었다. 그때야 우리는 실패가 있었다고 말할 수 있겠지만, 그전에도 실패가 없었다고는 말할 수 없었다.

실패에 대한 공포는 리스크를 바라보는 시각과 밀접하게 관련이 있다. 나는 픽사에서 리스크가 있는 일을 진행할 때 세 단계로 생각했다. 이 세 단계 설명으로 사람들이 리스크 감수를 덜 두려워하는 데 도움이 되길 바란다.

1단계는 잠재적으로 감수해야 할 리스크를 확인하는 단계다. 간단하게 들리지만, 리스크와 연관된 것에 대해 열린 마음을 유지하기는 어렵다. 그래서 1단계에서는 헌신이 요구된다. 이 단계에서 실패에 대해 너무 많이 생각하면 꼭 필요한 리스크조차도 감수하지 않게 된다. 나는 일련의 사건들을 겪으면서 언제 실패의 관점에서 생각하는 것이 좋은지를 고민하는 데 많은 시간을 보냈다. 1단계에서 완전히 새로운 것을 시작했을 때 실패를 생각하지 않으려고 애썼다. 결과가 불확실하고 해결해야 할 문제가 많다는 것을 알고 있었지만, 앞으로 나아가기 위해 이 점을 받아들였다.

2단계는 자신이 선택한 리스크의 결과를 파악하기 시작하는 단계로 많은 시간이 소요될 수 있지만, 자신감을 가지고 3단계로 나아가기 위해 반드시 필요하다. 사람들이 너무 자주 실패라는 단어를 입에 올리면 사고력에 영향을 미치게 된다. 그 결과, 문제 해결을 위한 모든 활동을 일련의 습득의 순간이 아니라 실패의 연속으로 여기게 된다. 리스크를 완전히 피하려고 한다면, 결코 혁신을 일으킬 수 없다. 하지만 동시에 그 리스크에 현명하게 맞서고 싶어 한다.

3단계는 '준비 완료lock and load' 단계로 이 시기에는 계획에 전념하고 새로운 리스크를 일부러 끌어들이지 않는다. 위험 부담이 크며 여전히 돌발 변수가 생길 수 있다는 것을 안다. 픽사에서는 시도해 볼 만한 가치가 있다고 판단한 위험한 결정을 내리는 것에 중점을 두었다. 여기서 핵심은 긍정적이고 문제를 해결하고자 하는 태도를 유지하는 것이다. 그렇게 할 수 있다면 프로젝트가 결국 실패하더라도 이를 통해 지혜를 얻을 수 있기 때문이다. 그 후에 무슨 일이 일어났는지를 차근차근 분석하면 손가락질 받는 것이 아니라 배움에 대한 열린 태도를 유지할 수 있다.

'리스크의 3단계' 아이디어를 적용한 예는 내가 근무하던 시절, 픽사의 기술 업그레이드 접근 방식에서 찾아볼 수 있다. 1단계는 장단점을 평가하는 단계였다. 소프트웨어 툴을 바꾸지 않으면 직원들이 시스템에 완전히 적응해서 작업이 매우 능률적으로 진행되리라는 것을 알고 있었다. 하지만 시스템을 계속 업그레이드하지 않으면 분명 뒤처지게 된다는 리스크가 있었다. 기술을 업그레이드하려면 직원들의 작업 방식을 바꿔야 하는데 이는 그들에게 부담이 될 수 있었다. 그래서 가끔 업그레이드하기로 결정했다. 이것이 바로 1단계였다.

2단계는 새로운 소프트웨어를 만들고 디버깅하는 기간으로 몇 년이 걸릴 수도 있는 과정이었다. 물론 여기에는 비용이 들기 때문에 감수하기로 한 리스크에 대한 실질적인 결과가 발생할 수밖에 없었다. 하지만 대비책이 있었다. 새로운 소프트웨어가 기대한 대로 제대로 구현되지 않는다면 기존의 작업 방식을 유지하는 것이다. 새로운 것을 시도하는 것에 공짜는 없으며 효과가 있었던 기존 방식으로 언제든 되돌아갈 수 있었기 때문에 리스크 부담이 크지 않았다는 게 핵심이다. 새로운 소프트웨어 개발에 예상보다 시간이 오래 걸릴 수도 있지만 이는 문제 해결 과정의 일부일 뿐이었다. 다시 말하지만 목표는 실패를 피하지 말고 문제 해결을 하겠다는 마음가짐을 가지는 것이다.

3단계는 새로운 기술을 출시하는 단계로 직원들에게 사용법을 교육하고 발생하는 새로운 버그를 수정하는 데 전력을 기울이는 것이었다. 신기술이 출시되는 시점에 담당자가 시스템을 테스트하면 항상 문제가 발생하기 마련이다. 하지만 우리는 그 점을 알고 있었기 때문에 놀라지 않았다. 늘 그렇듯이 리스크는 거의 항상 그만한 가치가 있다는 사실을 증명했고 직원들은 이 점을 몸소 배웠다.

다음으로 〈업〉을 제작할 당시에 발생했던 리스크의 3단계 예시를 소개하고자 한다. 피트 닥터가 작품 아이디어를 제안했을 때 부가상품 수입원은 제한적일 것이라는 점을 알았다. 나는 〈업〉의 주인공 할아버지가 걸을 때 의지했던 네 갈래 지팡이를 언급하며 "영화가 아무리 성공해도 장난감 보조 보행기는 많이 팔리지 않을 거예요."라고 종종 농담하곤 했다. 사실 픽사는 장난감이나 부가상품 판매로 수익을 창출하라고 요구하지 않는다. 창작 과정을 훼손시킬 수 있기 때문이다. 하지만 수익이 발생하면 오히려 플러스 요인이 된다. 〈토이 스토리〉와 〈카〉는 부가상품 판매로도 큰 성공을 거두었지만 〈라따뚜이〉는 그렇지 못했다.

〈업〉을 영화화하기로 결정을 내린 후, 풍선을 이용해 하늘로 날아오르는 할아버지의 이야기를 다룬 영화가 독창적이지만 반드시 돈이 되는 아이디어는 아니라는 점을 인정하는 것이 1단계였다. 하지만 훌륭한 영화를 제작할 수 있다고 믿었기 때문에 닥터에게 제작을 맡겼다. 2단계는 스토리 개발로 이 과정에는 몇 년이 걸렸다. 스토리가 완성된 후에야 3단계로 넘어갔는데 더 많은 제작비를 투입하는 것이었다. 물론 리스크를 감수한 덕에 성공을 거둔 것은 사실이다. 〈업〉은 2010년 아카데미 시상식에서 최우수 장편 애니메이션과 최우수 음악상을 수상했고, 7억 3500만 달러 이상의 수익을 기록했다. 하지만 제작 당시에는 이런 성공을 장담할 수 없었다. 앞으로 나아가기 위해서 리스크를 감수해야만 했던 것이다. 어떤 비즈니스에 종사하든 가장 중요한 것은 1단계를 절대 건너뛰어서는 안 된다는 것이다. 큰 리스크를 감수해야 할 때가 있고 리스크를 최소화해야 할 때가 있다. 따라서 어느 정도의 리스크가 적당한지를 결정하기 위해서 신중한 프로세스 개발이 중요하다. 업계 종사자들은 리스크를 감수하지 않고서는 창의력을 발휘할 수 없다는 것을 알고 있다. 진정한 영감을 가로막는 장애물을 제거하는 것이 목표라면 리스크에 대해 생각하고 말할 수 있는 덜 무서운 방법을 찾아야 할 것 같다.

．．．

픽사에는 창작 분야의 팀원들이 리스크에 대한 두려움을 극복할 수 있도록 하는 특별한 메커니즘이 있다. 나는 이 메커니즘을 '3피치룰Three Pitches Rule'이라고 부른다. 픽사 내 수많은 훌륭한 아이디어들과 마찬가지로 이 아이디어도 간단했다. 창작부서 리더들에게 영화 아이디어를 전해주기 위해 픽사는 감독들에게 한 가지가 아닌 세 가지 아이디어를 개발하고 발표해 달라고 청했다. (관련된 작업이 세 배로 늘어나면서) 귀찮게 하는 것으로 들릴지 모르지만 사실은 제작자들이 자주 직면하는 문제, 즉 다음에 어떤 작품을 만들어야 할지 고민하다가 막막해지는 문제를 해결할 수 있게 도와주려는 것이었다.

누구나 실현되지 않는 아이디어에 집착해 본 적이 있을 것이다. 나는 확실히 그런 경험이 있었다. 제작자에게 아이디어 세 가지를 연구하고 개선하라고 제안함으로써 그 사람들이 꽉 막힌 상태에서 벗어날 수 있는 프로세스를 제공하려 했다. 모든 감독이 같은 방식으로 작업하는 것은 아니지만 거의 대부분 이 방법이 도움이 된다고 생각했다. 한 가지 아이디어가 장애물에 부딪힐 때마다 다른 아이디어로 방향을 틀 수 있었기 때문이다. 또한 3피치룰을 통해 감독들에게 픽사의 경영진은 창작 과정이 얼마나 힘들고 모험적인지 잘 알고 있다는 메시지를 은밀하게 보내고 있었다.

흥미로운 점은 감독들이 세 가지 아이디어를 발표한 후 제작자들이 한 자리에 모여 토론할 때 어떤 아이디어가 '최고'인지 확인하기보다는 감독이 어떤 아이디어에 가장 들떠 있고 신나 있는지에 대해 더 집중했다. 보통은 쉽게 알아차릴 수 있었다. 단편 애니메이션 〈바오 Bao〉로 아카데미상을 받은 도미 시 Domee Shi(중국계 캐나다 애니메이터, 2011년부터 픽사에서 근무하며 〈인사이드 아웃〉, 〈인크레더블 2〉, 〈토이 스토리 4〉 등의 스토리보드 작업에 참여 – 옮긴이)에게 세 편의 장편 시나리오 중 〈메이의 새빨간 비밀 Turning Red〉을 영화화해 달라고 말하자 그녀는 바로 "네! 정말 하고 싶었던 작품이에요!"라고 외쳤다(〈메이의 새빨간 비밀〉은 너무 흥분하면 커다란 레서판다로 변신하는 13살 소녀의 성장 코미디 애니메이션으로 2022년 3월에 개봉했다).

하지만 내가 가장 좋아하는 3피치룰에 대한 이야기는 리 언크리치를 중심으로 펼쳐진다. 그 전에 언크리치에 대해 소개하겠다. 1994년 〈토이 스토리〉 편집자로 픽사에 입사한 이래로 그는 픽사가 제작한 모든 영화에서 핵심적인 역할을 담당했다. 〈토이 스토리〉 이후 〈벅스 라이프〉를 통해 처

PART II 문제 대응 및 미래 보호 전략

음으로 뛰어난 편집자로 이름을 알리게 됐다. 그 후 〈토이 스토리 2〉, 〈몬스터 주식회사〉, 〈니모를 찾아서〉의 편집 및 공동 감독을 맡았다. 기량이 뛰어난 언크리치는 훌륭한 편집자에다 믿음이 가는 아이디어 뱅크였다. 수년에 걸쳐 다른 프로젝트의 문제 해결도 도왔다. 자신의 이름이 크레디트에 올라가지 않지만 한 영화를 살리고자 보이지 않는 곳에서 일했고 필요할 때는 목소리 연기도 했다. 2010년 마이클 안트가 각본을 쓴 〈토이 스토리 3〉가 개봉했을 때 그는 처음으로 단독 감독을 맡았고 2011년 아카데미 시상식에서 최우수 장편 애니메이션상을 수상했다.

그 무렵 언크리치는 훌륭한 새 프로젝트를 찾아야 한다는 압박감을 느꼈다고 한다. 속편이 아닌 오리지널 스토리를 만들고 싶었지만 무슨 작품을 해야 할지 고민에 고민을 거듭했다. 그런 그에게 3피치룰은 불안감을 잠재우는 데 도움이 되었다.

"픽사에서 영화를 만든다는 건 '슈츠 앤 래더스^{Chutes and ladders}(미끄럼틀과 사다리 그림이 있는 판 위에서 하는 아동용 보드게임의 일종 – 옮긴이)'와 비슷해요"라고 언크리치가 말했다. "보드판 꼭대기까지 올라갔지만 한 영화를 끝내면 큰 미끄럼틀을 타고 처음 출발점으로 내려와서 다시 시작해요. 그리고 모든 영화 제작이 힘들기에 갑자기 또다시 시작하는 건 정말 어려워요. 아카데미상을 몇 번을 받았든 얼마나 많이 흥행에 성공했든 그건 중요치 않아요. 스토리텔링 자체가 어렵고 오리지널 스토리는 특히 그렇죠."

그래서 그는 3피치룰을 받아들였다. 결국 〈토이 스토리 3〉 스토리를 담당했던 제이슨 카츠^{Jason Katz}와 몇 달에 걸쳐 여러 가지 아이디어를 주고받은 끝에 세 가지 아이디어를 도출했다(어떤 사람들은 제작진에게 이렇게 시간을 주고 장소를 제공하는 이유가 궁금할 것이다. 답을 해주자면, 영화 한 편을 만드는 데 4~5년이 걸리기 때문에 리스크 부담이 크다. 최고의 영화는 감독과 팀원들이 온 열정을 쏟은 아이디어에서 나오고 이러한 아이디어는 하루아침에 완전한 형태를 띠지 않는다. 강렬하고 설득력 있는 아이디어를 구상할 시간을 주지 않는다면 그들은 기존 성공작을 모방한 안정된 프로젝트만 내놓을 것이다).

첫 번째 아이디어는 사실 언크리치가 2004년에 제안했고 우리가 승인했던 프로젝트를 재작업하는 것이었다. 가제는 〈펫 피브Pet Peeve〉였다. 그는 로렌 바콜Lauren Bacall(미국 출신 배우)부터 오노 요코까지 다양한 사람이 거주했던 웨스트 72번가의 유서 깊은 건물을 언급하며 "이 작품은 다코타the Dakota(뉴욕 맨해튼 어퍼 웨스트사이드에 위치한 고급 아파트 - 옮긴이)와 같은 뉴욕의 크고 오래되고 우아한 아파트에서 벌어지는 알프레드 히치콕 풍의 살인 미스터리물입니다. 그런데 그곳에 사는 다양한 반려동물의 시선을 통해 독특한 방식으로 이야기가 전개됩니다"라고 설명했다. 언크리치는 원래 (나중에 아카데미상을 수상하는) 장편 영화 〈리틀 미스 선샤인Little Miss Sunshine〉(한국에서는 어순을 바꿔서 〈미스 리틀 선샤인〉으로 2006년 개봉했다. 딸의 미인 대회 출전을 위해 미니버스를 타고 여행길에 오르는 가족들의 이야기를 담은 로드 무비 영화 - 옮긴이)의 각본을 맡았던 각본가 마이클 안트에게 〈펫 피브〉의 각본 집필을 도와달라고 부탁했었다. 그리고 두 사람은 신나게 프로젝트를 진행했다.

하지만 2006년 디즈니가 픽사를 인수하면서 이 프로젝트는 보류됐다. 12장에서 자세히 설명하겠지만 합병이 성사되기 전에 마이클 아이스너는 디즈니에 '서클 세븐Circle 7'이라는 부서를 신설해 픽사 직원들의 의사와 관계없이 픽사 작품들의 속편을 만들려고 했다. 합병 전 서클 세븐에서는 이미 〈토이 스토리 3〉 제작을 준비 중이었다.

디즈니의 픽사 인수 후, 나는 서클 세븐 부서를 폐지했다. 그 후 픽사가 〈토이 스토리 3〉의 제작을 다시 맡았고 언크리치에게 감독직을 부탁했다. 고맙게도 그는 생각을 바꿨고 안트에게도 함께하자고 했다. 그로부터 5년이 지난 현재, 언크리치와 제이슨 카츠는 〈펫 피브〉를 다시 발굴하고 멋지게 다듬어 '첫 번째 피치'Pitch Number One로 만들었다.

게다가 언크리치는 픽사가 한 번도 해보지 않은 뮤지컬에 도전해보고 싶어 했다. "'픽사가 만든 뮤지컬은 어떤 모습일까?'라고 스스로 물어본 적이 있어요. 어떻게 하면 픽사 뮤지컬을 디즈니 뮤지컬과 차별화할 수 있을지도 고민하고요. 꼭 도전해보고 싶다는 생각을 했습니다." 언크리치는 작곡가 로버트 로페즈Robert Lopez 및 크리스틴 앤더슨 로페즈Kristen Anderson-Lopez와 친구였으며, 로버트가 공동 작사, 작곡을 맡았으며 토니상을 수상한 브로드웨이 공연 〈애비뉴 Q〉와 〈북 오브 몰몬The Book of Mormon〉의 열광적인 팬이었다. 언크리치와 작곡가들은 (픽사와 비교해 너무 개성이 넘치지 않으면서도) 비슷한 분위기의 곡을 만드는 데 많은 시간을 들였다. 이들이 간략하게 발전시킨 아이디어는 공상 과학에 뿌리를 뒀는데 "서로 다른 두 세계에서 온 두 외계인이 있는데, 한 명은 노래를 통해서만 소통할 수 있고 다른 한 명은 음악과 노래에 대해 완강히 반대하는 일종의 〈로미오와 줄리엣〉 같은 이야기"였다. 이것이 바로 '두 번째 피치'Pitch Number Two다.

언크리치의 세 번째 피치를 이야기하기 전에 제작자들에게 세 가지 아이디어를 발표하도록 부탁한 방법을 우선 설명하겠다. 픽사에는 '스토리룸'이라고 불리는 공간이 있는데 긴 양쪽 벽에 스케치와 스토리보드를 붙일 수 있는 보드판이 쭉 설치된 큰 직사각형 모양의 방이다. 감독이 세 가지 프레젠테이션을 준비할 수 있도록 항상 두 개의 스토리룸이 제공된다.

프레젠테이션 당일에는 첫 번째 스토리룸에서 첫 번째 피치를 왼쪽 벽면에, 두 번째 피치를 오른쪽 벽면에 준비하고, 두 번째 스토리룸의 한쪽 벽에 세 번째 피치가 있다(보통 다른 벽면은 비어 있다).

어쨌든 언크리치의 프레젠테이션 날이 되었다. 우리는 첫 번째 스토리룸에서 새로 다듬어진 〈펫 피브〉와 사랑에 빠진 외계인들이 주인공인 뮤지컬 프레젠테이션을 본 다음, 두 번째 스토리룸으로 향했다. 그리고 세상에! 우리 모두 스토리룸 모습에 깜짝 놀랐다. 두 번째 스토리룸 전체가 멕시코 민속 예술품으로 가득했기 때문이다. 파피에 마세papier mâché(젖은 종이와 아교나 풀을 섞어 이겨 반죽한 것 – 옮긴이)로 만든 마리아치 밴드가 있었는데 해골 모습이었다. 천장은 멕시코의 전통 색종이 장식인 무지개색 파펠 피카도papel picado로 장식되었다. 벽면과 바닥에는 빈 곳이 하나도 없었다. 멕시코 망자의 날에서 영감을 받은 스토리가 바로 '세 번째 피치Pitch Number Three'였다.

스토리룸에 들어서는 순간, 언크리치 감독이 앞으로 몇 년 동안 어떤 영화에 전념해야 할지 의문의 여지가 없었다. "방 안의 분위기에서 '우리가 만들 작품이 이거구나'라는 느낌이 바로 들었죠"라고 그는 회상했다. "스토리에 대해 별다른 말을 하지 않았는데 시각적, 정서적, 문화적으로 이 매혹적인 세계에 생기를 불어넣을 수 있다는 가능성만으로도 모두 흥분하고 기뻐했어요. 사실 작품 속 일부 캐릭터가 망자의 섬으로 여정을 나선다는 점을 제외하면 제가 구상했던 스토리와 최종적으로 내놓은 작품 사이에 비슷한 점이 별로 없습니다. 하지만 애니메이션을 통해 이전에는 보여준 적 없는 세계의 이야기를 보여줄 수 있다는 생각에 도취해 있었죠."

이후 몇 달 동안 언크리치는 망자의 세계를 제대로 이해하려고 '평생 학습과 연구'라고 일컫는 작업을 시작했다. 나는 이러한 연구와 멕시코 문화에 대한 존중을 바탕으로 그가 훌륭한 감독인 이유를 알 수 있다고 생각한다. 한동안 언크리치와 로페즈 부부는 전통적인 뮤지컬 프로젝트를 진행하다가 방향을 바꿔 〈코코〉를 (언크리치가 기억하기에 〈오! 형제여 어디에 있는가?〉(코엔 형제 감독, 조지 클루니 주연의 코미디 뮤지컬 영화, 2000년 개봉 – 옮긴이)처럼) 뮤지컬 퍼포먼스를 가득 채운 애니메이션으로 제작한다. 물론 〈코코〉의 극장 개봉을 위해서는 엄청난 시간과 헌신적인 협업이 필요했다.

언크리치는 3피치룰 덕분에 아이디어 개발 과정에서 올바른 방향을 찾는 데 도움이 되었다고 평가한다. "저는 규칙에 집착하거나 특정한 방식에 따라야 한다는 말을 별로 좋아하지 않습니다. 하지만 아이디어를 개발할 때 매일매일 머리를 부딪치다 보면 좌절감을 느낄 수도 있어요. 때로는 답도 나오지 않고요. 세 가지 아이디어를 개발하면 두 가지를 알게 됩니다. 첫째, 머릿속에서 창의적으로 생각할 수 있는 새로운 여유, 그러니까 '그래, 이 스토리는 접어두고 다른 아이디어를 생각해 보자'라고 말할 기회가 주어진다는 겁니다. 둘째, 두 번째 아이디어를 어느 정도 작업한 후에는 어느 정도 거리를 둘 수 있게 되면서 새롭고 신선한 시각에서 첫 번째 아이디어로 되돌아볼 수 있습니다. 다른 사람들과 함께 문제를 해결하는 데 도움이 되는 하나의 아이디어를 개발하면서 몇 가지를 배웠을 수도 있고요."

3피치룰로 사람들이 폭넓게 생각하게 된다는 것, 바로 이 점이 중요하다. 하지만 이 룰의 최우선적인 목표는 베테랑이든 초보 제작자든 모두 자신만의 방식에서 벗어나도록 도와주는 것이다. 3피치룰은 창의적인 사고 흐름의 정체를 풀어주는, 즉 스토리 작가들의 아이디어 구상이 막히지 않도록 돕는다.

CHAPTER

7

배고픈 짐승과
못난이 아기

1980년대 말부터 1990년대 초까지 〈인어공주〉, 〈미녀와 야수〉, 〈알라 딘〉, 〈라이온 킹〉 이렇게 네 편의 작품이 잇달아 흥행하면서 디즈니 경영 진은 회의에서 "짐승Beast을 먹여살려야 한다"는 문구를 자주 사용했다.

앞서 언급했듯, 픽사는 애니메이션 셀들을 채색하고 관리하는 캡스CAPS 라는 컴퓨터 애니메이션 제작 시스템을 디즈니에 공급하기로 계약했다. 계약 시점에 디즈니는 〈인어공주〉를 제작 중이었다. 나는 이후 디즈니가 사세를 확장하고 늘어난 직원들을 먹여살리기 위해 더 많은 작품을 흥행 시켜야 한다는 압박을 받는 과정을 눈앞에서 생생히 관찰했다. 다시 말해, 디즈니에서 '짐승'의 탄생을 목격했다. 여기서 '짐승'이란 '제대로 기능을 발휘하기 위해 새로운 자원을 계속 공급받아야 하는 조직'을 뜻한다.

디즈니에서 이런 집단이 탄생한 것은 우연이나 실수가 아니다. 월트 디즈니 컴퍼니의 최고경영자이자 회장 마이클 아이스너, 월트 디즈니 스튜디오 사장 제프리 카젠버그는 1966년 월트 디즈니 사후 장기간 이어진 침체기에서 벗어나 디즈니 애니메이션을 다시 흥행시키기 위해 많은 노력을 기울였다. 두 경영자의 노력 덕분에 수십 년 전부터 디즈니에서 일하고 있던 전설적인 애니메이터들뿐 아니라 새로 채용된 애니메이터들도 재능을 꽃피우게 됐다. 1980년대 말 디즈니가 제작한 애니메이션 작품들은 커다란 상업적 성공을 거두었을 뿐 아니라 대중문화의 아이콘으로 떠올랐다. 디즈니의 성공이 촉발한 애니메이션 붐 덕분에 픽사도 〈토이 스토리〉를 제작할 수 있었다.

　디즈니 애니메이션의 성공에는 그림자도 있었다. 디즈니가 작품을 마케팅하고 배급하는 업무에 더 많은 직원들을 채용함에 따라 더 많은 작품을 흥행시켜 돈을 벌어야 한다는 압박이 심해졌고, 따라서 디즈니 직원들은 한가롭게 앉아 있을 틈이 없었다(비록 '짐승을 먹여살린다'는 말은 '애니메이션은 조립라인에서 만들 수 있는 제품'이라는 가정을 내포하고 있지만, 당시 디즈니에 가서 애니메이션이 조립라인에서 만들 수 있는 제품이냐고 물었을 때 '그렇다'라고 답할 이는 별로 없었으리라). 디즈니 경영진의 의도는 물론 이해할 만하지만, 아무리 성실한 직원일지라도 짐승, 즉 비대해진 조직을 먹여살려야 한다는 압박감에 짓눌리면 실수를 저지를 수 있다. 디즈니는 빨리 작품을 만들어야 한다는 강박관념 때문에 버뱅크 본사 외에도 플로리다주, 프랑스, 호주에 새로운 애니메이션 스튜디오를 열었다. 빨리 작품을 제작하는 것이 지상과제가 돼버린 것이다. 물론 이는 비단 할리우드뿐 아니라 여러 기업에서 볼 수 있는 현상으로, 그 효과는 언제나 같다. 바로 품질 저하다.

1994년 개봉한 〈라이온 킹〉이 세계적으로 9억 5200만 달러를 벌어들인 것을 정점으로, 디즈니 애니메이션 스튜디오는 조금씩 쇠퇴하기 시작했다. 초기에는 그 원인을 파악하기 힘들었다. 일부 임원 변동이 있었지만, 열정과 재능을 가진 임직원이 여전히 많이 남아 있었다. 그럼에도 불구하고 디즈니의 쇠퇴기는 이후 2010년까지 16년간 계속됐다. 이 기간에 개봉한 디즈니 애니메이션 중 개봉 첫 주에 박스오피스 1위를 기록한 작품은 단 한 편도 없다. 나는 디즈니 임직원들이 자신의 임무를 조직을 먹여살리는 것으로 착각한 결과라고 생각한다.

디즈니에서 이 같은 현상이 나타난 초기에 원인을 빨리 찾아야겠다고 생각했다. 픽사가 계속 성공을 거두고 있었지만 언젠가는 디즈니와 똑같은 함정에 빠질 것이란 예감이 들었기 때문이다.

· · ·

독창적인 작품은 처음부터 완벽한 형태로 세상에 나오지 않는다. 형편없는 시제품 단계를 거쳐 완성돼 나간다. 나는 작품의 초안을 '못난이 아기 Ugly Baby'라 부른다. 시제품은 갓 태어난 아기처럼 완제품의 미숙한 축소판으로, 어색하고, 형태가 불분명하고, 취약하고, 불완전하다. 이를 작품으로 완성하려면 시간과 인내심이 필요하다. 다시 말해, 빨리 수익을 올려 조직을 먹여살려야 한다는 압박을 제작 기간 내내 견뎌내야 한다.

픽사가 오랜 시행착오를 거쳐 작품을 완성해 나간다는 사실을 이해하지 못하는 독자도 있을 것이다. 많은 사람이 픽사의 작품이 처음부터 독창적이고, 감동적이고, 의미 있는 완성품 형태로 세상에 나왔을 것이라고 생각한다. 사실 픽사에서 한 편의 작품을 만들려면 수개월에서 수년의 시간이 든다. 여러분이 픽사 작품의 초기 스토리 릴을 본다면 너무 형편없어서 놀랄 것이다. 시제품과 완성품은 천지차이다. 완성도 높은 작품이 나오기까지 픽사 직원들은 미숙한 중간결과물을 계속 수정하고 보완한다. 픽사 경영진의 임무는 못난이 아기 같은 아이디어가 충분한 수정과 보완을 거쳐 훌륭한 작품으로 개발되도록 시간과 자원을 투입하는 것이다. 다시 말해, 경영진의 임무는 새로운 아이디어를 보호하는 것이다.

이야기를 더 진행하기 전에 우선 '보호protection'라는 단어부터 짚고 넘어가자. '보호'라는 단어의 어감은 긍정적이다. 사람들은 지킬 가치가 있는 것을 지킬 때 '보호'라는 단어를 사용한다. 하지만 사람들이 항상 지킬 가치가 있는 것만 보호하는 것은 아니다. 예를 들어, 픽사 제작진은 익숙하고 편하지만 비합리적인 제작 프로세스에 안주하려 할 때가 가끔 있다. 기업의 법무팀은 기업이 외부인에게 소송당할 위협을 사전에 방지하고자 극도로 신중한 조치를 취한다. 관료들은 현재 상태를 유지하고자 노력한다. 이처럼 다양한 상황에서 사람들은 단지 기존 것을 바꾸지 않으려는 보수적 정신 자세에 따라 '보호'하는 행동에 나선다. 기업이 점점 더 큰 성공을 거둘수록 기업 내부에서 이런 보수주의는 점점 더 강해지고, 지금까지 효과가 있던 것을 보호하는 일에 과도하게 에너지를 낭비하게 된다.

앞서 "경영진의 임무는 새로운 아이디어를 보호하는 것"이라고 했을 때 "보호"는 다소 다른 의미로 사용한 단어다. 독창적인 아이디어는 초기 구상 단계에서는 어색하고 불분명하지만, 검증되고 틀에 박힌 아이디어와는 전혀 다르다. 바로 이 부분이 독창적인 아이디어의 가장 큰 매력이다. 만약 구상 단계의 아이디어를 아이디어의 잠재력을 깨닫지 못하는 사람, 아이디어가 진화할 때까지 기다릴 인내심이 없는 사람 앞에 내놓는다면 기각당할 수도 있다. 픽사 경영진의 임무는 '아이디어가 위대한 작품으로 진화하기 위해서는 그리 위대하지 않은 단계들을 거쳐야 한다'는 사실을 이해하지 못하는 사람들이 아이디어를 짓밟는 일이 벌어지지 않도록 새로운 아이디어를 보호하는 것이다. 애벌레가 나비로 성장하는 과정을 생각해보라. 애벌레는 번데기가 돼 보호받는 과정을 거치기 때문에 나비가 될 수 있다. 다시 말해, 나비가 세상에 나올 수 있는 것은 외부의 위협에서 보호받는 번데기 과정을 거친 덕분이다. 애벌레를 짐승에게서 보호하지 못하면 나비가 나올 수 없다.

픽사가 이런 짐승과 처음 교전을 벌인 때는 1999년이다. 당시 픽사는 장편 애니메이션 두 편을 개봉시켜 흥행에 성공하고, 픽사의 다섯 번째 장편 애니메이션이 될 〈니모를 찾아서〉를 구상 중이었다.

앤드루 스탠튼 감독이 '납치된 아들을 찾아 떠나는 아빠 흰동가리^{clownfish} 이야기'라는 작품 콘셉트를 처음 발표한 날이 지금도 기억난다. 때는 상쾌한 10월이었다. 직원들로 꽉 찬 회의실에서 스탠튼 감독이 차기작의 핵심 줄거리를 발표하는 것을 들었다. 발표는 더없이 훌륭했다. 그는 이야기 사이사이에 여러 회상 장면을 집어넣어 아빠 말린^{Marlin}이 니모를 그토록 염려하고 보호하려는 이유를 설명했다(니모의 엄마와 형제들은 모두 꼬치고기에게 죽었다). 스탠튼은 작품의 양대 이야기 축을 제시했다. 하나는 스쿠버다이버에게 잡힌 니모를 찾아 나서는 말린의 이야기, 또 하나는 시드니 수족관에서 '탱크 패거리^{Tank Gang}'라고 불리는 열대어들을 만나는 니모의 이야기다. 그는 자립하려는 아들과 보호하려는 아버지의 대비를 통해 관객들이 공감할 수 있는 부자관계를 그리고자 했다. 이야기는 매우 흥미로웠다.

발표가 끝나자 회의에 참석한 직원들은 잠시 침묵했다. 그때 존 래스터가 회의 참석자들을 대변해 소감을 밝혔다. "물고기가 주인공으로 등장해 그런 이야기를 펼치다니, 인상적이군요."

당시 우리는 〈토이 스토리 2〉 마감 기한을 맞추느라 진을 뺀 지 얼마 지나지 않은 탓에 아직 〈토이 스토리 2〉의 유령에 사로잡혀 있었다. 경영진은 촉박한 마감 기한에 쫓겨 일하는 행태는 직원들에게도, 기업에도 불건전하기에 결코 반복해서는 안 된다고 생각했다. 우리는 〈몬스터 주식회사〉에서 똑같은 실수들을 반복하지 않기로 다짐했고, 대체로 다짐을 지켰다. 하지만 그러다가 〈몬스터 주식회사〉 제작에 5년 가까운 시간을 들이게 됐다. 그래서 초기 제작 단계에서 제작 프로세스를 개선하고 작업 속도를 높이는 방안들을 적극 찾아 나섰다. 그 결과, 한 가지 사실에 주목했다. 즉, 제작비 증가분 중 상당 부분은 작품을 제작하는 과정에서 끊임없이 각본을 수정하기 때문에 발생한다는 사실이다. 작품 제작 초기 단계에서 스토리를 확정한다면 훨씬 쉽게, 적은 비용으로 작품을 제작할 수 있으리란 것은 쉽게 추론 가능했다. 따라서 작품 제작 단계에 들어가기 전에 먼저 각본을 완성하기로 했다. 스탠튼의 말을 듣고 보니 〈니모를 찾아서〉 프로젝트는 새 이론을 실험할 절호의 기회로 보였다. 픽사 경영진은 프로젝트 진행을 허가하면서, 스토리를 빨리 확정하면 더 좋은 작품을 제작할 수 있을 뿐 아니라 제작비도 절감할 수 있을 것이라고 조언했다.

지금 되돌아보면, 당시 우리는 단지 효율을 높이는 것뿐 아니라 창작 프로세스의 혼란스럽고 불편한 부분을 피하고 싶어서 이런 선택을 내렸다. 더불어 오류를 없애기 위해 노력했다. 오류를 없애 제작비를 절감하면 픽사 조직을 먹여살리기에 유리해질 게 분명했다. 물론 현실은 예상과 딴판으로 흘러갔다. 첫째, 앤드루 스탠튼의 발표에서 인상적이었던 회상 장면들은 스토리 릴을 통해 보니 줄거리를 이해하는 데 방해가 됐다. 브레인트러스트 회의에서 리 언크리치는 이런 회상 장면들이 아리송하고 파편적일 뿐이니 이야기 전개 구조를 더 직선적으로 바꾸는 것이 좋겠다고 건의했다. 이에 따라 각본을 수정하자 예상치 못한 이점이 생겼다. 초안에서는 말린이 자식을 과보호하는 이유가 뒤늦게 밝혀지는 탓에 말린이 매정하고 차가운 아버지처럼 보였지만, 시간 순서대로 이야기를 진행하는 수정안에서는 말린이 자식을 과보호하는 이유를 빨리 알 수 있어 말린의 행동에 쉽게 공감했다. 둘째, 스탠튼은 두 가지 이야기 축(말린이 바다에서 겪는 일과 니모가 수족관에서 겪는 일)을 중심으로 이야기를 진행하려고 했는데, 이렇게 하면 예상보다 이야기 서술이 훨씬 복잡해졌다. 그래서 결국 니모가 수족관에서 겪는 일은 비중을 줄여 서브플롯으로 삼고, 니모를 찾아나서는 말린의 이야기를 메인플롯으로 삼았다. 이 밖에도 제작 과정에서 여러 가지 예상치 못한 문제가 발견돼 각본을 수정해야 했다. 당연히 미리 완성한 각본에 따라 제작한다는 당초 목표는 전혀 달성할 수 없게 됐다.

나는 〈니모를 찾아서〉부터는 이전과 다른 방식으로 작품을 제작하리라 기대했지만, 결국 이번에도 이전과 마찬가지로 제작 과정에서 수많은 수정 작업을 거쳐야 했다. 이런 오류와 수정을 거쳐 탄생한 〈니모를 찾아서〉는 2003년 개봉한 영화 중 두 번째로 흥행한 영화이자 역대 애니메이션 중 가장 흥행한 작품이 됐다. 이 작품에서 실패한 부분은 제작 공정 개선이라는 당초 목표를 달성하지 못한 것뿐이다.

당시 나는 프로덕션 단계 이전에 각본을 완성하는 것이 여전히 추구할 만한 가치가 있는 목표라고 생각했다. 하지만 이후 여러 작품을 만들다 보니, 이런 목표가 비실용적일 뿐 아니라 비현실적이라는 것을 깨닫게 됐다. 작품의 진로를 성급하게 미리 확정짓는 것은 작품이 파멸의 길로 들어설 확률을 높일 뿐이었다. 제작 공정을 개선해 더 빠르고 더 적은 비용으로 작품을 제작하는 것은 픽사 경영진이 지금도 계속 추구하고 있는 방향이지만, 이것이 목표일 수는 없다. 훌륭한 작품을 만드는 것이 목표가 돼야 한다.

나는 이와 유사한 사례를 다른 기업들에서 수없이 발견했다. 직원들이 제작 공정의 효율을 높이거나 산출량을 늘리는 것을 궁극적인 목표로 삼고 자신이 제대로 일하고 있다고 생각하지만, 사실은 기업의 진정한 목표에서 멀어지고 있을 뿐인 경우가 많다. 기업이 작업 과정의 효율성과 일관성만 추구하다가는 새로운 아이디어(못난이 아기)를 보호할 생각을 하지 못하게 된다. 이런 기업에서는 새로운 아이디어가 나올 수 없고, 설령 나와도 기각되기 마련이다. 이런 환경에서는 그저 기업을 굴러가게 할 돈을 벌기 위해 기존의 성공작을 모방하는 안전한 프로젝트를 추진하기 쉽다(이런 안전한 프로젝트의 예로는 〈라이온 킹 2〉가 나온 지 6년 뒤인 2004년 비디오 대여점용 애니메이션으로 출시한 〈라이온 킹 3〉가 있다). 직원들이 이런 사고방식을 가지고 일하는 기업에서는 독창적이지 않고 예측 가능한 아이디어만 나오기 십상이다. 이런 사고방식으로 기업 조직이라는 짐승을 한동안 먹여살릴 수는 있다.

■ ■ ■

짐승과 아기란 비유를 짐승은 모두 나쁘고, 아기는 모두 좋다는 흑백논리로 잘못 해석할 독자가 있을지도 모르겠다. 현실은 그 중간 지점이다. 짐승은 대식가이지만 귀중한 동기부여자다. 아기는 너무도 순수하고 잠재력이 많지만, 예측 불가능하고 많은 시간을 들여 보살펴야 한다. 기업은 짐승을 먹여살려야 할 필요성, 아기를 키워야 할 필요성을 조화롭게 충족시켜야 한다. 그러려면 기업의 진로에 영향을 미치는 다양한 동력들의 균형을 잡아야 한다.

서로 충돌하는 것처럼 보이는 동력들의 균형을 잡는 일을 힘들어하는 경영자가 많다. 짐승을 먹여살려야 할 필요성은 아기를 키워야 할 필요성을 매번 압도하는 것처럼 보인다. 아기의 진정한 가치는 몇 달이 지나도 알기 어렵고, 그나마 불확실한 경우가 많다. 기업의 재무 상태를 위험에 빠뜨리지 않으면서도 아기가 짐승에게 잡아먹히지 않게 하려면 어떻게 해야 할까? 모든 기업에는 나름대로 짐승이 필요하다. 기업은 허기진 짐승처럼 긴급히 일을 처리하고 마감 기한을 지켜야 할 때가 있다. 짐승을 적절히 통제하는 한, 짐승은 기업에 도움이 된다. 그렇지만 짐승을 적절히 통제하는 것은 매우 어려운 일이다.

짐승을 탐욕스럽고 생각 없고 고집스럽고 통제할 수 없는 괴물처럼 얘기하는 사람이 많지만, 매출에 기여하는 조직은(생산부서뿐 아니라 마케팅, 유통부서 등도) 모두 짐승이라고 볼 수 있다. 각 조직은 나름의 논리에 따라 운영된다. 그런데 수많은 조직이 제품의 품질에 책임을 지지 않고, 품질에 미치는 영향을 제대로 이해하지 못한 채 부여받은 업무만 한다. 이는 해당 조직만의 문제라고 볼 순 없다. 업무 공정이 문제다. 각 조직에는 기업의 업무 공정에 따라 배분된 고유의 목표와 기대와 의무가 있다.

짐승을 먹여살리는 일에 너무 많이 신경 써서 그쪽으로 과도하게 힘이 쏠린 기업이 많다. 대다수 기업의 거의 모든 조직이 유지비가 많이 들기 때문이다. 기업의 이익 규모는 직원을 얼마나 효율적으로 활용하느냐에 달려 있다. 자동차 공장 근로자는 조립라인이 정지해도 계속 임금을 받는 다. 아마존 쇼핑 사이트 창고 근로자는 소비자가 아마존 사이트에서 주문한 금액에 상관없이 임금을 받는다. 명암 효과 작업을 하는 애니메이터들은 애니메이션 제작 공정에서 이전 단계 근로자들이 일감을 넘길 때까지 별다른 일거리가 없어도 임금을 받는다. 만약 제작 공정의 비효율로 인해 일부 직원이 너무 오래 기다려야 한다든지, 대다수 직원이 일하고 있지 않은 시간이 길어질 경우, 기업은 이익이 감소하고 조직을 유지하기가 힘들어진다.

따라서 경영자는 기업 조직을 유지하기 위해 직원들이 시간과 재능과 주의력을 낭비하지 않고 업무에 투입하도록 유도해야 한다. 그러는 와중에도 짐승의 식욕은 줄어들 줄 모른다. 잔혹한 아이러니지만, 짐승을 먹여 살리는 데 성공할수록 더 빨리, 또다시 성공해야 한다는 압박감이 커진다. 이런 이유에서 수많은 기업이 아이디어 개발보다 제품 산출량 증가를 우선시하게 된다. 그렇다고 이것이 문제가 되는 짐승의 구성단위, 즉 조직구성원들 개개인의 잘못은 아니다. 이들은 부여받은 임무를 수행하기 위해 최선을 다할 뿐이다. 그렇지만 의도는 좋아도 결과에는 문제가 있을 수 있다. 바로, 짐승을 먹여살리는 일이 모든 업무의 초점이 되어버리는 것이다.

애니메이션 회사나 영화사 관계자들만 짐승을 먹여살려야 한다는 강박관념에 시달리는 것은 아니다. 기술 기업부터 출판사, 제조업체까지 모든 창조적 기업이 이런 강박관념에서 자유롭지 못하다. 이런 기업들에는 한가지 공통점이 있다. 기업에서 가장 조직적인 사람들(미리 정한 절차와 예산대로 일이 진행되도록 감독하는 직책에 있는 사람들)이 이런 강박관념에 쉽게 사로잡힌다는 사실이다. 이들이 제품 개발 과정에서 너무 강력한 영향력을 발휘할 때는(경영자가 새로운 아이디어가 충분한 수정과 보완을 거쳐 제품으로 개발되도록 지원하지 않을 때는) 기업에 탈이 날 수 있다. 짐승이 비대해진 기업에서는 아기가 크기 힘들다.

이런 일이 생기지 않도록 짐승을 길들여야 한다. 즉, 기업이 성공하기 위해 필요한 다양한 요소들을 균형 있게 갖추어야 한다. 조직을 먹여살리는 일과 직원들의 창의성을 보호하는 일에 균형 있게 시간과 자원을 투입하는 기업은 한쪽에 편향됐을 때보다 더 강해진다.

내가 가장 잘 아는 분야를 예로 들어보겠다. 애니메이션 사업은 여러 요소(스토리, 그림, 예산, 기술, 금융, 제작, 마케팅, 부가상품)로 구성돼 있다. 각 요소를 담당하는 직원들은 각자 나름의 우선순위를 가지고 있으며, 이 우선순위는 종종 다른 직원의 우선순위와 충돌한다. 각본가와 감독은 최대한 감동적인 스토리를 작품화하고자 한다. 미술총감독production designer은 최대한 아름답게 보이는 영상을 제작하고자 한다. 기술감독technical director은 흠 잡을 데 없는 기술 효과를 작품에 집어넣으려 한다. 재무 담당자들은 제작비가 예산을 초과하지 않도록 신경 쓴다. 마케팅 담당자들은 잠재적 관객들에게 잘 팔릴 수 있는 작품을 원한다. 부가상품 담당자들은 장난감, 도시락, 티셔츠로 판매할 수 있는 매력적인 캐릭터들을 원한다. 제작관리자는 전체 공정이 차질 없이 진행되도록 작업 전반을 관리하고자 한다. 각 집단은 각자 나름의 필요에 따라 일을 진행할 뿐, 자신의 결정이 다른 집단에 어떠한 영향을 미치는지 명확하게 알지 못한다. 각 집단은 각자 부여받은 명시적 목표를 달성해야 한다는 압박을 받는다.

프로젝트 초기에 이런 목표들은(사실은 애니메이션 영화 제작에서 하위 목표subgoal이다) 판별하고 설명하기 쉽지만, 각자 목표를 추구하다 보면 엉뚱한 결과물이 나올 때가 있다. 감독이 전권을 행사해 원하는 대로 만들다 보면 상영 시간이 너무 긴 작품이 나올 수 있다. 마케팅 담당자들이 지나치게 개입하면 다른 성공작을 모방한 영화, 즉 관객들에게는 익숙하지만 독창성 없는 영화가 나올 것이다. 각 집단은 옳은 일을 하려고 노력하지만, 작품을 각기 다른 방향으로 끌어당긴다. 이런 상황에서 한 집단이 '승리'하면, 모두 패배하고 만다.

불건전한 기업문화에서 직원들은 다른 사람의 목표는 무시하고 자신의 목표를 관철시켜야만 회사가 잘될 것이라고 믿는다. 반면 건전한 기업문화에서는 직원들이 자신의 목표와 다른 직원의 목표가 조화를 이루는 것이 중요하다는 사실을 안다. 따라서 자신의 의견을 개진하되 다른 직원과 논쟁해서 이기려 들진 않는다. 재능 있는 직원들에게 명확한 목표를 제시하면 직원들 사이에 자연스럽게 상호작용이 일어난다. 이런 상호작용이 기업의 균형을 잡아준다. 이는 각자의 목표가 사실은 하위 목표며 이 하위 목표들을 모두 균형 있게 달성해야 기업이 핵심 목표를 달성할 수 있다는 사실을 직원들이 이해할 때만 가능하다.

'균형'이라는 단어는 어감은 멋있지만 실제로 균형을 달성하는 행위의 역동적 속성을 잘 전달하지 못한다. 사람들은 '균형'이라는 단어를 들으면 가만히 앉아 있는 요가 수행자처럼 정적인 이미지를 연상하곤 한다. 반면 나는 수비수를 제치는 농구 선수, 일렬로 다가오는 수비수들을 피해 뛰어가는 미식축구 선수, 파도를 타는 사람의 모습이 떠오른다. 내게 있어 '균형'이라는 단어는 빠르게 변화하는 환경에 극도로 역동적으로 대응한다는 것을 의미한다. 애니메이션 감독들은 영화 제작 과정에서 자신이 극도로 역동적인 임무를 맡았다고 생각한다. 바이런 하워드^{Byron Howard} 디즈니 애니메이션 감독은 내게 이런 비유를 들었다. "내가 맡은 작품이 무척 까다로울 것이라고 생각하는 것은 심리적으로 도움이 됩니다. 마치 '여기 호랑이가 있으니 물리지 않게 조심해' 하고 누군가 알려주는 것과 같아요. 이렇게 경고를 받으면 무방비로 있을 때보다 물릴 일이 적겠지요."

브래드 버드 감독은 애니메이션 스튜디오건 음반사건 간에 모든 창조적 조직은 하나의 생태계라고 말한다. "모든 창조적 조직에는 계절이 필요합니다. 폭풍우도 필요하고요. 생태계와 똑같아요. 충돌이 없는 상태를 최적의 상태라고 보는 것은 화창한 날을 최적의 상태라고 보는 것과 같아요. 화창한 날은 태양이 비구름을 몰아낸 날입니다. 이때는 충돌이 없고, 승자가 명백하죠. 하지만 매일 화창하기만 할 뿐, 비가 오지 않으면 생물이 자랄 수 없습니다. 밤도 없이 항상 햇볕만 내리쬐면 지구가 말라붙고 모든 생물이 멸종할 겁니다. 충돌은 기업에 필수불가결한 요소입니다. 충돌을 통해 최고의 아이디어가 나오고 검증받기 때문이죠. 화창한 날만 있으면 생태계가 존재할 수 없듯, 충돌이 없으면 창조적 조직이 존재할 수 없습니다."

충돌이 건전한 것이라는 사실, 즉 충돌은 균형으로 가는 과정이며, 장기적으로 모든 직원에게 도움이 된다는 사실을 직원들이 이해하도록 돕는 것이 경영자의 책무다. 이 일에는 끝이 없는 까닭에, 경영자가 계속해서 노력을 기울여야 한다. 좋은 경영자는 균형이 파괴된 부분을 끊임없이 찾아다닌다. 예를 들어, 픽사의 직원 확충은 질 높은 작품을 만드는 데는 도움이 됐지만, 경영진이 대처해야 하는 새로운 문제도 낳았다. 회의 참석자

수가 많아지면서 이들 간의 친밀도가 떨어지고, 각자 작품에 기여하는 정도가 줄어들었다고 느끼게 됐다. 이에 따라 직원들의 소외감이 커졌다. 이 문제에 대응하기 위해 우리는 여러 하위 그룹 회의를 열어 각각의 개인이 발언할 수 있는 기회를 늘렸다. 이처럼 문제를 수정하고 기업의 균형을 잡기 위해 경영자는 주의를 기울여 기업 구석구석을 관찰해야 한다.

4장에서 픽사의 발전에 결정적인 계기가 된 시점을 소개한 바 있다. 〈토이 스토리 2〉 제작 프로젝트 초기에 일부 직원은 일류 작품을 만드는 반면 일부 직원은 이류 작품을 만들도록 지시받고 B팀으로 분류되는 기업 문화를 픽사 직원들이 용납할 수 없다는 사실을 깨달았다. 현실과 동떨어진 이상론이라고 생각할 독자도 있을지 모르지만, 우리는 언제나 최고의 작품을 만들려는 픽사의 기업문화를 보존하는 것이 중요하다고 믿었다. 일부 직원이나 일부 요소 및 목표가 더 중시된다면, 기업의 균형이 붕괴될 수밖에 없다.

반으로 자른 공에 나무판자를 붙인 운동기구인 밸런스 보드에 올라서서 균형을 잡는 모습을 상상해보라. 흔들리는 나무판자 위에서 균형을 잡으려면 두 발을 각각 나무판자 양쪽 끝에 대고 몸무게의 중심축을 이동시켜야 한다. 서로 경쟁하는 두 힘을 관리해 균형을 잡는 행위의 예로 이보다 더 좋은 것이 떠오르지 않는다. 밸런스 보드를 타는 방법은 말로 설명할 수 있고, 비디오로 보여줄 수도 있고, 다른 방법을 제시할 수도 있지만 균형 잡는 법을 완벽하게 설명하지는 못할 것이다. 직접 밸런스 보드 위에 서서 여러 가지 자세를 취하며 균형을 잡아보는 수밖에 없다. 어떤 일은 말로 들어서는 배울 수 없다. 직접 해봐야 한다. 불안정한 위치에 서서 나름대로 균형을 잡는 요령을 몸으로 터득해나가야 한다.

나는 종종 창의적 기업의 경영자들이 진정으로 집착해야 하는 것은 목표goal가 아니라 의도intention라고 말한다. 경영자는 새로운 정보를 습득하거나, 알고 있다고 생각했지만 실제로는 몰랐던 것을 갑자기 알게 됐을 때, 열린 자세로 목표를 수정할 수 있어야 한다. 의도, 다시 말해 가치value가 변하지 않는 한, 목표는 필요에 따라 바뀔 수 있다. 픽사 임직원은 독창적이고 질 높은 작품을 창조하겠다는 윤리의식, 가치, 의도를 절대로 저버리지 않고자 노력한다. 우리는 새로운 사실을 학습하면서 원래의 의도에 부합하는 작품을 만들고자 목표를 수정해 나간다. 처음부터 오류가 없는 작품을 만들려고 할 필요는 없다. 실수를 통해 학습하고 수정하는 것은 창의적 기업에 필수불가결한 요소, 즉 새로운 아이디어를 보호하는 문화를 확립하는 유일한 길이기 때문이다.

. . .

나는 여러 해 동안 시그래프 컨퍼런스에서 배포할 논문들을 선정하는 위원회에 참가했다. 앞서 말했듯, 컨퍼런스는 컴퓨터그래픽업계 관계자들이 모여 업계의 최신 동향을 파악하는 자리다. 이곳에서 배포하는 논문은 컴퓨터그래픽 분야를 선도할 아이디어들을 제시해야 한다. 위원회에는 여러 분야의 저명한 인사들이 참가했는데, 모두 나와 친분이 있었다. 위원들은 함께 모여 주의 깊게 논문들을 검토했는데, 회의 때마다 두 부류로 나뉘었다. 한 부류는 논문에서 새로운 아이디어를 찾아내고자 노력하고 결함을 발견하면 논문을 개선하길 바라는 마음에서 온건하게 결함을 지적하는 '아이디어 보호자'다. 또 한 부류는 결함을 찾아내 논문을 기각하는 '아이디어 파괴자'다. 흥미롭게도, 후자는 자신의 행동이 본연의 임무와 동떨어져 있다는 사실을 인식하지 못한다(그들은 자신의 기준이 얼마나 높은지 동료들에게 과시하고 싶어 하는 것 같았다). 두 부류 모두 자신이 절차를 지키고 있다고 생각했지만, 한 부류만 새롭고 놀라운 아이디어를 찾는 본연의 임무를 이해하고 그런 아이디어들을 보호했다. 부정적인 피드백은 재미있을지 몰라도, 검증되지 않은 아이디어를 옹호하고 그 아이디어가 성장할 여지를 주는 피드백보다 훨씬 덜 담대하다.

새로운 아이디어를 보호해야 한다고 해서 이를 격리시켜야 한다는 뜻은 아니다. 나는 애벌레가 고치 속에서 나비로 성장하는 과정을 경외하지만, 창조적인 제품이 진공 상태에서 개발되어야 한다고 믿지는 않는다(이는 예전에 픽사가 파란 발이 달린 영원들이 등장하는 작품을 만들었을 때 저지른 실수 중 하나다). 어떤 직원들은 보석을 꼭 쥐고 애지중지하며 닦듯, 다른 사람과 의견을 교환하지 않고 독단적으로 작품을 만든다. 경영자가 이런 행동을 허용하는 것은 보호가 아니다. 오히려 그 반대다. 직원들이 자신의 세계에 갇히지 않게 보호해야 하는 경영자의 임무를 수행하지 못한 것이다. 지금까지 역사를 되돌아보면 알 수 있듯, 일부 직원들은 엉뚱하게도 보석이 아닌 벽돌을 열심히 닦으려고 한다.

픽사에서 보호란 직원들을 지원하는 것을 뜻한다. 더 구체적으로 말하면, 새로운 아이디어를 개발하는 과정이 얼마나 어려운지 이해하는 아이디어 보호자들로 회의장을 채우는 것을 뜻한다. 픽사 경영진은 직원들이 불이익을 당할 걱정 없이 안심하고 문제 해결에 전념할 때 최고의 아이디어가 나올 수 있다는 사실을 안다(명심하자. 사람이 아이디어보다 중요하다. 사람이 없으면 아이디어도 없다). 그렇다고 픽사가 새로운 아이디어를 계속 보호하는 것은 아니다. 어느 시점이 되면 이 아이디어는 기업의 필요(기업에 필요한 여러 요소들, 특히 수익성)를 충족시켜야 한다. 수익성이 직원들을 짓누르는 기업의 최우선 목표가 되지 않는 한, 수익성을 추구하다가 가치를 포기하는 일이 발생하지 않는 한, 수익성 추구는 진보를 촉진하는 동력이 된다.

어느 시점에 이르면 새로운 아이디어는 보호라는 고치에서 나와 제품 제작 직원들의 손으로 넘어가야 한다. 이 과정은 매우 혼란스럽고 고통스러울 수도 있다. 특수효과 소프트웨어 직원 한 명이 픽사를 그만둔 뒤 내게 불만 사항을 적은 이메일을 보낸 적이 있다. 그가 털어놓은 불만 사항은 두 가지였다. 첫째, 새로운 소프트웨어 때문에 발생하는 자잘한 문제들이 너무나 많고, 문제를 처리하는 일이 힘들었다고 했다. 둘째, 픽사가 과감하게 기술적 위험을 감수하지 않는 점에 실망했다고 했다. 아이러니하게도 애당초 그를 채용한 이유는 픽사가 커다란 기술적 위험을 감수해가며 새로운 소프트웨어 시스템을 도입했기 때문이었다. 그가 마주친 혼란스러운 문제들(픽사를 그만둔 이유)은 새로운 것을 시도하는 과정에서 나온 것이었다. 그는 위험을 감수하길 원했으면서도 정작 위험 감수에는 위험이 초래하는 혼란에 대처하는 행위가 포함된다는 사실을 이해하지 못했다.

새로운 아이디어가 보호 단계에서 제작 단계로 넘어가는 마법의 순간은 언제일까? 이 질문은 새끼를 둥지에서 떠나보낼 때를 어떻게 아느냐고 어미 새에게 묻는 것과 같다. 새끼 새가 혼자서 날 힘이 있을까? 새끼 새가 날개를 쓰는 법을 터득했을까, 아니면 땅으로 떨어질까?

사실 작품을 제작할 때마다 이 문제를 놓고 고민한다. 미국 영화계에서는 영화사가 공식적으로 제작에 착수할지 말지 결정하는 순간을 표현할 때 '그린라이트green light'라는 용어를 사용한다. 할리우드에서는 영화사로부터 제작해도 좋다는 그린라이트 신호를 받지 못해 논의 단계development hell에서 좌초되는 프로젝트가 무수히 많다. 하지만 픽사가 지금까지 작품을 구상하고도 제작을 완료하지 못한 경우는 단 한 번뿐이었다(2012년 개봉 예정이었지만 제작이 무산된 〈뉴트〉를 말한다 - 옮긴이).

아이디어 보호 단계에서 작품 제작 단계로 넘어가는 순간을 설명할 때 내가 자주 언급하는 사례 중 하나로 픽사의 인턴 프로그램이 있다. 1998년 나는 다른 창의적 기업들과 마찬가지로 영리한 젊은이들을 여름 두 달간 회사로 초대해 경험 많은 제작 인력과 함께 일하며 배우게 하는 인턴 프로그램을 운영하면 픽사에 도움이 될 것이라고 생각했다. 하지만 이 아이디어를 발표하자 제작관리자들은 난색을 표했다. 이들은 인턴을 받는 데 관심이 없었다. 처음에 나는 미숙한 대학생들을 데려다가 애니메이션 제작 일을 가르쳐줄 시간이 없을 정도로 그들이 바쁘기 때문이라고 생각했다. 하지만 이들이 반대한 이유는 시간 부족 때문이 아니라 돈 때문이었다. 인턴을 채용하는 데 비용을 지출하고 싶어 하지 않았다. 경험 많은 인력만 채용해도 될 정도로 예산이 충분했기에 굳이 미숙한 인턴을 채용할 필요가 없었다. 이들은 풍부한 시간과 자원을 누리고 있었던 까닭에 관성에 물들어 있었다. 사실 이들의 반응은 작품을 보호하고 제작비를 한 푼도 허투루 쓰지 않으려는 욕구에서 나온 일종의 보호 반응이었다. 하지만 이런 보호 반응은 기업에 도움이 되지 않았다. 인턴 프로그램은 픽사에서 일할 만한 젊은 인재들이 있는지 파악할 수 있는 메커니즘이다. 새로운 인재는 기업에 에너지를 불어넣는다. 인턴 프로그램은 참가자에게도 픽사에도 이득이 되는 윈윈 게임이 될 게 분명했다.

인턴 채용 비용을 감안해 예산을 증액 편성하라고 제작관리자들에게 지시할 수도 있었다. 나에게는 편한 선택이지만, 무작정 지시했다가는 그들이 인턴 프로그램이라는 새로운 아이디어를 적대시할 가능성이 높았다. 그래서 이를 기업 비용으로 처리해 원하는 부서는 추가 비용 없이 인턴을 데려다 쓸 수 있도록 했다. 첫해 픽사는 여덟 명의 인턴을 채용해 애니메이션부서와 기술부서에 배치했다. 이들은 너무나 열정적으로 일하고 너무나 빨리 배워서 인턴 기간이 끝날 무렵에는 실제로 애니메이션 제작에 참여할 수 있었다. 이 중 일곱 명은 대학교를 졸업한 후 픽사에 정식 직원으로 입사했다. 그 후 매년 픽사의 인턴 프로그램은 조금씩 성장해 더 많은 제작관리자가 인턴을 채용하게 됐다. 재능 있는 인턴의 참여로 직원들의 작업 부담은 조금이나마 줄어들었다. 그뿐 아니라 인턴들에게 픽사의 애니메이션 제작 방식을 가르쳐주는 과정은 제작 방식을 검증하고 개선하는 기회가 됐다. 몇 년이 지나자 기업 예산으로 인턴을 채용할 필요가 없어졌다. 인턴 프로그램이 쓸모 있다는 사실이 입증되자, 제작관리자들이 자기 부서의 예산을 들여 채용하려고 나섰기 때문이다. 인턴 프로그램이라는 새로운 아이디어는 자리 잡을 때까지 보호가 필요했지만, 나중에는 보호받을 필요가 없을 정도로 성장했다. 2013년 픽사가 인턴 100명을 모집한다는 공고를 냈을 때, 지원자가 1만 명이나 몰렸다.

영화 아이디어든 인턴 프로그램이든 새로운 아이디어는 보호가 필요하다. 반면, 통상적인 업무 아이디어는 그럴 필요가 없다. 이미 검증된 아이디어나 업무 방식을 보호하기 위해 과도한 노력을 기울일 필요는 없다. 기업 시스템은 이미 사용되고 있는 아이디어를 계속 사용하려는 속성이 있다. 이런 속성에 도전하는 새로운 아이디어가 잠재력을 발현하기 위해서는 지원이 필요하다. 새로운 아이디어를, 즉 과거가 아닌 미래를 보호하기 위해서는 의식적으로 노력을 기울여야 한다.

내가 좋아하는 픽사 작품 장면 중에 이런 것이 있다. 〈라따뚜이〉에 등장하는 음식평론가 안톤 이고가 주인공 레미가 경영하는 구스토 레스토랑을 평가하는 장면이다. 그는 레미의 재능이 "고급 음식에 대한 내 선입견을 뒤흔들었고… 나를 뼛속까지 전율하게 했다"라고 말한다. 브래드 버드 감독이 쓰고, 명배우 피터 오툴Peter O'Toole이 성우로 참여해 낭독한 안톤 이고의 연설에 나도 전율했다. 이 연설은 오늘날까지도 내가 고민할 때마다 머릿속에 맴돈다.

"음식평론가 일은 여러모로 쉽습니다. 우리는 별다른 위험 부담 없이, 자신의 작품을 평가받으려는 요리사들이 제공하는 음식을 즐기는 유리한 입장에 있습니다. 물론 부정적인 평가를 내놓을수록 인기를 끕니다. 부정적인 평론은 쓰기도, 읽기도 재밌습니다. 하지만 평론가들이 직면해야 하는 냉혹한 진실이 있습니다. 극히 평범한 음식일지라도 평론가의 글보다는 더 의미 있다는 진실입니다. 평론가가 진정으로 위험을 무릅써야 하는 순간이 있습니다. 새로운 것을 발견하고 옹호하는 순간입니다. 세상은 종종 새로운 재능, 새로운 창조물에 불친절합니다. 새로운 아이디어는 지지해줄 친구가 필요합니다."

CHAPTER

8

변화와 무작위성에
대처하는 법

전 임직원 앞에 서서 큰 동요를 불러일으킬 수 있는 내용을 발표할 때처럼 떨리는 순간은 없다. 2006년 스티브 잡스, 존 래스터, 그리고 내가 전 임직원을 소집해 픽사를 디즈니에 매각하기로 결정했다는 사실을 발표한 때가 바로 그런 순간이었다. 작은 애니메이션 제작사 픽사가 훨씬 규모가 큰 기업에 흡수된다는 사실에 많은 직원이 동요할 것임이 분명했다.

우리는 디즈니와 인수합병 계약 조건을 협상하면서 픽사의 독립성을 보장하는 보호 조항들을 집어넣고자 최선을 다했지만, 픽사의 조직문화가 부정적인 방향으로 바뀔까 봐 걱정하는 직원이 많을 것이라 예상했다. 픽사를 보호하기 위해 취한 조치들은 차차 설명하겠지만, 우선 여기서는 직원들의 공포를 누그러뜨리고자 '픽사가 변하지 않을 것'이라고 발언한 뒤 일어난 일을 소개하려고 한다.

나는 이 발언을 내 인생에서 가장 멍청한 발언 중 하나로 꼽는다.

이후 1~2년간 픽사 경영진이 새로운 것을 시도하거나 업무 방식을 재고할 때마다 불안해진 직원들이 줄줄이 내 사무실에 쳐들어와 따졌다. "합병이 우리가 일하는 방식에 영향을 미치지 않을 거라고 약속하셨잖아요." "픽사가 절대 변하지 않을 거라고 말씀하셨잖아요."

이런 일이 너무 자주 벌어지자, 급기야 다시 전 직원을 소집해 설명했다. "내 말은 더 큰 기업에 합병됐다는 이유만으로 우리가 변하는 일은 없을 거란 뜻이었습니다. 설령 디즈니와 합병하지 않았어도 겪었을 변화는 계속해서 거쳐야 합니다. 게다가 우리는 언제나 변해왔습니다. 변화는 유익한 것이니까요."

내 의도를 정확히 설명할 수 있어 후련했지만, 직원들에게 정확히 전달되지 않았다. 결국 이후 두 차례나 더 "물론 우리는 계속 변화할 것"이라고 연설한 뒤에야 직원들의 불평이 잦아들었다.

흥미로운 부분은 그토록 많은 직원의 반발을 부른 변화들은 기업합병과 관련 없었다는 점이다. 사업이 확장되고 진전되면서 자연스럽게 거쳐야 할 변화였을 뿐이다. 아무리 변화를 피하고 싶더라도 피할 수 있다고 생각하는 것은 어리석다. 그리고 피하고 싶어 해서는 안 된다. 변화 없이는 성장할 수 없고, 성공할 수도 없다.

픽사가 디즈니와 합병할 무렵 픽사 경영진은 원작과 속편의 균형을 잡기 위해 고민하고 있었다. 픽사 작품에 흠뻑 빠진 관객들은 원작과 세계관이 이어지는 속편들을 보고 싶어 했다(마케팅과 부가상품 담당자들도 마케팅과 부가상품 판매가 용이한 속편이 나오길 바랐다). 하지만 속편들만 제작할 경우 픽사는 점점 생명력을 잃고 쇠퇴할 것이 분명했다. 나는 영화사가 속편을 제작하는 것은 창의성이 고갈됐음을 알리는 신호라고 생각했다. 우리는 새로운 작품을 제작하기 위해 끊임없이 새로운 아이디어를 구상해야 했다.

그런데 새로운 작품은 흥행에 실패할 위험이 크다. 관객을 끌어들이기에 용이한 속편을 제작해 현금을 챙겨두면 신작의 손실 위험을 감당할 수 있는 여지가 늘어난다. 고민 끝에 픽사 경영진은 새로운 세계관과 캐릭터를 담은 신작을 해마다 한 편씩 제작하고, 속편은 2년에 하나씩 제작하기로 결정했다. 2년마다 애니메이션 영화 세 편을 개봉하는 제작 스케줄이다. 이는 픽사의 재무 건전성과 독창성을 균형 있게 유지할 수 있는 합리적 절충안처럼 보였다.

그때까지 픽사가 제작한 속편은 〈토이 스토리 2〉뿐이었다. 공교롭게도 디즈니와 합병할 무렵 픽사 경영진이 2년에 한 편꼴로 속편을 제작하기로 결정한 까닭에 직원들은 디즈니가 픽사에 속편을 제작하라는 압력을 넣었다고 오해했다. 사실 디즈니는 픽사 경영진에게 많은 자유를 보장해주었다. 이런 사실을 직원들에게 설명했지만, 직원들은 의혹의 눈초리를 보내며 불안해했다.

사무실 공간을 배분할 때도 비슷한 혼란을 겪었다. 더 많은 작품을 제작해야 할 필요가 생겨 직원들을 확충함에 따라 본사 건물만으로는 공간이 부족해졌다. 이에 따라 본사 건물에서 몇 블록 떨어진 곳에 위치한 작은 건물을 임대해 차기작으로 구상 중인 〈메리다와 마법의 숲Brave〉 제작팀, 차세대 애니메이션 소프트웨어를 개발 중이던 소프트웨어 도구 개발팀이 들어가 일하도록 했다. 그러자 또 직원들이 몰려와 따졌다. '왜 소프트웨어 도구 개발팀 프로그래머들을 〈메리다와 마법의 숲〉 제작팀을 제외한 제작부서 직원들과 격리된 곳에서 일하게 하는가? 함께 일하는 것이 자연스러운 스토리부서와 미술부서를 왜 분리하려고 하는가?'

2006년 전후 직원들은 모든 이슈의 원인을 픽사와 디즈니의 합병 탓으로 돌렸다. 픽사의 기업문화를 보호하기 위해 인수합병 계약서에 집어넣은 보호 조항들이 효력을 발휘하고 있는데도 불안감을 감추지 못하고 불평했다. "픽사가 변하지 않을 거라고 말씀하셨잖아요! 사장님은 약속을 저버리고 있습니다! 우리는 픽사의 정체성을 잃고 싶지 않습니다!" 나는 픽사의 기업문화를 보호하려고 강구한 방안들이 효과를 발휘하고 있다고 봤지만, 직원들은 디즈니와의 합병 후 불안감에 휩싸여 매사 의심하는 버릇이 생겼다. 어떠한 변화도 픽사의 방식, 픽사의 진보 역량을 위협하는 위험요소로 간주하는 직원이 늘어났다.

사람들은 효과가 검증된 것, 예컨대 과거에 통한 스토리, 방법, 전략에 안주하고 싶어 한다. 새로 고안한 방법이 효과가 있다고 판명되면, 이 방법을 계속 사용한다. 조직은 이런 식으로 학습한다. 성공을 거둬 성장할수록 기존 접근법에 집착하고, 점점 더 변화를 거부하게 된다.

변화는 피할 수 없다. 하지만 변화의 불가피성 때문에 사람들은 더더욱 자신에게 익숙한 기존 방식을 고수하고자 저항한다. 불행히도 인간은 아직 유효하고 지킬 가치가 있는 것과 유효하지 않고 버려야 하는 것을 구분하는 데 서툴다.

창의적 기업의 직원들에게 변화가 긍정적인 것이라 믿는지 묻는다면, 절대다수가 그렇다라고 답할 것이다. 그러나 픽사와 디즈니의 합병 후 내가 경험한 현실은 정반대였다. 인간은 변화를 두려워하는 본성이 있다. 변화에 대한 공포는 이성으로 억누르기 어렵고, 직원들에게 지속적으로 강력한 영향을 미친다. 변화에 대한 공포에 전염된 직원들은 의자 빼앗기 놀이를 할 때와 비슷한 심리 상태를 보인다. 즉, 안전하다고 인식하는 장소에 계속 머물려고 하고, 다음에도 안전한 장소에 앉을 것 같지 않으면 다른 곳으로 이동하지 않으려 한다.

픽사 같은 기업에선 각 직원의 제작 공정이 다른 직원의 제작 공정과 긴밀하게 이어져 있고, 모든 직원이 동시에 같은 방식으로 변화하는 것이 거의 불가능하다. 동시에 바뀌도록 시도할 가치가 없어 보일 때도 많다. 경영자는 유효성이 입증된 방식을 고수할 때와 유효성이 입증되지 않은 방식을 시도할 때를 어떻게 구분해야 할까?

인정하기는 싫지만, 이 대목에서 우리가 알 수 있는 것은 변화를 반기든 거부하든 상관없이 변화는 일어난다는 사실뿐이다. 많은 사람이 예측할 수 없고 무작위로 일어나는 사건들을 두려워하지만, 나는 그렇지 않다. 내가 생각하기에 무작위성은 피할 수 없는 게 분명하지만, 이는 인생의 묘미이기도 하다.

이 점을 인식하고 인정하면 뜻하지 않은 상황이 닥쳐도 건설적으로 대응할 수 있다. 사람들은 공포에 짓눌려 확실하고 안정적인 것을 추구하지만 확실한 것, 안정적인 것을 추구한다고 안전해진다는 보장은 없다. 나는 다르게 접근한다. 무작위성을 두려워하는 대신 인생에서 피할 수 없다는 사실을 인식하고, 긍정적으로 활용하는 선택을 내릴 수 있다고 믿는다. 예측할 수 없는 상황은 창의성의 산실이다.

● ● ●

픽사의 열 번째 장편 애니메이션 〈업Up〉은 픽사의 작품 중 가장 감수성이 풍부하고 독창적인 작품으로, 변화와 무작위성을 연구하기에 좋은 사례다. 피트 닥터가 구상하고 감독을 맡은 이 작품은 재치와 깊이가 있고, 진정성을 갖춘 모험담이라는 평론가들의 찬사를 받았다. 하지만 제작 과정에서 얼마나 많은 변화를 겪었는지 아는 사람은 드물 것이다.

원안에는 하늘을 떠다니는 성이 등장한다. 이 성에는 왕과 두 아들이 살고 있다. 두 아들은 왕국을 물려받기 위해 경쟁했다. 형제는 서로 미워하고 이해하지 못했다. 그러던 어느 날 둘은 땅으로 떨어졌다. 이후 하늘의 성으로 돌아가기 위해 방랑하다가 키가 큰 새와 마주쳤다. 이 새 덕분에 그들은 서로 이해할 수 있게 됐다.

원안의 스토리는 흥미로웠지만 결국 영화화할 수 없었다. 원안을 검토한 직원들은 두 왕자에게 공감할 수 없고, 하늘을 떠다니는 성이 있는 세계관을 이해하기 어렵다고 했다. 이런 평가를 들은 닥터는 스토리를 곰곰이 되짚어보고 자신이 진정 전달하려는 주제가 무엇인지 고민했다. "살면서 경험한 한 가지 감정을 이 작품에 담으려고 했습니다. 나는 살아가기 벅차다는 느낌을 받을 때가 있습니다. 특히 300명이나 되는 직원들을 이끌고 애니메이션을 제작할 때 그렇습니다. 그래서 종종 어디론가 훌쩍 떠나는 몽상에 빠지죠. 열대 섬에서 혼자 지내거나 미국을 혼자서 도보여행하는 상상에 빠집니다. 모든 사람이 일상에서 탈출하고 싶은 심정에 공감할 겁니다. 내가 정말로 관객들에게 전달하려는 주제가 무엇인지 정리되자 이를 더 잘 전달하게끔 스토리를 재구성할 수 있었습니다."

최종적으로 원안에서 두 가지 요소만 살아남았다. 키 큰 새라는 캐릭터와 '업'이라는 제목이다.

피트 닥터 제작팀은 수정안에서 칼 프레드릭슨이라는 노인을 주인공으로 내세웠다. 제작팀은 작품 도입부에서 칼 프레드릭슨이 어릴 적 만난 소녀 엘리와 사랑에 빠져 결혼한 이야기를 요약해놓아 작품의 전반적인 톤을 설정했다. 아내가 죽고 난 뒤 슬픔에 빠진 그는 집에 거대한 풍선 다발을 달아 집이 허공을 느리게 떠다니게 한다. 그런데 그의 집에 러셀이라는 여덟 살짜리 보이스카우트 단원이 몰래 숨어들어온다. 나중에 그의 집은 거대한 구름으로 위장한 소련 정찰 비행선 위에 착륙한다. 닥터가 이런 수정안을 내놓자 한 직원이 구름으로 위장한 비행선이라는 아이디어는 스토리 측면에서는 괜찮지만, 이전에 픽사가 채택한 아이디어와 약간 비슷하다는 의견을 내놓았다. 독창적인 스토리를 원했던 닥터는 이 의견이 마음에 걸려 다시 각본을 수정했다.

재수정안에서 제작팀은 구름으로 위장한 비행선 부분을 삭제하고, 일흔여덟 살 노인 칼 프레드릭슨, 소년 러셀, 키 큰 새, 풍선에 매달려 하늘을 떠다니는 집이라는 아이디어는 유지했다. 노인과 소년은 테푸이^{Tepui}라는, 꼭대기가 평평한 베네수엘라 산에 착륙해 찰스 먼츠를 만난다. 찰스 먼츠는 노인이 어릴 적에 이야기를 읽고 영감을 받았을 정도로 유명한 탐험가다. 그가 늙어 죽지 않은 것은 키 큰 새가 낳은 알을 먹으면 젊음을 유지할 수 있기 때문이다. 하지만 마법의 알 부분이 복잡하고 핵심 줄거리에서 너무 동떨어져 있다고 느낀 피트 닥터는 다시 각본을 수정했다.

재재수정안에서는 젊음을 유지해주는 알이 나오지 않는다. 이 때문에 또 다른 문제가 생겼다. 마법의 알을 뺀 덕분에 극중 감정 흐름은 자연스러워졌지만, 칼 프레드릭슨이 어릴 적부터 존경한 찰스 먼츠의 나이가 100살에 가깝게 돼버렸다. 하지만 스토리를 수정하기에는 너무 늦었다. 결국 제작팀은 수정하지 않고 그대로 가기로 결정했다. 과거의 경험에 비추어볼 때 관객들이 작품의 세계관에 동조하면 사소한 모순 정도는 문제 삼지 않는다는 점을 알았기 때문이다. 이 작품에서도 찰스 먼츠의 나이에 모순이 있다는 점을 깨닫지 못했다. 일부 관객은 모순을 깨달았어도 신경 쓰지 않았다.

〈업〉은 이런 변화를 거쳤다. 관객들이 납득할 수 있는 작품으로 탄생하기 위해 수년간의 수정 작업이 필요했다. 제작팀이 변화에 겁먹고 공황 상태에 빠지거나 낙담했다면 이 작품은 진화하지 못했을 것이다. 닥터는 이 작품을 제작하는 과정에서 변화에 직면할 때 사람들이 느끼는 감정을 이해하게 됐다고 내게 말했다. "〈몬스터 주식회사〉의 제작을 끝낼 때까지는 실패가 건전한 제작 공정의 일부분이라는 사실을 깨닫지 못했어요. 이 작품을 감독할 당시에는 실수를 나 개인의 단점이 초래한 잘못으로 인식했고, 내가 더 나은 감독이었다면 이런 실수를 저지르지 않았을 것이라고 자책했습니다."

닥터는 요새도 내게 이렇게 말한다. "나는 실수를 저질렀을 때 정신이 붕괴되고 이성이 얼어붙는 경우가 많습니다. 내가 저지른 실수 때문에 세상이 무너지고 모든 것을 잃어버린 것 같아 머리가 멍해지죠. 이를 극복하기 위해 터득한 비결은 실제로 잘못된 것을 조목조목 따져 목록을 작성하는 것입니다. 그러다 보면 대부분의 이슈를 두세 가지 큰 문제로 나눌 수 있습니다. 그러면 내가 처한 상황이 그렇게까지 절망적이지 않다는 느낌이 들어요. 문제를 몇 가지로 정리하는 편이 모든 게 다 틀렸다는 비논리적 감정에 휩싸이는 것보다 훨씬 낫습니다."

닥터가 캐릭터들의 감정과 성격을 설정하고 이를 중심으로 스토리를 전개해나가는 임무를 줄곧 잊지 않은 것도 도움이 됐다. 닥터와 함께 일한 적 있는 사람들은 그와 다시 일할 수 있다면 폐기된 기획안을 발굴하는 일일지라도 지원하겠다고 말한다. 그만큼 그는 직원들에게 신뢰받고 사랑받는 감독이다. 하지만 이 작품에서 보인 행보는 예측 불가능하고 따라가기 어려웠다. 이 작품은 당초 구상과 완전히 다른 작품이 됐다. 폐기된 스토리를 다시 발굴하는 차원이 아니라, 아무런 스토리가 없는 상태에서 시작한 것이다.

"영화를 구상할 때 즉시 이야기 구조, 플롯이 머릿속에 떠올라도 나는 이런 아이디어를 신뢰하지 않습니다. 독창적인 아이디어, 캐릭터, 스토리 반전은 시행착오를 겪으며 발견해 나가는 것이라고 생각합니다. 여기서 '발견'한다는 말은 처음에는 답을 모른다는 것을 뜻해요. 내가 스칸디나비아 출신 신교도 가정에서 자란 영향일지도 모르지만, 쉽게 살아서는 안 된다고 생각합니다. 사람은 자신의 한계에 도전해 새로운 것을 시도해야 합니다. 물론 이 과정에서 불편한 일들을 겪기도 하죠. 하지만 살면서 큰 재난을 몇 번 경험하는 것은 자신에게 도움이 됩니다. 〈벅스 라이프〉와 〈토이 스토리 2〉 제작 과정을 거친 직원들은 압박감에 시달린 덕에 상당히 멋진 아이디어를 내놓을 수 있었다는 점을 깨달았습니다."

피트 닥터는 혼란스러운 프리 프로덕션 단계에서 직원들이 공포를 극복할 수 있게 돕는 요령을 몇 가지 알고 있다. "가끔 회의 참석자들이 얼어붙어 새로운 생각을 얘기하지 않을 때가 있습니다. 그럴 때 나는 속임수를 씁니다. '지금대로 진행하면 괜찮은 작품이 나오겠지만, 그냥 사고 훈련thought exercise의 일환으로 다음과 같이 해보면 어떨까요?'라든지 '실제로 이렇게 할 생각은 없지만, 잠깐만 내 말을 들어봐요' 같은 말로 회의 참석자들이 의견을 제시하도록 유도합니다. 사람들은 제작 압박을 받는다고 생각할 때 새로운 아이디어를 떠올릴 마음의 여유가 사라집니다. 따라서 실제 업무와는 무관하게 그저 잡담을 나누는 척할 필요가 있어요. 그러다가 새롭고 유망한 아이디어가 나오면 회의 분위기가 달아오르고, 사람들은 주저하지 않고 이 아이디어와 관련된 의견을 제시합니다."

피트 닥터가 아이디어를 이끌어내기 위해 사용하는 또 다른 수법은 직원들이 빈둥거리며 놀도록 장려하는 것이다. "최고의 아이디어 중 어떤 것들은 농담 따먹기 속에서 나옵니다. 직원들이 한가롭게 얘기하고 시간을 보낼 수 있게 허용해야만 최고의 아이디어를 떠올릴 수 있어요. 유튜브 동영상을 보거나 지난 주말 동안의 일들을 이야기하는 것은 시간낭비처럼 보이지만, 이런 활동은 장기적으로 볼 때 매우 생산적일 수 있습니다. 어떤 사람은 창의성을 '무관한 개념이나 아이디어들의 예상치 못한 결합'이라고 정의합니다. 이 정의가 옳다면, 창의성을 발휘하고 싶은 사람은 무관한 개념, 아이디어들을 연결할 수 있는 정신 상태여야 해요. 그래서 나는 아이디어 회의가 벽에 부딪친 것 같으면 진지한 얘기를 접습니다. 회의 참석자들은 모두 다른 이야기에 빠집니다. 나중에 기분을 전환하고 나면 다시 문제에 대해 토론합니다."

진정으로 독창적인 아이디어는 혼란과 난관을 거쳐 나오는 까닭에 변화는 피해야 할 것이 아니라 가까이 지내야 하는 친구다. 이런 주장을 선뜻 받아들이지 못하는 사람이 많을 것이다.

그 이유는 충분히 이해한다. 옷이나 자동차 디자인을 구상하든 광고를 구상하든 창조적 작업은 비용이 많이 드는 과정이다. 도중에 벽이나 예상치 못한 난관에 부딪치면 추가적인 비용 상승이 불가피하다. 너무나 많은 돈이 걸려 있고, 어떠한 위기가 닥칠지 알 수 없기에 사람들은 선뜻 모험에 나서길 꺼린다. 잠재적 실패 비용이 너무 커 보이는 탓에, 경영자가 업무를 지휘 감독하고 통제하는 마이크로 경영이 훨씬 적은 비용이 들 것처럼 보일 때가 있다. 하지만 실패해서 돈을 잃을 것이 두려워 통제를 강화하고, 창조적 작업에 투자하지 않는 기업은 임직원들의 머리가 굳어 창의성이 떨어지게 된다.

• • •

변화를 싫어한다고 말하는 사람들이 정말로 두려워하는 것은 정확히 무엇일까? 사람들은 변화가 일어나면 혼란에 빠지거나, 업무량이 증가하거나, 스트레스 받을까 봐 불편해한다. 업무 추진 과정에서의 진로 변경을 자신이 하고 있는 일을 모른다고 인정하는 것, 자신의 약점을 노출하는 행위라고 생각하는 사람이 많다. 이는 기이한 현상이다. 나는 생각을 바꾸지 못하는 사람은 위험하다고 생각한다. 스티브 잡스는 새로운 사실을 알게 되면 즉시 생각을 바꾸는 사람으로 알려져 있지만, 그를 약한 남자라고 생각하는 사람은 없다.

경영자들은 종종 변화가 기존 비즈니스 모델을 위협한다고 생각한다. 물론 기존 비즈니스 모델을 위협하는 것은 사실이다. 내가 살아오는 동안, 컴퓨터 산업의 중심은 메인프레임에서 미니컴퓨터, 워크스테이션을 거쳐 데스크톱 컴퓨터로 이동했고, 지금은 아이패드다. 컴퓨터 기업들은 각 기기를 개발하고 마케팅하고 판매하고자 조직을 구성했는데, 차세대 기기의 출현은 이런 컴퓨터 기업들에 급격한 변화를 초래했다. 지금까지 실리콘밸리에서 내가 지켜본 많은 컴퓨터 제조업체 판매부서들이 현재 상태를 유지하고자 애썼지만, 변화에 저항하는 기업은 시장점유율을 경쟁사에 뺏길 뿐이었다. 변화에 저항하고 단기적으로 대처한 많은 기업이 몰락했다.

실리콘그래픽스가 좋은 예다. 실리콘그래픽스 판매부서 직원들은 덩치가 크고 비싼 컴퓨터를 판매하는 일에 너무나 익숙해진 나머지 작고 저렴한 컴퓨터로 시장이 이동하는 흐름에 격렬히 저항했다. 실리콘그래픽스는 지금도 명맥을 유지하고 있지만, 요새는 사람들의 입에 오르내리는 일이 거의 없다.

"악마를 만나도 모르는 악마보다는 아는 악마가 낫다Better the devil you know than the devil you don't(구관이 명관이라는 뜻 – 옮긴이)"라는 속담이 있다. 많은 사람이 이 속담이 옳다고 말한다. 정치인들은 선거에서 당선되기 위해 정치·사회·경제 시스템을 공부하지만, 일단 당선되고 나면 시스템을 바꾸는 데 거의 관심을 보이지 않는다. 거의 모든 분야의 기업들이 행여 정부의 정책 때문에 사업에 변화가 생길까 봐 로비스트를 고용해 정부를 상대로 로비를 펼친다. 할리우드에는 미국 영화계 시스템에 심각한 결점이 있다고 생각하는 에이전트, 변호사, 배우 들이 있지만, 시스템을 바꾸려고 시도하지는 않는다. 시스템에서 벗어나면 적어도 단기간은 수익이 줄어들 수 있기 때문이다. 일자리를 잃을 위험을 무릅써가며 시스템을 바꾸고 싶어 하는 사람이 있겠는가?

이런 자기 이익에 더해 자각 부족 때문에 변화는 더욱 어려워진다. 사람들은 보통 시스템에 익숙해지면 시스템의 결함에 무덤덤해져서 결함으로 인식하지 못한다. 설령 결함이 보여도 현재의 시스템이 너무 복잡해서 바꾸기 어렵다고 느끼고 변화를 포기한다. 하지만 이처럼 결함에 눈을 감고 있다가는 음반 산업의 전철을 밟을 위험이 있다. 2000년대 초반 음반업계는 단기이익 보호라는 자기 이익에 집중한 나머지 음반 산업에 몰아닥친 거대한 변화의 물결을 자각하지 못했다. 음반사 경영진은 시대에 뒤떨어진 비즈니스 모델인 음반 판매에 집착했고, 그러는 동안 파일 공유와 아이튠즈가 음반 산업의 패러다임을 바꿨다.

그렇다고 내가 모든 변화를 옹호하는 것은 아니다. 때로는 여전히 유효한 것들을 지켜야 하는 경우도 있다. 잘못된 변화는 프로젝트를 위험에 빠뜨릴 수도 있다. 그렇기에 변화를 극구 반대하는 사람들은 기업을 지키기 위해 반대한다고 말한다. 관료주의적 조직을 이끄는 사람들이 변화를 거부하는 이유는 대부분 현재 시스템을 유지하는 것이 조직 전체를 위해 바람직하다고 생각하기 때문이다. 사람들이 관료주의적이라 여기는 규범들은 원래 실제 문제, 오용, 모순, 복잡한 환경에 대처하고자 정한 것이다. 각각의 규범을 하나하나 따져보면 원래는 좋은 의도로 만들어졌는데도, 이런 규범들이 모여 부조리가 발생하는 경우가 많다. 좋은 의도로 만든 규범일지라도 기업에 해가 될 수 있다. 규범에 짓눌린 기업은 창의력의 원천이 메마르기 쉽다.

* * *

지금까지 기업이 변화에 대처하는 자세를 논의해보았다. 이제 기업이 무작위성randomness에 대처하는 자세를 논의하고자 한다. 예전에 캘리포니아 주 마린 카운티에서 휴양하면서 1820년대 영국이 인도에 골프를 소개했을 때 벌어진 일화를 들었다. '로열 캘커타Royal Calcutta'라는 인도 최초의 골프장을 건설한 영국인들은 한 가지 문제에 봉착했다. 작고 흰 골프공에 호기심을 느낀 원숭이들이 나무에서 내려와 잔디 위에 놓인 골프공을 가져갔다. 영국인들이 펜스를 설치했지만 원숭이들은 펜스를 넘어왔다. 원숭이들을 잡아 멀리 떨어진 곳에 풀어놓았지만, 원숭이들은 골프장으로 곧 돌아왔다. 큰 소리를 내서 원숭이들을 쫓아내려고 했지만 소용없었다. 영국인들이 어떤 수를 써도 원숭이에게 안 통했다. 결국 영국인들은 한 가지 해법을 찾아냈다. 게임 규칙에 하나의 조항을 추가한 것이다. 이들은 원숭이가 공을 떨어뜨린 지점에서 골프 경기를 재개한다는 규칙을 만들었다.

무작위성은 오래전부터 역사와 문학에 등장해온 소재다. 많은 수학자, 과학자, 통계학자가 무작위성을 연구했다. 이는 인간이 하는 모든 일에 깊숙이 배태돼 있는 속성이다. 사람들은 이런 점을 어렴풋이 인식하고 있다. 그리고 무의식적으로 무작위성의 존재를 인정한다. '행운, 운수 좋은 날, 운수 나쁜 날, 기막힌 우연, 행운의 여신이 미소를 보냈다', '잘못된 타이밍에 잘못된 장소에 있었다'라는 표현을 흔히 쓴다. 술 취한 사람이 운전하는 자동차가 갑자기 튀어나와 교통사고를 당하거나, 내일 버스에 치일 수도 있다는 것도 알고 있다. 이처럼 사람들은 무작위성을 암시하는 언어 표현들을 사용하지만, 이성적으로 제대로 이해하는 데는 어려움을 겪는다.

인간의 두뇌는 무작위성과 반대 방향으로 생각하도록 진화했다. 감각 기관을 통해 주변 환경에서 받아들인 정보들 속에서 패턴을 찾아내도록 진화했다. 이런 기제가 두뇌에 너무나 뿌리 깊게 박힌 탓에, 인간은 패턴이 없는 상황에서도 패턴을 발견했다고 착각한다. 여기에는 미묘한 이유가 있다.

패턴과 결론을 기억할 수 있지만, 무작위성 자체를 기억할 수는 없다.

무작위성은 범주화categorization를 거부하는 개념이다. 원래 정의상, 아무런 개연성이 없는 곳에서 예상치 못하게 난데없이 출현하는 것이다. 인간의 두뇌는 무작위성이 존재한다는 사실을 이성적으로 받아들이지만, 완전히 이해하지는 못한다. 따라서 인간은 평소에 보고, 측정하고, 범주화할 수 있는 것에 비해 무작위성을 덜 의식하면서 살아간다.

간단한 예를 들어보자. 오늘 아침, 평소보다 늦게 집에서 나왔지만 다행히도 회사에 늦게 도착하지 않았다. 여러분은 자신보다 2분 늦게 집을 나선 이웃집 사람이 때마침 발생한 타이어 펑크 차량으로 인한 교통체증 때문에 지각한 사실을 알지 못한다. 사실 가까스로 지각을 모면한 셈이다. 어쩌면 내일은 조금 늦잠을 자도 제때 출근할 수 있을 것이라고 잘못된 결론을 내릴 수 있다.

만약 이웃집 사람처럼 교통체증을 겪었다면 다시는 집에서 늦게 나오지 말자는, 정반대 결론을 내렸을 것이다. 인간은 눈에 보이는 패턴에 큰 의미를 부여하는 반면 볼 수 없는 것은 무시하고, 이에 따라 추론하고 예측하는 속성이 있다.

무작위성을 이해하려고 시도하는 사람들을 괴롭히는 난제가 있다. 패턴은 무작위한 사건들과 뒤섞여 있기 때문에 운chance과 기술skill을 구분하기가 극도로 어렵다. 여러분이 회사에 늦지 않게 도착한 것은 미리 계획하고, 제때 집에서 출발하고, 주도면밀하게 운전한 덕분일까? 아니면 운좋게도 차가 막히지 않는 시간대에 출근한 덕분일까?

대다수의 사람은 잠시도 생각하지 않고(후자의 가능성을 인식하지도 못한 채) 전자를 답으로 선택할 것이다. 인간은 과거의 경험에서 배우려고 하면서, 경험에 근거를 둔 사고 패턴을 형성한다. 이때 자신이 경험한 일에 지나치게 큰 가중치를 두고, 경험하지 않은 일은 무시하는 실수를 저지른다. 그래서 우연히 발견하지 못하고 지나친 다른 가능성을 볼 수 없다. 그러다가 나쁜 일이 닥치면 누군가가 자신을 해코지하고 있거나 음모가 숨어 있을 거라고 생각한다. 반대로 좋은 일이 생기면 자신이 똑똑하고 그럴만한 자격이 있어서 얻은 결과라고 생각한다. 결국 이런 착각 때문에 본인을 기만한다. 이런 자기기만은 경영자들이 쉽게 저지르는 실수의 원인이기도 하다.

기업이 성공을 거두고 있을 때 경영자들은 자신이 현명한 결정을 내린 덕분이라고 자부한다. 그래서 성공하는 기업을 만드는 비법을 터득했다고 믿게 된다. 사실은 무작위성과 행운이 기업 성공의 핵심 요인으로 작용했는데도 말이다.

언론에 자주 보도되는 기업을 경영하는 사람은 또 다른 도전에 직면한다. 언론인들은 비교적 간결한 문장으로 표현할 수 있는 패턴을 찾으려는 경향이 있다. 우연히 찾아온 행운과 의도적으로 노력해서 얻은 결과를 구분하지 못하는 경영자는 외부 관찰자의 분석에 과도하게 영향받는다. 그런데 그들의 분석은 현실을 지나치게 단순화하는 경향이 있다. 픽사처럼 뉴스에 자주 오르내리는 기업을 경영할 때는 언론이 분석한 성공 비결을 믿지 않도록 조심해야 한다.

언론의 칭찬은 거부하기 어려운 유혹이다. 특히 기업이 성공을 거두고 있고 경영자가 모든 일을 제대로 처리했다고 자부할 때는 더욱 그렇다. 하지만 진실을 말하자면, 나는 픽사의 성공에 기여한 모든 요소를 설명할 수 없고, 새로운 사실을 알게 될 때마다 생각을 수정해야 한다. 이는 내 약점도 결함도 아니다. 현실일 뿐이다.

물리학은 세상이 움직이는 원리를 연구하는 학문이다. 물리학 용어 중 '오컴의 면도날Occam's Razor'이란 것이 있다. 14세기 영국 논리학자이자 프렌체스코회 수사 오컴의 윌리엄William of Ockham의 저서에 등장하는 개념으로, '같은 현상을 설명하는 두 개의 주장이 있으면 불필요한 가정이 없는 간단한 쪽을 선택하라'는 명제다.

오컴의 면도날을 물리학에 도입한 사람은 독일 천문학자 요하네스 케플러Johannes Kepler다. 르네상스 시대 천문학자들은 행성들의 움직임을 설명하기 위해 여러 가지 복잡한 이론들을 정립했다. 당시 많은 천문학자가 행성들이 완벽한 원, 또는 주전원epicycle을 그리며 지구 주위를 돈다고 믿었다. 하지만 천문 관측 자료가 쌓임에 따라 기존 이론으로 행성들의 움직임을 설명하기가 극도로 복잡해졌다. 이때 케플러가 '모든 행성의 궤도는 타원이고, 타원의 두 초점 중 한 초점에 태양이 자리 잡고 있다'라는 비교적 간단한 이론을 들고 나왔다. 그가 주창한 타원 궤도의 법칙은 천문 현상을 간단하게 설명할 수 있었기에 타당한 이론으로 보였다. 이후 단순성은 물리학에서 큰 의미를 지니게 됐다.

일부 학문적 아이디어들과 달리, 오컴의 면도날은 인간의 본성에 잘 부합한다. 일반적으로 인간은 살면서 겪는 일들을 간단하게 설명하는 것을 선호한다. 간단한 설명일수록 더 근본적이고 진실에 가깝다고 믿기 때문이다. 하지만 무작위한 일들을 단순하게 설명하다가는 착각에 빠질 수 있다. 모든 일을 단순하게 설명할 수 있는 것도 아니다. 단순하게 설명하려고 시도하다 보면 현실을 왜곡해 인식하게 된다.

나는 간단한 규칙과 모형들을 부적절하게 적용해 복잡한 현실(프로젝트든 기업이든)을 설명하는 것은 좋지 않다고 본다. 간단한 설명은 듣는 입장에서는 솔깃하기 때문에, 도저히 간단히 설명할 수 없는 일에 대해서도 간단한 설명을 쉽사리 믿어버리는 사람들이 종종 있다.

현실을 지나치게 단순화해서 설명하면 어떤 문제가 생길까? 간단한 답을 제공하는 익숙한 아이디어에 집착하면 어떤 일이 벌어질까? 이는 매우 중요한 문제다. 창의적인 일을 하려는 사람은 미지의 영역the unknown에 직면해야 한다. 현실을 단순화해 인식하려는 욕구 탓에 현실에서 눈을 돌리고, 눈을 가린 채로 일한다면 창의적인 일을 해낼 수 없다. 인간은 막대기를 들고 호랑이와 맞서 싸운 원시인 조상들에게서 미지의 위협에 대한 방어기제를 물려받았다. 하지만 창의력을 발휘해야 하는 환경에서 미지의 요소는 적대시할 대상이 아니다. 이를 피하지 말고 수용하면 새로운 영감과 독창성을 얻을 수 있다. 미지의 요소와 무작위성을 수용하려면 어떻게 해야 할까? 통제하지 못하는 상황에 적응하려면 어떻게 해야 할까? 인간 사회에서 무작위한 상황이 얼마나 흔한지 이해하는 것이 실마리가 될 수 있다.

• • •

비록 이름은 낯설지만 많은 사람이 이해하고 있는 수학 개념 중 직선성linearity이라는 것이 있다. 이는 사물이 같은 진로를 따라 진행되거나 예측 가능한 방식으로 반복된다는 개념이다. 일주일의 리듬이나 계절 변화는 언제나 일정한 주기를 반복한다. 해는 아침이 되면 뜨고 밤이 되면 진다. 월요일 다음에는 화요일이 온다. 2월은 춥다. 8월은 덥다. 이는 변하지 않는 사실처럼 보인다. 또는 최소한 예측 가능하고 이해할 수 있는 범위 안에서 변화하는 것처럼 느껴진다. 이런 변화는 선형적linear이어서 인간이 쉽게 받아들일 수 있다.

사람들에게 다소 생소한 수학 개념으로, 종형 곡선^{bell curve}이란 것이 있다. 대다수의 사람이 직관적으로 이 개념을 알고 있다. 학교에서 학생들의 성적은 대개 종형 곡선으로 분포한다. 성적이 매우 높거나 매우 낮은 학생은 소수고, 대다수 학생의 성적은 중간에 몰려 있다. 시험 점수, 시험 점수를 받은 학생 수를 각각 축으로 삼아 그래프를 그려보면 종 모양 그래프가 나온다.

사람들의 키 분포를 그래프로 그려도 같은 결과가 나온다. 대다수의 성인은 키가 150센티미터에서 180센티미터 사이고, 양 극단에 속하는 성인의 수는 적다. 의사나 배관공 같은 전문가들도 능력에 따라 평가하면 같은 분포를 보인다. 일부 전문가는 매우 뛰어난 능력을 보이고, 일부는 찾아가고 싶지 않을 정도로 실력이 형편없다. 대다수 전문가의 능력은 그 중간 정도이다.

인간은 반복되는 사건들을 처리하고 종형 곡선으로 분포하는 변수들을 이해하는 데 도가 텄다. 반면 무작위한 사건들을 모형화해 이해하는 능력은 부족하다. 그래서 반복되는 사건들, 종형 곡선으로 분포하는 변수들을 처리할 때 적합한 기제를 적용해 무작위한 사건들을 이해하려고 든다. 이런 기제를 적용해서는 무작위한 사건들을 이해할 수 없다는 사실이 명백한 상황에서도 말이다. 무작위성은 선형적으로 발생하지 않는다. 무작위한 과정은 한 가지 방식으로만 전개되지 않는다. 이는 쉽게 가늠할 수 없다. 그렇다면 무작위성을 이해하는 방법을 어떻게 개발할 수 있을까? 다시 말해, 기존의 인식 틀로는 이해할 수 없는 예상치 못한 사건들이 일어날 때 어떻게 대처해야 할까?

이 대목에서 또 다른 수학 개념을 빌려와야 한다. 바로 확률적 자기유사성 stochastic self-similarity이다. 확률적 stochastic이라는 용어는 임의 random 또는 확률 chance을 뜻한다. 자기유사성 self-similarity이라는 용어는 부분과 전체가 비슷한 모양을 하고 있는 현상을 가리킨다. 주가 차트부터 지진 활동, 강우량까지 모든 분야에서 자기유사성을 발견할 수 있다. 예를 들어, 나뭇가지를 잘라 똑바로 세워보면 작은 나무처럼 보인다. 우주에서 바라본 해안선은 행글라이더를 타고 바라본 해안선과 비슷한 패턴을 보인다. 현미경으로 눈송이를 들여다보면, 작은 구조가 끊임없이 반복되면서 전체 구조를 구성하는 프랙탈 fractal이라는 기하학적 구조를 볼 수 있다. 프랙탈 구조는 혈관 분포 형태부터 구름 구조, 산맥 형태, 양치식물의 잎 모양까지 자연 구석구석에서 흔하게 나타난다. 그렇다면 확률적 자기유사성이 인간의 경험과 무슨 관련이 있을까?

인간은 살면서 일상적으로 수많은 도전에 직면한다. 대부분 도전이라고 부르기에 민망할 정도로 사소한 일이다. 물건이 소파 밑으로 굴러들어가 보이지 않는다든지, 치약이 다 떨어졌다든지, 냉장고 내부 램프가 나가는 것 같은 사소한 일 말이다. 이보다 빈도는 낮지만, 삶에 더 지장을 주는 상대적으로 작은 도전들도 있다. 달리다가 발목을 삐었다든지, 알람시계가 울리지 않아 직장에 늦게 출근하는 정도의 일들이다. 이보다 빈도가 더욱 낮지만 더 큰 파장을 일으키는 도전들도 있다. 이를테면 승진 심사에 탈락하거나 부부싸움을 하는 것 같은 일이다. 더 빈도가 낮고 더 파장이 큰 도전의 예로는 자동차 사고, 지하실 수도관 파열, 자녀의 팔이 부러지는 사고 등이 있다. 이보다 훨씬 더 빈도가 낮고 파장이 큰 도전으로는 전쟁, 질병, 테러가 있다. 나쁜 일에는 한도가 없다. 일반적으로 더 나쁜 일일수록 발생 빈도가 낮다는 점이 그나마 위안거리다. 자연계에서 볼 수 있는 프랙탈 구조처럼 사람들이 살면서 직면하는 이런 도전들에는 생각보다 많은 공통점이 있다.

인간은 이미 발생한 사건의 원인을 분석하고 패턴을 발견하는 일에는 능하지만, 사건이 발생하기 전에는 다가오는 위험을 예견하지 못한다. 다시 말해, 일이 터진 뒤에는 패턴을 발견할 수 있을지 몰라도 무작위한 사건들은 정해진 시간표대로 발생하지 않는다. 살아가면서 직면하는 문제의 분포와 속성은 사람마다 다르다. 각자 겪는 문제는 비슷하지만 정확히 같지는 않다. 게다가 무작위성은 진공 상태에서 홀로 출현하지 않는다. 사람들이 인생에서 직면하는 규칙적이고 반복되는 패턴들에 중첩돼 나타나고, 종종 이런 패턴들 뒤에 숨어 있다.

가끔 모든 것을 바꾸어놓는 큰 사건이 일어난다. 사람들은 이런 사건을 작은 사건들과 근본적으로 다른 사건으로 인식한다. 기업에서는 이런 큰 사건을 문제로 인식한다. 더불어 갖가지 문제를 '통상적 문제'와 '비상사태' 두 부류로 분류하고, 이러한 문제에 다른 태도와 다른 사고방식으로 접근한다. 뿐만 아니라 큰 문제에 대처하느라 정신이 팔려 작은 문제들을 무시한다.

작은 문제 중 일부는 장기적으로 볼 때 큰 문제가 될 수도 있는데, 이 같은 사실을 간과하고 큰 문제의 싹을 방치하고 있는 셈이다. 나는 큰 문제와 작은 문제에 동등한 가치와 동등한 태도로 접근해야 한다고 생각한다. 이들은 본질적으로 같은 구조를 지니고 있기 때문이다. 예기치 못한 비상사태가 발생했다고 해서 공포에 질리거나 다른 사람을 비난하는 것은 현명하지 못하다. 누구도 잘못하지 않았는데 예기치 못한 문제들이 발생할 수 있다는 사실을 겸허히 받아들여야 한다.

이런 점을 일깨워주는 예를 〈토이 스토리 2〉 제작 과정에서 찾을 수 있다. 앞서 이 작품을 처음부터 다시 제작하기로 결정하면서 촉박한 마감 기한을 지키려고 밤낮 없이 일하느라 직원들이 녹초가 됐다고 설명한 바 있다. 이 사태는 예상치 못한 큰 문제로, 직원들의 대응은 훗날 전설처럼 입에 오르내렸다. 그런데 이 작품의 방향을 선회하기 열 달 전인 1998년 겨울, 픽사는 작고 무작위한 사건을 세 차례 직면했다. 첫 사건은 픽사의 미래를 위협하는 사건이었다.

첫 사건이 얼마나 큰 문제였는지 이해하려면, 우선 픽사가 애니메이션 작품을 구성하는 수많은 컴퓨터 파일들을 유닉스Unix와 리눅스Linux 컴퓨터들에 저장한다는 사실을 알아야 한다. 이 컴퓨터들에 쓰이는 명령어 중에는 모든 파일을 최대한 빨리 삭제하도록 하는 명령어(/bin/rm -r -f *)가 있다. 이쯤에서 독자들은 다음 이야기를 예상할 수 있을 것이다. 그렇다. 어느 직원이 실수로 〈토이 스토리 2〉 파일들을 저장한 드라이브에 이 명령어를 사용했다.

캐릭터부터 배경, 조명, 색채까지 모든 영상 파일이 이 드라이브에 저장된 상태였는데, 그만 한순간에 다 지워졌다. 처음에는 우디의 모자, 그다음에는 신발이 사라졌다. 결국 우디에 관한 파일이 몽땅 사라져버렸다. 버즈, 햄, 렉스, 미스터 포테이토 헤드 등 다른 캐릭터들의 파일도 하나씩 지워지기 시작했다. 모든 파일이 드라이브에서 지워졌다.

이 작품의 기술 감독인 오렌 제이콥스Oren Jacobs가 이 사건을 실시간으로 목격했다. 그는 처음에 눈앞에서 벌어지는 사태를 받아들일 수 없어 그대로 얼어붙고 말았다. 겨우 정신을 차리고서는 황급히 전산실에 전화를 걸어 〈토이 스토리 2〉 데이터를 저장한 컴퓨터의 전원을 끄라고 외쳤다. 전화를 받은 직원이 정중하게 이유를 묻자 그는 소리 높여 외쳤다. "제발 지금 당장 전원을 끄라고요!" 전산실 직원이 즉시 컴퓨터 전원을 껐지만, 이미 2년간 작업한 분량(전체 파일의 90퍼센트)이 몇 초 만에 사라진 뒤였다.

한 시간 뒤, 제이콥스가 상사 갈린 서스먼^{Galyn Susman}과 함께 내 사무실에 찾아와 대처 방안을 논의했다. 우리 세 사람은 서로를 격려했다. "걱정 마세요. 오늘밤 백업 시스템으로 데이터를 복구할 겁니다. 작업이 반나절 차질을 빚은 것뿐입니다." 그런데 곧 두 번째 불의의 사건이 터졌다. 데이터 손실을 복구하기 위해 준비해놓은 백업 시스템이 제대로 작동하고 있지 않았다는 사실을 발견한 것이다. 이 시점에서 공황 상태에 빠질 만했다. 〈토이 스토리 2〉 자료는 전부 날아갔고, 이 자료들을 다시 만들려면 직원 서른 명이 꼬박 1년간 일해야 했다.

참담한 현실에 직면한 나는 주요 직원들을 회의실에 소집해 대책을 의논했다. 앞이 안 보이는 상황에서 한 시간에 걸쳐 회의를 진행했는데, 서스먼이 한 줄기 서광을 비춰줬다. "잠깐만요. 우리 집 컴퓨터에 백업해놓은 자료가 있을지도 몰라요." 그녀는 여섯 달 전쯤 둘째 아이를 출산해 회사에 출근하는 시간을 줄이고 집에서 일하는 시간을 늘렸다. 그래서 일주일에 한 번씩 회사에 있는 〈토이 스토리 2〉 데이터베이스를 집 컴퓨터에 자동 복사하도록 시스템을 설정해놓았다. 이 세 번째 의외의 사건이 우리를 구원해줬다. 몇 분 뒤, 서스먼은 제이콥스를 자신의 볼보에 태우고 속도를 내서 샌엔젤모에 있는 집으로 갔다. 컴퓨터를 픽사 사무실로 운반하는 과정은 오런 제이콥스의 표현을 빌리면 이집트 파라오의 행차 같았다. 두 사람은 컴퓨터를 담요에 싸서 차 뒷좌석에 조심스럽게 놓고 조심스럽게 운전해 사무실로 돌아왔다. 갈린 서스먼의 개인 컴퓨터에 저장된 파일 덕분에 〈토이 스토리 2〉 제작 파일들을 복구할 수 있었다.

불과 몇 시간 만에 우리는 예기치 못한 세 가지 사건을 경험했다. 두 번의 실패와 한 번의 성공은 모두 무작위로 발생한, 불의의 사건이었다. 이날의 경험이 우리에게 남긴 교훈은 사건의 여파에 대처하는 방법이다. 다시 말해, 우리는 책임을 따지느라 누군가를 비난하는 데 시간을 낭비하지 않았다.

데이터가 삭제된 뒤, 우리의 우선순위는 다음과 같았다. 첫째, 작품 복구. 둘째, 백업 시스템 수리. 셋째, 직원들이 쉽게 파일을 삭제하지 못하게 하는 예방적 제한 조치 강구. 여기서 주목할 점은 명령어를 잘못 입력한 직원을 찾아 처벌하는 것은 우선순위 목록에 없었다는 사실이다.

일부 독자는 직원들이 상호 신뢰하는 환경을 조성하는 것은 중요하지만, 결과에 책임 지지 않고 일하게 해서 탁월한 성과를 낼 수 있겠느냐고 의문을 품을 것이다. 나는 직원들이 결과에 책임지도록 하는 것에 찬성한다. 하지만 이 경우는 다르다. 나쁜 의도로 문제를 일으킨 것이 아니다. 누군가를 본보기로 처벌하면 임의로 일어나는 문제를 통제하거나 예방할 수 있다고 생각하는 것은 현실을 모르는 잘못된 사고방식이다. 게다가 그들이 스스로 문제를 해결할 수 있도록 권한을 위임해야 한다고 생각한다면, 이를 실천해야 한다. 앞으로 이런 문제들이 일어나지 않도록 노력하는 것이 얼마나 중요한지 모두가 이해하도록 꼼꼼히 신경 쓰는 것은 좋다. 하지만 직원들에게 권한을 위임한다고 말했으면 말 그대로 행동해야 한다.

이것이 확률적 자기유사성과 무슨 관련이 있을까? 갖가지 크고 작은 문제들이 비슷한 구조를 가지고 있다는 사실을 깨달으면, 더 차분한 자세로 문제에 대처할 수 있다. 이런 이치를 깨달으면 쓸데없는 일에 시간을 낭비하지 않고 중요한 현실에 집중할 수 있다. 아무리 주의를 기울여 계획해도 문제를 완전히 예방할 수 없는 현실에서 최선의 대응책은, 모든 직원이 각자의 문제를 해결할 수 있도록 권한을 주고 격려하는 것이다. 즉 직급에 상관없이 상사에게 허가받지 않고 문제 해결에 착수할 수 있어야 한다. 이 사례에서 갈린 서스먼은 집에서 갓난아기를 돌보며 일해야 하는 문제에 대처하고자 일주일에 한 번 회사 데이터를 집 컴퓨터에 다운로드하는 시스템을 고안했다. 서스먼이 육아 문제를 이런 식으로 해결하지 않았다면, 픽사는 〈토이 스토리 2〉 마감 기한을 지킬 수 없었을 것이다. 당시 소기업이던 픽사에 납기 위반은 큰 재앙이었다. 미리 승인받지 않고 행동했다는 이유로 직원들을 처벌해서는 안 된다. 모든 직급의 모든 직원이 조립라인을 멈출 수 있는 기업문화는 창의력 발휘를 극대화한다. 다시 말해, 예기치 못한 문제에는 예기치 않은 대응이 약이다.

이 사례에서 얻을 수 있는 두 번째 교훈은 인간은 큰일과 작은 일, 좋은 일과 나쁜 일, 중요한 일과 중요하지 않은 일을 잘 구분하지 못한다는 사실이다. 예상할 수 있는 작은 문제들과 예상할 수 없는 비상사태 사이에 명확한 구분이 있을 것이라고 생각하는 사람이 많다. 따라서 앞서 언급한 대로, 각기 다른 태도로 두 가지 상황에 대처해야 한다고 착각한다. 하지만 두 가지 문제 사이에 명확한 경계선은 없다. 큰 문제도 작은 문제도 본질은 같다.

이 대목에 중요하지만 이해하기 어려운 개념이 숨어 있다. 대다수의 사람은 우선순위를 설정해야 할 필요를 느끼면, 큰 문제를 최우선순위로 삼고 작은 문제를 나중에 해결하려고 한다. 자잘한 문제들이 너무 많은 탓에 모두 다 처리할 수 없기 때문이다. 따라서 기준선을 긋고, 이를 넘어선 문제들을 처리하는 데 모든 에너지를 투입한다. 하지만 나는 다른 접근법이 가능하다고 믿는다. 경영자가 더 많은 직원에게 허가받지 않고 문제를 해결할 권한을 부여하고, 그들의 실수를 처벌하지 않고 용인한다면 사소한 문제들을 해결하느라 골몰하지 않고 훨씬 더 큰 문제들을 처리할 수 있다. 이런 기업에서는 예기치 못한 문제가 터져도 실패하면 끝장이라는 위협을 느끼지 않아 공황에 빠지지 않는다. 개인과 조직이 공포로 얼어붙은 상태도 아니고, 상부의 승인을 기다리느라 시간을 낭비하지도 않기 때문에, 문제에 최선으로 대응할 수 있다. 내 경험상 이런 기업에서도 실수는 나오게 마련이지만, 드물게 저지르고 초기 단계에서 충분히 파악해 수정한다.

앞서 언급했듯, 문제를 처음 마주쳤을 때는 얼마나 큰 문제인지 파악하기가 어렵다. 작은 문제일 수도 있고 치명적인 문제일 수도 있다. 작은 문제와 큰 문제로 분류해 각기 다른 태도로 대응하는 사람이라면 어떻게 대응해야 할지 고민할 것이다. 사람들은 크기와 중요성에 따라 문제에 우선순위를 매기고, 작은 문제들은 흔하다는 이유로 무시하는 경우가 많다. 하지만 문제의 해결권을 모든 직급의 직원들에게 넘기면, 큰 문제든 작은 문제든 자신이 발견한 문제를 해결하려고 시도한다. 픽사 사장인 나는 직원들이 문제에 어떻게 대처할지 일일이 알 수 없는데, 이는 좋은 일이다. 중요한 것은 직원들의 일거수일투족을 파악하는 것이 아니라, 문제에 알맞은 대응 구조를 구축하는 것이다.

비상사태에도 한 가지 긍정적 측면이 있다. 바로 기업이 추구하는 가치,

기업이 직원들에게 기대하는 역할을 알려주는 기회가 될 수 있다는 점이다. 우리는 작품 구상 단계에서 결함들을 발견하면 과감하게 작품을 처음부터 다시 구상함으로써 '픽사가 가장 중시하는 가치는 작품의 질'이라는 사실을 직원들에게 각인시킨다.

■ ■ ■

이번 장에서는 기업이 직면하는 여러 가지 예상치 못한 사건들에 대처하는 방법을 이야기했다. 문제들만 예상할 수 없는 것이 아니라 문제를 해결하는 인간의 잠재력도 예상할 수 없다는 사실을 명심해야 한다. 지금까지 천재적이지만 같이 일하기에는 너무나 불편해 어쩔 수 없이 해고한 직원이 몇 명 있었다. 반면 내가 지금까지 픽사에서 만난 가장 영리하고 유쾌하고 효율적인 직원들은 영리하지도 유쾌하지도 효율적이지도 않은 고용주에게 해고당해 픽사로 이직한 사람들이다.

함께 일하기 까다로운 직원을 효율적이고 독창적인 인재로 바꾸는 마법의 묘약이 있으면 얼마나 좋을까 싶지만, 그런 묘약은 없다. 인간에게는 미지의 변수, 측정 불능의 특징이 너무나 많다. 경영진이 이런 변수와 특징에 대처하는 법을 터득한 척할 수는 없다. 모든 경영자가 탁월한 인재를 채용하고 싶다고 말하지만, 사실 누가 탁월한 인재로 성장할지는 아무도 모른다. 나는 많은 직원이 탁월한 인재로 성장할 것이라고 믿고, 이들의 잠재력을 발견하고 재능을 키워주는 기업 시스템을 구축해야 한다고 생각하지만, 모든 직원이 탁월하게 성장하지 않을 것이란 사실 역시 잘 알고 있다.

월트 디즈니가 살아 있을 때는 너무나 탁월한 재능을 지닌 그가 빠진 디즈니를 상상하기 어려웠다. 디즈니가 죽은 뒤, 그의 빈자리를 채운 사람은 없었다. 한동안 디즈니 직원들은 문제에 직면하면 "그라면 어떻게 했을까?"라고 반문했다. 그들은 이런 질문을 던짐으로써 월트 디즈니의 개척 정신을 이어받고 독창적인 해법을 생각해낼 수 있으리라고 기대했는지도 모른다. 하지만 이런 문제 대응 방식은 기대한 것과 정반대 결과를 낳았다. 이들은 미래를 보는 대신 과거를 봤기에, 현상 유지에 집착했다. 변화에 대한 공포가 직원들 사이에 뿌리 내렸다. 스티브 잡스는 이 점을 잘 알았기에 애플 직원들에게 절대로 "잡스라면 어떻게 했을까?"라고 반문하지 말라고 거듭 강조했다. 기존의 성공 방식에 집착하는 것만으로 창조적 성공을 달성한 사람은 아무도 없다. 월트 디즈니도, 스티브 잡스도, 픽사 직원도 예외가 아니다.

픽사가 지나온 길을 되돌아보면 참 파란만장하다. 픽사는 하마터면 전혀 다른 길로 빠질 뻔했다. 잡스가 일찌감치 픽사를 매각했을 수도 있다. 그는 실제로 픽사 매각을 몇 차례 시도했다. 〈토이 스토리 2〉 제작 데이터가 다 날아가 문을 닫아야 했을 수도 있다. 디즈니는 한동안 존 래스터를 다시 데려가려고 시도했는데, 그가 픽사를 떠났을 수도 있다. 이렇게 부정적인 일들만 있었던 것은 아니다. 한편, 1990년대 디즈니 애니메이션이 성공한 덕분에 픽사가 〈토이 스토리〉를 제작할 기회를 잡을 수 있었고, 이후 디즈니 애니메이션이 침체하면서 디즈니와 픽사가 손을 잡고 결국 합병에 이르게 됐다.

픽사의 성공은 직원들의 순수한 의도와 탁월한 재능 덕분이다. 픽사 직원들은 여러 가지 어려운 일을 제대로 해냈다. 하지만 우연한 사건들의 영향을 인정하지 않고 성공을 순전히 자신의 능력에 기인한 것이라고 착각했다간 재앙이 닥칠 수도 있다. 우리가 이룩한 업적이 모두 자신의 천재성 덕분은 아니라는 사실을 깨달아야 한다. 우리는 무작위로 일어나는 사건들에 운 좋게 덕을 본 부분을 인정해야만 한다. 그래야 상황을 더 객관적으로 평가하고 현실적인 결정을 내릴 수 있다. 운의 개입을 인정해야만 과거의 성공 방식을 되풀이할 경우 성공할 가능성이 낮다는 점을 이해할 수 있다. 변화는 불가피하다. 따라서 자신이 변화를 거부하려고 웅크리고 있는지, 아니면 열린 자세로 변화를 받아들여 능숙하게 이용하고 있는지 고찰해봐야 한다. 나는 변화를 받아들이고 활용하는 것이 창의적 활동의 본질이라고 본다.

CHAPTER

잠재적 위험에
대처하는 법

고대 그리스신화의 이야기다. 시와 예언의 신 아폴로^{Apollo}는 붉은 머리 카락과 하얀 피부를 지닌, 미인으로 소문난 트로이의 카산드라^{Cassandra} 공주와 사랑에 빠졌다. 아폴로는 카산드라에게 미래를 내다볼 수 있는 능력을 선사하며 구애했고, 카산드라는 그의 아내가 됐다. 그런데 나중에 카산드라가 아폴로를 배신한다. 분노한 아폴로는 카산드라에게 입을 맞추면서 그녀의 설득 능력을 앗아가는 저주를 입속에 불어넣었다. 그날 이후 카산드라는 아무리 진실을 말해도 모든 사람에게 미친 사람 취급을 받게 됐다. 트로이가 멸망할 것임을 예견했지만 이 비극을 막을 수 없었다. 그리스 병사들이 거대한 목마 속에 숨어 트로이에 잠입할 것이란 그녀의 말에 아무도 귀를 기울이지 않았기 때문이다.

사람들은 대개 카산드라 이야기를 유효한 경고를 무시할 때 일어나는 일을 가리키는 비유로 받아들인다. 나는 이 비유를 다르게 이해한다. 사람들은 왜 카산드라가 저주받은 사람이라고 생각할까? 진정 저주받은 사람은 카산드라가 말하는 진실을 받아들이지 못한 다른 트로이 사람들이 아닐까?

나는 오랫동안 인식의 한계에 대해 고민했다. 경영자는 항상 인식의 한계에 관한 문제로 인해 고민하게 마련이다. 우리는 어디까지 볼 수 있는가? 얼마나 많은 것을 불명확하게 인식하고 있는가? 우리가 카산드라의 경고를 무시하고 있는 건 아닐까? 다시 말해, 우리가 최선을 다해 문제를 파악하려고 노력해도 문제를 인식하지 못하는 저주를 받은 것은 아닐까?

이런 의문들의 답을 찾는 과정은 창의적 기업문화를 유지하는 열쇠다. 그리고 그 답을 탐구하는 것이 이 책의 핵심 내용이다. 앞서 나는 왜 그토록 많은 실리콘밸리의 신흥기업 경영자들이 당시 시점에서도 명백히 잘못된 결정을 내려 기업을 망치는지 궁금했다고 말한 바 있다. 그들은 뛰어난 경영 수완과 기술을 갖추고, 큰 야망을 품었다. 그런데 자신이 잘못된 결정을 내렸다거나 오만하다고 생각하지 않았다. 하지만 그때까지 현명하게 행동했던 그들은 무언가에 홀린 듯 현실을 바로 보지 못하고, 기업이 계속 성공하는 데 필수적인 선택에서 오판을 내렸다. 이런 사례들을 지켜보면서 나는 인식 능력의 한계에 대처하지 않으면 픽사 경영진도 똑같은 환각 증세를 겪게 될 것이라고 생각했다. 픽사 경영진은 인식 범위 밖의 숨은 위험the Hidden에 대처해야 했다.

1995년 스티브 잡스가 픽사를 상장해야 한다고 우리를 설득했을 때 내세운 논지 중 하나는 '픽사가 언젠가는 흥행 실패작을 내놓아 큰 손실을 볼 날이 올 테니, 주식을 상장해 돈을 모아두어야 한다'는 것이었다. 픽사 주식을 상장해 자금을 모으면 더 자유롭게 작품을 제작할 수 있을 뿐만 아니라 흥행에 실패해도 버텨 나갈 안전망을 마련할 수 있었다. 잡스는 픽사의 생존이 작품 한 편 한 편의 흥행에 전적으로 의존해서는 안 된다고 생각했다.

우리는 잡스의 주장에 충격을 받았다. 우리가 제작할 작품 중에서 언젠가는 실패작이 나올 것이며, 이는 피할 수 없는 일이라는 논리 때문에 말이다. 언제 얼마나 큰 실패를 겪을지 몰랐다. 따라서 모르는 문제(숨은 문제)에 대비해야 했다. 그날 이후 나는 숨은 문제를 최대한 많이 파악하기로 결심했다. 숨은 문제를 파악하려면 철저한 자기평가가 필요하다. 잡스의 주장대로 주식을 상장해 금융적 완충 장치를 마련한 덕분에 픽사는 한두 편 실패해도 회복할 여력이 생겼다. 하지만 나는 항상 보이지 않는 위험을 경계하고, 위험 신호를 찾아다니는 것을 픽사 사장으로서의 목표로 삼았다. 물론 그 당시에는 보이지 않는 위험이 언제 닥칠지, 그것을 어떻게 파악해야 할지 알지 못했다.

실리콘그래픽스나 도요타 같은 기업들이 저지른 실수들을 말할 때면, 어떤 사람들은 자만심을 원인으로 꼽는다. "그 기업들은 자사의 터무니없는 논리에 갇혀 현실에 안주했습니다." 어떤 사람들은 지나치게 빠른 성장이나 비현실적인 이익 목표 때문에 경영진이 장기적인 안목으로 내다보지 못하고 형편없는 결정을 내려 성공가도를 달리던 기업들이 탈선했다고 주장한다. 하지만 내가 볼 때 문제의 근본 원인은 경영자들이 자신이 보지 못한 문제가 존재할 수 있다는 사실을 받아들이지 못하는 데 있다. 이들은 문제가 보이지 않으면, 아무런 문제도 없다고 생각한다. 보이지 않는 문제를 파악하고 그 속성을 이해하려고 노력하지 않는 경영자는 기업을 망친다. 이것이 내 경영철학의 핵심이다.

　여러분도 자기인식 능력이 부족한 사람들을 봤을 것이다. 다른 사람에게는 뻔히 보이는 문제를 정작 당사자는 보지 못하는 경우 자기인식 능력이 부족하다고 한다. 이런 사람들은 자신에게 자기인식 능력이 부족하다는 사실을 인식조차 못 한다. 그렇다면 여러분의 자기인식 능력은 어떠한가? 자신의 현실 인식에 필연적으로 결함이 있다는 사실을 인정한다면, 현실 인식 능력을 높일 방법, 즉 현실 인식의 구멍을 메울 방법을 강구해야 한다. 나는 현실을 명확히 인식하는 안목이 있다고 자신할 수 없다. 하지만 내가 인식하지 못하는 문제들이 존재할 수 있음을 항상 명심한 덕분에 더 나은 경영자가 될 수 있었다고 믿는다.

● ● ●

　대다수의 사람은 자신이 숙달하지 못한 전문 영역들이 존재한다는 사실을 기꺼이 인정한다. 예를 들어, 나는 하수관 설치하는 법을 모른다. 누군가 내게 장기이식수술을 집도하거나, 자동차 변속기를 교환하거나, 법정에서 변호사로 나서달라고 요청한다면 당연히 내겐 그런 능력이 없다고 말할 것이다. 사람들은 물리학, 수학, 의학, 법학처럼 전문적으로 교육받지 않는 한, 거의 알지 못하는 분야들이 있다는 사실을 인정한다. 하지만 설령 전문적으로 교육받고 해당 분야에서 경험을 쌓았더라도 보지 못하는 부분은 분명 존재한다. 인간은 원래 주변 환경을 명확히 인식하는데 한계가 있다. 이런 한계 중 상당 부분은 인간의 사회적 상호작용 원리에 뿌리를 두고 있다.

　문이 하나 있다고 상상해보라. 문 너머에는 지금까지 알던 세계보다 훨씬 넓은 우주가 펼쳐져 있지만, 문을 열기 전에는 이런 우주를 알지 못하고, 알 수도 없다. 모르는 것이 약이라는 속담도 있지만, 항상 그런 것은 아니다. 우리가 무시하고 모르는 척하더라도 결국 미지의 문제들이 삶을 침범해오기 때문에 그 문제들에 직면하고 대처하는 수밖에 없다. 그러기 위해서는 우선 파악하기 어렵거나 파악할 수 없는 문제들이 존재하는 이유부터 이해하려고 노력해야 한다. 기업 내부에 잠복한 문제가 커지고 있는데도 경영자가 알아채지 못하는 것은 소통이 단절됐기 때문이다. 소통 단절을 초래하는 원인은 다양한데, 가장 사소한 원인부터 가장 근본적인 원인까지 여러 층으로 나눠볼 수 있다.

첫째, 직원과 임원 사이의 보이지 않는 벽이 있다. 나는 1974년 대학원을 졸업하고 몇 달 뒤 뉴욕공과대학 컴퓨터그래픽 연구소 소장으로 부임했다. 그때까지 사람들을 관리하는 일을 맡아본 적이 없었다. 그냥 컴퓨터그래픽 연구소에서도 연구원들과 함께 연구하고 싶었다. 이곳에선 연구원 수가 적어서 서로 긴밀한 유대감을 유지하며 공동 목표를 추구할 수 있었다. 서로 사이가 좋았기에 이들 사이에서 일어나는 일들을 잘 파악하고 있다고 자부했다.

하지만 루카스필름과 픽사로 이직해 관리하는 직원 수가 늘어남에 따라 직원들이 내 옆에 오면 다르게 행동한다는 느낌이 들기 시작했다. 컴퓨터그래픽 연구소 시절부터 함께 일한 사람들은 나를 동료로 대하는 반면, 그 밖의 직원들은 나를 '중요한 기업'의 '높으신 분'으로 대했다. 직책이 바뀜에 따라 주변 사람들은 내 존재를 의식하고 말과 행동에 더 주의를 기울였다. 내가 그들이 그렇게 하도록 유도하는 조치를 취했다고는 생각하지 않는다. 사람들의 행동 변화를 유도한 것은 내 직책이었다. 내가 더 큰 기업의 경영자가 되자 직원들은 내 앞에서 격식을 차렸다. 내 앞에서 짜증을 내며 비난하거나 불평하는 직원, 무례하게 행동하는 직원이 사라졌다. 그렇다고 내가 몸담은 회사에 그런 직원이 없었던 것은 아니다. 단지 직원들과 분리됐을 뿐이다. 나는 이런 사실을 놓치지 않고 인식했다. 만약 정신 차리고 보이지 않는 문제를 찾아나서는 일을 게을리했다면, 내가 경영하는 기업을 망가뜨릴 결정을 내렸을지도 모른다.

고위 임원이 직원들에게 따돌림당하는 현상은 인간의 자기보호 본능에 따른 결과로, 그리 드물지 않은 일이다. 사람들은 상사를 대할 때는 격식을 차려서 얘기하고, 동료나 배우자, 치료사 앞에서는 솔직한 감정을 드러낸다. 그런데 너무도 많은 경영자가 이런 사실을 인식하지 못한다(어쩌면 부하 직원들이 떠받들어주는 것을 즐기기 때문일 수도 있다). 임원으로 승진했다고 직원들이 찾아와 "이제 임원이 되셨으니 더 이상 제 생각을 솔직히 털어놓지 못하겠네요"라고 말하진 않는다. 그렇기에 임원으로 승진하더라도 예전과 똑같이 직원들과 정보를 교환하고 있다고 착각하기 쉽다. 문제가 인식의 수면 밑으로 잠복하지만, 정작 자신은 깨닫지 못한다. 이것은 경영자들이 눈앞의 현실을 제대로 인식하지 못하고 오판하는 원인 중 하나다.

둘째, 기업의 직급 구조도 소통 단절을 초래한다. 직급 구조는 많은 사람이 하나의 조직에서 함께 일할 수 있도록 돕고자 만든 것이다. 하지만 직급 구조란 말이 나오면 사람들은 마치 태생적으로 나쁜 것인 양 거부감을 보인다. 직위를 지나치게 강조하는 직장을 가리킬 때 사람들은 '수직 계급적'이라고 말한다. 이러한 조직이 꼭 나쁜 것은 아니다. 나는 수십 년간 고도로 조직화된 수직 계급적 환경에서 일했지만, 동료들과 원활하게 상호작용하면서 최고의 성과를 낼 수 있었다.

물론 이런 조직 환경이 악몽이 될 가능성은 존재한다. 성공적으로 기능하던 직급 구조가 자칫 조직의 진보를 저해할 수도 있다. 무의식적으로 자신과 다른 사람들의 가치를 동일시해 직급에 집착하는 사람이 많은 조직은 그런 함정에 쉽게 빠진다. 직급에 집착하는 사람들은 자기보다 직급이 낮은 사람들을 함부로 대하면서 상사에게 잘 보이려고 신경을 집중한다. 이들은 자신이 무슨 짓을 저지르고 있는지 인식하지 못한 채, 동물적 감각에 따라 움직인다. 문제의 원인은 직급 구조 자체가 아니라 직급에 따라 개인의 가치가 달라진다고 착각하는 개인과 그런 문화에 있다. 조직에서 평가받는 이유와 방법을 제대로 이해하지 못하면 누구나 부지불식간에 이런 함정에 빠지고 만다.

한편, 경영자와 상사에게 잘 보이려는 직원의 관계를 생각해보자. 여기서 얘기하려는 상사에게 잘 보이려는 직원은 노골적으로 아첨하는 직원을 말하는 게 아니다. 열심히 일하면서 상사의 총애를 받으려는 직원을 뜻한다. 경영자가 이런 직원을 좋아하지 말아야 할 이유가 있을까? 그렇다면 경영자로서 팀플레이를 잘하는 직원과 단순히 상사가 듣고 싶어 하는 말을 하는 데 능한 직원을 어떻게 구분해야 할까? 경영자가 특정 직원의 열의가 부족하다고 느끼고 동료 직원들에게 이 직원이 성실히 일하고 있는지 물어볼 때 그에 답하는 것은 동료를 고자질하거나 험담하는 것이라고 생각해 대답하길 피하는 직원이 많다. 솔직하게 이야기하는 직원이 적은 탓에, 경영자는 상사가 듣고 싶어 하는 말이 무엇인지 빨리 알아채는 직원들이 왜곡해서 전달하는 정보에 의존해 현실을 파악하게 된다. 그러다 보면 시야가 편협해져 조직이 어떻게 굴러가고 있는지 제대로 볼 수 없다. 다른 경영자들이 이런 함정에 빠진 모습을 보고 자신은 그렇게 되지 않으려고 조심하지만, 정작 자신의 현실 인식에도 왜곡이 있다는 사실을 깨닫지 못하는 경영자가 많다. 이들은 자신의 현실 인식 능력을 실제보다 과대평가하기 일쑤다.

셋째, 복잡한 업무 환경에서 현장 직원이 고위 임원에게 느끼는 거리감도 소통 단절을 초래한다. 픽사 직원들은 매일 복잡한 영화 제작 과정에서 맡은 역할을 수행한다. 직원들에겐 각자 위치에서 일상적으로 처리해야 하는 고유한 업무와 문제가 있다. 하지만 박자가 어긋나 제작에 차질이 빚어지는 사태를 방지하려면, 직원들 간의 업무 상황과 일정을 조율하고 인간관계를 관리할 필요가 있다. 만약 내가 이런 각각의 과정을 개별적으로 보고 받는다면, 문제가 생겼을 경우 즉각 이해하고 조치를 취할 수 있을 것이다. 하지만 현장에서 문제와 마주치는 직원들이 내게 보고하지 않기도 한다. 이런 경우, 나는 문제를 알 수 없다. 회사에서 발생하는 문제는 나보다 현장 직원들이 먼저 알아채는 경우가 대부분이다. 문제의 조짐이 보이자마자 보고할 것이라고 전적으로 믿을 수 있다면 좋겠지만, 현실은 그렇지 않다. 순수한 열정을 지닌 직원들조차 문제의 조짐이 보이면 겁을 먹고 임원에게 보고하는 것을 주저한다. 아직은 고위 임원에게 보고할 단계가 아니라고 생각하거나, 이미 문제를 파악하고 있을 것이라고 지레 짐작하기 일쑤다.

기업의 업무 환경은 경영자 혼자서 완벽히 파악할 수 없을 정도로 너무나 복잡하다. 하지만 많은 경영자가 조직을 통제하지 못하는 것처럼 보일까 봐 두려운 나머지, 기업의 상황을 속속들이 알아야 한다고 생각하거나, 이미 알고 있는 것처럼 행동한다. 내 동료 임원들은 어느 부서에서 어떤 일이 벌어지고 있는지 나보다 잘 안다. 나는 작품 제작 과정에 참여하는 직원들이 알지 못하는 일들, 이를테면 프로젝트 스케줄 요건, 예산과 물품 조달, 시장 상황, 많은 사람이 알기엔 부적절한 직원의 개인적인 문제 등을 알고 있다. 픽사 임원들은 장님 코끼리 만지듯 각자 불완전한 현실 인식에 기반을 둔 채 결론을 도출한다. 내 시각에 한계가 있을 수밖에 없기에, 다른 임원의 시각보다 낫다고 생각하는 것은 잘못이다.

경영자가 기업에서 벌어지는 모든 일을 완벽히 파악하는 것은 매우 어려운 일이다. 더군다나 성공을 거두고 있는 기업의 경우에는 더더욱 그렇다. 기업이 성공을 거두고 있을 때 경영자는 자신이 제대로 일하고 있다고 확신하게 되기 때문이다.

복잡한 상황에 처했을 때, 열심히 노력하면 모든 문제의 모든 측면을 발견하고 이해할 수 있을 것이라고 생각하면 위안이 된다. 하지만 이런 접근법은 분명히 잘못된 것이다. 더 나은 접근법은 모든 상황을 속속들이 이해하는 것이 불가능함을 인정하고, 각기 다른 관점들을 결합하는 방법에 초점을 맞추는 것이다. 각기 다른 관점들이 서로 경쟁하며 충돌하는 것이 아니라 상호보완 관계에 있다는 자세로 접근해야 한다. 그래야 관점 차이로 인한 불필요한 충돌은 줄이는 대신 지혜를 모아 아이디어를 상호 보완하고 연마할 수 있어 문제 해결의 효율성이 높아진다. 건강하고 창의적인 문화를 지닌 기업에서는 현장 직원들이 자유롭게 발언하고 색다른 관점을 제시해 경영자들이 현실을 명확히 파악할 수 있도록 돕는다.

이와 관련, 〈업〉을 제작하는 과정에서 시각효과 프로듀서 데니스 림Denise Ream이 건의한 내용을 예로 들고 싶다. 픽사는 작품 제작에 돌입하기 전에 예산과 스케줄을 검토하고 승인하기 위한 중역 확인 회의를 거친다. 이 회의에서 데니스 림은 대본을 일정 부분 완성한 다음에 애니메이터들에게 그림을 그리게 하면 제작비 및 일주일당 업무 분량인 인주person-week가 감소할 것이라는 의견을 내놓았다(참고로, 한 사람이 한 시간에 처리하는 작업량의 단위를 인시person-hour라고 하는데, 픽사에서는 한 사람이 한 주에 처리하는 작업량의 단위를 인주라고 부른다). 픽사 감독들은 작업을 빨리 진행하고 싶은 바람에 새 대본이 나오는 대로 애니메이터들에게 그림을 그리게 했다. 하지만 대본이 곧잘 수정되는 탓에 애니메이터들은 그때마다 다시 그림을 그려야 했다. 이는 효율 저하와 제작비 증가라는 결과를 낳았다.✱ 림은 픽사에 입사하기 전에 인더스트리얼 라이트 앤드 매직Industrial Light & Magic에서 몇 년간 일한 경험 덕분에 우리보다 넓은 시야를 가지고 있어서 이런 결점을 발견할 수 있었다. 그녀는 애니메이터들에게 큰 단위의 작업을 할당하면 제작비와 인주를 줄일 수 있을 것이라고 말했다.

"애니메이터들을 믿고 일을 맡기면 더 빨리 일할 겁니다. 감독이 한 장면 한 장면 구상할 때마다 그들에게 그림을 그리게 하는 대신, 한 시퀀스를 구상하고 나서 그림을 그리게 하는 것이 더 효율적입니다."

그녀의 말은 옳았다. 이 작품도 수많은 수정 작업을 거쳤지만 그녀의 제안대로 애니메이터들에게 더 의미 있는 단위의 작업을 맡긴 결과, 당초 예상보다 적은 인원을 동원해 작품을 완성할 수 있었다.

훗날 데니스 림은 이렇게 회상했다. "당시 픽사 감독들은 제작 초기 단계부터 애니메이터들에게 그림을 그리게 했습니다. 나는 왜 이렇게 일찍부터 그림을 그리게 하는지 이해할 수 없었어요. 어차피 초기 단계에서 그리는 그림은 결국 못 쓰고 새 그림을 그려야 할 것이 확실한데 말이죠. 마감 기한 2년 전에 그림을 그리는 것은 낭비라는 사실을 왜 다른 사람들은 알지 못하는지 의아했습니다. 내가 볼 때는 스토리 작업을 어느 정도 끝내고 그림을 그리는 게 나을 것 같았어요. 쓸모없는 작업량을 되도록 줄이는 것이 내 목표였습니다. 그리고 내 제안은 성과를 거뒀습니다."

임원들과 프로듀서가 기존 체제에 도전하는 새로운 시각을 열린 자세로 대하지 않았다면 이런 개선 작업은 이뤄지지 않았을 것이다. 이런 개방적 태도는 자신이 보지 못하는 지점이 있다는 사실을 인정하는 기업문화에서만 가능하다. 또한 경영자들이 자신이 보지 못하는 문제를 다른 직원들이 볼 수 있고, 다른 직원들도 해결책을 찾을 수 있다는 사실을 이해할 때만 가능하다.

■ ■ ■

기업에서 중요한 사건의 전조가 되는 사소한 사건들은 우연히 일어난다. 이 중 대부분은 경영자가 보지 못하는 숨은 사건들이다. 예를 들어, 픽사 직원 탁아소에 오는 아이들 중 상당수는 부모가 픽사에서 일하다 결혼한 사내 커플이다(존 래스터와 나는 때때로 사내 커플 수와 사내 커플의 아이들 수를 확인하고 흐뭇해한다). 이 아이들이 태어나는 데는 여러 가지 우연한 사건들이 겹쳐야 했다. 만약 픽사가 존재하지 않았다면, 이 아이들은 태어나지 않았을 것이다.

만약 존 래스터가 1984년 〈앙드레와 꿀벌 윌리의 모험〉 제작에 합류하지 않았거나, 월트 디즈니가 이 세상에 태어나지 않았거나, 내가 유타대학에서 이반 서덜랜드 교수에게 배우지 않았으면 오늘날처럼 픽사가 존재할 수 있었을까? 내가 열두 살이던 1957년, 가족과 함께 옐로스톤 국립공원Yellowstone Park에 갔다가 돌아오던 길에 겪은 일이 생각난다. 아버지는 노란색 포드 1957년형 스테이션 왜건을 운전하고 있었다. 어머니는 아버지 옆에 앉아 있었고, 나와 형제들은 뒷좌석에 앉아 있었다. 우리가 탄 차는 구불구불한 계곡 도로를 달리고 있었다. 도로 옆은 절벽으로 가장자리에 가드레일도 없었다. 그런데 갑자기 맞은편에서 오던 차가 우리 차가 있는 차선으로 넘어왔다. 어머니는 비명을 질렀고 아버지는 황급히 브레이크 를 밟았다. 도로 바로 옆이 절벽이었던 탓에 자동차의 방향을 바꿀 수도 없었다. 그 순간을 지금도 기억한다. 아버지가 급격히 차의 속도를 늦췄으 나 맞은편에서 오던 차가 쾅하고 우리 차 옆구리에 부딪쳤다. 차가 멈추 자 어른들은 차 밖으로 나가 고함을 질렀다. 나는 조용히 우리 차 옆에 서 서 부서진 부위를 바라봤다. 맞은편에서 오던 차량과의 충돌 지점이 5센 티미터만 달랐어도 우리 차는 범퍼 부분에 충격을 받고 절벽으로 떨어졌 을 것이다. 이처럼 생명의 위협을 느낀 순간은 오랜 시간이 흘러도 잊히 지 않는다. 실로 간발의 차이였다. 5센티미터 차이로 픽사는 세상에 나오 지 못했을 수도 있다. 물론 살아가면서 이처럼 간발의 차이로 위기를 모 면한 경험이 있는 사람은 많다. 하지만 다행히도 픽사 사내 커플 중에서 하마터면 서로 결혼하지 못했거나 아이를 낳지 못했을 위기를 가까스로 모면한 사람은 없다.

　사람들은 픽사를 설립한 이들의 자질을 볼 때, 픽사가 성공한 것은 당연 한 결과라고 생각한다. 하지만 나는 픽사 설립에 기여한 사람들 역시 간 발의 차이로 위기를 모면한 적이 무수히 많을 것이라고 확신한다. 다른 사람의 인생에서 일어난 일이기에 내가 모두 알 수 없고, 하마터면 현실 이 될 수도 있었던 시나리오가 너무도 다양하기에 모두 고찰할 수도 없 다. 이런 복잡한 일은 단순화해서 생각해야 한다. 내가 주목하는 대목은 존 래스터가 픽사에 합류하지 않았거나 스티브 잡스가 픽사를 마이크로소프트에 매각했을 경우 벌어졌을 일이 아니라, 이런 사건들 중 하나라도 일어났다면 픽사의 역사가 매우 달라졌을 것이라는 점이다. 기업과 직원들의 운명이 상호연결되고 상호의존적이라는 말은 진부하게 들릴 수도 있지만, 엄연한 현실이다. 그리고 우리의 삶을 형성하는 상호의존성은 아무리 열심히 분석해도 모두 파악하기란 불가능하다.

기업과 직원에게 큰 영향을 미치지만 자신은 보지 못하는 사건들이 많다는 사실을 인정하지 않는 경영자는 파멸을 초래한다. 지금도 수많은 사건이 자신이 보지 못하는 곳에서 벌어지고 있고 다양한 방식으로 영향을 미칠 것이라는 사실을 인정하는 것은 사고의 유연성을 높이는 데 도움이 된다. 내가 여기서 주장하려는 바를 리더의 겸손함을 강조하는 것으로 해석할 독자도 있겠지만, 리더가 진정으로 겸손해지려면 먼저 자신의 삶과 기업을 형성하는 보이지 않는 요소가 얼마나 많은지 이해해야 한다.

■■■

이번 장에서 인식의 한계를 설명하는 동안, 계속 머릿속에 맴도는 속담이 하나 있다. "시간이 지난 뒤에 되돌아보면 모든 것이 명백히 보인다." 이 속담을 들은 사람들은 대개 고개를 끄덕이며 동의한다. 그리고 이 속담을 이미 벌어진 일을 되돌아보면 완벽하게 파악하고, 교훈을 얻고, 옳은 결론을 내릴 수 있다는 뜻으로 해석한다. 그런데 이 속담은 완벽히 틀렸다. 사후판단hindsight에는 완벽한 시야라는 이점이 없다. 과거의 일을 되돌아본다고 해서 완벽하게 통찰할 수 있는 것은 아니다. 인간은 미래를 불투명하게 내다보는 것만큼이나 과거를 흐리멍덩하게 되돌아보기 때문이다. 물론 미래보다는 과거에 관한 정보가 많지만, 과거 일의 인과관계를 파악하는 인간의 능력이 제한적인 것은 마찬가지다. 설상가상으로, 사람들은 자신이 과거의 일을 명확히 파악한다고 착각하기 때문에 그에 대해 더 알려고 하지 않는다. 미국의 소설가 마크 트웨인Mark Twain은 이런 말을 했다. "일단 과거의 경험에서 지혜를 얻었으면, 과거의 경험에 집착하는 우를 범하지 않도록 조심해야 한다. 뜨거운 난로 위에 앉은 고양이처럼 행동해서는 안 된다. 뜨거운 난로에 덴 고양이는 뜨거운 난로 위는 물론이고 차가운 난로 위에도 앉지 않으려고 한다." 여기서 고양이는 과거의 경험을 잘못 해석하고 잘못된 판단을 내리는 사람을 상징한다. 과거를 거울로 삼아야지 과거에 휘둘려서는 안 된다.

미래 예측과 과거 회상은 비슷한 점이 있다. 사람들은 다음에 어떻게 행동할지 결정할 때, 입수할 수 있는 최선의 정보를 분석한 뒤 행동 방향을 선택한다. 과거를 돌아볼 때는 자신의 패턴 형성 취향에 따라 과거의 일을 무의미한 일, 유의미한 일로 분류해 의미 있다고 생각하는 일만 선별적으로 기억한다. 이런 분류와 선택이 언제나 정확한 것은 아니다. 사람들은 최선을 다해 자신의 이야기, 즉 자신의 과거에 대한 모형을 구축하려고 애쓴다. 때로는 다른 사람들의 기억을 이용해 자신의 제한된 기억이 맞는지 검증한다. 그렇더라도 사람들이 기억하는 과거는 현실 그대로가 아닌, 제한된 기억으로 재구성한 모형일 뿐이다. 5장에서 나는 피트 닥터 감독의 작품 〈인사이드 아웃〉을 놓고 열린 브레인트러스트 회의를 소개한 바 있다. 닥터 감독은 이 작품의 각본을 집필하기 위한 광범위한 사전조사 과정에서 "인간이 보고 있다고 생각하는 정보의 40퍼센트만이 눈을 통해 두뇌로 들어온 정보"라는 신경과학자의 말을 예로 들었다. 이 말에 따르면, 자신이 보고 있다고 생각하는 정보의 60퍼센트는 과거의 경험으로 재구성한 기억이나 패턴이다.

애니메이터들은 모든 일을 주의 깊게 관찰해 그림으로 옮기도록 훈련받는다. 그들은 관객들이 사소한 움직임도 무의식적으로 알아차린다는 사실을 알고 있다. 그렇기에 왼쪽에 있는 물건을 집는 캐릭터를 그릴 때는 손을 뻗기 직전에 몸을 왼쪽으로 돌리는 미세한 동작을 집어넣는다. 비록 대다수의 관객이 이런 미세한 동작을 의식하지 못하더라도, 이를 생략해버리면 관객들의 두뇌가 캐릭터의 움직임이 부자연스럽다고 느끼기 때문이다. 캐릭터의 미세한 중간 동작은 관객의 두뇌에 다음에 보게 될 동작을 예고하는 신호다. 애니메이터들은 이런 신호를 이용해 원하는 지점으로 관객들의 시선을 유도한다. 반대로, 이런 신호를 생략하고 관객들이 예상하지 못한 움직임을 갑자기 보여줘 그들을 놀라게 할 수도 있다. 예를 들어, 그들은 〈토이 스토리 2〉에서 제시가 자신의 공포에 대해 얘기하는 장면에서 손가락으로 머리카락을 꼬는 동작을 집어넣었다. 이 단순한 동작을 본 관객들은 무의식적으로 제시의 초조한 마음 상태를 알아챈다. 자신의 경험과 공감 능력에 입각해 이 단순한 동작에 숨은 의미를 짐작해내는 것이다. 애니메이션에 대해 캐릭터들을 나타내는 선들이 우스꽝스럽게 움직이는 영상이라며 가볍게 생각하는 사람들이 많은데, 잘 만들어진 애니메이션은 그리 간단한 것이 아니다. 위대한 애니메이터들은 캐릭터들의 섬세한 감정 변화를 반영하는 움직임을 연출함으로써 보는 이로 하여금 캐릭터들을 감정과 의지를 지닌 존재로 인식하게 만든다.

이런 연출에 성공하기 위해서는 인간의 두뇌가 실제로 작용하는 방식을 이해해야 한다. 두뇌는 사람들이 흔히 생각하는 것과 다른 방식으로 작용한다. 인간의 두뇌는 실로 어려운 일을 수행한다. 인간은 안구의 뒷면을 덮고 있는 신경조직인 망막 중 상의 초점이 맺히는 부분인 중심와를 통해 눈앞에 펼쳐진 지극히 방대한 시각 정보 중 극히 일부만을 받아들인다. 쉽게 말해 눈앞에 보이는 정보를 대부분 인식하지 못하거나 무시한다. 하지만 두뇌는 부족한 세부 정보를 즉시 보충해 넣는다. 이것이 인간 두뇌의 심성모형mental model(세상에서 일어날 수 있는 사건이나 상황을 묘사하는 마음의 표상. 사람들은 경험이나 훈련을 통해 심성모형을 형성한다 - 옮긴이)이다.

인간 두뇌의 심성모형은 놀랍도록 신속하게 작동해 현재 상황에서 자신에게 유리한 것이나 위협적인 것을 보는 즉시 선별하고 감지한다. 이런 선별·감지 과정은 스스로 인식하지 못할 정도로 너무도 신속하고 자동적으로 일어나 미세한 소리나 스쳐 지나가는 장면만으로도 활성화된다. 그래서 얼굴의 미세한 떨림만 보고도 친구의 감정에 동요가 있다고 짐작하고, 주변이 약간 어두워지는 것만 보고도 폭풍이 몰려오고 있다고 짐작할 수 있는 것이다. 제한된 정보의 부족한 부분을 채워 넣는 인간 두뇌의 심성모형은 적은 정보만으로도 다양한 추론을 가능하게 한다. 인간은 타인이 드러내는 미세한 실마리를 포착해 의미를 해석하는 존재다.

심성모형이 어떻게 작동하는지 이해하려면, 마술사들의 손놀림을 떠올려보면 된다. 사람들은 마술사들이 현란한 손놀림으로 동전이나 카드를 사라지게 하는 것을 보고 감쪽같이 속아 즐거워하거나 마술사들의 수법을 간파하고자 뚫어지게 쳐다본다. 마술사가 현란한 손놀림으로 관객들의 주의를 흐트러뜨리는 동안 관객들은 정보의 일부만 볼 수 있을 뿐이다. 마술사가 감쪽같이 마술을 성공시키려면 두 가지 전제조건을 충족시켜야 한다. 첫째, 마술사가 정말로 하려는 일을 보지 못하게 관객들의 시선을 다른 데로 돌려야 한다. 둘째, 관객들의 두뇌가 마술사의 동작에서 빠진 정보를 채워 넣어 마술사의 의도대로 착각하게 만들어야 한다. '인간이 보고 있다고 생각하는 정보의 40퍼센트만이 눈을 통해 두뇌로 들어온 것이고, 나머지 60퍼센트는 과거의 경험을 바탕으로 재구성한 기억이나 패턴'이라는 신경과학자의 말을 앞서 언급했는데, 마술사의 속임수가 좋은 예다. 관객들이 인지하는 시각 정보는 대부분 실제로 본 것이 아니라 두뇌가 채워 넣은 환각이다. 두뇌가 채워 넣는 부분이 매우 설득력이 있기에, 관객들은 눈앞에서 벌어지는 모든 일을 제대로 보고 있다고 착각한다. 이런 환각은 마술사가 조장한 것이 아니라 관객 자신의 두뇌가 조장한 것이다. 사람들은 현실을 온전히 인식하고 있다고 굳게 믿지만, 사실은 현실의 일부분만을 인식하고 있을 뿐이다. 다시 말해, 자기 두뇌가 처리한 '결과'는 인식하지만, 두뇌의 정보 처리 '과정'은 인식하지 못한다.

사람들은 보통 의식을 두뇌 '내부'에서 일어나는 현상이라고 생각한다. 인식 이론을 연구한 알바 노에^{Alva Noe} UC버클리 철학 교수는 의식을 인간이 주변 세계와 역동적으로 상호작용하는 과정에서 만들어내거나 수행하는 것이라고 정의했다. 즉, 의식이란 문맥 안에서 벌어지는 현상이다. 노에 교수는 다음과 같이 설명했다. "인간은 타인과 함께 사는 환경 속에서 구현된 삶을 살아간다. 또한 외부의 영향을 받는 데 그치지 않고, 스스로 발휘한 영향력에 영향을 받도록 태어난 존재다. 결국 세계와 분리된 존재가 아니라 역동적으로 세계와 상호작용하고 더불어 살아가는 존재다." 노에 교수는 돈을 예로 들었다. 돈은 상호연결된 방대한 경제사회 시스템 안에서만 가치와 의미를 지닌다. 비록 사람들은 화폐 표면에 찍힌 숫자에 신경을 쓰지만, 돈에 대한 관념은 훨씬 복잡한 심성모형에 따라 결정된다.

이 심성모형은 인생관, 자기이익, 자신이 생각하는 사회적 지위, 타인과 자신에 대한 판단에 영향을 미치기도 하고, 영향을 받기도 한다.

사람들은 시각정보를 처리하는 심성모형보다 훨씬 복잡한 심성모형으로 직장동료, 친구, 가족을 비롯한 사회구성원들과 형성하는 인간관계를 처리한다. 이런 구인construct(개인의 행동에 영향을 미치는 심리학적 특질), 즉 개인의 심성모형은 인지하는 바를 구성한다. 누구나 나름의 독특한 심성모형을 가지고 있기에, 인간관계에 대한 관점은 세각기 다르다. 이 점을 명심해야 한다. 대부분의 사람이 자기 관점이 최고라고 생각한다. 그가 아는 관점이라고는 자기 자신의 관점 하나밖에 없기 때문이다. 혹시 다른 사람의 말과 생각을 오해하는 일을 겪으면서 자기 현실 인식의 한계를 저절로 자각하게 될 것이라고 기대할 독자가 있을지 모르겠다. 하지만 저절로 자각할 수는 없다. 타인의 인식이나 경험은 자신의 인식이나 경험과 완전히 다르다는 사실을 공부하고 거듭 복습해야만 한다. 창조적 기업 환경에서 이런 차이들은 자산이 될 수 있다. 그러나 각자의 차이를 인정하고 존중하지 않으면, 이 같은 차이는 창조적 업무에 도움이 되기보다는 방해가 된다.

타인의 관점을 존중하라는 말은 아주 쉬운 말처럼 들리지만, 기업 내부에서 실제로 실천하기는 무척 어렵다. 인간은 자신의 심성모형에 도전하는 것을 접할 때 반감을 품고 무시하는 성향이 있다. 이는 과학적으로도 증명된 것으로, '확증 편향confirmation bias'이라고 부른다. 확증 편향이란 자기 가치관, 기대, 신념, 판단에 부합하는 정보만 선택적으로 인지하는 현실 인식 방식을 말한다. 1960년대에 확증 편향이라는 개념을 처음 소개한 영국 심리학자 피터 웨이슨Peter Wason은 일련의 실험을 통해 자신이 옳다고 생각하는 것과 모순되는 데이터를 무시한다는 사실을 입증해냈다(사람들은 새로운 정보로 인해 기존과 다른 결론이 나오면 큰일이라도 나는 것처럼 새로운 정보를 무시한다).

인간의 심성모형이 결국 불완전한 정보를 재구성해 현실의 근사치를 추정하는 것일 뿐이라면, 인간의 현실 인식에는 오류가 생기기 쉽다. 예를 들어, 사람들은 가까운 사람의 말은 중시하면서 친하지 않은 사람이 똑같은 말을 하면 흘려듣는다. 애니메이션 제작사에서 회의 참석 요청을 받지 못한 직원은 상사의 실제 의도와는 상관없이 소외감과 위협을 느낀다. 인간은 자기 생각의 결점이나 편향을 자각하지 못하는 경우가 많은 까닭에 타인은 현실을 제대로 인식하지 못하며 자기만 현실을 제대로 인식하고 있다고 착각하기 쉽다. 이런 착각은 기업에서 일하는 사람들이 쉽게 빠지는 오류다. 픽사 초기에 있었던 실책은 그 좋은 예다. 경영진이 외부 각본가들에게 각본 작성을 의뢰했는데, 결과가 실망스러웠다. 그래서 새 각본가에게 수정을 맡겼는데, 이 사람이 쓴 각본은 만족스러웠다. 하지만 실수로 이전 각본가들의 이름을 수정안에 남기고 말았다. 업계의 규칙에 따라 영화 엔딩 크레디트에는 실패한 각본가들의 이름을 올려야 했다. 엉뚱한 사람들이 작품에 기여했다고 인정한 셈이다. 작품에 제대로 기여한 사람을 엔딩 크레디트에 올려야 마땅하다고 생각한 픽사 임직원들은 이 사태에 입맛이 쓸쓸해졌다.

이를 계기로 픽사 감독들은 작품 초안을 자신들이 직접 작성해 엔딩 크레디트에 각본가로 이름을 올리기로 결심했다. 감독이 각본가 일도 해야 한다는 신념은 픽사의 애니메이션 제작 모델, 여러 감독들의 감독관에 큰 영향을 미쳤다. 문제는 감독이 꼭 각본가 업무까지 맡아야 할 필요는 없다는 것이다. 실제로 감독이 각본가 업무까지 맡으면서 여러 가지 문제가 생겼다. 한 번의 안 좋은 경험에 근거를 두고 잘못된 결론을 내린 탓에 새로운 문제들을 만들어낸 셈이다. 이 같은 결론으로 인해 외부 각본가를 채용하는 안에 저항하는 감독이 많아졌다. 각본을 쓴 경험이 없는 감독에게 작품을 맡길 경우, 외부 각본가에게 각본을 맡기려고 해도 감독들이 반대했다. 그 결과, 몇몇 작품은 제작 과정에서 많은 시간을 낭비했다. 감독들이 각본을 쓰느라 오랜 시간을 허비했을 뿐만 아니라, 작품 구상 단계에서 각본가에게 제공받을 수 있는(감독에게 절실하게 필요한) 구조적 사고를 제공받지 못했기 때문이다. 다른 중요한 일을 해야 할 시기에 각본 수정에 매달린 탓에 일정이 늦어지고 표류한 작품 프로젝트가 한둘이 아니다.

현재 픽사는 이런 우를 범하고 있지 않지만, 한동안 시행착오를 겪었다. 이런 시행착오는 하나의 사건에 대응해 임직원들이 구성한 심성모형에 내재한 결함 때문에 발생했다. 이렇듯 어떻게 일해야 한다는 모형이 한번 머릿속에 자리 잡으면 바꾸기 어렵다.

누군가 여러분과 같은 사건을 목격했지만, 다르게 기억하는 경우를 본 적 있을 것이다(인간은 보통 자신의 시각이 다른 사람보다 정확하다고 생각한다). 이런 차이는 개인의 심성모형에 따라 각자 보는 것이 달라지기 때문에 발생한다. 다시 말하지만, 인간의 심성모형은 현실이 아니다. 이는 기상학자가 날씨를 예측하기 위해 사용하는 모형 같은 것, 즉 도구다. 기상학자가 비가 내릴 것이라고 예측하지만 실제로는 화창한 날이 많듯, 도구는 현실이 아니다. 도구와 현실을 구분해야 한다.

···

영화를 제작할 때 영화는 아직 없는 상태다. 영화제작자들은 영화를 발굴하거나 발견하지 않는다. 만들려는 영화는 어딘가에 묻혀 있는 것도 아니고, 존재하는 것도 아니다. 다 만들 때까지 존재하지 않는 상태다. 영화제작이란 하나하나 결정해 나가면서 창조하는 과정이다. 제작 과정에 있는 영화는 근본적으로 '아직 만들어지지 않은 미래Unmade Future'다(이는 다음 장에서 창의성을 설명할 때 핵심 개념으로 다룰 것이다). 빈 종이를 앞에 둔 극작가, 빈 캔버스를 앞에 둔 화가는 공포에 사로잡혀 몸서리친다. 무에서 유를 창조하는 일은 도망치고 싶은 마음이 들 정도로 힘들다. 특히 창조하려는 내용 중 상당 부분이 눈에 보이지 않는 초기에 더욱 그렇다. 하지만 희망은 있다. 마음을 열고 현실을 명확히 직시하는 데 도움이 되는 몇 가지 방법이 있다.

앞서 언급했듯, 균형이란 정적인 상태가 아니라 끊임없이 찾아나가야 하는 역동적인 활동이다. 안전하거나 안정적으로 느껴진다는 이유로 한쪽 극단에 머물러서는 안 된다. 잘 아는 영역과 미지의 영역 사이를 항해하면서 좌초하지 않으려면 균형을 잡아야 한다. 이 경우, 한쪽 극단에 치우치면 안전해지고 불확실성이 줄어들 것이라는 유혹을 받기 쉽다. 이런 상황에서 균형을 잡으려면 결과와 보상이 확실하지 않은 일도 할 필요가 있다. 가장 창의적인 사람들은 때로 불확실성을 감수하면서 일한다.

앞서 비유한 문을 다시 생각해보자. 문의 이쪽에는 우리가 보고 알고 이해하는 세계가 있다. 문 저편에는 우리가 보지 못하고 알지 못하는 세계가 있다. 풀리지 않은 문제들과 표출되지 않은 감정, 실현되지 않은 가능성이 상상하기도 힘들 정도로 너무도 많은 세계다. 문 저편은 대안적 현실이 아니라 추정하기 어려운 세계, 아직 실현되지 않은 세계다. 균형을 잡으려면 두 발을 문의 양쪽 편에 딛고 서야 한다. 한 발은 잘 알고 확신하고 의지할 수 있는 사람들과 과정들이 있는 세계에 놓고, 다른 발은 알지 못하고 앞이 안 보이고 아직 만들어지지 않은 세계에 놓아야 한다.

많은 사람이 문 너머 펼쳐진 불확실한 세계를 두려워한다. 안정과 확실성을 갈망하면서 지금까지 해오던 익숙한 방식을 반복하면 안전하게 지낼 수 있을 것이라고 믿고, 자신이 아는 세계에 두 발을 고정시킨다. 이는 이성적인 행동처럼 보일지도 모른다. 사람들은 사회를 유지하는 법률이나 자연을 유지하는 자연법칙처럼, 반복적이고 익숙한 것에 의지하고 싶어 한다. 하지만 아무리 확실한 세계에서 머물길 갈망해도 인지 능력의 한계, 세상의 무작위성, 사건들이 초래하는 미지의 귀결 때문에 문 저편에서 예상치 못한 일들이 엄습해온다. 이런 일 중에는 재앙을 초래하는 일도 있고, 행운을 안겨주거나 영감을 불어넣는 일도 있다.

그런데 어떤 사람들은 미지의 영역에 적극 대처한다. 다루기 힘들어 보이는 과학·공학·사회 문제에 달려든다. 문제의 복잡성을 포용하고, 불확실성에서 원기를 얻는다. 자신이 문 저편을 쳐다보는 것 이상의 일을 해낼 수 있다고 믿기 때문이다. 이들은 기꺼이 문턱을 넘어 모험에 뛰어든다.

자신이 어떤 일을 해냈는지 제대로 이해하지 못하지만, 미지의 영역에 용감하게 뛰어들어 놀라운 성공을 거둔 사람들도 있다. 이들은 자기가 잘났기 때문에 성공했다고 믿는다. 자신의 성공을 자랑하며 위험을 감수하는 것이 중요하다고 떠벌린다. 하지만 정작 자신은 불확실한 세계에서 거둔 한 번의 성공에 안주할 뿐, 다시 모험을 떠나려고 하지 않는다. 전보다 더욱 실패를 두려워해 뒤로 물러서서 전에 한 일을 반복하는 것에 만족한다. 자신이 아는 세계에 안주하는 것이다.

지금까지 건전한 창조적 기업 환경의 구성요소들을 논의하면서, 창의성creativity이라는 단어를 일부러 정의하지 않았다. 창의성을 정의하는 것이 무익하다고 생각했기 때문이다. 나는 모든 사람이 문제를 해결하고 자기 자신을 창의적으로 표현할 수 있는 잠재력을 가지고 있다고 믿는다. 하지만 창의성이 발휘되는 것을 가로막는 숨은 장벽이 있다. 자신도 모르게 자기 발목을 잡는 착각과 고정관념이다. 숨은 문제를 고민하는 것은 추상적인 지적 활동이 아니라, 기업의 진보를 위한 핵심적 활동이다. 숨은 문제의 존재를 인정하고 대처하려고 노력해야만 기업의 진보를 저해하는 요소, 즉 자기가 잘나서 성공했다고 착각하고, 효과가 입증된 기존 방식에 안주하고, 변화를 두려워하는 행태를 제거할 수 있다. 미지의 영역에 직면하고 혼돈과 공포를 최소화하는 메커니즘으로 솔직함, 안전, 연구, 자기평가, 아이디어 보호를 들 수 있다. 이런 메커니즘을 사용한다고 해서 숨은 문제를 발견하고 대처하는 일이 쉬워지는 것은 아니지만, 어느 정도 도움을 받을 수는 있다. 다음 장에서는 이런 메커니즘의 예를 구체적으로 설명하겠다.

✪ 포스트스크립트 3

9장에서는 〈업〉의 제작에 큰 도움이 되었던 데니스 림의 기막힌 제안을 설명했었다. 6년 후, 림은 〈굿 다이노The Good Dinosaur〉의 제작을 맡아 초기 아이디어를 확대했고 그 방식은 매우 고무적임과 동시에 유익해서 여기에 공개하고자 한다.

림이 한 일을 설명하기 전에 픽사의 영화 제작 공정에 대해 조금 설명할 필요가 있다. 이 책의 독자 대부분이 애니메이션 스튜디오에서 근무하지 않는다는 사실을 알지만 앞으로 설명할 아이디어는 다양한 팀이 협력해야 하는 비즈니스 종사자라면 누구에게나 가치가 있을 것이라 생각한다. 하지만 그 가치를 제대로 이해하려면 먼저 픽사 조직에 대해 조금은 알 필요가 있다.

픽사에는 애니메이션 시퀀스의 핵심 요소를 제작하는 두 부서가 있다. 애셋^{asset}(애니메이션 소프트웨어 등을 통해 만들어지는 것들 – 옮긴이)부서에서는 승인된 디자인을 바탕으로 특정 장면에서 볼 수 있는 캐릭터 모델, 소품, 가구, 세트 등 '애셋'이라 부르는 것을 작업한다(버즈 라이트이어가 날개를 펼칠 수 있게 하는 의상은 애셋 부서에서 제작했다). 그런 다음 쇼트^{shot}(촬영의 최소 단위, 카메라가 촬영을 시작하고 멈추는 동안 촬영된 영상 – 옮긴이)부서에서 이런 애셋을 사용하여 쇼트를 제작한다. 버즈가 앤디의 침대 기둥에서 뛰어내려 비행을 하려는 모습이 바로 쇼트다. 영화를 만들려면 많은 쇼트를 만든 다음 자르고 붙여서 씬^{scene}으로 만든다. 동일 장소, 동일 애셋과 조명이 사용된 씬 여러 개를 하나로 묶어서 시퀀스^{sequence}라고 부른다. 장편 영화 한 편의 시퀀스는 15개에서 25개 사이다.

일반적으로 시퀀스가 완성되는 방식은 다음과 같다. 먼저 스토리부서에서 스토리보드를 만들고 감독의 승인을 받는다. 그런 다음 애셋부서에서 스토리보드에 있는 여러 캐릭터와 다양한 환경을 만든다. 이후 레이아웃부서 직원이 전체 시퀀스를 블록화해 스토리보드에 표시된 위치에 캐릭터와 기타 애셋을 배치한다. 이어서 레이아웃부서가 애니메이터에게 작업을 넘기면 애니메이터는 시퀀스 내의 개별 장면을 애니메이션화한다. 애니메이터가 작업을 마치면 조명부서로 보내고 이곳에서는 빛과 음영을 추가하여 감독이 원하는 분위기를 연출한다.

문제는 시퀀스가 영화에 등장하는 순서대로 완성되지 않는다는 것이다. 대신 제작진들은 가장 먼저 제작되는 씬이 바뀌지 않을 것이라고 확신하는 경향이 있다. 예를 들어 〈토이 스토리〉에서는 초록색 플라스틱 군인들이 2층 계단 난간에서 앤디의 집 현관으로 내려오는 장면이 효과적일 것이라는 것을 일찍부터 알고 그 장면을 애니메이션화하기 시작했다. 반면 〈몬스터 주식회사〉에서는 설리가 부에게 작별 인사를 하는 장면이 나중에 제작됐는데 피터 닥터는 설리가 느끼는 감정을 정확히 이해하는 데 있어 모든 요소가 제자리에 있도록 확실하게 하고 싶었다. 즉, 부서에서 부서로 순서가 맞지 않고 불완전한 작업물을 넘기고 넘겨받는 것이다. 결과적으로 애니메이터와 조명 담당자들은 많은 문맥 교환 작업을 수행해야 한다. 어떤 작업물이 언제 들어오는지에 따라 어느 날은 어떤 장면을 작업하다가 다음 날에는 완전히 다른 장면을 작업해야 할 수도 있다. 그리고 감독에게 장면 하나하나에 대한 승인을 요청할 때 감독도 순서대로 승인하는 것이 아니다. 나중에 여러 장면을 이어 맞춰 완성하고 나서야 그전에는 보이지 않던 문제점이 보이면서 수정과 변경이 필요한 경우가 많다.

과연 이것이 효율적인 방식인가? 아니다. 극도로 비효율적이다. 앞뒤 맥락에 맞지 않게 한 번에 한 쇼트씩 승인하면 나중에 많은 수정이 필요하다는 점을 알았다. 우리는 어떻게든 제작 부서 직원들이 특정 장면이 완성 때까지 집중할 수 있다면 더 좋을 것이라는 점을 알고 있었다. 하지만 항상 시간에 쫓기는 상황에서 여러 부서가 한꺼번에 여러 씬이 순서대로 도착할 때까지 기다리는 것은 너무 위험하다고 생각했다. 그래서 일부 작업은 나중에 수정할 수 있다는 사실을 인지한 채 먼저 들어온 작업부터 처리했다. 마감일을 염두에 둔 제작자는 팀원들에게 주간 쇼트 할당량을 맞추도록 독촉하는데 이는 보통 여러 애니메이터가 시퀀스를 나눠서 작업하는 것을 의미한다. 재능 있는 사람들이 더 많이 참여할수록 주간 할당량을 맞출 수 있다는 생각인 것이다.

하지만 〈굿 다이노〉에서는 달랐다. 작품을 진행하면서 림은 자신의 일정이 매우 빡빡하다는 사실을 알았기 때문에 프로세스를 개선하고 싶어 했다. 그리하여 과감하게 관례를 깨고 새롭게 시도했다. 즉, 각 시퀀스에 평소보다 적은 수의 애니메이터를 배정해 다섯 명 내외의 팀이 전체 시퀀스를 소화할 수 있도록 했던 것이다. 중요한 결정을 내리기 전에 전체 시퀀스 틀이 잡힌 것을 보는 것이 목표였다. 림은 애니메이션 슈퍼바이저였던 마이크 벤투리니Mike Venturini가 실험적인 방법에 대한 열의를 보여서 가능한 일이었다고 말했다. "우리는 마음이 통했어요. 벤투리니도 한동안 이런 방식처럼 무언가를 시도해보고 싶어 했었거든요."

그렇다면 '이런 방식'이란 정확히 무엇일까? 림은 애니메이터를 배우에 비유하면 가장 이해하기 쉬울 거라고 했다. 《햄릿》의 '사람됨이 어찌 그리 대단한 일인가'라는 독백을 배우 20명이 나눠서 연기한다면, 몇 명의 배우가 더 긴 분량을 연기하는 것보다 공연의 연속성이 떨어지고 감동도 덜 할 것이다. 애니메이션도 다르지 않다. 림은 각 시퀀스에 투입되는 애니메이터의 수를 줄임으로써 각 애니메이터가 스토리의 흐름을 더 많이 살릴 수 있도록 했다. 이로써 그들이 더 신중한 선택을 할 수 있게 되어 작품

완성도는 올라가고 일의 만족도도 높아졌다. 게다가 더 큰 그룹에 속해 있을 때보다 하나의 팀으로서 더 쉽게 유대감이 형성되었다.

작업 방식은 다음과 같았다. 애니메이터 다섯 명으로 구성된 팀이 약 2주 동안 하나의 시퀀스를 만든 다음 감독에게 보여주고 감독의 의견에 따라 1~2주 정도 추가 애니메이션화 작업을 하는 방식이었다. 그다음 해당 시퀀스를 조명부서에 넘기는데 이 과정에 감독은 다시 개입하지 않는다. 림은 이 방식을 적용하면 (안 좋은 말로 들릴 수 있지만) 감독들에게 의견을 묻는 빈도가 줄어들겠지만 실제로는 감독들이 작품의 맥락을 더 제대로 파악할 수 있어서 더 훌륭하고 효율적이고 나은 결정을 내릴 수 있다고 보았다. 이 새로운 시스템으로 생길 수 있는 휴식 시간으로 인해 비효율성을 상쇄시키고도 남는 효과가 있으리라 생각했다.

결과적으로 림의 말은 전적으로 옳았다. 수정 작업 횟수를 줄임으로써 절약한 시간으로 초기 투자 비용을 충당할 수 있었던 것이다. 그리고 제작이 끝났을 때 〈굿 다이노〉의 제작 속도 단축 경험이 지금까지 최고였다고 제작진은 말했다. 시퀀스는 보다 빨리 합쳐지고 곧바로 더 나은 형태를 갖췄다. 또한 문맥 교환이 줄어들어 작업 만족도는 높아지고 제작 과정에서의 일관성 또한 높아졌을 뿐 아니라 창의적인 표현도 더 풍부하게 할 수 있었다. 추측과 재작업이 줄어들었기에 시간을 낭비하지 않고 더 효율적으로 진행하게 된 것이다.

이는 프로세스를 맹목적으로 신뢰하지 않고 개선하기로 한 좋은 예이다. 림은 소극적으로 "항상 해왔던 방식이니까 문제를 일으키지 맙시다"라고 하지 않았다. "제대로 바꾸고 더 나은 프로세스를 만듭시다"라고 적극적으로 주장했다.

내가 이 이야기를 좋아하는 이유는 림이 새로운 시도야말로 리스크가 덜 크다고 생각할 수 있는 방법을 알아냈기 때문이다. 나중에 이 이야기를 했을 때 림은 다른 사람들이 생각한 만큼 리스크가 크지 않다는 사실을 알고 있었다. 어째서? 새로운 시도에 내내 매달리지 않았기 때문이다. "잘 안 되면 그만두면 된다는 것을 알았거든요"라고 말했다.

나는 새로운 접근 방식을 시도하면 그대로 정해질까 봐 두려워서 시도하지 않는 사람들을 계속 지켜봤다. 반면 림은 실험은 그저 실험일 뿐이라는 것을 알았다. "팀원들을 처음 영화를 만드는 사람인 양 대하지 마세요. 그 사람들을 그냥 믿으세요!"가 림의 철학이다. 전문가들과 일하기 때문에 리스크가 낮다고 판단한 것이다.

림 자신도 마찬가지였다. 그녀는 자신이 무엇을 하고 있는지 알았고 팀원들이 이 새로운 프로세스를 지지하도록 납득시켰다. 경험이 많은 사람이 파격적인 제안을 하면 문제가 발생할 가능성은 작지만, 문제가 커질 잠재성은 크다.

이것은 밥 아이거 디즈니 회장이 한 말 중 내가 가장 좋아하는 말과 관련이 있다. "롱 쇼츠long shots는 늘 보이는 것만큼 길지 않습니다."

한 가지 주의할 점이 있다. 조직의 규모가 커질수록 많은 직원이 느끼기에 각자의 요구에 맞지 않고 모두에게 천편일률적으로 적용되는 결정이 내려지는 경우가 많아진다는 것이다. 제안 사항에 대해 투명하게 대처하지 않으면 직원들 사이에 불만이 생길 가능성이 있다.

사람들은 자신이 존중받는다고 느껴야 한다. 림의 〈굿 다이노〉 실험의 성공 비결은 바로 동료에 대한 존중이었다. 그녀는 동료들이 있음에도 불구하고가 아니라, 동료들 덕분에 이 실험이 성공했다고 생각했다. 그리고 실험이 실패하더라도 동료들은 힘든 상황을 이겨내고 다시 뭉칠 수 있다고 믿었다. 다른 사람들이 그녀를 혁신적이고 변화를 두려워하지 않는 아이콘이라고 칭할 때 그녀 자신은 대단한 일이 아니라고 했다. "별일 아니었습니다. 수많은 훌륭한 사람들이 있었으니까요."

경험이 많은 사람이 파격적인 제안을 하면
문제가 발생할 가능성은 작지만,
문제가 커질 잠재성은 크다.

PART III

지속 가능한
성장 전략

CREATIVITY, INC.

시야를
넓히기 위한 시도

1970년대 말 어느 날, 우리 부부는 뉴욕에서 워싱턴으로 자동차 여행을 떠났다. 우리는 뒷바퀴에 구멍이 나도 계속 달릴 수 있도록 뒷바퀴가 네 개 달린 커다란 캠핑카를 빌렸다. 캠핑카를 운전하는 일은 고역이었다. 설상가상으로, 우리 부부와 동행한 딕과 앤 부부는 캠핑카를 운전해본 적이 없었다. 뉴저지 턴파이크 고속도로를 달리는 것이 무난한 선택이었지만, 우리는 비용을 아끼려고 통행료가 들지 않는 다른 길을 택했다. 문제는 이 길에는 몇 킬로미터마다 회전교차로가 있었다는 점이다. 일반 승용차로 회전교차로를 통과하는 것은 쉽지만, 커다란 캠핑카를 운전해서 회전교차로를 통과하는 것은 쉽지 않았다.

딕이 캠핑카를 몰고 회전교차로에 접근하는데 뒷바퀴에서 타이어 터지는 소리가 들렸다. 앤이 "여보, 타이어가 펑크 났어요!"라고 말하자, 딕은

"그럴 리 없어요" 하고 퉁명스럽게 대꾸했다. 자동차가 달리는 동안, 딕과 앤은 타이어 상태와 운전 행태를 놓고 긴 설전을 벌였다. 앤이 "더 조심해서 운전해요"라고 지적하면, 딕은 "타이어는 문제없다니깐!" 하고 대꾸하거나, "이 캠핑카는 운전하기가 너무 불편해"라며 투덜거렸다. 이들 부부는 전에 무슨 일인가로 감정이 상했는데, 화해하지 못한 채 여행에 나선 게 분명해 보였다. 무슨 일이 있었는지는 모르지만 감정적인 말다툼만 할 뿐, 정작 차를 세우고 타이어를 교체해야 한다는 결론에는 이르지 못했다. 여행 전에 쌓인 여러 가지 문제 때문에 이성을 잃고 현실을 보지 못한 것이다. 우리가 탄 캠핑카는 타이어 한 개가 바람이 빠진 채로 계속 달렸다. 빨리 차를 세우고 상태를 점검해야 했는데도 말이다.

한동안 말다툼하는 이들의 모습을 지켜보면서 나는 타이어에 문제가 있다고 지적해야 할 필요성을 느꼈다. 딕과 앤은 타이어에 관해 얘기하고 있었지만 실제로 신경 쓰고 있었던 것은 타이어 상태도, 안전도 아니라는 점이 명백했기 때문이다. 두 사람의 두뇌 속 심성모형은 묵은 감정 탓에 현실에서 일어난 명백한 사건(타이어 고장)을 제대로 해석하지 못하고, 즉시 차를 세우고 타이어를 교체하지 않을 경우 닥칠 수 있는 위험을 인식하지 못했다.

운전해본 적이 없는 거대한 차량, 펑크 난 타이어, 싸움에 정신이 팔린 부부 등 블랙 코미디 같은 이 일화를 소개하는 이유는, 내가 평소 주장하는 네 가지 경영 아이디어를 보여주는 이야기이기 때문이다. 첫째, 9장에서 논의했던 것처럼 인간의 심성모형은 현실을 왜곡하기 때문에 바로 눈앞에서 펼쳐지는 일도 정확히 인식하지 못할 수 있다(보고 들은 것을 평가하고 추론하고 예상할 때 빠지기 쉬운 선입견을 표현하고자 '모형'이라는 말을 사용했다). 둘째, 인간은 외부의 새로운 정보와 기존 심성모형의 경계를 구분하지 못하는 경우가 많다. 그래서 새로운 정보와 기존 심성모형을 하나의 통일된 경험으로 인식한다. 셋째, 무의식적으로 자신의 해석에 집착하다 보면 사고의 유연성, 당면한 문제에 대처하는 능력이 떨어진다. 넷째, 함께 일하거나 사는 사람들은 가까이 지내는 시간과 공유하는 기억이 많기에 각자의 심성모형이 연결돼 있고 서로 영향을 주고받는다. 만약 딕이나 앤이 혼자서 우리 부부와 함께 여행했다면 타이어에 구멍이 났을 때 즉시 알아차리고 대처했을 것이다. 하지만 함께 있었기 때문에 이들의 심성모형은 혼자 있을 때보다 훨씬 복잡해졌고, 능력이 제한됐다.

두 사람이 얽힌 타이어 문제만 해도 이런데 하물며 수십 명, 수백 명이 한곳에서 함께 일하는 기업은 어떻겠는가? 각자의 심성모형이 서로 충돌하고, 일종의 관성에 사로잡혀 변화나 도전에 대응하기 어려워진다. 조직구성원들의 시각이 서로 얽히는 것은 어떠한 조직도 피할 수 없는 조직문화의 일부다. 설령 조직구성원들이 평소에는 더 나은 아이디어에 열린 자세를 취하더라도 경영자가 주의를 기울이지 않으면 그들 사이의 충돌이 심해지면서 각자 제한된 관점에 집착하게 된다.

게다가 조직구성원이 늘어날수록 조직의 유연성은 떨어지게 마련이다. 문제를 해결하기 위해선 조직이 유연해져야 한다는 사실에 모두 동의하지만, 실제로 이런 상태를 유지하기는 극도로 어렵다. 자기 시각만 옳다고 생각하는 사고의 경직성을 인정하는 것부터가 어렵다. 개인이 현실을 바라보는 각도에 따라 편향과 논리비약이 존재하듯, 조직도 일을 처리하는 방식에 따라 현실을 인식하는 바가 달라진다.

3부에서는 픽사 임직원들이 견해 충돌로 협력이 이루어지지 않는 사태를 예방하기 위해 사용한 기법들을 소개할 것이다. 그리고 픽사 구성원들이 개인적으로나 기업 전체적으로나 서로 충돌하는 각자의 생각을 조율한 사례들을 함께 이야기하겠다. 이번 장에서는 프로젝트를 수행하기 위해 조직구성원들의 생각을 집단지성으로 모으는 여덟 가지 메커니즘을 논의할 것이다. 이는 다음과 같다.

1. 데일리스 회의
2. 현장답사
3. 한도 설정
4. 기술과 예술의 융합
5. 소규모 실험
6. 보는 법 배우기
7. 사후분석 회의
8. 픽사대학

1. 데일리스 회의

〈메리다와 마법의 숲〉 개봉 8개월 전인 2011년 가을 어느 날 아침의 일이다. 10여 명의 애니메이터가 데일리스[dailies](3D 애니메이션 작업에서 매일 작업한 자료를 컴퓨터에 보관해 작업자들이 공유하고, 그 자료를 매일 관계자들이 확인하고 논의하는 과정. 이 단계에서 부서별 책임자가 승인하면 다음 단계의 작업으로 넘어간다－옮긴이) 회의에 참석하기 위해 픽사 본사 아트리움 끝에 있는 영사실에 들어가 큰 소파에 푹 주저앉았다. 아침 9시가 지난 지 얼마 안 된 때라 몇몇 직원은 피곤함을 이겨내려고 커피를 홀짝거렸다. 그런데 마크 앤드루스^{Mark Andrews} 감독은 혈기왕성했다. 펜싱 애호가인 그는 한 시간 동안 잔디밭에서 96센티미터짜리 장검을 휘두르고 회의장에 들어왔는데도 전혀 피곤한 기색이 없었다.

앤드루스 감독은 영감이 넘치는 리더로 픽사 직원들에게 널리 인정받는 사람이다. 존 래스터와 나는 〈메리다와 마법의 숲〉 제작 도중, 앤드루스에게 감독직을 맡아달라고 요청했다. 〈메리다와 마법의 숲〉의 배경은 스코틀랜드다. 그곳 출신 이민자의 자랑스러운 후손인 그는 매주 금요일 스코틀랜드 전통의상인 킬트를 입고 출근했고, 팀원들에게도 킬트 착용을 권장했다(그는 평소에 남자들이 킬트 치마를 입고 일하면 사기가 오를 것이라고 말했다). 직원들은 마크 앤드루스를 야성적인 남자라고 생각했다. 한 애니메이터는 "앤드루스와 얘기할 때는 그의 등 뒤에서 토네이도가 불어 닥치는 느낌이 들어요. 폭풍 같은 말에 휩쓸려 정신을 차릴 수 없어요. 무슨 약을 먹고 그런 초능력을 발휘하는 게 아닌지 모르겠어요"라며 혀를 내둘렀다. 이날도 그는 그런 의혹을 받을 만큼 힘이 넘쳤다.

한 시간 동안 펜싱을 연습하고 영사실로 들어온 그는 "아침입니다! 이제 눈 뜨세요!"라고 소리치며 데일리스 회의를 시작했다. 작업 중인 장면들을 주의 깊게 살펴보며 각 장면의 개선 방안을 자세히 지시하고, 영사실에 모인 팀원들이 그렇게 작업하도록 격려했다. 영사실에는 리깅부서 감독^{rigging supervisor}(3D 컴퓨터 애니메이션에서 캐릭터의 뼈대를 만들고 캐릭터가 움직일 수 있는 상태를 만드는 작업을 지휘하는 사람 - 옮긴이), 프로듀서, 스토리 부서장, 애니메이터들이 있었다. 데일리스 회의의 목적은 촬영한 장면들을 제작진이 함께 살펴보면서 진행 상황을 검토하고 개선점을 논의하는 것이다.

이 회의는 픽사 기업문화의 핵심으로, 작품 제작 과정에서 건설적인 피드백을 제공할 뿐 아니라 직원들의 협력 의식을 증진시킨다. 데일리스 회의 참석자들은 불완전한 작업 내용을 감독과 동료들에게 보여줘야 하는데, 이 과정에서 자존심을 내려놓고 작품에 헌신하는 자세를 배우게 된다. 그러기 위해서는 직급에 상관없이 모든 회의 참석자들이 적극적으로 참여하는 것이 필요하며, 감독은 그런 분위기를 조성해야 한다. 마크 앤드루스 감독은 활기 넘치는 언행으로 팀원들의 참여를 독려했다. 이를테면 1980년대 유행가를 부르거나, 팀원들의 별명을 부르거나, 회의에서 제안된 수정 사항을 재빨리 스케치하면서 자신의 그림 실력을 농담거리로 삼는 식이었다. 졸고 있는 동료를 보면 "오늘 보일 수 있는 에너지가 그 정도밖에 안 됩니까?" 하고 놀렸다. 흠잡을 데 없는 장면을 그린 애니메이터를 보면, 모든 애니메이터가 학수고대하는 말을 외쳤다. "통과!" 모든 애니메이터가 이 말을 들을 수는 없었지만, 한 가지 보상은 기대할 수 있었다. 자신이 작업한 분량을 발표한 뒤에는 박수갈채를 받았다.

하지만 데일리스 회의는 사기 진작 단합 대회가 아니다. 회의 참석자들은 각 장면에서 부족한 부분을 콕 집어서 꼼꼼하게 비평한다. 모든 장면이 냉정한 평가를 받고, 모든 애니메이터가 피드백을 환영한다. 앤드루스 감독은 한 장면에서 문이 열리지 않도록 문 앞에 놓은 가느다란 나뭇가지를 가리키며 "여러분 모두 이 정도면 충분하다고 생각합니까?"라고 물었다. 여러 사람이 아니라고 말하자, 그는 앞에 놓인 태블릿에 스타일러스 펜으로 쓱쓱 그림을 그렸다. 그러자 스크린에 굵은 나뭇가지 그림이 떴다. "이 정도면 괜찮은가요?"라고 회의 참석자들에게 물었다. 회의 참석자들은 각 장면마다 새로운 문제를 제기했다. "계단을 뛰어올라가는 저 노인은 어때요?" "더 힘들어 보여야 합니다." "젊은 스파이의 표정은 어때요?" "더 교활한 표정을 짓는 편이 좋겠군요." 마크 앤드루스는 참석자들에게 "대화에 끼어드세요!", "큰 소리로 의견을 밝히세요!"라고 촉구했다.

회의 참석자들은 자유분방하고 시끌벅적하게 의견을 내놓으면서도 긴장감을 유지했다. 이들이 내놓는 세부 분석과 비평에 따라 단순히 괜찮은 작품이 나올지, 위대한 작품이 나올지 판가름 날 터였다. 앤드루스 감독은 곰으로 변신한 엄마 캐릭터인 엘리너 여왕Queen Elinor이 개울을 건너려고 돌 위를 걷는 장면을 열 개 프레임으로 나누어 분석했다. "무거운 곰이라기보다는 고양이가 걷는 것 같군요. 전체적인 속도감은 괜찮지만 전혀 무게가 느껴지지 않습니다. 마치 닌자가 걷는 것처럼 가볍게 보여요." 그의 말에 회의 참석자들이 고개를 끄덕였고, 애니메이터는 수정할 사항을 적었다.

데일리스 회의는 참석자들이 작품을 더 넓은 시야로 바라보고 생각하게 해주는 수업 시간과 같으며, 모든 직원에게 영향을 미친다고 앤드루스 감독은 말했다. "몇몇 직원들이 다른 사람들의 비평을 듣기 위해 자신이 작업한 장면을 보여줍니다. 다른 직원들은 동료들과 내가 어떤 비평을 내놓는지 주의 깊게 살핍니다. 데일리스 회의를 통해 모든 직원이 최상의 상태를 유지하죠. 최선의 작품을 만들려는 데일리스 회의의 목표를 생각한다면 결코 안이한 태도로 참석할 순 없어요. 우리는 모든 장면을 세밀하게 검토하고, 또 검토합니다. 가끔 회의 내내 열띤 토론이 벌어지기도 해요. 나 혼자서 답을 낼 수 없기 때문에 당연히 겪게 되는 과정이죠. 우리는 모두 함께 답을 고민합니다."

데일리스 회의는 매일 아침에 열린다. 데일리스는 각 직원이 전날 작업한 것을 공유하고 함께 분석하고 개선해 나가는 집단 작업이다. 직원들은 자신이 작업한 내용이 어떤 평가를 들을지 기대하며 참석한다. 이들은 자신의 작업이 다른 직원들에게 좋은 인상을 남기고 좋은 평가를 받기를 원한다. 불완전한 작업 내용이나 어설픈 아이디어를 공개해 망신당하길 원하진 않는다. 그래서 감독 앞에서 자기 생각을 자유롭게 발언하길 꺼린다. 데일리스 회의를 원활히 운영하기 위해서는 불완전한 작업을 공개해도, 자유롭게 제안해도 괜찮다는 사실을 상기시켜야 한다. 직원들이 이 같은 사실을 이해하면 당혹감을 떨쳐낼 수 있다. 망신당할지 모른다는 두려움에서 자유로워져야 창의성을 발휘할 수 있다. 문제 해결 과정에서 어떠한 제안을 하더라도 불이익을 당하지 않을 거라고 생각해야 비로소 서로 영감을 주고 배울 수 있다. 그 과정에서 사회적 보상이 생기고 생산성이 향상된다.

매일 아침 데일리스 회의에 참가하려면 공감 능력, 명료한 표현력, 타인의 의견을 귀 기울여 듣는 능력과 열린 마음으로 받아들이는 아량이 필요하다. 데일리스 회의는 모든 직원이 주변 사람들의 도움을 받아 창의성을 극대화할 수 있다는 점을 인식하게 하고, 타인의 의견을 열린 시각으로 수용하도록 유도한다. 데일리스 회의 덕분에 직원들은 현실을 더 명확히 인식할 수 있었다.

2. 현장답사

디즈니 회의실에서 두 명의 감독이 공동제작 중인 영화의 중간결과물을 발표하는 자리에 참석한 적이 있다. 영화의 각 장면에서 벌어지는 일들을 묘사한 그림, 캐릭터 스케치, 작품의 개념을 이해하는 데 도움이 될 만한 일러스트레이션을 잔뜩 붙인 코르크 보드들이 회의실 벽에 붙어 있었다. 작품의 전체적인 분위기를 전달하기 위해 두 감독은 시각적으로나 개념적으로 비슷한 유명 작품들의 이미지(두 감독이 모방하려는 장면, 인상 깊다고 느낀 풍경, 캐릭터들에게 갖가지 복장을 입힌 그림) 수십 개를 진열한 코르크 보드들을 회의실 벽에 붙였다. 작품의 아이디어를 전달하기 위해 다양한 작품들에서 뽑은 이미지들을 전시하다 보니 회의실 분위기는 산만해질 수밖에 없었다. 한편으로 생각하면 이해해야 할 부분이었다. 모든 감독은 영화를 좋아하기 때문에 영화계에 들어온다. 따라서 영화를 제작할 때 자신이 영향을 받은 작품들에 관해 얘기하는 것은 당연한 일이다(〈스타워즈〉에 영향을 받은 픽사 직원들이 하도 많아서 나는 회의에서 〈스타워즈〉를 두 번 이상 언급해서는 안 된다는 규칙을 만들자고 동료들에게 농담을 건네기도 한다). 좋은 작품이든 나쁜 작품이든 다른 작품들을 언급하지 않고서는 영화 제작을 얘기할 수 없다. 하지만 이전에 나온 작품들에 지나치게 신경 쓰면 정작 제작하려는 작품에 관한 얘기는 뒷전이 되기 십상이다.

브래드 버드 감독은 월트 디즈니가 설립한 애니메이션 제작인력 양성 학교 칼아츠에서 비슷한 현상을 목격했다. 그의 학우들은 애니메이션 거장들의 작품을 원숭이처럼 모방하기에 급급했다. 버드는 이런 접근법을 '프랑켄슈타인 방식'이라고 불렀다. "학우들은 전설적인 애니메이터 나인 올드 맨의 그림을 베꼈습니다. 밀트 칼이 그린 메두사Medusa란 캐릭터처럼 걷고, 프랭크 토머스가 그린 동물들처럼 손을 흔드는 여성 캐릭터를 그렸지요."

영화감독, 산업 디자이너, 소프트웨어 디자이너를 비롯한 창조 산업 종사자들이 이전에 나온 작품들을 단순히 복제해 재배열한다면 창의적 작품이라는 환상을 자아낼 수도 있지만, 이는 단지 예술성 없는 공예품일 뿐이다. 공예 기술craft은 사람들이 예상할 수 있는 작품을 만들고, 예술art은 공예 기술을 사용해 사람들이 예상하지 못한 작품을 만든다.

기존의 작품을 복제하다 보면 흔해빠진 작품을 만들게 마련이지만, 이는 안전한 선택처럼 보이기도 한다. 이렇듯 손실 위험을 최소화하고 안전한 길을 택하려는 욕구는 개인뿐 아니라 기업 전체를 감염시킬 수도 있다. 여러분이 속한 기업이 경직된 문화를 갖고 있거나, 유연성이 없거나, 관료주의적이라면 이런 기업문화를 타파하려고 노력해야 한다(단, 이 과정에서 직원들을 해치지 말아야 한다). 안전한 길에 안주하려는 경직된 기업문화를 타파하는 방법은 끊임없이 연구해야 할 과제다. 한 가지 방법만으로는 이 문제를 해결할 수 없을뿐더러 기업 환경과 직원들은 끊임없이 변화하기 때문이다.

영화제작자들이 이전 작품들을 인용해 발표할 때마다 존 래스터는 발표를 중단시키고, 그들이 이미 알고 있다고 생각하는 것을 더 연구하라고 요구한다. 그는 애니메이션 제작 과정에서 사전연구의 중요성을 아무리 강조해도 지나치지 않다고 생각한다. 예를 들어, 요리사가 되길 꿈꾸는 파리 생쥐의 이야기를 그린 작품 〈라따뚜이〉 제작에 착수했을 때, 제작팀은 그의 강력한 권유로 프랑스에서 2주간 머물면서 미슐랭 가이드에서 별을 받은 레스토랑들을 방문해 주방을 견학하고 요리사들을 인터뷰했다(제작팀은 쥐들이 사는 파리 하수구도 방문했다). 풍선에 매달려 떠다니는 집에 사는 칼 프레드릭슨이라는 노인이 베네수엘라 산을 여행하는 이야기를 그린 작품 〈업〉 제작에 착수했을 때, 래스터는 제작팀을 베네수엘라로 보내 그곳 산을 견학하도록 했다. 그뿐 아니라 애니메이터들이 거대한 새 캐릭터를 연구할 수 있도록 본사로 타조를 데려왔다. 모든 하수구가 바다로 향한다고 생각한 니모가 치과의사의 사무실을 탈출하기 위해 싱크대 배수구로 들어가는 줄거리를 구상한 〈니모를 찾아서〉 제작팀은 실제로 샌프란시스코 하수구 처리장을 견학했다. 그 결과, 제작팀은 물고기가 하수구를 통해 바다까지 무사히 빠져나갈 수 있다는 사실을 알게 됐다. 또 팀원 중 상당수는 스쿠버다이빙 자격증을 취득했다.

이런 경험들은 단순한 현장조사나 여흥이 아니다. 작품 제작 과정 초기에 실시된 사전조사 과정은 제작진의 창작 의욕을 북돋았다. 〈몬스터 대학교〉가 개봉되기 3년 전인 2009년 12월에 감독, 프로듀서, 각본가, 원화부서와 스토리부서 직원을 비롯한 제작진 10여 명은 미국 동부의 MIT, 하버드, 프린스턴대학교를 방문했다. UC버클리와 스탠퍼드대학교 방문 일정을 짠 원화부서 관리자 닉 베리^{Nick Berry}는 이렇게 회상했다. "우리는 몬스터 대학교 캠퍼스를 (몬스터들 사이에서 '겁주기' 학과 중) 가장 권위 있는 캠퍼스로 그릴 생각이었기에 고풍스러운 명문 대학교 캠퍼스를 방문해 참고하고 싶었습니다." 제작진은 기숙사, 강의실, 연구실, 학생회관을 구경하고, 잔디밭에 앉아 학생들이 즐겨 먹는 피자를 먹고, 캠퍼스 사진들을 찍고 인상적인 부분을 스케치했다. "좁은 길의 형태부터 나무 책상 위의 낙서까지 구석구석 모든 것을 기록했습니다." 그 결과 2013년 6월 개봉한 〈몬스터 대학교〉는 학교 이름의 머리글자를 적은 재킷 디자인부터 룸메이트를 구하는 전단지가 붙은 게시판까지 캠퍼스를 조목조목 실감나게 묘사해 관객들의 공감을 얻을 수 있었다.

픽사 제작진이 추구하는 것은 관객들이 공감할 수 있는 작품이다. 존 래스터가 제작진을 현장답사 보낼 때, 그들은 자신이 어떤 것을 목격하고 배우게 될지 알지 못했다. 하지만 생각해보라. 익숙한 곳에만 머물면 예상치 못한 새로운 정보를 얻을 수 없다. 내가 지금까지 지켜본 바로는 현장답사를 떠난 사람들은 언제나 달라진 모습으로 돌아왔다.

어떤 분야에서도 사전조사는 중요하지만, 여기서 강조하고 싶은 현장답사의 의의는 단순히 사실관계를 확인하는 것에 그치지 않는다. 현장답사를 다녀온 제작진은 선입관이 무너져 진부한 작품에 안주하지 못하게 된다. 현장답사는 픽사 제작진이 복제보다는 창작에 집중하도록 영감을 주는 계기다.

흥미로운 점은, 사전조사로 얻은 세부정보를 활용해 현실과 유사한 장면들을 그리면, 관객들은 실제로 가본 적이 없는 장소인데도 사실적인 묘사라고 공감한다는 것이다. 예를 들어, 최고급 프랑스 레스토랑 주방 안에 들어가본 관객은 거의 없을 것이다. 따라서 〈라따뚜이〉 제작진이 정성 들여 주방을 세밀하게 묘사해봤자 관객들이 알아차리지 못할 것이라고 생각하기 쉽다. 이를테면, 요리사들이 나막신을 신고 흑백 타일이 깔린 주방 바닥을 걸으며 내는 소리, 요리사들이 채소를 자르는 자세, 주방 공간을 배치하는 방식에 신경 쓰는 관객이 있을까. 하지만 실제로 이런 세부사항을 묘사한 장면들을 본 관객들은 현실감을 느꼈다. 관객들은 콕 집어 설명하진 못해도 실감 나는 작품이라고 느끼는 것이다.

이처럼 세부묘사에 집착하는 것이 작품의 성공에 중요할까? 나는 그렇다고 믿는다. 작품의 소재와 배경을 미리 파악해두면 자신감을 가지고 작품의 모든 프레임을 제작할 수 있다. 사전조사로 소재와 배경을 공부하는 제작진의 마음가짐은 관객들에게 실감 나는 이야기를 들려주기 위해 노력하겠다는 무언의 계약을 맺은 것이나 다름없다. 이런 약속을 지키려고 노력하는 제작진은 어떠한 세부사항도 소홀히 넘기지 않는다.

3. 한도 설정

픽사 프로듀서들이 '훌륭히 묘사한 동전beautifully shaded penny'이라고 부르는 현상이 있다. 이는 애니메이터들이 작품의 세부사항에 지나치게 신경쓴 나머지, 캐서린 새러피언Katherine Sarafian이 "관객들이 절대 보지 못할, 탁상 위 동전 한 닢"이라 부르는 사소한 부분들을 그리느라 며칠, 몇 주를 소모하는 일을 일컫는 말이다. 〈몬스터 주식회사〉 제작관리자로 일한 프로듀서 새러피언은 "훌륭히 묘사한 동전" 현상의 좋은 예를 알고 있다. 〈몬스터 주식회사〉에서 털북숭이 괴물 설리와 마이크가 사는 아파트에 여자아기 부가 처음 도착한 장면이다. 부는 모든 유아가 그렇듯, 낯선 환경을 탐구하려고 이리저리 돌아다닌다. 두 괴물은 부를 가두려고 하지만, 부는 탑처럼 높이 쌓인 CD 더미(다 합쳐 90장 이상이나 된다)로 다가간다. 마이크가 "그거 건드리지 마!" 하고 외치지만, 부는 가장 밑에 있는 CD 케이스를 건드려 CD 탑이 무너지게 한다. 마이크는 "아이고, 알파벳 순서대로 정리한 거였는데"라고 안타까워하며 부를 쫓아간다. 이 장면은 고작 3초 만에 끝나고, 화면에 제대로 보이는 CD 케이스는 몇 개뿐이다. 하지만 픽사 애니메이터들은 모든 CD에 할당할 CD 커버뿐 아니라, 그에 필요한 셰이더shader(컴퓨터 3D 영상에서 물체의 음영과 질감을 표현하는 프로그램-옮긴이)까지 제작했다.

새러피언의 말이다. "화면에 CD 케이스들이 모두 보이나요? 아니죠. CD 케이스들을 모두 디자인하는 게 재미있었을까요? 어쩌면 장난삼아 디자인했을 수도 있죠. 제작진 중에는 이에 그치지 않고 CD 케이스들이 근접촬영으로 화면에 잡힐 때를 대비해서 CD 케이스 표면을 모두 실감 나게 표현하려고 한 사람도 있었습니다."

이 작업에 얼마나 많은 인력과 시간이 들었을지 생각할 엄두도 안 난다. 이런 현상은 최고의 애니메이션을 제작하려는 열정이 도를 넘어섰기 때문에 벌어진 것이지만, 제작 공정에 내재된 구조적 문제 때문에 벌어진 것이기도 하다. 직원들은 자신이 작업하는 장면이 전체적인 맥락에서 어떠한 의미를 지니는지 알지 못하기에, 나중에 중요하게 쓰일 경우에 대비해 과도하게 작업했다. 게다가 픽사의 품질 기준이 다른 애니메이션 스튜디오에 비해 극도로 높아 최대한 질이 높은 결과물을 내놓으려고 했다. 직원들에게 품질 기준을 낮추라고 지시하지 않고 이 문제를 해결할 방법은 없을까? 이 장면이 그토록 많은 시간을 들여 묘사해야 할 정도로 중요하게 쓰일 것이라고 생각한 제작자는 없을 것이다. 직원들은 한도를 정해 어느 정도 적당히 그려야 한다는 점은 알았지만, 어느 지점이 한도인지 알지 못했다. 이는 경영진이 제대로 관리하지 못해서 나타난 실패다. 이런 이유에서 픽사 경영진은 업무 한도를 설정하고 명시하는 방안을 끊임없이 고민했다.

픽사 직원들의 업무 한도는 제작 공정의 내적 특성에 따라 결정되는 것이 아니라 외적 요인, 즉 가용자원 한계, 마감 기한, 변화하는 경제 상황 등에 따라 결정된다. 경영진은 이런 외부 환경을 통제할 수 없다. 하지만 경영진이 직원들의 업무에 부여하는 한도는 직원들이 근무 방식을 수정하고 때로는 다른 방식을 고안하도록 하는 도구가 될 수 있다. 업무 한도는 직원들이 무한정 마음대로 할 수 없으니 더 효율적인 근무 방식을 생각해야 한다는 메시지를 내포한다. 한도를 설정해두지 않으면 더 효율적인 근무 방식을 생각하지 않는 직원이 늘어난다. 한도는 직원들이 업무 방식을 재고하고 한층 더 창의성을 발휘하도록 몰아붙인다.

한도 설정이 중요한 또 다른 이유는, 한도를 설정하지 않으면 직원들이 '의욕 조절'에 실패해 시간과 예산을 낭비하기 십상이기 때문이다. 픽사는 최고의 3D 컴퓨터 애니메이션을 제작하는 것을 목표로 삼기 때문에 제작 과정에서 자원 수요가 끝없이 발생한다. 경영진이 한도를 설정하지 않으면, 제작진은 '더 나은 작품을 만들려는 시도'라는 명목으로 시간과 예산을 끝없이 소모한다. 이는 사람의 욕심이 끝없기 때문에 생기는 일이자, 제작자들이 작품 전체에서 자신이 맡은 부분이 어떻게 사용되는지 전체적인 맥락을 확실히 이해하지 못하고 자신이 맡은 지엽적인 부분에만 신경 쓰는 까닭에 생기는 일이다. 이들은 자신이 맡은 부분에 더 많은 시간을 들이는 것이 성공하는 길이라고 믿는다.

애니메이션을 제작할 때 더 나은 영상을 만들기 위해 제작자들이 사용하는 시각효과는 매우 다양하다. 3D 컴퓨터 애니메이션에서 사용 가능한 시각효과는 특히나 많다. 하지만 이를 작품에 모두 적용할 수는 없다. 따라서 마감 기한을 정하고, 어떤 시각효과를 적용해야 기한 내 가장 좋은 영상이 나올지 토론하고 결정해야 한다. 그렇지 않으면 프로젝트가 표류하게 된다. 초기에는 어떤 영상을 제작해야 할지 감독이 아직 구상하지 않았기 때문에 이런 토론과 결정을 서두를 필요가 없지만, 너무 지체하면 시간과 자원을 낭비하게 된다.

이 문제가 더욱 골치 아픈 것은 제작부서 현장감독들과 팀원들조차 자신이 맡은 업무가 초래하는 비용을 정확히 파악하지 못한다는 점에서다. 예를 들어, 감독은 나중에 어떤 스토리나 장면을 추가하게 될지 전혀 알지 못한다. 마찬가지로 애니메이터나 기술부서 현장감독은 자신이 작업하는 부분이 작품에서 어떤 의미가 있는지 알지 못한 채, 그저 매우 중요한 부분이라고 생각하고 전력을 다해 작업한다. 앞서 소개한 캠핑카 운전 일화에서 딕은 자신이 믿고 싶어 하는 바(타이어에 이상이 없다)와 현실(구멍 난 타이어)을 구분하는 데 어려움을 겪었다. 이렇게 단순명료한 일에도 혼선이 빚어지는데, 하물며 복잡한 애니메이션 제작 공정에서 자신이 바라는 것과 자신이 달성할 수 있는 것을 구분하는 일은 훨씬 더 어렵다. 이런 이유에서 현실을 명확히 직시하는 데 도움이 되는 도구들이 필요하다.

브래드 버드 감독은 이 난제에 관한 일화를 자주 얘기한다. 2004년 개봉한 〈인크레더블〉을 감독하는 동안, 그는 환영(작품에 쓸 수 없는 장면이나 아이디어)에 사로잡혀 신경이 분산됐다고 말했다. 일례로, 한동안 어느 장면의 배경에 수족관과 물고기를 집어넣기 위해 분투했던 것이다. 난로 속에서 넘실거리는 불길처럼 수족관 속에서 춤추는 물고기들을 그리고 싶어 했고, 이 생각을 실현하는 데 집착했다. 애니메이터들이 다섯 달 동안 수천 시간 작업한 뒤에야, 버드 감독은 이 장면에 물고기를 집어넣는 것이 작품에 전혀 도움이 되지 않는다는 사실을 깨달았다. 쓸데 없는 집착으로 시간을 낭비한 셈이다.

다행히 버드 감독에게는 존 워커John Walker라는 좋은 프로듀서가 있었다. 워커는 로라 레이널스Laura Reynolds 부서장과 함께 고민한 끝에 팀원들에게 현재 자원으로 할 수 있는 일을 알려주는 간단하지만 매우 효과적인 시스템을 고안해냈다. 접착테이프로 아이스크림 막대기들을 벽에 붙여 상황 이해를 돕는 것이다. 앞서 설명했듯, 인주는 픽사 애니메이터 한 명이 일주일 동안 처리할 수 있는 작업 분량을 나타내는 단위다. 특정 캐릭터 그림 옆에 붙여놓은 막대기들을 보면, 얼마나 많은 자원을 소모했는지 쉽게 알 수 있다. 예컨대 엘라스티걸 그림 옆에 막대기들이 많이 붙어 있으면, 잭잭Jack-Jack이란 캐릭터를 작업하는 데 사용할 수 있는 자원은 그만큼 적은 셈이다. 존 래스터의 말이다. "브래드 버드가 내게 와서 '오늘 이 일을 처리해야 합니다'라고 말하면, 나는 벽을 가리키며 '막대기 하나를 더 붙여야겠군요. 어디서 막대기를 끌어다 쓸 겁니까? 아직 쓸 수 있는 막대기가 많은데' 하고 답합니다." 워커의 막대기 시스템은 작업한도를 설정해 성공한 사례다.

하지만 작업한도를 설정하려는 노력이 늘 성공하는 것은 아니다. 2006년 픽사가 디즈니와 합병한 뒤, 존 래스터와 나는 디즈니 애니메이션 스튜디오에서 흥미로운 갈등을 목격했다. 애니메이션 제작은 복잡하고 비용이 많이 드는 일이기에, 이전의 디즈니 경영진은 모든 제작인력이 '감찰단'이 설정한 작업한도 안에서만 업무를 진행하는 것이 최선이라고 생각했다. 감찰단은 경영진이 제작 현장에 파견한 관리원들로, 경영진의 눈과 귀 역할을 했다. 감찰단의 유일한 임무는 제작진이 예산과 마감 기한을 준수하는지 확인하는 것이었다. 감찰단은 모든 작품의 제작 보고서를 읽고 제작 과정이 예정대로 진행되는지 확인해 경영진에게 보고했다. 디즈니 경영진은 예산 낭비를 피하기 위한 모든 조치를 강구했다고 생각하며 안도했다.

하지만 제작 실무진이 볼 때 감찰단은 영화 제작에 도움이 되기는커녕 방해가 될 뿐이었다. 실무자들은 모든 결정을 꼬치꼬치 간섭하는 감찰단 때문에 현장의 문제에 빨리 대응하는 유연성을 잃어버렸다고 느꼈다. 실무자들은 무기력함을 느꼈다. 이 경우, 경영진이 부과한 한도는 진보를 저해하는 결과를 초래했을 뿐이다. 그뿐 아니라 정치적 문제도 낳았다. 감찰단과 실무진 사이의 갈등은 갈수록 고조됐다. 그 결과, 디즈니 애니메이션 스튜디오 직원들의 사기는 급락했다.

존 래스터와 내가 볼 때 해결책은 명확했다. 우리는 감찰단을 없앴다. 그리고 제작진이 예산에 맞추어 제때 프로젝트를 수행하고자 노력하는 양심적 근로자들이라고 믿었다. 우리가 볼 때 감찰단은 업무를 진척시키는 데 도움이 안 되고 제작 현장의 긴장감만 고조시킬 뿐이었다. 제작진은 이미 예산과 마감 기한이라는 한도에 맞추어 일했기 때문에, 감찰단을 이용한 마이크로 경영은 아무런 도움도 안 됐다. 경영진이 설정한 한도 안에서 제작진은 유연성을 확보할 필요가 있었다. 감찰단을 없애자마자 제작 현장에선 갈등이 줄고 제작 공정이 훨씬 더 매끄럽게 흘러가기 시작했다.

우리가 내놓은 해법은 너무도 뻔한 것이지만, 디즈니 애니메이션 스튜디오 경영을 맡기 전에는 이런 해법이 나오지 않았다. 첫째, 감찰단 소속 임원들이 감찰단의 존재가 불필요하다는 사실을 인정하지 못했기 때문이다. 이들은 자신이 속한 집단이 쓸모없다는 고정관념에 도전할 수 있는 위치에 있지 않았다. 둘째, 이전 경영진은 감찰단을 제작 공정의 투명성과 규율을 높이는 중요한 집단이라고 생각했기 때문이다. 하지만 경영진이 제작진의 작업한도를 강화하기 위해 만든 감찰단 때문에 작업한도의 의미가 퇴색되고 효율이 떨어지는 문제가 생겼다.

감찰단은 '어떻게 하면 제작진이 문제를 해결하도록 도울 것인가?' 하는 근본적인 문제를 생각하지 않았다. 그 대신 '어떻게 하면 제작진이 프로젝트를 망치는 것을 막을 것인가?' 하는 문제에만 신경 썼다. 이런 접근법은 결코 직원들의 창의성 발휘를 장려하지 못한다. 내가 지금까지의 경험에서 배운 바에 따르면, 경영진이 어떤 규제나 절차를 도입할 때는 먼저 이런 조치가 직원들의 창의성 발휘를 촉진할 것인지 생각해봐야 한다. 그 결과, 나오는 답이 '아니오'라면 도입해야 할 의미가 없다.

4. 기술과 예술의 융합

1980년대 칼아츠 학생들에게 가장 존경받은 교사는 전설적인 애니메이터 밥 맥크리Bob McCrea였다. 그는 칼아츠에 오기 전 디즈니에서 40년간 일했으며, 월트 디즈니의 가까운 동료이기도 했다. 맥크리는 많은 이에게 사랑받은 인물이자 심술궂은 인물이기도 했다. 훗날 앤드루 스탠튼은 〈월-E〉를 제작할 때, 그를 염두에 두고 캡틴 BCaptain B라는 캐릭터를 창조했다. 맥크리는 여러 픽사 직원의 예술적 감수성에 영향을 미쳤다. 스탠튼은 칼아츠에서 공부하던 시절, 학우들이 밥 맥크리 같은 디즈니 스튜디오 초창기의 위대한 애니메이터들을 본받는 '애니메이션 순수주의자'를 자처했다고 회상한다. 당시 칼아츠 학생들은 디즈니 스튜디오 초창기에 없던 신기술, 예를 들면 VHS 비디오테이프를 이용하는 것조차 망설였다. 어느 날 스탠튼이 나인 올드 멘이 비디오테이프를 사용하지 않았으니 자신도 사용하지 않을 것이라고 말하자, 맥크리가 말했다. "바보 같은 소리 말게나. 만약 그 시절에 비디오테이프가 있었으면 우리도 사용했을걸세."

2장에서 언급했듯, 월트 디즈니는 당대에 사용 가능한 모든 기술을 이해하고 최신 기술을 적극 활용했다. 그는 흑백 무성영화 시대의 애니메이션에 소리와 색상을 더했다. 그리고 영화 제작용 매팅matting(일부 영상을 추출해 다른 영상에 합성하는 기법 - 옮긴이), 멀티플레인 카메라(다단식 촬영대를 갖춘 애니메이션 촬영기기. 각기 다른 장면을 그린 셀들을 카메라 밑에 약간씩 거리를 두고 촬영해 영상의 입체감을 살린다-옮긴이)를 개발하고, 애니메이션 셀 촬영실을 만들었다. 픽사의 이점 중 하나는, 픽사가 처음부터 기술, 예술, 비즈니스를 아우르는 경영진의 지휘 아래 성장했다는 점이다. 나는 기술 부문을, 존 래스터는 창작 부문을, 스티브 잡스는 비즈니스 부문을 총괄했다. 픽사는 세 경영자의 열정적인 노력 덕분에 무너지지 않고 성장해나갈 수 있었다. 픽사의 비즈니스 모델, 영화 제작 방식, 기술은 계속 변했지만 예술, 기술, 비즈니스 사이에서 균형을 잘 잡은 덕분에 어느 한 부문도 엇나가지 않고 세발 의자의 다리처럼 픽사를 지탱했다. 픽사에서 예술, 기술, 비즈니스는 서로 혁신시키는 추진력으로 작용한다.

존 래스터가 즐겨 쓰는 표현 중에 이런 것이 있다. "예술은 기술에 도전하고, 기술은 예술에 영감을 불어넣는다." 이는 예술, 기술, 비즈니스를 통합한 픽사의 경영철학을 정확히 표현한 문구다. 예술과 기술은 서로 보완하고 자극해 새로운 경지의 작품을 만들어낸다. 예술가의 마인드와 공학자의 마인드는 전혀 다르기 때문에 예술과 기술의 융합은 어려운 과제다. 하지만 나는 예술과 기술의 융합이 시도할 만한 가치가 있는 일이라고 본다. 예술가들과 공학자들이 함께 일하는 기업을 경영하는 것은 내 전문기술과 심성모형에 도전하는 모험이다. 기술을 사용해 예술 작품을 만들어 파는 픽사의 비즈니스 모델을 계속 수정하고 개선하려면 경영진이 안주하지 않고 계속 혁신해야 한다. 픽사의 역사는 예술, 기술, 비즈니스의 역동적 상호작용에 대한 증언이다.

예술과 기술의 역동적 상호작용의 결과, 픽사는 리뷰스케치Review Sketch와 피치닥터Pitch Doctor라는 소프트웨어 도구를 개발했다. 〈인크레더블〉 제작

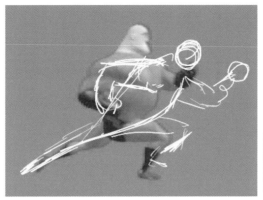

픽사의 효과적 피드백 도구 '리뷰스케치'

과정에서 브래드 버드 감독은 애니메이터들에게 말로 피드백을 제공할 때, 자신의 생각을 정확하게 전달하지 못해 답답해했다. 가령 애니메이터들에게 어느 장면을 개선하는 방안을 설명할 때, 말로만 설명하는 것보다 그림으로 설명하는 편이 더 간편하고 효율적이지 않겠는가? 버드 감독은 애니메이터들과 원활하게 소통하고자 스크린에 투사된 애니메이션 이미지 위에 선을 그릴 수 있는 기술이 없는지 공학자들에게 물었다. 픽사 소프트웨어 부서는 이 기술을 개발하는 일에 착수했다. 그 결과 나온 것이 리뷰스케치라는 소프트웨어 도구다. 리뷰스케치는 감독이 디지털 스타일러스 펜으로 애니메이션 이미지 위에 직접 선을 그리면, 이 스케치를 저장해 애니메이터들의 컴퓨터로 보내는 기술이다. 리뷰스케치는 곧 모든 픽사 감독들의 필수 도구가 됐다(앞서 소개한 데일리스 회의에서도 마크 앤드루스 감독이 리뷰스케치를 사용해 팀원들에게 자신의 생각을 설명했다).

또 다른 기술 혁신인 피치닥터는 2002년에 등장했다. 2002년 어느 날 피트 닥터가 내 사무실에 들어오더니 감독이 스토리보드들을 이용해 실감나게 발표할 수 있는 기술이 필요하다고 말했다. 나는 소프트웨어부서 팀장 중 한 명인 마이클 존슨Michael Johnson에게 이 요구를 충족시킬 소프트웨어 도구가 없는지 물었다. 2주 뒤, 그는 훗날 피치닥터라는 이름이 붙은 소프트웨어의 원형이 될 프로그램을 개발해냈다.

피치닥터는 감독과 제작진의 원활한 소통을 돕는 도구다. 작품 아이디어를 직원들 앞에서 처음 발표할 때 감독은 무대 위의 연극배우와 같다. 직원들의 표정 변화를 보고 자신의 아이디어가 관객들에게 어떤 반응을 얻을지 파악한다. 하지만 감독의 발표대로 애니메이션이 만들어지는 것은 아니다. 애니메이션을 제작하는 과정에서 애초의 구상과 다르게 스토리가 바뀌면서 난항을 겪는 경우가 종종 발생한다. 다시 말해, 처음에 발표할 때는 그럴듯해 보이는 아이디어도 막상 제작에 착수하면 작품화하기에는 여러모로 부족한 경우가 많다. 피치닥터는 이런 사태를 방지하기 위한 소프트웨어 도구다.

제작진은 피치닥터를 이용해 자신의 아이디어가 작품에 어떻게 적용되는지 회의 참석자들에게 보여주고 피드백을 받을 수 있다. 처음에 나는 제작진이 이런 신기술을 받아들일지 걱정됐다. 종이에 그림을 그려 설명하는 것에 익숙한 제작진이 이 신기술을 받아들이려면 그 장점을 스스로 발견해야 했다. 우려와 달리, 제작진은 곧 피치닥터의 장점을 알아차렸다. 자주 바뀌는 스토리보드 작업을 컴퓨터로 처리하자 절차를 간소화할 수 있었다. 피치닥터 덕분에 버튼 하나만 누르면 스토리보드를 수정해 팀원들에게 보여줄 수 있게 된 것이다. 점점 더 많은 애니메이터들이 피치닥터를 활용함에 따라 새로운 기능을 추가해달라는 요구가 늘었다. 소프트웨어 개발자들과 애니메이터들은 피치닥터의 기능을 개선하기 위해 함께 노력했다. 피치닥터가 제작진의 필요를 충족시킬 정도로 진화하면서 제작진의 작업 방식도 바뀌었다.

이런 진화는 애니메이터들의 요구와 프로그래머들의 제안이 낳은 결과였다. 기술과 예술이 서로 밀고 끌면서 함께 진화한 것이다. 마이클 존슨이 지휘하는 소프트웨어팀 무빙픽처스그룹Moving Pictures Group은 픽사가 중시하는 가치, 즉 변화를 두려워하지 않는 자세를 실천한 좋은 예로 평가받는다. 픽사 경영진은 소프트웨어 개발자들이 애니메이션 제작자들과 긴밀하게 공조하는 업무 협력 모델을 픽사 전체로 확대했다. 이런 업무 협력 모델은 실무 현장의 필요에 즉각 반응했다. 또한 문제에 신속히 대응해서 조직의 효율을 높였다.

5. 소규모 실험

기업 경영자는 경영 활동의 내역을 설명해야 한다. 상장기업은 투자자들에게 정보를 제공하기 위해 분기마다 재무제표를 작성해야 한다. 비상장 기업일지라도 신용을 얻기 위해서는 재무제표를 작성해야 한다. 하지만 나는 경영자에게 모든 일을 설명하라고 요구해선 안 된다고 생각한다. 경영자는 예상치 못한 일이 발생할 경우를 항상 염두에 둬야 한다. 이런 측면에서 보면 과학자와 비슷하다. 과학 실험은 결과를 알 수 없다. 기대한 성과를 내지 못할 수도 있다. 하지만 실험 과정에서 예상치 못한 결과를 얻고, 미지의 영역을 탐구하는 계기를 갖게 될 수도 있다.

픽사는 단편 애니메이션 제작을 실험 기회로 생각한다. 제작자들은 미지의 영역을 탐구하겠다는 기대를 품고 단편 작품들을 만든다. 한동안 픽사는 장편 애니메이션 영화 앞에 3~6분짜리 단편 애니메이션을 끼워 넣었다. 단편 애니메이션을 제작하는 비용은 200만 달러에 달하는데, 애써 단편 애니메이션을 제작 발표한다고 해서 픽사에 금전적인 이익이 되는 것은 아니다. 경제적인 관점에서 볼 때, 단편 애니메이션 제작은 경영자로서 정당화하기 어려운 결정이다. 그럼에도 불구하고 계속 단편 애니메이션을 제작하는 것은 그것이 바람직하다는 직감을 믿기 때문이다.

픽사의 단편 애니메이션 전통은 존 래스터가 〈앙드레와 꿀벌 윌리의 모험〉 제작에 합류한 1980년대 초에 시작됐다. 픽사의 1세대 단편 애니메이션인 〈룩소 주니어〉, 〈레드의 꿈〉, 〈틴 토이〉는 픽사가 이룩한 기술 혁신을 컴퓨터그래픽 전문가들과 공유하기 위한 수단으로 제작한 것이다. 그러다가 1989년 단편 애니메이션 제작을 중단하고, 이후 7년간 수익 창출을 위해 광고 제작과 첫 장편 애니메이션 영화 〈토이 스토리〉 제작에 역량을 집중했다. 〈토이 스토리〉가 개봉하고 1년이 지난 1996년 래스터와 나는 단편 애니메이션 영화 제작을 재개하기로 결정했다. 우리는 단편 애니메이션이 기술을 실험할 수 있는 기회이자 장편 애니메이션을 제작할 인재들을 시험해보는 기회가 되리라고 기대했다. 그리고 단편 애니메이션

픽사의 단편 애니메이션 〈제리의 게임〉 중 한 장면

제작비를 R&D 비용으로 생각했다. 단편 애니메이션으로 수익을 올리지 못해도 제작 과정에서 기술을 혁신할 수 있다면 손해가 아니라고 여겼다. 구체적인 이익이 얼마나 될지 몰라도 장기적으로는 큰 보상을 받을 것이라고 기대했다.

1998년 〈벅스 라이프〉와 함께 상영된 단편 애니메이션 〈제리의 게임Geri's Game〉은 픽사의 2세대 단편 애니메이션 중 첫 작품이다. 이 작품은 가을날 공원에서 혼자서 열심히 체스를 두는 노인을 그리고 있다. 잰 핀커버Jan Pinkava가 감독한 이 작품은 노인이 "하!" 하고 환희의 감탄사를 내뱉는 것 외에는 아무런 대사도 없다. 이 작품의 유머 포인트는 성격이 다른 두 사람이 체스를 두는 것처럼, 혹은 노인의 자아가 둘인 것처럼 노인이 혼자 쇼를 하면서 체스를 두는 데 있다. 노인은 공원의 탁자 위에 놓인 체스판의 이편과 저편을 오가며 체스를 두는데, 문자 그대로 탁자를 돌려 온순한 캐릭터가 의기양양한 캐릭터를 이기는 장면은 관객의 웃음을 자아낸다.

이 유쾌한 작품은 아카데미 시상식 애니메이션 부문에서 상을 받았을 뿐 아니라, 픽사의 애니메이션 기술을 개선하는 계기가 됐다. 제작 전에 경영진이 핀커버 감독에게 요구한 것은 인간 캐릭터를 집어넣어야 한다는 것뿐이었다. 우리는 인간의 얼굴과 손의 불규칙하고 부드러운 표면뿐 아니라, 사람들이 입는 옷의 표면을 렌더링하는 기술을 연마하고자 했다. 당시까지는 픽사에 인간의 피부와 머리카락과 신체 굴곡을 만족스럽게 렌더링하는 기술이 없었던 까닭에 픽사 작품에서 인간 캐릭터는 단역에 그쳤다. 그래서 이 상황을 타개할 필요가 있었고, 〈제리의 게임〉은 이를 위한 첫 시험대가 됐다.

우리는 단편 애니메이션 제작을 기술 개발을 위한 R&D로 간주했지만, 픽사의 애니메이션 기술이 진보하는 주요 동력은 장편 애니메이션 제작임이 점점 명확해졌다. 1998년 이후 2013년 개봉한 〈파란 우산〉까지 픽사의 단편 애니메이션 중에서 기술 혁신을 이룬 작품은 한 편도 없다. 결국 단편 애니메이션 제작을 통해 제작진이 장편 애니메이션 제작에 필요한 경험을 쌓을 수 있으리라 기대했지만, 이 부분도 기대에 어긋났다. 물론 단편 애니메이션 제작은 훌륭한 학습 기회이고 훗날 장편 애니메이션을 제작할 때 도움이 된 것도 사실이지만, 5분짜리 애니메이션을 감독하는 일과 85분짜리 애니메이션을 감독하는 일은 여러모로 다르다. 전자는 후자를 준비하는 과정의 첫 걸음에 불과하다.

그렇지만 단편 애니메이션 제작은 픽사에 뜻밖의 혜택을 안겨줬다. 단편 애니메이션 제작은 장편 애니메이션 제작보다 훨씬 적은 인력이 참여한다. 따라서 각각의 직원이 극히 국지적인 업무를 처리하는 후자와 달리, 전자의 경우 한 사람이 더 폭넓은 업무를 소화한다. 그 결과, 더 다양한 기술을 익힐 수 있다. 게다가 단편 애니메이션은 제작팀 인원이 적기 때문에 서로 긴밀한 인간관계를 형성한다. 이는 나중에 다른 프로젝트를 추진할 때 도움이 된다.

픽사의 단편 애니메이션은 두 가지 가치를 창출한다. 외부적으로는 관객들과의 유대를 강화한다. 극장을 찾은 관객들은 픽사의 장편 애니메이션이 시작되기 전에 나오는 단편 애니메이션을 보너스로 여기고 즐긴다. 내부적으로는 픽사 경영진이 예술성을 중시한다는 메시지를 제작진에게 전달해 픽사가 추구하는 가치를 강화한다(단편 애니메이션을 제작해봤자 픽사의 수익성에 도움이 안 된다는 사실을 모든 직원이 알고 있다). 우리는 단편 애니메이션을 계속 제작함으로써 그저 돈을 벌려고 일하는 것이 아니라 관객들을 즐겁게 하는 애니메이션을 만들기 위해 일한다는 자부심을 픽사 직원들의 의식과 무의식에 심어줄 수 있다.

마지막으로 나중에 알게 된 의외의 이점은, 단편 애니메이션은 실패해도 치러야 할 비용이 상대적으로 적다는 것이다(나는 실패가 불가피할 뿐 아니라 소중한 학습기회라고 믿기에 실패를 환영한다). 일례로, 오래전에 한 동화 작가가 픽사 애니메이션 감독을 맡고 싶다고 얘기한 적이 있다. 우리는 그의 작품과 감성을 좋아해서, 우선 단편 애니메이션 감독을 맡겨보기로 했다. 그가 애니메이션 감독으로서 재능이 있는지, 다른 직원들과 협동해 애니메이션을 제작할 수 있는 인물인지 파악하기 위해서였다. 그가 내놓은 애니메이션은 12분짜리 분량으로, 단편이라기보다는 중편 애니메이션에 가까웠다. 그는 독창적이었지만, 스토리의 뼈대를 제대로 잡지 못했다. 그가 감독한 애니메이션은 스토리 흐름이 두서없고 산만해 흡입력이 떨어졌다. 스토리를 흡입력 있게 풀어 나가는 것은 애니메이션 감독이 해결해야 하는 가장 중요하고 핵심적인 과제다. 간혹 창의력은 풍부하지만 스토리를 제대로 풀어 나가지 못하는 사람을 본다. 이런 사람은 애니메이션 감독으로 적합하지 않다. 우리는 이 동화 작가에게 더 이상 애니메이션을 감독할 기회를 주지 않았다.

픽사가 이 중편 애니메이션 실험에 지출한 제작비는 200만 달러다. 우리는 이 돈을 잘 썼다고 생각한다. 조 랜프트는 이렇게 말했다. "진짜 기차로 충돌 실험을 하는 것보다는 작은 기차 모형으로 충돌 실험을 해보는 것이 훨씬 나아요."

6. 보는 법 배우기

〈토이 스토리〉를 개봉한 다음 해인 1996년, 나는 픽사 직원들이 많이 사용하는 애니메이션 제작 소프트웨어를 모든 직원이 사용할 수 있도록 하기 위해 10주짜리 사내 교육 프로그램을 도입했다. 이 사내 교육 프로그램을 픽사대학Pixar University이라 명명하고, 일류 기술 강사를 채용해 픽사대학 운영을 위임했다. 당시로선 대학이라는 이름을 붙이는 것이 약간 부적절했다. 이 사원 교육 프로그램은 고등교육기관의 것이라기보다는 트레이닝 세미나에 가까웠기 때문이다. 트레이닝 프로그램이라고 명명했으면 무난했겠지만, 나는 굳이 대학이라는 이름을 붙였다. 그리고 이 이름에 걸맞게 교육 프로그램을 구성해 나가다 보니 뜻밖의 보너스를 얻게 됐다.

당시 일부 픽사 직원은 능숙하게 그림을 그릴 줄 알았지만, 대다수의 직원은 애니메이터가 아니었다. 나는 모든 직원이 애니메이션 드로잉 프로그램을 다루는 법을 배워야 한다고 생각했다. 그래서 베티 에드워즈^{Betty} Edwards가 1979년 출간한 《우뇌로 그림 그리기^{Drawing on the Right Side of the Brain}》라는 교재에 영향을 받은 드로잉 워크숍의 강사 엘리즈 클라이드먼^{Elyse} Klaidman을 채용했다. 클라이드먼은 픽사대학에서 직원들에게 사물 관찰 능력을 극대화하는 법을 가르쳤다. 1996년경에는 좌뇌형 사고니 우뇌형 사고니 하는 말이 유행했다(나중에 좌뇌형 사고는 L 모드, 우뇌형 사고는 R 모드라고 불렸다). 좌뇌형 사고는 언어적·분석적이다. 우뇌형 사고는 시각적·지각적이다. 그녀는 좌뇌와 우뇌를 동시에 사용하는 활동이 많지만, 그림을 그릴 때만큼은 좌뇌형 사고를 피해야 한다고 가르쳤다. 그리고 이미지를 있는 그대로의 객체로 보지 않고 관념적으로 인식하는 좌뇌의 활동을 억제하는 법을 가르쳤다.

얼굴을 그릴 때를 생각해보라. 전문적인 드로잉 교육을 받지 못한 대다수의 사람이 얼굴을 그리면 눈, 코, 이마, 귀, 입이 비례가 맞지 않고 제멋대로인 얼굴 그림, 실제 사람 얼굴과 동떨어진 그림이 나온다. 두뇌가 얼굴의 각 부위를 같은 비중으로 인식하지 않기 때문에 나타나는 현상이다. 두뇌는 의사소통에 중요한 부위인 눈과 입을 이마보다 중요하다고 인식하기 때문에 사람의 얼굴을 볼 때 이마보다는 눈과 입에 주목한다. 따라서 사람의 얼굴을 그리면 이마는 실제보다 너무 작게 그리고, 눈과 입은 너무 크게 그리는 경향이 있다. 사람들은 얼굴을 있는 그대로 그리는 것이 아니라, 두뇌의 심성모형이 인식하는 대로 그린다.

인간의 두뇌가 표준화한 3차원 객체 모형은 범용성이 있어야 한다. 즉,

해당 객체의 모든 변화를 대변할 수 있어야 한다. 예컨대 두뇌가 떠올리는 신발의 대표적 이미지는 하이힐부터 부츠까지 모든 신발을 아우르는 것이어야 한다. 두뇌는 너무 특이한 신발이 아닌 평범한 신발을 떠올린다. 다양한 변이들을 일반화하는 것은 두뇌의 필수 능력이지만, 일부 사람들은 두뇌의 일반화에 순응하지 않고 사물을 있는 그대로 관찰해 실제에 가깝게 그리는 능력이 있다. 다른 사람들보다 그림을 잘 그린다고 평가받는 이들이 다른 사람과 구분되는 점은 선입견에서 벗어나는 능력이다. 다른 사람들도 그 능력을 배울 수 있을까? 대부분의 경우, 답은 '배울 수 있다'다.

아트스쿨 교사들은 학생들을 훈련시키기 위해 몇 가지 트릭을 쓴다. 예를 들어, 신발을 거꾸로 놓아 학생들이 신발을 익숙한 대상으로 인식하지 못하게 하고 순수하게 형태 자체를 관찰하도록 유도한다. 이 경우 두뇌는 거꾸로 놓인 물체를 자동적으로 신발과 연관시키지 못하므로, 인식의 왜곡이 일어나지 않는다. 또 다른 트릭은 학생들에게 네거티브 스페이스negative space에 초점을 맞추어보라고 지시하는 것이다. 네거티브 스페이스란 그리려는 대상의 주변 배경을 말한다. 일례로, 학생이 의자를 실제와 비슷하게 그리지 못하는 이유는 머릿속에 있는 의자의 이미지(심성모형)에 방해받아 눈앞의 의자를 있는 그대로 인식하지 못하기 때문이다. 하지만 학생에게 의자가 아닌 것, 예컨대 의자 다리 사이의 공간을 그리라고 요구하면, 학생은 비율을 더 정확하게 파악하고 의자를 실제와 가깝게 인식한다. 이런 효과가 발생하는 원인은 두뇌의 심성모형이 의자라는 대상 자체만을 의식할 뿐, 의자 다리 사이의 공간에는 아무 의미를 부여하지 않기 때문이다. 따라서 두뇌는 의자 다리 사이의 공간을 심성모형에 끼워

의자를 제대로 그리려면 두뇌의 심성
모형에 의존하지 않고, 대상의 형태
를 있는 그대로 바라봐야 한다.

맞추고자 왜곡하지 않는다.

　이런 훈련의 목적은 눈앞에 있는 대상의 형태를 (의자라면 으레 이렇게 생겼을 것이라는 일반적 관념, 즉 심성모형에 끼워 맞춰 인식하려는 두뇌의 성향을 거슬러) 있는 그대로 바라보는 것이다. 훈련받은 예술가는 의자를 바라볼 때, 두뇌에 내재한 인식기가 눈앞의 대상이 어떤 물건이라고 알려주기 전에 시야에 들어온 형태를 포착해 선으로 옮겨 그릴 수 있다.

　형태뿐 아니라 색상도 마찬가지다. 사람들은 호수를 볼 때, 푸른색 물을 보고 있다고 생각한다. 따라서 호수를 그리라고 하면, 사람들은 푸른색 물감을 캔버스에 칠하지만 눈앞의 호수와 영 다른 느낌이 나서 놀라게 된다. 구멍을 통해 호수를 바라보라. 시야에 들어온 이미지가 '호수'라는 관념과 결별하게 돼 호수의 색깔을 있는 그대로 볼 수 있게 된다. 사람들은 호수라고 하면 푸른색만 생각하지만, 실제 시야에 들어온 호수의 색상에는 초록색, 노란색, 검은색, 흰색이 섞여 있다. 두뇌의 심성모형은 다른 색상을 뭉개버리고 호수를 푸른색으로만 인식한다. 이때 심성모형의 개입을 차단하면 비로소 호수의 색을 있는 그대로 볼 수 있다.

이 대목에서 중요한 주석을 달고 싶다. 이렇게 보는 법을 배운 예술가라 할지라도, 다른 사람들이 인식하는 부분을 보지 않는 것은 아니다. 단, 성급하게 결론을 내리려는 두뇌의 심성모형에 방해받지 않는 법을 배운 덕분에 다른 사람들보다 더 잘 본다. 예술가는 다른 사람들이 갖지 못한 몇 가지 관찰 기술을 도구함에 넣어놓고 필요할 때 꺼내 쓸 수 있다(그래서 나는 학교 미술 교육 예산이 대폭 줄어든 게 아쉽다. 이런 예산 삭감은 미술 교육이 그림 그리는 법을 가르치는 것이라는 오해에서 비롯됐다. 미술 교육의 의의는 보는 법을 가르치는 것이다).

캔버스에 그림을 그리든 애니메이터가 되겠다는 꿈을 꾸든, 선입견에 방해받지 않고 대상을 있는 그대로 관찰하는 법을 훈련해야 한다. 어떤 대상에 초점을 맞추면 제대로 보기가 더 어렵다. 당혹스럽지만 이것은 피할 수 없는 인생의 현실이다. 우리가 할 수 있는 일은 시야를 흐리는 습관과 고정관념을 잠시나마 유예하는 법을 배우는 것이다.

내가 이 이야기를 꺼낸 이유는 누구나 그림 그리는 법을 배울 수 있다고 독자를 설득하기 위한 것이 아니다. 여기서 말하려는 요점은 선입견을 극복하는 법을 배울 수 있다는 사실이다. 인식 편향을 제거할 수는 없더라도 대상을 파악할 때 이를 무시하는 법을 배울 수는 있다. '의자가 아닌 것'을 보는 법을 배우면 인식 능력이 높아진다. 의자가 아닌 것을 볼 수 있으면 의자를 실체에 더 가깝게 인식할 수 있듯, 문제에서 주변 환경으로 초점을 이동할 수 있다면 더 나은 해법을 찾을 수 있다. 애니메이션 제작 과정에서 특정 장면이 이상하다고 느끼면, 그 장면만 수정하는 것으론 충분하지 않다. 다른 장면도 수정해야 한다. 특정 문제를 해결하려면 그 문제 이외의 것까지 신경 써야 한다. 나무만 보고 숲을 못 보는 우를 범하지 않기 위해서다. 픽사 제작진은 특정 장면을 수정할 때 전체 스토리가 매끄럽게 연결되도록 다른 부분까지 고려해 조율한다. 내가 디즈니 제작진과 감찰단의 갈등을 해소하고자 먼저 한 일은, '감찰단을 보내 제작진이 예산과 기한을 준수하는지 확인하면 예산 낭비를 피할 수 있을 것'이라는 이전 경영진의 선입견이 과연 현실에 들어맞는지 점검하는 것이었다. 문제를 낳은 배경을 직시하지 않으면 문제를 제대로 인식할 수도, 해결할 수도 없다.

7. 사후분석 회의

픽사는 한 편의 애니메이션을 제작하기 위해 몇 년간 '작품 콘셉트 구상, 아이디어 보호, 제작 일정 계획, 제작' 단계를 거친다. 마침내 작품 제작을 마치고 개봉일이 결정되면 모든 직원이 한숨 놓는다. 하지만 이것으로 픽사의 작품 제작 공정이 완전히 끝난 것은 아니다. 픽사에는 일반적으로 애니메이션 제작 공정을 설명할 때 언급되지 않는 '사후분석 postmortem'이라는 중요한 마지막 단계가 있다. 작품을 제작한 직후, 제작진은 사후분석 회의를 열어 제작 과정에서 잘된 점과 잘못된 점을 파악하고 그동안 얻은 교훈을 정리한다. 기업은 개인과 마찬가지로, 탁월한 존재라 자부한다고 해서 탁월해지는 것이 아니라 자신이 얼마나 예외적이지 않고 평범한지 이해함으로써 탁월한 존재로 성장할 수 있다. 사후분석 회의는 이런 이해를 돕는 절차다.

픽사의 첫 사후분석 회의는 1998년 〈벅스 라이프〉 제작을 마치고 몇 주 뒤 티뷰론에서 열렸다. 당시 우리는 장편 애니메이션 영화 두 편을 제작하는 과정에서 배워야 할 것이 얼마나 많은지 뼈저리게 느꼈다. 한 직원이 너무 오래 발언하는 것을 방지하고자 수탉 모양으로 된 요리 타이머를 테이블에 올려놓고 15분 이내에 발언하도록 했다. 낡은 주방 도구를 사용해 세계 최고의 하이테크 애니메이션 제작 과정을 되돌아보는 회의를 진행한 셈이다.

이날 사후분석 회의에서 제작 공정 전체를 논의하느라 한나절이 훌쩍 지나가버렸지만, 제작 공정을 확 바꿀 만한 아이디어는 나오지 않았다. 내 기억에 가장 깊이 남은 부분은 회의 분위기다. 모든 참석자가 너무도 진지하게 업무 방식을 재고하고, 너무도 열린 자세로 기존 아이디어에 도전하며, 제작 과정에서 저지른 오류에서 무언가를 배우려고 적극 노력했다. 방어적 자세를 취한 참석자는 한 명도 없었다. 모든 참석자가 자신이 참여한 작품뿐 아니라, 작품을 낳은 조직문화에 대한 자신의 헌신을 자랑스러워했다. 이날 경험한 심도 있는 분석과 성찰에 감명받은 우리는 이후에도 작품을 제작한 뒤 사후분석 회의를 열기로 결정했다.

하지만 이후 회의에서는 최초의 사후분석 회의만큼 심도 있는 통찰을 끌어내기 어려웠다. 도움이 된 사후분석 회의도 있고, 완전히 시간낭비도 있다. 회의 참석자들이 소극적인 태도를 보여 별 내용 없이 시간이 지나가버린 날도 있다. 이는 인간의 본성 때문이다. 뭐하러 다른 캠핑장으로 가는 대신 잠자는 곰을 깨우겠는가? 솔직히 대다수의 직원은 쓴 약을 삼키는 기분으로 사후분석 회의에 참석한 것처럼 보였다. 이들은 이 회의가 필요하다는 것을 알지만, 전혀 달가워하지 않았다. 일부 사후분석 회의는 훌륭한 결과를 낳는데 어째서 다른 회의는 그렇지 못했을까?

이 점이 수수께끼다. 사후분석 회의가 픽사에 도움이 된다는 점에는 모든 직원이 동의하지만, 너무도 많은 직원이 이 회의를 두려워한다. 대다수의 직원은 제작 프로젝트를 진행하면서 이미 배울 것을 다 배웠다고 생각해서 사후분석 회의를 대충 빨리 넘겨버리려고 한다. 제작 과정에서 일어난 문제들 중에는 사적인 것도 많은 까닭에 대다수의 직원은 문제를 다시 언급하길 꺼린다. 누가 자신의 치부가 다시 언급되길 바라겠는가? 사람들은 일반적으로 고생한 대목을 복기하기보다는 잘 풀린 대목을 다시 이야기하고 싶어 한다. 괜히 고생한 얘기를 꺼내 심기가 불편해지느니 기여도가 높은 팀원들을 칭찬해 회의 시간을 좋게 넘기려고 한다. 우리는 사후분석 제도를 만들었지만, 그것이 유발하는 불쾌함은 헤아리지 못했다.

비단 사후분석 회의만이 아니다. 일반적으로 사람들은 자기평가를 꺼린다. 기업들도 자기평가에 서툴다. 자신을 성찰하다 보면 결국 이런 논리에 빠진다. "성공했으니 우리 방식이 옳은 게 틀림없어." "실패했으니 당연히 우리 방식이 틀린 거야." 이런 피상적인 논리로 성찰할 기회를 날리는 것은 너무 아까운 일이다. 겁쟁이처럼 기회를 놓쳐서는 안 된다. 나는 다음의 다섯 가지 이유 때문에 사후분석 회의를 해야 한다고 믿는다(앞의 두 가지 이유는 쉽게 이해할 수 있지만, 뒤의 세 가지는 찬찬히 생각해봐야 이해할 수 있을 것이다).

첫째, 프로젝트 진행 과정에서 얻은 교훈을 통합 정리할 수 있다.

프로젝트 진행 과정에서 가장 많은 교훈을 얻는 것은 사실이지만, 사람들은 이런 교훈들을 소화하지 못하고 넘어가기 십상이다. 프로젝트를 진행하다가 중요한 점을 깨달았지만, 이 통찰을 다른 직원들과 공유할 시간이 없어 그냥 넘어갔을 수 있다. 제작 공정에 결함이 있지만 일정에 쫓겨 이를 고치지 못하고 넘어갔을 수도 있다. 따라서 이런 교훈들은 잊히기 전에 함께 앉아서 얘기하고 정리해보는 과정이 필요하다. 사후분석 회의는 프로젝트를 진행하는 도중에는 불가능했던 분석을 할 수 있는 희소한 기회다.

둘째, 현장에 없던 사람들에게 학습 기회를 제공한다.

사후분석 회의는 프로젝트에 참여하지 않은 사람들에게도 교훈을 전해주는 통로다. 물론 모든 깨달음이 다 배워야 할 만한 것은 아니다. 난관 속에서 나온 일부 행동과 결정들은 제3자의 눈에 부조리해 보일 수도 있다. 사후분석 회의는 프로젝트 참가자들의 통찰을 학습할 기회일 뿐 아니라 그들의 행동 논리가 과연 타당한지 고민할 기회가 되기도 한다.

셋째, 감정의 앙금이 상처로 곪는 것을 예방한다.

문제의 상당수는 직원들의 오해나 실책 때문에 발생한다. 이는 직원들 사이에 분노를 남긴다. 이런 분노를 해소하지 않으면 몇 년에 걸쳐 정신적 상처로 곪기도 한다. 직원들에게 프로젝트 중 느낀 좌절을 정중하게 표현할 자리를 마련해주면, 분노를 털어내고 앞으로 나아가는 데 도움이 된다. 나는 프로젝트가 끝나고도 수년간 직원들 사이에 감정의 앙금이 남아 있는 경우를 여러 차례 목격했다. 이런 감정의 앙금은 프로젝트 직후 사후분석 회의에서 표현했다면 쉽게 해소할 수 있었을 것이다.

넷째, 직원들이 함께 성찰하도록 유도한다.

나는 직원들을 만나 의견을 주고받는 자리를 소중하게 여긴다. 사후분석 회의는 브레인트러스트 회의, 데일리스 회의와 마찬가지로 사람들이 함께 모여 생각하고 평가하는 자리다. 이 회의를 시작하기 전에 만나서 얘기하는 시간도 회의만큼이나 소중하다. 사후분석 회의라는 일정 자체가 직원들에게 성찰을 요구한다. 이 회의가 문제를 함께 고민하는 기회라면, '사후분석 회의 전에 함께 보내는 시간'은 함께 고민할 수 있는 무대를 마련하는 기회다. 이 회의로 얻는 가치의 90퍼센트는 회의 전 다른 사람들과 만나는 시간에서 얻는다고 감히 말하겠다.

다섯째, 향후 프로젝트에 도움이 된다.

사후분석 회의에서는 향후 프로젝트와 관련한 질문들을 제기할 수 있다. 유익한 사후분석 회의에서는 참석자들이 전진하는 데 도움이 되는 적절한 질문들이 많이 나온다. 이 회의에서 참석자들이 정답을 찾길 기대할 순 없지만, 참석자들이 적절한 질문을 던지도록 틀을 짤 수는 있다. 참석자들이 적절한 질문을 제기하는 것만으로도 다음 프로젝트를 진행할 때 앞서갈 수 있다.

• • •

나는 사후분석 회의를 해야 하는 이유를 알지만, 대다수의 직원이 여전히 이 회의를 꺼릴 것이란 점도 안다. 직원들의 사후분석 회의 참여를 유도할 수 있는 기법을 몇 가지 소개하겠다.

우선, 사후분석 회의 방식을 다변화하라. 이는 프로젝트를 진행하다가 배운 교훈들을 얘기하는 자리다. 따라서 같은 포맷으로 회의를 반복하다 보면 같은 얘기만 나오기 십상이다. 이는 누구에게도 도움이 안 된다. 이전 회의에서 효과 있었던 포맷일지라도 되풀이되다 보면 다음 국면을 예상하고 건성으로 얘기하게 된다. 한 번 성공한 접근법이 두 번 통할 것이라 기대하는 것은 오산이다. 따라서 프로젝트를 끝내기 전에 간략하게 분석 회의를 열든지, 전체 제작 공정 대신 몇 가지 주제에 초점을 맞춰 사후 분석 회의를 진행하는 등 다양한 방법을 시도해보라.

픽사 경영진은 제작팀들이 서로 자신들의 접근법을 이야기함으로써 다양한 방식의 사후분석 회의를 시도하도록 유도했다. 그리고 여러 프로젝트의 사후분석 회의에서 공통으로 언급된 문제들에 대처하는 TF팀을 몇 차례 편성했다. 최초의 TF팀은 픽사 경영진이 프로젝트 일정을 생각하는 방식을 근본적으로 바꾸었다. 두 번째로 결성한 팀은 전혀 성과를 내지 못하고 부진했다. 세 번째 결성한 팀은 픽사에 중대한 변화를 불러일으켰다. 이 변화는 마지막 장에서 설명하겠다.

다음으로 조언할 기법은 회의 참석자들의 공포를 누그러뜨리기 위한 것이다. 직원들에게 다른 방식으로 회의를 해보라고 요구해도 그들은 여전히 다른 사람들 앞에서 비판적 태도를 취하길 두려워한다. 이런 공포를 누그러뜨리고자 내가 사용한 기법은 모든 회의 참석자에게 목록을 두 개 작성하도록 하는 것이다.

그 내용은 다음 프로젝트에서 다시 하고 싶은 일 다섯 가지, 다시는 하고 싶지 않은 일 다섯 가지다. 사람들은 부정적 논의와 긍정적 논의가 균형을 이룰 때, 솔직하게 말하는 데 부담을 덜 느낀다. 이렇게 균형을 잡아주는 퍼실리테이터facilitator(회의 또는 워크숍 진행자. 참가자들의 상호작용을 촉진하고, 참가자가 능력과 자원을 최대한 활용해 해결책을 찾아 실행하도록 도와주는 사람 – 옮긴이)가 필요하다.

마지막으로 조언할 기법은, 데이터를 활용하라는 것이다. 픽사에서 하는 일은 대부분 측정할 수 없거나 분석할 수 없으리라 지레짐작하는 사람이 많다. 하지만 애니메이션 제작 공정에도 수량화해 측정할 수 있는 활동과 성과물이 많다. 우리는 이런 활동과 성과물을 계속 기록해 어떤 일을 얼마나 자주 재작업하는지, 어떤 일의 작업 시간을 어느 정도로 예상했는데 실제로는 어느 정도 걸렸는지, 다른 부서로 보낸 일감이 제대로 마무리됐는지 등을 파악한다. 나는 데이터를 좋아한다. 데이터는 중립적이기 때문이다. 데이터에는 가치평가가 없다. 입증할 수 있는 사실만 존재한다. 사람들은 개인적인 경험보다는 데이터에 입각해 토론할 때 감정에 덜 휘둘린다.

프로듀서 린지 콜린스Lindsey Collins는 데이터를 든든한 지원군이라 표현했다. "제가 이 일을 맡았을 때, 과거 데이터들을 보고 패턴을 볼 수 있다는 데 얼마나 위안을 얻었는지 몰라요. 데이터를 활용한 덕에 뜬구름처럼 모호하게 느껴지던 일들의 구조를 파악할 수 있었습니다."

데이터를 활용하는 데 있어서 내가 강조하고 싶은 부분은, 데이터의 위력과 한계를 명확히 인식해야 한다는 것이다. 데이터의 위력은 제작 과정에서 이미 알고 있는 것들을 분석하는 데서 나온다. 예를 들어, 모형과 세트 제작 시간, 촬영 시간에 관한 데이터가 있다고 치자. 이런 데이터는 모형과 세트를 만들고 촬영할 때 걸리는 시간을 어렴풋이 알려줄 뿐이지만, 잠재적 패턴을 발견하는 재료, 건설적 토론의 소재로 쓰일 수도 있다. 그렇다고 데이터에 지나치게 의존하는 것은 좋지 않다. 데이터에는 한계가 있기 때문이다.

데이터를 정확히 분석하기란 어려운 일로, 데이터의 의미를 알고 있다고 생각하는 것은 위험한 착각이다. 데이터에만 신경쓰다 보면 현실과 맞지 않는 가짜 패턴에 현혹되기 쉽다. 나는 데이터를 숨은 요소를 찾기 위해 사용하는 여러 탐지 도구 중 하나라고 생각한다. 데이터만으로 답을 찾을 수 있다고 생각하는 사람은 도구를 잘못 사용하는 것이다. 도구는 올바르게 사용해야 한다. 데이터에 전혀 관심이 없는 경영자도 있고, 데이터에만 입각해 경영하려는 경영자도 있다. 양 극단의 경영자는 현실을 오판하기 쉽다.

"측정할 수 없는 것은 관리할 수 없다"라는 경영학 격언이 있는데, 이는 냉정히 따져보면 말이 안 되는 격언이다. 미지의 영역이 얼마나 광범위한지 모르는 사람이 한 말임에 틀림없다. 경영자가 관리하는 부분은 대개 명확하게 측정할 수 없다. 이 사실을 깨닫지 못하는 경영자는 뜻하지 않은 재앙을 부른다. 데이터만 있으면 현실을 온전히 파악할 수 있다고 착각하고, 자신이 보지 못하는 부분을 무시하다간 문제가 터질 수밖에 없다. 그래서 나는 다음과 같이 접근한다. 측정할 수 있는 것은 측정하고, 측정한 것은 평가하고, 내가 하는 일 중 대부분을 측정할 수 없다는 사실을 인정한다. 그리고 최소한 가끔은 한 걸음 물러서서 내가 현재 하고 있는 일이 무엇인지 생각한다.

8. 픽사대학

픽사대학의 사례를 조금 더 소개하는 것으로 10장을 갈무리하겠다. 픽사대학의 초기 강좌들은 열렬한 호응을 얻었다. 당시 120명의 직원 중

100명이 픽사대학에 등록했다. 그 결과, 픽사대학의 커리큘럼은 수년에 걸쳐 조각, 회화, 연기, 명상, 댄스, 발레부터 실사영화 제작, 컴퓨터 프로그래밍, 디자인, 색상 이론에 이르기까지 다방면으로 확대됐다. 픽사 경영진은 이런 강좌들을 모두 무료로 직원들에게 제공했다. 다시 말해, 최고의 강사들을 외부에서 영입하는 비용뿐 아니라 직원들이 평일에 픽사대학 강좌를 듣는 데 따르는 실질적 비용도 회사에서 부담했다. 이토록 공들여 픽사대학을 키운 결과, 픽사가 얻은 효과는 정확히 무엇일까?

픽사대학이 직원들의 업무 성과 증진에 직접적인 도움이 된 것은 아니다. 하지만 새로 들어온 촬영 기술자 옆에 경험 많은 애니메이터가 앉고, 그 옆에 회계부서나 보안부서나 법무부서 직원이 앉아 수업을 들은 시간은 그 가치를 금전적으로 측정할 수 없을 만큼 소중한 자산이 됐다. 강의실에서 직원들은 사무실에 있을 때와는 다른 방식으로 상호작용했다. 강의실에서 직원들은 경계심과 긴장을 늦추고 마음을 열었다. 강의실에서는 직급이 적용되지 않았는데, 그 결과 소통이 활발해졌다. 픽사대학은 부서와 직급의 차이 때문에 가까이 지내지 못하던 직원들이 어깨가 닿을 듯 가까이 몰려 앉아 시간을 보낼 핑계, 예컨대 자신의 얼굴을 스케치하거나, 컴퓨터 코드를 작성하거나, 진흙덩어리를 만지작거리는 낯선 과제를 제공했다.

그 과정에서 픽사의 조직문화를 긍정적인 방향으로 바꾸었다. 모든 직원이 직위에 상관없이 다른 직원이 하는 일을 존중하도록 가르쳤으며, 초심자로 돌아가 낯선 일들을 배우며 실수할 기회를 제공했다. 창의성은 실수로 점철된 미숙한 과정을 거치면서 발현된다. 나는 직원들이 이런 개념에 익숙해지길 원했다. 조직도 조직구성원도 때때로 이렇게 외줄타기처럼 아슬아슬한 과정을 거칠 각오를 해야 한다.

과연 회사가 비용을 부담해가며 직원들에게 이런 강좌들을 제공할 가치가 있는지 의심스러워하는 경영자도 있을 것이다. 앞서 설명한 사회적 상호작용들은 당초에는 예상하지 못했던 혜택이다.

픽사대학의 목적은 결코 프로그래머를 애니메이터로 바꾸거나, 애니메이터를 댄서로 바꾸는 것이 아니다. 새로운 것을 계속 배워나가는 것이 중요하다는 메시지를 모든 직원에게 전달하는 것이다. 새로운 것을 계속 배우는 것은 유연성을 유지하는 최고의 방법이다. 해본 적 없는 일을 계속 시도하면 두뇌를 민첩한 상태로 유지할 수 있다. 픽사대학은 직원들이 바로 이런 일을 하도록 유도했다. 나는 직원들이 더 유연하고 강한 인재로 성장할 것이라 믿는다.

어릴 적에는 누구나 다른 이의 아이디어에 마음을 연다. 마음을 열어야만 삶에 필요한 것들을 배울 수 있기 때문이다. 아이가 마주치는 것은 대부분 이전에 본 적이 없는 것들이다. 아이는 처음 접한 것을 수용하는 것 말고는 대안이 없다. 개방성이 바람직한 것이라면, 왜 인간은 나이가 들면서 개방성을 잃어버리는 걸까? 두 눈을 크게 뜨고 낯선 변화를 바라보던 아이는 어느 시점에 뜻밖의 사태를 두려워하고 아는 길로만 가려는 어른이 되는 것일까?

여러 해 전, 딸이 다니는 초등학교에서 열린 미술 전시회에 갔다가 이런 우울한 생각이 들었다. 벽에 걸려 있는 초등학생들의 그림을 쭉 보다가 1학년생과 2학년생의 그림들이 5학년생의 그림보다 더 생동감이 넘치고 재기 넘친다는 점을 문득 깨달았다. 초등학교 2학년에서 5학년 사이의 어느 시점에 아이들은 자신이 그린 그림이 사실적으로 보이지 않는다는 사실을 깨닫고, 다른 사람들이 자기 그림에서 '결점'을 발견할 것이라고 생각해 수줍어하고 자유롭게 그리길 주저하게 된다. 그 결과, 그림은 점점 더 딱딱하고 차분해지고, 덜 혁신적으로 변한다. 다른 사람이 자신을 어떻게 평가할까 하는 공포가 창의성의 발현을 가로막는 것이다.

이렇듯 초등학교 시절부터 남에게 비판받는 데 공포를 느끼는 탓에 창의성을 발휘하려면 내면에서 자신을 짓누르는 자아비판의 목소리를 잠재우고 어린아이처럼 마음을 여는 연습을 해야 한다. 한국 선불교에는 우리가 이미 아는 것을 넘어 인식을 확장시키는 것이 좋다는 믿음이 담긴 문구가 있다. 바로 '모르는 마음'이라는 개념으로, 이는 아이처럼 새로운 것에 열려 있는 마음, 즉 열린 자각을 뜻한다. 창의적 제품을 만드는 사람은 이런 마음가짐을 가져야 한다. 즉, 어린아이처럼 새로운 것에 열린 자세를 취해야 한다. 일본 선불교에는 이미 알고 있는 것에 구애받지 않는 상태를 일컫는 '초심初心'이라는 개념이 있다. 일본 선불교에서는 초심을 되찾고 유지하기 위해 수련한다.

기업이 문을 열었을 때, 창업자는 어린아이처럼 열린 마음으로 모든 것에 임한다. 그래 봤자 잃을 게 뭐 있겠는가?(많은 창업자들이 이 시절이 좋았다고 회상한다) 그런데 기업이 성장함에 따라 기업을 어떻게 경영해야 하는지 안다고 자부하면서 초심을 잃는다. 이들은 더 이상 초심자가 되고 싶어 하지 않는다. 이는 인간의 본성일지도 모르지만, 나는 무릇 경영자라면 이에 저항해야 한다고 믿는다. 초심을 잃은 경영자는 새로운 것을 창조하기보다는 과거에 효과를 본 방식을 반복하려고 한다. 그런데 실패를 회피하려는 이런 시도가 오히려 실패 확률을 높인다.

과거와 미래의 잡념에서 벗어나 현재에 집중하는 것이 중요하다. 그래야 동료 직원들이 시야에 들어올 여지가 생기기 때문이다. 현재에 집중해야 비로소 동료들을 신뢰할 수 있게 되고, 동료들의 말이 귀에 들어오기 시작한다. 현재에 집중해야 실험할 의지가 생기고, 실패할 수도 있는 일을 시도할 용기가 우러나온다. 현재에 집중해야 자아를 성찰할 수 있으며, 자기 나름의 피드백 체계를 만들어갈수록 성찰하는 능력을 키울 수 있다. 창의성을 개발하기 위해서는 놓아버려야 하는 것이 있다. 작곡가 필립 글래스Philip Glass는 이렇게 말했다. "진짜 문제는 자기 목소리를 찾는 것이 아닙니다. ⋯ 그 빌어먹을 것을 제거하는 것이 진짜 문제입니다."

CHAPTER

11

미지의 영역을
탐구하기 위한 조건

창의성을 발휘하는 일에 환상을 가진 사람이 많다. 많은 사람이 창의적인 일을 한다고 하면, 뛰어난 비전을 가진 외로운 천재가 번뜩이는 통찰력으로 영화나 제품을 구상하고, 팀원들을 이끌고 고난과 역경을 헤쳐나가 마침내 위대한 성공을 거두는 영웅담을 상상한다. 애니메이션업계 종사자로서 고백하건대, 나는 이런 영웅담을 경험해본 적이 없다. 픽사와 디즈니뿐 아니라 다른 기업에서 일하는 창의적인 천재들을 알고 있지만, 이들 가운데 자신의 비전이 어떤 것인지 처음부터 정확하게 말할 수 있었던 사람은 한 명도 없었다.

내가 지켜보고 경험한 바에 따르면, 창의적인 사람들은 어느 날 갑자기 번뜩이는 영감으로 비전을 만드는 것이 아니라 오랜 세월 헌신하고 고생한 끝에 비전을 발견하고 실현한다. 창의성은 100미터 달리기보다는 마라톤에 가깝다. 목표에 도달하기 위해 오랫동안 페이스를 유지해야 한다. 나는 컴퓨터 애니메이션의 미래를 전망해달라는 요청을 자주 받는데, 그때마다 통찰력 있는 답변을 내놓고자 최선을 다하지만, 솔직히 고백하면 나도 미래를 잘 모른다. 픽사 감독들이 구상하는 작품이 어떤 모습으로 탄생할지 정확히 예상하지 못하는 것처럼, 나도 앞으로 어떤 기술이 나와 컴퓨터 애니메이션을 바꾸어놓을지 상상할 수 없다. 미래는 아직 존재하지 않는 것이기 때문이다. 미래를 예상하고 미리 대처할 수 있다면 좋겠지만, 우리는 그럴 수 없다. 그저 자신이 지침으로 삼는 원칙들을 지키며 본래 의도에 맞게 목표를 추구해 나갈 뿐이다. 이와 관련, 유타대학 시절 알게 된 인연으로 내게 스티브 잡스를 소개해준 컴퓨터공학자 앨런 케이Alan Kay는 핵심을 찌르는 말을 했다. "미래를 예측하는 가장 좋은 방법은 미래를 창조하는 것이다."

자동차 창문에 붙이는 스티커에 쓰일 만한 슬로건처럼 들리지만, 깊은 통찰이 담긴 말이다. 창조는 우리가 내리는 결정의 결과로 도출되는 능동적 과정이다. 세상을 바꾸려면 새로운 것을 세상에 존재하게 해야 한다. 아직 만들어지지 않은 미래를 창조하려면 어떻게 해야 할까? 우리가 할 수 있는 일은 그것이("그것"이 무엇이든지 간에) 출현하고 번창할 수 있는 최적의 조건을 갖추는 것뿐이다. 이 부분이야말로 진정한 확신이 필요한 대목이다. 미래를 창조하기 위해서 정확히 무엇을 해야 하는지 항상 알고 있다는 확신이 아니라, 미래를 창조하는 방법을 임직원이 함께 협력해 강구할 수 있다는 확신이 필요하다.

미래에 대한 불확실성 때문에 불편함을 느낄 수 있다. 인간은 누구나 자신이 가는 길의 방향을 알고 싶어 하기 때문이다. 하지만 창의적인 일을 하려면 자신이 모르는 길도 걸어야 한다. 즉, 자신이 아는 영역과 모르는 영역의 경계를 넘어야 한다. 모든 인간이 창의적인 일을 해낼 잠재력을 가지고 있는데, 어떤 사람은 뒤로 물러서고 어떤 사람은 앞으로 나아가 창의적인 일을 해낸다. 이들이 새로운 영역으로 나가기 위해 사용하는 도구는 무엇일까? 다른 사람들의 에너지를 이끌어내는 능력과 우월한 재능을 지닌 사람들은 '인지 영역과 미지 영역 사이에 독창성이 발생하는 지점이 있다'는 사실을 경험적으로 안다. 공포에 사로잡히지 않은 채 이 지점에 머무는 것이 창의적인 일을 해내기 위한 관건이다. 픽사와 디즈니 애니메이션 제작자들은 이 지점에서 공포에 질리지 않고 자신의 이성을 유지하기 위한 심성모형을 함양해야 한다. 이 같은 심성모형은 뜬구름 잡는 이야기처럼 들릴지도 모르지만, 반드시 필요한 것이다. 대담한 프로젝트를 시작할 때 우리가 가진 것이라고는 인지 영역과 미지 영역 사이에서 공포를 극복하고 냉정을 유지하는 마인드컨트롤 노하우뿐이다.

예를 들어, 픽사의 프로듀서 존 워커는 마음을 가다듬기 위해 자신의 일을 거대한 피라미드를 거꾸로 세워 손바닥 위에 올려놓는 일이라고 상상한다. "나는 언제나 균형을 유지하는 방법을 고민합니다. 이쪽이든 저쪽이든 한쪽에 너무 많은 사람이 쏠려 있지는 않나 하고 말이죠. 내 업무는 본질적으로, 두 가지 일입니다. 하나는 예술가들을 관리하는 것이고, 또 하나는 비용을 관리하는 것입니다. 이 두 가지 일은 내 손바닥 위에서 멀리 떨어진 피라미드 바닥 부분에서 일어나는 수많은 상호작용과 관련이 있습니다. 나는 그 수많은 상호작용 중 태반을 이해하지 못한다는 사실을 받아들여야 해요. 그런 채 피라미드의 균형을 늘 유지하는 마술을 부려야만 합니다."

지금까지 창조적 기업문화를 함양하고 보호하기 위해 픽사 경영진이 사용하는 메커니즘을 탐구하면서 현장답사, 픽사대학, 브레인트러스트 회의까지 경영진의 시야를 넓히는 기법과 전통들을 언급했다. 또한 언제나 열린 자세를 유지하는 것이 자기인식을 위해 얼마나 중요한지 다소 추상적으로 설명했다. 이제, 새로운 것을 발명하는 어려운 과업을 수행하려는 사람들에게 꼭 필요한 심성모형들의 구체적인 예를 소개하고자 한다. 직원들의 독창성을 이끌어내는 과정에서 픽사 경영진이 불안과 의심을 다스리기 위해 사용한 여러 가지 방법을 살펴보도록 하자.

∙∙∙

〈인크레더블〉제작 과정에서 브래드 버드 감독은 계속 악몽에 시달렸다. 그는 꿈속에서 혼자 낡은 스테이션왜건 차량을 몰고 구불구불하고 위험한 고속도로를 달렸다. 차가 가는 방향을 결정해야 하는 사람은 당연히 그밖에 없었다. "그런데 내가 자동차 뒷좌석에 앉아 있는 겁니다. 어찌 된 영문인지 뒷좌석에서 운전대를 잡고 운전하고 있었죠. 뒷좌석에 앉았으니 차 앞이 보일 턱이 있나. 그저 '제발 사고만 나지 마라! 제발 충돌하지 마라! 제발 아무 일도 없기를!' 하고 빌었죠." 그는 이렇게 해몽했다. "감독은 작품 제작 과정을 제대로 통제하는 때도 있지만, 두 손 놓고 상황이 흘러가는 것을 지켜봐야 할 때도 있습니다."

버드의 꿈 얘기를 들을 때마다 남의 일 같지 않았다. 나도 그와 비슷한 불안감에 사로잡힌 적이 많았기 때문이다. 어디서 도움을 구하지도 못하고, 상황을 통제하지도 못한 채 한치 앞도 안 보이는 미지의 영역을 뚫고 나가야 할 때 누구나 불안감과 공포를 느낀다. 이런 공포 때문에 버드는 악몽을 꾸었다. 그는 어떻게 이런 불안과 공포를 떨쳐내고 감독 일을 수행할 수 있었을까?

브래드 버드는 애니메이션 제작을 지휘하는 감독 일이 스키 타는 것과 비슷하다고 설명했다. 애니메이션을 감독할 때나 스키를 탈 때나 너무 긴장하고 너무 많이 생각하면, 실수하고 사고를 저지르게 마련이다. 해야 할 일이 너무 많은데 시간은 너무 부족해 감독으로서 공포에 사로잡히는 순간들이 있다. 이런 공포에서 헤어 나오지 못하면 감독의 역할을 수행할 수 없다. "그래서 나는 '아직 시간이 남았어' 하고 혼자서 되뇝니다. 설령 시간이 없더라도 말이죠. '좋아, 아직 시간이 남은 것처럼 행동하자고. 시계를 처다보며 초조해하는 대신 가만히 앉아서 차분히 생각해보는 거야. 편하게 앉아서 숙고해야 문제를 해결할 가능성이 높아져'라고 스스로 타이르면서 마음을 가다듬습니다." 이 대목이 스키를 타는 것과 비슷하다고 버드 감독은 말한다.

그는 여행에 관한 작품 스토리를 구상하기 전에 콜로라도 주 베일 시에 있는 스키장에 갔다. "나는 스키를 난폭하게 타는 편입니다. 일주일 만에 스키 고글을 네 개나 깨먹었죠. 그래서 스키용품 가게에 네 번 가서 플라스틱 고글을 사야 했습니다. 그런데 어느 순간, 내가 너무 넘어지지 않으려고 노력하는 탓에 오히려 더 잘 넘어져 고글을 깨먹는다는 생각이 들었습니다. 그래서 이번에는 긴장을 풀고 다짐했죠. '스키를 빨리 타면 무섭지. 실패할까 봐 걱정하지 말고 그냥 즐겨보자.' 이렇게 긍정적인 생각을 갖자 넘어지지 않게 됐습니다. 어떤 면에서 보면, 나는 절대로 실수해서는 안 되는 올림픽 경기를 위해 몇 년간 계속 훈련하는 스키 선수와 비슷한 경험을 했는지 모릅니다. 선수가 실수를 너무 의식해 긴장하면 할 수 있는 일조차 하지 못하게 됩니다.”

운동선수와 음악가들은 종종 '최적의 상태^the zone'에 들어섰다는 표현을 쓴다. 내적 비판의 목소리가 사라지고 사고가 명료해지고 움직임이 정확해지는 순간을 말한다. 상상을 통한 마인드컨트롤은 이런 정신 상태에 도달하는 데 도움이 된다. 앞서 조지 루카스가 기업을 승객들이 상부상조하며 목적지까지 여정을 버티는 서부개척시대의 역마차에 비유했다고 소개한 바 있다. 픽사와 디즈니 애니메이션의 감독, 프로듀서, 각본가 들은 불확실한 미지의 영역을 헤쳐 나갈 때 엄습하는 공포에 대처하고자 상상의 힘을 빌린다. 알 수 없는 문제를 처리해야 한다는 압박을 받으면 자신감이 떨어지고 이성이 마비되기 십상이다. 이럴 때 픽사와 디즈니 직원들은 문제들을 익숙한 장면들로 치환해 생각한다.

바이런 하워드 디즈니 애니메이션 감독은 기타 치는 법을 배울 때 선생님에게 이런 충고를 들었다. “생각하면서 기타를 치면 손이 꼬이게 마련입니다.” 하워드는 애니메이션 감독 일을 하면서 이 말을 마음 깊이 새겨놓았다. “기타 연습의 목표는 긴장하지 않고 기타를 편안하게 다루는 것입니다. 기타를 칠 때 손가락을 어떻게 움직여 어느 줄을 칠지 계속 생각한다면 제대로 된 소리가 나올 턱이 없어요. 선불교에서 명상하듯, 생각을 비우고 기타에서 음악이 흘러나오게 해야 합니다. 애니메이션 스토리보드 작업도 기타 치는 것과 같아요. 나는 그림 하나하나를 완벽하게 그리려고 과도하게 신경 쓰지 않고 전체적인 이야기 흐름을 물 흐르듯 전달하고자 합니다. 그러려면 각 장면의 특징을 간략하게 재빨리 그려내야 합니다.”

속도를 강조하는 하워드 감독의 말(복잡한 스토리텔링 문제를 간략하게 재빨리 처리해야 한다는 것)을 듣고 보니 앤드루 스탠튼 감독의 말이 생각났다. 그는 애니메이션을 제작할 때는 일을 빨리 진행해 빨리 실패하는 편이 더 생산적이고 바람직하다고 말한다. 일을 빨리 진행하면 현재 가고 있는 길이 옳은지 고민하느라 생각이 막히는 일이 없어서 좋다는 것이다. 자신의 이전 결정이 틀린 것으로 판명 나도 소심하게 신경 쓰지 않고, 확신을 가지고 일을 진행한다. 스탠튼은 바다 한가운데를 항해하는 배의 선장으로서 선원들을 육지에 도달하도록 지휘하는 것이 감독의 역할이라고 말한다. 그리고 "저쪽으로 가면 육지가 있다"고 가리키는 것이 감독의 역할이라고 설명한다. 감독이 잘못된 방향을 가리킬 수도 있지만, 누군가가 배의 진로를 결정하지 않으면 배는 어디로도 가지 못하고 바다 한가운데서 표류하고 말 것이다. 나중에 선장이 마음을 바꾸어 "이쪽이 아닌가 봐. 내가 틀렸다. 저쪽으로 가자"라고 말하는 것은 비극이 아니다. 선장이 목적지를 정하고 전력을 다해 선원들을 지휘해 목적지로 가는 한, 선원들은 선장을 따른다.

"직원들은 확신을 가지고 지휘하는 리더, 일을 망쳐도 솔직하게 고백하는 리더를 원합니다. 리더는 직원들과 해법뿐만 아니라 문제를 공유하는 것이 좋습니다." 이는 앞부분에서 소개한 핵심 아이디어이기도 하다. 감독이나 리더는 자기가 이끄는 직원들에 대한 믿음을 잃어서는 안 된다. 선장이 (비록 나중에 틀린 것으로 판명 나더라도) 어떤 결정을 내린 이유를 솔직하게 얘기하는 한, 선원들은 계속 노를 저을 것이다. 반면, 선장이 배가 같은 곳을 빙빙 도는 것을 알면서도 제대로 가고 있다고 주장하면 선원들은 반발할 것이다. 열심히 일하는데도 제대로 성과가 나지 않으면 직원들이 가장 먼저 알아차린다. 그들은 자신감 있는 리더를 원한다. 스탠튼은 자신감 있게 빨리 결정을 내리고 오류를 수정하는 것이 중요하다고 충고한다. 또한 최선을 다해 추측하고 빨리 결정 내리는 것이 리더의 덕목이라고 생각한다. 그래야 설령 잘못된 결정을 내렸더라도 진로를 수정할 시간이 남아 있을 터이기 때문이다.

리더가 갖춰야 할 덕목은 또 있다. 다른 사람들과 긴밀하게 협조해야 하는 창의적인 프로젝트를 맡은 사람은 공조 작업이 복잡한 분규를 낳는 현상을 감수해야 한다. 직원들은 다양한 일들을 건의한다. 게다가 리더가 다른 것을 인식하도록 도우려 하고, 리더가 가리키는 방향으로 가고자 하고, 리더가 더 나은 결정을 내리도록 아이디어를 제공하려고 한다. 하지만 그와 동시에 리더에게 지속적인 상호작용과 소통을 요구한다. 리더의 동맹군이지만, 이런 관계를 유지하려면 리더가 지속적으로 노력을 기울여야 한다. 리더라면 이런 노력을 귀찮아하지 말아야 한다. 스탠튼은 설명한다. "항해하면서 궂은 날씨와 파도를 피하는 것이 목표인 선장은 애초에 배에 타지 말았어야 합니다. 항해란 통제할 수 없는 요소들에 직면해야 하는 일입니다. 항해하다 보면 좋은 날도 있고, 궂은 날도 있습니다. 어떤 날씨라도 받아들이는 수밖에 없어요. 항해의 목표는 결국 맞은편 육지에 도달하는 것입니다. 그 과정에서 일어나는 일들을 모두 통제할 순 없습니다. 항해란 이런 일입니다. 편하고 간단하게 가는 것이 목표인 사람은 배를 타면 안 됩니다."

앤드루 스탠튼의 심성모형은 배가 폭풍우를 만나거나 바람이 불지 않아 표류할 때 리더가 느끼는 공포에 대처하는 데 도움이 된다. 창의성을 존재하지 않는 것을 창조하기 위해 필요한 자원이라고 정의한다면, 공포는 존재하지 않는 것을 창조해야 하는 필요 때문에 발생하는 감정이라 할 수 있다. 많은 사람이 이런 공포를 극복하는 방안으로 과거에 통했던 방식을 되풀이한다. 이렇게 과거의 방식에 안주하면 문제가 풀리지 않는다. 더 정확히 얘기하면, 전혀 독창성 없는 결과물이 나올 수밖에 없다. 독창적인 결과물을 원한다면, 기술과 지식을 복제가 아닌 발명에 동원해야 한다.

나는 감독, 각본가 들과 얘기하면서 그들의 심성모형(목표를 달성하는 과정에서 맞닥뜨리는 역경을 헤치고 전진하고자 각자 사용하는 메커니즘)에 감명 받을 때가 많다. 피트 닥터는 감독 일을 긴 터널 속을 달리는 것에 비유한다. 터널의 길이가 얼마나 되는지 몰라도 결국엔 무사히 밖으로 나가게 될 것이라고 믿고 계속 달릴 수밖에 없다. "어두컴컴한 터널 중간에서 겁이 날 때가 있습니다. 입구 쪽을 봐도 빛이 안 보이고, 출구 쪽을 봐도 빛이 안 보입니다. 이런 때는 그저 계속 앞으로 가는 수밖에 없어요. 그러다 보면 앞에 희미한 불빛이 나타나고, 주위가 점점 더 밝아지고, 결국엔 밖에 나오게 됩니다." 그는 한치 앞도 안 보이는 상황에서 이런 상상을 하면서 공포를 다스렸다. 터널의 양쪽 끝은 빛이 흘러들어오므로 앞이 보이지만, 터널 중간은 빛이 들어오지 않아 한치 앞도 보이지 않는다. '창의성을 발휘하는 일은 무릇 이런 어려운 과정을 거쳐야 한다'는 사실을 뚜렷이 인식하고 있는 사람은 다시 밝은 곳으로 나갈 수 있다고 믿고 이성을 유지한 채 용기를 내서 앞으로 나아간다. 관건은 멈추지 않고 계속 앞으로 나아가는 것이다.

디즈니 애니메이션 〈주먹왕 랄프〉의 감독 리치 무어Rich Moore는 앞이 안 보이는 상황에서 공포에 대처하고자 머릿속에서 다른 시나리오를 그린다. 그는 영화를 제작하는 과정을 미로를 탐험하는 일에 비유한다. 미로 속에서 출구를 찾아 무턱대고 뛰어다니다간 혼란에 빠져 이성을 잃기 십상이다. 손으로 벽을 더듬으며 천천히 걸으면서 자신이 가는 길을 기억하고, 현재 미로의 어디쯤에 있는지 파악한다. 그리고 이렇게 하면 미로 속에서 혼란에 빠지지 않을 수 있다고 한다. "나는 어릴 적에 미로를 좋아했습니다. 미로 속에서 출구를 찾으려면 계속 머리를 들고 앞을 봐야 해요. 작품 프로젝트가 수렁에 빠졌을 때 팀원들의 모습은 미로 속에서 출구를 찾지 못하고 갈팡질팡하는 사람들의 모습과 흡사합니다."

픽사의 거의 모든 작품 제작 과정에 브레인트러스트 회의 참석자로 활약해 문제 해결에 기여한 밥 피터슨은 앤드루 스탠튼의 심성모형에 많은 도움을 받았다고 고백한다. 피터슨은 〈벅스 라이프〉 제작 과정에서 스탠튼에게 들은 고고학 발굴 비유를 소개한다. "영화 제작은 화석 발굴 작업과 같습니다. 어떤 화석이 나올지 모르는 상태에서 계속 땅을 파야 하죠. 파내려가다 보면 어떤 공룡 화석이 나올지 조금씩 감이 잡힙니다. 어떤 때는 거대한 공룡 한 마리의 화석을 발굴하고 있다고 생각하며 두 지점을 동시에 파내려가지요. 계속 파다 보면 점점 화석의 실체가 드러납니다. 실체가 어렴풋이 보이기 시작하면 어디를 어떻게 파는 것이 더 나은지 판단할 수 있습니다."

나는 영화 제작을 화석 발굴에 비유하는 그들에게 여러 번 이의를 제기했다. 앞서 언급했듯, 영화 제작을 과거에 존재한 것을 발굴하는 것이 아니라 세상에 존재한 적이 없는 것을 창조하는 일이라고 생각한다. 반면 그들은 감독의 임무를(대리석 덩어리에서 다비드 상을 깎아내는 미켈란젤로처럼) 어딘가 존재하는 아이디어를 발견해 작품으로 깎아내는 것으로 생각하는 게 작품 제작 과정에서 갈피를 잡고 희망을 얻는 데 도움이 된다고 말한다. 이번 장의 서두에서 나는 창작자들이 처음부터 구체적인 비전을 가진 것은 아니라고 주장했는데, 이것 하나는 인정해야겠다. 계속 파내려가다 보면 작품의 구성 요소들을 발견하게 될 것이라고 믿고 제작에 임하는 것이 창작자가 이성과 희망을 유지하는 비결이 될 수도 있다.

창작을 화석 발굴에 비유하는 심성모형에는 주의해야 할 함정이 있다. 화석 발굴 과정에서 나오는 모든 뼛조각이 발굴자가 맞추려고 하는 공룡 화석의 것은 아니다. 다른 공룡 화석 조각들과 혼동하지 말아야 한다. 창작 과정에서 발굴한 모든 아이디어를 작품에 집어넣고 싶은 유혹은 매우 강력하다. 고생 끝에 발굴한 아이디어라 버리기가 쉽지 않다. 하지만 발굴한 아이디어 조각이 조립 중인 전체 조각에 들어맞는지 냉정하게 분석하면 어떤 아이디어를 채택해야 할지 보인다. 앤드루 스탠튼은 설명한다. "파내려가다 보면 결국 어떤 작품이 나올지 보입니다. 감독이 제대로 파내려가면 영화는 어떤 모습으로 세상에 나오길 원하는지 감독에게 말을 걸기 시작합니다."

■ ■ ■

〈토이 스토리 3〉의 각본가 마이클 안트는 각본 쓰는 일을 눈을 가린 채 산을 오르는 일에 비유한다. "관건은 산을 발견하는 겁니다." 그는 산이 스스로 모습을 드러내도록 해야 한다고 말한다. 산에 오른다고 해서 항상 오르는 과정만 있는 것은 아니다. 어떤 때는 계곡으로 내려가기도 하고, 계곡을 빠져나와 다시 위로 올라가기도 한다. 게다가 계곡이 어디에 있을지 미리 알 수도 없다.

나는 이 비유를 좋아하지만, 산이 존재한다는 가정에는 동의하지 않는다. 스탠튼의 고고학 발굴 비유처럼, 안트의 비유는 보이지 않는 곳에 숨어 있는 예술 조각이나 아이디어를 '발견'하는 것이 예술가의 일임을 암시한다. 이는 내 신념과 정반대다. 나는 미래는 아직 존재하지 않는 것이므로 창조해 나가야 한다고 믿는다. 각본 쓰는 일이 눈을 가린 채 산을 오르는 것과 같다는 비유는 각본 쓰는 일의 목표가 이미 존재하는 산에 가서 구경하는 것임을 암시한다. 나는 예술가의 목표는 자신의 산을 창조하는 것이어야 한다고 믿는다.

무엇에 비유하든 간에 창작자들은 자신의 마음을 다스리기 위한 나름의 심성모형이 필요하다. 나는 동료들과 얘기하면서 이 사실을 절감했다. 창작자들은 이전에 가본 적 없는 불확실하고 광활한 미지의 공간을 걸어가야 한다. 이 공간이 너무도 두려운 탓에 대다수의 사람은 감히 탐구에 나설 엄두를 못 내고, 자신이 아는 곳에만 머무르려 한다. 무섭고 텅 빈 공간에 들어가려면 가능한 한 많은 도움이 필요하다. 마이클 안트에게 빈종이에 각본을 쓰기 시작하는 것은 무섭고 텅 빈 공간에 들어가는 것과 같다. 각본가는 아무것도 없는 공간에서 길을 개척해야 한다. 등산을 하다 보면 내려갈 때도 있고 올라갈 때도 있는 것처럼 각본가는 필연적으로 기복을 겪는다. 그는 눈을 가린 채 산을 오른다고 상상하는 것이 각본을 쓸 때 도움이 된다고 말한다.

지금까지 동료들이 불확실한 미지의 영역을 탐구할 때 느끼는 공포를 다스리고자 의존하는 심성모형들을 소개했다. 여러 직원을 이끌고 스토리를 구상하거나 애니메이션을 제작해야 하는 리더들은 각자 나름의 심성모형에 의존한다. 앤드루 스탠튼은 바다 너머 육지로 가는 항해를 상상하고, 피트 닥터는 터널 끝 출구를 찾아가는 과정을 상상하고, 리치 무어는 미로를 빠져나가는 과정을 상상하고, 마이클 안트는 산을 오르는 과정을 상상한다. 감독이나 각본가는 일을 시작할 때 어떤 목적지에 도달하게 될지 알지 못하지만, 이런 상상으로 자신의 공포를 다스리면서 길을 개척해 나간다.

이에 비해 프로듀서는 더 논리적으로 일해야 한다. 감독은 창의적 비전을 제시하는 사람, 각본가는 감독의 비전을 구조화해 스토리를 뽑아내는 사람인 데 비해 프로듀서는 스토리를 영상화하는 과정에서 부딪히는 현실적 문제들을 관리하는 사람이다. 프로듀서의 임무는 제작진이 예산과 기한에 맞춰 프로젝트를 진행하도록 관리하는 것이다. 그렇기 때문에 프로듀서의 심성모형은 감독이나 각본가의 심성모형과 크게 다르다. 앞서 소개한 존 워커 프로듀서의 피라미드 비유를 기억하는가? 감독과 각본가가 자신들의 일을 목적지에 도달하게 하는 것이라고 생각하는 데 비해, 프로듀서는 자신의 일을 서로 충돌하는 여러 요구 간의 균형을 잡는 것이라 생각한다. 프로듀서들도 각자 나름대로 다양한 심성모형에 의존하지만, 이들의 심성모형은 한 가지 관점을 공유한다. 수많은 제작자들의 복잡한 역학관계를 관리하려면 균형감각이 필요하다는 관점이다.

스탠튼 감독과 함께 여러 애니메이션 영화를 제작한 린지 콜린스^{Lindsey Collins} 프로듀서는 자신을 필요에 따라 피부색을 바꿀 수 있는 카멜레온이라고 상상한다. 그녀의 목표는 다른 사람을 속이거나 다른 사람의 환심을 사는 것이 아니라 어떤 상황에서든 필요한 인물이 되는 것이다. "프로듀서는 직원들을 이끌어야 할 때도 있고, 뒤에서 감독을 지원해야 할 때도 있습니다. 팀을 지휘해야 할 때도 있고, 팀이 스스로 굴러가도록 가만히 내버려둬야 할 때도 있습니다." 피부색을 바꿔 주변 환경에 녹아드는 카멜레온처럼, 상황별로 필요한 역할을 수행하는 것이 그녀가 직원들 사이의 상충하는 역학관계를 관리하는 방식이다. "창작 과정이 혼란스러운 건 당연합니다. 지나친 규제는 제작진의 창의성을 억압해요. 따라서 제작진이 안심하고 일할 수 있게 지원하고 엇나가지 않게 관리하는 한편, 엉망진창으로 일을 벌일 수 있는 여지를 어느 정도 허용해야 합니다. 이런 균형을 유지하기 위해 프로듀서는 각각의 상황에 따라 자신이 어떤 역할을 요구받는지 파악하고, 요구받는 역할을 수행해야 하죠."

프로듀서는 어떻게 자신이 해야 하는 일을 파악할까? 콜린스는 자기가 '콜롬보 형사'를 연기하는 것 같다는 농담을 자주 한다. TV 드라마에서 피터 포크Peter Falk가 연기한 콜롬보 형사는 누가 범인인지 짐작하는 상황에서도 어눌한 말과 행동으로 범인을 서서히 옥죈다. 서로 소통하지 않는 두 집단을 중재할 때 그녀는 우둔한 형사를 연기하며 범인에게 접근하는 콜롬보처럼 끼어든다. "내가 머리가 나빠서 그런지 이해되지 않는 부분이 있어요. 바보 같은 질문으로 방해해서 미안한데, 전에 한 말이 무슨 뜻인지 한 번 더 설명해주시겠어요? 두 살짜리 아이에게 설명한다 치고 풀어서 말해주세요."

좋은 프로듀서(그리고 중간관리자, 경영자)는 높은 곳에서 내려다보며 지시하지 않는다. 현장에 내려와 직원들의 말에 귀를 기울이고 토론하고 감언이설로 구슬리고 달랜다. 그래서 이런 자신의 역할을 충분히 인식한다. 캐서린 새러피언 프로듀서는 임상 심리학자 타이비 칼러Taibi Kahler에게 자신의 역할을 시각화하는 방법에 관한 조언을 들었다. "칼러 박사에게 사람들을 현장에서 만나는 법을 배웠습니다." 칼러가 주창한 현장소통모형Process Communication Model에 따르면, 경영자의 일은 엘리베이터를 타고 큰 건물의 각 층을 방문하는 것과 같다. "각자 나름대로 특성이 있는 직원들은 아파트 거주자와 같아요. 각자 다른 층에서 살고 다른 전망을 즐깁니다."
높은 층에 사는 사람들은 발코니에 앉아서 전망을 즐기고, 1층에 사는 사람들은 집 앞의 녹지에 나와 어슬렁거린다. 이처럼 각기 다른 상황에 있는 직원들과 두루 소통하려면 직원들을 일일이 찾아가야 한다. "감독이든 프로듀서든 제작 스태프든 애니메이터든 픽사에서 가장 유능한 인재들은 필요한 순간에 필요한 방식으로 다른 직원에게 다가가 소통할 수 있는 능력을 지니고 있습니다. 그렇게 찾아가보면 직원들의 반응은 각양각색이에요. 어떤 직원은 세부사항을 논의하기 전에 20분 정도는 현재 상황을 불평해야 직성이 풀립니다. 어떤 직원은 처음부터 끝까지 자신이 요구하는 바를 들어주지 않으면 마감 기한을 맞출 수 없다는 주장을 되풀이합니다. 하루 종일 각 층을 돌아다니면서 사람들을 만나는 것이 내 일입니다."

새러피언 프로듀서는 엘리베이터 비유 외에도 자신을 양 떼를 모는 목동에 비유한다. 린지 콜린스 프로듀서와 마찬가지로 그녀는 먼저 상황을 파악하고 직원들을 이끌 최선의 방안을 궁리한다. "양 떼를 몰고 언덕을 올라갈 때는 무리에서 떨어져 나가는 양들을 불러 모아야 해요. 때로는 양 떼 앞으로 뛰어가야 하고, 때로는 양 떼 뒤에 머물러야 합니다. 이렇게 동분서주해도 양 떼 가운데에서 일어나는 일들을 보지 못하고 놓칠 때가 많아요. 무리에서 이탈한 양들을 찾는 동안 뜻하지 않은 일들이 일어나기도 합니다. 내가 양 떼를 제대로 된 방향으로 몰고 있는지 확신할 수도 없습니다. 언덕 위로 몰까? 농장으로 돌아갈까? 결국 목적지에 도착하겠지만 시간이 오래 걸리죠. 때로는 양 떼가 지나가야 하는 도로로 자동차가 지나갈 때도 있어요. 나는 양이 차에 치이지 않아야 할 텐데 하고 노심초사합니다. 양들이 가는 방향을 통제하려고 최선을 다하지만, 내가 할 수 있는 일은 양 떼들이 나아가는 방향을 지켜보다가 그 방향을 약간 수정하는 것뿐입니다."

지금까지 소개한 픽사 직원들의 심성모형은 이 책에서 논의한 여러 주제(공포를 통제해야 할 필요, 균형을 잡아야 할 필요, 결정을 내릴 필요, 오류 가능성을 인정할 필요, 업무 진행 상황을 파악해야 할 필요)를 포함하고 있다. 사람들은 문제를 인식하고 해결하는 과정에서 각각 자기 나름의 심성모형에 의존한다. 하지만 자신이 과연 적절한 심성모형을 이용하고 있는지 주의를 기울여야 한다.

예컨대, 나는 사람들이 기업을 기차에 비유하는 것이 과연 적절한 것인지 늘 궁금했다. 기차는 선로를 따라 산을 넘고 평야를 가로지르고 짙은 안개와 어두운 밤을 뚫고 달려간다. 기업의 상황이 나빠질 때 사람들은 기업이 '탈선했다', '기차가 충돌 사고를 일으켰다'라고 말한다. 픽사 제작팀을 정교한 기관차에 비유하며, 이 기차를 운전해 작품을 제작하고 싶다고 말하는 사람들도 있다. 이들은 자신이 이 기차를 운전할 능력이 있는 기관사라고 믿고, 기관사가 기업의 미래를 창조할 권력을 가진 사람이라고 착각한다. 사실은 그렇지 않다. 기관사는 기차의 진로를 결정하지 못한다. 기업의 미래를 창조하는 가장 큰 힘을 가진 사람은 기관사가 아니라, 선로를 놓는 사람이다.

...

나는 불확실성과 변화에 대처하는 데 도움이 되는 심성모형, 직원들을 관리하는 데 도움이 되는 경영 모델을 구축하기 위해 끊임없이 고민해왔다. 루카스필름에 재직하던 당시, 경영자의 임무가 각기 속도가 다른 야생마들이 무리를 지어 이동하도록 모는 카우보이 같다고 생각했다. 어떤 때는 기업을 경영하는 게 밸런스보드 위에 올라가 두 발로 균형을 잡는 일 같다고 생각했다. 어떤 이미지를 떠올렸든 간에 내가 고민한 문제는 같았다. 어떻게 하면 직원들이 보조를 맞추어 한 팀으로 일하도록 유도할 수 있을까? 어떻게 하면 계획에 따라 일을 진행하면서도 중간에 직원들이 새롭게 떠올린 아이디어들을 수용할 수 있을까? 세월이 흐르고 경영자로서 경험이 쌓이면서 내 심성모형, 경영 모델은 계속 진화했다. 이 책을 쓰고 있는 동안에도 계속 진화하고 있다.

특히 유용하다고 느낀 경영 모델은 뜻밖의 분야에서 배운 것이다. 최근 학계와 기업들 사이에서 크게 주목받는 마음챙김^{mindfulness} 명상법(1979년 메사추세츠 대학병원 존 카밧진^{Jon Kabat-Zinn} 교수가 스트레스 조절 프로그램의 일환으로 주창한 명상법. 마음챙김 명상은 불교의 비파사나 명상에서 비롯된 것으로, 내면과 외부세계에서 일어나는 현상에 주의를 기울여 '있는 그대로' 바라보는 훈련을 통해 그것을 통찰하는 지혜를 얻는 것이 특징이다 – 옮긴이)에서 이를 찾아냈다. 마음챙김 명상법을 설명하는 사람들은 이것이 어떻게 삶에서 받는 스트레스를 줄이고 집중력을 높일 수 있게 돕는지에 초점을 맞춘다. 나는 이 명상으로 이런 이점을 누렸을 뿐 아니라, 창의적 인재들이 협력해서 일하게 하는 방법에 관한 생각을 명료하게 정리할 수 있었다.

내게 마음챙김 명상을 접할 계기를 만들어준 사람은 아내 수전^{Susan}이다. 몇 년 전 여름, 아내는 스트레스에 시달리는 나를 위해 콜로라도 주에 있는 샴발라 마운틴 센터의 명상 훈련 프로그램을 예약했다. 초심자도 참가할 수 있는 일주일짜리 프로그램이었지만, 참가자 70명 중 명상 훈련을 처음 시작한 사람은 나뿐이었다. 일주일 내내 침묵 속에서 보내는 내 모습을 상상할 수조차 없었다. 처음에 나는 당혹스러워하며 어색하게 행동했지만, 이틀이 지나자 다른 참가자들처럼 완전히 침묵할 수 있었다. 하지만 뭘 해야 할지 알 수 없었다. 머릿속에서 계속 내면의 목소리가 들렸으나 어떻게 대처해야 할지 몰랐다. 사흘째가 되자 정신이 혼란스러워져 하마터면 명상센터에서 뛰쳐나갈 뻔했다.

'현재를 충실히 살라'는 동양 철학의 가르침을 들어본 미국인이 많을 것이다. 현재 마주친 문제에 초점을 맞추고 해법을 찾으면, 과거나 미래에 대한 불안을 떨쳐낼 수 있다. 그러려면 현실을 있는 그대로 바라보는 훈련이 필요하다. 현실을 있는 그대로 바라보는 것만큼 중요한 것은 그 밑바탕에 깔려 있는 철학 즉, '모든 것은 변화한다'라는 철학을 이해하는 것이다. 모든 것은 항상 변한다. 그리고 이것은 결코 막을 수 없다. 막으려고 시도하다간 험한 꼴을 당할 뿐이다. 그런데도 사람들은 고통을 겪으면서도 여기서 교훈을 얻지 못하고 계속 변화를 막아보려고 한다. 더 나쁜 것은 변화에 저항하다가 초심자의 마음(새로운 것에 열린 마음가짐)을 잃어버리는 것이다.

어쨌든 간에, 나는 명상센터에서 일주일을 버텼다. 이곳에서 들은 용어들은 생소했지만, 내가 픽사를 경영하면서 고민해온 여러 가지 이슈(통제, 변화, 무작위성, 신뢰, 귀결)와 일맥상통하는 면이 있었다. 맑고 평온한 정신 상태는 창의적인 사람들이 도달하려는 근본적인 목표 중 하나로, 이 같은 목표에 도달하는 경로는 각자 다르다. 나는 늘 자아성찰을 중시했지만 그때까지는 침묵 속에서 명상하는 방법을 시도한 적이 한 번도 없었다. 하지만 이를 계기로 해마다 조용한 곳에서 명상을 하면서 마음의 평온을 얻었을 뿐 아니라, 마음챙김이란 개념을 경영에 어떻게 적용할지 고찰하게 되었다.

자신이 살고 있는 바로 이 순간을 충실히 사는 사람은 계획이나 프로세스에 얽매이지 않고 당면한 문제에 초점을 맞춘다. 명상을 통해 자기 생각의 주관적이고 덧없는 측면을 깨닫는다면 자신이 통제하지 못하는 것과 평온하게 공존할 수도 있다. 지금 이 순간을 충실히 사는 사람이 누리는 가장 큰 이점은 새로운 아이디어에 열린 자세를 유지하고, 문제들을 정직하게 대면할 수 있다는 점이다. 어떤 사람은 자신이 당면한 문제에 주의를 기울이고 있으니, 마음챙김을 실천하고 있다고 자부한다. 하지만 그가 만약 마음 한편에서 근심과 기대를 내려놓지 못하고, 자신이 명확히 인식하지 못한 문제가 존재할 수 있다는 사실이나 타인이 자신보다 많이 알 수도 있다는 사실을 받아들이지 못한다면, 문제에 열린 자세를 취할 수 없다. 기업 내 집단들도 비슷하다. 계획과 과거의 방식에 너무 집착하는 집단은 눈앞에서 벌어지는 변화에 열린 자세를 취할 수 없고, 현실을 있는 그대로 보지 못한다.

2011년 LA에서 열린 '불교 괴짜 컨퍼런스Buddhist Geeks Conference(기술, 철학, 교육, 비즈니스, 정치 등 다양한 분야의 전문가들이 각 분야의 사상과 불교의 접목을 시도한 회의 – 옮긴이)'를 팟캐스트로 시청하면서 이 방면에 대한 이해가 한층 깊어졌다. 이 컨퍼런스에서 켈리 맥고니걸Kelly McGonigal 스탠퍼드대 심리학 박사가 〈명상의 과학적 고찰〉이란 제목으로 한 강연은 특히 내 시선을 사로잡았다. 그녀는 명상이 인간의 정신적 불안뿐 아니라 신체적 고통까지 줄일 수 있다는 사실을 입증하는 최신 두뇌 연구 보고서들을 소개했다.

맥고니걸 박사는 먼저 2010년 캐나다 몬트리올대 연구팀이 실시한 실험을 소개했다. 실험 참가자는 명상 숙련자 집단과 명상한 적이 없는 집단으로 나뉘었다. 연구팀은 실험 참가자들의 종아리에 똑같이 열을 가하고 이들의 두뇌가 어떤 반응을 보이는지 관찰했다. 연구팀이 실험 참가자들을 MRI 촬영한 바에 따르면, 명상 숙련자들의 두뇌는 다른 사람들의 두뇌보다 훨씬 더 고통을 잘 견디는 것으로 나타났다. 이에 대한 박사의 해석은 이렇다. 명상 숙련자들은 머릿속에서 끊임없이 재잘거리는 번뇌의 목소리, 즉 심원心猿을 잠재우는 방법을 알고 있기에 고통에 주의를 기울였고, 그 결과 다른 사람들보다 고통을 잘 참을 수 있었다.

맥고니걸 박사는 이어서 미국 노스캐롤라이나 주 웨이크포레스트대 연구팀이 실시한 유사한 연구를 인용했다. 이번에는 딱 나흘간 명상 훈련을 받은 사람들이 실험에 참가했다. 이들은 명상한 적이 없는 사람들보다 더 심한 고통도 참을 수 있었다. 그런데 MRI 촬영은 뜻밖의 결과를 보여줬다. 나흘간 명상 훈련을 받은 사람들은 몬트리올대 연구팀 실험의 명상 숙련자들과 정반대의 두뇌 활동을 보였다. 박사의 해석은 이렇다. 이들은 현재 순간에 주의를 기울이는 대신 무시하는 쪽에 집중해 감각 정보를 차단했다. 현재를 주의 깊게 인식하기보다는 인식을 차단함으로써 고통을 덜 겪었던 것이다.

나는 이 대목이 흥미로웠다. 나흘간 명상 훈련을 받은 사람의 두뇌 반응이 내가 기업을 경영하면서 목격한 임직원들의 행동과 비슷하다는 생각이 들었다. 박사는 나흘간 명상 훈련을 받은 실험 참가자들의 두뇌가 문제를 직면하는 대신 억눌렀다고 설명했다. 재미있는 점은, 문제를 외면하는 사람들은 자신이 문제에 직면하는 사람들과 똑같이 행동하고 있다고 착각한다는 사실이다. 현실을 직시하려고 노력해도 본의 아니게 현실에서 눈을 돌리는 경우가 있다. 이들은 현실을 편향되게 인식하고 무시한다. 한동안은 이런 행동이 좋은 결과를 나타낼 수도 있다. 하지만 맥고니걸 박사가 인용한 두 실험에서 명상 훈련을 받은 사람들은 당면한 문제(종아리에 느껴지는 열)를 무시하지 않았다. 물론 문제를 보고 느꼈지만, 문제에 대한 반응(문제를 지나치게 생각해 확대해석하는 두뇌의 경향)을 통제했다. 그 결과, 명상한 적이 없는 사람들보다 훨씬 더 문제에 잘 대처할 수 있었다.

과거나 미래에 집착하지 않고, 현재 마주친 문제에 초점을 맞추고 해법을 찾으려는 마음챙김 명상은 기업을 경영하다가 마주치는 갖가지 문제들을 분류하고, 동료들이 절차나 유효하지 않은 낡은 계획에 집착하지 않도록 설득할 때 의지할 수 있는 경영 모델로서도 유용했다. 문제를 억누르는 규칙들을 내세우지 않고 문제를 인정한다는 개념 역시 내게 유용했다.

모든 사람이 같은 심성모형을 채택해야 한다는 법은 없다. 머릿속에서 피라미드를 거꾸로 세우든, 보이지 않는 산을 오르든, 야생마나 양 떼를 몰든 자신에게 맞는 심성모형을 찾으면 된다. 심성모형은 새로운 것을 창조하는 과정에서 의존하는 사고의 틀이다. 사람들은 이런 심성모형에 의존해 한치 앞도 안 보이는 어둠 속을 헤쳐 나갈 용기를 낸다. 이는 미지의 영역을 항해할 때 좋은 길잡이가 되어준다.

PART IV

관성을
극복하기 위한
실험

CREATIVITY, INC.

CHAPTER 12

픽사와 디즈니의
새로운 도전

"픽사를 디즈니에 팔까 생각 중입니다."

스티브 잡스의 말을 들었을 때, 존 래스터와 내가 보인 반응은 단순히 놀란 정도가 아니었다. 우리는 소스라치게 놀라 두 귀를 의심하며 동시에 외쳤다. "뭐라고요?"

잡스의 폭탄 발언을 들은 것은 2005년 10월이다. 우리는 저녁 초대를 받고 팰러앨토에 있는 그의 집(그는 이곳에서 아내, 세 자녀와 함께 살았다)을 방문했다. 하지만 잡스의 폭탄 발언에 식욕이 싹 가셨다.

상황을 설명하자면 18개월 전인 2004년 봄으로 거슬러 올라가야 한다. 스티브 잡스 회장과 마이클 아이스너 회장이 픽사와 디즈니의 파트너십 계약 갱신 협상을 갑자기 중단함에 따라 양사 사이에는 급격히 냉기류가 흘렀다. 특히 픽사 직원들은 디즈니 애니메이션 스튜디오 내에 '서클 세븐Circle 7' 부서를 신설해 픽사 작품들의 속편을 제작할 권리를 행사하겠다는 아이스너 회장의 발표에 동요했다. 그 결정은 캐릭터들을 창조한 사람들에게서 캐릭터들을 빼앗아가는 것이나 다름없는 행위였다. 래스터는 아이스너에게 자식을 납치당한 것처럼 격분했다. 다섯 아들을 키우는 그는 우디, 버즈, 슬링키 독Slinky Dog, 렉스 등 〈토이 스토리〉 캐릭터들도 자식처럼 생각했기에 그 캐릭터들을 보호할 수 없다는 생각에 비통해했다. 그런데 잡스가 18개월 전에 이런 만행을 저지른 디즈니와 픽사를 합칠 생각이라고 말한 것이다. 마른하늘에 날벼락 같은 소식이었다.

지금 와서 되돌아보면, 픽사에 뭔가 중대한 변화가 생길 것이라는 조짐은 있었다. 스티브 잡스와 마이클 아이스너의 관계가 최악으로 치닫던 시기에도, 잡스는 여전히 디즈니에 깊은 관심을 보였다. 일례로, 디즈니 마케팅부서의 제안을 거절하고 돌아와서 자신보다 디즈니 마케팅부서가 픽사를 더 잘 아는 것 같다고 우리에게 은밀하게 고백했다. 그러다 보니 디즈니가 보유한 마케팅 능력, 소비재 판매 능력, 테마파크 때문에 디즈니와 손을 잡는 것이 픽사에 유리할 것이라고 생각했다.

스티브 잡스가 픽사를 디즈니에 매각하려는 생각을 존 래스터와 내게 내비친 2005년 10월, 디즈니도 많은 변화를 겪고 있었다. 우선 1984년부터 2005년 9월까지 월트 디즈니 컴퍼니를 지휘한 마이클 아이스너 회장이 물러나고 밥 아이거 회장이 취임했다. 아이거가 월트 디즈니 컴퍼니 회장으로 취임하고 가장 먼저 보인 행보 중 하나는 픽사와의 관계를 회복하기 위해 잡스를 만난 것이다. 두 사람은 ABC방송사의 인기 프로그램들을 아이튠즈를 통해 판매하는 유통계약에 합의했다.

이후 스티브 잡스는 밥 아이거 회장을 신뢰하게 됐다. 그는 아이거를 인터넷을 통한 콘텐츠 유통에 반대한 다른 경영자들과 달리, 시대의 변화를 읽고 행동할 줄 아는 남자라고 평가했다. 두 사람은 만난 지 10일 만에 계약을 체결했다. 아이거는 협상 과정에서 디즈니 내부의 반대에 영향받지 않았다. 하지만 여전히 중요한 문제가 남아 있었다. 전임자인 마이클 아이스너가 신설한 서클 세븐 부서가 여전히 픽사 직원들과 상의하지 않고 〈토이 스토리 3〉을 제작하려고 준비 중이었던 것이다.

래스터와 내가 어안이 벙벙해져 있는데, 잡스는 거실 안을 이리저리 돌아다니며 픽사와 디즈니의 합병이 바람직한 이유들을 설명하기 시작했다. 그는 이미 모든 측면을 고려한 상태였다. 첫째, 픽사는 세계 각국 극장에 작품들을 상영하기 위한 유통망과 마케팅 협력사가 필요했다. 이 부분은 우리도 동의했다. 둘째, 잡스는 디즈니와의 합병으로 픽사가 더 넓고 견고한 무대에서 창의력을 발휘할 기회를 잡을 수 있을 것이라고 생각했다. "현재 픽사는 작은 요트입니다. 디즈니와의 합병은 높은 파도와 악천후에 별 영향을 받지 않고 대양을 운항하는 거대한 유람선에 올라타는 셈입니다. 물론 외부의 위험에서 보호받을 수 있을 겁니다." 그는 설명을 마치고 우리 눈을 쳐다보면서, 우리 둘이 동의하지 않으면 픽사를 디즈니에 매각하지 않을 것이라고 안심시켰다. 하지만 우리가 결정을 내리기 전에 한 가지만 들어달라고 요청했다.

"먼저 밥 아이거 회장을 만나보세요. 내가 요구하는 조건은 이거 하나뿐입니다. 그를 만나보면 생각이 달라질 겁니다."

몇 달 뒤, 픽사와 디즈니 인수합병 협상이 끝났다. 2006년 1월 24일, 월트 디즈니 컴퍼니는 74억 달러를 지불하고 픽사 애니메이션 스튜디오를 인수한다고 공식 발표했다. 픽사와 디즈니의 인수합병은 통상적인 기업 인수합병과 달랐다. 협상 과정에서 스티브 잡스는 존 래스터와 내가 픽사와 디즈니 애니메이션 스튜디오 양사의 최고경영진이(나는 사장으로, 존 래스터는 CCO로) 되어야 한다고 주장했고, 밥 아이거도 동의했다. 픽사와 디즈니 애니메이션 스튜디오의 최고경영진이 다르면, 양사는 불건전한 경쟁으로 치달을 위험이 있었다. 잡스는 우리가 양사를 동시에 경영해야만 픽사보다 훨씬 거대한 기업인 월트 디즈니 컴퍼니에 픽사의 전통이 훼손당하지 않을 것이라고 생각했다.

스티브 잡스가 추진한 픽사와 디즈니의 인수합병 덕분에, 우리는 픽사에서 수십 년간 개발한 경영 이론들을 다른 맥락에서 실험할 수 있는 진귀한 기회를 얻었다. 솔직함, 자기인식, 공포 극복에 관한 우리의 경영 이론이 새로운 기업 환경에도 적용될 수 있을까? 이 경영 이론은 소기업인 픽사에서만 통용되는 것일까? 래스터와 나는 양사에 모두 이익이 되는 방향으로 양사를 경영하는 방법을 고민하는 것은 물론이고, 이런 의문들의 답을 구하려고 애썼다.

존 래스터는 픽사를 새로운 예술 형태를 발명하고 여기에 관객을 감동시키는 최고의 스토리를 담아내려는 선구자들이 모인 스튜디오로 인식해왔다. 반면 디즈니는 위대한 유산을 상속받은 유서 깊은 스튜디오다. 더불어 애니메이션업계에서 탁월함의 기준으로 통하는, 태산북두 같은 스튜디오다. 디즈니 애니메이션 스튜디오 직원들은 창업자 월트 디즈니의 명성에 어울리는 작품들을 제작하려고 애썼다. 솔직히 존 래스터와 나는 픽사에서 창의적인 직원들을 관리하기 위해 적용한 경영 이론이 디즈니에서도 통할지 확신할 수 없었다. 우리는 픽사를 계속 창의성이 넘치는 스튜디오로 유지하는 동시에 디즈니를 예전처럼 위대한 애니메이션 명가로

376

재건해야 하는 어려운 임무를 맡았다.

　이번 장에서는 이 임무를 달성하기 위해 노력한 과정을 소개하겠다. 이번 장의 내용은 이 책을 쓴 주요 이유 중 하나와 맞닿아 있다. 세계 최초의 장편 컴퓨터 애니메이션 제작을 목표로 수십 년간 달려온 나는 〈토이 스토리〉를 개봉한 뒤, 창의적인 기업 환경을 유지하는 방법을 연구하는 것을 새로운 목표로 설정했다. 픽사와 디즈니의 합병은 픽사에서 개발한 경영 이론을 픽사 밖에서도 적용할 수 있을지, 다른 누구보다도 우리 자신에게 검증할 기회였다. 두 기업의 인수합병 과정을 지켜보고, 이후 두 기업을 경영한 것은 우리의 경영 이론을 검증하기에 더 없이 좋은 기회였을 뿐 아니라 흥분되는 경험이었다. 우선 합병 과정이 어떻게 진행됐는지부터 설명하겠다. 합병 과정 초기에 우리가 선택한 여러 결정들이 이후 양사의 파트너십을 공고히 다지는 데 크게 기여한 까닭에 설명해둘 만한 가치가 있다고 생각한다.

...

　몇 주 뒤, 나는 먼저 밥 아이거 회장을 만나보라는 스티브 잡스의 요구에 응했다. 버뱅크에 있는 월트 디즈니 컴퍼니 본사 근처의 식당에서 아이거 회장과 함께 저녁을 먹기로 약속을 잡았다. 나는 그를 만나자마자 곧 호감을 느꼈다. 그는 한 달 전 참석한 홍콩 디즈니랜드 개관식에서 느낀 소감을 밝히며 대화를 풀어 나갔다. 도널드덕, 미키마우스, 백설공주, 인어공주부터 우디, 버즈 라이트이어까지 디즈니가 배급한 애니메이션의 마스코트 인형들의 행진을 보고 문득 이런 생각이 들었다고 했다. "최근 10년간 사람들의 기억에 남아 있는 캐릭터들은 픽사 작품에 등장한 캐릭터뿐이었습니다." 그는 월트 디즈니 컴퍼니가 테마파크, 크루즈 관광, 소비재부터 영화까지 다방면으로 사업을 벌이고 있지만, 역시 핵심 사업은 애니메이션이기 때문에 애니메이션 사업 부문을 부활시키겠다는 포부를 밝혔다.

인상적이게도, 밥 아이거 회장은 자신의 생각을 장황하게 늘어놓기보다는 질문을 던지는 것을 선호했다. 그의 질문은 솔직하고 예리했다. 그는 다른 기업에서는 보기 드문 독특한 무언가가 픽사에 있다며 이것이 무엇인지 알고 싶어 했다. 픽사가 디즈니 협력사로 일하게 된 1980년대 이후 처음으로 디즈니 임원이 픽사가 특별한 기업이 된 비결을 물은 것이다.

밥 아이거는 기업 임원으로서 이미 두 차례나 기업합병을 경험했다. 1985년 캐피털 시티즈 커뮤니케이션 Capital Cities Communications (미국 최대 방송 그룹 중 하나로 ABC 네트워크를 운영한다 – 옮긴이)이 ABC방송사를 인수합병할 때, 1996년 월트 디즈니 컴퍼니가 캐피털 시티즈 커뮤니티케이션과 ABC방송사를 인수합병할 때다. 그는 이 두 차례의 인수합병 중 하나는 좋은 실적을 내고 다른 하나는 안 좋은 실적을 낸 것을 보고, 한 기업이 다른 기업을 흡수해 지배하는 것이 얼마나 부정적 파급 효과를 낳는지 알게 됐다고 말했다. 그래서 디즈니가 픽사를 인수하면 이런 부정적 파급 효과가 생기지 않도록 최선을 다해 노력하겠다고 다짐했다. 더불어 디즈니 애니메이션 부문을 부활시키려면 픽사의 자주성을 보존해야 한다고 생각했다.

며칠 뒤 존 래스터와 나는 밥 아이거 회장에 대해 어떻게 생각하는지 의견을 교환했다. 래스터는 그가 우리의 핵심가치를 공유하는 것처럼 보인다고 말했지만, 디즈니와의 합병으로 픽사의 핵심가치(픽사 직원들과 픽사 작품들이 최대한 진화하도록 이끈, 솔직하고 자유로운 소통과 건설적 자기비판이라는 조직문화)가 파괴될까 봐 걱정했다. 래스터는 종종 픽사의 조직문화를 살아 있는 유기체에 비유했다. "지구상에 출현한 적 없는 새로운 생명체를 키우는 방법을 우리가 발견한 것 같아요."

그는 픽사의 조직문화가 위협받을 수 있는 여지를 용납하지 않았다. 물론 밥 아이거 회장이 좋은 의도를 지니고 있다고 믿었지만, 대기업인 디즈니가 설령 의도하지 않더라도 소기업인 픽사를 압사시킬 가능성을 걱정했다. 아이거 회장은 디즈니가 픽사를 억압하는 일은 없을 것이라고 래스터를 안심시키기 위해 거듭 노력했다. 그는 거액이 드는 픽사 인수 계약을 추진하기 위해 자신의 명예를 걸고 디즈니 이사회를 설득하고 있다며, 힘들여 얻은 자산의 가치를 떨어뜨리지 않기 위해 최선을 다할 것이라고 말했다.

결국 선택의 기로에 섰다. 우린 결정을 내려야 했는데, 그에 앞서 고려해야 할 몇 가지 주요 사항들이 있었다. 픽사와 디즈니의 관계는 어떻게될 것인가? 픽사와 디즈니가 서로 독립성과 대등한 관계를 유지하며 성공할 수 있을까?

2005년 11월 중순 존 래스터, 스티브 잡스, 그리고 나는 잡스가 즐겨찾는 샌프란시스코의 일식당에서 저녁을 먹었다. 디즈니와의 합병건에 대해 논의하던 중 잡스가 예전에 저지른 실수에 대한 이야기를 꺼냈다. 20년 전인 1980년대 초, 애플은 두 가지 개인용 컴퓨터 모델(매킨토시와 리사)을 개발하는 프로젝트에 착수했고, 잡스는 리사 개발 프로젝트를 지휘해달라는 요청을 받았다. 그는 이 일이 그리 내키지 않았다며, 자신이 잘할 수 있는 일도 아니었다고 인정했다. 그런데 리사 개발 팀원들에게 영감을 불어넣기는커녕 팀이 매킨토시 개발팀에 뒤처져 있으며, 그 팀의 노력이 제대로 성과를 거두지 못할 것이라고 말했다. 팀원들의 사기가 땅에 떨어진 것은 당연했다. 잡스는 이것이 패착이었다고 고백하면서, 픽사와 디즈니의 합병이 성사될 경우 양사를 동시에 경영할 우리가 명심해야 할 바를 설명했다. "경영진의 임무는 디즈니 애니메이션 직원들이 패배했다고 생각하지 않게 하는 겁니다. 그들이 계속 자부심을 느끼고 일할 수 있게 배려해야 합니다."

래스터와 내가 디즈니에 애착이 있다는 점은 잡스가 지적한 바를 따르는 데 확실히 도움이 될 터였다. 월트 디즈니의 예술가적 이상을 실현하고자 평생 노력한 우리는 디즈니 애니메이션 스튜디오에 들어가 직원들이 예전처럼 위대한 작품들을 창작하도록 영감을 불어넣는 임무를 힘들지만 추구할 가치가 있는 중요한 목표라고 생각했다. 식사가 끝날 무렵, 우리 셋은 픽사와 디즈니가 힘을 합치면 애니메이션업계를 위해 더 밝은 미래를 창조할 수 있을 것이라고 생각을 모았다.

래스터와 나는 픽사 직원들이 디즈니와의 합병 소식에 충격을 받을 것이라고 예상했다. 그의 말을 들어보자. "스티브 잡스가 거실에서 디즈니와 합병하겠다는 뜻을 처음 내비쳤을 때 우리가 느낀 감정을 직원들도 똑같이 느낄 것이라고 생각했습니다." 우리는 픽사가 디즈니에 인수합병된다는 사실을 공식발표하기 전에 픽사 직원들의 불안을 잠재우고 잘못된 변화를 예방할 조치들을 준비해놓을 필요가 있었다. 밥 아이거 회장의 양해를 얻어 디즈니와의 합병 후 픽사에서 유지해야 할 부분을 자세히 적어놓은 7페이지짜리 문서인 '5개년 사회계약The Five Year Social Compact' 초안을 작성했다. 이 합의서에 59개 조항에 걸쳐서 직원 보상과 휴가, 직원 복지,

인사정책 등 픽사 직원들이 관심을 가질 여러 가지 정책을 규정해놓았다. 제1항은 디즈니와의 합병 이후에도 개봉작의 흥행 성적이 일정 수준에 도달할 때 픽사 직원들에게 보너스를 지급할 권한이 픽사 임원진에게 있다는 내용이다. 근로 환경을 보장한 조항들도 있다. 예를 들어, 제11항은 직원들이 직책과 이름을 적은 명함을 가지고, 창작의 자유를 누릴 권리를 보장했다. 제33항은 이전과 똑같이 "개인 사무실, 휴게실, 공간을 자신의 취향에 맞게 꾸밀" 권리를 계속 보유한다고 규정했다. 픽사 직원들에게 인기를 끈 기업 행사들을 보존하는 조항도 있다. 제12항이 그 예다. "다양한 휴일 파티, 영화 제작 완료 기념파티, 연례 자동차 쇼, 종이비행기 콘테스트, 멕시코 축제 싱코 데 마요Cinco de Mayo, 여름 바비큐 축제를 비롯한 개인 휴식 행사(휴일, 다양한 이벤트 파티)는 픽사에 계속 유효하다." 픽사의 평등 의식을 유지하기 위한 조항도 있다. 제29항이 그렇다. "경영진을 포함한 어떠한 임직원도 전용 주차공간을 누릴 수 없다. 모든 주차공간은 선착순으로 배정한다."

이런 보호 조항들이 이후 픽사의 성공에 얼마나 기여했는지 확실히 말할 수는 없지만, 이런 보호 조항들을 통해 픽사의 창의적 조직문화가 변질되는 사태를 예방하려고 최선을 다했다. 픽사 직원들은 다른 기업 직원들과 다르다. 이런 다름을 유지하는 것이 정체성을 유지하는 데 도움이 될 것이라고 믿었다.

픽사와 디즈니의 인수합병 계약 성사에 크게 기여한 중요한 요소가 또하나 있다. 이는 신뢰의 문제와 관련된 요소다. 인수합병 협상을 마무리할무렵, 디즈니 이사회는 픽사의 핵심 인력을 계속 픽사에 남도록 강제하는계약 조항이 포함되지 않은 점에 불만을 품었다.

픽사를 매입했는데 존 래스터나 나나 다른 리더들이 떠나버리면 디즈니에 무슨 소용이 있겠는가. 이를 우려한 디즈니 이사회는 우리에게 픽사에 언제까지 근무하겠다는 고용계약서에 서명하라고 요구했다. 우리는 거절했다. 픽사는 직원들이 고용계약에 속박당해 일하는 것이 아니라 이곳에서 일하고 싶으니 일한다는 기업문화를 가지고 있었던 까닭에 픽사 임직원 중 픽사에서 언제까지 일하겠다는 고용계약서에 서명한 사람은 아무도 없었다. 하지만 이것이 픽사의 조직문화라고 아무리 강조해도, 디즈니 이사회는 이 때문에 인수합병의 실효성을 미심쩍어했다. 한편 픽사 경영진은 디즈니의 관료주의가 픽사의 창의적 조직문화를 파괴할 것이라고 걱정했다. 픽사 경영진도, 디즈니 경영진도 상당한 리스크를 느낀 셈이다. 하지만 양측은 서로 상대방을 신뢰해야만 합병이 성공할 것이란 점을 이해하고, 5개년 사회계약 합의서의 취지를 지켜야 한다는 의무감을 느꼈다. 나는 이것이 서로 관계를 맺기 시작한 픽사와 디즈니에 이상적인 길이었다고 믿는다.

인수합병 계약이 타결된 날, 밥 아이거 회장은 캘리포니아 주 에머리빌 시의 픽사 본사를 방문해 계약서에 서명하고 양사의 주식 교환을 발표했다. 스티브 잡스, 존 래스터, 그리고 나는 픽사 본사 건물 아트리움 끝에 있는 무대에 올라 픽사 직원 800명 앞에서 이야기했다. 우리는 이 중요한 순간에 동료들이 합병의 필요성과 영향을 이해해주길 원했다.

존 래스터, 스티브 잡스, 나는 차례대로 마이크를 잡고 픽사에 강력한 파트너가 얼마나 필요한지, 디즈니와의 합병이 픽사가 진화하는 데 있어 얼마나 중요한지, 우리가 픽사의 창의적 조직문화를 지키는 보호 조치를 강구하기 위해 얼마나 고심했는지 동료들에게 설명했다. 무대 위에서 동료들의 얼굴을 바라보니, 디즈니와의 합병으로 얼마나 불안해하고 있는지 알 수 있었다. 가슴이 울컥했다. 우리는 동료들을 사랑하고 동료들과 함께 쌓아올린 픽사를 사랑하며, 얼마나 큰 변화를 초래하고 있는지 잘 알았다.

이어서 밥 아이거 회장이 무대에 오르도록 소개했다. 동료들은 내가 자부심을 느낄 정도로 따뜻한 박수로 그를 맞이했다. 아이거 회장은 우리에게 말한 내용을 똑같이 픽사 직원 800명에게 말했다. 그는 픽사의 작품들을 무척 좋아한다는 이야기로 말문을 열며, 그때까지 좋은 합병 사례와 나쁜 합병 사례를 한 차례씩 경험했지만, 이번 합병은 바람직한 합병이 되도록 최선을 다하겠다고 말했다. "디즈니 애니메이션 스튜디오 앞에는 두 가지 길이 있습니다. 하나는 기존 직원들에게 계속 맡기는 것이고, 또 하나는 관객들을 사로잡는 위대한 스토리와 캐릭터를 창조하는 실력을 입증한 사람들을 찾아가는 것입니다. 즉, 픽사에서 도움을 얻는 것이죠. 나는 픽사의 조직문화를 계속 보호할 것이라고 약속합니다."

증권사 애널리스트들을 대상으로 한 시간에 걸쳐 진행한 컨퍼런스콜에서 스티브 잡스와 밥 아이거는 서클 세븐 부서를 폐지하고, 픽사 작품의 속편을 픽사 직원들의 손에 맡기겠다고 약속했다. 잡스가 설명했다. "속편이 성공하려면 전작을 제작한 사람들이 속편 제작도 맡아야 한다고 확신합니다."

기나긴 하루 일정이 끝나고, 존 래스터, 스티브 잡스, 그리고 나는 잠시 한숨을 돌리고자 계단을 걸어 올라가 내 사무실로 들어갔다. 사무실 문을 닫자마자 잡스는 우리를 끌어안고 자부심과 안도감, 애정이 담긴 눈물을 흘리기 시작했다. 그는 픽사를 파산 위기의 하드웨어 판매 회사에서 세계적인 애니메이션 제작사로 키워냈을 뿐 아니라, 픽사가 계속 생존하기 위해 필요한 두 가지 요소를 마침내 제공했다. 디즈니라는 소중한 협력사와 밥 아이거라는 진실한 후원자 말이다.

다음 날 아침 래스터와 나는 디즈니 본사를 방문했다. 디즈니 중역들을 만나 인사하기 위해서였지만, 더 중요한 방문 목적은 디즈니 애니메이션 스튜디오 직원 800명을 만나 안심시키는 것이었다. 오후 3시에 우리는 디즈니 본사 건물 뒤에 있는 사운드스테이지 세븐^{Soundstage 7} 건물에 들어갔다. 이곳은 내부가 동굴처럼 넓은 애니메이션 녹음실로, 디즈니 애니메이션 스튜디오 직원들이 빽빽이 서서 우리를 기다리고 있었다.

밥 아이거 회장이 먼저 발언했다. 그는 픽사와의 합병 결정을 경영진이 이들의 역량을 믿지 못한다는 신호가 아닌, 애니메이션을 월트 디즈니 컴퍼니의 핵심 사업으로 중시하고 있다는 증거로 봐달라고 이야기했다. 내가 발언할 차례가 오자 나는 새로운 동료들에게 신뢰를 호소했다. 그리고 직원들이 솔직하게 속마음을 털어놓는 기업만이 위대한 기업이 될 수 있다고 믿는다고 말했다. 이날 이후 어떤 직책에 있는 사람이든 불이익을 받을 걱정 없이 다른 임직원에게 자유롭게 얘기할 수 있어야 한다고 강조했다. 이는 픽사 조직문화의 핵심 개념이기도 하다. 나는 디즈니 직원들과 사전 상의 없이 픽사의 조직문화를 디즈니에 도입하는 일은 없을 것이라고 덧붙였다. "나는 디즈니가 픽사의 복제품이 되길 원하지 않습니다."

빨리 존 래스터에게 마이크를 넘기고 싶었다. 그는 디즈니 출신 감독으로 많은 디즈니 애니메이터들에게 존경받았다. 나는 디즈니 애니메이터들이 그의 존재에 위안을 얻을 것이라고 예상했다. 내 예상은 옳았다. 래스터는 애니메이션에서는 스토리와 캐릭터가 중요한데, 애니메이터들과 제작자들이 상호 존중하는 조직문화 속에서 함께 협력해야만 더 나은 스토리와 캐릭터를 개발할 수 있다고 열정적으로 연설했다. 이어서 관객들과 교감하고 애니메이터들의 열정과 창의력이 녹아든 작품들을 생산하는 감독 주도형 애니메이션 기업에 관해 얘기했다.

디즈니 직원들의 열렬한 반응을 본 나는 (스티브 잡스가 충고했듯) 우리가 그들에게 패배감을 안기는 실수를 저지르지 않았다고 믿었다. 몇 년 뒤 네이슨 그레노^{Nathan Greno} 감독에게 인수합병 발표 당일에 어떤 기분이 들었는지 물어봤다. 픽사와 디즈니가 합병할 무렵 디즈니에서 10년째 일하고 있던 그가 답했다. "어릴 적 입사하고 싶던 디즈니의 모습으로 돌아갈 수도 있겠다는 생각이 들었습니다."

. . .

디즈니 애니메이션 스튜디오 사장으로 첫 출근한 날, 나는 오전 8시 전에 본사에 도착했다. 다른 직원들이 오기 전에 먼저 들어가 건물의 분위기를 느끼고 싶었기 때문이다. 시설관리 매니저 크리스 히블러^{Chris Hibler}에게 본사 건물을 안내받기로 미리 일정을 잡아놨다. 우리는 본사 건물 지하실부터 둘러보기 시작했다. 내가 가장 먼저 주목한 부분은 직원들의 책상 위에 개인용품들이 이상할 정도로 보이지 않는다는 점이었다. 픽사 애니메이터들이 작업 공간을 자신의 취향에 맞게 꾸미고 개성을 표출하는 모습에 익숙한 나는 디즈니에서 극명한 차이를 느꼈다. 디즈니 직원들의 책상은 깨끗하기 그지없고 사용자의 개성이 전혀 느껴지지 않았다. 내가 이런 차이를 지적하자 히블러는 대충 얼버무리고 계속 건물을 안내했다. 이 극명한 차이가 계속 마음에 걸려서 몇 분 뒤에 다시 말을 꺼냈고, 이번에도 그는 답변을 회피했다. 계단을 따라 건물 위로 올라가면서 나는 또다시 창의적인 환경에서 일하는 직원들이 어째서 작업 공간을 개인화하지 않는지, 직원들이 작업 공간을 취향에 맞게 꾸미는 것을 금지하는 것이 회사 방침인지 물었다. 그리고 디즈니 직원들의 사무실이 마치 아무도 사용한 적 없는 공간처럼 느껴진다고 말했다. 그러자 그가 걸음을 멈추고 내 얼굴을 똑바로 쳐다보며 답했다. 그는 사장으로 첫 출근하는 내게 '좋은 인상'을 심어주고 싶어서 모든 직원에게 책상을 깨끗이 정리하라고 지시했다고 답했다.

그의 말을 들으며 디즈니 애니메이션 스튜디오에서 내가 풀어야 할 과제가 많다고 느꼈다. 진짜 문제로 인식한 대목은 직원들의 책상 위에 개인용품이 없다는 것이 아니라, 직원들과 임원진을 격려해 소외감과 공포를 느끼게 하는 디즈니의 수직적 조직문화였다. 디즈니 직원들은 오류를 저질러선 안 된다는 상사들의 지시 때문에 자유롭게 개성을 표출하지 못하는 것처럼 보였다. 사무실 장식 같은 사소한 부분에서조차 아무도 감히 자신의 의견을 제시하거나 실수를 감수하려고 하지 않았다.

이런 소외감은 건물 디자인에서도 느껴졌다. 픽사 본사 건물이 스티브 잡스, 존 래스터, 내가 창의적 작업에 필수불가결한 조건이라고 생각하는 소통과 협동을 촉진할 수 있도록 설계된 반면, 디즈니 애니메이션 스튜디오 건물은 직원들의 소통과 협동을 저해하는 구조로 보였다. 이곳 직원들은 네 개 층에 걸쳐서 흩어져 일했기에, 다른 직원들과 소통하고 협동하기가 불편했다. 게다가 밑의 두 개 층은 마치 지하감옥 같았다. 천장이 낮고 우중충한 데다 창문이 거의 없어서 자연광이 제대로 들어오지 않았다. 직원들의 창의성을 고취시키고 키우기는커녕 직원들을 질식시키고 고립시키는 환경이었다. 반면, 가장 위층에 있는 '중역실'은 입구부터 위압적인 분위기(높은 담장을 둘러치고 철창 대문이 있는 대저택 같은 분위기)를 풍겨 직원들이 들어갈 때 위축될 만했다. 간단히 말해, 디즈니 애니메이션 스튜디오의 작업 환경은 끔찍했다.

사장으로 취임해서 가장 먼저 지시한 업무 중 하나는 본사 건물을 리모델링하는 작업이었다. 먼저, 위압적인 중역실을 제작자들이 브레인스토밍 회의를 할 수 있는 두 개의 넓은 회의실로 나누었다. 나는 존 래스터와 함께 사무실을 2층으로 옮겼다. 그리고 직원들과 임원들의 소통을 가로막는 비서실을 없애고, 다른 직원들이 오가는 사무실 가운데 공간에 우리가 일할 사무실을 마련했다(비서들에게는 각자의 사무실을 마련해줬다). 래스터와 나는 사무실 창문을 가리는 장치를 없애 직원들이 언제나 우리 모습을 볼 수 있고 우리도 언제나 직원들을 볼 수 있도록 했다. 물론 직원들과 투명하게 소통하는 것을 목표로 삼았다. 대저택의 철창 대문 같은 느낌이 들던 위압적인 사장실 입구 분위기를 바꾸기 위해, 마치 들어오라고 유도하는 것처럼 밝은 색상의 양탄자를 입구에 깔아 직원들이 가벼운 기분으로 사장실에 들어오도록 유도했다. 그리고 건물의 각 층 한가운데 있던 벽들을 허물고 직원들이 모여서 다과를 즐기며 얘기할 수 있는 공간을 만들었다.

이는 상징적이거나 피상적인 조치처럼 보일지도 모르지만, 이런 조치가 직원들에게 보낸 메시지는 디즈니 애니메이션 스튜디오의 조직문화를 개선하는 실마리가 됐다. 이 밖에도 여러 가지 조치를 취했다. 10장에서 제작진이 시간과 예산에 맞게 일을 진행하는지 감시하기 위해 디즈니 경영진이 파견한 감찰단이 직원들의 사기를 떨어뜨렸다고 언급한 바 있다. 래스터와 나는 감찰단을 없앴다. 불행히도 디즈니에는 직원들의 창의성 발휘를 저해하는 수직적 조직문화 메커니즘이 이것 외에도 여럿 있었다. 이런 메커니즘을 찾아내 제거하려고 최선을 다했지만, 처음에는 커다란 바위를 산꼭대기로 밀어 올리는 일처럼 너무나 벅차게 느껴졌다.

우리는 디즈니 직원들, 감독들, 그들이 벌이는 프로젝트들을 신속하게 파악할 필요가 있었다. 디즈니에서 제작 중인 작품들의 진행 상황을 보고받았고, 모든 매니저, 팀장, 프로듀서, 감독 들을 만나 얘기를 나누었다. 솔직히 이런 면담에서 그리 많은 정보를 얻지는 못했지만, 시간을 낭비한 것은 아니었다. 디즈니 직원들은 래스터와 나를 마을에 새로 온 보안관처럼 생각했다. 그런 까닭에 함께 앉아서 얘기할 수 있는, 믿을 만한 사람이라는 점을 보여주는 것만으로도 가치 있는 성과였다. 우리는 디즈니 직원들이 애니메이션 제작에 접근하는 방식에 문제가 있다고 파악했지만, 이것이 각 부서 임원들의 능력 부족 탓인지, 제대로 훈련받지 못한 탓인지는 판단할 수 없었다. 그래서 나쁜 관행을 물려받았다고 가정하고 재교육하기로 했다. 그러려면 애니메이션 제작팀을 지휘하는 법을 새롭게 배워리더로 성장할 수 있는 직원들을 찾아내야 했는데, 디즈니 애니메이션 스튜디오 직원 800명 중에서 이런 자질을 보유한 사람을 찾는 일은 꽤 오랜 시간이 필요했다.

우리는 끈기를 가지고 디즈니 애니메이션 스튜디오를 개혁하기 위한 일련의 과제와 전략을 구상했다. 먼저 디즈니에도 브레인트러스트 회의를 도입하고, 직원들이 그 회의에 참석해 일하는 법을 배우도록 유도했다. 디즈니 애니메이션 감독들은 서로 사이가 좋았지만, 작품을 제작하기 위해서는 자원 배분을 놓고 서로 경쟁해야 하는 관계였던 탓에 운명공동체로서 유대감을 형성하지 못했다. 먼저 이런 경쟁 관계를 바꿔야만 감독들이 서로 건전한 피드백을 주고받을 수 있을 것 같았다.

그리고 제작 현장에서 누가 실제 리더인지 파악해야 했다(큰 사무실을 차지하는 임원이 모두 애니메이션 제작을 실제로 지휘하는 것은 아니었다). 디즈니 애니메이션 스튜디오 내부의 역학 구도를 관찰해보니, 제작팀과 기술팀 사이에 내부 경쟁이 존재했다. 내가 파악한 바로는 타당한 이유 때문이 아니라 사소한 오해 때문에 이 같은 경쟁이 벌어지고 있었다. 그래서 이 부분도 개선해야 했다.

래스터와 나는 픽사와 디즈니를 합병할 당시, 양사를 완전히 분리된 애니메이션 제작사로 유지하기로 결정했다. 이는 대다수의 사람이 크게 주의를 기울이지 않았지만 중요한 결정이었다. 당시 대부분의 사람이 픽사와 디즈니의 합병 소식을 듣고, 픽사가 3D 애니메이션 제작을 전담하고 디즈니가 2D 애니메이션 제작을 전담할 것이라고 예상했다. 또는 픽사와 디즈니가 완전히 하나의 제작사로 통합해 디즈니 직원들이 픽사의 제작 도구들을 이용할 것이라고 예상했다. 하지만 우리는 픽사와 디즈니가 성공하기 위해서는 두 애니메이션 스튜디오가 각각 독립성을 유지해야 한다고 생각했다.

존 래스터와 나는 일주일에 최소한 한 번 이상, 픽사와 디즈니 애니메이션 스튜디오를 오가며 두 기업을 경영했다. 초기에 픽사 CFO가 디즈니의 의사결정 절차를 개혁하는 작업을 돕기 위해, 그리고 픽사 기술팀 임원 한 명이 디즈니 기술팀 개혁을 돕기 위해 디즈니에 갔지만, 이 두 차례를 제외하고는 두 스튜디오 사이에 간섭이 없었다.

이같이 디즈니 애니메이션 스튜디오 개혁 전략의 틀을 짠 다음에야 세부적인 행동 방안을 연구할 수 있었다.

...

디즈니 임원 한 명이 디즈니가 픽사를 매입한 이유를 모르겠다고 내게 말한 적이 있다. 스포츠를 좋아하는 그는 디즈니 애니메이션 스튜디오를 큰 점수를 낼 수 있는 진형을 갖춘 미식축구팀에 비유했다. 픽사와 합병하지 않았더라도 디즈니가 자체적으로 문제를 해결해 16년간 흥행작을 한 편도 내놓지 못한 침체기를 끝낼 수 있었을 거라고 생각했던 것이다. 나는 그가 제작한 작품과 추진력을 좋아했지만, 디즈니에서 계속 일하고 싶으면 어째서 디즈니가 득점할 수 있는 상황이 아니었는지, 어째서 자체적으로 문제를 해결할 수 없었는지 알아야 한다고 말했다. 그는 영리했지만, 자신이 조성한 조직문화를 해체하는 일을 맡기기엔 부적절한 인물이라는 점이 시간이 흐르면서 분명해졌다. 그래서 그를 해고할 수밖에 없었다. 기존 방식이 옳다고 확신하고 기존 방식에 집착했기 때문에 자신의 사고에 어떤 결함이 있는지 자각하지 못했던 것이다.

결국 디즈니 애니메이션 스튜디오의 개혁을 이끌 리더로 발탁한 임원은 내가 이곳 사장으로 취임하자마자 내칠 것이라고 예상했던 인물이었다. 바로 서클 세븐 부서의 부장 앤드루 밀스타인Andrew Millstein이다. 대다수의 사람이 래스터와 내가 픽사 속편 제작에 착수한 서클 세븐 부서 직원들을 적대시할 것이라고 예상했지만, 우리는 전혀 그런 감정이 없었다. 그들은 픽사 속편에 손을 대기로 결정한 사람들이 아니라, 그저 지시받은대로 일한 사람들일 뿐이었다. 나와 면담했을 때 밀스타인은 우리의 개혁 방향을 제대로 이해하고 열정적으로 지지했다. "이곳 제작자들은 목소리를 잃었습니다. 자기 생각을 표현하려는 욕구가 없어서가 아니라, 권력 구도의 불균형 때문이지요. 부서 내부뿐 아니라 부서들 사이의 권력 구도도 수평적이지 않고 균형이 맞지 않았습니다. 이 때문에 창의적인 아이디어가 살아남기 어려웠죠. 이제 이런 불균형을 바로잡아야 합니다."

그는 같은 문제의식을 공유하고 같은 언어로 말했다. 그러다 보니 함께 개혁 정책을 이끌 인물로 적합했다. 결국 훗날 제작본부장으로 승진했다.

우리에게 다행이었던 점은 디즈니 애니메이션 스튜디오의 인력개발 부문을 총괄하는 부사장이 앤 르캠^Ann Le Cam이라는 사실이었다. 그녀는 예전 디즈니 업무 방식에서 완전히 벗어나진 못했지만, 디즈니를 다른 모습으로 탈바꿈시키려는 지적 호기심과 의지를 지니고 있었다. 나는 그녀에게 새로운 방식으로 생각하고 업무를 처리하라고 권장하는 과정에서 디즈니 애니메이션 스튜디오가 어떻게 움직이는지 내부 분위기를 파악할 수 있었다. 한 가지 예를 들어보겠다. 내가 디즈니 애니메이션 사장으로 취임하고 얼마 뒤, 그녀가 사무실에 들어와 앞으로 2년간 다양한 부서들의 인사를 어떻게 관리해야 할지 계획한 보고서를 제출했다. 보고서에는 어떤 때 어느 직원에게 지시해야 일을 처리할 수 있을지 상세히 설명돼 있었다. 그녀가 2개월간 정성들여 준비한 보고서는 내용이 아주 꼼꼼했다. 그 정성에 놀랐지만 내가 원하는 것은 이런 것이 아니라고 부드럽게 말했다. 내 의도를 설명하기 위해 종이에 피라미드를 그렸다. "당신은 이 보고서를 통해 우리가 앞으로 2년간 여기에 있어야 한다고 설명하고 있습니다." 나는 연필 끝을 피라미드 꼭대기에 갖다 댔다. "일단 보고서를 작성하면 그다음에는 보고서에서 계획한 바에 따라 일을 처리하려고 집착하는 심리가 생기게 마련입니다. 다른 가능성은 전혀 생각하지 않게 됩니다. 자신의 이름이 적힌 보고서를 제출하면 특히나 책임감을 느끼고 계획에 집착하게 돼요. 그러다 보면 생각의 폭이 좁아집니다." 이어서 피라미드 위에 선을 몇 개 그어 내가 원하는 접근 방식을 설명했다.

이 도표에서 피라미드 1은 3개월 뒤에 우리가 갈 수 있는 곳을 나타낸다. 그 옆의 피라미드 2는 3개월이 더 지난 6개월 뒤에 갈 수 있는 곳을 나타낸다(그곳은 앤 르캠 부사장이 애초에 계획한 경계를 넘어선 지점이다). 나는 피라미드 3처럼, 우리가 앤 르캠이 계획한 피라미드 꼭대기가 아닌 곳으로 갈 확률이 있다고 말했다. 이어서 목표를 달성하는 과정을 '완벽하게' 설정하고, 이 과정을 지키려고 집착하는 계획 대신, 앞으로의 상황에 따라 경로를 수정해 나갈 수 있다는 점을 감안하고 유연하게 계획을 짜라고 지시했다. 그녀는 내가 말하는 바를 곧바로 이해했을 뿐만 아니라, 내 사고방식과 보조를 맞추기 위해 인사과 직원들을 재조직하는 수고스러운 작업에 곧바로 착수했다.

수개월간 디즈니 애니메이션 스튜디오 내부를 들여다본 결과, 명백히

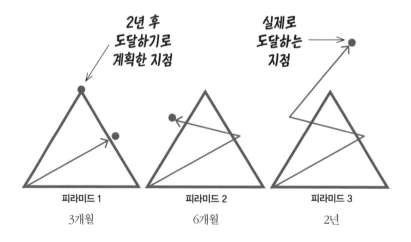

고쳐야 할 문제 몇 가지를 발견했다. 디즈니 감독들은 작품을 제작할 때 세 종류의 쪽지note를 받았다. 개발부서, 스튜디오 수뇌부, 마이클 아이스너 회장이 각각 보냈는데, 이는 단순한 쪽지가 아니라 감독들이 수행해야 할 사항들을 적어놓은 체크리스트였다. 문제는 이 쪽지를 보내는 사람들은 모두 영화를 제작한 경험이 전혀 없고, 각 쪽지의 지시 내용이 서로 충돌할 때가 많아 감독들이 어느 장단에 춤춰야 할지 난감했다는 점이다. 픽사 임직원들이 실천해온 방식과 정반대인 이런 업무 진행 방식은 더 형편없는 작품만 낳을 뿐이었다. 그래서 나는 디즈니 감독들에게 강제적으로 지시하는 쪽지를 없앨 것이라고 선언했다.

디즈니 감독들에게 필요한 것은 작품 개선에 도움이 되는 피드백 시스템이었다. 나는 즉시 디즈니 방식의 브레인트러스트 회의를 도입하도록 했다. 그들은 이 회의에서 다른 제작자들과 솔직하게 아이디어를 교환할 수 있게 됐다. 그들은 이미 서로 친하고 신뢰했기에 회의는 순조롭게 정착됐다. 심지어 존 래스터와 내가 디즈니 경영진에 합류하기 전에 이미 스토리트러스트Story Trust라는 비공식 그룹을 형성했다고 한다. 당시 디즈니 경영진은 이런 모임에 대한 이해가 부족했던 탓에 픽사의 브레인트러스트처럼 응집력 있는 포럼으로 발전시키지 못했을 뿐이다. 나는 디즈니 감독과 각본가 10여 명을 픽사 본사로 보내, 브래드 버드 감독이 제작 중이던 〈라따뚜이〉의 브레인트러스트 회의를 참관하도록 했다. 단, 발언하지 말고 지켜보기만 하라고 지시했다. 무엇보다 그들이 벽에 달라붙은 파리처럼 픽사의 브레인트러스트 회의(회의 참석자들이 얼마나 솔직하게 의견을 교환하고 서로 도우려고 애쓰는지)를 면밀히 관찰하길 원했다.

다음 날에는 픽사 감독, 각본가, 편집자 들이 디즈니 애니메이션 스튜디오를 방문해 디즈니가 제작 중인 〈로빈슨 가족Meet the Robinsons〉의 스토리트러스트 회의를 참관하도록 했다. 여기서도 픽사 직원들에게 잠자코 회의를 관찰하라고 지시했다. 나는 이날 스토리트러스트 회의 분위기가 이전보다 활발해졌다는 느낌을 받았다. 디즈니 감독들은 새롭게 얻은 자유를 조심스럽게 더 누리려고 시도하는 것 같았다. 이 회의에 참석한 디즈니 프로듀서는 디즈니에서 본 회의 중 가장 건설적이었다고 나중에 내게 말했다. 래스터와 나는 모든 디즈니 감독과 제작자가 의도적으로 솔직하게 의견을 교환하는 브레인트러스트 회의라는 제도를 받아들였지만, 회의 분위기가 픽사만큼 자연스러워지려면 아직 시간이 더 필요할 것이라고 예상했다.

이런 진화가 일어난 시점은 픽사와 디즈니가 합병하고 9개월 지난 2006년 가을에 찾아왔다. 디즈니가 제작 중이던 애니메이션 영화 〈아메리칸 독American Dog〉의 중간결과물 발표회 직후 스토리트러스트 회의가 열렸다. 작품 줄거리를 간략히 설명하면 이렇다. 주인공은 린틴틴Rin Tin Tin(1920년대 27편에 달하는 할리우드 영화에 출연해 세계적 명성을 얻은 개 – 옮긴이) 같은 애완견 배우다. 이 개는 자신이 연기하는 슈퍼히어로 캐릭터가 진짜 자기 모습이라고 생각했는데, 나중에 사막에서 길을 잃고 난 뒤 비로소 자신에게는 초능력이 없다는 현실을 깨닫는다. 여기까지는 플롯이 괜찮아 보였는데, 중간에 나오는 방사능을 뒤집어쓰고 쿠키를 파는 걸스카우트 좀비 연쇄살인범은 작품과 어울리는 것 같지 않았다. 이 작품의 스토리는 나쁘지 않았지만, 중간에 제 길을 찾지 못하고 헤매고 있었다. 작품을 보완하기 위해 브레인트러스트 회의가 열렸다. 존 래스터는 작품의 장점에 초점을 맞추어 브레인트러스트를 시작할 때가 많은데, 이날도 그랬다. 그런 다음 미흡한 부분들을 언급했다. 하지만 디즈니 직원들이 이 문제를 주도적으로 토론하길 원했던 까닭에 너무 구체적으로 문제를 언급하지 않고 알아서 토론하도록 내버려뒀다. 회의 참석자들은 작품을 피상적으로만 언급했다. 그들의 발언을 종합해보면 작품은 전혀 문제될 게 없었다. 회의가 끝나고 디즈니 감독 한 명이 회의 참석자들이 이렇게 반응한 이유를 내게 고백했다. 그들 중에도 작품에 큰 결함이 있다고 생각한 사람이 많았으나, 회의를 시작할 때 래스터 부사장이 작품을 긍정적으로 평가해서 감히 작품의 결함을 얘기할 엄두를 내지 못했다고 했다. 이들은 직관대로 자신 있게 말하지 못하고 움츠러들었다.

우리는 즉시 감독들과 저녁식사 일정을 잡고, 디즈니 감독들이 계속 이렇게 경영진 눈치나 봐가며 일한다면 디즈니는 망할 것이라고 얘기했다. 당시 디즈니 감독들의 정신 상태가 어땠는지 묻자 바이런 하워드 감독이 답했다. "디즈니 애니메이션 스튜디오는 허구한 날 두드려 맞아 위축된 개와 같은 상태였습니다. 직원들은 성공을 원했지만, 성공할 가능성이 낮아 보이는 일에 적극적으로 나서길 두려워했습니다. 겁에 질려 있다는 게 겉으로 보일 정도였어요. 회의 시간이 되면 다른 사람들의 기분을 해칠까 두려워 자기 생각을 과감하게 말하지 못했습니다. 우리는 회의에서 다뤄지는 비판의 대상이 사람이 아니라 프로젝트라는 점을 배워야 했어요. 그래야만 비로소 제작 과정에서 작품의 질을 떨어뜨리는 모든 요소를 과감히 제거하고, 여러 제작자가 지혜를 모아 창의적인 작품을 만드는 효과적인 피드백 시스템을 구축할 수 있을 테니까요."

신뢰를 구축하려면 시간이 필요하다. 직원과 경영진이 한 배를 탄 공동운명체라는 사실을 쉽게 이해시킬 수 있는 지름길은 없다. 직원들이 솔직하게 생각을 털어놓도록 경영진이 끊임없이 신경 써야 했다(직원들에게 자신의 생각을 솔직하게 털어놓으라고 장려하거나, 회의에서 솔직하게 의견을 제시하지 않는 직원들을 살짝 불러 더 솔직하게 발언할 것을 요청하는 식으로). 그렇지 않았으면 우리의 개혁은 정체되고 말았을 것이다. 진실을 말하는 것은 쉽지 않은 일이지만, 현재 스토리트러스트 회의에 참석하는 디즈니 직원들은 서로 솔직하게 얘기할 뿐 아니라 더 나은 소통 방법을 찾고자 노력하고 있다.

우리는 디즈니 애니메이션 스튜디오 내부의 신뢰를 증진하기 위해 또 다른 방안을 강구했다. 픽사 직원들이 고용계약서에 서명하기를 거부했다고 앞서 언급한 바 있다. 나는 모든 디즈니 애니메이션 스튜디오 직원이 고용계약서에 서명하지 않도록 했다. 초기에는 이런 변화가 고용 불안을 가중시켜 노동자의 권익을 침해하는 조치라고 생각하는 디즈니 직원이 많았다. 나는 고용계약이 직원에게도 회사에도 유해하다고 생각한다. 그것은 사측에 유리한 구조인 탓에 예상치 못한 부정적 귀결을 초래한다. 가장 큰 문제는 고용계약으로 상하관계가 형성된 상사와 직원들 사이에는 효율적 피드백이 이뤄지기가 어렵다는 것이다. 직원들은 기업에 불만이 있어도 말해봤자 별 소용이 없을 거라고 생각한다. 상사들은 제대로 성과를 내지 못하는 직원을 봐도 개선 방안을 건의하지 않는다. 이런 직원은 고용계약을 갱신하지 못하고 곧 잘릴 것이라고 생각하기 때문이다. 직원들은 고용계약 연장 협상 기간이 돼서야 상사에게 그동안 제대로 성과를 내지 못했다는 얘기를 듣는다. 이런 식의 체계는 일상적인 소통을 저해하고 조직의 역량을 떨어뜨린다. 하지만 모든 사람이 고용계약에 익숙해진 탓에 고용계약 자체가 문제라는 사실조차 인식하지 못한다.

나는 고용계약이라는 악의 고리를 끊고 싶었다. 물론 디즈니 애니메이션 스튜디오를 직원들이 일하고 싶은 장소로 만드는 것이 경영진의 책무라고 믿었다. 유능한 인재들이 언제든지 디즈니를 떠날 수 있다면 경영진은 인재들을 회사에 붙잡아두려고 항상 노심초사하며 이들을 만족시키려고 애쓸 것이다. 어떤 직원에게 문제가 생길 경우, 문제가 곪도록 방치하지 않고 즉각 찾아내 치료하려고 애쓸 것이다. 물론 직원들이 회사에서 항상 자기 방식대로 일할 수 있는 건 아니지만, 경영진에게 자신의 문제를 말하면 즉각 진지하게 신경 써줄 것이라고 믿게 하는 것이 중요하다.

...

우리는 픽사와 디즈니를 완전히 분리된 애니메이션 제작사로 유지하기로 결정했다. 이는 한쪽이 심각한 상황에 봉착하거나 작품 마감 기한에 쫓기더라도, 절대로 다른 제작사 직원들이 나서서 일을 거들어주지 않을 것이란 뜻이었다. 이렇게 결정한 이유는 우선, 두 회사 직원들이 뒤섞여 일하는 것은 관료주의적 경영자의 관점에서 봐도 골치 아픈 상황이기 때문이었다.✱ 이뿐만이 아니다. 우리는 더 고차원의 경영 원칙에 의거해 결정을 내렸다. 그리고 픽사와 디즈니 직원들이 다른 회사의 도움 없이도 스스로 문제를 해결할 수 있다는 사실을 알길 원했다. 만약 픽사나 디즈니가 위기 상황에 처했을 때 다른 곳에서 인력과 자원을 빌려와 상황을 모면한다면, 근본적으로 문제를 해결하는 것이 아니라 문제를 덮어버린 것에 지나지 않는다. 이런 임시방편을 막는 선택을 내림으로써 회사 내부의 문제를 수면 위로 끄집어내 정면으로 대처하고자 했다. 픽사와 디즈니가 합병하자마자 〈라따뚜이〉 제작 상황에서 봉착한 위기는 이 방침을 유지할 수 있을지 혹독하게 검증하는 시험대가 됐다.

〈라따뚜이〉를 제작하는 과정에서 중간에 감독을 브래드 버드로 교체했다. 버드 감독은 2004년 개봉한 〈인크레더블〉 제작을 마치고 곧바로 〈라따뚜이〉 제작에 참여했다. 그는 스토리와 설정을 여러 차례 갈아엎었다. 예를 들어, 초기에는 모든 쥐 캐릭터가 두 발로 걸었는데, 버드 감독은 주인공 레미를 제외한 모든 쥐 캐릭터가 실제 쥐처럼 네 발로 걸어야 한다고 생각했다. 이런 설정 변화에 따라 쥐 캐릭터들의 리깅 rigging(3D 컴퓨터 애니메이션에서 캐릭터의 뼈대를 만들어 캐릭터가 움직일 수 있는 상태로 만드는 일 – 옮긴이)을 대폭 수정해야 했다. 마감 일정이 촉박했기 때문에 픽사 제작팀은 감독의 제안대로 쥐 캐릭터들이 네 발로 걷도록 표현하기 위해 리깅을 수정할 여력이 없다고 생각했다. 제작팀은 디즈니에서 인력을 빌려오지 않으면 마감 기한을 맞출 수 없을 거라고 보고했다. 당시 디즈니에는 프로젝트를 맡지 않은 유휴 인력이 있었지만, 나는 이 방안을 선택할 수 없다고 말했다. 이미 픽사와 디즈니 직원들에게 양사의 인력 교환이 없을 것이란 원칙을 천명했는데, 픽사 제작팀은 내가 진심인지 시험해보려는 것 같았다. 그들을 탓할 수는 없었다. 기존 인력만으로 문제를 해결하는 것보다 다른 곳에서 인력을 빌려오는 편이 더 쉬운 길이었기 때문이다. 그러나 결국 〈라따뚜이〉 제작팀은 다른 곳에서 힘을 빌리지 않고 문제를 해결하는 방법을 강구해야만 했다.

얼마 지나지 않아 디즈니에서도 〈아메리칸 독〉 제작팀이 위기에 봉착했다. 이 작품의 중간결과물에는 연쇄살인범이 등장했다. 우리는 언제나 열린 자세로 새로운 아이디어들을 받아들인다고 자부했지만, 이 아이디어는 가족 영화에 쓰기에는 너무 암울해 보였다. 하지만 제작팀에게 개선할 기회를 주기로 결정했다. 적절한 작품 스토리를 구상하는 것은 많은 시간이 걸리는 일이었지만 제작팀이 성과를 내기를 계속 기다렸다. 하지만 스토리트러스트 회의가 10개월간 진행돼도 진전이 거의 없자, 프로젝트를 처음부터 다시 시작하는 수밖에 없다고 결론 내렸다. 〈뮬란〉, 〈쿠스코? 쿠스코!The Emperor's New Groove〉의 각본을 쓴 크리스 윌리엄스Chris Williams, 〈릴로와 스티치Lilo and Stitch〉의 현장감독을 역임한 바이런 하워드에게 〈아메리칸 독〉의 감독을 맡겼다. 두 사람은 즉시 이 작품의 스토리를 처음부터 다시 구상하기 시작했다. 연쇄살인범 캐릭터를 폐기하고 영화 제목을 〈볼트Bolt〉로 바꾸었다. 두 사람이 지적한 가장 큰 문제는 주인공 볼트가 스토리를 이끌고 갈 만큼 호소력 있는 캐릭터가 아니라는 점이었다. 2007년 크리스마스 직후, 하워드가 한 말이다. "볼트는 주인공으로 적합하지 않은 캐릭터였어요. 작품 회의에서 도대체 이런 캐릭터로 무슨 이야기를 전개해야 할지 난감했죠. 애니메이터 두 명이 2주에 걸친 크리스마스 휴가를 꼬박 반납해가며 이 개 캐릭터의 리깅 작업을 다시 한 결과, 이전에는 호소력이 20점 정도였던 볼트가 90점짜리 캐릭터로 변신했습니다."

해야 할 일은 많고 남은 시간은 적었던 〈볼트〉의 프로듀서 클라크 스펜서Clark Spencer는 픽사 제작 인력을 일부 빌려올 수 없는지 우리에게 물어봤다. 존 래스터와 나는 그럴 수 없다고 답했다. 무엇보다 각 스튜디오 제작팀이 다른 회사의 도움 없이 영화를 완성하는 것이 장기적으로 볼 때 중요하다고 생각했다.

나중에 스펜서는 마감 기한에 쫓긴 제작진이 극도로 일에 집중하고 매진해 놀라운 힘을 발휘했다고 말했다. "모든 직원이 그토록 활기차고 열심히 일하다니 너무 놀라웠습니다. 디즈니에서 15년간 일하면서 직원들이 그토록 불평 없이 열심히 일하는 모습은 본 적 없었어요. 제작진은 정말로 이 일에 모든 역량을 쏟았습니다. 이들은 존 래스터 체제가 출범하고 처음으로 개봉하는 작품인 만큼 보란 듯이 멋진 작품을 내놓고 싶어 했습니다."

들던 중 다행스러운 일이었다. 왜냐하면 그 뒤로 또 다른 위기가 몰려오고 있었기 때문이다. 마감 기한이 거의 다가왔을 무렵, 주인공 볼트의 믿을 만한 동료이자 극중에서 가장 재미있는 캐릭터인 햄스터 라이노Rhino를 놓고 문제가 발생했다. 마감 기한까지 불과 수개월 남은 2008년 초, 애니메이터들은 라이노란 캐릭터를 움직이게 하는 작업이 너무 시간을 잡아먹는다고 보고했다. 아이러니하게도 픽사 제작팀이 〈라따뚜이〉를 제작할 때와 정반대 문제가 불거졌다. 라이노는 원래 네 발로 걷는 캐릭터였는데, 〈볼트〉의 각본을 갈아엎고 새롭게 쓴 각본에서는 두 발로 걷는 캐릭터로 바뀌었다. 일반인들에게는 대수롭지 않은 문제처럼 보이지만, 3D 컴퓨터 애니메이션에서 네 발로 움직이는 캐릭터의 리깅 디자인을 사용해서 캐릭터가 두 발로 자연스럽게 움직이게 하는 것은 극도로 어려운 작업으로, 캐릭터의 동작이 어색해지기 일쑤다. 작품을 위기에 빠뜨릴 수도 있는 문제였다. 라이노는 이 작품에서 유머를 담당하는 핵심 캐릭터였다. 애니메이터들은 라이노를 움직이는 일에 너무 많은 시간이 들어서 마감 기한을 지키지 못할 것 같다고 하소연했다. 우리는 절박한 심정으로 기술부서 현장감독들을 찾아가 라이노 캐릭터의 리깅 디자인을 단순화해 애니메이터들의 작업 시간을 단축할 수 없는지 문의했다. 기술부서 현장감독들은 리깅 디자인을 수정하는 데 6개월 정도 걸릴 것이라고 답변했다. 당시 마감 기한까지 남은 시간은 6개월에 불과했다. 한마디로 절망적인 상황에 빠져버렸다.

　래스터와 나는 모든 디즈니 애니메이션 스튜디오 직원을 소집해 상황을 설명했다. 나는 컨베이어벨트에서 일하는 생산 현장 직원들에게 언제든 문제를 발견하면 생산라인을 중지하고 문제 해결에 나설 권한을 부여한 도요타 경영진 얘기를 했다. 그리고 어떤 직원이든 해결책이 생각나면 상사의 허락을 받을 필요 없이 이를 건의하고 문제 해결에 나서야 한다고 강조했다. 문제를 수정할 권한을 부여하지 않는다면 굳이 영리한 인재들을 채용할 의미가 있겠는가? 위계질서와 보고 절차를 강조하는 공포의 문화가 너무나 오랫동안 디즈니 애니메이션 제작 현장을 짓누른 탓에 디즈니에서 버티지 못하고 떠난 인재가 많았다. 우리는 이런 조직문화가 사라지지 않는 한, 디즈니가 위대한 애니메이션 제작사로 부활할 수 없을 것이라고 말했다. 위대한 제작사가 되려면 혁신이 필요했다. 물론 디즈니 직원들에게 혁신할 능력이 있다고 생각했다. 우리는 문제를 해결하는 데 도움이 될 만한 아이디어를 가진 직원은 눈치 보지 말고 말해달라고 요청했다. 이 회의가 끝난 뒤 며칠 사이에 세 명의 직원이 라이노 캐릭터의 모델링과 리깅을 수정하는 작업을 해치워버렸다. 덕분에 일주일 만에 프로젝트가 정상 궤도에 올랐다.

　며칠이면 풀 수 있는 문제를 기술부서 현장감독들은 왜 6개월이나 걸린다고 보았을까? 나는 이들이 너무나 오랫동안 오류 예방 절차에 지나치게 신경 써온 탓이라고 해석했다. 실수를 저지를 경우 처벌받을 것이란 사실을 알았기 때문에 직원들의 주목표는 절대로 실수를 저지르지 않는 것이 돼버렸다. 이런 공포 때문에 며칠이면 풀 수 있는 문제에 대한 해법을 상사에게 제안하지 않았다. 현장감독들은 캐릭터가 '아무 오류 없이'

완벽하게 작동하도록 다시 만들려면 6개월이 걸릴 것이라고 우리에게 보고했다. 아이러니하게도 만약 오류를 며칠 만에 수정할 수 있다면 수정할 시간이 충분히 남아돌 테니, 처음부터 오류를 예방하려고 그토록 집착할 필요가 없다. 현장감독들이 오류가 발생할 가능성을 원천봉쇄하려고 집착한 것이 오히려 위기를 부른 셈이다. 비단 이 사례뿐만이 아니다. 중간 관리자들이 실패하지 않으려고 집착하다가 문제를 키우는 경우는 비일비재하다.

직원들이 상사의 눈치를 보지 않고 문제 해결에 나서도록 유도하려면, '문제를 해결하려고 시도하다가 실패해도 괜찮다'는 풍토를 디즈니 애니메이션 스튜디오 내에 정착시켜야 했다. 한때 디즈니에도 이런 풍토가 있었지만, 슬프게도 나와 존 래스터가 디즈니 경영진에 합류했을 때는 이런 풍토가 이미 사라져버린 뒤였다. 직원들이 모든 역량을 발휘해 일하게 하려면, 행여 실수를 저질러 처벌받을지도 모른다는 공포를 없애야 했다.

현장감독들이 6개월이나 걸린다고 말한 문제를 세 명의 직원이 나서서 며칠 만에 해결한 덕분에 직원들은 사기가 올라 〈볼트〉 제작에 총력을 기울였다. 크리스 윌리엄스, 바이런 하워드 감독이 이끄는 제작팀은 열린 자세로 소통했고, 무엇보다도 '옳은' 문제 해결 방법에 초점을 맞추는 대신 '문제 해결' 자체에 초점을 맞추어 일했다. 이는 미세하지만 중요한 차이다.

직원들이 똘똘 뭉쳐 힘을 합친 결과, 몇 년간 미운 오리 새끼처럼 길을 잃고 좌초 위기에 처했던 프로젝트가 백조처럼 부활했다. 2008년 12월에 개봉한 〈볼트〉는 평단의 호평을 받으며 제법 괜찮은 흥행 성적을 올렸다. 2009년 초 아카데미상 애니메이션 부문에 노미네이트된 것은 덤이다.

기업이 할 수 없는 일과 (적절하게 노력을 기울이면) 할 수 있는 일을 구분하는 것은 때때로 어렵다. 창의적인 제품을 팔아야 하는 기업이 할 수 있는 일을 할 수 없다고 판단해버릴 경우 치명적인 결과를 맞닥뜨릴 수 있다. 반면, 직원들이 필요한 노력을 기울여 문제를 해결해내는 경험은 언제나 기업을 더 높은 수준으로 끌어올린다. 〈볼트〉는 이를 입증하는 사례다. 〈볼트〉 제작 과정에서 문제를 파악하고 위기를 극복하면서 디즈니 애니메이션 스튜디오는 부활의 길에 접어들었다.

• • •

널리 알려지진 않았지만, 픽사와의 합병 후 디즈니 애니메이션 스튜디오를 완전히 폐쇄하는 방안이 논의된 적 있다. 스티브 잡스를 비롯한 몇몇 고위임원은 존 래스터와 내가 두 애니메이션 제작사를 동시에 경영하면 역량이 분산될 테니, 디즈니 애니메이션 스튜디오를 폐쇄하고 픽사에 집중하는 편이 낫지 않을까 생각했다. 하지만 래스터와 나는 디즈니 애니메이션의 부활을 돕고 싶었다. 밥 아이거 회장은 우리의 생각을 지지해줬다. 무엇보다 디즈니가 최고의 애니메이션 제작사로 부활할 수 있을 것이라고 굳게 믿었다.

하지만 잡스의 걱정은 근거 없는 것이 아니었다. 그는 우리가 양사를 경영하느라 너무 바쁘고 지쳐서 동시에 경영할 수 없게 될까 봐 우려했다. 디즈니 애니메이션 스튜디오를 경영하는 데 많은 시간을 할애해야 했기에 픽사에 예전만큼 신경 쓸 수 없을 것이 뻔했다. 픽사와 디즈니의 합병 계약이 발표된 후, 래스터와 나는 여러 직원 모임에 참석해 합병 이유를 설명하고 동료들의 불안을 잠재우려고 노력했다. 하지만 디즈니에 머물며 디즈니 내부 문제를 해결하는 데 더 많은 시간을 할애하게 되면서 픽사 직원들 사이에서 우리가 픽사를 소홀히 대한다는 불만이 높아졌다. 여러 직원이 직접 찾아와 디즈니에 초점을 맞추는 탓에 픽사가 어려움에 빠질 것이라며 불만을 토로했다. 한 중간관리자는 픽사 직원들의 심정을 부모가 이혼한 뒤 재혼해 새 배우자의 아이를 키우는 모습을 지켜보는 아이의 심정에 비유했다. "우리들이 친자식이고 우린 항상 부모의 말을 잘 들었는데, 새로 가족이 된 아이가 부모의 관심을 독차지하는 상황에 처한 기분이 들어요. 어떤 면에선, 도움이 필요한 부분이 상대적으로 적은 탓에 대가를 치르고 있는 것 같고요."

나는 픽사 직원들이 소외감을 느끼길 원하지 않았다. 그러던 중 이런 현실에 새로운 기회가 포함돼 있음을 깨달았다. 즉, 픽사 본사에 존 래스터와 내가 부재하는 시간이 길어짐에 따라 다른 경영자들이 앞으로 나서서 크게 활약할 기회가 생긴 것이다. 픽사 창업자로서 누구보다도 오래 픽사에서 일했던 까닭에 직원들 사이에는 우리가 참여해야만 문제가 해결될수 있다는 위험한 신화가 형성돼 있었다. 하지만 진실을 말하자면, 현장 직원들이 우리보다 먼저 문제를 발견하고 우리를 도와 문제를 해결한 적이 많다. 본사에서 부재하는 시간이 길어짐에 따라 픽사 직원들은 우리가 이미 알고 있던 진실을 깨닫게 될 기회를 얻었다. 바로 다른 리더들도 문제의 답을 찾아낼 수 있다는 진실 말이다.

한편, 디즈니와의 합병 후에도 창의적 조직문화를 계속 보존할 수 있도록 여러 보호 조항들을 만들었는데도 픽사 직원들은 한동안 디즈니에서 점령군이 와서 픽사를 바꿔놓지 않을까, 또는 우리가 픽사를 버리고 디즈니로 가버리지 않을까 걱정했다. 이런 불안은 궁극적으로 픽사 내에서 출현하길 원했던 (그리고 디즈니 직원들도 가지고 있던) '자사에 대한 자부심과 강한 주인의식'을 강화했다. 이런 의식은 픽사와 모기업 디즈니의 관계를 건전하게 유지하도록 했다. 이런 변화는 우연한 결과가 아니다. 양사가 합병하는 과정에서 모기업의 간섭에서 픽사를 보호하기 위해 강구한 보호 조치인 5개년 사회 계약이 없었다면, 픽사 직원들이 디즈니와의 합병 이후에 이렇게 성장하지 못했을 수도 있다.

5개년 사회 계약은 픽사 직원들의 심리적 안정에 크게 도움이 됐지만, 디즈니 인력개발 부문 임원들은 이 계약에 많은 불만을 품었다. 이들은 월트 디즈니 컴퍼니가 많은 고려 끝에 수립한 정책들에서 픽사 직원들만 예외를 인정받는 것이 불만이었다. 나는 픽사에 대한 애착보다도 내가 믿는 경영철학에 따라 이런 요지로 답했다. "대기업이 조직의 일관성을 유지할 경우 누릴 수 있는 장점들이 있지만, 작은 산하 조직이 고유의 규칙들에 따라 작동하고 그 규칙들이 유효하다면 예외를 인정해줘야 합니다. 이런 예외가 직원들의 주인의식과 자부심을 높여 모기업에 혜택을 주기 때문입니다."

...

래스터와 나는 디즈니 애니메이션 스튜디오 CCO, 사장으로 취임하자마자 매일 크고 작은 이슈들에 대해 수많은 결정을 내려야 했다. 우리가 내린 가장 큰 결정 중 하나는 수작업 애니메이션 부서 폐쇄라는 2004년 디즈니 경영진의 결정을 번복하는 것이었다. 2004년 디즈니 경영진은 컴퓨터 애니메이션(특히 3D 애니메이션)의 부상으로 이제 수작업 애니메이션의 시대가 끝났다고 확신했다. 외부에서 이 같은 결정을 지켜본 래스터와 나는 비극이라고 생각했다. 우리는 1990년대 중반 이후 디즈니가 개봉한 수작업 애니메이션의 흥행 성적이 계속 부진했던 것은 관객들이 3D 애니메이션에 더 매료됐기 때문이 아니라, 디즈니가 관객들을 사로잡는 스토리가 담긴 수작업 애니메이션을 내놓지 못했기 때문이라고 분석했다. 디즈니가 세계 최고 제작사로 명성을 얻게 된 본연의 분야인 수작업 애니메이션을 포기하지 않길 원했다. 따라서 디즈니 경영진이 수작업 애니메이션 명작 〈인어공주〉와 〈알라딘〉을 제작한 명콤비 존 머스커John Musker, 론 클레멘츠Ron Clements와의 계약을 연장하지 않기로 결정했다는 소식을 들었을 때 두 귀를 의심했다.

디즈니 경영진에 합류하자마자 존 머스커와 론 클레멘츠를 디즈니로 불러들여 신작을 구상해달라고 요청했다. 두 사람은 즉시 〈개구리 왕자The Frog Prince〉라는 고전 동화를 비튼 작품을 구상했다. 그들은 미국 뉴올리언스를 무대로, 디즈니 애니메이션 영화 최초로 아프리카계 미국인 여주인공이 공주 역으로 등장하는 작품을 구상했다. 래스터와 나는 이 작품의 제작 계획을 승인했고, 머스커와 클레멘츠는 뿔뿔이 흩어진 팀원들을 불러 모아 제작팀을 구성하기 시작했다.

어떻게 하면 디즈니에서 다시 수작업 애니메이션 영화를 제작할 수 있을지 세 가지 시나리오를 작성해 제출하도록 직원들에게 지시했다. 직원들이 제출한 첫 번째 시나리오는 예전 디즈니가 채택한 수작업 애니메이션 시스템을 그대로 부활시키는 것이었는데, 너무 비용이 많이 든다고 보고 기각했다. 두 번째 시나리오는 인건비가 싼 해외 애니메이션 제작사에 하청을 맡기는 것이었는데, 작품 품질이 떨어질까 우려해 기각했다. 핵심 제작 인력은 디즈니 내부에서 충당하고, 작품의 품질에 영향을 미치지 않는 단순 작업은 외부에 하청을 맡기는 세 번째 시나리오가 가장 합리적으로 보였다. 세 번째 시나리오를 채택할 경우 디즈니에 필요한 수작업 애니메이션 인력은 192명이었다. 나는 수작업 애니메이션 제작에 192명 이상 투입하지 않기로 마음먹고 세 번째 시나리오를 채택했다.

래스터와 나는 뛸 듯이 기뻤다. 디즈니 스튜디오의 뿌리를 되살리게 된 것이다. 우리가 처음부터 관여해 만드는 첫 번째 디즈니 작품이 될 터였다. 무엇보다 직원들 사이에서 샘솟는 에너지를 느낄 수 있었다. 〈공주와 개구리Princess and the Frog〉 제작에 참여한 모든 디즈니 직원이 아직 수작업 애니메이션이 죽지 않았다는 점을 증명해보여야 한다고 느끼는 것 같았다. 그래서 픽사 직원들이 사용하는 도구들을 제공하고 사용법을 가르쳤다.

이런 도구 중 하나는 현장답사였다. 그런 이유로 신작의 스토리라인을 구상할 때 연구의 중요성을 누누이 강조했다. 솔직히 디즈니 직원들이 우리의 지적을 이해하기까지는 어느 정도 시간이 걸렸다. 초기에 그들은 빨리 스토리를 확정해 그림을 그리는 작업에 착수하길 원했을 뿐, 사전조사가 어째서 도움이 되는지 이해하지 못했다. 존 래스터가 스토리를 구상하려면 건물 밖으로 나가야 한다고 고집스럽게 강조하는 것을 보며 디즈니 직원들이 어떤 생각을 했는지 바이런 하워드는 이렇게 회상했다. "존 래스터의 요구는 우리에게 낯설었습니다. 그는 작품 속에 건물을 그리려면 다른 작품을 보고 참고하거나 머릿속에서 상상해서 그리지 말고 밖에 나가 건물을 관찰해야 한다고 요구했어요. 캐릭터, 의상, 풍경, 스토리의 경우에도 마찬가지였습니다. 그는 모든 세부사항을 꼼꼼하게 표현해야 관객들이 작품에 공감할 수 있다고 믿었습니다."

래스터와 나는 현장답사의 필요성을 계속 강조했다. 현장답사를 창의적인 작품을 제작하기 위해 필수불가결한 과정이라 확신했기에 물러서지 않았다. 그 결과 〈공주와 개구리〉 제작팀의 모든 리더가 루이지애나 주 뉴올리언스 시를 방문했다. 이들은 마르디 그라$^{Mardi\ Gras}$(크리스마스 시즌 사순절이 시작되기 전날 뉴올리언스에서 열리는 전통 축제 - 옮긴이) 축제의 화려한 대규모 퍼레이드를 관찰한 경험을 살려 퍼레이드 장면을 표현했고, 미시시피 주 나체즈 시에서 강을 오르내리는 유람선을 탄 경험을 살려 강을 오르내리는 유람선을 그렸다. 노상전차를 타고 뉴올리언스 시의 명물 거리인 세인트 찰스 애비뉴를 구경한 경험을 살려 노상전차를 실감나게 표현했다. 제작진에게 필요한 모든 이미지가 그곳에 있었다. 존 머스커와 론 클레멘츠는 디즈니에 돌아오자마자 현장답사 과정에서 전혀 예상치 못한 영감을 받았다고 말했다. 이는 디즈니 애니메이션 제작 방식의 전환점이 됐다. 현재 디즈니 감독들과 각본가들은 현장답사 없이 작품을 구상하는 것을 상상도 못 한다.

〈공주와 개구리〉가 개봉할 때까지 우리는 작품 제목을 놓고 설왕설래했다. 〈공주와 개구리〉라는 제목이 좋다고 생각했지만, 디즈니 마케팅부서 직원들은 그런 제목을 붙이면 남자 관객들이 소녀들이나 보는 작품이라고 생각하고는 외면할 것이라며 제목을 바꾸자고 했다. 동화 느낌이 물씬 풍기는 제목이 붙은, 디즈니가 오랜만에 내놓은 고품질 수작업 애니메이션에 모든 연령대의 남녀 관객이 호기심을 느끼고 보러 올 것이라고 믿었기에 이 제목을 밀어붙였다. 하지만 이는 멍청한 착각이었다.

물론 좋은 작품을 만들었다고 자부했고, 실제로 〈공주와 개구리〉가 개봉한 후 관객들과 평론가들은 일제히 호평을 내놓았다. 하지만 심각한 실수를 저질렀다는 사실이 곧 명백해졌다. 〈공주와 개구리〉가 미국 전역에서 개봉하고 닷새 뒤인 2009년 12월 18일, 제임스 캐머런$^{James\ Cameron}$ 감독의 SF 판타지 영화 〈아바타^Avatar〉가 개봉했다. 멀티플렉스 극장에서 어떤 작품을 볼까 고민하던 관객들은 '공주'라는 단어가 붙어 있는 제목을 보고 '어린 여자애들이나 보는 영화'라고 여기고 외면했다. 우리는 위대한 작품을 만들고 있다고 자부하면서 경험 많은 동료들의 충고에 귀를 기울이지 않은 탓에 그토록 자랑스러워한 품질에도 악영향을 미쳤다. 고품질이란 평가를 받으려면 렌더링, 스토리텔링부터 마케팅, 포지셔닝까지 모든 부문을 적절하게 처리해야 한다. 그러려면 비록 다른 견해일지라도 합리적인 의견이라면 열린 자세로 받아들여야 한다. 〈공주와 개구리〉는 영화계에서는 드물게 예산을 초과하지 않고 제작됐다. 작품의 질은 역대 디즈니 작품 중 최고 수준이었다. 예산을 아낀 덕분에 이 작품은 수익을 올렸지만, 수작업 애니메이션을 계속 제작하는 것에 의심을 표하던 회사 내부의 여론을 잠재울 만큼 충분한 수익을 올리지는 못했다.

나는 이 작품이 21세기에도 수작업 애니메이션이 흥행할 수 있다는 것을 입증하리라 기대했지만, 우리의 좁은 시야와 형편없는 선택 탓에 오히려 수작업 애니메이션 영화가 더 이상 크게 흥행할 수 없다는 점을 입증한 꼴이 되고 말았다. 존 래스터와 나는 지금도 수작업 애니메이션이 놀라운 표현력을 지닌 매체라고 믿고 있다. 그러나 어릴 적 디즈니 애니메이션을 보고 즐거워하던 추억에 사로잡힌 나머지 오판을 내리고 말았다. 월트 디즈니가 개척한 예술 형태를 21세기에도 계승한다는 생각에 들떠 현실감각을 잃어버린 것이다.

〈공주와 개구리〉가 다소 불운한 흥행 성적을 거둔 뒤, 우리가 가야 할 방향을 다시 생각해보게 됐다. 당시 앤드루 밀스타인이 찾아와 3D 애니메이션을 제작하면서 2D 애니메이션도 되살리려는 경영진의 시도에 많은 픽사 직원이 혼란을 느끼고 있다고 말했다. 2D 애니메이션이 과연 21세기에도 적합한 예술 형태인가 하는 것은 픽사 감독들에게 중요한 문제가 아니었다. 픽사 감독들은 새로운 예술 형태인 3D 애니메이션에 집중하길 원했고, 집중할 필요가 있었다.

픽사와 디즈니가 합병을 발표한 직후, 많은 사람이 디즈니가 2D 애니메이션을 전담하고, 픽사가 3D 애니메이션을 전담할 계획인지 내게 물었다. 이들은 디즈니가 옛 방식으로 일하고, 픽사가 새 방식으로 일하리라고 예상했다. 〈공주와 개구리〉 제작 과정을 지켜보면서 나는 이런 이분법을 타파할 필요성을 절감했다. 디즈니 감독들은 월트 디즈니 시대 이후 내려온 자사의 수작업 애니메이션 전통을 존중했지만, 이제는 그 전통 위에 자신들의 업적을 쌓고 싶어 했다. 그러려면 감독들이 3D든 2D든 어떤 식으로 애니메이션을 제작할지 자유롭게 선택할 수 있어야 했다.

■ ■ ■

동화 〈라푼젤Rapunzel〉을 새롭게 각색해 애니메이션으로 제작하는 과정에서 디즈니의 새로운 애니메이션 제작 방식이 궤도에 올랐다. 〈라푼젤〉 제작 프로젝트는 수년간 난항을 겪으며 몇 차례나 처음부터 다시 시작했지만, 성과를 내지 못하고 지지부진했다. 하지만 디즈니 애니메이션 스튜디오 경영진이 서로 솔직하게 의견을 교환할 수 있도록 직원들을 독려해 창의적인 조직문화를 강화함에 따라 〈라푼젤〉 제작 프로젝트도 급물살을 타기 시작했다.

존 래스터는 디즈니 애니메이션 스튜디오의 문제는 결코 재능 있는 인재의 부족이 아니라 직원들의 창의력을 고사시키는 숨 막히는 근로 환경

PART IV 관성을 극복하기 위한 실험

이라고 자주 얘기했다. 비록 〈공주와 개구리〉가 실망스러운 흥행 성적을 올렸지만, 디즈니 직원들은 기존의 숨 막히는 조직문화를 떨쳐내고 있었고, 이제 그 성과가 드러날 시기가 되었다.

오래전부터 여러 디즈니 직원이 (마녀 때문에 높은 탑에 갇혀 사는, 긴 머리를 가진 아름다운 소녀) 라푼젤이 주인공으로 나오는 유명한 동화를 흥미진진한 애니메이션 영화로 만들기 위한 스토리 각색 작업에 골몰했다. 제작진이 풀어야 하는 핵심 과제는, 탑에 갇혀 사는 소녀 라푼젤은 역동적인 이야기를 담아야 하는 장편 애니메이션 영화의 주인공으로 적당하지 않다는 점이었다. 마이클 아이스너 월트 디즈니 컴퍼니 회장이 현대 샌프란시스코를 배경으로 라푼젤 동화를 각색한 〈머리를 풀어헤친 라푼젤Rapunzel Unbraided〉이란 작품을 제작할 것을 직접 지시하기도 했다. 당시 제작진이 구상 중이던 스토리에 따르면, 현대 샌프란시스코에 사는 주인공이 갑자기 동화 세계로 가게 된다. 〈인어공주〉, 〈알라딘〉, 〈미녀와 야수〉에 참여한 디즈니 최고의 애니메이터 글렌 킨Glen Keane이 감독을 맡았지만, 이런 콘셉트로는 제대로 된 스토리를 구상할 수 없었다. 프로젝트는 표류했다. 래스터와 내가 디즈니 애니메이션 스튜디오 경영진에 합류하기 일주일 전, 전임자들은 이 프로젝트를 중단시켰다.

우리가 디즈니에 합류하자마자 내린 조치 중 하나는 글렌 킨에게 〈라푼젤〉 제작 작업을 재개해달라고 요청하는 것이었다. 우리는 〈라푼젤〉을 디즈니 브랜드에 완벽하게 어울리는 고전적인 스토리를 담은 소재라고 보았다. 그렇지만 이를 영화화하는 것은 쉽지 않았다. 이 무렵 킨은 건강 악화 문제로 한동안 근무 시간을 줄일 수밖에 없어서 고문으로 활동했다. 2008년 10월, 우리는 〈볼트〉를 흥행시킨 바이런 하워드 감독과 네이슨 그레노 감독에게 이 프로젝트를 맡겼다(〈볼트〉에서 바이런 하워드는 크리스 윌리엄스와 공동감독을 맡았고, 네이슨 그레노는 스토리부서장을 맡았다). 두 감독은 각본가 댄 포겔맨Dan Fogelman과 1990년대를 대표하는 디즈니 작품들의 음악을 담당한 작곡가 앨런 멘켄Alan Menken과 팀을 이루어 스토리를 다른 방향으로 짜 나갔다. 그들이 구상한 라푼젤 캐릭터는 동화 속 라푼젤과 비교할 때 더 확신에 찬 능동적 인물이고, 주문을 노래하면 치유하는 마법을 발휘하는 머리카락을 기르고 있다는 점이 달랐다. 이들이 구상한 스토리는 동화처럼 익숙하지만 현대 감각에 맞았다.

〈공주와 개구리〉에서 저지른 실수를 되풀이하지 않고자 〈라푼젤〉의 제목을 중성적인 느낌이 나는 〈탱글드Tangled〉(이 작품은 미국에서 〈탱글드〉라는 제목으로 2010년 11월 개봉해 평단의 호평을 받고 흥행에 성공했다. 한국에서는 〈라푼젤〉이라는 제목으로 개봉했다 - 옮긴이)로 바꿨다. 이 결정은 디즈니 내부에서 반발을 불러일으켰다. 일부 직원은 우리가 작품성보다 마케팅을 우선시해 이 동화의 고전적 상징성을 해치는 결정을 내렸다고 생각했다. 하워드 감독과 그레노 감독은 "탱글드(얽힌)"라는 제목이 두 남녀가 얽힌 사랑 이야기라는 사실을 알려준다고 비꼬았다. 그레노는 "〈토이 스토리〉의 제목을 '버즈 라이트이어'라고 하는 격입니다"라고 말했다.

《뉴욕 타임스》의 스콧A. O. Scott 기자는 〈라푼젤〉을 "동화를 현대적으로 각색했지만 디즈니 고전의 미덕을 충실히 갖춘 작품"이라 평했다. 이 작품은 미국과 해외에서 총 5억 9000만 달러가 넘는 흥행수입을 올려 〈라이온 킹〉의 뒤를 이어 역대 디즈니 애니메이션 작품 중 2위를 기록했다. 디즈니 애니메이션 스튜디오는 16년 만에 흥행 1위 작품을 내놓으며 부활의 신호탄을 쏘아 올렸다.

...

여기까지 설명하고 넘어갈 수도 있지만, 감동적인 에필로그가 남아 있다. 래스터와 나는 〈라푼젤〉의 성공을 디즈니 애니메이션 스튜디오의 병을 치유하는 계기로 삼고 싶었고, 〈라푼젤〉 제작 과정에서 그 방법을 알아냈다고 생각했다. 픽사를 경영하면서 모든 직원이 현금 보너스를 좋아하지만, 자신이 한 일을 다른 사람에게 존중받고 진지하게 감사 인사를 받는 것을 이와 대등한 보상으로 여긴다는 사실을 오래전에 깨달았다. 그래서 픽사 직원들에게 현금과 감사 인사를 보상으로 제공하는 방법을 고안했다.

픽사 작품이 보너스를 줄 정도로 충분한 수익을 올렸을 경우, 존 래스터와 나는 감독, 프로듀서들과 함께 작품 제작에 참여한 모든 직원에게 일일이 보너스 봉투를 건네며 작품에 기여해줘서 감사하다고 말했다. 이는 모든 작품이 모든 직원의 것이라는 (그리고 '모든 직원이 아이디어를 낼 수 있다. 모든 직원에게 의견을 피력하도록 장려해야 한다'라는) 우리의 믿음에 근거를 둔 방침이었다. 직원들을 일일이 만나 이렇게 보너스를 전하는 일은 비록 시간이 많이 걸리지만, 분명 가치 있는 일이다. 직원의 눈을 바라보며 악수하고 그의 공헌이 작품 완성에 얼마나 소중한 의미가 있었는지 반드시 말해줘야 한다고 믿는다.

...

〈라푼젤〉이 개봉해 흥행가도를 달리던 무렵, 나는 앤 르캠 인력개발 부문 부사장에게 직원들에게 감사편지 전하는 일을 도와달라고 요청했다. 그녀는 직원들에게 보내는 각기 다른 내용을 담은 감사편지를 인쇄했다.

2010년 봄, 〈라푼젤〉 제작에 참여한 모든 직원을 큰 강당에 소집했다. 앤드루 밀스타인 제작본부장, 네이슨 그레노 감독, 바이런 하워드 감독, 로이 콘리Roy Conli 프로듀서, (이 작품에 영감을 준 전 감독) 글렌 킨, 그리고 존 래스터와 함께 무대 위에 섰다. 직원들은 통상적인 회의로 알고 별다른 기대 없이 강당에 들어왔는데, 우리가 손에 봉투들을 들고 무대 위에 서 있는 것을 보고는 의아해했다. 르캠 부사장은 편지, 보너스가 든 봉투와 함께 공장에서 막 생산된 〈라푼젤〉 DVD를 각 직원들에게 전달하자는 아이디어를 냈다. 〈라푼젤〉 제작에 참여한 몇몇 직원은 감사 편지를 액자에 집어넣어 사무실 벽에 걸었고, 지금까지도 걸어놓고 있다.

직원들의 계좌에 보너스를 입금했으면 쉽고 간단했겠지만, 나는 일을 쉽게 처리하는 것을 목표로 삼아서는 안 된다고 항상 주장한다. 영화 제작의 목표는 품질이다. 디즈니 애니메이션 스튜디오라는 배는 품질이라는 목적지를 향해 방향을 틀었다. 디즈니에서 스토리트러스트 회의는 작품의 완성도를 높이는 지원 그룹으로 진화했다.

처음에는 스토리트러스트에 스토리텔링 구조 개선에 강점을 보이는 리더들이 부족했다. 스토리트러스트는 뛰어난 집단이지만, 나는 이 회원들이 픽사에서 출현한 것과 같은 종류의 조력자들로 성장할지 확신할 수 없었다. 픽사의 브레인트러스트가 스토리 구조를 파악하고 개선하는 데 탁월한 재능을 보이는 앤드루 스탠튼과 브래드 버드에게 크게 의존한다는 것을 알았기 때문이다. 디즈니에서 할 수 있는 일은 건전하고 창의적인 근로 환경을 조성하고 그 속에서 직원들이 어떻게 진화하는지 지켜보는 것뿐이었다.

우려와 달리, 디즈니 애니메이션 스튜디오 직원들의 창의성은 빠르게

진화했다. 2012년 개봉한 〈주먹왕 랄프〉와 2013년 개봉한 〈겨울왕
국Frozen〉 제작 과정에서 디즈니 내부에서 일어나는 변화를 실감할 수 있
었다(〈겨울왕국〉의 경우 감독 크리스 벅, 제니퍼 리가 각본도 썼다). 스토리트러
스트라는 피드백 시스템 덕분에 각본가들은 서로 연대감을 높이고, 작품
의 스토리텔링 구조를 개선하는 일에 필요한 모든 창의력을 발휘할 수 있
었다. 스토리트러스트는 픽사의 브레인트러스트만큼이나 유효하고 개성
있는 피드백 그룹이 됐다.✱ 이는 디즈니 애니메이션 스튜디오 내부에서
일어나고 있는 거대한 변화를 알려주는 풍향계였다.

현재 디즈니 애니메이션 스튜디오 구성원은 존 래스터와 내가 합류했
을 때와 거의 같지만, 스튜디오는 하나의 창작 집단으로 응집해 물 흐르
듯 작동하고 있다. 픽사의 조직 운영 원칙들을 도입한 결과, 그곳에서 잠
자고 있던 창의력이 깨어나 약동한 것이다. 디즈니 애니메이션 스튜디오
는 서로 힘을 합쳐 탁월한 작품을 만들려는 의욕이 충만한, 재능 있는 인
재들이 모인 팀으로 변모했다. 이런 변화를 거치며 새롭게 진화해 픽사와
대등하면서도 다른 특색을 지닌 애니메이션 창작 집단이 된 것이다. 디즈
니 애니메이션 스튜디오는 마침내 창업자의 명성에 어울리는 애니메이션
제작사로 돌아왔다.

✱ 포스트스크립트 4

2012년 가을, 공동 집필자와 함께 이 장을 마무리하던 나는 디즈니 애
니메이션이 왜 이리 흥행인지 어리둥절해하고 있었다. 방금 읽은 내용을

떠올리면 이상하게 들릴 수 있으니 설명을 하겠다. 2년 전 개봉한 〈라푼 젤〉은 큰 호평을 받았고 전 세계적으로 6억 달러의 수익을 올리며 대성공을 거뒀다. 개봉을 앞둔 〈주먹왕 랄프〉의 진행 과정을 지켜본 나는 이 작품 역시 히트작이 될 것을 직감했다. 모든 면에서 디즈니 애니메이션의 영화 제작 프로세스가 그 어느 때보다 강력해진 듯했다.

그냥 "임무 완수!"라고 스스로 말할 수도 있었을 것이다. 하지만 솔직히 말해서 혼란스러웠다. 디즈니가 픽사를 인수한 이후 디즈니 애니메이션의 스토리트러스트는 확실히 개선되었다. 제작 중인 작품 문제를 해결하는 데 도움이 되는 솔직하고 힘이 되는 세션이 되었던 것이다. 모든 관계자가 자랑스러웠다. 하지만 스토리트러스트에는 아직 픽사의 브레인트러스트만큼의 경험이 부족했고, 특히 앤드루 스탠튼, 리 언크리치, 피트 닥터같이 스토리 구상 감각이 뛰어난 감독이 아직 부족했다. 그렇다면 디즈니 애니메이션이 이렇게 훌륭한 작품을 계속 쏟아낼 수 있었던 원동력은 무엇이었을까? 궁금했다. 내가 무엇을 놓쳤던 것일까?

그 답은 우연히 찾게 되었다. 이 무렵 픽사에서 짐 모리스와 나는 부서별로 모임을 가졌는데 소통 채널을 열어두기 위해 종종 하던 하나의 루틴이었다. 어느 날, 스탠튼과 함께 〈몬스터 주식회사〉 시나리오를 맡았던 각본가 댄 거슨Dan Gerson이 복도에서 나를 멈춰 세우더니 우리가 하는 모임을 들었다고 말하며 이렇게 물었다. "왜 작가들과 만나지 않습니까?"

허를 찔린 나는 말을 더듬거렸다. 가장 먼저 떠오른 생각은 '음, 집필 부서가 없는데'였다(픽사의 작가들은 직원이 아니라 프로젝트별로 고용되었다). 하지만 곧 다른 생각이 떠올랐다. '잠깐만, 멋진 제안인데.'

"당신 말이 맞아요. 우리가 실수했네요"라고 말했고 작가들에게 만남을 청했다.

우리는 오래전부터 최고의 작품은 스토리 구상에 뛰어난 사람들이 만든다는 사실을 알고 있었다. 몇몇 감독들은 스토리 구상을 잘했지만 모두가 그렇진 않았다. 보통 작가들이 이에 능숙하다. 따라서 픽사에서는 스토리 부서장과 스토리보드 아티스트로 구성된 스토리팀의 의견을 상당 부분 반영해 감독과 작가가 협업하여 최고의 스토리를 만들어내는 경우가 많았다. 디즈니 애니메이션에서는 직접 고용된 모든 작가가 모든 스토리 트러스트 회의에 참석하는 반면, 픽사에서는 보통 브레인트러스트 회의에는 의논하려는 특정 작품을 작업 중인 작가만 참석했다(한 가지 예외가 있었는데 우리와 함께 많은 영화를 작업했던 마이클 안트는 계약을 맺고 자문 역할을 했다).

픽사 작가들을 만나고 나서야 이 차이점을 알게 되었다. 픽사에서 스탠튼과 닥터, 언크리치는 스토리 구상에 능숙했고 오랫동안 우리 영화가 정상궤도에 오르도록 도와주었다. 하지만 디즈니 애니메이션에서는 시나리오 작가들이 현명한 길잡이 역할을 하고 있었다. 픽사에서도 똑같은 이득을 얻고자 우리는 외부 작가들과 새로운 계약을 체결했고 작가들은 자신이 맡은 영화 이외의 프로젝트에 대해서도 자유롭게 당사와 논의할 수 있게 됐다.

시간이 지나면서 많은 감독들이 스토리 구상에 더욱 능숙해지고 자신감을 가지게 됐다. 오늘날 두 애니메이션 스튜디오는 서로 다른 개성을 유지하면서도 동등한 실력을 갖추고 있다고 볼 수 있다. 최근 몇 년 동안 디즈니 감독들은 픽사의 주요 스토리 문제를 해결하는 데 도움을 주었고, 픽사 감독들은 디즈니를 위해 같은 일을 해왔다. 5장의 포스트스크립트에서 〈주토피아〉 스토리팀이 훌륭한 작품을 만들 수 있도록 도와준 스탠튼에 대해 이야기했다. 그리고 디즈니 직원들은 〈인사이드 아웃〉으로 그 은혜에 보답했다.

여담이지만, 이 책은 시나리오 작가들의 피드백을 많이 받았다. 2013년 초, 나는 신뢰하는 40명에게 《창의력을 지휘하라》의 초고를 주고 의견을 구했다. 어떤 의미에서 내 책 상영회를 하고 있었다(편집자가 웃으며 "우와, 정말 말을 잘하시네요!"라고 말했던 기억이 난다). 이에 응해준 사람들 중에 댄 거슨과 로버트 베어드Robert Baird, 디즈니 감독인 네이슨 그레노가 가장 포괄적인 의견을 냈다.

어느 날 세 사람은 커다란 화이트보드를 들고 내 사무실에 와서는, 마치 영화처럼 책을 파헤쳤다. 정말 마음에 쏙 들었다. 그들은 책의 1장과 3장은 강렬하지만, 2장은 너무 이론적이고 반복되는 내용으로 길을 잃었다고 했다. 전달하고자 하는 주제를 더 잘 전달하기 위해 픽사 이야기를 더 많이 포함하라고 했다. 또한, 당시에는 책 중간에 있던 스티브 잡스에 대한 회상을 마지막에 따로 넣자고 제안했다. 그들의 의견을 따랐더니 책이 훨씬 더 나아졌다.

• • •

이 책의 초판에서 픽사와 디즈니 합병의 핵심 요소 중 하나는 각 애니메이션 스튜디오가 지닌 고유한 정체성을 유지하는 것이라고 설명한 바 있다. 이를 고집하는 목적은 두 가지였다. 첫째, 두 스튜디오가 서로의 존재를 위협하는 대상으로 여기지 않기를 바랐다. 만약 서로를 점점 더 닮아가도록 부추겼다면 결국 '왜 스튜디오 두 곳 모두 필요할까?' 하는 질문을 던졌을 것이다. 둘째, 두 스튜디오 사이에 엄격한 선을 긋고 서로에게 자원을 빌려주지 못하게 함으로써 자체적으로 문제를 해결하게 하는 것이었다. 고급 아이디어나 최선의 계획안을 공유하는 건 반대하지 않았다. 하지만 건전한 기업 문화를 유지하기 위해 그렇게 하도록 강요하지 않았다. "서로 부탁하거나 빌리거나 훔칠 수 있습니다. 하지만 그럴 필요는 없습니다"라고 나는 재차 말했다.

사람들은 동일 업종의 두 기업이 합병할 때 개발, 마케팅, 재무 부서 등을 따로 유지하는 것이 낭비라고 생각한다. 하지만 나는 그 반대라고 생각한다. 컴퓨터 애니메이션과 같이 하루가 다르게 엄청난 속도로 변하는 분야에서는 픽사와 디즈니의 기술 및 제작 부서를 통합하면 오히려 제작 속도가 느려질 수 있다. 서로 우호적이지만 문제 해결 방식이 다른 두 그룹이 서로에게서 배우도록 하는 것이 더 낫다는 게 내 의견이었다. 우리는 편하게 아이디어를 공유하면서도 두 스튜디오를 따로 떼어 놓자는 뜻이 강경했다. 그럼에도 불구하고 직원들은 어떻게 해서든 자신들이 원하지 않는 변화를 강요할까 봐 여전히 경계했다.

2012년 〈메리다와 마법의 숲〉이 개봉한 지 얼마 지나지 않아 나는 디즈니 애니메이션에서 프레스토Presto라는 픽사의 애니메이션 소프트웨어를 소개하는 프레젠테이션 시간을 마련했다. 프레스토는 애니메이션 시스템을 완전히 다시 만든 것으로, 픽사가 이를 도입하는 과정을 거쳤다는 것에 나는 자부심을 느꼈다.

〈메리다와 마법의 숲〉은 프레스토를 이용해 제작한 첫 장편 애니메이션 영화였고, 이 소프트웨어에 대해 더 많이 배우면 디즈니 기술부서 직원들이 스스로 발전하면서 영감을 얻을 수 있으리라 생각했다. 하지만 디즈니 직원들은 불편해했고, 프레젠테이션은 잘되지 않았다. 나중에 물어보니 회의실에 있던 기술부서 직원들 상당수가 프레스토를 디즈니에 강제로 도입하지 않을까 하고 생각했었다고 한다.

나는 "이 기술을 사용해야 합니다"라고 말한 적이 한 번도 없었다. 사실 그건 선택지에 아예 있지도 않았다. 내가 프레스토를 소개하려고 수고롭게 자신들을 불러 모았으니, 그런 뜻인 것으로 지레짐작했다. 나는 그저 그들을 격려하고 싶었을 뿐이다. 미래의 변화를 전망하는 것만으로도 사람들은 불안해하고, 심지어 변화가 다가오고 있다는 사실을 부정하기도 한다. 그래서 프레젠테이션을 계기로 내 행동이 어떻게 해석될지 더 신중하게 생각했다. 그때부터 나의 메시지는 기본적으로 "우리는 아무것도 요구하지 않을 것입니다. 그렇지만 각 스튜디오 기술부서 직원이 서로 대화를 원한다면 환영입니다"였다.

2014년 초, 픽사의 소프트웨어 연구 및 개발 담당 부사장인 귀도 콰로니Guido Quaroni가 아이디어가 떠올랐다면서 찾아왔을 때 나는 아주 신났다. 그는 2012년 말 디즈니의 루카스필름 인수 시 함께 인수한 특수효과 전문 회사인 ILM의 직원들과 함께 무언가를 준비하고 있다고 말했다. 콰로니는 두 회사의 기술부서 리더들은 최선의 계획안을 꽤 정기적으로 공유하지만 대표가 아닌 직원들은 그렇게 못해서 걱정된다고 했다. 그는 디즈니 산하 직원들이 참가할 수 있는 제작 기술, 시각 효과, 애니메이션 연구에 관한 일일 테크니컬 컨퍼런스를 열어줄 수 있는지 물었다.

이것은 한 애니메이션 스튜디오가 다른 애니메이션 스튜디오의 프로젝트에서 특정 제작 문제를 해결하는 것이 아니다. 앞서 말했듯이 그건 엄격하게 금지되어 있다. 대신 여러 최고의 과학 학회처럼 아이디어를 선보이는 장소일 뿐이다. 시그래프 컨퍼런스처럼 참가자들은 프레젠테이션을 하려고 경쟁한다. 콰로니는 심지어 디스그래프^{DISGRAPH}라는 이름도 지었다. 나는 승인을 내린 다음 유쾌하게 물러서서는 과정을 지켜보았다. 그는 프레스토, 캐릭터 애니메이션, FX, 시뮬레이션, 셰이딩, 라이팅/렌더링, 오토메이션의 7가지 주제를 다루겠다고 제안했다. 계획은 온종일 각 주제별로 한 시간짜리 세션 4개를 진행하는 것이었다. 즉 28개의 강연이 진행될 예정이라는 것이다. 콰로니의 이메일은 바로 신청서가 넘쳐났다. 진행위원회를 구성해서 신청서를 분류하는 한편, 픽사에서 여러 지원자들이 세부계획을 세우는 데 집중했다. (모두 참석하고 싶어 했고) 공간은 한정적이었기 때문에 테크니컬 프로세스의 모든 면을 반영해 참석자들을 선정했다.

대망의 첫 디스그래프가 2014년 3월 13일 픽사의 브루클린 빌딩에서 열렸다. 픽사, 디즈니 애니메이션, 디즈니 리서치, ILM에서 약 200명이 참석했다. 콰도니와 그의 팀은 12시간 동안 진행되는 행사를 단순한 회의가 아닌 '진짜' 컨퍼런스 분위기가 나게 창의력을 발휘했다. 모든 참석자에게 목에 거는 이름표를 제공해 낯선 사람을 편하게 만나고 인사를 나눌 수 있도록 했다. 오전 9시 30분 나의 환영사 후, 픽사 수석 법률 고문인 짐 케네디^{Jim Kennedy}는 모두가 기밀 유지 계약에 서명했음을 상기시켰다(무슨 말을 듣더라고 발설해서는 안 된다는 뜻이다). 그곳은 흥분된 분위기로 가득했다. 이 점이 중요했다.

첫 디스그래프의 성과는 바로 나타났다. 갑자기 다른 스튜디오의 직원들이 서로 자유롭게 연락하여 조언을 구했다. 점점 더 많은 사람이 공식적으로 협업하기 위해 경영자에게 동의를 구하는 대신 전화를 받고 있었다. 다시 말하지만 스튜디오 간의 경계는 신성불가침한 것이었고 다른 그룹의 제작 문제를 해결하기 위해 그 경계를 허물어뜨리는 데는 아무도 관심이 없었다. 대신 이러한 아이디어 공유로 각 스튜디오는 각자의 문제를 보다 효율적으로 해결할 수 있었다.

한 스튜디오에서 정말 멋진 일이 일어나면 다른 스튜디오의 누군가와 이야기해 보라고 제안하는 일이 점점 더 많아졌다. 픽사와 디즈니, ILM 그리고 디즈니 내의 다른 기술부서들은 각각 다른 문화를 유지하면서 서로 소통하고 있었다.

이후로 매년 디스그래프가 개최되고 있다. 계획에 따라 주최 업무를 분담하고 장소도 다양하게 정했다. 이듬해 디즈니 애니메이션은 버뱅크에 있는 디즈니툰 스튜디오에서 참석자들을 맞이했고, 2016년에는 ILM이 주최했으며, 2017년에는 디즈니 리서치가 이매지니어링 캠퍼스Imagineering campus로 모두를 초대했다. 가끔 마블 엔터테인먼트의 몇몇 직원들과 마찬가지로 디즈니툰 스튜디오 직원들도 종종 참여했다. 그리고 논의되는 주제의 폭도 넓어졌다. 예를 들어 2022년 컨퍼런스에는 애셋, 모델 및 룩 개발, 캐릭터 리깅/시뮬레이션, 파이프라인/인프라, 스토리 테크놀로지, 라이팅, 렌더링, 합성기술, FX/시뮬레이션, 캐릭터 애니메이션이 포함되었다.

디스그래프는 또한 다른 스튜디오 소속 관계자들이 서로의 실수와 성공을 견주며 배우는 모임인 프로드그래프PRODGRAPH 개최에 영감을 줬다는 평가를 받을 만하다. 제작자들은 인재를 관리하고 핵심 가치를 지키면서 마감일을 맞추는 방법에 대한 아이디어를 공유할 수 있어 큰 도움이 되었다고 말했다. 이 모임은 2016년 딱 한 번 개최됐지만 또 다른 프로드

PART IV 관성을 극복하기 위한 실험

그래프가 계획 단계에 있다.

쾌도니는 이렇게 평가했다. "디스그래프 덕분에 참석자들은 '누가 더 잘하는가?'라는 경쟁심을 버릴 수 있었다고 생각합니다. 그들은 전반적으로 모든 스튜디오에서 최선을 다하고 도움이 되는 곳에서 서로의 아이디어를 공유하는 데에 더 집중하게 되었습니다."

CHAPTER

13

노트 데이 토론회

2년 전 나는 픽사와 디즈니 애니메이션 스튜디오 직원들이 근무하는 방식의 근간이 되는 사고들을 기록하고 싶은 마음에 이 책을 쓰기 시작했다. 동료들과 얘기를 나누며 우리가 구축한 조직문화를 되돌아보고 내 이론들을 검토하면서 창의성의 정의, 창의성을 키우고 보호하고 유지하는 방법에 대한 내 신념을 명쾌하게 정리하고 싶었다. 2년이 흐른 지금, 나는 당초 목표한 일들을 처리했지만 명쾌하게 정리해내지는 못했다. 부분적인 이유는 책을 집필하는 동안에도 픽사와 디즈니 애니메이션 스튜디오 사장으로 계속 일했고, 계속해서 변하는 상황에 대처해왔기 때문이다. 게다가 나는 간단명료한 성공 공식이 존재한다고 믿지 않기 때문에 창의성을 키우고 유지하는 방법을 명쾌하게 표현하기 힘들었다. 그래서 창의적 작업에 수반되는 복잡성을 인정한다. 그런 이유에서 이 책에는 명쾌하게

PART IV 관성을 극복하기 위한 실험

정리되지 않고 모호한 부분들이 존재한다.

이 책을 집필하는 동안에 디즈니 애니메이션 스튜디오는 극적으로 진화했다. 스토리트러스트 회의는 솔직하고 유용한 피드백 시스템으로 발전했고, 여기에 참석하는 제작진의 기술과 스토리텔링 능력은 한층 더 섬세해졌다. 작품을 제작할 때 항상 예상하듯, 각각의 디즈니 작품은 제작 과정에서 난관에 봉착했지만 결국 돌파 방법을 찾아냈다. 〈겨울왕국〉은 2013년 추수감사절 전에 개봉해 〈라푼젤〉처럼 세계 극장가에서 대성공을 거뒀다. 2012년 개봉한 〈주먹왕 랄프〉를 훨씬 뛰어넘는 달콤한 승리였다. 2006년 존 래스터와 내가 부임한 이후, 디즈니 애니메이션 스튜디오는 이전보다 훨씬 창의적인 조직문화를 영위하게 됐다.

디즈니가 이런 성공을 거두는 동안 픽사에서는 감독을 교체하는 난항을 겪으며 완성된 〈몬스터 대학교〉를 개봉했다. 이 작품으로 픽사는 열네 작품 연속 박스오피스 흥행순위 1위를 기록했다. 첫 주 흥행수입만 8200만 달러(역대 픽사 작품의 첫 주 흥행수입으로는 2위)이고, 세계적으로 7억 4000만 달러가 넘는 흥행수입을 기록했다. 픽사의 내부 분위기는 환희에 넘쳤다. 하지만 앞으로 우리 기업이 직면하게 될 도전에 대비하고, 문제를 조기에 인식해 최선을 다해 대처한다는 목표에서 어긋나지 않으려고 나는 언제나처럼 긴장의 끈을 놓지 않고 있다.

모든 기업에는 경영진이 발견하기 어려운 위협 요소들이 잠재해 있다. 픽사에서 이런 위협 요소들, 특히 급격한 사세 확장으로 인한 부작용, 성공의 반향은 여러 가지 문제를 일으켰다. 예컨대, 픽사가 작품을 잇달아 성공시키고 사세를 확장함에 따라 픽사에선 다양한 직원들이 일하게 됐다. 초창기부터 일한 동료들은 픽사의 조직문화를 구성하는 운영 원칙들이 만들어진 일련의 사건들을 겪었기에, 픽사의 운영 원칙들을 잘 이해하고 있다. 반면 최근에 들어온 직원들은 그렇지 않다. 이들 중 일부는 픽사를 움직이는 원칙과 아이디어들을 빨리 학습하고 흡수해 새로운 리더로 성장했지만, 일부는 픽사가 쌓아올린 업적에 대한 경외감에 위축돼 성장하지 못했다. 많은 직원이 새로운 아이디어를 제안했지만, 누군가는 '픽사 같은 위대한 기업에서 내가 뭐라고 감히 변화를 제안하겠어?'라고 생각해 아이디어를 제안하는 것을 망설였다. 한편으로는 창의성을 발휘할 수 있게 지원받는 환경(최신 제작 도구, 사측이 보조금을 지급해 저렴하게 이용할 수 있는 편의시설)에 고마워하는 데 비해 몇몇은 이를 당연히 누려야 하는 것으로 여겼다. 대다수 직원은 픽사가 성공해온 과정에 자부심을 느꼈지만, 픽사가 성공하기 위해 헤쳐 나가야 했던 난관, 감수해야 했던 리스크를 이해하지 못한 직원도 있었다.

요컨대, 픽사는 다른 성공한 기업들과 마찬가지로 다양한 문제를 겪었다. 내가 생각하기에 가장 중요한 문제는 다른 아이디어들을 환영하고 받아들여야 하는 이유를 이해하지 못하는 픽사 직원이 늘고 있다는 점이었다. 초기에 이런 추세를 제대로 인식하지 못했으나, 현장을 주의 깊게 관찰한 결과 직원들이 소극적으로 변하고 있다는 여러 증거가 포착됐다. 그리고 우리 임원들이 직원들 사이에 잘못된 아이디어들이 뿌리 내리는 것을 허용해 조직문화가 악화되고 있다고 해석했다.

잠재적 위협 요소들이 수면 위로 떠오르면 위기가 된다. 픽사에선 세 가지 위협 요소가 동시에 수면 위로 떠오르고 있었다. 첫째는 제작비 상승, 둘째는 픽사에 압박을 가하는 외부 경제 상황, 셋째는 '누구든 좋은 아이디어를 낼 수 있으므로 모든 직원이 자유롭게 발언할 수 있어야 한다'는 픽사 조직문화의 핵심 원리가 흔들리고 있다는 점이었다. 너무나 많은 직원이 자체 검열하고 있었다(내 머릿속에서 '너무나 많은 직원'이라는 말은 '모든 직원'이란 말과 별반 다르지 않다). 이를 바꿔야 했다.

우리는 이 세 가지 위협 요소들을 한방에 대처할 수 있는 아이디어가 존재하지 않는다고 봤지만, 세 가지 위협 요소에 맞서는 과정에서 픽사의 정체 상황을 타파하고 픽사에 활력을 불어넣고자 '노트 데이Notes Day'라는 제도를 실험했다. 노트 데이는 직원들이 창의성을 표출할 수 있는 환경을 조성하기 위해 도입한 제도 중 하나다. 창의성을 중시하는 기업의 경영자들은 자신에게 항상 다음과 같은 질문을 던져야 한다. '어떻게 하면 직원들이 창의성을 발휘할 수 있는 환경을 조성할 수 있을까?' 노트 데이는 문제 해결이 지속적이고 누적적인 과정이라는 아이디어에 근거를 두었기 때문에 처음부터 회사 전체에 변화를 몰고 왔다. 창의성을 발휘하려면 언제나 여러 도전에 직면할 수밖에 없고, 실패를 회피할 수 없으며, '비전'은 종종 착각으로 드러날 수도 있다는 사실을 받아들여야 한다. 창의성을 발휘하려면 언제나 자신의 마음을 솔직히 얘기할 수 있어야 한다. 노트 데이는 협동, 결정, 솔직함이 언제나 우리를 고양시킨다는 사실을 상기시켜준 제도다.

...

가장 자랑스러워하는 픽사 작품이 무엇인지 묻는 사람이 종종 있다. 그러면 나는 모든 픽사 작품이 자랑스럽다며, 가장 자랑스러워하는 부분은 우리 임직원이 위기에 대처하는 방식이라고 답한다. 픽사에서는 문제가 발생하더라도 프로듀서, 감독을 비롯한 리더들이 직원들을 문책하지 않는다. 대신 '우리' 문제가 무엇인지, '우리'가 함께 문제를 해결하기 위해 할 수 있는 일이 무엇인지 대화한다. 픽사 임직원들은 자신을 회사와 조직문화의 주인으로 인식하고, 픽사를 보호하려고 한다. 이처럼 회사를 아끼고 문제 해결에 참여하려는 정신이 노트 데이를 성공으로 이끌었다.

2013년 1월, 프로듀서, 감독을 포함해 35명가량의 픽사 리더가 샌프란시스코의 명물 금문교 맞은편에 있는, 낡은 군대 요새를 개조해 만든 컨퍼런스센터 카발로 포인트Cavallo Point에 모여 이틀간 회의를 했다. 두 가지 긴급 현안이 회의 의제로 올랐다. 첫째 의제는 작품 제작비 상승, 둘째 의제는 모든 픽사 리더가 느끼고 있는 조직문화의 변화였다. 초창기 픽사는 직원 수가 45명이었으나, 현재 1200명에 달한다. 조직문화에 변화가 생기는 것은 당연하다. 우리가 걱정한 것은 변화 자체가 아니라, 픽사의 성공을 이끈 원칙들이 훼손되는 것이었다. 상황은 아직 심각하지 않았다. 픽사는 큰 성공을 거두고 있었고, 몇 가지 흥미진진한 프로젝트를 진행 중이었다. 하지만 카발로 포인트에 모인 우리는 픽사를 정상 궤도에 올려놓을 방안을 모색하고자 진지하게 고민했다.

컴퓨터그래픽 분야의 개척자이자 픽사 설립자 중 한 명인 톰 포터Tom Porter 제작부서장이 작품 제작비를 상세하게 분석하며 회의를 이끌었다. 배급 방식이 급변함에 따라 픽사의 비즈니스 구조도 급변하고 있었다. 픽사 작품들이 계속 좋은 흥행성적을 올리고 있었지만, 제작비 상승을 방치하면 언젠가는 위기를 맞을 수도 있었다. 우리는 위기가 찾아오기 전에 먼저 제작비 상승을 억제할 방안을 찾아야 한다는 데 공감했다. 그렇다고 안전한 작품에 안주하려는 의도는 추호도 없었다. 〈업〉, 〈라따뚜이〉, 〈월-E〉 같은 평범하지 않은 작품에 계속 도전하고 싶었다. 모든 작품이 반드시

428

기상천외한 스토리를 담아야 한다는 법은 없지만, 모든 영화제작자가 기상천외한 아이디어를 자유롭게 표현하며 도전하길 원했다.

이 두 가지 이슈는 서로 연결돼 있다. 제작비가 적으면 위험을 감수하기 쉽다. 제작비를 낮추지 않으면 픽사에서 만들 수 있는 영화의 폭이 좁아진다. 제작비를 낮추면 또 다른 장점이 있다. 제작비가 적은 영화는 더 적은 제작인원이 투입된다. 픽사 직원들은 제작인원이 적을수록 제작진의 만족도는 높아진다고 얘기한다. 그들 사이의 소통이 원활해지기 때문만은 아니다. 제작인원이 적으면 제작 과정에서 개개인이 차지하는 업무 비중이 높아져 자신이 작품을 만들었다는 자부심이 커진다. 픽사가 가장 적은 인원을 투입해 만든 영화는 〈토이 스토리〉다. 이후 픽사 작품들이 갈수록 복잡한 영상을 보여주면서 필요한 제작인원도 계속 늘어났다. 카발로 포인트에서 회의할 무렵 픽사가 작품 한 편을 제작하기 위해 필요한 인주는 2만 2000인주에 달했다. 이를 10퍼센트 정도 감축할 필요가 있었다.

픽사가 당면한 또 다른 이슈는 계량화하기 어려웠다. 내놓는 작품마다 흥행 1위를 기록함에 따라 실패에 대한 두려움을 느끼는 직원들이 늘었다. 어느 누구도 자신이 제작하는 작품이 픽사 작품 중 최초로 박스오피스 흥행 1위를 달성하지 못했다는 오명을 뒤집어쓰길 원치 않았다. 그 결과, 갈수록 작품의 영상을 지나치게 세밀하게 표현하려는 유혹에 빠졌다. 완벽한 영상을 만들려는 욕구는 바람직하지만, 문제는 이에 수반되는 불안감이다.

제작진은 이전보다 나은 영상을 만들지 못할까 봐 초조해했다. 직원들은 실망스러운 결과를 맞닥뜨리지 않으려고 점점 더 리스크를 회피했다. 과거의 영광이라는 유령은 탁월한 작품을 만들기 위해 그동안 쏟아부은 에너지를 메마르게 했다. 게다가 새롭게 픽사에 합류한 직원들은 전작들이 제작 과정에서 얼마나 많은 부침을 겪었는지 알지 못하는 까닭에 성공한 기업에서 일하는 것에 대한 선입견이 있었다. 이렇듯 성공한 기업에 대한 환상을 품고 입사했다가 환상과 다른 현실을 접하고 실망하는 직원도 많았다. 불만을 느끼지만 표현하지 않는 직원이 많다는 이야기를 들었다. 경영진의 부단한 노력에도 불구하고, 모든 직원이 자유롭게 해결책을 제시할 수 있어야 한다는 핵심가치가 서서히 퇴색하고 있었다. 이런 현상을 방치할 수 없었다.

존 래스터는 카발로 포인트 컨퍼런스 센터에서 회의 참석자들에게 말했다. "직원들이 종종 너무 현실에 안주하는 것 같습니다. 우리가 예전에 느꼈던 흥분을 그들도 느낄 수 있어야 합니다. 미래의 가능성에 대한 기대와 희망에 부풀어 올라 열정을 불태웠던 것처럼 말이죠."

래스터와 나는 픽사가 오랫동안 애니메이션업계에서 계속 독보적인 성공을 기록한 것에 직원들이 어떤 영향을 받게 될지 고민했다. 직원들이 점차 성공을 당연한 것으로 여기게 되지 않을까? "디즈니에서 볼 수 있는 경쾌함과 속도를 픽사에서 더 많이 보고 싶습니다." 래스터가 말했다.

우리는 노는 것처럼 유쾌한 기분으로 일에 집중하는 픽사의 근무 분위기를 유지하는 방안, 성공한 기업이 빠지기 쉬운 보수주의를 극복하고 픽사를 더 민첩한 기업으로 유지하는 방안을 고민했다.

이때 귀도 쿼로니가 발언했다. 그는 픽사 엔지니어 120명이 행복하게 일하는 방안을 고민하는 기술부서 부사장이다. 현장에서 그가 직면하는 도전은 다음과 같다. 픽사 기술부서는 기술을 개발하지만 픽사는 기술을 팔지 않는다. 픽사가 파는 것은 기술로 구현한 스토리다. 따라서 픽사 엔지니어들이 개발한 소프트웨어의 성공 여부는 영화 제작에 얼마나 도움이 되느냐에 따라 판가름 난다.

직원들이 작품의 성공에 자신이 얼마나 기여하는지 자각하고 자부심을 느끼는 것은 사기를 진작시키는 데 중요하다고 앞서 설명한 바 있다. 엔지니어들은 자신의 작업이 작품에 구체적으로 얼마나 기여하는지 볼 수 없기에 자신의 기여도를 자각하기 어렵다. 쿼로니는 자신이 주의 깊게 신경 쓰지 않으면 엔지니어들의 사기가 떨어질 수 있다는 것을 잘 알고 있다. 그래서 시간이 날 때마다 엔지니어들이 항상 즐겁게 일하고 있는지 확인한다.

그는 기술부서에서 '개인 프로젝트의 날personal project days'이라는 제도를 실시하고 있다. 기술부서 직원들은 한 달에 이틀씩 자신이 흥미를 느끼는 문제를 해결하는 데 픽사의 자원을 사용할 수 있다. 특정 작품과 관련된 문제나 다른 직원들이 해결을 요구하는 문제가 아니어도 좋다. 예컨대, 〈메리다와 마법의 숲〉의 어느 장면에 조명을 집어넣고 싶으면 이 일을 하는 데 한 달 중 이틀을 쓸 수 있다. 애니메이터들이 캐릭터의 움직임을 자연스럽게 표현할 수 있도록 돕고자 마이크로소프트의 동작 인식 입력 기기인 키넥트Kinect를 활용한 소프트웨어를 개발하고 싶다면, 개인 프로젝트의 날을 활용해 개발할 수 있다.

쿼로니의 설명이다. "직원들에게 시간을 주면 아이디어를 냅니다. 이점이 절묘하지요. 아이디어는 직원들이 자유롭게 시간을 활용할 때 나옵니다."

그는 개인 프로젝트의 날을 도입한 지 4개월 만에 기술부서 직원들이 다시 활기차게 일할 만큼 사기가 진작됐다고 말했다. 존 래스터와 나는 그와 함께, 이 제도를 모든 부서에 확대 시행하는 방안을 개인적으로 논의한 적이 있다. 쿼로니는 하나의 작품을 완성한 뒤 직원들이 일주일간 휴식을 취하면서 제작 과정에서 각자 느낀 문제점들을 얘기하면 새로운 프로젝트를 진행하는 데 도움이 될 것이라고 제안했다. 이 제안은 실용적이진 않았지만 다른 안을 구상하는 디딤돌이 되었다. 제작비를 10퍼센트 감축하는 방안을 고민하는 자리에서 그는 간단한 제안을 했다.

"모든 직원에게 비용 삭감 아이디어를 내달라고 요청합시다."

래스터는 흥분한 얼굴로 말했다. "흥미로운 제안이군요. 하루 동안 모든 픽사 직원의 업무를 중단하고, 이 문제를 해결할 방안을 얘기해보는 게 어떨까요?"

회의실은 즉시 소란스러워졌다. 앤드루 스탠튼이 말했다. "그야말로 픽사답군요. 전혀 예상하지 못한 방안이에요. 직원들을 흥분시키고 싶다고 하셨는데, 이보다 좋은 안은 없을 겁니다."

일정을 조직하는 일을 도울 직원을 모집하자 모든 회의 참석자가 손을 들어 지원했다.

■ ■ ■

창의적 작품을 만들려는 기업이라면 진화를 멈추지 말아야 한다. 여기서 소개하는 사례는 픽사가 가장 최근에 정체 현상을 피하고자 고민한 흔적이다. 우리는 크고 작은 이슈들을 탐구하고 싶었다. 브레인트러스트 회의 참석자들이 제작진에게 제안을 담은 쪽지를 주는 것처럼, 픽사의 운영 방안에 관해 솔직하게 제안하는 쪽지를 직원들에게서 받기로 했다. 솔직한 단기 피드백인 '쪽지'를 직원들에게서 받자는 쿼로니의 제안을 받아들여 2013년 3월 11일, 노트 데이라는 이름이 붙은 행사를 실시하기로 결정했다.

노트 데이 같은 행사는 직원들의 적극적인 참여가 없으면 아무런 성과도 낼 수 없다. 결국 한번에 300명 이상의 직원이 모일 수 있는 공간에서 타운홀미팅town hall meeting 스타일의 회의를 열기로 계획했다. 톰 포터 제작 부서장이 노트 데이의 대략적인 일정을 건의하고, 존 래스터와 내가 일정을 논의했다.

"픽사 개선 방안을 논의하기 위해 평일 하루를 통째로 비웁시다. 이날은 방문객도 받지 말고 모든 직원이 회의에 참석해야 합니다."

래스터의 말에 내가 대꾸했다. "한 가지 문제가 있는데, 이날 회의에서 무슨 일을 해야 할지 아는 사람은 자네뿐이라는 거지."

래스터와 나는 노트 데이가 단순히 직원들의 기분을 전환하는 행사에 그치지 않도록 행사를 관리하는 역에 톰 포터 제작부서장을 앉혔다. 한 타운홀 포럼에서 직원들 앞에 선 그는 노트 데이 회의를 시작하기에 앞서 주의 사항을 명확히 설명했다. "오늘 회의는 작업 속도를 높이자든가 연장근무하자든가 더 적은 인원으로 일을 처리하자는 차원의 얘기를 듣고자 개최하는 것이 아닙니다. 이 자리에 모인 인원 수 정도가 참여하는 제작팀이 2년마다 세 편의 작품을 제작하는 방안을 논의하고자 개최하는 회의입니다. 오늘 회의에서 기술 개선에 관한 아이디어들이 나오길 기대합니다. 프로젝트를 시작할 때마다 새로 자원을 조달하는 일을 줄이기 위해, 프로젝트들 간에 서로 자원을 공유할 수 있는 방안에 관한 아이디어들이 나오길 기대합니다. 또 애니메이터들이 감독의 의도를 더 명확히 파악해 작업할 수 있는 방안이 나오길 기대합니다." 이런 기대에 부응하는 아이디어가 나오고 이를 실천 가능한 정도로 발전시키려면 우선 모든 직원이 발언하도록 리더들이 세심하게 배려해야 했다.

포터는 쿼로니를 비롯해 로리 맥애덤스Lori McAdams 인력개발 부문 부사장, 캐서린 새러피언과 갈린 서스먼 프로듀서를 주축으로 한 '노트 데이 워킹 그룹working group'(실무단)이라는 태스크포스팀을 조직했다. 이 태스크포스팀은 픽사 직원들이 픽사를 혁신하고 효율을 높이는 데 도움이 될 만한 토론 주제들을 건의할 수 있는 전자 건의함을 만들었다. 이 건의함은 직원들이 보낸 토론 주제들로 넘쳐났다. 그중에는 노트 데이 운영 혁신안도 있었다.

전자 건의함은 전혀 예상하지 못한 효과를 낳았다. 여러 부서가 자신의 현안이라고 생각하는 일들에 관해 자유롭게 얘기할 수 있는 위키 사이트와 블로그를 자체적으로 제작해 운영한 것이다. 노트 데이 당일까지 수주간 픽사 직원들은 이전과는 다른 모습으로 업무 개선 방안, 특히 작업 흐름을 개선하고 긍정적인 변화를 유도하는 방안을 토론했다. 직원들이 토론 방식을 제시해달라고 요청하자 포터는 이렇게 예를 들어 설명했다. "2017년에 두 작품이 1만 8500인주 이하를 투입하고도 완성됐다고 칩시다. 이런 예산 목표를 달성하려면 어떠한 혁신이 필요할까요? 구체적으로 어떤 실천 방안이 필요할까요?"

최종적으로 4000통이 넘는 이메일, 1000개가 넘는 아이디어가 노트 데이 건의함에 도착했다. 톰 포터와 실무단은 이메일들을 읽고 평가하면서 예상치 못한 아이디어를 놓치지 않으려고 주의를 기울였다. "도박처럼 느껴지는 아이디어들은 기각하고, 약간의 가능성이 보이는 흥미로운 아이디어들을 고르려고 했습니다. 1만 8500인주라는 제작 예산 목표를 달성하는 데 도움이 될 만한 아이디어들을 고르려고 애썼어요. 제작 예산 목표와 연결고리가 약한 주제일지라도 골랐습니다. 선정 기준은 '20명이 이 주제로 한 시간 동안 얘기할 수 있는가?'였습니다."

실무단은 1000개가 넘는 아이디어를 293개 주제로 걸러냈다. 하지만 여전히 하루 안에 토론하기에는 너무 많았다. 그래서 고위 경영자들이 모여 293개 주제 중에서 120개 주제를 선정하고, '트레이닝', '환경과 문화', '여러 작품 프로젝트의 인재 풀 공유', '도구와 기술', '작업 흐름' 같은 넓은 토론 범주들을 조직했다.

너무도 다양한 아이디어가 건의함에 도착해서 주제를 선정하고 토론 범주를 정하는 작업은 결코 쉽지 않았다. 토론 주제로는 유효하지만 지나치게 전문적이라 여러 직원이 토론에 참여하기에는 부적절한 것도 있었다. "상당한 컴퓨터 자원과 제작 시간을 쓸데없이 소비하는 컴퓨터 메모리 오류를 개선하려면 어떻게 해야 할까?"가 한 예다. "누구든 좋은 아이디어를 낼 수 있는 조직문화로 돌아가려면 어떻게 해야 할까?" 같은 좀 더 사회학적인 제안도 있었다. 내 기억에 남는 주제는 "1만 2000인주를 투입해 작품을 제작하는 방안은 무엇일까?"였다. 예산을 10퍼센트 삭감하는 방안을 토의하자고 제안한 것에 대해 많은 직원이 더 과감한 예산 삭감을 주제로 토론해야 되는 것은 아닌지 문의하는 이메일을 보냈다.

노트 데이 실무단이 받은 한 이메일의 제목은 "제작비 85퍼센트"였다. 이 이메일 작성자는 픽사가 2년마다 세 편의 작품을 제작할 때, 스토리 구상 단계 외의 제작 공정을 단순화해 한 편의 제작비를 1만 5000~1만 2500인주로 낮추자고 제안했다.

다른 직원은 이런 이메일을 보냈다. "예산 1만 인주로 작품을 제작할 수 있을지 검토하고 싶습니다. 그 방안을 고민하다 보면 1만 8500인주로 작품을 제작할 수 있는 방안이 나올 겁니다."

또 다른 직원은 이런 이메일을 보냈다. "픽사가 1만 2000인주로 제작하려는 작품은 무엇입니까? 이처럼 적은 예산을 투입해 관객들이 픽사에 기대하는 수준의 창의적인 작품을 만들 수 있을까요? 절약한 예산은 어디에 쓰이나요? 예산을 줄이면 제작 공정이 어떻게 달라질까요?" 이 이메일의 제목은 "과감해지자"였다.

주제를 압축하는 작업을 끝낸 포터는 각각의 주제에 대략 얼마나 많은 직원이 관심을 보일지 추측해 이에 따라 일정을 편성했다. 노트 데이 실무단은 직원들에게 어떤 주제에 관심이 가는지 묻는 설문조사를 실시했다. 결과는 충격적이었다.

가장 많은 직원이 관심을 보인 주제는 제작예산 1만 2000인주를 투입해 작품을 제작하는 방법이었다. 이에 따라 그가 이끄는 실무단은 이 주제에만 90분짜리 토론 세션 일곱 개를 배정했다. 이 세션에 참가하겠다고 지원한 사람들은 순교자가 아니었다. 이들은 제작비 절감 문제에 흥미를 느끼고 논의하고 싶어 했다(픽사 동료들의 상상력을 가장 강하게 사로잡은 주제는 경영진의 목표보다 더 과감하게 제작비를 절감하는 것이었다. 동료들은 경영진이 제작비 절감을 고민한 이유를 완벽히 이해한 셈이다. 나는 이런 동료들에게 자부심을 느낀다).

여기서 설명하는 토론회 설계 과정을 너무 지엽적인 얘기라고 느낄 독자도 있겠지만, 우리는 토론회를 어떻게 설계하느냐가 토론회의 성패를 가르는 관건이라고 생각했다. 토론회를 여는 것이 중요한 게 아니라 어떤 토론회를 여는가가 중요하다. 모든 직원을 모아놓고 토론하는 것만으로는 충분하지 않다. 이런 토론을 구체적이고 실용적이고 가치 있는 성과로 전환하는 방법을 찾는 것이 훨씬 더 중요하다.

포터 제작부서장이 이끄는 실무단은 노트 데이 일정을 계획하는 초기에 직원들이 스스로 스케줄을 결정하고 관심 있는 세션에만 참가토록 하기로 결정했다. 그리고 픽사의 제작관리자들에게 각 노트 데이 토론 그룹의 퍼실리테이터 역할을 맡겼다. 토론회가 있기 전주, 모든 퍼실리테이터는 트레이닝 세션에 참석해 노트 데이 토론에서 모든 참가자들이 발언하게 유도하는 방법을 교육받았다. 실무단은 토론 참석자들의 구체적 성과를 파악하고자 직원들이 토론 세션을 마치고 토론장을 나갈 때 제출할 토론 평가서 exit form 양식을 세심하게 설계했다. 적색 토론 평가서 red form에는 제안을 적고, 청색 토론 평가서 blue form에는 브레인스토밍한 내용을 적고, 황색 토론 평가서 yellow form에는 전체 직원들이 지켜야 할 행동 원칙들을 적도록 했다. 양식은 간단하고 구체적이었다. 토론 세션마다 주제에 맞는 구체적인 질문이 던져졌다. 가령 "누구나 좋은 아이디어를 낼 수 있는 조직 문화로 돌아가는 방안"이라는 제목이 붙은 세션에서 제출해야 하는 청색 토론 평가서는 다음과 같은 질문이 있었다. "2017년 픽사에서 직원들의 자유로운 발언을 가로막는 벽이 사라지고, 경력이 오래된 직원들이 새로운 프로세스를 열린 자세로 받아들인다고 상상해보라. 이런 성공을 거두기 위해 픽사가 해야 하는 일은 무엇일까?" 이 질문 밑에는 토론 참석자들이 자신의 아이디어를 세 개 정도 적을 수 있는 공간이 있었다. 토론 참석자들은 여기에 아이디어를 적은 다음, 몇 가지 질문에 더 답해야 했다. 가령 "토론 참석자가 적은 아이디어가 픽사에 주는 혜택은 무엇인가?", "아이디어를 실현하기 위해 취해야 할 다음 단계는 무엇인가?", "이 아이디어가 가장 많이 적용되어야 할 직원들은 누구인가?", "이 아이디어를 누가 주도해서 실현해야 하는가?"라는 질문에 답해야 했다.

이렇게 번거롭게 보일 수도 있는 절차를 토론 참석자들에게 요구한 이유는 직원들이 토론에 유의미하게 참여하고 토론이 끝난 뒤에 이전과 다른 행동을 하도록 유도하기 위함이었다. 실무단은 다양한 주제를 토론할 수 있는 여지를 남겼지만, 모든 토론 세션이 일정한 틀에 따라 진행되도록 설계했다. 예를 들어, "외부에서 얻을 수 있는 교훈"이라는 제목이 붙은 토론 세션 참석자들은 황색 토론 평가서에 적힌 "다른 기업에서 배울 수 있는 최선의 실천 방안들은 무엇인가?"라는 질문에 답해야 했다. 이 질문 밑에는 세 가지 답을 적을 수 있는 공간이 있고, 각 답 밑에는 "픽사에 줄 수 있는 혜택, 픽사가 밟아야 하는 다음 단계"를 추가로 적는 칸이 있었다.

"감독들이 스토리 구상 단계에서 비용을 이해하도록 돕는 방법"이라는 제목의 세션 참석자들이 제출해야 하는 적색 토론 평가서에는 제안의 출발점이자 가이드라인이 될 만한 문장이 인쇄됐다. "스토리 구상 단계 초기부터 감독들이 비용 개념을 고려해가며 스토리를 구상하게 하려면 어떻게 해야 할까? 아이디어 구상 단계에서 예산 범위를 토론한다. 스토리에 따라 영상이 달라지고, 예산 금액도 달라진다." 이 문장 다음에는 "추가 제안"이라는 제목이 붙은 공간이 나왔다. 토론 참가자들은 다음과 같은 질문들에 답해야 했다. "이 방안이 픽사에 어떠한 혜택을 주는가?", "이 방안의 결점은 무엇인가?" 밑에는 이런 질문이 나왔다. "이 아이디어는 추구할 만한 가치가 있는가?" 그 밑에는 다음과 같은 상자가 두 개 있었다. "있다. 다음 단계", "없다. 그 이유는…." 전자를 선택한 경우에는 다음 질문에 답해야 했다. "이 제안을 가장 주의 깊게 들어야 할 사람은 누구인가?(구체적으로 제시할 것)" 그다음에는 이런 질문이 나왔다. "누가 이제안을 해야 하는가?"

실무단이 노트 데이 토론회에서 원하는 성과를 내고자 얼마나 열심히 머리를 짜내 일정을 설계했는지 독자들도 짐작할 수 있을 것이다. "우리는 토론회에 참석한 직원들이 무난하게 할 수 있는 일들을 적어서 제출하길 원하지 않았습니다. 우리의 목표는 픽사에 도움이 되는 아이디어를 구상하고 실현하려는 열정적인 직원이 누구인지 가려내는 것이었어요. 토론회를 통해 예리한 통찰력을 지닌 직원들을 발굴해 경영진에게 소개하고 싶었습니다."

노트 데이 직전인 2013년 3월 8일 금요일, 픽사 직원 1059명이 노트 데이 토론회에 참석할 것이라는 이메일을 받았다. 휴가나 출장 중인 직원들을 제외하면, 거의 모든 직원이 참석하는 셈이었다. 그다음 주 월요일, 임직원들은 건물 세 동에 있는 66개의 토론장에서 138명의 퍼실리테이터가 주재하는 171차례의 토론 세션에 참가해 106개 주제를 토론하기로 했다.

여기저기서 너무나 많은 토론회가 열릴 예정이라 사무실, 회의실만으로는 공간이 부족했다. 할 수 없이 의외의 장소들을 토론장으로 배정했는데, 천장에 디스코텍에서나 볼 법한 둥근 유리 조명이 달려 있고 벽에는 조지 워싱턴 그림이 걸려 있으며 바닥에는 공놀이를 할 수 있는 나무판자가 놓인 휴게실 푸들 라운지Poodle Lounge도 예외가 아니었다.

우리는 꼼꼼히 준비했고, 준비한 대로 실험했다.

2013년 3월 11일 월요일 오전 9시, 모든 픽사 임직원이 스티브 잡스

빌딩 아트리움에 모였다. 나는 '픽사'라는 글자가 적힌 네이비블루 색상의 운동복 상의를 입고 무대에 올랐다. 직원들에 대한 내 자부심은 의상뿐만 아니라 표정에서도 역력히 드러났다. 나는 노트 데이 토론회를 열정도로 픽사를 개선하는 일에 열정을 보이는 직원들이 자랑스러웠다. 직원들에게 환영 인사를 하고, 존 래스터에게 마이크를 넘겼다.

존 래스터는 CCO라는 직책에 어울리게 언제나 직원들에게 영감을 불어넣는다. 픽사 직원들도, 디즈니 애니메이션 스튜디오 직원들도 그의 긍정적인 에너지에 의지한다. 하지만 이때는 들떠서 환호성을 지를 때가 아니었다. 무대 앞으로 천천히 걸어가면서 그는 내가 들어본 그의 연설 중가장 진심 어리고 감동적인 연설을 했다. 솔직함에 관한 얘기로 연설은시작되었다. 픽사가 지금까지 솔직함을 얼마나 중시했는지 이야기했다.솔직한 말은 하기도 받아들이기도 어렵다는 사실을 노트 데이 토론회를준비하면서 새삼 다시 깨닫게 됐다고 말했다. 직원들이 노트 데이 실무단에게 보낸 이메일이 담긴 전자 건의함을 살펴봤는데, 자신에 대한 이메일이 많았으며, 일부는 부정적인 내용을 담고 있었다고도 했다. 특히 디즈니에 너무 신경 쓰느라 픽사 본사에 잘 오지 않고 픽사 직원들과 별로 만나지 않는다며 섭섭함을 토로하는 내용이 많았다. 물론 직원들이 그를 그리워했기에 이런 이메일을 보낸 것이지만, 직원들은 그가 경영자로서 받고 있는 과도한 압박에 더 잘 대처할 방법들이 있을 것이라고 생각했다.

래스터는 뜨끔했지만 직원들의 구체적인 비판을 듣고 싶어서 이메일을계속 읽었다고 말했다. "여러분이 건의한 내용을 모으면 한 페이지 정도될 것이라고 예상했는데, 다 모아보니 두 페이지 반 정도 나왔습니다." 그는 이메일을 읽으면서, 만나는 시간이 줄어든 픽사 직원들이 그와 만나 회의하기 전에 지나칠 정도로 준비했지만 이런 준비가 누구에게도 도움이 되지 않았다는 것을 알게 됐다. "여러분의 건의 사항 중에는 제 일정 관리에 관한 내용이 많았습니다. 예를 들어, 제가 이전 회의에서 받은 스트레스를 다음 회의에서 표출하는 탓에 회의 참석자들이 '왜 우리에게 화를 내지?' 하고 생각한다는 것을 알게 됐습니다. 여러분이 저를 이렇게 바라본다는 것을 전혀 몰랐습니다. 여러분의 글을 읽으면서 저 자신이 부끄러워져 얼굴이 화끈거렸습니다. 하지만 여러분의 솔직한 글 덕분에 제 과오들을 깨닫게 됐고, 이런 과오들을 고치는 작업에 들어갔습니다."

1000명이 넘는 직원들이 모인 아트리움은 조용했다. 그가 말을 이었다. "그러니 오늘도 부디 솔직하게 본심을 얘기해주시기 바랍니다. 관리직에 있는 분들은 직원들의 솔직한 의견을 자신에 대한 공격이라고 착각하고 언짢아하는 일이 없도록 주의해주시기 바랍니다. 농담이 아닙니다. 분명 언짢아하는 분들이 있을 겁니다. 하지만 픽사의 발전을 위해 마음을 크게 먹고, 직원들의 솔직한 발언을 가로막지 말고, 자신도 솔직하게 의견을 제시해주세요. 명심하세요. 오늘은 이러려고 토론회를 여는 겁니다. 오늘 토론회는 픽사가 다음 세대까지도 계속 더 나은 기업으로 발전해 나가기 위한 과정입니다. 분명 픽사를 근본적으로 바꿔 나갈 겁니다. 이런 변화는 바로 여러분 자신이 일으켜야 합니다."

연설이 끝나고, 노트 데이 토론회가 시작됐다.

■ ■ ■

노트 데이 토론회의 첫 시간에는 모든 직원이 각자 자신의 부서(스토리, 원화, 촬영, 회계 등) 회의에 참석해 평소 가장 많이 협력하는 가까운 동료들과 업무 효율을 높일 아이디어를 공유했다. 우리는 이런 부서 회의가 노트 데이 토론회 전체 일정에서 워밍업 같은 역할을 수행하리라 기대했다. 평소 잘 만나지 못한 직원들에게 솔직하게 얘기하는 것보다 자주 만나는 직원들에게 솔직하게 얘기하는 것이 쉽다. 하지만 존 래스터가 직원들에게 촉구한 것처럼 픽사 직원이라면 마음을 크게 먹고 용기를 내서 솔직하게 발언할 필요가 있었다. 이날 10시 45분에 시작하는 첫 토론 세션부터는 평소에 친분이 없던 직원들과 섞여서 얘기해야 했다.

토론회 참석자는 직급이나 부서에 따라 조직되지 않았다. 각자의 관심사항에 따라 조직됐다. 노트 데이 준비 과정에서 실무단은 모든 직원에게 토론하고 싶은 주제를 제출하도록 했다. 그리고 토론회에 참석하지 못하고 겉도는 직원들이 나오지 않도록 토론회를 세심하게 조직했다. 토론회 주제가 너무 전문적이면(예를 들어 "촬영 생산성을 높이는 해법은 무엇인가?"처럼) 극소수 직원만이 참여했다. 모든 부서 직원이 흥미를 느낄 만한 주제들이 다수 선정됐다.

예를 들어, "훌륭한 근로 환경을 개발하고 평가하는 방법: 2017년 픽사에서 아무도 직급에 구애받지 않고 일하도록 하려면 어떻게 해야 할까?"라는 제목이 붙은 브레인스토밍에는 픽사 총주방장 한 명, 법률회사 출신 여직원, 프랑스에서 온 여직원, 베테랑 애니메이터, 기술지원부서 남직원, 그 외에 10여 명이 참석했다.

이토록 각양각색의 직원이 한자리에 모인 이유는 무엇일까? 모두 "직급에 구애받지 않고"라는 문구에 끌려 토론회에 참석했다고 밝혔다. 이들은 픽사에서 직급, 직책에 따라 융통성 없이 일하는 사람들에게 지쳐 있었다. 가령 다른 직원들과 공유할 수 있는 장비인데도 자신만 써야 한다고 고집하는 직원들 말이다. 또한 일터에 애완견을 데리고 오지 못하게 한다고 불평하는 직원들에게도 지쳤다. 한 애니메이터가 말했다. "여기는 일하는 곳입니다. 이곳만큼 근로 환경이 훌륭한 직장이 어디 있나요? 우리 모두 두둑한 봉급을 받습니다. 이런데도 직업윤리가 없는 사람들은 정신 차려야 해요."

이 브레인스토밍 참석자들은 공통점이 많았다. 기술지원부서 남직원은 기술지원 요청 전화에 답한 일화를 얘기해줬다. 그는 황급하게 문제를 해결해달라는 전화를 받고서 허겁지겁 현장으로 달려갔다. 그런데 현장에서 만난 애니메이터의 요구사항은 자신이 점심을 먹고 난 뒤 일하는 데 지장이 없도록 점심시간 동안 컴퓨터를 수리해달라는 것이었다. 그가 "나도 점심을 먹어야 한다고요"라고 말하자 토론회 참석자들은 모두 고개를 끄덕였다.

이 자리에 참석한 주방장은 사전 예고도 없이 서둘러 워킹 런치working lunch(샌드위치와 과일 등 사무실에서 일하면서 먹는 간단한 점심식사 – 옮긴이)를 준비해달라는 요구를 받고 당혹스러웠다고 털어놓았다. 조리부 직원들이 겪을 불편과 혼란은 염두에 두지 않은 일방적인 요구였기 때문이다. 캐릭터만 그리는 한 애니메이터는 다른 부서 직원들을 잘 모른다고 아쉬워했다. "조명, 채색처럼 다른 작업을 하는 직원들을 잘 모르다 보니 서로 오해가 생기고 갈등을 빚기 쉽습니다."

참석자들은 점차 주제에 근접해갔다. 한 참석자가 "직원들이 더 동료의식을 지니고 협동해 일하도록 해야 합니다"라고 말하면, 다른 참석자가 "직원들이 전체 제작 공정을 이해했으면 좋겠어요. 다른 부서 직원들이 어떤 일을 하는지 이해하고 평가할 수 있다면 효율성이 높아질 거예요.

자신이 모르는 제작 공정들에 대해서도 알 필요가 있어요"라고 말했다.

참석자들이 제출한 토론 평가서에는 각 부서 사이의 공감대를 증진하는 방안들이 나왔다. 예를 들면, 다른 부서와 서로 일을 바꿔서 해보는 체험 프로그램, 추첨을 통해 다른 부서 직원과 함께 점심식사를 하는 제도, 다른 부서 직원과 맥주를 마시며 친목을 다지는 모임 등이다.

이 브레인스토밍 세션을 골라 소개한 이유는 직급, 직책, 부서의 차이에 따른 갈등은 모든 기업이 공통적으로 겪는 것으로, 독자들이 널리 공감할 수 있는 문제이기 때문이다("렌더링 작업 통합 관리 방안"처럼 전문적 주제를 토론한 세션에 흥미를 느낄 독자는 별로 없으리라). 하지만 장소, 주제와 관계없이 이날 진행된 모든 토론회는 옆에서 지켜봐도 활기가 넘쳤다. 화장실에 가거나 밖에 나와 바람을 쐬면서도 직원들이 토론 주제에 대해 열정을 갖고 얘기하는 것을 들을 수 있었다. 모든 직원이 픽사를 바꾸는 작업에 참여한다는 데 흥분한 것 같았다.

토론회 중간에 포터 제작부서장은 퍼실리테이터들을 소집해 각 토론 세션의 진행 상황을 간략히 점검하고, 경험한 바를 공유하도록 독려했다. 그가 "여러분이 진행하는 토론 세션에서 픽사에 즉시 적용 가능한 제안들이 있습니까?" 하고 묻자 모든 퍼실리테이터가 손을 들었다.

우리는 중역, 감독, 프로듀서 들을 토론 세션에서 분리했다. 첫째, 직원들이 리더의 눈치를 보지 않고 자유롭게 발언할 수 있게 하기 위해서였다. 둘째, 리더들끼리 모여서 토론해야 할 주제들이 있었기 때문이었다. 이를테면 창의적 피드백 시스템("현재의 브레인트러스트 회의가 10년 전만큼 유용한가?"), 추구해야 할 리더십의 종류("어떻게 해야 모든 직원이 자원 절감 아이디어를 제안하는 조직문화를 조성할 수 있을까?"), 예산을 가장 효율적으로 활용하는 방안("픽사는 작품을 제작할 때 완벽을 추구해 예산을 초과하기 십 상인데, 어떻게 해야 완벽주의와 혁신 욕구를 잘 관리할 수 있을까?") 같은 주제 들은 리더들끼리 토론할 필요가 있었다.

여러 토론 세션을 돌아다니면서 참가자들의 표정을 보았는데, 토론이 바람직한 방향으로 잘 흘러가고 있다는 생각이 들었다. 참가자들의 얼굴 에서 빛이 났다. 노트 데이 토론회가 끝나고, 모든 직원이 맥주잔과 핫도 그를 들고 본사 밖 야외에 모였다. 각기 다른 부서에서 일하는 사람들이 건물 내부에서 토론한 내용을 밖에서도 계속 얘기했다. 본사 캠퍼스가 직 원들이 내뿜는 에너지로 충만했다. 이것이 바로 직원들이 원하고 경영진 이 원하는 픽사의 모습이다.

나는 직원들이 토론 참여 소감을 공유할 수 있도록 이곳저곳에 설치해 놓은 게시판들을 둘러보았다. 게시판에 적힌 내용을 일부 소개하면 다음 과 같다.

- 노트 데이에서 가장 좋았던 순간은? "존 래스터의 솔직한 연설"
- 오늘 배운 새로운 교훈은? "사람들은 서로 배려하고, 바뀔 수 있다."
- 오늘 새로 만난 직원 수는? "23명"
- 오늘 소감은? "노트 데이는 픽사가 돈벌이뿐 아니라 직원들도 신경 쓴다는 점을 보여주는 증거입니다." "내년에도 또 해요."

다음 날 아침, 직원들이 보낸 수백 통의 이메일을 받았다. 그중 스토리 보드 작가가 보낸 이메일 한 통은 직원들의 감정을 잘 집어냈다.

안녕하세요? 에드 사장님. 노트 데이 토론회를 마치고 감사 인사를 보내고자 이메일을 씁니다. 오늘은 진정으로 경이롭고, 영감이 넘치고, 유익한 날이었습니다. 오늘 내내 여러 사람이 말한 것처럼, 카타르시스가 느껴지는 날이었습니다. 냉소주의는 어디에서도 볼 수 없었습니다. 오늘은 픽사가 조금 좁아진 것 같은 느낌이 들었습니다. 새로운 사람들을 만났고, 완전히 새로운 관점을 접했고, 다른 부서 직원들이 고민하는 문제들을 알게 됐습니다. 정확히 측정할 방법은 모르지만, 저는 노트 데이의 효과가 매우 크다고 생각합니다. 참석자들은 픽사와 픽사의 미래에 대한 주인의식이 높아졌습니다. 그리고 '우리는 한 배를 탄 운명 공동체'라는 의식도 생겼습니다. 토론회로 얻을 수 있는 효과 중 이보다 더 좋을 것이 있을까요? 직원들이 보낸 이메일을 본 느낌을 용기 있게 말씀하신 존 래스터 부사장님의 솔직한 자세는 토론 참석자들이 솔직하게 속마음을 털어놓도록 분위기를 조성했습니다. 이만큼 좋은 솔선수범의 예는 찾기 힘들 겁니다. 모든 직원이 부사장님을 본받아 품격 있고 겸손하게 자아를 성찰하고 피드백을 받아들일 수 있을 것이라고 생각합니다. 이처럼 뜻 깊은 토론회를 열어주셔서 대단히 감사합니다.

■ ■ ■

앞서 언급했듯, 노트 데이 토론 평가서에는 "누가 이 제안을 해야 하는가?"라는 문항이 있었다. 우리는 직원들이 움츠러들지 않고 최고의 아이디어들을 실현하기 위해 밀어붙이길 원했다. 노트 데이가 끝나고 몇 주간 아이디어 제안자로 지원한 모든 직원은 제작부서장에게 아이디어를 검증받고, 나와 존 래스터, 짐 모리스 제작본부장에게 아이디어를 설명했다.

일리 있어 보이는 아이디어들은 즉시 시도했다.

토론회에서 나온 아이디어들은 사장되지 않고 픽사를 더 나은 기업으로 바꿔 나갔다. 구체적인 아이디어들(예컨대, 우리는 더 신속하고 안전하게 최근 작업한 애니메이션 컷을 감독에게 보내는 방법을 도입했다)은 애니메이션 업계에서 일하지 않는 사람들에게 무의미하게 보일 수도 있겠지만, 이런 아이디어들이 모두 합쳐지며 픽사에 의미 있는 변화를 일으켰다. 이후 몇 주 사이 네 개의 좋은 아이디어를 도입한 다음, 다섯 개를 더 시도했고, 추후에 시도할 아이디어를 열 개 정도 더 선정했다. 모두 제작 공정이나 조직문화, 운영 방식을 개선하기 위한 아이디어였다.

노트 데이 토론회의 가장 중요한 효과는 그동안 직원들의 솔직한 의견 개진을 가로막고 있던 회사 분위기를 일신한 것이다. 구체적 결과물을 측정해 토론회의 성공을 평가하려는 시도도 있었지만, 진정한 기업 개선은 임직원들의 꾸준한 참여와 철저한 실천을 통해서만 가능하다. 내가 생각하는 노트 데이 토론회의 가장 중요한 효과는 직원들이 자신의 생각을 솔직히 털어놔도 괜찮다고 생각하게 된 점이다. 이 토론회는 직원들이 다른 사람의 생각에 동의하지 않아도 괜찮다고 생각하도록 해줬다. 바로 이 점을 비롯해 직원들이 자기 자신을 문제 해결 주체로 인식하게 된 것이 최대 성과다.

노트 데이 토론회가 성공한 비결은 무엇일까? 세 가지 요인 덕분이라고 본다. 첫째, 뚜렷한 목표가 존재했다. 노트 데이 토론회는 자기 이익만을 위해 떠드는 혼란스러운 자유토론회가 아니라 '제작비 10퍼센트 절감' 같은 구체적인 '현실적 필요'에 대처하기 위해 (인사과나 중역들이 아닌 직원들이 제안한 주제들을 중심으로) 광범위하게 조직된 행사였다. 이런 목표와 동떨어져 보이는 토론 주제들도 허용되고 심지어 장려됐지만, 어쨌든 뚜렷한 목표가 존재했다는 점이 성공의 열쇠다. 뚜렷한 목표는 토론회의 체계를 잡고, 토론 참석자들이 길을 잃지 않도록 유도했다.

둘째, 최고경영진이 실무진에게 권한을 위임했다. 회사 업무를 전면 중단하고 모든 직원이 토론회에 참석하게 하는 프로젝트를 계획·진행하는 실무진이 최고경영진의 전폭적 지원을 받지 못했다면, 노트 데이는 성공하지 못했을 것이다. 최고경영진이 신뢰하고 권한을 위임하지 않았다면, 톰 포터 제작부서장은 픽사에서 가장 조직력이 뛰어난 인재들의 도움을 받아가며 노트 데이 일정을 계획하지 못했을 것이다. 최고경영진이 실무단을 신뢰하지 않았으면, 토론 참석자들도 이 점을 알아채고 속마음을 솔직하게 털어놓지 않았을 것이고, 토론회는 속 빈 강정이 됐을 것이다.

셋째, 직원들이 주도했다. 다른 기업들은 노트 데이 토론회 같은 전사적 행사를 조직하는 일을 외부 컨설팅 회사에 맡긴다. 이런 대규모 행사를 제대로 조직하려면 많은 시간이 들기 때문이다. 나는 직원들에게 계획과 운영을 맡긴 결정이 노트 데이 성공의 핵심 비결이라고 본다. 직원들의 주도는 토론을 의미 있는 방향으로 이끌어 나갔을 뿐 아니라 부수적인 효과도 가져왔다. 그들은 자발적으로 토론에 참여하고 협력하고 회사를 실제로 바꾸는 방안을 모색하는 경험을 통해 자신이 픽사에서 일하는 이유를 다시 깨달을 수 있었다. 이들의 애사심은 다른 직원들에게 전염됐다. 노트 데이는 종점이 아니라 출발점이었다. 직원들이 회사의 미래에 자신이 하게 될 역할을 생각해보고 행동에 나설 기회를 제공했다. 앞서 여러 차례 설명했듯, 문제를 발견하는 것은 어렵지 않지만, 근원이 무엇인지 정확히 인식하는 것은 매우 어렵다. 노트 데이는 픽사가 앞으로 나아가는 데 걸림돌이 되는 문제들을 수면 위로 올려놓는 역할을 했다. 그러나 노트 데이 자체로는 문제를 해결할 수 없다. 비록 문제 해결이라는 어려운 과제가 남았지만, 이것은 직원들이 문제를 찾아 해결하도록 조직문화를 바꾸는 출발점이 됐다.

모든 것은 변하게 마련이다. 이런 변화에 따라 적응의 필요성이 생긴다. 달라진 현실에 맞는 새로운 사고가 필요하다. 기존의 것(프로젝트, 부서, 또는 회사 전체)을 갈아엎고 처음부터 다시 시작해야 할 때도 있다. 변화의 시기에는 가족의 지원도 필요하고, 동료들의 지원도 필요하다. 그런 면에서 픽사의 애니메이터 오스틴 매디슨^{Austin Madison}이 쓴 편지는 중요한 통찰을 담고 있다.

고민 중인 예술가들에게

픽사의 여러 예술가와 마찬가지로, 나는 계속 두 가지 상태를 오갑니다. 내가 원하는 상태는 내 모든 역량과 창의력을 발휘 중인 상태입니다. 종이에 펜을 올려놓으면 병에서 와인이 쏟아져 나오듯 머릿속에서 아이디어들이 쏟아져 나오는 것 말입니다. 이런 시간은 근무 시간의 3퍼센트에 불과합니다. 97퍼센트의 시간 동안, 나는 사무실 한 구석에서 머리를 쥐어짜도 아이디어가 떠오르지 않아 절망한 채 종이를 구겨 던집니다. 우리가 해야 할 일은 실망과 절망의 늪을 열심히 헤쳐 나가는 것입니다. 영화 DVD를 시청하면서 오디오 해설을 들어보세요. 수십 년간 영화를 제작해온 사람들도 우리와 똑같은 문제들을 겪으면서 고뇌했다는 사실을 알 수 있습니다. 내가 여러분에게 할 말을 한 문장으로 정리하면, '끈질기게 나아가라'는 것입니다. 어려움 속에서도 끈질기게 스토리를 풀어 나가고, 계속해서 끈질기게 관객에게 다가가려 하고, 비전을 실현하는 방향으로 끈질기게 나아가세요.

내가 하고 싶은 말을 이보다 더 잘 정리할 수는 없을 것이다. 지금까지 이 책을 써내려오면서 내 목표는 픽사와 디즈니 애니메이션 스튜디오 직원들이 어떻게 얼마나 끈질기게 비전을 실현할 방법을 모색했는지 여러분에게 알리는 것이었다. 미래는 목적지가 아니라 방향이다. 우리가 할 일은 현재의 진로가 옳은지 매일 점검하고, 길을 벗어났다면 방향을 수정하는 것이다.

나는 픽사가 조만간 또 다른 위기를 맞을 것이라고 생각한다. 창조적인 조직문화를 계속 활성화하기 위해서 경영자는 지속적인 불확실성을 두려워하지 말아야 한다. 항상 변하는 날씨를 받아들이듯, 지속적인 불확실성을 받아들여야 한다. 불확실성과 변화는 변수가 아니라 인생에서 피할 수 없는 상수다. 불확실성과 변화가 있기에 인생이 재미있는 것이다.

경영자가 직면한 현실을 솔직히 말하자면, 미지의 위협 요소들이 끊임없이 도전해오고, 이에 대처하는 과정에서 실수를 저지를 수밖에 없고, 문제 해결은 끝이 없는 상황이다. 기업에는 문제가 상존하고, 그중 상당수는 경영자의 눈에 보이지 않는다. 경영자는 이런 문제들을 찾아내려는 노력을 끊임없이 기울이고, 언짢더라도 자신이 문제를 어떻게 악화시켰는지 직시해야 한다.

문제를 발견했으면 해결에 모든 역량을 쏟아야 한다. 이런 주장이 여러분에게 익숙하게 들린다면, 내가 지금까지 이 책에서 누누이 강조한 보람이 있다. 여기서 또 반복하고 싶은 말이 있다. 직원들의 창의성을 이끌어내고 싶은 경영자는 통제를 완화하고, 리스크를 받아들이고, 동료 직원들을 신뢰하고, 이들이 창의성을 발휘해 일할 수 있는 환경을 조성하고, 직원들의 공포를 유발하는 모든 요인에 주의를 기울여야 한다. 이 모든 일을 해내야 하므로, 창의적인 기업문화를 창조하고 유지하는 일은 결코 쉽지 않다. 하지만 원래 경영자의 목표는 달성하기 쉬울 수 없다. 경영자의 목표는 탁월한 제품을 만드는 것이다.

노트 데이의 지속적 영향

10년 전 이 책의 초판 집필을 끝냈을 때 픽사는 2013년 3월 어느 날 하루 종일 진행된 스튜디오 전체의 피드백 세션인 노트 데이를 막 마친 상태였다. 나는 노트 데이 제도가 가져온 변화를 요약 설명하려고 최선을 다했는데 마음속 깊이 그 변화를 정리하기에는 너무 이르다는 것을 알았다. 그 영향은 여전히 진행형이었다. 《창의성을 지휘하라》의 확장판을 출간하기로 한 이유 중 하나는 노트 데이 제도가 픽사에 어떤 반향을 일으켰는지, 어떤 점이 바뀌었고 바뀌지 않았는지, 어떤 통찰을 진행했고, 심지어 어떤 문제점이 발생했는지에 대해 자세히 설명하기 위해서다. 하지만 그 전에 몇 가지 배경 지식이 필요하다.

노트 데이 제도를 시행하기 이전에 이미 픽사는 언젠가는 해결해야 할 몇 가지 문제를 안고 있었다. 13편의 영화를 연달아 히트시킨 것은 경이

적인 일이었지만 이러한 성공은 '우리가 만든 영화 중 하나가 흥행에 실패하면 어쩌지?'라는 막연한 두려움을 불러일으켰다. 회사 운영과 작품 제작 비용은 점점 늘어났다. 회사 규모가 커지면서 오래전 스타트업 시절의 문화에 대한 기억이 없는 새로운 사람들이 들어왔고, 이들 중 상당수는 성공한 회사에 합류하는 것에 위축감을 느꼈다. 채용 기준이 매우 높았기 때문에 새롭게 합류한 사람들은 많은 잠재력을 지녔을 뿐만 아니라 픽사가 자신들에게 성장의 기회를 제공할 것이라는 기대도 했다. 하지만 상당수의 리더가 경험이 부족했고, 많은 관습이 굳어져서 직원들의 참여 유도에 방해가 되었다. 가장 결정적으로, 13장에서 말했듯이 너무 많은 직원이 자신들이 우려하는 바를 표출하는 것을 꺼렸고, 이는 곧 점점 더 솔직함이 부족해지고 있다는 것을 의미했다. 솔직함을 바탕으로 스스로 성장한 회사에 우려스러운 일이었다.

무슨 일이 있었던 것일까? 직원과 회사는 변화를 겪는 중이었고 제작 속도가 빨라지고 있었으며, 일부 프로세스는 우리의 성장 속도를 따라오지 못한다는 점을 알고 있었다. 리더들은 영리하고 재능이 뛰어났으며 회사 문화에 애정이 있었다. 픽사에 새롭게 합류한 직원들은 동경하던 회사에 들어오게 돼서 기뻐했다. 오랜 기간 근무한 직원들은 베테랑이라는 자부심이 있었고 회사의 성공을 자신의 성공으로 여겼다. 하지만 문제는 계속되었다. 많은 리더들이 직책을 맡은 지 얼마 안 되었지만 뛰어난 업무 성과로 승진했다는 것을 알고 있었다. 또한 많은 사람이 갈등을 회피한다는 점도 알았다. 그래서 리더십 교육 프로그램을 선보였지만 그다지 효과적이지 않았다. 마침내 우리는 새로운 통찰이 필요하지만 기존의 낡은 접근 방식으로는 제대로 통찰할 수 없다는 것을 깨달았다.

그래서 자기 성찰의 과정인 노트 데이 제도를 만들어 변화를 위한 여정에 나섰는데, 그 과정에서 예상치 못한 문제도 맞닥뜨렸지만 모두 필요한 것이었다. 노트 데이 토론회에서 제기된 모든 문제를 해결하지 못했고 직원들의 기대에 부응하지도 못했다(자신이 운영하는 회사에서 노트 데이 제도를 모방하려는 독자에게 모든 직원의 기대를 충족시킬 수 없음을 경고하고 싶다).

노트 데이의 여정을 설명하기 전, 직원들이 자신들이 만든 영화를 픽사의 이전 영화와 비교했다는 점을 다시 한 번 강조하고 싶다. 회사 내부에서는 단순한 실패에 대한 두려움을 넘어 성과에 대한 엄청난 압박감이 생겼다. 연이은 제작에 직원들은 본질적으로 기술 혁신, 예산, 수익 면에서 스스로를 뛰어넘으려고 노력했는데, 이는 직원들을 지치게 만들었고 그들이 추구하는 성공에 방해가 되었는데 이와 같은 상황이 꼬리를 물고 끊임없이 계속되었다. 직원들은 이런 방식이 창작 프로세스에 해를 끼칠 수 있다는 것을 잘 알았다. 하지만 각 영화의 리더와 모든 직급의 팀원들은 자기편을 실망시키지 않아야 한다는 개인적인 의무감을 느꼈다. 영광스러운 일처럼 들리지만 부정적인 면도 있다. 이 감정이 너무 강해서 중요한 결정을 내릴 때 논리보다 앞선다는 것이다.

'완벽을 추구하면 좋은 결과에 방해가 된다'라는 말을 들어본 적이 있을 것이다. 픽사 동료 중 한 명인 캐서린 새러피언은 '경제의 적'이라고 명명된 완벽주의와 씨름하고 있었다. 최악의 시나리오는 감독부터 제작자, 부서 슈퍼바이저, 스태프에 이르기까지 영화에 참여하는 모든 사람이 너무 열심히 일해서 본의 아니게 예산(그리고 피로 수준)을 높인 경우이다. 모든 영화가 경제의 적과 싸웠던 것은 아니기 때문에 일반화하고 싶지는 않다. 스토리만 제대로 전달하면 영화의 모든 프레임에서 화질이나 효과에 너무 세심하게 공들일 필요가 없다고 말했던 적이 있다. 그래서 이를 이해하는 일부 감독들과 제작자들은 "스토리를 뒷받침하기에 충분하니 그냥 진행하세요"라는 작업 윤리를 잘 전달했다. 하지만 리더가 스태프들에게 "편하게 해요"라고 말해도 때때로 그와 상반되는 메시지를 전하며 그 이상을 해낸 스태프들을 칭찬했다. 다른 무엇보다 이러한 역동성을 이해하고 해결하는 데 노트 데이 제도가 큰 도움이 되었던 것이다.

• • •

13장에서 나는 노트 데이를 '종점이 아니라 출발점이었다'고 썼다. 이보다 더 정확한 표현은 없을 것이다. 사실 노트 데이를 통해 배운 모든 것을 이해하고 정리하는 데 몇 달이 아니라 몇 년이 걸렸다고 말할 수 있다. 이 글을 쓰는 동안에도 픽사는 여전히 가장 골치 아픈 문제들을 해결 중인데 노력이 부족해서가 아니라, (1)복잡한 크리에이티브 기업들은 항상 해결해야 할 문제가 있고, (2)특정 문제의 근본적인 특성상 지속적인 대응이 필요하기 때문이다.

확장판을 출간하면서 노트 데이 성과를 평가해 보기로 했다. 몇몇 성과는 수치화하기 쉬웠다. 2013년 3월 월요일에 논의한 120개의 주제 중 29개의 구체적인 아이디어가 최종적으로 픽사 경영진에게 전달되었다. 이 중 7개 아이디어는 회사에 큰 영향을 미친 계획으로 이어졌고, 나머지 14개 아이디어는 혁신적이지는 않지만 여전히 도움되는 변화로 이어졌다. 슈퍼바이저에게 촬영 승인 권한을 주는 등의 프로세스 변화도 있었다(이 권한은 이전에 감독에게만 부여되었다).

의심할 여지없이 노트 데이 토론회에서 제안된 많은 제안 덕분에 다양한 시스템을 간소화하고 중복 작업을 줄이게 됐다. 한 가지 경우(〈굿 다이노〉 제작 후반에 감독이 교체되면서 제작비용이 늘어났다)를 제외하면, 노트 데이 토론회 이후 모든 영화가 평균적으로 1만 8500인주 목표를 달성했다는 것을 기쁜 마음으로 말할 수 있다.

하지만 노트 데이의 가장 큰 교훈은 비용 절감에 관한 것이 아니라 문화 개선에 관한 것이다. 비즈니스 리더들이 "우리의 가장 큰 자산이 다섯 시에 문을 나섰습니다"와 같은 말을 하는 것을 몇 번이나 들어봤는가? 기분이 좋아지는 문구이지만 실제로는 많은 선의의 경영진이 이 말이 사실인 양 행동하지 않는다. 대부분 회사에서 양질의 제품을 제시간에 예산에 맞춰 제공하는 것은 직원들을 챙기고 싶은 바람보다 우선시된다. 직원을 자산으로 여겨서는 안 된다는 점, 직원은 포부와 가치를 지닌 인격체라는 점에서 이 문구는 말이 되지 않는다. 오랫동안 복지를 최우선 가치로 삼았던 픽사지만 여전히 마감 기한에 맞춰 뛰어난 성과를 내야 한다는 강박관념에 사로잡혀 있다. 그리고 앞서 말했듯이 모든 영화가 대성공을 거두었기 때문에 직원들은 매번 더 좋은 성과를 내야 한다는 의욕이 넘쳤다.

노트 데이 이전에도 픽사는 이 기본적 진리의 함의에 대해 고민하고 있었다. 우리는 리더들에게 굉장한 영화를 만들고, 일정에 맞춰 영화를 완성하고, 직원들을 신경 쓰는 등의 세 가지 일을 모두 하라고 말했지만, 우리 자신을 뛰어넘어야 한다는 욕구가 너무 강해서 처음 두 목표(모두 단기적이고 평가하기 쉬운 목표)가 세 번째 목표(더 장기적이고 평가하기 어렵고 불투명한 목표)보다 우선시되는 경우가 너무 많았다. 일부 직원들이 초과 근무를 했지만 그게 전부가 아니었다. 많은 직원이 소외감을 느꼈던 것이다. 회사가 직원들의 직업에 대한 포부를 높이 평가하지 않을 뿐만 아니라 몇

몇은 회사가 그 포부를 전혀 모른다고 생각했다.

노트 데이를 통해 어떻게 이런 상황이 되었는지, 그리고 이를 해결하기 위해 무엇을 해야 할지 알게 되었다. 개략적으로 말하면 노트 데이 토론회에서 직원들은 픽사의 핵심 가치에 부합하지 않는 부분과 방법을 말할 기회를 얻었다. 그들은 픽사와 픽사의 영화가 세상에 미친 영향력을 사랑했다. 하지만 픽사의 리더들에게 더 많은 것을 기대하게 된 점도 분명해졌다.

현재 픽사의 인사 담당 수석부사장인 캐서린 새러피언은 훗날 이렇게 말했다. "노트 데이에서 직원들에게 어떻게 하면 더 효율적으로 작업할 수 있을지에 대해 물었는데 '예산 관리도 중요하지만, 훨씬 더 실존적인 위협이 되는 문화적 이슈에 집중해야 한다'고 답했습니다." 새러피언과 직원들은 노트 데이 토론회의 결과를 분석하면서 새롭고 더 좋은 질문을 떠올렸다. 바로 "어떻게 하면 사람들이 예산에 맞춰 일하고, 과로하지 않으며, 더 저렴한 비용으로 일할 방법을 찾으려고 머리를 맞대도록 할 수 있을까요?"였다.

픽사는 직원에 대한 투자에 자부심이 있는 회사였다. 이 책을 읽었다면 알겠지만 빈말이 아니다. 하지만 노트 데이를 통해 직원들이 리더로부터 직접적인 피드백을 충분히 받지 못하고, 자신을 기계 속 톱니바퀴라고 느낀다는 사실을 알게 되었다. 특정 업무를 잘하면 그 일만 몇 번이고 다시 요청을 받는 경우가 너무 많았다. 더불어 자신이 적임인 새로운 일을 시도조차 하지 못하도록 부당하게 방해받았다고 믿었다. 모두가 성장의 기회를 갈망했지만 너무나 많은 직원들이 저지당했다고 느꼈던 것이다. 분명 조치를 취해야 했다.

＇＇＇

    1200명에 가까운 직원들에게 하루 종일 회사 개선 방안에 대해 고심해 달라고 요청하면 수많은 제안이 쏟아져 나올 것이다. 노트 데이가 열렸던 날, 171개 토론 그룹의 모든 참가자는 토론 평가서를 작성해 개선안 제안과 최선의 계획안에 대한 의견을 모두 공유했다. 대부분이 여러 세션에 참여했다는 점을 감안해 살펴야 할 의견이 많았고, 분석은 새러피언과 톰 포터가 이끄는 팀이 맡았다.

    새러피언과 포터는 산더미처럼 쌓인 정보를 처리하는 데 몇 달을 보냈다. 먼저, 큰 회의실 중 하나를 잡고 직원들의 아이디어를 벽에 붙이기 시작했다. 자리가 부족해지자 화이트보드를 가져왔다. 새러피언과 그녀의 팀은 모든 세션에서 나온 아이디어가 나열된 스프레드시트를 만들었고 하나하나 평가하면서 공통 주제를 찾았다. 포터의 말처럼 처음에는 '알갱이와 쭉정이를 구분'하는 것이 목표였다. 하지만 곧 '브랜^bran(속껍질)'이라는 세 번째 범주가 필요하다는 것을 깨달았다. 어떤 아이디어를 '위트^wheat(밀)'로 분류하면 '긍정'이라는 의미의 검토 대상이 되었다. '채프^chaff(겉껍질)'라고 나누면 중복이거나 불가능하다는 뜻이었다. '브랜'은 다음 기회를 뜻했다.

    속껍질의 필요성이 대두된 이유는 노트 데이가 (효율성 향상이라는) 뚜렷한 목표를 가지고 직원들에게 우려되는 문제는 무엇이든 제기하도록 독려했기 때문이다. 그 영향으로 문제 제기의 범위를 확장해야 한다는 것이 명확해졌다. 그녀는 이렇게 떠올린다. "우리는 예산 삭감에 대한 아이디어를 요청했지만 '노트 데이에서 솔직한 피드백이 필요하다는 직원들 의견이 왜 이렇게 많은가? 직장 문화에 관한 이야기가 많이 나오는 이유가 뭘까?' 하면서 서로를 바라봤죠."

이들이 이러한 물음과 씨름하면서 (해결 방법을 몰라서) 처음에는 '채프'로 분류했던 삶의 질과 업무 관련 문제들이 (명확히 파악해야 할 필요가 있어서) '브랜'으로 재분류됐다. 일부 아이디어를 듣고 있으면 괴롭지만 좋은 아이디어임을 인정해야 했다. 경청하는 것이 우리의 일이었던 것이다.

결국, 노트 데이 팀은 자신들의 생각에 최고의 아이디어가 모두 담겨 있다고 생각되는 네 가지 '버킷bucket'을 내놓았고 그것은 다음과 같다. 건전한 의견 갈등 수용, 업무 평가(직원들은 더 많은 피드백을 요구했다), 결재권 검토(감독의 세트, 캐릭터, 아트 애셋 및 쇼트 승인 방법과 시기에 대한 철저한 분석), 팀원과 감독 연결 장려(팀원들은 감독과 유대감을 느끼고 감독 이야기에 공감할 때 더 효율적으로 작업했다)이다.

다음으로 새러피언과 포터는 최고의 아이디어를 추진하고 무엇을 바꿀지 결단을 내리는 방안을 강구했다. 문제를 개선하려면 지속적인 노력이 필요하다는 것을 두 사람 모두 알고 있었다. 그래서 경영진에게 직원 각자가 자발적으로 제안하는 아이디어를 들을 것을 제안했다. 직원들이 더 좋은 픽사를 만드는 데 기여할 수 있도록 많은 의견 제안을 독려하기 위해서였다. 직원의 주도권을 중요한 요소로 삼았기 때문에 관리 가능한 수준으로 제안 건수가 유지되었다.

노트 데이가 끝나고 몇 달 후, 프레젠테이션이 시작되었다. 그 후 6주 동안 나와 짐 모리스, 그리고 다른 스튜디오 리더 몇 명이 정기적으로 모여 동료들의 제안을 경청했다. 약 30분마다 한 명에서 세 명씩 나와서 아이디어를 발표했다. 프레젠테이션을 할 만큼 의지가 있는 직원이라면 지원해주겠다는 취지였다. 예상대로 기대를 저버리지 않았다. 몇몇 제안은 매우 유익하고 실행하기 쉬워서 바로 승인했다. 한 가지 예를 들자면, 개발 담당 임원인 캐런 백과 미술 총감독 다니엘라 트리글레바는 '군중 속 성별 균형'이라는 아이디어를 냈다.

"반은 여성이고 반은 남성인 세상에 살고 있지만 엔터테인먼트 업계에서는 이 사실이 제대로 반영되지 않고 있습니다." 두 사람은 20년 동안 G, PG, PG-13(미국 영상물 등급제도, G: 전체 관람가, PG: 전체 관람가지만 어린이의 경우 보호자의 지도가 요구, PG-13: 전체 관람가지만 13세 미만은 보호자 동반이 권고 – 옮긴이) 등급의 영화에서 등장인물 70~75퍼센트가 남성이라는 한 연구 결과를 인용해 설명했다. "스토리상 특별한 이유가 없는 한, 기본적으로 픽사의 배경 군중 속 여성과 남성의 비율을 50-50으로 구성할 것을 제안합니다. 이렇게 하면 영화에 등장하는 여성 캐릭터의 수가 증가할 뿐만 아니라 분수효과(낙수효과의 반대되는 현상을 나타낸 말로, 저소득층으로부터 경제성장이 이루어지는 것 – 옮긴이)가 있을 것입니다."

먼저 군중을 만든 다음 대본에 따라 배경 캐릭터 일부를 보조 캐릭터로 승격시키는 것이 픽사의 관례였다. 백과 트리글레바는 보다 다양한 군중을 만든다면 일회성 순간에 등장할 수 있는 여성 캐릭터가 더 많아질 것이라고 지적했다. 추가 비용을 들이지 않아도 다양성 개선의 중요성에 대한 인식이 전반적으로 높아질 것이다.

모두가 이 의견에 동의했다. 이 점에 대해 주의를 충분히 기울이지 않았다는 것을 알았기에 문제점을 고치기로 했다. 그때부터 픽사 영화의 배경 군중에는 남성 캐릭터 수만큼 많은 여성 캐릭터가 등장하게 되었다(그리고 오늘날에는 범위가 확장되어 논바이너리 캐릭터뿐만 아니라 다른 능력이나 다른 차원의 캐릭터도 표현하려고 한다).

회사 건전성에 큰 영향을 미친 또 다른 제안은 제작 진행 중인 영화에 참여하고 있는 스태프들이 상영회 이후 보다 편하게 감상평을 낼 수 있는 '노트사Notesar'라는 시스템이었다. 우리는 항상 직원들에게 피드백을 보내 달라고 요청했지만 직원들은 자기 자리에 돌아가 다시 업무에 집중하면 잊어버리는 경우가 많았다. 2013년 12월, 노트사를 발표했을 때부터 가편집 상영회에 참석한 모든 직원에게 다음과 같은 질문 목록 링크가 포함된 이메일을 보냈다. '캐릭터와 유대감을 느꼈는가? 그 이유는 또는 그렇지 않은 이유는? 감동적인 순간이 있었나? 영화가 관객들에게 의미가 있다고 생각하는가?'

'팀원-감독 연결 장려'에 딱 들어맞는 이 아이디어는 두 가지 목적이 있었다. 첫째, 직원들에게 그들의 아이디어가 진정으로 중요하다는 메시지를 전달하고 싶었고 둘째, 스튜디오의 축적된 스토리텔링 전문성을 최대한 활용하고 싶었다. 어떤 감독들은 다른 감독들보다 이런 의견에 생각이 열려 있었고, 어떤 직원들은 다른 직원들보다 유용한 피드백을 제공하는 데 능숙했다. 하지만 이 아이디어는 여전히 유효했다. 믿을 수 있는 동료로부터 좋든 나쁘든 피드백을 더 빨리 받을 수 있는데, (보통 영화 제작 후반부에 이루어지는) 테스트 상영회에서 낯선 사람에게서 피드백을 받을 때까지 기다릴 필요가 있겠는가?

우리가 승인한 또 다른 제안은 '개발 중인 장편 작품에 크리에이티브 총괄 멘토를 배정함'으로써 신인 감독을 육성하는 것이다. 최근 포터는 노트 데이 이후 8년이 지난 지금 모든 영화에 총괄제작자가 배정돼 경험이 많든 적든 필연적으로 발생하는 무수한 문제를 겪는 감독들에게 도움을 주고 있다고 말해줬다. 그래서 그 제안은 또 하나의 쉬운 동의이자 성공이었다.

하지만 노트 데이의 진정한 의미를 가장 잘 담아낸 한 가지 제안을 꼽자면, 애니메이터 더그 프랭켈Doug Frankel과 테크니컬 아티스트 알렉스 헤슬러Alex Hessler가 주도한 것이다. 2013년 6월 어느 날, 내 사무실로 찾아온 그들은 회사가 드넓은 바다에서 펼쳐지는 해적의 영웅 문화를 본받아야 한다고 설득했다.

둘의 말은 이랬다. "과거 해적들은 사명감을 느끼고 싶어 했습니다. 해적선 선장은 반란에 대한 두려움에서 벗어나려고 동료 해적들과 공감대를 이루려 했고요. 그래서 많은 배에서 선원들은 전투가 끝날 때마다 선장에게 불만이 생기면 새로운 선장을 뽑을 수 있다는 데 동의했습니다. 이를 통해 해적선 선장들은 항상 동료 해적들과 호흡을 맞췄죠. 선장 개인은 본질적으로 동료 해적이었던 것입니다."

두 사람은 서로를 바라보다가 나와 당시 픽사의 제작본부장이었던 짐 모리스를 번갈아 바라보며 말했다. "우리는 노트 데이에서 나온 아이디어를 옹호하고자 이 자리에 섰습니다. 각 부서에는 제작 직급 밖에서 문제를 파악하고 표면화할 수 사람이 있어야 합니다." 이 역할을 맡은 사람들은 직원들이 편하게 다가갈 수 있도록 임기는 1년으로 하고 관리직은 이 역할을 맡을 수 없었다. 그리고 이들을 픽사의 동료 해적이라 부르자고 제안했다.

헤슬러와 프랭켈은 우리가 노트 데이를 열기 전부터 알고 있던 문제를 해결하려고 했는데, 그 문제는 의사소통이 기대했던 만큼 제대로 되지 않았다는 것이다. 나는 항상 회사의 의사소통 구조가 조직 구조를 반영해서는 안 된다고 말해왔다. 모든 사람이 누구와도 이야기할 수 있어야 한다.

PART IV 관성을 극복하기 위한 실험

과거에는 이 원칙이 잘 지켜져 왔기 때문에 제작 과정에서 문제가 생기면 제작팀원들은 픽사의 고위 경영진(주로 나와 모리스에게)에게 자유롭게 문제를 제기할 수 있었다. 하지만 2013년에 제작자 한 명이 "이 영화에서 일어난 일은 이 영화에 그대로 둡니다"라고 말하며 자유로운 의사소통을 명백히 막았다는 사실을 알게 되었다. 결국 그는 교체됐다. 하지만 그 영화 이후로 픽사에 비밀주의 문화가 자리 잡고 회사 분위기에 먹구름이 낀 것은 분명했다.

그들은 점점 더 솔직하지 못하는 분위기를 받아들일 수 없었다. "픽사가 다른 사람들과 사이좋게 지내는 것에 높은 가치를 두는 것은 훌륭한 일이죠. 하지만 이는 갈등을 회피하는 문화를 만들어내서 분노를 유발하고 사기를 떨어트릴 수 있습니다. 또한, 효율성을 높일 수 있는 많은 아이디어가 거절당하거나 아예 꺼내 보지도 못하게 되고요. 직원들이 경계를 늦추어 터놓고 말할 수 있는 안전한 자리가 필요합니다."

두 사람은 픽사의 동료 해적이 이런 안전한 자리를 제공할 것이며 현재 숨겨진 문제와 우려가 수면 위로 떠오르도록 도움이 될 것이라고 했다. 12개월 동안 동료 해적은 영감을 준 선원들처럼 리더에게 논란이 되는 문제를 제기해도 무시당하거나 배 밖으로 던져지지 않는다. 오히려 그들은 (효율성을 더 올리겠다는 우리의 정해진 목표에 고개를 끄덕이며) '현재의 직급 구조에서는 하지 못하는 방식으로 비효율성을 드러내고 사회적으로 입증된 문제 토론의 장을 만들어 사내 문화를 건전한 의견갈등 수용 문화로 바꿀 수 있을 것'이라고 주장했다. 더불어 "직원들이 눈치를 보지 않는다면 더 효과적으로 개선될 것입니다"라고 판단했다.

영화당 1만 8500인주라는 목표를 달성한 것은 높이 평가하지만 헤슬러와 프랭켈이 신경 쓸 일은 아니었다. 우리는 그들의 아이디어에 이미 사로잡혔다. 특히 픽사 사람들은 '너무 착하다'라고 표현한 점이 나와 모리스의 흥미를 끌었는데, 솔직히 말해 '너무 착하다'라는 말은 '솔직하지 못하다'라는 뜻이기도 했다. 동료 해적의 의견이 나오기 전에 이런 문제를 파악하고는 있었지만 해결방안을 찾지 못했다.

그래서 그 제안을 받아들였다. 2013년 12월에 열린 전체 회의에서 동료 해적 프로그램 계획을 발표했다. 그리고 2014년 초, 28명의 해적들로 구성된 첫 번째 '클래스'를 공식적으로 환영했다.

픽사의 특성을 살려, 취지는 진지하지만 약간의 재미를 더했다. 소품용

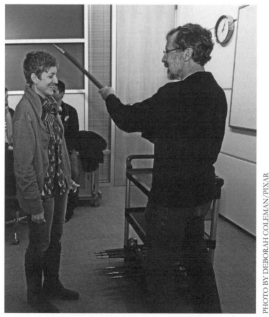

에드 캣멀이 픽사대학이 뽑은 동료 해적인
에리카 슈미트에게 '기사 작위'를 수여하고 있다.

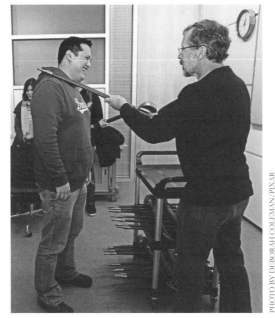

에드 캣멀이 의상 및 세트 모델링 부서에서 뽑은 동료 해적인
앤드루 이튼에게 '기사 작위'를 수여하고 있다.

단검을 주문해 동료 해적에게 정식으로 '기사 작위'를 수여한 후 기념품
으로 스테인리스 칼날을 건넸다. 이후 매년 새로운 해적들은 자리에서 물
러나는 선배 해적들로부터 같은 검을 물려받았다. 하나의 전통이자 솔직
함의 메커니즘이 탄생한 것이다.

■ ■ ■

동료 해적 실험이 어떻게 전개되었는지를 설명하기에 앞서 비슷한 시
기에 떠오른 다른 아이디어를 우선 살펴보고자 한다. 여성 영화인들을 위
한 멘토링 그룹은 스토리 아티스타스^{Story Artistas}(artistas는 스페인어로 예술가

를 뜻하는 artista의 복수형 – 옮긴이)라고 불렸다. 노트 데이에서 나온 의견은 아니지만 노트 데이 제도에서 시작된 문화 작용의 산물인 것은 분명했다.

2014년 1월에 메리 콜먼Mary Coleman과 니콜 그린들Nicole Grindle이 나를 찾아왔다. 당시 픽사의 크리에이티브 개발 책임자였던 콜먼은 15년간 근무 중이었다. 가장 최근에 〈토이 스토리 3〉와 〈몬스터 대학교〉의 제작을 맡았던 그린들은 19년째 우리와 함께하고 있었다. 그들은 픽사에서 여성이 오랫동안 중요한 직책을 맡아왔다는 점을 언급했다. 예를 들어, 남성 제작자보다 여성 제작자가 더 많았고 고위 관리직에도 여성이 여러 명 있었다. 브렌다 채프먼Brenda Chapman은 2012년에 〈메리다와 마법의 숲〉을 구상하고 연출을 맡아 픽사 최초 장편 애니메이션 여성 감독이 되었다(마크 앤드루스도 감독으로 참여했다). 하지만 콜먼과 그린들 모두 현재 픽사에는 감독 데뷔를 앞둔 여성이 단 한 명도 없다는 사실에 좌절감을 느꼈다. 게다가 스토리 아티스트 50명 중 여성은 5명에 불과했다.

그린들은 감독 지망자들이 주로 일하는 부서를 언급하며 말을 이어갔다. "전 거의 20년 가까이 이곳에서 근무했는데 스토리 구상에 유능한 여성들이 회사를 떠났어요. 경영진은 공정한 경쟁의 장이라고 말했어요! '우리는 더 많은 여성이 감독이 되길 바랍니다'라는 말도 들었고요. 여성 감독 지망자들이 우리에게 와 주기를 기다리고 있어요. 그런데 왜 오지 않을까요? 그 이유를 알 것 같아요."

콜먼이 고개를 끄덕이며 말했다. "우리는 픽사에서 여성들도 스토리를 들려주기를 바라요. 여성 구성원들이 그런 포부를 보이기 전에, 회사에서 감독이 될 수 있는 길을 보여줘야 해요. 현재로서는 그 길이 보이지 않습니다."

바로 눈앞에서 놓치고 있던 문제가 또 있었다. 베테랑 감독들은 여성이 감독이 되기를 원했고, 이는 픽사의 정해진 목표였지만 지금까지 경영진은 그렇게 말하는 것과 장려하는 것은 별개의 문제라는 사실을 이해하지 못했다. 목표 달성을 위한 지원책을 마련하지 못한 것은 경영진의 큰 실수였다.

첫 면담 후 다른 경영진과 이야기를 나눌 때 그린들과 콜먼은 남성과 달리 여성, 특히 픽사에 새로 합류한 여성은 자신의 의견을 말하는 것을 망설이는 경우가 많다고 강조했다. 두 사람은 그러한 모습이 포부와 재능 부족으로 보일까 봐 걱정했다. 당시 여성 스토리텔러들은 픽사 문화를 주도하는 법을 배웠기 때문에 그들에게 자신을 효과적으로 내세우는 방법을 알려줘야 했다. 이를 해낸다면 경영진은 회사 문화 또한 더 나은 방향으로 변할 것임을 알았다.

콜먼과 그린들은 픽사의 여성 스토리 아티스트 다섯 명, 즉 발레리 라포인테Valerie LaPointe, 크리스틴 레스터Kristen Lester, 도미 시Domee Shi, 루이스 스미스Louise Smythe, 로사나 설리번Rosana Sullivan이 격주로 점심 식사와 종종 열리는 워크숍에 함께할 수 있도록 회사 차원의 지원을 해달라고 요청했다. 이들은 한 달에 두 번씩 회사 안팎에서 연사의 강연을 듣기 위해 모였다. 자신감 있는 보디랭귀지의 중요성에 대해 배우고 자신들이 존경하는 창의적인 사람들로부터 성공과 실패에 관한 이야기를 듣곤 했다. 서로를 응원하는 커뮤니티를 만들었고 다른 여성들도 스토리팀에 합류하면서 커뮤니티는 더욱 커졌다.

분명 경영진이 해야 할 일이었다. 우리는 승인을 했고 콜먼과 그린들은 작업에 착수했다.

2014년 2월 중순에 발족한 스토리 아티스타스는 4월에는 픽사 경영진 교육 및 조직 개발 담당자였던 제이미 울프Jamie Woolf를 첫 번째 연사로 초청했다. 2012년 픽사의 인사 및 행정 담당 부사장이었던 로리 맥애덤스Lori McAdams는 오랫동안 조직 컨설턴트 일을 했던 울프를 고용해 회사의 최우선 과제였던 리더십 개발과 직급의 다양성 확대에 집중했다. 울프는 직장 내 역학관계와 실제 변화를 이끄는 방법에 대해 매우 통달했고 크고 작은 면에서 이미 변화를 만들어내고 있었다(사실 여성 감독이 부족하다고 우려를 제기했던 콜먼과 그린들을 연결해준 사람이 울프였다).

울프는 스토리 아티스타스 오찬에 참석한 여성들에게 자기소개를 부탁했던 일을 떠올렸다. "여러분이 하고 싶은 일을 이야기해 보세요. 무엇에 관심이 있나요?" 모임 장소를 둘러보니 여러 명이 자신이 원하는 바를 강력하게 주장하는 데 어려움을 겪었다. 목표가 없는 것이 아니라 큰 소리로 말하는 것이 이기적이라고 생각했기 때문이다. 참석자들의 목소리는 대체로 조용했다. 〈인사이드 아웃〉의 스토리보드 아티스트였던 도미 시는 자신의 차례가 되자 곧바로 이렇게 말했다. "영화감독이 되고 싶어요." 하지만 목소리에는 자신감이 없었다. 울프는 그녀에게 일어나서 이번에는 더 단호한 목소리로 말해보라고 했다. 시는 일어나 조금 더 자신감 있게 말했다. "좋아요. 진심을 다해서요!"

그 자리에 있었던 사람들의 기억에 따르면 시는 세 번째 말하고 나서부터 의기양양해졌고 승리감에 두 팔을 번쩍 들었다.

그날부터 스토리 아티스타스는 함께 배우면서 유대감을 형성했다. 《크레더빌리티 코드The Credibility Code》의 저자인 카라 헤일 알터Cara Hale Alter는 마음가짐과 시선을 마주치며 자신감으로 표현하는 방법을 가르쳤다. 스탠퍼드 공대를 졸업한 데비 스털링^{Debbie Sterling}은 여아용 인터랙티브 장난감 회사인 골디 박스^{GoldieBlox} 설립 이유에 대해 설명했다. TV 드라마 시리즈 〈크레이지 엑스 걸프렌드^{Crazy Ex-Girlfriend}〉의 제작자인 레이첼 블룸^{Rachel Bloom}이 자신의 창작 과정에 대해 강연했다. 멕 러포브^{Meg LeFauve}, 라시다 존스^{Rashida Jones}, 다라 앤더슨^{Darla Anderson}, 갈린 서스먼^{Galyn Susman} 등 픽사 영화의 각본이나 제작에 참여했던 여성들이 자신의 사회생활에 대해 이야기를 나눴다.

스토리 아티스타스에 대해 소개할 사례로 콜먼은 몇 년 전 브레인트러스트 회의에 참석한 최초의 여성이 되었을 때 경영진에게 '개입의 기술'을 배워야 했다고 말한 적이 있었다. 그래서 격주로 열리는 오찬 모임에서는 소란스러운 창작 회의의 분위기 속에서 어떻게 하면 자신의 목소리를 낼 수 있을지에 대해 많은 이야기가 오갔다. 콜먼과 그린들은 스토리 아티스타스의 원년 멤버 다섯 명이 처음으로 브레인트러스트 회의에 참석할 수 있게 로비를 펼쳤다.

스토리 아티스타스는 시끄러운 소리 너머로 건설적인 발언이 들릴 방법을 고민하면서 모든 발언이 반드시 훌륭할 필요는 없다는 것도 깨달았다. 핵심은 그저 참여하는 것이다. 그린들은 "회의실에 처음 도착했을 때 주말에 뭘 했는지, 반려견이나 점심 메뉴처럼 긴장을 풀려면 뭐든 이야기하는 게 중요하다고 생각했어요"라고 상기한다. 서로를 응원하는 방법에 대해서도 의논했다. 콜먼은 이렇게 회상한다. "특히 그린들은 만약 여자 동료 한 명이 아이디어를 내고 사람들이 그 아이디어를 회피한다면, '루이즈의 아이디어를 계속 듣고 싶었어요'라고 말할 방법을 이야기했죠. 우리 그룹의 여자들은 자기표현은 잘하지 않으면서도 서로를 응원하는 건 매우 잘해요. 그래서 모두가 '네, 저도 그렇게 할 수 있어요'라고 말했죠."

그러나 여성이 여성을 응원하는 것은 목표의 일부에 불과했다. 보다 더 포용적인 회사 문화를 만들기 위한 지속적인 변화를 이끌어내려면 남성도 자신의 역할을 다해야 했다. 콜먼과 그린들은 가장 기억에 남는 순간 중 하나로 (모두 남성으로 구성된) 스토리 슈퍼바이저 패널을 소집하여 최고 책임자의 역할에 대해 이야기할 때를 꼽았는데, 그중 한 명이 회의실에 있던 여성들을 향해 "여러분의 업무를 더 편하게 하려면 스토리 부서 대표로서 제가 무엇을 할 수 있을까요?"라고 질문했을 때였다. 스토리 아티스타스에서 가장 많은 용기를 준 연사 중 한 명인 피트 닥터는 자신의 첫 번째 영화 〈몬스터 주식회사〉의 감독을 맡게 되었을 때 겪었던 자신감의 위기에 대해 들려줬다. 나는 그 이야기를 책에서 다시 해도 되는지 물어보았다. 그의 대답은 "물론이죠! 실제 있었던 일이잖아요!"였다.

다음은 닥터가 기억한 대로 말해 준 것이다.

"때로는 좋은 기회가 주어졌을 때 "만세!"라고 외치면서도 마음 한편으로는, "아, 아니야, 내가 이 일을 잘할 수 있는 경험과 재능이 있기는 한 걸까?"라는 생각이 들게 됩니다. 〈몬스터 주식회사〉의 작품화가 한창 진행 중일 때 이 영화가 잘 안 될지도 모른다는 징후가 곳곳에서 보이기 시작했어요. 제가 아이디어를 공유하면 사람들은 제 얼굴을 보지 않고 리뷰를 올리더군요. 큰일 났다는 것을 알게 되었죠.

그래도 2년간 휴가를 쓰지 않아서 아내와 아이들과 함께 하와이에 가려고 했어요. 그런데 떠나기 전날 제작자 다라 앤더슨이 전화해서, "휴가 계획을 바꿔요. 스티브 잡스도 하와이로 휴가를 간대요!"라고 했어요. 앤더슨은 제가 잡스와 가까이 있으면 제대로 쉬지 못하리라 생각했죠. 하지만 아내에게 말했더니 아내는 "잡스가 어떻게 휴가를 보내는지 보고 싶어요. 정말 재미있을 거예요"라고 하더군요. 그래서 우리는 휴가를 떠났죠.

처음에는 괜찮았어요. 어느 날 이른 저녁에는 잡스와 함께 저녁식사도 했고요. 그런데 호텔 주변에서 그를 볼 때마다 심장이 빨리 뛰기 시작하더군요. 상사였으니까요.

잡스가 자신의 휴가 마지막 날에 해변에 있던 제 앞에 나타나서는 "이봐요, 닥터. 잠깐 시간 있어요? 산책하러 갈까요?"라고 말하더군요. 좋다고 대답해야 했죠. "영화는 어떻게 돼가나요?"라고 그가 물었어요. "글쎄요, 약간의 충돌이 있고 여러 문제가 있다는 걸 알아요." 전 현실적이면서도 낙관적인 태도를 보이려고 애쓰면서 상황을 간략히 설명했죠. 잡스는 제 말이 끝나기를 기다리는 듯해서 "하지만 지금 상황이 정말 긍정적이라고 생각합니다"라고 말을 맺었어요. 그는 잠시 아무 말이 없었고 우리는 계속 걸었어요. 그러다가 "당신이 감독으로 성공할 수 있을지는 아직 미지수예요"라고 말하더군요. 그리고는 제가 우유부단하다는 식의 말을 이어갔어요. 이때쯤 되니 아무 말도 들리지 않았죠. 그냥 고개를 끄덕이며 걸을 뿐이었답니다. 잡스는 마지막에 "그러니 이번 휴가가 당분간 마지막 휴가가 되길 바라요"라고 말했죠.

잡스가 떠난 후 가족은 3일 동안 하와이에 더 머물렀지만 전 괴로웠죠. 잠도 못 잤어요. 사무실로 돌아와서 에드 캣멀에게 무슨 일이 있었는지 말했어요. 그는 그저 고개를 끄덕이며 "그래, 그게 스티브 잡스 스타일의 격려야"라고 하더군요."

닥터가 이 말을 하자 스토리 아티스타스는 웃음을 터트렸다. 잡스의 '격려'는 너무 잔인해서 감정 표출이 필요했다. 회의실이 다시 조용해지자

닥터는 본론으로 들어갔다.

"어떤 사람들은 재능과 성공 운을 타고났고 어떤 사람들은 그렇지 않다는 인식이 있죠. 진실은 훨씬 더 파악하기 힘들고 미묘하죠. 제 경험에 따르면 매 순간 자신이 무엇을 하고 있는지 아는 것보다 어둠과 불안의 순간과 실패처럼 보이는 순간이 훨씬 더 흥미진진한 성공으로 이어집니다. 이야기가 지루하죠. 닥터는 망한다는 소리가 더 재미가 있고요. 고생하는 것 자체는 재미없는 일이지만 하나의 스토리로는 흥미로운 소재예요. 인생을 살면서, 그리고 영화를 제작하면서 알게 된 것은 연약한 면을 드러낼 때 사람들과 그리고 영화 속 캐릭터들과 진정한 교감을 이룬다는 겁니다. 그래서 미래의 감독인 여러분과 이야기를 나누면서 제가 겪었던 입장이 되어 보라고 부탁할 때 그렇게 약한 모습을 보일지는 자신에게 달려 있다고 생각해요. 여러분에게 이런 일이 발생하더라도 그것은 실패가 아니라 과정의 일부라는 점을 아시기 바랍니다."

나는 닥터를 사랑한다. 그리고 오늘날까지 명맥이 이어지고 있는 스토리 아티스타스에 대해 한 장 전체를 쓸 수 있을 정도다. 몇 년 전 콜먼과 그린들은 리더십을 가르치려던 생각을 접고 한발 물러서서 젊은 여성들이 주도하도록 해야겠다고 결정했다. 이와 같은 프로그램의 영향을 정확하게 평가하기는 어렵지만 이 경우에는 구체적인 사례를 들 수 있다. 우선 픽사의 스토리 아티스타스 그룹은 디즈니 애니메이션에도 비슷한 그룹을 만들도록 영감을 주었다. 그리고 스토리 아티스타스 그룹 창단 멤버 다섯 명은 현재 모두 픽사에서 주요 직책을 맡고 있다.

2018년 크리스틴 레스터는 바쁘게 돌아가는 스타트업에 취직한 분홍색 실뭉치의 이야기를 그린 단편 애니메이션 〈펄Purl〉의 각본과 감독을 맡았고, 2020년 장편 애니메이션 〈소울Soul〉에서 스토리 수석이 되었다. 로사나 설리번은 핏불과 까칠한 새끼 고양이가 친구가 되는 이야기를 다룬 2019년 단편 애니메이션 〈킷불Kitbull〉의 각본과 감독을 맡았는데 이 작품은 아카데미상 후보에 올랐다. 현재는 미발표된 장편 애니메이션의 부총괄 제작자로 참여하고 있다. 레스터와 설리번은 또한 향후 장편 애니메이션으로 제작될 스토리를 개발 중이다.

발레리 라포인테는 현재 픽사에서 미공개 스트리밍 프로젝트의 에피소드를 감독하고 있으며, 〈토이 스토리 4〉의 단편 스핀오프인 〈램프 라이프Lamp Life〉의 각본과 감독을 맡았다. 루이스 스미스는 현재 미발표 장편 애니메이션의 스토리 수석을 맡고 있으며, 2022년에 첫선을 보인 디즈니+ 스트리밍 시리즈 〈카 온 더 로드Cars on the Road〉의 부총괄 제작자로 활동했다.

그리고 성공의 기운을 가진 다섯 번째 여성은? 2018년 도미 시는 생명이 깃든 수제 만두를 주인공으로 한 첫 단편 애니메이션 〈바오Bao〉의 각본과 감독을 맡았다. 베키 네이만-콥Becky Neiman-Cobb이 제작한 이 작품은 굉장했고 아카데미 단편 애니메이션상을 수상했다. 그 후 2022년 3월, 시는 린지 콜린스Lindsey Collins가 제작한 성장 코미디 애니메이션 〈메이의 새빨간 비밀Turning Red〉로 첫 여성 픽사 장편 애니메이션 감독이 되었다. 2023년 초, 이 책의 원고를 프린터로 뽑고 있을 때 〈메이의 새빨간 비밀〉은 아카데미 장편 애니메이션 부문 후보에 올랐다.

긴 여정이었고 다음 부분에서 자세히 살펴보겠지만, 픽사의 어느 누구도 다양성을 지녔다고 생각하지 않는다. 하지만 픽사는 발전을 거듭했고 스토리 아티스타스가 발전 동기 중 하나다.

···

앞서 말했듯이 2012년 제이미 울프를 영입한 이유는 사내 문화, 특히 리더십을 개선할 필요가 있었기 때문이다. 짐 모리스와 나는 많은 관리자들이 트레이닝을 제대로 받지 못했다는 점을 인지하고 있었다. 잠재력을 보고 승진시켰지만 그들에게 필요한 지침을 제대로 주지 못했다. 리더십 멘토링 프로그램을 시작하려고 했지만 잘되지 않았다. 울프는 픽사의 리더들에게 필요한 스킬을 재빨리 알아내려고 애썼다. 몇 달 후 그는 이렇게 말했다. "좋은 아이디어가 어디서든 나올 수 있다고 생각하시는 건 알지만 이곳에서 '말하지 마세요. 당신은 그런 역할이 아니에요'라는 말을 들은 사람들이 있어요. 혁신과 창의성으로 유명한 곳에서 리더들은 하고 싶은 말을 다 내뱉을 수 있어야 해요."

노트 데이 전부터 울프는 최근 리더가 된 사람들과 하위 직급 리더들 중 일부는 승진한 동료들이 상의하달 방식의 권위적 접근법을 더 많이 취하는 경향이 있다는 점을 인지하고 있다고 했다. 그는 '미러토크라시$^{mirror to}$ ^{cracy}('mirror + meritocracy(실력주의)' 합성어로 이미 권력을 가진 사람과 닮음 또는 유사성을 통해 부, 소득, 사회적 지위가 부여되는 유형 – 옮긴이)'라는 말을 여러 번 들었는데 이는 상사가 부하 직원에게 '당신이 더 큰 일을 하도록 내가 키워줄 테니 나처럼 보고 행동해야 합니다'라는 뜻이다.

이러한 문제를 해결하고자 울프는 2012년 말에 모든 리더와 리더로 승진하고자 하는 사람들이 참여할 수 있는 5세션으로 구성된 교육 과정인 리더십 퀵스타트$^{Leadership\ Quickstart}$를 선보였다. 이 과정은 효과적인 의사소통, 리더십 과도기, 경청의 기술, 피드백의 목적, 권한 위임으로 구성되었다. 프로그램 구성을 공개하기 전에 울프는 픽사 인사팀에서 불만 사항을 파악하고 상향 피드백 및 업무 평가 데이터에 접근할 수 있었기 때문에 가장 업무 효율이 낮은 리더가 누구인지 알고 있었다.

하지만 그는 업무 성과가 부진한 경영진은 리더십 퀵스타트를 잘 이용하지 않는 경향이 있다는 점을 알게 됐다. 반대로 팀원들로부터 긍정적인 평가를 받은 최고의 경영진은 문제가 발생했을 때 교육 프로그램을 활용하고 문제 발생 시 개별 지도를 위한 시간을 할애했다.

캐서린 새러피언과 톰 포터는 노트 데이 데이터를 검토하면서 더 나은 경영 교육이 필요하다고 했다. 개선이 필요하다는 것은 알고 있었지만 이제 더 절박해졌다.

우선, 리더십 퀵스타트를 자율 프로그램에서 필수 프로그램으로 바꿨다. 또한 시행 방식도 변경했다. "직원들이 교육 세션에 참석하려고 하던 업무를 멈추게 할 수 없다고 판단했죠. 그래서 워크플로우에 도입시키도록 했습니다"라고 울프는 떠올렸다. 한 사람이 경영관리직으로 승진하면 즉시 이용 가능한 많은 리소스 중 하나가 리더십 퀵스타트라는 내용이 담긴 (그리고 참석 일정이 상세히 적힌) 축하 편지를 보냈다.

또한 각 영화를 담당하는 리더들에게 맞춤형 리더십 교육을 제공하기 시작했다. 예를 들어, 〈몬스터 대학교〉의 리더들이 팀원들과 더 정기적으로 솔직하게 소통할 수 있도록 교육했다. 2020년 개봉한 애니메이션 〈온워드Onward〉의 각본가 겸 감독인 댄 스캔런Dan Scanlon은 자신이 쓴 새 각본을 팀원들과 공유할 때 종종 그들이 멍한 눈빛으로 빤히 쳐다보는 모습에 당황했다. 그의 동료들은 똑똑했지만 어떤 이유에서인지 거리낌 없이 말하는 것을 주저했다. 그래서 그와 제작자인 코리 래Kori Rae는《콰이어트》의 저자 수전 케인을 스튜디오에 초대해 조언을 구했다. 케인은 다음과 같은 방법을 제안했다. 스캔런이 공유할 새 각본이 있을 때 토론을 시작하기 전 팀원들에게 3분 동안 각자의 생각을 적어보라고 했다. 이 방법을 시도하자 갑자기 회의실에 있던 모든 사람이 참여하기 시작했다. 우리는 이렇게 영화별로 특화된 중재자로서 특정 문제를 해결했기 때문에 이를 교육하는 것이 더 효과적인 방법이라는 것을 알게 되었다. 오늘날까지도 픽사는 강의실 교육 외에도 영화마다 맞춤형 리더십 실무 세션을 제공한다.

노트 데이 이후 또 다른 중요한 일은 직원들에게 더 나은 피드백을 적시에 제공하는 것이었다. 관료주의에 대한 두려움이 직원과 비즈니스에 진정으로 도움이 되는 업무 평가 시스템을 설계하는 데 걸림돌이 되고 있다는 사실을 알게 되었다. 무엇보다 복잡했기 때문에 문제를 파악하기가 어려웠다. 한 공간에서 일하고, 해당 분야의 전문가이며, 영화 작업을 추천하는 위치에 있는 상사의 의견을 듣고 싶어 했던 많은 사람들이 좌절했다.

피드백의 목적은 성장을 돕는 것인데, 직원들은 그런 피드백을 받지 못하고 있었다. 노트 데이 이전에는 많은 관리자들이 영화 제작 중 직원을 화나게 하고 작업 속도가 느려질까 봐 비판을 삼갔다. 그리고 나서 영화 작업이 마무리되면 일부 관리자들은 업무 평가를 하는데 평가를 받아선 직원들은 문제를 개선하고 똑바로 잡기에는 너무 늦었기 때문에 종종 허를 찔린 느낌을 받았다. 관리자들은 누가 훌륭하고 누가 그렇지 않았는지를 비교하지만 직원들과 그 정보는 공유하지 않았다. 노트 데이에서 경영진은 직원들을 도울 방법에 대해 충분히 고민하지 않는다는 지적을 받았다. 이 문제를 해결하기 위해 결국 부서장들의 직무를 변경해 그들에게 더 많은 권한을 부여했다. 이에 대해서는 곧 자세히 설명하겠다.

직원을 대상으로 한 평가 프로세스가 제대로 작동하지 않았기 때문에 리더들 평가도 부족한 것은 당연한 일이었다. 노트 데이 이후 최고 관리자들이 직원의 의견을 확인할 방법을 만들었는데 이는 익명으로 유지되고 가장 중요한 주제로 요약된 상향식 평가였다. 이러한 피드백을 통해 리더들이 미처 깨닫지 못했던 점을 파악하는 데 도움이 되기를 바랐다. 우리는 또한 처음으로 픽사 전 임원들을 대상으로 '360리뷰360 reviews'를 도입했다.

노트 데이 덕분에 한 번에 많은 변화가 일어났다. 여러 편의 영화를 계속 제작하는 동안에도 회사 전체에 크고 작은 조정이 이루어졌다는 의미다. 또한 한자리에 모여 픽사의 장단점을 이야기함으로써 픽사의 오랜 문제점이었던 성 형평성과 크리에이티브 역할의 다양성 부족에 대해 보다 솔직하게 논의할 수 있는 장이 마련되었다.

어느 정도 새로 만든 스토리 아티스타스 프로그램 덕분에 제이미 울프, 짐 모리스와 나는 이에 대해 많은 토론을 했다. 엔터테인먼트 분야에서 여성 캐릭터의 존재감을 높이기 위해 미디어 젠더 연구소의 지나 데이비스Geena Davis를 초청해 세 차례 담화를 나눴다. 이후 댄 스캔런과 코리 래Kori Rae는 〈몬스터 대학교〉의 배경 캐릭터의 남녀 비율을 반반이 되도록 했다(대사가 있는 배역에도 성 형평성을 적용하면 좋겠다고 생각했다). 성 형평성 문제에서 나아지고 있었지만 아직 걸음마 단계였다. 더 큰 진전이 필요했다.

한편 회사 여직원들을 대상으로 더 많은 지원이 필요하다는 인식이 점차 커지고 있었다. 그래서 울프는 '성 불공평에 대한 놀라운 신경과학'이라는 주제로 재닛 크로포드Janet Crawford를 초청하여 전사적 강연을 진행했을 때 경영진은 감격했다.

크로포드는 오랫동안 여성의 사회 진출과 승진을 가로막는 숨겨진 장애물에 대해 거리낌 없이 말하는 전문가로 활동해 왔기 때문에 신경과학에 대한 주장이 픽사 직원들에게 반향을 일으키리라 생각했다. 실제로도 그랬다. 그녀는 강연에서 불공평을 초래하는 가장 심각한 원인 중 일부가 의식적 의도와 어떻게 무관한지를 설명했다. 교양 있는 사람들 대부분은 자신을 편견이 없고 오로지 성과에 따라 결정을 내린다고 생각한다. 하지만 연구 결과에서 그렇지 않다는 것이 증명됐다. 세상을 돌아다니며 사회가 가치와 보상을 부여하는 것을 관찰하면 아무리 선한 남성과 여성이라도 성별에 따라 잘하거나 할 수 있는 것에 대한 편견을 가지게 된다.

그녀는 전통적으로 남성의 역할이었던 경찰서장 채용에 대한 편견을 조사한 예일대의 연구를 인용했다. 이 연구에서는 자신을 젠더 블라인드 gender-blind (성별에 구애받지 않는 – 옮긴이)라 생각하는 사람들에게 두 명의 경찰서장 후보자의 지원서를 검토하도록 했다. 이름을 지웠을 때 참가자들은 압도적으로 고학력 후보자를 더 선호했다. 그러나 남성과 여성의 이름을 함께 붙였을 때 참가자들은 큰 차이로 남성 후보자를 선택했다.

그녀는 또한 '고정관념 위협'에 대해서도 이야기했는데, 이는 자신의 정체성에 대한 지배적인 고정관념에 순응할 것이라고 염려될 때 일어난다고 나는 생각했다. 더불어 SAT 시험을 치르는 흑인 학생들 중 응시원서에 자신의 인종을 명시한 학생은 인종을 명시하지 않은 대조군보다 성적이 떨어지는 경향이 있다는 연구 결과를 설명했다. 이러한 무의식적 편견이 여성과 다양한 정체성과 관점이 다른 사람들에게도 영향을 미친다고 했다.

크로포드의 프레젠테이션 후 픽사의 모든 직급에서 열띤 논의가 일어났고 결국 그녀에게 성별 표현과 편견의 신경과학에 관한 교육 이니셔티브 진행을 맡겼다. 2015년 5월부터 12월까지 6개월 동안 픽사에서 편견이 어떻게 드러나는지에 대한 소그룹 토론을 이끌었다. 또한 부서장, 슈퍼바이저, 임원 등 관리 직급에서 편견이 어떤 미묘한 방식으로 서서히 생길 수 있는지에 대해 교육했다.

사내 다양한 곳에서 자리 잡은 소위 '지배와 방해 문화'에 대한 불만이 여러 차례 제기되었다. 몇몇 직원들(이들 모두 남성이다)은 늘 발언권을 쥐고 있다고 인식하는 반면, 다른 직원들은 발언권이 전혀 없다고 생각했다. 다시, 나는 절치부심했다. 나에게 암묵적인 편견이 있다는 것을 알고 있었지만 명확한 시각을 가지고 있다고 생각했는데 그렇지 못했던 것이다. 내 생각이 짧았다. 예를 들어, 이 문제에 대한 대응책이었던 스토리 아티스타스 프로그램은 이제 막 문제를 해결하기 시작했다.

이를 계기로 픽사는 감독을 꿈꾸는 여성들을 육성하겠다는 의지를 확고히 다졌다. 하지만 성 형평성은 많은 우려 중 하나였을 뿐이다. 크로프드의 교육 과정에서 많은 직원들은 다양성diversity, 형평성equity, 포용성inclusion—또는 DEI—에 집중한 임원을 뽑을 때가 훨씬 지났다고 생각한다는 것도 알게 되었다.

이것은 단지 제이미 울프와 로리 맥애덤스가 듣고 있던 내용을 그대로 말한 것뿐이다. 한 명 이상은 우리가 오랫동안 알고 있던 본질적 문제, 즉 사내 인종과 민족 다양성을 개선하는 데 집중했으면 좋겠다고 말했다. 하지만 많은 기업과 마찬가지로 우리는 최고의 명문 학교들이 성별 또는 민족성의 균형 잡힌 수업을 하지 않은 탓이라고 돌렸다. 그것이 문제인 것은 확실했지만 이제는 그 문제를 핑계로 댈 수 없다는 것을 깨달았다. 우리 영화가 독창적이라 자부했지만 다양성 부족에 대한 회사 차원의 대응은 기껏해야 형식적이었다. 경영진은 직원들의 창의성을 믿는 반면, 다양성 문제는 제대로 이해하지 못했다. 직원들은 경영진이 최선을 다하지 않는다고 생각했다. 많은 사람이 픽사에 다양성을 위해 싸우는 헌신적인 사람이 필요하다고 생각했다. "큰일이기 때문에 누구를 고용하든 사장에게 직접 보고해야 해요. 그래야 그 일을 진지하게 받아들일 거예요"라고 직원들이 말했다.

결국 우리는 화답했다. 2016년 가을 브리타 윌슨^{Britta Wilson} 박사를 픽사의 사상 첫 포용 전략 담당 부사장으로 영입했다. 그녀는 처음부터 픽사 사장 짐 모리스에게 보고했다. 인사 리더십 및 컨설팅 분야에서 30년 가까이 경력을 쌓은 전문가로서 처음 만났을 때부터 자신이 할 일이 무엇인지 알고 있었다. "우리가 더 잘해야 한다는 것을 알고 있어요." 나는 윌슨에게 권한에 제약이 없다고 말하면서 "방법을 찾도록 도와주세요"라고 부탁했다.

. . .

2016년 10월 전체 직원회의에서 브리타 윌슨을 소개했을 때 그녀는 직원들에게 DEI가 계속 개선되려면 픽사 문화에 내재되어야 한다고 했다. "우리 각자는 소속감을 느끼는 문화를 만들 책임이 있습니다"라고 말하며 직원들의 경험을 이해하기 위해 '청취 투어'를 시작할 것이라고 알렸다. "사무실 문은 늘 열려 있을 테니 언제든 오세요. 저는 뭐든 받아들일 준비가 된 스펀지 같은 사람이니까요." 첫 몇 달 동안 그녀는 수백 명의 직원을 만났다. 최근에 나는 그녀에게 청취 투어에서 무엇을 알게 되었는지 물었다. "변화의 필요성에 대한 인식과 변화에 대한 열망은 높았지만 변화를 이루기 위해 개인적으로 그리고 집단적으로 무엇을 해야 하는지에 대해 아는 바가 적다는 것을 알게 되었습니다. 그리고 실수를 저지르는 것에 대한 공포가 컸어요."

처음부터 윌슨은 성공이라는 건 단순히 숫자를 세는 것 이상으로 정의해야 한다고 단호하게 말했다. "이 일에서 근시안적으로 숫자에만 집중하면 직무 중심 대 경험 중심, 문화 중심, 시스템 중심이 됩니다." 픽사는 채용을 확대하는 것 이상으로 모든 직원이 존재감이 있고 존중받고 공감을 얻고 있다고 느낄 수 있도록 노력해야 한다. "그래서 성공을 평가할 때 당연히 직원들의 인구 통계학적 구성을 살펴봅니다. 그렇지만 직원들의 경험과 기회에 대한 접근성도 주목해야 해요. 그리고 가장 중요한 것은 내용이에요. 직원들과 그들의 생생한 경험을 얼마나 잘 나타내는지 살펴봐야 하는 것입니다."

윌슨이 합류했을 때는 〈코코〉가 개봉을 1년 앞두고 한창 제작 진행 중이었다. 그녀는 감독이자 공동 각본가인 리 언크리치와 함께 라틴계 커뮤니티의 리더들과 협력해 멕시코 문화를 정확하게 묘사하고 반영하려는 작업을 이어갔다. 나중에 피트 닥터가 〈소울〉의 스토리를 개발하기 시작했을 때도 비슷한 역할을 했다.

더블베이스 연주가 취미인 닥터는 처음에 (즉흥 연주를 하는) 재즈가 인생에 대한 훌륭한 은유가 될 것이라는 아이디어를 떠올렸다. 주인공은 '삶의 의미란 무엇인가?'라는 실존적 질문과 마주하는 재즈 뮤지션으로 설정했다. 그는 재즈가 흑인 문화와 역사를 담은 즉흥 음악이기 때문에 〈소울〉의 주인공인 피아니스트 조 가드너가 흑인이어야 한다는 많은 이들의 의견에 동의했다(픽사 영화의 첫 흑인 주인공이다). 하지만 그는 미네소

타 주 블루밍턴에서 자란 백인 남성으로, 진정한 흑인 남자 주인공을 표현하는 데 도움의 손길이 필요했다. 이전에 픽사는 어떤 스토리를 그려내든 제대로 전달하기 위해 항상 탐구한다고 설명한 적이 있었는데 어떤 의미에서 이번 작업도 그 연장선이었다. 고정관념에서 벗어나고자 피트 닥터와 제작자 다나 머레이^{Dana Murray}는 픽사 내 흑인 직원들로 구성된 단체 '컬처트러스트^{Cultural Trust}'를 결성했고, 국립 흑인역사문화박물관과 짐 크로우 인종차별기념품박물관 같은 장소의 견학 계획을 정했으며, 여러 지역과 국가 기관을 대표하는 컨설턴트들을 참여시켰다. 브리타 윌슨은 스토리의 진정성을 높이기 위해 (총괄 제작자가 되어서) 루카스필름의 전 임원이었던 키리 하트^{Kiri Hart}와 긴밀히 협력했다. 또한 주인공 조 가드너의 스토리 개발을 위해 극작가인 켐프 파워스^{Kemp Powers}를 작품 제작에 참여시키는 데 중요한 역할을 했다. 약 1년 후, 파워스는 캐릭터와 스토리 메커니즘부터 세트 설치, 의상, 애니메이션 선택 등 작가의 일반적인 관점을 넘어서는 요소들에 대한 통찰력을 보여서 〈소울〉에 없어서는 안 될 존재임을 입증했고 닥터와 머레이는 그에게 픽사의 첫 흑인 공동 감독을 되어 달라고 청했다.

한편 윌슨은 (인종이나 민족성에 관계없이) 모든 팀원에게 영화 속 주인공이 자신의 삶을 어떻게 헤쳐 나가고 있는지에 대한 생각과 우려되는 점을 공유하도록 독려했다. 그리고 나중에 나에게 "모든 제작진이 참여함으로써 진정성 있는 표현의 책임은 소수의 흑인 직원에게만 있는 것이 아니라 우리 모두의 것이라는 개념을 강화하는 것이 목적이었습니다"라고 말했다.

특히 영화에 참여하는 모든 흑인 컨설턴트와 컬처트러스트 멤버들에게 피드백을 줄 때 어떤 것도 숨길 생각을 말라고 당부했다. "우리가 하는 일에 아무런 내용 검토 없이 마구잡이식으로 도장을 찍는 일이 없기를 바란다'는 점을 분명히 하고 싶어요. 여러분은 영화 제작자나 이 회사에 아부하러 온 것이 아닙니다. 우리는 여러분이 솔직하고 진실을 말해주기를 바랍니다"라고 말했다.

결과는 어땠을까? 인종과 미국의 추악한 역사에 대한 생산적인 (때로는 곤란한) 대화가 많이 오갔다. 윌슨은 이렇게 떠올린다. "나와 컨설턴트들은 A라는 관점을 가지고 있었고 영화 제작자들은 B라는 관점을 가지고 있었기 때문에 정말 힘든 순간들이 있었어요. 닥터와 머레이가 피드백에 압도당해서 어쩌면 우리 모두를 창밖으로 던져버리고 싶었을 거예요. 왜냐하면 우리가 기본적으로 무언가를 제대로 보여주지도 못하고 불필요한 역풍을 불러올 수 있는 역사적 함의가 있다고 말하고 있었으니까요. 하지만 우리 모두 합리적이고 정중한 해결책을 찾을 때까지 계속 이야기하고 쳐낼 부분은 쳐냈습니다."

■ ■ ■

존중은 절실히 필요한 변화에 부닥치고 실행할 때 필수적이다. 이 점에 이의를 제기할 사람은 없다. 하지만 모든 구성원이 존중받는다고 느끼는 환경을 만드는 것은 복잡한 일이다. 다행히도 윌슨은 이에 대한 구체적인 아이디어가 많았다.

2018년 1월, 직원들의 일상적 경험을 이해하고 개선하겠다는 윌슨의 목표는 첫 번째 '포용 배움의 날'에 절정에 달했다. 노트 데이 이후 처음으로 하루 종일 진행되는 행사를 열었고 직원들은 하던 일을 내려놓고 행사에 참석했다. 하지만 일부 직원들이 노트 데이의 실제 성과에 대해 냉소적 반응을 보이는 것을 들은 적이 있었기에 의도적으로 포용 배움의 날과 노트 데이를 비교하지 않았다(이러한 반발에 대해서는 나중에 더 자세히 설명하겠다). "그런 냉소적인 시선에 거리를 둘 필요가 있었지만 노트 데이가 조직적 움직임이었다면 이것은 개인 차원의 헌신이 필요한 일이었습니다." 직원들에게 참석을 권했지만 의무는 아니었다. 청취 투어에서 발견한 호기심과 배움의 태도를 활용하고자 했고 이는 픽사에 꼭 필요한 것이었다.

월슨은 픽사 내 다양한 구성원을 지원하는 일곱 개의 새로운 '스튜디오 리소스 그룹studio resource groups, SRG 신설 발표로 포용 배움의 날의 포문을 열었다. 이러한 친목 그룹 중 다수는 이미 유기적으로 형성되어 있었지만 그녀는 영화 개발 과정에서 직원들의 열정을 활용해 인지도를 높이고자 했다. 예를 들어 픽스윗PixWIT은 기술부서 여직원들로 구성됐고, 픽스프라이드PixPride는 성소수자 커뮤니티를, 픽스노이Pixnoy는 필리핀 직원을 대변했으며, 더 팔레트The Palette는 유색인종으로 이루어졌다. "제가 생각한 궁극적인 목표는 이러한 커뮤니티가 시야를 더 넓힐 수 있도록 하고, 영화 협력자로서 SRG에 참여시키며, 기업의 사회적 책임 홍보대사로서의 활동 범위를 넓히는 것이었습니다."

픽사 직원들은 하루 종일 여러 가지 생각을 해보는 워크숍에 초대되었다. 남부 빈곤 법률 센터 인사이자 문화 최고 담당자인 레시아 J. 브룩스Lecia J. Brooks는 '혐오의 국가'인 미국의 단편적 모습을 설명했다. 베트남 이민자이자 다양성 컨설턴트인 스티브 로빈스Steve Robbins는 '당신의 뇌는 포용을 잘한다. 그렇지 않을 때만 빼고'라는 주제로, 인종차별에 반대하는 교육자이자 작가인 데비 어빙Debby Irving은 "나는 좋은 사람입니다. 그거면 충분하지 않나요?"라는 주제로 강연했다. 훗날 카멀라 해리스 부통령의 선임 고문 및 수석 대변인이 된 시모네 샌더스Symone Sanders는 작가 메리 프랜시스 윈터스Mary-Frances Winters의 책《직장에서 말할 수 없는 것We Can't Talk About That at Work!》에 대해 비평하는 패널로 참여했다. 마지막으로 이 날의 기조연설은 브리타 윌슨과 티나 첸Tina Tchen의 노변정담fireside chat(벽난로나 화롯가에 둘러앉아 한가롭게 주고받는 이야기 – 옮긴이)이었는데, 첸은 불과 며칠 전에 할리우드와 전국 직장에서 일어나는 조직적인 성희롱에 맞서 싸우는 단체인 '타임즈 업Time's Up'을 설립한 여성 300명 중 한 명이었다.

픽사가 한 단계 더 도약하기 위해 기울인 모든 노력을 설명하는 와중에 단행된 고위 간부 인사 변경에 대해 알릴 수밖에 없다. 2017년 11월, 존 래스터가 6개월간 휴직했다. 그는 '실수'를 인정하고 '원치 않는 포옹이나 어떤 방식, 모습, 형태로든 선을 넘었다고 느낀, 또는 다른 제스처를 받은 적이 있는' 모든 직원에게 사과하는 내용의 성명을 발표했다.

나도 모르는 사이에 지금까지 픽사와 디즈니의 많은 직원들이 그가 회사를 위해 해온 많은 일들 때문에 그리고 폭로로 미칠 파장이 두려워서 불편했던 일을 보고하기를 꺼렸다. 하지만 서면 사과 이후, 이전에는 침묵하던 여성과 남성들이 그의 원치 않는 신체 접촉에 대해 공개적으로 이야기하기 시작했다. 직원들이 묘사한 내용은 우리가 중요하게 생각한 가치에 완전히 반하는 것이었다.

우리가 수없이 솔직함에 대해 말해왔음에도 불구하고 일부 직원들은 자신의 목소리를 내는 것이 안전하지 못하다고 느꼈다는 점을 다시 한번 확인하게 되어서 괴로웠다. 돌이켜보니 솔직한 토론의 장을 더 많이 마련했다면 훨씬 더 빨리 문제의 심각성을 파악할 수 있었을 거라는 생각이 들었다. 나는 나 자신의 많은 가정과 한계를 다시 생각해 보게 되었다(이에 대한 자세한 내용은 다음 장에서 설명할 것이다). 하지만 픽사와 디즈니, 그리고 나 자신이 더 훌륭히 해내고, 더 나아지기를 바란다는 것은 분명했다.

2018년 6월 디즈니가 발표한 존 래스터의 퇴사 이유에 대해 자세히 설명해 주길 원하는 사람들이 있다는 건 알지만 그렇게 하지 않을 것이다. 월트 디즈니 컴퍼니 CEO였던 밥 아이거는 회고록《디즈니만이 하는 것》에서 "우리는 높은 수준의 기밀 유지 계약에 동의했습니다"라고 간결하게 말했듯이 나도 그 계약을 존중할 것이다.

내가 말할 수 있는 건 이것이 노트 데이에 대한 응답과 회사의 지속적인 노력의 핵심이며 전반적으로 사내 문화를 개선하기 위해 노력을 많이 기울이고 있다는 것이다. 우리는 픽사가 보다 더 평등하고 환영받는 일터, 즉 일하고 싶을 뿐만 아니라 최선을 다할 수 있는 곳이 되기를 바라며 변화를 시도했다. 또한 픽사 안팎의 사람들에 대한 책임의 일환으로 인력과 영화를 다양화하려고 애썼다. 항상 쉽지 않았고 늘 성공하는 것도 아니었다. 하지만 모든 직원이 올바른 일을 하고자 하고 창의성을 계속 발휘할 수 있게 하고 싶었기 때문에 그렇게 해야만 했다. 두 애니메이션 스튜디오가 계속해서 놀라운 작품을 만들어낸다는 건 픽사와 디즈니 애니메이션의 창의적인 문화가 번성하고 있다는 의미일 것이다.

．．．

동료 해적 프로그램으로 돌아가서, 프로그램 초반 큰 기대에도 불구하고 자리를 잡는 데 상당한 시간이 걸렸다. 처음 나온 아이디어는 간단했는데 픽사의 25개 부서마다 한두 명씩 스튜디오 리더와 직원들 사이의 가교 구실을 잠깐 맡는 것이었다. 새로 기사 작위를 수여받은 이들은 커뮤니케이션 훈련을 받고 나서 동료들과 여러 이야기를 나누기 시작한다. 최종적으로 28명의 동료 해적 모두 짐 모리스 및 나와 한자리에 앉아 각자의 결과를 공유하곤 했다.

여러분은 이 첫 회의에서 폭로가 난무했을 거로 생각했겠지만 그렇지 않았다. 그들은 모두 열심히 활동했고 그들이 제기한 문제들은 전부 이전에 들었던 것으로 업무 평가에 문제가 있고 일부 직원들이 자신이 무시당한다고 느낀다는 등등의 문제였다. 우리가 듣고자 했던 것은 이러한 문제를 효과적으로 해결하는 데 도움이 될 구체적인 내용과 경험이었다. 모리스와 나는 당황스러웠지만 동료 해적이 아직 적응하는 중이라고 생각했다. 하지만 몇 번 회의 후에도 좌절감이 계속됐다. 이상하게도 동료 해적들은 기대와 달리 구체적인 직원들의 고민을 알아내는 대신에 일반적인 평가에 치중했다. 우리는 나무 이야기를 듣고 싶었지만 그들은 계속 숲 이야기를 했다. 결국 방법이 잘못됐다는 결론을 내렸다.

미술부와 소품부, 그리고 스토리부서 및 나머지 부서 해적들에게 염려되는 부분을 찾아보라고 함으로써 의도치 않게 엉뚱한 방향을 일러주고 있었던 것이다. 대부분의 문제점은 이미 만연하게 알고 있었기 때문에 직원들 사이에 오가는 걱정을 들을 필요가 없었다. 대신 레이더에 잡히지 않은 부서별 문제에 대해 들어야 했다. 바로 그 부분에 진정한 통찰력이 숨어 있을지도 모른다. 하지만 회의를 거듭할수록 동료 해적 각자가 알려주길 바랐던 특이 사항을 듣지 못했다.

마침내 모리스는 나를 회의실 한쪽으로 데려가 말했다. "여기는 고양이들이 여기저기 마구 헤집고 다니는 농구장 같아요." 다행히도 그에게 좋은 생각이 떠올랐다. "모든 부서의 동료 해적들을 한 번에 만나는 대신, 각 해적에게 자기 부서에서 6~7명의 동료를 뽑아서 소그룹을 만들어 우리와 만나도록 하면 어떻겠어요?" 그는 부서 중심의 소규모 모임을 통해 더 심도 있는 분석을 할 수 있으리라 예상했다. 모리스가 부서 절반을 맡고 내가 나머지 절반을 맡아서 만났는데 실제로 이 새로운 시스템을 시작하고 나서야 마침내 우리가 원했던 바를 알게 되었다.

부서마다 각자만의 문제가 있었다. 일부는 작업 도구와 관련 있었다. 예를 들어 등장 캐릭터의 옷, 머리, 의상 스타일을 정해서 잘 어울리는지를 시뮬레이션해보는 시뮬레이션/의상/분장 부서는 엉성한 소프트웨어인 헤어맨hairman을 사용하는 데 어려움을 겪고 있었다. 다른 부서에서는 부서 간 소통에 대한 문제를 제기하기도 했다. 예를 들어 스토리보드 아티스트가 근무하는 스토리 부서를 만났을 때 다른 부서에서 자신들을 제대로 활용하지 못한다고 생각했던 것이다. 직원들 말에 따르면 감독들은 점점 각본가에게 문제 해결을 도와달라고 했다. 과거에는 스토리보드 아티스트도 그 역할을 했다(그리고 즐겁게 그 역할을 즐겼다). 그중 한 명이 이렇게 말했다. "그 방법도 도움이 되겠지만 작가들은 시각적 솔루션보다 언어적 솔루션을 제공하려는 경향이 있어요. 스토리 부서 대신 작가를 스토리 전문가로 간주하려는 심리적 효과라는 게 있다는 겁니다. 우리는 단순히 스토리보드를 만드는 부서가 아니라 스토리에 참여하는 부서가 되고 싶습니다."

이렇게 부서별 문제를 평가하는 과정에서 모리스와 나는 (전 부서는 아니지만) 상당수 부서에서 겪는 어려움이 무엇인지 점차 알게 되었다. 바로 영화를 '캐스팅'하는 방법, 즉 영화에 참여할 스태프를 배정하는 방법과 관련이 있었다(성우를 고용하는 것과 혼동해서는 안 된다. 그것은 전혀 다른 과정이다). 몇몇 부서에서는 캐스팅이 '아는 사람'에 의해 결정되는 느낌이라고 했다. 캐릭터 리깅 및 모델링 담당 직원들은 해당 직원의 의사와는 무관하게 캐스팅이 이루어졌다고 말했다. 여러 면담에서 캐스팅이 주요 관심사로 언급되었다. 이 두 부서는 어떤 점이 다른 것일까?

여기서 한발 뒤로 물러나 캐스팅 시스템이 어떻게 진행되는지 (또는 진행되지 않는지) 설명이 필요하다. 항상 6~7편의 작품이 제작 진행된다. 올해 개봉하는 영화에는 300명의 스태프가, 내년에 개봉하는 영화에는 150명의 스태프가 투입된다(제작 단계가 길어질수록 더 많은 인원이 필요한 경향이 있다). 제작 수석 부사장인 톰 포터가 750명의 애니메이터, 모형 제작자, 조명 및 특수효과 아티스트, 분장사 등 재능 있는 인재들을 배정해 영화를 완성한다.

한 편의 영화가 승인을 받아 제작에 들어가면 제작자는 각 분야의 슈퍼바이저를 영입한다. 이 슈퍼바이저들은 어느 부서에 소속되어 있든 영화 제작에 배정되면 자신이 맡은 영화에 책임감이 크다는 생각에 소속 부서에서 맡은 직책과 담당 업무는 내려놓는 경향이 있다. 각 슈퍼바이저는 자신의 부서에서 가장 잘하리라 생각되는 직원들 명단을 작성하는데 대부분 이미 훌륭한 작업을 수행한 경험이 있는 사람들이었다. 그런 다음 이 명단을 보조 제작자에게 전달하고, 그는 픽사의 다른 영화를 작업 중인 다른 보조 제작들과 함께 스태프 회의에 참석한다. 그리고 이제 실랑이가 시작된다.

나는 이 프로세스가 결코 마음에 들지 않았고 역학 관계를 완전히 이해한 적도 없었다. 노트 데이를 시행하기 훨씬 이전에 선임 제작자들이 모인 회의에서 나는 이 문제를 풀려고 애썼다. 먼저 〈토이 스토리〉 제작진들 그 누구도 그전에는 장편 애니메이션 영화를 만들어본 적이 없었기에 모두가 직접 제작 과정에 뛰어들어 몸소 배워야 했고 실제로 그렇게 했다는 점을 강조했다. 그리고 경험이 풍부한 사람만이 좋은 영화를 만들 수 있다는, 리더들의 강한 (그리고 비합리적인) 믿음을 깨뜨리려고 했다. "매번 여러분이 원하는 사람들로만 제작에 투입할 수 없으니까 위기 상황이 일어나면 실력이 검증되지 않은 사람들에게 항상 물어봐야 합니다. 그동안 캐스팅한, 검증되지 않은 사람들 중 몇 퍼센트가 일을 제대로 하지 못했나요?" 그들의 대답은 충격적이었다. 단 5퍼센트만이 그 기회를 살리지 못했다. 이 수치는 우리가 감수하고 있던 다른 위험에 비하면 아주 적은 수치였다. 당황스러웠다. 위험을 감수한다고 스스로 뿌듯해하는 실력 좋은 사람들이 왜 새로운 사람에게 기회를 주는 것을 그렇게 달갑지 않아 할까?

제작자들의 입장에서 생각해보자. 영화를 제작하다 보면 늘 예기치 못한 문제가 발생한다. 제작진은 항상 최고의 영화를 만들기 원하기 때문에 제작 후반에 큰 변화를 주기도 한다. 어떤 결과물이 나올지 예측할 방법은 없다. 따라서 제작에 착수하면 모든 관계자는 알 수 없는 시기에 규모를 가늠할 수 없고, 무엇인지 알 수 없는 문제가 발생할 수 있다는 것을 인지하고 있다. 내가 "검증되지 않은 인재를 캐스팅하는 것을 꺼리는 것은 말이 안 됩니다. 거의 모든 사람이 위기에 잘 대처하기 때문이죠"라고 말하자 제작자와 감독들은 고개를 끄덕이며 동의했다. 그런데도 제작진이 5퍼센트의 위험을 감수할 수 없었던 이유는 훌륭한 영화를 만들어야 한다는 감정적 욕구가 이성보다 앞섰기 때문이다. 앞으로 직면하게 될 가상의 문제를 매우 큰 위험으로 간주해 다른 위험까지 제거하려고 했다. 그래서 가장 검증된 사람들만 캐스팅하는 것이었다.

문제의 심각성에 따라 '시니어 매니저'라는 직책을 만들었다. 이 직책은 제작부서에서 근무하는 직원들이 경력을 쌓으려는 열망을 염두에 두고 어느 영화에 배정할지를 결정하는 역할을 맡았다. 이들은 작품이 제대로 완성되기를 바라는 제작자와 성장의 기회를 원하는 예술가의 요구 사이에서 균형을 잡아야 한다. 어떤 의미에서 이 시니어 매니저들은 시스템 전체가 제대로 돌아갈 수 있도록 주변의 힘을 흡수하는 무릎의 연골과 같은 자리였다.

하지만 부서별 소그룹을 통해 시니어 매니저의 역할이 힘을 잃었다는 사실을 알게 되었다. 그들은 최선의 노력과 수완에도 감독과 제작자, 슈퍼바이저에게 가로막혔고 각 부서에서 특정 인물을 자신들의 영화에 배정해 달라고 요구했다(물론 예외도 있었다. 예를 들어 브래드 버드는 항상 아웃라이어, 즉 잠재력은 있지만 아직 실력을 증명할 기회를 얻지 못한 사람들을 숨김없이 요구했다). 하지만 캐서린 새러피언의 말을 빌리자면 전반적인 분위기는 이러했다. "직원들이 저에게 와서 '내가 원하는 것을 시니어 매니저에게 말해도 제작자의 요구나 프로그램의 요구를 우선시해 눈에 띌 정도로 상황이 변한 건 없어요'라고 말하네요." 즉, 경험 많은 검증된 직원에게 가장 탐나는 기회가 주어지지만 실력이 분명 있지만 검증되지 않은 신입들은 새로운 것을 시도할 기회조차 얻지 못한 채 헛수고를 하고 있다는 뜻이었다.

가장 놀라웠던 점은 픽사 애니메이션 스튜디오가 서로 경쟁하는 장소가 되어버렸다는 점이다. 우리는 모든 영화가 멋지게 만들어지길 바랐다. 하지만 제작팀끼리 경쟁하면서 사기가 떨어지고 있었다. 이 때문에 직원들은 갑갑해하고 무시를 당한다고 느꼈던 것이다. 공통적으로 제기되는 불만은 다음처럼 들렸다. "나는 모든 영화마다 배경 식물 작업을 해요. 지루해 죽겠는데 아무도 신경 쓰지 않아요." 앞서 언급한 애니메이션과 편집 부서를 제외하고는 많은 직원들이 아무도 자신을 돌봐주지 않는다고 느꼈는데 이는 틀린 말도 아니었다.

그래서 무슨 일이 있었던 걸까? 애니메이션 부서에서는 캐스팅 프로세스가 그리 완벽하지는 않지만 다른 방식으로 이루어지고 있다는 것을 곧 알게 되었다. 부서 슈퍼바이저, 시니어 매니저, 보조 제작자가 함께 협의해 각각의 영화에 직원들을 배정했다. 누구보다 자신들이 사람들을 제일 잘 알고 있다는 것이 그들의 생각이었다. 또한 장기적으로 부서 전체가 성장하기를 원했기 때문에 (이미 정예 팀으로 인정받은 사람뿐만 아니라) 모든 수준의 숙련도를 가진 직원들에게 기회를 제공하자는 동기가 있었다. 부서의 장기적인 이익을 우선시하는 것, 바로 그것이 가장 중요한 핵심이었다. 애니메이션 부서에서는 슈퍼바이저들이 영화 작업을 시작할 때 부서 내 역할을 잊지 않았다. 제작팀 요구사항과 부서 요구사항의 균형을 맞췄다.

수년간 애니메이션 부서를 이끌었고 현재는 스튜디오 이니셔티브 디렉터를 맡은 앤디 빌Andy Beall에게 연락해 어떻게 부서를 발전시켰는지 물어보았다. 픽사의 발전사를 보면 애니메이션 부서가 한때 소수의 최고 인재에게 최고의 업무를 맡기려 한 적이 있었다. 몇 년 동안 이러한 문화를 개선하려고 열심히 애를 썼고 소수가 탄 배가 아니라 모두가 탄 배를 나아가게 하는 데 초점을 맞춰 일을 할당하려 했다. 그래서 빌이 인수인계를 받았을 때 한 단계 더 나아갈 수 있는 무대가 마련되었다. 애니메이션 부서의 리더들은 각 영화 제작자들에게 "여러분 각자가 원하는 실력자 몇 명을 배정받을 것이고 그러고 나서 다음 세대를 이끌 직원들을 골고루 배정하겠습니다"라고 말하기 시작했다. 한편, 부서 내에서는 경험이 부족하거나 실력 개선이 필요한 직원들의 역량 강화에 더 많은 관심을 기울여 더 나은 재목으로 성장할 수 있도록 지원했다.

"우리는 직원들을 초급부터 대표급까지 등급을 매깁니다. 제가 자리를 맡았을 때 직원들 대부분이 중간 정도에 속해 있었습니다." 빌은 원인으로 코칭 부족을 꼽았다. "5~6년 후, 평균 순위는 모두 기대치를 뛰어넘는 수준이었습니다. 결과를 조작하지 않았어요. 실력을 키우는 방법에 초점을 맞춰서 프로세스를 바꿨을 뿐이었습니다."

새러피언도 비슷한 생각을 하고 있었다. 그녀는 캐스팅 문제의 핵심이 분명해지자 노트 데이가 진행되는 곳에서 혼자 마커를 손에 들고 화이트보드를 응시했던 기억을 떠올렸다. "작품 리더, 제작자와 기타 인물들이 악인으로 잘못 그려질 수 있는데 이건 공평하지 않아요. 그들은 실적에 대한 압박을 받고 있어서 스태프들을 통제하려고 했을 뿐입니다. 하지만 대부분의 부서 직원들은 맡은 작품에 따라 이리저리 옮겨 다녔고 직원들의 전반적인 경험이나 발전 정도를 파악하는 책임자가 아무도 없었죠. 직원들은 제대로 실력을 키우지도 못하고 불만이 커지게 되었던 겁니다."

새러피언은 화이트보드에 '현 상황'과 '나아가야 할 방향'이라는 두 개의 열을 만들고 목록을 작성하기 시작했다. 그리고 두 열을 나란히 바라보다가 깨달음의 순간을 맞이했다. 우리는 그동안 캐스팅의 주도권을 누가 가져야 하는지, 즉 제작 리더나 부서 리더 중 누가 그 싸움에서 이기는가에 초점을 맞추고 있었다. 그녀는 '하지만 우리가 진정으로 원하는 것은 영화를 선보일 때마다 성공하는 거죠. 어떻게 하면 영화가 성공할까? 어떻게 하면 각각의 영화를 훌륭한 작품으로 만들 수 있지?'라고 생각했다.

새러피언은 흥분하며 손으로 휘갈긴 차트를 모리스와 나에게 보여줬다. "엄청난 영화를 만들려면 높은 참여도와 훌륭한 스태프가 필요해요. 제대로 된 방식으로 스태프와 직원을 참여시킨다면 대단한 작품이 나올 거예요." '제대로 된 방식'은 직원들의 경력 개발과 만족도에 훨씬 더 중점을 두어야 한다는 사실이 분명해졌다.

그래서 우리는 중대한 결정을 내렸다. 영화에 배정된 리더와 슈퍼바이저들은 이제부터 영화 '캐스팅' 권한이 없고 대신 픽사 내 각 부서 리더들이 그 권한을 가진다. '시니어 매니저' 직책을 없애고 부서장의 담당 업무를 대폭 확대했다. 앞으로는 부서장이 각 영화의 부서 슈퍼바이저와 협력해 인력을 배정하지만 최종 결정권은 부서장이 갖는다. 모든 직원의 경력을 파악하고, 직원을 지지하고, 부족한 부분을 코칭한 다음, 직원이 배운 지식을 바탕으로 각 영화에 역할을 배정하는 것은 부서장의 몫이었다(여담이지만 이러한 결단을 내리고 나서 본래 힘이 약하다고 생각했던 일부 부서장들이 뛰어난 역량을 발휘하는 모습을 보게 되었다. 개선이 필요했던 것은 그 직책에 있는 사람들이 아니라 회사의 구조였다).

톰 포터는 특정 영화의 요구보다 부서의 요구를 우선시하는 이 새로운 시스템을 '로컬 컨트롤local control'이라고 불렀다. 그리고 논란의 여지가 있었다. "이 새로운 방법을 택했을 때 험난하리라는 것을 알고 있었습니다. 그리고 몇몇 사람들은 정말 힘들어했어요. 하지만 효과는 있었어요." 새러피언은 최근 이런 말을 했다. "철학적인 질문을 하자면 한 직원이 자신의 삶, 경력, 생계, 업무 참여를 위해 원하고 필요로 하는 것과 리더가 영화를 완성하는 데 필요한 것이 과연 상충하는 이해관계로 볼 수 있을까요? 실제로는 많은 부분이 겹쳐요. 그리고 그 겹치는 부분이 바로 스튜디오의 가장 중요한 목표에 부합해요."

직원들은 훌륭한 리더 밑에서 성장하고, 배우고, 협력하며, 좋아하는 제작진과 함께 용기를 주는 스토리를 만드는 순간이 바로 자신들이 찾고 있던 최고의 순간이라고 말할 수 있었다. 모든 영화가 성공하려면 직원들을 위한 최고의 순간을 만드는 데 집중해야 한다는 것이 핵심이었다. 이러한 접근법에는 여러 가지 부수적인 이점이 있었다. 예를 들어, 리더가 더는 직원을 선별할 수 없게 되면 각 영화 제작팀은 인재를 데려오기가 더 쉬워졌다. 하지만 이러한 이점을 누리기 위해서는 먼저 개별 부서의 요구에 귀 기울여야 했다.

...

마지막으로 부서 모임, 특히 특수효과 부서의 해적 소그룹과 가졌던 두 번의 모임에 관해 이야기하고 싶다. 픽사에서 보낸 시간을 돌이켜보면 두 번째 모임이 가장 만족스럽고 감동적인 기억으로 남아 있다.

2014년 12월 초, 총 네 명의 직원으로 구성된 특수효과 부서 소그룹과 한 시간 동안 모임을 진행했다. 이 부서는 애니메이션 스튜디오의 문제해결 부서였다. 픽사에서 사용 중인 모든 컴퓨터 시스템과 소프트웨어를 이해해야 했기 때문에 예술적 감각과 기술력을 모두 갖춰야 했다. 특수효과 부서 소속 직원 25명은 모두 중견급 전문가로 대부분 픽사 외부에서 일한 경험이 있었고 기술 부문에서는 슈퍼스타였다. 한 가지 문제가 있다면 부서 내 많은 사람이 리더십을 발휘할 준비가 되어 있었지만 리더로 일할 수 있는 자리나 기회가 거의 없었다는 것이다. 또 다른 문제는 제작 라인에 정기적으로 투입되는 것이 아니라 때로는 제작 초반에, 때로는 훨씬 늦게 투입되기 때문에 예산 책정이 어려웠다. 결국 그들은 초과 근무와 예산 부족에 시달렸다.

내 사무실에 함께 앉았을 때 이 소그룹은 모든 문제를 제기했다. 내 기억으로 다른 어떤 부서보다 불만이 많았지만 그들은 목소리만 크고 떼쓰는 것이 아니라 회사에서 자신들의 역할에 대해 깊이 고심하고 최선을 다해 픽사에 이바지하려는 데 진심이었다. 활기찬 대화가 오가다가 갑자기 시간이 다 되어버렸다. 아직 할 이야기가 남았기에 우리 모두 두 번째 모임이 필요하다는 데 뜻을 함께했다.

여러 가지 이유로 다음 모임을 열기까지 두 달이 걸렸다. 곧바로 키스 클론Keith Klohn이라는 FX 아티스트가 소그룹의 불만 사항을 전부 철회하겠다고 알렸다. "첫 번째 모임 후, 우리는 이러한 문제들을 스스로 해결하거나 다른 부서와 직접 협력하여 해결해야 한다는 것을 깨달았습니다." 나는 그의 말에 깜짝 놀랐다.

그 후 마이클 K. 오브라이언Michael K. O'Brien이라는 또 다른 FX 아티스트 리더가 나에게 와서는 "스포츠 좋아하세요?"라고 물었다. 나는 그렇다고 답했다. 야구를 좋아하고 샌프란시스코 자이언츠의 열혈 팬이 바로 나였다. 오브라이언은 자신도 자이언츠 팬이라면서 2012년에 엄청났던 내셔널리그 챔피언십 이야기를 했는데 자이언츠가 세인트루이스 카디널스와 월드시리즈 진출을 놓고 싸울 때였다. 3승 1패로 뒤지던 자이언츠는 다음

두 경기를 승리로 장식했다. 나는 그에게 시리즈의 마지막 경기인 7차전을 보려고 샌프란시스코 AT&T 스타디움에 있었다고 말했다. 자이언츠가 9 대 0으로 앞선 9회, 하늘에 구멍이 났고 베이 지역에서 본 가장 심한 폭우가 경기장을 적셨다. 야구장은 호수처럼 변했고 선수들과 팬들은 비에 흠뻑 젖었다. 경기를 진행하기에는 너무 위험해 보였다. 하지만 심판들은 경기를 계속 진행했고 결국 자이언츠가 승리했다.

"그 우승이 제게 큰 의미가 있었던 이유는 그해 자이언츠에는 슈퍼스타가 없었지만 모든 선수가 함께 잘해줬기 때문입니다"라고 소그룹에 말했다.

오브라이언은 흐뭇한 표정을 지으며 고개를 끄덕였다. "맞아요. 바로 그 이유 때문입니다. 특수효과 부서에서 일하는 직원들은 슈퍼스타로 여겨지기를 원치 않아요. 다른 부서와 협력하여 멋진 팀이 되기를 원하는 것입니다. 그리고 저도 그 경기를 직접 봤습니다"라고 덧붙였다.

야구에서 승리하는 방법은 여러 가지가 있다. 어떤 팀은 검증된 슈퍼스타로 구성된 선수 명단을 짜려고 최고 몸값을 지불하고 인재를 영입한다. 다른 팀들은 잠재력을 보고 어린 선수들을 스카우트하고 드래프트를 열고 시간이 흐를수록 강점을 발전시키고 팀워크를 다질 수 있게 투자한다. 두 가지 접근법 모두 성공할 수 있지만 오브라이언은 픽사, 특히 특수효과 부서가 후자의 방법을 따르고 싶다고 했다. 나는 여전히 그 접근법이 장기적으로 가장 오래 유지될 수 있다고 생각한다. 그날 특수효과 부서가 이런 방식으로 일하기를 원한다는 사실을 알게 돼서 너무나 뿌듯했는데 픽사 전체가 이런 방식으로 돌아가야 한다고 믿었기 때문이다.

· · ·

    노트 데이를 계기로 픽사에는 많은 긍정적인 변화가 일어났지만 2013년 3월 이전부터 나타났던 몇 가지 문제는 여전히 그대로였다. 예를 들어, 앞서 말했듯이 픽사는 다양성을 확보하고 더 공평해지기 위해 많은 조치를 취했다. 특히 2019년 2월에 신임 인사 부서장이 된 리마 바트나가^{Reema Batnagar}는 브리타 윌슨의 포용 및 복지팀과 협력하여 큰 성과를 거뒀다. 그런 여러 가지 조치가 계속되었다. 일부 기술적 문제는 해결되었지만 변형된 문제들이 계속 튀어나왔다. 이러한 문제는 코로나19 확산으로 겪게 된 어려움과 엔터테인먼트 산업의 발전으로 더 복잡해졌다. 예를 들어 스트리밍 서비스의 등장으로 픽사는 새로운 성장의 기회를 누리는 동시에 콘텐츠에 대한 수요 증가에 직면했다. 기술은 항상 발달하고 있으며 직원들은 늘 성장하고 변화하면서 새로운 도전과제를 마주하고 있다. 회사 조직 역시 끊임없이 진화할 것이다.

    여러분은 노트 데이가 그렇게 유익했다면 현재 겪고 있는 문제점을 해결하기 위해 노트 데이를 한 번 더 여는 것은 어떠냐고 자연스럽게 물어볼 것이다. 그 질문에 대한 답은 두 가지다.

    첫째, 노트 데이는 영향력만큼이나 많은 기대를 불러일으켰고 그중 상당수는 충족되지 못했거나 충족시킬 수 없었다. 직원들의 생각을 들어보니 일부는 정기적으로 의견을 물어볼 것이라고 예상했다. 캐서린 새러피언은 이렇게 판단했다. "노트 데이를 통해 직원들의 의견을 듣고 싶다는 것을 증명했기 때문에 이제 그 사람들은 문제에 대해 기꺼이 목소리를 낼 것입니다. 그렇게 해도 안전하다고 생각하니까요. 그래서 해당 문제를 해결했지만 그 과정에서 새로운 문제가 생겼어요. 지금은 계속 귀 기울이고 무엇이 우리의 목표에 부합하는지, 무엇이 우리의 가치에 부합하는지, 무엇이 더 주목할 만한 가치를 품고 있는지를 구분하는 작업을 계속하고 있습니다. 이 작업은 멈춰서는 안 되며 아무리 노트 데이를 여러 번 연다고 해도 멈출 수 없습니다."

짐 모리스도 동의했다. "노트 데이를 열어서 부서장들에게 소속 직원들의 경력과 복지를 더 챙길 수 있는 권한이 생기는 등 매우 좋은 점이 있었다고 생각합니다. 하지만 점점 더 많은 직원들이 모든 일에 대해 의견을 제시할 권리가 있다고 여기고, 자신의 아이디어가 받아들여지지 않으면 원망하는 등 의도치 않은 큰 문제를 일으켰다고 생각합니다. 이러한 추세를 관리하기가 힘들고 때로는 토론을 끝내기가 어려운 때도 있습니다. 자신의 아이디어를 지지받을 기회를 얻기도 하지만 때로 실망이나 좌절로 이어지기도 하죠."

여느 조직과 마찬가지로 픽사 내부에서도 리더는 상반된 의견 중에서 선택해야 하지만, 리더를 위해 일하는 직원들도 자신의 목소리를 내고 싶어 한다는 점을 인식하고 있어야 한다. 적시에 결정을 내려야 하는 필요성과 직원들의 아이디어를 경청하고 숙고해야 할 필요성 사이에는 미묘한 균형이 존재한다.

이 모든 것을 이해하는 데 도움이 되는 비유는 스태프를 이끄는 영화감독의 모습이다. 훌륭한 감독은 가능한 많은 사람들의 의견을 경청하고 스태프들 역시 자신의 아이디어에 귀 기울여주길 바란다. 하지만 대부분은 결국 감독이 최종 결정을 내려야 한다는 것을 이해한다. 이렇게 만든 영화가 평범하리라는 것은 누구나 알고 있다.

게다가 노트 데이와 같은 특별한 이벤트가 힘을 발휘하는 이유 중 하나는 바로 특이성 때문이다. 반복할 수 없는 일들이 있다. 같은 과정을 반복하면 많은 것을 배울 수 없다. 사람들은 앞으로의 일이 예상되기 때문에 패턴을 반복하기 시작한다. 한때 새로웠던 것이 현상 유지가 되어버린다. 새로운 것을 배우려면 다른 것을 시도해야 한다. 그래야만 참가자들이 필요한 새로운 통찰력을 얻을 수 있다.

예술, 문학, 과학, 공학, 문화 형성 등 어떤 분야에서든 창조적인 행위는 새로운 것이기 때문에 '창의적'이라고 간주한다. 새로운 것을 계속 시도해야 한다는 것을 잊지 않으면서도 효과가 있는 한 프로그램이나 메커니즘을 고수하는 것이 훌륭한 리더의 역할이다. 예를 들어, 동료 해적은 해체되기 전까지 5년간 유지되었다. 앞서 언급했듯이 이 프로그램은 경영진들이 숨겨져 있던 문제를 파악하는 데 도움받기 위해 시작되었지만 시간이 흐르면서 이러한 통찰력이 점점 줄어들었다. 프로그램 관련자들이 잘못해서가 아니라 솔직함과 자유로운 정보 흐름을 재정립하려고 결성된 동료 해적이 목적을 달성했기 때문이다.

프로그램을 종료하는 힘든 일을 맡았던 캐서린 새러피언이 말했다. "동료 해적은 우리가 건전한 의사소통을 하지 못했던 시기에 결성되었어요. 그래서 픽사의 발전사에서 특정 시점에 의미가 있습니다." 픽사가 사내 문화 개선을 위해 변화를 준 후(예를 들어 부서장에게 경력 개발과 영화 제작 캐스팅 결정 권한을 부여한 후) 관계자들은 경영진이 더 건전한 문화 형성에 성공하고 있는지를 파악하는 데 의도치 않게 방해가 되고 있다는 사실을 깨달았다. "우리는 신임 부서장들을 권한이 커진 실질적인 리더로 키우고자 했지만 직원들이 동료 해적에게 의지하는 한 이러한 노력은 헛수고가 될 수 있었습니다. 그 프로그램이 계속 진행되는 한, 새로운 시스템을 무리하게 시험할 수 없으니까요."

이 책이 처음 출간됐을 때 나와 대화를 나눈 많은 사람들이 자신의 그룹이나 회사에서 본받고 싶은 활동으로 노트 데이를 언급했다. 나는 항상 몇 가지 주의 사항을 알려주면서 시도해 보라고 독려했다. 자신의 직장에 대해 자체 평가를 하는 것은 마음이 나약한 사람에게는 쉬운 일이 아니다. 앞서 설명했듯이 이를 실행하는 데 있어 엄청난 시간과 조직, 단호한 상황 분석, 그리고 항상 해결하기 쉽지 않은 솔직한 비판을 기꺼이 감내할 의지가 필요하다.

이 모두를 고려했을 때 노트 데이가 중요하다고 생각하는 이유는 분명 힘들었기에 때문이다. 무언가에 불만을 가진 직원들은 늘 있었다. 난 그런 사람들을 피하는 대신 내 사무실로 데려와 대화를 나눴다. 왜 그랬을까? 그들의 불만을 조기 경고 신호로 보았기 때문이다. 정확히 문제의 원인이 무엇인지 파악해야 했다.

원인 파악은 쉽지 않았다. 우리가 노트 데이 토론회로 해결하고자 했던 것이 바로 이것이었다. 모든 문제를 영원히 없애버릴 수는 없다. 결코 그런 생각을 한 적도 없다. 말 그대로 불가능했다. 하지만 노트 데이를 진행하면서 수면 위로 드러난 근본적인 문제들을 파악하고 해결하고자 열심히 노력했다. 그래서 내린 결론은, 참여도가 높은 직원이 가장 창의적이고 최고의 직원이라는 것이다. 노트 데이 이후 직원들의 참여도는 기록적인 수준으로 늘어났다.

노트 데이 이후 최근 몇 년 동안 픽사가 단행한 많은 변화는 새롭고 더 나은 사고방식에 대한 필요하고도 이미 해야 했던 대응이었다. 픽사는 관점을 넓혀야 할 필요성, 즉 앞으로도 항상 직면하게 될 (그리고 직면해야 하는) 지속적인 도전과제를 당연히 받아들여 왔다. 그때나 지금이나 픽사는 모든 직원이 자기 생각을 말할 수 있고 경영진이 자신의 말에 귀 기울이고 있다고 느낄 수 있는 곳이 되기 위해 노력하고 있다.

애니메이션 스튜디오도 변하고, 직원들의 기대감도 변하고, 세상도 변하고 있다. 픽사는 엔터테인먼트 콘텐츠 제작으로 전 세계에 영향을 미치고 있으며 이 말은 직원들이 항상 무엇을, 어떻게, 왜 하고 있는지를 살피고 되돌아봐야 한다는 의미다. 여러 가지 문제를 해결해도 또 다른 문제가 발생하기도 한다. 결국 노트 데이는 중요하고 혁신적인 장으로 내가 절대 끝나지 않기를 바라는 이야기의 장 그 자체였다.

CHAPTER
15

창의성 통합하기

이 책은 처음부터 여러분에게 아무리 관찰력이 뛰어나고 관심을 기울이는 리더라도 모든 것을 알 수 없다는 사실을 일깨워준다. 인간은 자신의 관점이 아닌 타인의 관점에서 바라본 세상을 받아들일 수 없기에 자신이 본 것이 현실이라 생각한다. 더불어 종종 얼마나 많은 것을 보고 이해할 수 있는지도 인지하지 못한다.

픽사에서 나는 우리가 종종 보이지 않는 것에 관여하고 있다는 사실을 인정하면서도 명확한 시선에서 바라보고자 하는 분위기를 형성하려고 항상 노력했다. 1장에서 '나는 평생 문제 해결에 도움이 되는 것과 그렇지 못한 것을 구분하는 방법을 찾아내기 위해 고민해 왔다'라고 적었다.

하지만 이 문장을 쓸 때만 해도 사람들이 타인과는 전혀 다른 방식으로 시각화한다는 것을 몰랐다. 예술가들의 두뇌는 비슷하게 작동한다고 생각할 수 있겠지만 사실 모든 사람이 비슷한 방식으로 시각적 이미지를 처리하고 저장하는 것은 아니다. 게다가 대부분의 사람들, 심지어 가까운 가족이나 함께 일하는 동료들조차도 이러한 차이가 존재한다는 사실을 결코 모른다. 모두 비슷한 방식으로 시각화하기 때문에 대부분은 타인의 경험에 대해 물어볼 생각조차 하지 않는다.

나는 이 책의 초판이 출간되고 나서 우연히 이와 같은 사실을 알게 되었다. 앞서 말했듯이 오랫동안 마음 챙김 명상에 관심이 많았던 나는 여러 차례 침묵 명상 수련회에 참여했다. 90년대 중후반 픽사 CFO였던 로렌스 레비Lawrence Levy가 복잡한 이미지를 만들어 마음에 담아두는 명상 형태를 이야기해 준 적이 있었다. 그는 아주 단순한 것, 즉 작은 구체부터 시작해 보라고 했다. 하지만 막상 해보려니 잘되지 않았다. 눈을 감고 구체를 생각하니 어두컴컴하기만 했다. 매우 놀라운 일이었다. 나는 공간 인지 능력이 항상 높았는데 그래서 1장에서 설명했던 새로운 종류의 곡선표면 표현 패치(오늘날에도 특수효과와 애니메이션에서 사용되는 방법)를 만들어냈다. 하지만 이 패치를 구상할 때 시각적 이미지나 수학 방정식을 사용하지 않았고 대신 설명하기 어려운 다른 문제 해결 능력에 기댔다.

돌이켜보면 나에게 이미지를 마음속에 담아두는 재주는 없었다. 꿈도 제대로 기억하지 못했다. 어린 시절에 그림을 많이 그렸고 고등학교 때는 제법 그렸지만 눈을 감고 있으면 마음속으로 무엇을 그리는지 전혀 '볼 수'가 없었다. 이래서 내가 훌륭한 화가가 되지 못했다는 생각이 들었다. 픽사나 디즈니의 애니메이터처럼 생계를 위해 그림을 그리는 사람들에게 내게 부족했던 시각화 능력이 분명 있으리라 생각했다. 픽사 애니메이션 11편의 스타일을 구체화하는 데 도움을 준 프로덕션 디자이너 랠프 이글

스톤Ralph Eggleston에게 언젠가 눈을 감은 채 마음속 이미지를 볼 수 있는지 물었다. "물론이죠! 그리고 어떤 아티스트는 눈을 뜬 상태에서도 이미지를 볼 수 있어요. 그 이미지를 종이에 그릴 뿐이죠." 말이 되는 대답이었다. 하지만 그게 전부가 아니었다.

2014년에 나는 현존하는 최고의 핸드드로잉 애니메이터 중 한 명인 글렌 킨Glen Keane과 저녁 식사를 했다. 킨은 〈인어공주〉의 주인공 아리엘을 애니메이션화했으며 〈미녀와 야수〉, 〈알라딘〉 등의 주요 캐릭터도 애니메이션화했다. 이후 NBA의 거물 코비 브라이언트와 함께 만든 〈디어 바스켓볼Dear Basketball〉로 아카데미 시상식에서 단편 애니메이션상을 수상하기도 했다. 식사 중에 나는 킨에게 시각화를 할 수 없다고 말했는데 당연히 그가 이상하게 생각할 것이라고 예상했다. 그런데 놀랍게도 그도 생각만으로 그림을 그려본 적이 없다고 했다.

킨은 젊었을 때 디즈니의 유명 애니메이터 중 한 명과 이 문제로 논쟁을 벌인 적이 있었다고 했다. 그 애니메이터는 눈을 감을 때 머릿속에 이미지를 담을 수 있어야 한다고 주장했다. 시각화할 수 있어야 그림을 그릴 수 있다고 생각했던 것이다. 킨과 저녁 식사 전까지만 해도 나도 같은 생각을 했다. 하지만 킨은 내 생각이 틀렸다는 증거였다. 그는 그림을 그리기 위해 자리에 앉았을 때 마음속에 무언가가 있지만 하나의 이미지가 아니며 그림처럼 생생한 것이 아니라 감정을 자극하는 뭔가가 떠오른다고 했다. 일단 스케치를 시작하면 대충 낙서하면서 자신의 느낌을 표현한 다음 묘사하고자 하는 바를 포착할 때까지 반복해서 스케치했다. 마치 항상 연필과 종이랑 대화하면서 거듭된 작업 끝에 시각적 아이디어를 발굴하는 것 같았다.

글렌 킨의 〈인어공주〉의 아리엘 초기 단계 스케치

몇 번의 반복 끝에 글렌의 낙서는 이렇게 완성되었다. 글렌 킨의 〈인어공주〉 아리엘

PART IV 관성을 극복하기 위한 실험

킨의 말에 곡면 표면을 표현하는 새로운 방법을 고민하던 대학원 시절이 떠올랐다. 당시 머릿속으로 잠재적인 접근법을 시각화하지 않았다. 대신 화이트보드 앞에 서서 해결하고자 하는 문제에 집중했다. 생각이 막히면 의식적으로 접근할 수 없는 뇌의 한 부분으로 그 문제가 흘러 내려가는 느낌이 들었다. 문제 해결 중이라는 것을 알면서도 불안감이 느껴졌다. 그러다가 다른 아이디어가 떠오르면 화이트보드에 적었다. 하지만 아이디어가 떠오르는 느낌이 드는 것이지 그 아이디어가 눈에 보이는 것은 아니었다. 그러고 나서 의식적인 수준에서 문제점을 풀려고 하다가 또다시 막히면 문제는 의식적으로 접근할 수 없는 곳으로 흘러갔다. 머릿속이 복잡할 때는 간혹 30분 이상 한 자리에 서 있었다. 마침내 다른 이미지를 그리면서 문제 해결에 더욱더 가까워졌다. 분명한 것은 이 과정에서 단 한 번도 이미지가 떠오른 적이 없었다. 오직 화이트보드와 교감하면서 내 아이디어를 온전히 실현할 수 있었다. 그림을 그려야만 그 이미지를 볼 수 있었던 것이다.

2015년 나는 〈뉴욕타임스〉에서 '상상이 되십니까? 누군가는 그럴 수 없지만Picture This? Some Just Can't'이라는 헤드라인 기사를 보았다. 영국 엑서터대 의과대학의 신경 전문의 애덤 제만Adam Zeman 교수에 관한 기사였는데 그는 언급되지 않은 의료 시술 후 더 이상 머릿속에 이미지를 떠올릴 수 없다는 것을 깨달았다고 고백했다. 제만 교수는 시각화 능력이 전혀 없는 사람들의 이야기를 듣기 시작했다. 나는 킨과 공유했던 이 현상에 대해 자세히 알고자 그와 이메일을 주고받기 시작했다. 그는 '이미지가 없이'라는 뜻의 그리스어에서 따와서 이 현상을 아판타시아aphantasia 증후군이라고 불렀다.

그와 메일을 주고받으면서 나의 아판타시아가 '보통 정도의 희귀성' 레벨이라는 사실을 알게 되었는데 그는 아판타시아 증후군을 보인 사람이 전체 인구의 2퍼센트 정도라고 (50명 중 한 명이라고) 추정했다. 게다가 아판타시아를 겪는 사람 중에는 생생한 이미지를 머릿속에 떠올리는 능력이 극도로 발달한 사람들도 있다고 했다. 그는 이 상태를 하이퍼판타시아hyperphantasia 증후군이라 불렀고 인구의 3~11퍼센트가 경험하는, 다소 일반적인 현상이라고 했다. 나의 아내 수전은 하이퍼판타시아를, 딸 지니는 나와 같은 레벨의 아판타시아 증후군을 겪고 있다는 사실을 알게 되었다. 우리도 모르는 사이에 한 지붕 아래 살면서 각자가 정보를 매우 다르게 처리해 왔던 것이다.

제만 교수는 질문지를 이용해 피실험자들에게 일출이나 친구의 얼굴 같은 것들을 그려보라고 했다. 이러한 이미지를 머릿속에 떠올리려고 했던, 아판타시아 증후군을 겪는 사람들은 아무것도 볼 수 없었다고 했다. 하지만 집의 창문을 마음속으로 세어보라고 했을 때 많은 사람들이 그렇게 할 수 있었다. 이들은 어떻게든 시각화 능력 부족을 극복하고자 대안책을 썼다.

이는 나에게 매혹적이었고 내가 독특한 위치에 있다는 것을 깨달았다. 세계적인 수준의 스토리보드 아티스트, 애니메이터, 수학자, 프로그래머, 조명 담당자, 프로덕션 매니저 등 다양한 재능을 가진 사람들이 함께 일하는 특별한 애니메이션 스튜디오 두 곳의 대표를 맡고 있었으니까. 동료들에게 제만 교수의 질문지를 받아볼 의향이 있는지 물어볼 수 있겠다는 생각이 들었다. 이를 통해 비범한 사람들의 능력과 시각화 특성의 상관관계를 파악할 수 있을 것이다.

그래서 동료들에게 아판타시아와 하이퍼판타시아 증후군을 설명하면서 질문지를 받아보게 했다. 결과는 굉장한 깨달음의 연속이었다. 수년간 함께 일한 많은 동료들은 업무를 수행할 때 두뇌 작용이 얼마나 다른지 조금도 알지 못했다. 하지만 서로의 차이를 이해하게 되자 혼란스러워했다. "시각화를 할 수 없다면 어떻게 장면을 그릴 수 있어요?"라고 한 작가가 다른 작가에게 묻는 것을 듣게 되었다.

애니메이터 존 리파John Ripa와 폴 브릭스Paul Briggs의 이야기를 해보겠다. 2021년 장편 애니메이션 〈라야와 마지막 드래곤Raya and the Last Dragon〉의 공동 감독을 맡은 리파는 1994년 〈라이온 킹〉의 조수로 경력을 시작한 후 디즈니에서 애니메이션을 제작해 왔다. 브릭스는 1997년 디즈니의 〈헤라클레스〉에서 '효과전환 아티스트effects in-between artist'로 처음 일을 시작했고 이후 브릭스와 리파는 〈타잔〉부터 〈겨울왕국〉, 〈주먹왕 랄프 2: 인터넷 속으로〉, 〈주토피아〉에 이르기까지 수많은 영화를 함께 작업했다. 리파는 하이퍼판타시아 증후군으로, 머릿속에서 작업 중인 영화를 말 그대로 '재생'하며 원하는 대로 되감거나 빨리 감을 수 있었다. 브릭스는 킨 또는 나처럼 아판타시아 증후군이었다. (이미지가 아닌) 원하는 감정을 머릿속에 그리는 것으로 시작해 보통 세 번 이상의 수정으로 자신이 찾던 것과 비슷한 그림이 나오기 시작한다. 리파는 기본적으로 머릿속에 떠오르는 이미지를 그릴 수 있었지만, 브릭스는 본능적 직감에 따라 일을 시작해서 그림이 나올 때까지 펜과 종이로 작업한다. 제만 교수의 연구에 관해 이야기하기 전까지 두 사람은 서로가 얼마나 다른지 깨닫지 못했다.

리파가 이 주제에 대해 처음 대화를 나눴을 때를 회상하며 말했다. "정말 놀랐어요. 저는 머릿속으로 모든 장면을 스토리보드처럼 그릴 수 있었기 때문에 누구나 할 수 있다고 생각했죠. 모두가 똑같은 방식으로 일한다고요."

브릭스는 자신과 리파가 접근법이 서로 다르다고 짐작했다. "리파는 '나는 항상 시퀀스를 요약하는 핵심적인 시각적 이미지를 찾고 있다'라고 했죠. 저는 '그건 너무 이상해. 난 핵심 감정을 알아야 해'라고 생각했고요. 하지만 무엇보다 그의 작업 과정, 그러니까 우리가 작업 중인 것을 '보는' 그의 능력에 경외심을 느꼈습니다."

특히 브릭스는 이 사실을 리파에게 말한 적이 없었는데 그에게 좋지 않게 보일까 봐 걱정했기 때문이다. "리파처럼 볼 수 없다는 것 때문에 제가 허풍쟁이가 된 것 같아서 말하기가 어려웠습니다"라고 브릭스는 회상했다. 그는 내가 알게 된 것을 듣기 전까지 자신이 디즈니와 픽사에서 아판타시아 증후군이 있는 수많은 애니메이터 중 한 명이라는 사실을 몰랐다. 혼자만 그렇다고 오해했던 것이다!

앤디 빌에 대한 14장의 이야기가 기억날 것이다. 그는 픽사 애니메이션 부서를 수년간 이끌었지만 내가 회사에서 아판타시아 증후군에 대한 프레젠테이션을 하기 전까지 그 역시 이 증후군에 대해 들어본 적도 없었고 자신이 아판타시아 증후군이 있다는 사실도 몰랐다. "제가 무엇을 그리고 싶은지 미리 알 수 없었습니다. 어떤 느낌이 드는지 무엇을 찾고 있는지는 알았지만 상상이 안 됐어요"라고 말했다. 그는 브릭스와 마찬가지로 과거에 '너무 쉽게' 그림을 그리는 다른 애니메이터들을 보며 경탄한 적이 있었다. 당시에는 가끔 "빈 종이가 무서워"라는 말을 내뱉기도 했다. 그리고 빈 종이를 끌어안고 있는 동료들이 부러웠는데 그들은 빈 페이지를 무엇으로 채울지 이미 '떠올릴 수' 있었기 때문이다(그중 일부가 하이퍼판타시아 증후군이 있다는 것을 이제야 이해했다).

내 프레젠테이션을 들은 후 빌은 새로 알게 된 내용을 관리자로서 자신의 역할에 반영했다. 아판타시아 증후군을 가진 애니메이터뿐만 아니라 하이퍼판타시아 증후군의 애니메이터가 똑같이 훌륭한 작품을 만든다는 사실을 알았지만 때로 똑같은 평가를 받지 못한다는 것도 알았다. 아판타시아 증후군의 아티스트들은 자신의 감정을 일깨우는 그림을 '찾으려고' 더 많은 작업을 반복해야 했기에 빌은 일부 리더들이 그들의 초창기 작업 그림이 '너무 산만하고' 작업 과정이 '너무 더디다'라고 생각한다는 것을 알게 됐다. 제만 박사의 연구 내용을 들은 빌은 이 문제를 바로잡으려 애썼다.

"부서에서 상상력보다 감정에서 더 많은 것을 끌어내는 직원들을 찾아 한쪽으로 데려가서는 '당신도 나와 같은 사람이에요. 가끔 힘들겠지만 괜찮다는 것을 알려주고 싶어요'라고 말해줬습니다." 빌은 다른 부서장들에게도 "아판타시아 증후군은 실제로 있는 증상이기 때문에 이 사람들을 지켜줘야 합니다"라고 전했다.

그렇다고 해서 아판타시아 증후군이 결함이나 결핍을 의미하진 않는다. 지난 수년간 언론 매체에서 아판타시아 증후군을 다루면서 거의 전 매체가 이를 극복해야 하는 장애, 즉 '눈이 먼 마음의 눈'으로 잘못 설명했다. 나는 그 표현에 동의하지 않았으며 킨도 마찬가지였다. 대신 이렇게 생각했다. 우리는 생각하고, 이해하고, 표현하는 방식이 다를 뿐이라고.

리파, 브릭스, 빌 모두 훌륭한 아티스트라는 점을 강조하고 싶다. 다만 서로 다른 방법으로 작품을 그려낼 뿐이었다. 나는 바로 이 점이 창의적인 협업의 핵심 중 하나를 보여준다고 생각한다. 우리는 개개인이 보는 방식이 모두 다르기에 원활한 의사소통을 위해 생각보다 더 열심히 노력해야 한다. 그렇게 계속 노력하다 보면 더 나은 곳에 도달할 수 있을 것이다. 타인의 머릿속에서 일어나는 일을 알 수 없다는 사실을 인정하는 것만으로도 힘이 생긴다. 그 깨달음으로 사람들은 다른 관점에 대해 더 열린 자세로 다가갈 수 있다.

■ ■ ■

이 책의 초반에서 나는 25년 동안 내 개인적인 목표였던 픽사 최초의 장편 컴퓨터 애니메이션 영화 제작에 성공한 후 인생의 새로운 목적을 찾기 위해 고군분투했던 모습을 설명했다. 픽사가 독특한 문화를 형성했지만 그런 문화가 쇠약하기 쉽다는 점도 알았다. 지속 가능한 창의적인 문화를 구축하고 지키는 최선의 방법을 탐구하기 시작하면서 궁극적으로 앞으로 나아갈 수 있는 조직화 원칙을 찾았다. 하지만 새로운 인생의 목적으로 향해 방향을 다시 잡는 동안에도 나를 괴롭히는 또 다른 문제가 있었는데 그 문제는 초판에서 제외했다. 다른 이들이 공감할 수 있기를 바라며 여기서 이 문제를 다루고자 한다.

〈토이 스토리〉가 실제로 컴퓨터 작업만으로 장편 애니메이션 영화가 제작될 수 있다는 것을 증명하면서 새로운 역사를 쓴 후, 나는 당연히 무척 자랑스러웠다. 하지만 동시에 당황스러운 의문점이 들었다. 픽사의 성공에 개인적으로 내가 얼마나 많은 부분을 기여했다고 할 수 있을까?

많은 사람이 두드러진 공헌을 했다는 점은 분명하고 그들의 역할을 무시하려는 게 아니다. 스티브 잡스, 조지 루카스, 밥 아이거 등 상당수는 유명한 사람들이다. 〈토이 스토리〉 제작에 필수적이었고 오늘날에도 여전히 중요한 소프트웨어 아키텍처를 디자인한 선견지명이 있는 기술자들을 포함하여 잘 알려지지 않은 사람들도 있다. 이 첫 번째 영화에서 크리에이티브, 미술, 제작 부서 직원들은 업계에서 보기 드문 방식으로 유대감을 형성했다. 이를 알기 때문에 자기중심적인 질문을 논하는 것은 어리석어 보였다.

"내가 얼마나 기여했나?"라는 질문은 비즈니스나 스포츠, 록 밴드에서 오케스트라에 이르기까지 음악적 협업 등 성공을 이룬 팀의 일원이 된 사람들이 자주 하는 질문일 것이다. 하지만 나는 자아 주도적 질문이라는 것을 알았기 때문에 누군가에게 이야기하는 것을 주저했다. 이 질문은 새로운 인생 목표를 찾으려고 애썼던 바로 그 해 1년 동안 나를 불안하게 만들었다. 새로운 장기적 목표에 집중할 때 나 자신의 기여도에 대해 궁금해하는 것은 자연스러운 일이지만 이 질문에 답하려고 노력하는 것은 분리의 행동이라는 것을 깨달았다. 그래서 "내가 얼마나 기여했나?"라는 질문은 잘못된 질문이라는 결론을 내렸다. 얽히고설킨 동료들의 기여에서 나의 기여도를 따로 떼어볼 수는 있다. 픽사가 그토록 좋은 성과를 거둘 수 있었던 이유는 바로 함께 일하는 동료들의 네트워크가 훌륭하게 짜여 있었기 때문이다. 그 실 가닥을 분리하려는 시도는 비생산적인 일이다. 사람은 다른 사람의 기여를 무시하는 경향이 있다. 우리는 서로를 분리하고 의존성을 부정하기 시작한다. 나는 자신이 맡은 일이 어디에서 끝나고 다른 사람의 일이 어디에서 시작되는지 하나하나 재단하는 대신 다음과 같이 질문하게 되었다.

'다른 사람들과 어떻게 연결되었는가? 다른 사람들은 내가 한 일에 얼마나 이바지했는가? 그리고 다른 사람들이 한 일을 바탕으로 성과를 나타

낸 것을 인정하고 감사하고 있는가?'

사람들은 여러 가지 방법으로 자신을 다른 사람과 떼어놓고 보려는 함정에 빠진다. 가끔 나는 자신을 다른 사람과 구분하려는 패턴을 찾는 일이 자연스러운 것인지, 그리고 자신과 가장 비슷하다고 생각하는 사람에게 끌리는 경우가 자주 있는 것인지 궁금해지기도 했다. 시간이 지나면서, 나는 다른 성별이 될 수 없고 다른 민족이 될 수 없고 다른 문화권에서 자랄 수 없는, 결코 체험할 수 없는 경험들이 있다는 것을 이해하게 되었다. 동시에 나와 다른 사람들이 뜻을 함께하는 창의적인 노력에 큰 가치를 더할 수 있는 무언가가 있다는 믿음이 생겼다.

분리 충동은 근본적으로 반-창의적이다. 창의성은 아이디어를 새로운 시각으로 바라볼 때 꽃을 피운다. 창의성을 키우는 것이 목표라면 성별, 인종, 민족은 물론 인생 경험, 관점, 규범의 다양성을 포용하는 것이 필수라고 생각한다.

유타대학 재학시절에 학장과 교수들은 연구소가 혁신적인 성과를 내려면 다양한 사상가들을 모아 자율적으로 연구할 수 있게 유도해야 한다는 사실을 잘 알고 있었다고 말한 적이 있다. 그들은 다양한 방식으로 문제에 접근하는 사람들을 포용함으로써 더 활기찬 지적 문화를 형성할 수 있다고 가르쳤다. 하지만 픽사와 디즈니에서 근무하던 후반기에 아판타시아와 하이퍼판타시아 증후군을 조사하면서 누구도 다른 사람의 생각이나 정보 처리 방식을 완전히 이해할 수 없다는 사실을 다시 한번 깨달았다. 마찬가지로 다른 사람의 살아온 경험이 자신과 다른 방식으로 어떻게 행동하는지를 알 수 있는 사람은 아무도 없다. 그렇기에 특히 창의적인 기업에서는 모든 유형의 사람들을 포용하는 것이 직장 문화뿐만 아니라 업무 자체의 가치를 높인다고 생각한다.

14장에서 브리타 윌슨 박사가 픽사에서 포용의 문제에 대해 선보인 여러 가지 시스템과 노력을 소개했다. 회사가 거듭 변화하면서 시스템도 발전했다. 하지만 내 생각에 우리의 문제를 인정하고 다양한 스토리텔러를 육성하고자 노력한 가장 좋은 사례 중 하나는 2016년 1월 내부적으로 발표한 스파크쇼츠SparkShorts라는 프로그램이다. 이 아이디어는 나와 짐 모리스, 그리고 픽사의 모든 프로듀서와 감독이 함께한 저녁 식사 자리에서 탄생했다. 어느 순간 대화 주제는 픽사의 영화가 미래에도 유의미할 방법으로 바뀌었고 앤드루 스탠튼은 늘 그랬듯이 우리가 직면한 과제가 무엇인지 정확히 짚었다.

"과거에 영화를 만들었던 사람들이 일종의 주사위를 던진 셈입니다"라고 스탠튼이 말했다. "하지만 앞으로의 일을 생각해야 합니다. 우리 각자가 당시에는 영화 제작에 적합한 도구였을지 모르지만 앞으로도 항상 그러리라고 장담할 수 없습니다. 그렇다면 문제는 미래에 적합한 도구가 될 인재를 어떻게 찾을 수 있을까 하는 거겠죠?"

활발한 토론이 이어졌고 결국 새로운 영화 제작자들이 등용할 수 있는 프로세스를 마련해야 한다는 데 모두가 동의했다. 특히 스탠튼은 "검증되지 않은 영화 제작자들이 일반적인 승인 절차를 거치지 않고 새로운 시도를 할 수 있도록 해야 합니다"라고 말했다. 일반적으로 픽사 영화 제작자는 최고 크리에이티브 경영진을 거쳐야 아이디어 승인을 받을 수 있었다. 하지만 저녁 식사 참석자들은 이런 경우에 기존 경영진이 결정 권한을 갖게 되면 본의 아니게 자신들이 장려하고자 하는, 막 피어나기 시작한 다양한 목소리를 침묵시킬 수 있다는 점을 인정했다.

모리스는 이 토론을 회상하며 이렇게 말했다. "존 워커, 앤드루 스탠튼, 피트 닥터, 리 언크리치, 그 사람들 모두 훌륭한 영화와 그렇지 않은 영화에 대한 자신만의 견해가 있었습니다. 그리고 우리는 판단을 내리고 스토리텔링 나침반을 갖기 위해 그들에게 의존했습니다. 하지만 이제 우리는 이렇게 말하고 있죠. 나침반이 누군가를 최고의 제작자가 아닌 다른 길로 안내한다면 어떨까요? 그래서 모두가 동의했습니다. 다른 뭔가를 끌어내는 제작자를 찾아보자고요."

모리스와 현재 픽사 애니메이션 스튜디오의 개발 담당 수석 부사장인 린지 콜린스는 브레인스토밍 회의에서 이 아이디어를 실현하는 가장 좋은 방법을 찾고자 했다. 결국 그들이 생각해낸 방법은 아주 간단했다. 흥미로운 이야기를 들려줄 수 있는 훌륭한 스토리텔러가 될 가능성이 보이는 픽사 직원 몇 명(보통 한 번에 두 명)을 고른 다음 비교적 적은 예산으로 단편 영화 제작을 지원하는 것이었다. 이들은 디즈니 관객들 성향에 맞는 주제라면 무엇이든 선택할 수 있었다. 그 외에 창의적인 제약은 없었다. 선정된 스파크쇼츠 제작자는 작품 아이디어를 다듬는 데 도움을 줄 브레인트러스트를 구성하고 6개월 내에 영화를 완성해야 한다.

처음 이 프로그램을 시작했을 때는 이 단편 애니메이션들을 배급할 계획이 없었다. 스파크쇼츠는 새로운 인재 육성 및 발굴이 목적이었기 때문에 사내 평가용으로만 생각했다. 하지만 브리타 윌슨이 픽사 애니메이션 스튜디오에 합류하고 디즈니가 스트리밍 서비스 출시를 고려하기 시작하면서 상황이 바뀌었다. 윌슨이 합류한 지 몇 달 후, 크리스틴 레스터 감독과 프로듀서 질리안 리버트Gillian Libbert는 첫 번째 스파크쇼츠 세 편 중 〈펄〉의 초기 버전을 윌슨에게 보여줬다(14장에서 크리스틴 레스터가 스토리 아티스타스의 멤버였기 때문에 〈펄〉을 언급했었다). 〈펄〉이 완성됐고 윌슨의 노력으로 2018년 안시국제애니메이션영화제에서 상영됐다. 그리고 2019년 1월, 〈펄〉과 다른 두 편의 스파크쇼츠(다른 스토리 아티스타스 멤버인 로사나 설리번이 제작한 〈킷불〉과 잠시 후 설명할 〈스매시 앤 그랩Smash and Grab〉)가 로스앤젤레스의 역사적인 엘 캐피턴 극장에서 미국 시사회를 열었다. 같은 해 말, 디즈니가 스트리밍 서비스 디즈니+를 출시하면서 스파크쇼츠도 이 플랫폼에서 감상이 가능해졌다.

처음부터 스파크쇼츠는 값진 교훈을 선사했다. 예를 들어 스토리 슈퍼바이저 브라이언 라센Brian Larsen이 각본과 감독을 맡은 〈스매시 앤 그랩〉에는 자유와 서로를 위해 모든 것을 걸고 싸우는 두 대의 고물 로봇이 등장한다. 이 영화에서 라센과 제작자 데이비드 랠리David Lally는 시간 절약을 위해 일반적인 스토리보드 프로세스를 생략하고 대본에서 바로 새로운 실시간 애니메이션 레퍼런스 기술을 이용하는 식으로 제작 방식을 변경했다. 장편 애니메이션 영화에 이런 방식을 시도할 일은 없었지만 그 과정을 지켜보는 것은 유익한 경험이었다.

하지만 스파크쇼츠 프로그램에서 가장 소중한 발견은 제작 효율화보다는 스토리텔링의 폭을 넓히고 스토리텔러 발굴에 더 집중한다는 것이었다. 스파크쇼츠를 시작한 이후 몇 년 동안, 이 프로그램을 통해 선보인 여러 영화는 유머와 파토스pathos를 모두 갖춘 새로운 주제와 개인적 관점을 탐구해 왔다. 〈라따뚜이〉와 〈메리다와 마법의 숲〉의 스토리보드 아티스트인 루이스 곤잘레스Louis Gonzales는 할머니 댁을 방문했지만 할머니가 TV 속 레슬링 시청에 정신이 팔려 함께 놀지 못한 다섯 살 소녀의 이야기를 다룬 스파크쇼츠 〈노나Nona〉를 만들었다(곤잘레스의 멕시코 출신 할머니는 미국 프로레슬링 선수 스티브 오스틴Stone Cold Steve Austin의 열렬한 팬이었다). 애니메이터 스티븐 헌터Steven Hunter가 감독과 각본을 맡은 〈아웃Out〉에는 아직 부모님께 커밍아웃하지 않은 젊은 게이 남성이 등장하는데 예상치 못하게 자신의 반려견과 마법처럼 몸이 바뀌게 된다. 이 영화는 픽사나 디즈니에서 게이 주인공(그리고 스크린에서 동성 키스를 하는 장면)이 등장하는 첫 번째 단편 애니메이션이었다. 바비 루비오Bobby Rubio가 각본과 감독을 맡은 〈플로트Float〉는 필리핀계 미국인 아버지와 몸을 줄로 묶어놓지 않으면 몸이 떠오르는 특별한 재능을 가진 어린 아들과의 관계 변화를 다룬 이야기이다. 〈인사이드 아웃〉, 〈인크레더블 2〉 등에서 스토리 아티스트로 활동한 루비오는 자폐 스펙트럼을 가진 자신의 아들과의 관계를 바탕으로 아들의 재능을 받아들이는 자기 모습을 바탕으로 했다. 〈토이 스토리 4〉를 작업하며 픽사에서 첫걸음을 내디뎠던 앱튼 코빈Aphton Corbin은 때로는 어른처럼 보이다가도, 때로는 트렌치코트 안에 두 아이가 포개져 있는 듯한 인상을 주는 스물한 살 흑인 여성의 이야기를 다룬 영화 〈트웬티 썸씽Twenty Something〉의 각본과 연출을 맡았다.

지금까지 픽사 직원들이 완성한 10편의 스파크쇼츠는 모두 개봉했으며 더 많은 작품이 개봉될 예정이다. 그리고 현재 네 명의 스파크쇼츠 감독이 장편 애니메이션 영화를 작품화 중이다. 브리타 윌슨은 이런 말을 했다. "스파크쇼츠 프로그램에서 알 수 있는 것은 관객들을 대표하는 매우 다양한 스토리뿐만 아니라 이전에는 얻지 못했던 더 큰 기회를 얻은, 더 다양한 스토리텔러의 등장이라고 생각합니다. 이게 바로 성공 아닐까요?"

옳은 말이다. 하지만 나는 다양성과 포용성 문제를 넘어서는 교훈을 얻었다. 픽사에서 성공적인 실무 그룹을 만들고자 했던 나의 장기적인 목표는 여러 상황과 직원들의 변화에 따라 다양한 방식으로 문화를 발전시켰던 것이다. 그리고 이런 발전은 나와 소수의 리더들만이 할 수 있는 일이 아니었다. 모든 구성원이 책임을 다해야만 회사가 계속 발전할 수 있었다. 책의 앞부분에서 나는 솔직함, 공포, 실패, 잠재적 위험, 변화에 대해 별도의 장을 할애했다. 하지만 내가 공유한 여러 아이디어는 그 순서대로 발전한 것이 아니다. 이러한 통찰력은 모두가 주인의식을 느낄 때 생겨나고 발전하는 것이다. 회사가 성장하고 도전과제를 해결하고 변화하는 과정에서 구성원 모두가 이러한 주인의식을 받아들이는 모습을 목격하는 것은 직장 생활 중 가장 만족스러운 경험이다.

■ ■ ■

은퇴를 앞둔 전임자들로부터 새로운 리더가 지휘봉을 잡을 수 있도록 계획하는 것이 과연 현명한지 의문을 제기하는 사람은 아무도 없다. 하지만 내 생각에, 그 과정에서 내가 문화 계승이라 부르는 것에 대한 논의가 너무 자주 배제된다. 퇴임하는 리더는 다음 세대가 물려받을 가치를 명확히 하는 것이 중요하다. 왜 이것이 중요한가? 이러한 가치를 제대로 전하지 않으면 사라질 수 있기 때문이다.

은퇴를 앞둔 나는 우리 모두 이러한 신념을 지켜야 한다는 것을 깨달았다. 몇 년 전 ILM의 사장이었던 짐 모리스를 영입했는데 그는 벌써 이러한 가치관을 따르고 있었다. 인수인계의 목적은 단순히 후임자를 세우는 것이 아니라 보다 광범위한 문화적 승계를 보장하는 것이다.

물론 뒤를 이을 적임자를 고르는 것도 중요하다. 픽사에서 피트 닥터는 균형 잡힌 문화를 강력히 옹호하는 사람으로 유명했다. 수년 동안 난 그가 결국 스튜디오의 차기 CCO가 될 것이라고 믿었다. 디즈니 애니메이션 스튜디오에서 (5장의 포스트스크립트에서 소개한 바 있는) 제니퍼 리는 영감을 주고, 업무를 완수하며, 뛰어난 소통 능력을 갖춘 재능 있는 리더였다. 나는 두 사람 모두 발굴하고 육성했으며, 2018년 6월 닥터와 리는 각 애니메이션 스튜디오의 CCO가 되었다.

하지만 이러한 선택 외에도 어떤 가치를 지켜야 하는지 분명히 하는 게 중요하다고 생각했다. 월트 디즈니를 예로 들어보자. 그는 항상 기술 변화에 호기심을 가졌고 이를 주도했다. 초창기 디즈니 영화에 사운드나 컬러를 추가하거나 테마파크에 애니매트로닉스animatronics(영화나 테마파크에서 사용되는 특수효과 기술의 일종으로 애니메이션animation과 일렉트로닉스electronics 조합어. 촬영용 또는 관람용으로 쓸 정교한 로봇을 만들어서 움직이게 하는 것 – 옮긴이)를 적용하는 등 작품 제작 프로세스를 발전시킬 수 있는 최첨단 기술이 무엇이든 항상 기꺼이 받아들였다.

하지만 그가 타계한 후 디즈니 애니메이션을 이어받은 사람들은 기술에 대한 창업자의 헌신을 완전히 이해하지 못했다. 월트 디즈니는 워낙 기념비적이고 위대한 인물이었기 때문에 뒤를 잇는 사람들은 그의 유산에 흠집이 날 수 있는 어떤 변화도 두려워했다. 디즈니 이매지니어링Disney Imagineering 외에는 기본적인 기술 투자를 중단했고 그 결과 이전의 것을 모방하는 동일성 문화가 자리 잡았다. 이러한 침체 분위기는 월트 디즈니의 조카 로이 디즈니Roy E. Disney가 월트 디즈니 컴퍼니 이사의 권한을 이용해 기술 발전을 다시 강조하고 나서야 변화로 이어졌다. 로이는 새로운 기술이 위대한 새 예술에 영감을 줄 수 있다는 것을 깨달았다.

나는 픽사 설립 초기에 애니메이션 셀을 채색 관리하는 캡스CAPS라는 컴퓨터 애니메이션 제작 시스템을 디즈니에 공급하는 계약 체결 과정을 여러 번 설명한 바 있다. 이 모든 것이 로이가 추진해서 이루어졌다는 부분은 빠져 있다. 1986년 스티브 잡스가 루카스필름의 그래픽팀을 인수해 우리의 요청에 따라 픽사라고 명명하는 찰나에 로이가 루카스필름을 찾았다. 로이는 새로운 기술을 도입해 디즈니 애니메이션에 활력을 불어넣고 싶다고 했다. 우리는 그가 원하는 것을 구현할 방법을 고안해냈지만(훗날 컴퓨터 애니메이션 제작 시스템 또는 캡스로 불렸다), 디즈니의 재무 분석에 따르면 캡스는 비용 절감 효과가 없으므로 폐기해야 한다고 결론지었다. 하지만 로이의 고집대로 계약이 진행되지 않았다면 그 프로젝트는 사라졌을 것이다(로이 디즈니의 영향력은 부인할 수 없다. 1990년대 내내 디즈니 애니메이션은 〈인어공주〉, 〈미녀와 야수〉, 〈알라딘〉, 〈라이언 킹〉을 통해 전 세계 애니메이션 시장을 장악했다. 하지만 그의 영향력이 약해지면서 새로운 것을 받아들이는 디즈니 정신은 다시 사라졌다. 그리고 디즈니 영화만의 특색도 사라졌다).

2018년 10월 나는 (루카스필름의 그래픽팀 근무까지 포함해 픽사에 재직한 지 40주년이 되는 해인) 2019년 7월까지 고문직을 유지한 채 픽사 애니메이션 스튜디오와 디즈니 애니메이션 스튜디오 회장직에서 물러나겠다고 발표했다. 마지막 몇 달 동안 나는 두 애니메이션 스튜디오에 소속된 모든 팀을 만나 내가 배운 교훈과 물러난 후에도 동료들이 계속 키워나가길 바라는 이상에 대해 한 시간 동안 강연을 했다. 이 모임은 일부러 소규모로 진행했는데 동료들에게 일방적으로 말하는 것이 아니라 대화하는 분위기를 원했기 때문이다. 지금도 내 컴퓨터 파일에는 '픽사 그룹에서 하는 마지막 프레젠테이션'이라는 제목의 연설 개요가 남아 있다.

이 모임을 수십 번 진행하면서 연설의 흐름은 달라졌지만 애니메이션 스튜디오의 세 가지 '텐트폴tentpole' 원칙이라고 칭한 요지는 늘 같았다. 텐트폴은 영화 제작부터 책 집필에 이르기까지 다양한 창작 활동에서 오랫동안 쓰인 은유적 표현이다. 픽사에서는 텐트폴 아이디어를 찾은 다음 이를 중심으로 영화를 제작했다. 그래서 이제 그 아이디어를 바탕으로 애니메이션 스튜디오 자체에 대해 이야기를 나눴다. 픽사의 첫 번째 텐트폴 원칙은 '우리는 훌륭한 영화를 만들기 위해 이곳에 있다'였다. 어쩌면 당연한 말일 수도 있지만 일련의 질문을 통해 더 깊이 파고들지 않으면 그 말이 아무 의미가 없다는 것을 모두에게 상기시켰다.

- 캐릭터에 관심이 있는가?
- 스토리에 우리의 진짜 감정이 담겨 있는가?
- 작품 속 세계가 우리를 끌어당기는가?
- 이야기가 잘 표현되었는가?

두 번째 텐트폴 원칙은 단언컨대 바로 이것으로, '우리는 안전에 힘이 있다고 믿는다'였다. 나는 "안전은 우리의 가장 중요한 가치 중 하나입니다. 하지만 안전한 분위기를 만들고 지키는 것은 어렵습니다"라고 말했다. 사람들이 때때로 안전하지 않다고 느끼는 이유를 업무 수행에 대한 압박감, 평가에 대한 두려움으로 요약했다. 그래야만 모두가 위기를 잘 대처하고 맡은 바를 끝낼 수 있기에 회사가 안전하다고 느낄 수 있도록 열심히 노력해달라고 동료들에게 당부했다. 경영진은 픽사가 상황과 주변 분위기를 항상 예민하게 살피고 생각지도 못한 일을 계속하기를 원했지만 안전이 뒷받침되지 않으면 불가능했다. 솔직하게 이야기하기를 원했지만 안전한 분위기가 아니고서는 불가능했다. 다시 한 번 나는 동료들에게 스스로 몇 가지 질문을 던져보자고 했다.

세 번째 텐트폴 원칙은 '우리는 변화와 기술을 중요하게 생각한다'이다. 나는 "여러분은 제가 기술적인 배경 지식이 있으니까 당연히 이런 말을 한다고 생각할 수도 있습니다. 하지만 그게 이유는 아닙니다. 이것은 문화적 문제입니다. 외부에서는 우리의 작품을 높이 평가하고 프로세스는 중요하지 않다고 여기지만 우리는 항상 두 가지 모두를 소중히 여겨야 합니다"라고 말했다.

- 강력히 반대할 수 있는 안전한 분위기를 만드는 데 적극적으로 나설 수 있는가?
- 실수를 존중하는가?
- 사람들에게 미칠 위험을 감수하는가?
- 1등과 2등이라는 개념을 인정하고 굴하지 않는가?
- 어떤 부서에서든 높은 기여도가 잘못된 행동에 대한 핑계가 될 수 없다는 것을 이해하는가?
- 회의실에서 가장 힘이 없는 사람이 안심하고 이야기할 수 있는가?

마지막 질문이 중요하다. 어떤 부서는 그런 분위기가 잘 조성되어 있지만 어떤 부서는 그러지 못한다. 가장 권한이 적은 사람이 자유롭게 이야기할 수 있다면 이는 모두에게 신호를 보내는 것이다. 자유롭게 이야기를 못 해도 신호를 보내는 것이다. 우유부단한 사람이나 상처 입기 쉬운 사람이나 단지 '다르다'는 이유로 사람들을 대하는 방식에서 알 수가 있다.

픽사에서는 모두가 똑같기를 바라지 않는다. 우리는 예리함, 기발함, 개성을 원한다. 예민하거나 변덕스럽게 굴어도 안전한가? 안전해야 한다.

모든 사람이 똑같지 않고 잠재력, 기량, 동기도 다 다르다. 하지만 기회가 주어진다면 그들은 더 많은 일을 해낼 것이다. 이것은 위험 부담이 큰 제안이 아니다. 나는 기회를 주면 누구나 성장할 수 있다고 생각한다. 픽사가 계속해서 작품을 성공시킨 것은 끊임없이 변화하는 기술을 개발하고 수용했기 때문이다. 제작 방식이 달라지는 것이 불편할 때에도 동료들이 기술적 변화를 적이 아니라 '기회의 연장선'으로 생각해 주길 바랐다.

예술과 기술이 서로에게 영감을 준다고 믿어 의심치 않는다. 여기서 내가 말하고자 바를 강조하고 싶다. 예술과 기술 사이의 '교차 자극cross-stimulation', 즉 서로를 새로운 차원으로 끌어올리는 방법에 대한 명확한 인식이 없다면 기술을 대수롭지 않게 여길까 봐 우려했다. 현재 기술 면에서 높은 평가를 받고 있다고 해서 주의를 기울이지 않으면 쉽게 뒤처질 수 있다.

"우리는 무엇이든 이해하고 통달해야 합니다. 새로운 것을 만들려고 노력하며 그것이 성공하면 더 나은 결과를 얻을 수 있습니다. 새로운 것을 시도했는데 효과가 없다면, 최악의 상황이라 해도 시간과 돈을 들여서 무언가를 배우게 됩니다. 만약 새로운 것을 시도하지 않았는데 효과가 있다면 다른 사람이 우리를 앞지르면서 최악의 상황에 놓이게 됩니다"라고 참석자들에게 말했다.

월트 디즈니의 이야기와 기술에 대한 신념이 후임자들에게 어떻게 계승되지 않았는지에 대해 들려줬다. 어떻게든 픽사 DNA의 핵심 요소를 파악하지 못한 채 픽사에서 은퇴하고 싶지 않았다. 기술은 픽사의 DNA에 계속 남아 있어야 한다.

나는 상부에서 전달되는 성명서보다 질문을 던지는 것이 훨씬 더 설득력이 있다고 굳게 믿고 있다. 그래서 세 가지 텐트폴 원칙을 질문으로 재구성했다. 나의 목표는 중요한 전략적 이슈를 창의적으로 생각하도록 유도하는 것이다. 직원들이 이러한 질문을 계속 주고받는다면 사고방식을 높이고 나아가야 할 방향을 제시할 수 있을 것이다. 그렇게 픽사는 항상 남다른 명성을 유지할 수 있을 것이다.

1. 우리 영화가 세상에 어떤 영향을 미치기를 바라는가?
2. 우리는 서로를 어떻게 대하고 지원하는가?
3. 변화에 어떻게 대응할 것인가?

마지막으로 한 가지 생각을 덧붙이겠다. "처음 일곱 편의 영화가 흥행 성공을 거둔 후 저는 걱정이 많아졌습니다. 평론가들은 너무 많은 성공을 거두는 것을 원하지 않기 때문에 픽사가 못마땅했을 것입니다. 하지만 〈라따뚜이〉, 〈월-E〉, 〈업〉, 〈토이 스토리 3〉 등 차기작 네 편도 너무 훌륭했기 때문에 기대치를 다시 세웠고 본질적으로 우리 자신과 경쟁하기 시작했죠. 성공에 취하면 혼란스러워질 것입니다"라고 결론을 내린 후 다음과 같은 두 가지 질문을 던졌다.

1. 어떻게 하면 우리 자신은 개방적이고 취약한 상태를 유지할 수 있을까?
2. 두려움을 이용해 더 강해질 수 있을까?

나는 "원칙을 제시하고 동의하는 것과 실제로 원칙을 준수하는 것에는 큰 차이가 있습니다"라고 말했고 내 동료들이 픽사에서 만든 이상에 따라 계속 어려운 일을 해내기를 바랐다.

■ ■ ■

고별 강연을 할 무렵, 픽사의 몇몇 동료들은 픽사 애니메이션 스튜디오의 가치를 공식적으로 성문화하는 과정을 시작했다. 수년 동안 나는 이러한 사명 선언문이나 가치 목록을 단순한 슬로건으로 축소할까 봐 그 과정을 반대해 왔다. 슬로건은 시간이 지남에 따라 무의미해지기 쉽다. 하지만 노트 데이 이후, 회사의 근간을 형성한 아이디어에 대해 많은 논의를 거쳤으니 생각이 바뀌기 시작했다. 승계 계획을 진행하면서 가치를 명확히 하는 것이 더욱 중요해 보였다.

픽사 직원 12명으로 구성된 TF팀이 꾸려졌고, 2018년 추수감사절 직후 처음으로 한자리에 모였다. 팀의 첫 번째 목표는 픽사 애니메이션 스튜디오의 다양한 구성원들과 이야기를 나누며 스튜디오의 가치를 드러내는 것이었다.

직원들은 이 현안을 진지하게 받아들였고 TF팀은 픽사 애니메이션 스튜디오 역사에서 특별했던 순간에 대한 170개 이상의 (많은 직원이 공유하는) 서로 다른 기억을 찾아냈다. 하지만 이는 첫 번째 단계에 불과했다. 다음으로 동료들의 여러 이야기에 담긴 공통된 주제를 파악했다. 각각의 이야기에서 공유된 가치는 무엇인가? 어떤 이야기는 기존 가치를 일깨우고 반면 어떤 이야기는 동경심을 나타냈는가? 몇 달 동안 팀원들은 동료들에게 들려준 이야기들을 영화 제작 및 회사 구성원과 관련된 주제로 추려내려고 애썼다.

　나는 은퇴 후에도 계속 소식을 전해 들었다. 팀원들은 자신들이 생각해 낸 것이 진부하지 않고 의미가 있어야 한다고 여겼다.

　2021년 5월 21일, 팬데믹으로 인한 혼란이 계속되는 가운데 '가치정립 TF팀'은 모든 직원을 대상으로 줌 회의를 열어 3년간의 탐구 조사를 마무리했다. 모두가 서명한 후, 픽사를 특별하게 만드는 네 가지 핵심 요소를 요약한 공유 가치(및 관련 질문) 목록이 공개됐다(이 목록을 들었을 때 나는 긍지를 느꼈다).

- 공동체: 누가 소외감을 느끼는가?
- 혁신: 또 어떤 것이 가능할까?
- 주인의식: 어떻게 이바지할 수 있는가?
- 진정성: 무엇을 더 공유할 수 있는가?

　이 네 가지 이상에 도달하기까지 많은 성찰이 필요했지만 팀원들은 이 네 가지를 가장 귀중한 가치로 분명히 했다. 세상이 변화함에 따라 픽사의 가치관 변화도 충분히 예상되는 바였다. 건전한 문화라는 것은 변화해야 한다는 것을 안다는 의미이기에 이러한 가치도 진화할 것이다. 하지만 적어도 이제 픽사 애니메이션 스튜디오에 어떤 난관에도 다시 시작할 수 있는 출발점이 마련되었다. 그리고 문화의 진화 발전을 이끌었고 동시에 문화를 보호하고 있다는 입증된 기록도 있다.

■ ■ ■

이번 확장판 머리말에서 위계질서 남용 방지, 유희성 허용, 인간 감정 중시, 실험성 장려 등 내가 끊임없이 고민 중인 몇 가지 아이디어에 대해서 자세히 설명하겠다고 약속한 바가 있다. 마지막 아이디어인 실험성 장려는 앞서 스파크쇼츠 프로그램을 설명하면서 자세히 살펴봤지만 다른 수많은 사례가 있기에 여기서부터 시작하겠다.

올바른 신호 전송

픽사에 있으면서 나는 적극적으로 실험성을 장려하고 공개적으로 진행했다. 예를 들어 노트 데이가 끝난 후 많은 동료들이 이 토론회의 가장 좋았던 점 중 하나로 회사 내 여러 부서에서 온 새로운 사람들을 많이 만났다는 점을 꼽았다. 그래서 나는 나의 비서가 무작위로 선정한 직원 여덟 명과 정기적으로 점심 식사를 가지기 시작했다(비서가 전 직원들에게 이메일을 보내면 가장 먼저 답장을 보낸 여덟 명이 나와 함께 점심을 먹었다). 이 '랜덤 런치random lunches'는 식탁에 앉은 사람들뿐만 아니라 함께 빵을 나눠 먹는 모습을 본 사람들에게도 비언어적 신호, 즉 회사의 공동 창립자는 모든 픽사 직원에게 관심이 있다는 신호를 보냈다. 식사 자리에 있는 그 누구도 의도적으로 뽑힌 사람이 아니었기 때문에 점심 식사는 내가 모든 동료를 소중히 여긴다는 신호이기도 했다. 신호는 중요하다. 픽사는 무작위로 선정된 여덟 명을 점심 식사에 초대하는 것과 같은 새로운 전통을 시작함으로써 계속적으로 신호를 보낼 계획이다. 하지만 신호는 누군가 자발적으로 보내는 경우도 많다. 우리가 할 수 있는 최선은 그런 신호를 보내도 안전하고 괜찮다는 분위기를 만드는 것이었다. 중요한 건, 우리가 행동을 취하냐 취하지 않느냐로 신호를 보낸다는 것이다.

위험 평가

많은 기업들은 실험이 너무 위험 부담이 크다는 이유로 독려하지 않는다. 실험의 결과가 보장되지 않는다는 이유에서다. 시간만 낭비한다는 것이다. 하지만 지금까지 이 책을 읽으면서 느꼈겠지만 나는 실험이 독창성으로 이어지는 하나의 주요한 방법이라고 생각한다. 나는 예술가를 꿈꿨다가 과학으로 전공을 바꿨고 두 가지를 모두 좋아하게 되면서 두 가지를 결합한 사고방식을 키워 왔다. 수년에 걸쳐 가설을 세우고 이를 실험하는 과학적 방법이 반복 기법을 사용하는 애니메이션에 잘 부합한다는 것을 알게 되었다. 완전히 새로운 것을 개발하려고 할 때는 입증되지 않은 접근 방식으로 기꺼이 시도해야 한다. 특히 엔터테인먼트 기업에서는 독창성이 큰 성공을 거둔다.

픽사에서 독창성을 지속해 추구하려고 한 일이 있다. 한때 다른 많은 애니메이션 스튜디오처럼 우리도 흥행에 성공한 영화의 속편을 너무 많이 만드는 함정에 빠질까 봐 걱정되기도 했다.

속편 제작에는 여러 가지 이유가 있다. 원작에 부응하기 위해 부단히 노력해야 하지만, 속편은 오리지널 영화에 비해 마케팅이 쉽고 일반적으로 흥행수익에서 좋은 성적을 거두기도 한다. 〈인크레더블〉의 팬들은 〈인크레더블 2〉 개봉 당시 흥분을 감추지 못했다. 하지만 속편만 제작한다면 창의성이 고갈되고 말 것이다.

그래서 나는 픽사 영화의 3분의 1 정도만 속편 제작을 하겠다고 발표했다. 나머지 3분의 1은 콘셉트화가 쉬운 오리지널 아이디어로 제작할 것이며 바로 실행할 수 있을 것 같았다(《인사이드 아웃》도 이러한 영화 중 하나였다). 하지만 픽사는 마지막 3분의 1을 '엘리베이터 테스트^{elevator test}'로 실패할 수 있는 콘셉트에도 관심을 기울일 필요가 있었다.

많은 비즈니스에서 사용되는 '엘리베이터 피치^{elevator pitch}'라는 용어를 들어봤을 것이다. 상사와 함께 엘리베이터를 타고 올라가는 동안 원하는 층의 문이 열리기도 전에 상사의 마음을 사로잡을 수 있을 정도로 간결하고 명료하게 설명하는 방식을 말한다. 엘리베이터 테스트를 통과하는 가장 좋은 방법이 파생 상품 제안이라는 점을 제외하면 사람들이 갖고 싶은 기술처럼 들릴 것이다(예를 들어 할리우드에서는 여전히 많은 사람들이 〈탑건〉과 〈금발이 너무해〉의 만남'처럼 '새로운' 영화를 소개할 때 기존 히트작을 언급하는 경우가 많다).

많은 독창적인 아이디어는 엘리베이터 테스트를 통과할 만큼 빠르고 설득력 있게 설명할 수 없다고 생각한다. 대부분의 할리우드 경영진에게 "요리를 하고 싶은 쥐에 관한 영화를 만들고 싶어요"라고 말하는 것은 좋지 않은 생각처럼 들릴 수 있다. "제 대본은 우울하고 늙어가는 홀아비가 아내를 그리워해 풍선을 집에 묶어 떠도는 이야기입니다"도 마찬가지다. 제작 비용을 고려할 때 두 가지 아이디어 모두 제작 승인받지 못해도 이해가 될 것이다. 하지만 픽사는 위험 요소가 있는 두 영화를 모두 제작했고 그것이 바로 〈라따뚜이〉와 〈업〉이다.

앞서 설명했듯이 성공 가능성이 없어 보이는 프로젝트 원석을 보석으로 만드는 과정은 길고 큰 비용이 들어간다. 예를 들어 제작팀은 미슐랭 스타를 받은 프랑스 레스토랑 주방이나 베네수엘라의 열대우림 등 대부분이 가본 적 없는 장소로 관객들을 안내하기 위해 엄청난 양의 조사를 했다. 제대로 영화를 만들면 관객들이 진정성을 느낄 수 있을 거라는 확신이 있었기 때문에 제작이 이뤄졌다. 하지만 투자할 만한 가치가 있었다는 점에는 이견이 없다. 매우 어려운 일을 하려면 창의력을 발휘해야 하며 과거의 명성만 바라보면 쉽사리 성공할 수 없다.

엘리베이터 테스트에 실패한 영화를 만드는 것이 중요하다고 생각하는 또 다른 이유는 직원들이 이러한 위험 요소를 감수하는 곳에서 일하는 것에 자부심을 느끼도록 해주기 위해서다. 이러한 자부심은 직원들이 매일 활기차게 일하고 필요한 일이라면 무엇이든 기꺼이 할 수 있는 원동력이 된다. 말로는 설명하기 어렵지만 완전히 독창적인 프로젝트 덕분에 직원들은 어려운 문제를 해결하는 회사를 보며 감정적으로 작업에 집중할 수 있다. 모든 직원이 이런 위험이 큰 영화에 배정되지는 않지만 스튜디오 전체가 수혜를 받은 것은 사실이다. 픽사 직원들은 회사가 기꺼이 경계를 허물고 단순히 돈 때문에 '이 프로젝트를 하는 게' 아니라는 점을 좋아했다.

지금까지가 픽사의 실험 문화의 일부였다. 픽사에서는 완전히 새로운 무언가를 창조하기 위해 색다른 것, 심지어 이상한 것까지 시도했다.

서로에 대해 생각하기

3장에서 〈토이 스토리〉 제작을 끝내고 제작 관리자들이 제작 과정에서 이등 시민처럼 무시당하고 소외되는 느낌을 받았다고 한 이야기를 설명했다. 이 문제를 인지한 후 나는 열심히 문제 해결에 나섰다. 하지만 픽사에서 직급 구조 문제는 계속 제기될 것이고 그 이유에 대해 많은 생각을 해봤다. 한 가지 원인으로, 새로운 사람들이 성공한 조직에 채용되면 주변을 둘러보고 어떤 가정부터 하기 때문이다. 그들이 합류하는 조직의 가치에 대해 어떤 말을 듣든 그들의 눈에 보이는 행동에서 조직의 환경과 예상되는 규칙에 대한 이해를 형성한다. 그들은 자신이 보는 것이 기준이며 그에 부합해야 한다고 생각한다. 일부 베테랑 직원들은 같은 함정에 빠지기도 한다. 그 결과, 의도하지 않았거나 우발적인 패턴조차도 점점 관행으로 여기고 모방하면서 굳어진다.

이러한 현상의 한 가지 예를 소개하자면 안타깝게도 픽사 직원들이 본의 아니게 이등석에 앉아 있는 것처럼 취급받게 된 경우다. 어느 순간 나는 브레인트러스트 회의 중 회의실 바깥쪽 의자에 앉은 직원들이 한마디도 하지 않는다는 것을 알아챘다. 이 사람들 대부분은 당시 논의 중이던 영화의 스토리부서, 즉 누구보다 스토리에 집중하고 있던 사람들이었다. 그들의 침묵에 나는 괴로웠고 침묵하는 이유를 이해할 수 없었다. 한동안 조용하게 있는 사람들이 스스로 그 자리를 선택한 것은 아닐까 하는 생각조차 들었다.

노트 데이 이후 스토리부서 소그룹을 만나고 나서야 비로소 문제의 핵심을 파악할 수 있었다. 스토리보드 아티스트들은 경영진이 그 회의에서 자신들이 발언하는 것을 원하지 않는다고 생각했던 것이다.

전혀 사실이 아닌 이 메시지가 어떻게 퍼졌을까? 무슨 일이 있었는지는 확실하지 않지만 어느 날 제작자 한 명이 회의 전에 스토리부서를 찾아가 이렇게 말한 것 같았다. "브레인트러스트는 자주 열리는 것도 아니고 여러분은 이미 감독님과 많은 시간을 보내고 있지만 우리는 시간이 많지 않아요. 그러니까 이번에는 그냥 지켜보고 메모만 해주면 안 될까요?" 이 말을 한 사람은 귀중한 브레인트러스트 시간이 '낭비'되지 않도록 함으로써 프로세스를 보호한다는 취지로 그런 말을 했을 것이다. 분명히 말하자면 픽사 감독들 중 누구도 직원들이 입을 다물고 있는 걸 원치 않았고 좋은 아이디어는 뭐든 듣고 싶어 했다. 하지만 '조용히 하라'는 훈계의 씨앗이 한 번 심어지고 나자 스튜디오 경영진에게는 보이지 않았지만 강력한 암묵적 규칙이 되어버렸다. 이 사실을 알게 된 후 우리는 이를 되돌리기 위해 노력했지만 과묵함을 깨트리는 것이 주입하는 것보다 더 오랜 시간이 걸렸다.

특수효과 아티스트 그룹을 이끌었던 고든 캐머런^{Gordon Cameron}은 이런 문제의 해결 방법에 대해 귀중한 통찰력을 발휘했다. 그는 〈인크레더블 2〉 제작 시작 전, 팀원들을 모아놓고는 앞으로 모든 회의에서 참석자 모두가 발언권을 갖고 의견을 말하도록 하겠다고 말했다. 그가 이 계획을 밝히자 일부 부서 리더들은 사람들이 바쁘고 스트레스를 받고 있는 상태라서 모든 의견을 들을 시간이 없을 거라면서 반대했다. 하지만 캐머런은 고집을 부렸고 나중에 사람들은 그 결정으로 더 훌륭한 영화가 만들어졌고 제작 참여진에게 더 멋진 경험을 선사했다며 극찬했다. 그리고는 최근 나에게 "제작진, 매니저, 어시스턴트 그리고 팀원들이 매우 저평가되어 있다고 생각했습니다"라고 말했다. 맞는 말이다. "이 사람들은 영화의 기술적 예술적 근간을 지원하는 역할만 하고 있습니다. 내 생각에 이는 그들이 겪은 인생 경험, 여러 아이디어, 엄격한 업무 범위를 넘어서 이바지하고자 하는 포부 등 그들의 잠재력을 약화시킵니다. 또한 회사가 직원들의 성장을 지원하고 격려해야 한다는 생각과도 정면으로 배치됩니다."

그런 다음 나에게 직접 이렇게 말했다. "좋은 아이디어는 어디에서나 나올 수 있다는 당신의 믿음에 저는 늘 고무되었습니다. 하지만 이러한 생각은 반대에 부딪힐 수 있습니다. 어떤 사람들은 선을 넘지 않고 엄격하게 자신의 업무만 하면 된다고 생각합니다. 적어도 제 경험상 이런 생각은 불필요하고 비생산적입니다. 그래서 아무리 기술적인 역할을 담당해도 팀원들의 목소리를 높이려고 노력해 왔습니다. 회의에서 모두가 목소리를 내도록 청했을 때는 이 모든 것을 염두에 두고 있었습니다."

캐머런이 말하는 포용성에는 실질적인 이점이 많다. 예를 들어 팀원들 간에 신뢰가 쌓이면 마감일을 지키는 일이 조금 더 수월해진다. 그는 평소에 의견을 내달라고 부탁받지 못한 사람들에게 참여를 독려하면 그들이 잊고 있었거나 발전시키고 싶었지만 표현할 자신감이 부족했던 의견을 기억해내는 경우가 종종 있다고 했다.

그와 나에게 이 모든 것은 위험 감수의 중요성을 지키고 오류를 인정하는 것을 안전하게 만들려고 노력하는 픽사와 같은 기업의 광범위한 문화적 목표와 관련이 있다. "프로젝트 개발 초기에 여러 아이디어를 스며들게 한다면 좋은 시기나 나쁜 시기를 막론하고 새로운 기준이 될 수 있습니다. 팀원들은 미완성된 아이디어라도 괜찮다고 느끼게 되면서 아이디어를 내놓기 시작했습니다. 답을 제대로 알지 못한 채 문제를 해결하려고 시도하는 것, 그건 리스크가 아닐까요? 모든 사람이 위험을 감수하거나, 질문하거나, 해결책을 제시하거나, 아이디어를 제안하는 것을 편안하게 받아들이도록 하려면 권한을 가진 사람들이 이런 분위기를 응원해 줘야 합니다. 그리고 때때로 자신이 틀렸을 때 인정하는 겸손함도 보여줘야 합니다. 틀려도 괜찮습니다."

이보다 내 생각을 더 잘 대신 하는 말은 없을 것이다. 캐머런의 부서원들이 행복한 것은 당연하다. 자신의 목소리에 귀 기울여준다고 느끼는 사람이 업무에 더 만족한다는 사실은 놀라운 일이 아니다. 그는 이 간단한 규칙을 고집함으로써 모든 사람의 의견은 가치가 있다는 신호를 보냈다.

유희성 허용

당연한 말이지만 리더가 분위기를 조성한다. 최고의 리더란 사람들에게 어떻게 행동해야 하는지 지시하지 않고 사람들이 평소의 자기 모습 그대로 행동해도 안전하다는 것을 몸소 보여주는 사람이라고 말하고 싶다. 캐머런은 효과팀 회의에서 그렇게 했다. 하지만 방법에는 여러 가지가 있다. 그리고 위험 감수를 위한 가장 중요한 방법 중 하나는 한계를 뛰어넘는 사람들을 조용히 격려하는 것이다.

어느 월요일 아침 나는 회사 내 제작 구역에 들어갔다가 실물 크기의 빈티지 픽업트럭을 발견했다. 주말 동안 애니메이터들이 (물론 기름통을 제외하고) 트럭을 분해해 하나씩 건물 안으로 가져온 다음 다시 조립했던 것이다. 짐 모리스와 나는 그날 아침 트럭을 보았고(눈에 띌 수밖에 없었다!), 갑자기 툭 하고 트럭이 등장한 것이 매우 멋지다고 생각했다. 나는 트럭을 조립하는 애니메이터들이 허락을 구할 생각도 하지 않았다는 점이 좋았다. 트럭 자체가 하나의 신호로 '우리는 우리 자신을 표현할 수 있다!'라는 뜻이었다. 이런 종류의 신호는 위에서 아래로 조직화할 수 없으며 이런 신호가 보이면 정말 멋지다. 이것이 바로 우리 회사 문화에서 매우 중요한 즐거움이자 자발적 행동이라 하겠다. 그래서 모리스와 나는 직원들이 앞으로는 자발적으로 행동할 때 허락을 구해야 한다는 생각이 들지 않기를 바랐다. 이것은 우리가 독려하고 싶었던 행동의 한 예이자 다른 이에게 모범이 되는 행동이었다. 또 다른 신호이기도 했다.

회사 전 구성원이 참여하는 미니 골프 토너먼트를 개최해 하루 동안 캠퍼스를 골프장으로 변신시킨 것도 유희성 허용의 또 다른 사례 중 하나다. 이 이벤트는 회사가 성장함에 따라 다소 엉뚱하지만 사람을 웃게 만드는 일들이 점차 사라지고 있다고 우려한 시설부서 직원 몇 명의 아이디어에서 시작되었다. 이들은 '평화를 방해한다'를 뜻하는 속어인 '808'이라는 기획단을 만들어 자발적 활동을 부활시키거나 '애니메이션 공장에서 여전히 장난을 칠 수 있다는 것을 증명하고자' 이 대회를 주최했다. 토너먼트를 경영진에게 제안할 때 평소에는 만나지 않는 사람들과 교류할 수 있도록 하자는 것이 행사의 취지라고 밝혔다. 그들이 구상한 것은 다음과 같았다. 각 부서마다 직접 홀을 만들도록 하고 플레이를 원하는 사람들은 자신의 소속 부서가 아닌 다른 부서 사람들과 여섯 명씩 팀을 이루어 각각의 홀에서 모두 플레이해야 순위에 오를 수 있다. 오전, 오후 라운드로 진행되고 최저 팀 스코어, 최저 개인 스코어, 베스트 홀 디자인에 대한 시상식이 열릴 예정이었다.

우리가 승인하자마자 (어떻게 승인하지 않을 수 있겠는가?) 직원들은 곧바로 행동에 옮겼다. 근무 외 시간에 주차장에서 사람들이 홀을 만드는 데 사용할 나무를 톱질하는 모습을 볼 수 있었다. 미국 조지아주 오거스타에서 개최 중이던 마스터스 토너먼트에 맞춰 2017년 4월 7일 마침내 대회가 개최됐고 애니메이션 스튜디오는 문을 닫았다. 그다음부터 일어난 일은 즐거움 그 자체였다. 한 홀은 스티브 잡스 빌딩을 가로지르는 고가 다리 중 한 곳에서 (물론 픽사의 상징적인 램프가 새겨진) 공을 쳐야 했다. 또 다

PART IV 관성을 극복하기 위한 실험

른 홀에서는 브루클린 빌딩의 발코니에서 낙하산을 단 녹색 플라스틱 장난감 병사를 1층에 있는 목표물을 향해 던져야 했다. 어떤 부서에서는 움직이는 담요와 모래주머니로 채광을 완전히 막고 사무실에 홀을 만들었다. 사무실에 조명이 꺼져 있어서 눈앞의 손도 보이지 않았다. 하지만 플레이어들은 큰 소리를 낼수록 조명이 밝아진다는 사실을 금방 알아챘다. 실제로 조준하고 있는 홀을 볼 수 있는 유일한 방법은 모든 팀원이 소리를 지르는 것뿐이었는데 그들은 기꺼이 소리를 질렀다.

골프 클럽을 휘두르는 참가자는 많지 않았지만 스튜디오의 모든 부서 사람들이 참여하여 동료들을 응원했다. 특히 2017년에 개봉한 픽사 단편 애니메이션 〈루Lou〉에서 불량배와 맞서는 주인공을 연상시키기 위해 디자인된 '루-P 홀Lou-P hole'이 기억에 남는다(〈루〉에서는 초등학교 분실물 보관함에 남겨진 물건들이 모두 살아 움직이며 등장한다). 이 보기 드문 램프 샷ramp shot을 성공하려면 움직이는 목표물인 루의 반-애니매트로닉 글로브를 정확한 위치, 즉 임시로 연결된 배관 튜브의 입구에 맞혀야만 홀인원 할 수 있었다. 나는 루-P 홀을 가장 먼저 플레이했고 간발의 차로 성공했다. 하지만 그날 너무나 재미났던 이유는 그 때문이 아니었다. 토너먼트의 진정한 가치는 사람들이 사무실에서 벗어나 픽사 캠퍼스 전체를 둘러보며 평소에는 만나지 못했던 사람들을 만나고 동료들의 독창성을 확인하고 높이 평가할 수 있었기 때문이다. 수년 동안 회사의 '무료 나눔 테이블'에 있던 낡은 물병, 고무공 등으로 만든 '최저 점수 팀'의 임시 상패는 아트리움의 유리 케이스에 넣어 에미상과 아카데미상 트로피 바로 옆에 전시되었다.

창의적인 환경에서 유희성은 중요하다. 꼭 픽업트럭을 재조립하거나 즉흥적으로 골프장을 만들 필요는 없다. 여러 가지 형태로 표현할 수 있으며 다양하고 즉흥적일수록 좋다. 직원들과 근무 환경에 대해 어떻게 생각하는지를 보여주는 미묘한 메시지, 즉 신호를 그들에게 전달하는 것이 중요하다. 나는 크리에이티브 기업의 관리자라면 직원들이 보내는 신호에 주의를 기울여야 한다고 굳게 믿는다. 이는 직원들이 유별난 시도를 할 때 격려하는 것처럼 간단할 수도 있고 픽사 직원들이 직접 만든 밴드가 출연하는 반년마다 열리는 콘서트인 픽사팔루자Pixarpalooza처럼 복잡할 수도 있다. 유희성을 지지하는 가장 쉬운 방법은 스스로가 노는 것을 좋아하면 되는 것이다.

이와 관련된 또 다른 생각을 말하자면 나는 리더가 유희성을 허용함으로써 암묵적으로 자기표현을 지지한다고 생각한다. 이는 좋은 일이다. 예를 들어 2010년 10월 성소수자 청소년들이 자기 수용을 하도록 용기를 북돋우는 '더 나아질 거야It Gets Better'의 인터넷 캠페인이 시작되었을 때 몇몇 LGBTQ+ 픽사 직원들은 서로 이야기를 나누기 시작했다. 이들은 픽사의 이름으로 '더 나아질 거야' 영상을 제작하자는 데 의견을 모았는데 스튜디오와 제휴하면 더 많은 사람들에게 다가갈 수 있을 것이라 생각했기 때문이다. 하지만 그 회의에서 "일단 먼저 만들어서 경영진에게 보여줘요. 그리고 그분들이 거절할 수 없을 정도로 멋지게 만들어요!"라는 의견이 나오면서 이들은 사전에 허가를 구하는 대신 다른 방법을 택했다. 픽사 경영진도 모르게 이들은 3일간의 촬영 일정을 잡고 10여 명의 성소수자 동료들과 20분간 인터뷰를 진행했다. 편집을 마친 후 〈토이 스토리 3〉 홍보로 바쁜 픽사의 최고 제작자인 다라 앤더슨에게 러프 컷을 보여줬다. 그녀는 자신도 참여하고 싶다는 의사를 밝혔다.

8분 분량의 이 영상은 누군가가 픽사 로고가 새겨진 스케치북에 글씨를 쓰는 손을 가까이에서 잡은 실사 촬영 장면으로 시작된다. "픽사 직원들에게 아주 특별한 메시지가 있습니다"라는 글귀가 적혀 있다. 그다음 장면에서 앤더슨이 등장해 픽사는 독특한 개개인들로 구성되어 있다고 설명하면서 "그 독특한 개인들 대부분은 고등학교와 중학교에서 인기 있는 사람이 아니었습니다. 그들은 그러니까, 다행히도 우리는 서로를 찾았고 영화를 마술로 만드는 가족 같은 새로운 팀을 만들었습니다"라고 말했다. 그리고는 "픽사 구성원들은 모두와 희망의 메시지를 나누고 싶습니다"라고 덧붙였다.

정말 감동적이었다. 마침내 그 영상을 보여줬을 때 경영진은 또래와 다르다는 이유로 따돌림을 당하고 때로는 낙담했던 성장 경험을 이야기하는 직원들의 모습을 보며 눈물을 흘렸다. 한 시니어 매니저는 자신이 옥상에서 뛰어내리려던 순간 친구 한 명이 말려서 목숨을 구한 이야기를 들려주었다. 그 친구 덕분에 버틸 수 있었고 덕분에 개인적, 직업적으로 많은 기쁨을 경험할 수 있었다고 감사한 마음을 전하기도 했다.

당연히 우리는 '더 나아질 거야. 사랑해, 픽사It Gets Better. Love, Pixar'라는 제목의 동영상 공개를 승인했고 이 영상은 여전히 유튜브에 올라와 있다. 추수감사절 직전에 게시하자마자 영향력 있는 영화 블로거이자 영화 사이트 '에인트 잇 쿨 뉴스Ain't It Cool News'의 설립자인 해리 놀즈Harry Knowles는 이 영상을 픽사 애니메이션 스튜디오 최고의 단편 중 하나로 뽑았다. "정말 훌륭한 메시지입니다. 젊은 성소수자들뿐만 아니라 모든 연령대의 아이들에게도 좋은 작품입니다"라고 평했다.

동영상이 공개된 후 제작에 참여했던 직원들이 한 술집에 모여 축하 파티를 열었다고 했다. 그 자리에 있었던 프로덕션 매니저 대니얼 콤스^{Daniel}Combs는 이렇게 회상했다. "우리 모두 함께 모여 '우리가 중요한 일을 해냈어!'라며 기뻐했습니다. 픽사의 기업 문화 덕분이기도 했지만 매우 취약한 면을 드러내는 것을 감수하는 사람들이 있었기에 이런 일이 가능했다는 느낌이 들었습니다. 나중에 동영상을 본 사람들이 픽사에 편지를 보내 그 영상이 실제로 자신의 목숨을 구해줬다면서 감사 인사를 전했습니다."

나는 이 영상이 정말 자랑스러웠고 지금도 그렇다. 직원들이 이렇게 아무런 걱정과 두려움 없이 주도권을 잡을 수 있다고 생각했다는 사실에 만족했다. 그들은 그저 옳은 일이라 생각했고 사람들에게 도움이 되는 일에 대해서는 허락을 구할 필요가 없다고 생각했던 것이다. 그래서 각자의 방식대로 자신을 표현하고 있었고 우리는 그들이 계속 그렇게 하도록 격려하고 싶었다.

인간의 감정 중시

픽사에서는 직원들에게 개인적인 열정을 따르고 이를 업무를 추진하는 동원력으로 이용하라고 독려한다. 열정, 즉 여러 가지 주제, 프로젝트, 스토리, 접근 방식에 대한 강렬한 감정 없이는 창의력도 없다. 하지만 열정은 어떤 사람들 눈에는 갈등으로 비칠 정도로 맹렬해질 수 있다. 사람들이 이 두 가지를 혼동하면 솔직해지려는 의지가 꺾일 수 있기에 구분하는 것이 중요하다.

이 개념을 생각하면 앤드루 스탠튼과 브래드 버드가 열띤 토론을 벌이던 수많은 브레인트러스트 회의 모습들이 스쳐 지나간다. 토론이 한창 열리는 중 갑자기 회의실에 들어왔다면 두 사람이 심각한 언쟁을 벌이고 있다고 생각할 것이다. 하지만 그런 게 아니었다. 진짜 갈등은 대개 개인적인 문제에서 발생한다. 그러나 이 토론에서 버드와 스탠튼은 영화가 더 나은 방향으로 나아가는 데 큰 관심을 기울였지, 둘 다 특정 해결안에 감정적으로 집착하지 않았다. 그렇다. 열정은 있었지만 실제 갈등은 없었다. 각자 관점이 달랐고 이에 대해 격렬하게 토론하며 서로에게 강하게 맞섰던 것이다. 그들은 결코 상대방에게 공격당한다고 생각하지 않았다. 서로를 존중했고 영화 속 아이디어가 테스트를 거쳐 더 나은 아이디어로 발전할 것이라는 믿음이 있었다.

노트 데이 이후 사람들이 픽사 직원들은 너무 착하다고 했을 때도 비슷한 혼란의 결과였다고 생각한다. 사람들은 무언가에 대해 솔직하게 말하는 것이 지나친 비판으로 보일 수 있다고 느끼면 뒤로 물러선다. 판단하거나 판단받는 것을 달가워하지 않는다는 것을 알지만 그런 성향이 있는 그대로 솔직하게 말하는 데 방해가 된다면 주의해야 한다. 솔직하다고 해서 공격하거나 공격받는다는 의미는 아니다. 핵심은 비판을 할 때 신중을 기해야 한다는 것이다. 회의실에 있는 모든 사람이 최고의 영화를 만든다는 같은 목표를 공유한다면 열정적인 비판도 긍정적인 방향으로 제시하고 사람들은 이에 귀 기울일 것이다.

···

공감, 14~15장 내용 대부분은 바로 이에 관한 것이다. 번영을 위한 창의적인 문화를 이루려면 각자가 고유한 개성을 지니고 있기에 공감 능력을 갖추고 키워야 한다. 그리고 모든 사람은 변화하고 있다는 사실을 인정해야 한다.

어렸을 때 나는 스스로를 예술가라고 생각했다. 나중에는 과학자, 그다음에는 컴퓨터 과학자이자 프로그래머라고 생각했다. 대학원 시절에는 컴퓨터그래픽을 이용해 애니메이션 영화를 만드는 데 집중했지만 흥미로운 기술적 문제를 해결하는 연구자라고 생각하기도 했다. 그러다 타인을 관찰하고 이해하는 데 더 많은 관심을 두게 되면서 자아 인식이 바뀌었다. 그렇다고 해서 다른 문제에 관한 관심이 사라지기는커녕 오히려 더 커졌다. 몇 년 동안 다른 이들의 관심사보다 내 관심사를 우선시해야 했고 상실감도 약간 느꼈다. 하지만 그런 상실감은 다른 사람들과 협력하고 그들의 성공을 목격했을 때 느끼는 기쁨으로 충분히 보상되었다.

의심의 여지 없이 픽사에서 가장 행복했던 순간은 회사의 최고 리더들이 한 팀으로 모여 함께 문제를 해결했을 때였다. 수년 동안 그런 순간을 내가 또는 우리가 시상식에서 수상하거나 다른 형태의 인정을 받았던 순간과 비교했을 때, 문제에 대해 함께 주인의식을 가졌을 때가 가장 큰 만족감으로 다가왔다. 어려운 문제를 해결하는 일은 성가시고 책임을 나누어 지지 않고 개인이나 부서에 전가하려는 유혹은 항상 존재한다.

하지만 이 책을 읽는 여러분에게 한 가지 조언을 하자면 바로 '우리는 모두 함께 이 일을 하고 있다'는 것이다. 여기서 '이 일'이란 어려운 문제를 인식하고 이를 해결하기 위해 노력하는 것을 의미한다. 사람이 할 수 있는 가장 용감한 일은 자신의 한계를 받아들이고 우리 모두가 서로를 얼마나 필요로 하는지를 온전히 받아들이는 것이다. 이는 사람이 잘하는 일을 하고 전력을 다하고 무엇이 가능한지를 보여준다는 의미다. 또한 서로의 도움이 필요하다는 뜻이기도 하다. 이야기를 재미나고 맛깔나게 하는 사람은 스토리 구상에 능숙하지 않을 수 있다. 훌륭한 스토리 아티스트는 조명 분야를 모를 수도 있다. 기술을 연마하면 창의력을 더 많이 발휘할 수 있지만 그 자체만으로는 더 창의적으로 되지 않는다. 그렇기 때문에 이 책의 초점은 우리 자신과 다른 사람들 사이에 놓인 장애물을 제거하는 데 맞춰져 있다. 창의성이 존재하지 않는 곳에서 창의성을 키우려고 노력하는 것보다 창의성을 가로막는 장애물을 제거하는 것이 더 큰 효과가 일어난다.

나는 냉전 시대에 창작 활동을 시작했다. 코로나19 팬데믹 직전에 은퇴했을 때 픽사 동료들에게 은퇴가 내 경력의 여덟 번째 주요 전환점이라고 말했다. 나이가 들수록 창의성을 발휘하려면 낡은 방식에 집착하지 않고 다른 사람의 성장을 즐기며 안전과 책임을 모두 갖춘 환경을 조성해야 한다. 창의성은 끊임없는 변화를 요구하지만 타인에 대한 이해와 관계를 통해 가장 잘 표현된다. 나에게 다른 사람의 재능이 무엇인지 판단할 방법은 없지만 그 재능을 방해하는 요소를 제거하기 위해 노력할 수는 있다. 환경을 개선할 수 있는 것이다. 나머지는 그들에게 달려 있다.

비유는 창의적인 문제를 해결하는 데 도움이 될 수 있다고 말하면서 픽사 직원들이 마음속에 떠올리는 심성모형 몇 가지를 설명했다. 앤드루 스탠튼은 감독 역할을 바다 한가운데를 항해하는 배의 선장으로서 선원들을 육지에 도달하도록 지휘하는 것에 비유했다. 피트 닥터는 어두운 터널을 계속 달리다 보면 언젠가는 그 끝에서 빛을 볼 수 있을 거라 믿는 것과 같다고 했다. 각본가 마이클 안트는 각본 쓰는 일을 눈을 가린 채 산을 오르는 일이라고 했다.

마지막 장을 쓸 준비를 하며 이 책을 다시 읽으면서 무에서 유를 창조하는 것이 얼마나 힘든 일인지에 대해 많은 생각에 잠겼다. 이는 뭔가를 항상 더 깊이 파고들고, 어려운 문제를 기꺼이 해결하고자 하고, 문제의 중심에 서서 살피고 노력하는 모습을 요구한다. 사람들이 더 깊이 파고드는 것에 대해 이야기할 때 종종 양파를 한 겹씩 벗긴다는 비유를 쓰는 모습에 나는 오랫동안 매료됐다. 하지만 이 비유에는 문제가 있다. 양파를 벗기면 (크기는 작아졌지만) 양파는 그대로 있다. 그리고 당신은 눈물을 흘리기도 한다. 물론 복잡한 크리에이티브 과제를 해결할 때는 그런 일이 일어나지 않는다.

양파 껍질을 벗기면 바나나가 있다는 비유가 더 맞을 것이다! 바나나 껍질을 벗기면 오렌지가 있고…. 창작 과정의 단계마다 새로운 (그리고 종종 예상치 못한) 열매를 발견하게 된다.

이 말을 남기고 책을 마무리하겠다. 계속 껍질을 벗겨야 한다. 창의성을 끊임없이 발휘하려면 끊임없이 껍질을 벗겨야 한다.

후기

우리가 알던
스티브 잡스

1985년 말, 내가 경영하던 루카스필름 그래픽스 그룹은 적당한 인수자를 찾지 못하고 있었다. 그래서 우리는 컴퓨터그래픽 분야에 조금이라도 관심 있는 기업이면 어디든 접촉해보려고 시도했다. GM이 유력한 후보 기업으로, 인수 합의 단계까지 갔으나 결국 무산되고 말았다. 그때 스티브 잡스가 인수자로 나타났다. 앞서 언급했듯, 잡스의 변호사 한 명이 우리에게 "스티브 잡스 롤러코스터를 타게 될 것"이라고 농담했다. 우리는 스티브 잡스 롤러코스터에 올라탔고, 천당과 지옥을 오가며 굉장한 일들을 겪었다.

나는 26년간 잡스 가까이에서 일했다. 그와 관련된 수많은 책이 시중에 나왔지만, 그 어느 것도 내가 아는 잡스를 제대로 묘사하지 못했다. 그래서 잡스의 극단적인 특징, 부정적이고 까다로운 부분에만 초점을 맞춘 책이 너무 많은 데 실망했다. 잡스를 자신의 이상을 흔들림 없이 추구하고, 그 과정에서 회피하거나 변화하길 거부하며, 다른 사람들을 자신이 원하는 방향으로 움직이도록 을러댄 완고하고 제왕적인 경영자로 묘사한 저자들이 다수였다. 그들이 쓴 책에 나오는, 젊은 시절 잡스에 관한 여러 일화는 사실이지만, 그에 대한 전체적인 묘사는 실제와 동떨어져 있다. 잡스는 1985년 이후 근본적으로 다른 경영자로 진화했다.

요새 사람들은 '천재'라는 단어를 남용하는 경향이 있는데, 스티브 잡스를 묘사할 때는 '천재'보다 정확한 단어가 없다. 내가 잡스를 처음 만났을 때, 그는 퉁명스럽고 안하무인격으로 행동할 때가 많았다. 사람들은 이 부분에 초점을 맞추어 잡스를 묘사하길 좋아한다. 잡스처럼 평균과 너무도 동떨어진 천재를 이해하기란 쉬운 일이 아니다. 잡스의 극단적 특징에 초점을 맞추어 묘사한 사람들은 그 편이 독자들의 흥미를 끌기 쉽고, 그의 실체를 잘 드러낼 수 있다고 생각한 듯하다. 하지만 잡스를 그런 식으로 묘사하면 더 중요한 이야기를 놓칠 수밖에 없다. 잡스는 나와 함께 일하는 동안 IT와 애니메이션이라는 두 역동적인 분야의 사업을 성공적으로 키우면서 실용적인 경험을 얻었을 뿐 아니라, 사람들을 언제 밀어붙이고 언제 밀어붙이지 말아야 할지 현명하게 구분할 수 있게 됐다. 이런 변화는 상당 부분, 그가 사랑한 아내, 자식들과의 관계에서 비롯됐다. 그렇다고 잡스가 혁신에 대한 열정을 버린 것은 아니다. 그러한 열정은 오히려 더 강해졌다. 그와 동시에 잡스는 이전보다 다른 사람을 배려하고 자아를 성찰할 줄 아는 리더로 발전했다. 그리고 나는 픽사가 이런 발전에서 중요한 역할을 담당했을 거라고 생각한다.

픽사 초창기인 1980년대 후반, 스티브 잡스는 픽사에는 거의 오지 않고 주로 넥스트 본사에서 업무 시간을 보냈다. 당시 잡스를 포함한 픽사 경영진 중 픽사가 어떻게 굴러가고 있는지 정확히 파악한 사람은 아무도 없었다. 잡스는 고객들과 협상할 때 지나치게 욕심을 내 도를 넘는 경우가 많았다. 이는 때로는 도움이 됐지만, 역풍을 초래하기도 했다. 일례로, 그는 IBM과 1억 달러짜리 넥스트 소프트웨어 공급 계약을 체결했다. 1억 달러는 신생기업 넥스트에 엄청난 돈일뿐더러, 잡스가 넥스트 소프트웨어의 차후 버전에 대한 권리를 IBM에 양도하지 않은 점을 감안하면 더더욱 이익이 큰 계약인 것처럼 보였다. 하지만 잡스는 너무 욕심을 낸 나머지 화를 불렀고, 여기서 뼈아픈 교훈을 얻었다고 훗날 내게 고백했다.

1980년대 후반, 스티브 잡스는 픽사에서 특별한 일이 벌어지고 있음을 감지했지만, 그것이 어떤 일인지 정확히 알아채지 못했고, 그러는 동안 계속 자금 손실이 발생해 좌절감을 느꼈다. 시대를 너무 앞서간 나머지, 돈은 벌지 못하면서 하마처럼 돈만 잡아먹는 기업을 운영한 셈이다. 이 회사가 언제 잠재력을 펼칠지 알지 못하면서도 오랫동안 인내하며 지원해 줬다. 어떤 사람이 이런 일을 할 수 있을까? 여러분이라면 과연 하겠는가?

사람들은 감정과 논리를 상호 배제적인 별개의 영역이라 생각하지만, 잡스는 달랐다. 그는 어떤 결정을 내릴 때 열정을 핵심 요소로 봤다. 초기에는 다른 사람들의 열정을 이끌어내고자 서투른 방법을 쓰기도 했다. 즉, 다른 사람들에게 극단적이거나 도발적인 말을 던져 반응을 유도했다. 하지만 픽사가 한창 적자에 허덕이고 있을 때에도 자신이 컴퓨터그래픽과 애니메이션 분야를 잘 모른다는 사실을 인정하고 픽사 직원들에게 공격적인 발언을 자제했다. 그리고 세계 최초의 컴퓨터 애니메이션 장편 영화를 제작하겠다는 우리의 결심을 존중해줬다. 또한 픽사에 와서 일일이 업무를 지시하거나 자신의 뜻을 강요하지 않았다. 우리가 과연 목표를 달성할 수 있을지 확신하지 못하던 시기에도 우리의 열정을 높이 평가했다. 이 대목에서 스티브 잡스, 존 래스터, 나는 서로 유대감을 형성했다. 탁월함에 대한 강렬한 열정을 공유한 우리 셋은 상황이 극도로 좋지 않은 시기에도 서로 의견을 주고받고 함께 안간힘을 쓰면서 버텨 나갔다.

나는 픽사가 두 번째 장편 애니메이션 〈벅스 라이프〉를 제작할 때, 잡스가 열정에 어떻게 반응했는지 기억한다. 그 당시 이 작품의 가로세로 화면배율을 놓고 픽사 내부에서 합의를 보지 못하고 있었다. 극장에서는 가로 길이가 세로 길이보다 두 배 긴 와이드스크린 포맷으로 영화를 상영한다. 반면 TV에서 영화를 방영할 때 화면배율은 가로 길이가 세로 길이의 1.3배 남짓해 화면이 정사각형에 가깝다. 따라서 영화를 TV에서 시청할 수 있도록 비디오로 만들려면 화면 위아래에 검은 공간을 두거나, 화면 양쪽 끝을 잘라내는 편집을 거쳐야 한다. 어느 쪽을 선택하든 시청자는 영화를 본래 모습대로 감상하기 어렵다.

〈벅스 라이프〉 제작 과정에서 제작진은 마케팅부서와 갈등을 빚고 있었다. 그들은 집에서 시청하는 사람들보다 극장에서 관람하는 관객들을 중시해야 한다고 생각해, 극장에서 보기 좋은 와이드스크린 포맷으로 작품을 제작하길 원했다. 반면 마케팅 담당자들은 소비자들이 위아래에 검은 공간이 있는 비디오를 사지 않을 것이라며 와이드스크린 포맷으로 작품을 제작하면 DVD 판매가 여의치 않을 것이라고 주장했다. 영화광이 아니었던 잡스는 와이드스크린 포맷으로 작품을 출시하면 픽사가 금전적 타격을 입을 것이라는 마케팅부서의 주장에 동의했다. 어느 날 오후, 나는 잡스를 〈벅스 라이프〉 제작 현장으로 안내했다. 여러 제작부서를 돌아다니다가 촬영 작업을 진행 중인 직원들로 가득 찬 사무실에 당도했다. 이 작품의 제작 디자이너 빌 콘^{Bill Cone}이 와이드스크린 포맷으로 나오는 몇몇 이미지를 컴퓨터 모니터로 보고 있었다.

이 모습을 본 잡스는 와이드스크린 포맷으로 애니메이션을 제작하는 것은 "멍청한 짓"이라고 불쑥 말했다. 이 말을 들은 콘은 잡스를 따라와 와이드스크린 포맷이 예술가의 관점에서 왜 그토록 중요한지 설명했다. 두 사람 사이에 격렬한 말들이 오갔다. 토론은 결론이 나지 않은 채 끝났다. 잡스와 나는 계속 다른 작업 현장을 둘러보러 떠났다.

나중에 빌 콘이 겁먹은 표정으로 내게 와서 말했다. "세상에, 내가 스티브 잡스와 논쟁하다니… 제가 실수한 걸까요?"

내가 대꾸했다. "그렇지 않네. 자네가 이겼어."

나는 그가 보지 못한 부분을 봤다. 잡스는 콘의 열정에 반응했다. 빌 콘이 그토록 완강하게 달려들어 상세히 설명하는 것을 본 잡스는 그의 생각을 존중할 만한 가치가 있다고 생각하게 됐다. 이후 잡스는 화면배율 문제에 대해 다시는 이야기하지 않았다.

스티브 잡스가 이렇게 행동한 이유는 열정을 논리보다 우선시해서가 아니다. 그는 감정에 치우쳐서 결정을 내려선 안 된다는 사실을 잘 알고 있었다. 하지만 창의성은 수학과 다르고, 예술은 상업과 다르다는 점, 즉 돈의 논리를 계속 고집하다간 픽사의 창의성을 해칠 수 있다는 점을 이해했다. 잡스는 상황에 따라 논리와 감정이라는 방정식의 좌항, 우항에 조화롭게 가중치를 둬서 균형을 맞췄다. 이러한 논리와 감정의 균형 유지 방식은 그를 이해할 수 있는 열쇠다.

1990년에 샌프란시스코만 포인트 리치먼드 마을의 창고 건물로 본사를 이전한 픽사는 1990년대 중반에 이르자 직원 수가 늘어나 새로운 건물이 필요해졌다. 픽사 직원들의 필요를 충족시키는 제대로 된 본사 건물을 마련해야 할 시점이라는 공감대가 경영진 사이에 형성됐다. 현재의 픽사 본사 건물은 스티브 잡스의 설계에 따라 지어졌다. 하지만 그 과정은 결코 쉽지 않았다. 잡스의 설계도 초안은 직원들 사이의 상호작용을 강력히 유도하는 몇 가지 독특한 아이디어들에 기반을 뒀다. 1998년 설계도 초안에 대해 의논하기 위해 본사 외부에서 열린 특별회의에서 적지 않은 직원들이 남녀 화장실이 각각 한 개뿐인 점에 불평했다. 잡스는 미안한 표정을 지었지만, 가능한 한 직원들이 서로 자주 만날 수 있게 하려는 자신의 의도를 이해해주지 않는 데 실망한 기색이 역력했다. 그는 처음에는 직원들을 모이게 유도할 방법을 고민했다.

그다음으로 그가 구상한 것은 제작팀마다 별도의 건물을 배정하는 것이었다. 그는 이렇게 하면 각 제작팀이 방해받지 않고 제작에 전념할 수 있으리라 생각했다. 나는 그의 아이디어가 만족스럽지 않아 함께 현장답사를 다녀오자고 제안했다.

스티브 잡스를 설득하려면 말보다 한번 보여주는 것이 효과적이었다. 그래서 나는 그에게 버뱅크시 손튼 애비뉴에 있는 노스사이드Northside 건물을 보여줬다. 노스사이드는 1997년 디즈니 애니메이션 스튜디오가 매입해 디즈니 최초의 3D 애니메이션 영화 〈다이너소어Dinosaur〉 제작팀이 사용한 유리와 알루미늄으로 된 4층짜리 건물이다.

이 건물은 1940년대에 입주한 기업 덕분에 더 유명하다. 군수기업 록

히드Lockheed의 최고기밀 부서 스컹크 워크Skunk Works가 있던 곳으로, 이곳에서 제트기, 정찰기, 스텔스 전투기를 설계했다. 나는 이 이야기를 좋아한다. 특히 스컹크 워크가 알 캡Al Capp의 인기 연재만화 〈릴 애브너Li'l Abner〉에서 빌려온 이름이라는 사실이 흥미로웠다. 이 연재만화에는 스컹크와 낡은 구두와 다른 이상한 재료들을 조합한 음료수가 만들어지는 '스콩크 워크Skonk Works'라는 악취 나는 숲속 장소에 관한 농담이 자주 등장한다.

스티브 잡스는 이곳을 방문한 목적이 만화책이나 항공기 역사를 얘기하기 위해서가 아니라, 디즈니 애니메이션 제작팀의 제작 현장을 견학하기 위해서라는 사실을 알고 있었다. 이곳에서는 수백 명의 애니메이터가 한 지붕 아래에서 여러 프로젝트를 동시에 진행하고 있었다. 나는 확 트인 넓은 공간이 주는 느낌이 좋았다. 잡스는 처음에는 건물 배치를 이모저모 비판했지만, 한 시간 정도 건물 내부를 돌아다니면서 제작 현장을 구경한 뒤 내가 이곳을 소개한 의도를 파악했다. 그의 계획처럼 픽사 제작팀에 각각 별도의 건물을 배정하면 제작팀이 고립될 터였다. 반면, 이곳 디즈니 직원들은 확 트인 건물 구조 덕분에 정보를 공유하거나 브레인스토밍 회의를 하기가 훨씬 수월했다. 잡스는 이런 건물 구조의 이점을 간파했다. 그리고 사람들이 섞여서 일하는 환경의 힘을 신봉했다. 그는 창의성이란 개인적인 노력의 산물이 아니란 사실을 알고 있었다. 결국 노스사이드 건물 견학을 통해 이런 사실을 다시 상기했다. 창의적인 일을 해야 하는 기업에서 직원들을 프로젝트 팀별로 격리해놓으면 생산성이 저해된다.

노스사이드 건물을 보고 돌아온 잡스는 픽사 본사 건물을 여러 동 건설하지 않고 한 동만 건설하기로 결정하고, 건축가들과 함께 설계 작업에 착수했다. 그는 이 작업에 개인적인 책임감을 느꼈다.

"직원이 가장 중요한 자산"이라는 경영 격언이 있다. 대다수의 중역에게 이 격언은 그저 직원들 기분 좋으라고 떠드는 말에 불과하다. 이 격언이 옳다고 여기는 리더들도 있지만, 정말로 직원이 가장 중요한 자산이라는 원칙에 근거해 결정 내리거나 행동하는 리더는 거의 없다. 하지만 잡스는 이 원칙에 근거해 픽사 본사 건물을 설계했다. 그 건물의 모든 요소는 사람들이 섞이고 만나고 소통하도록 유도하고, 직원들의 협업 능력을 증진해 영화 제작을 지원하는 데 초점이 맞춰져 있다.

잡스는 중앙 아트리움의 아치형 철제 교량 디자인부터 영사실의 의자 형태까지 본사 건물 디자인의 모든 세부사항에 개입했다. 또한 직원들이 건물을 드나들 때 장벽을 느끼길 원하지 않았기에 계단을 개방적이고 접근하기 쉬운 구조로 설계했다. 더불어 모든 직원이 건물에 들어올 때 서로를 볼 수 있도록 건물 출입구는 하나만 만들려고 했다. 아트리움 중앙에는 회의실과 화장실들, 우편물실 하나, 극장 셋, 게임 공간, 식사 공간을 배치했다(지금도 이 아트리움 중앙에서 모든 직원이 식사하고, 탁구를 치고, 리더들이 주관하는 설명회에 참석한다). 이런 건물 디자인은 직원들의 소통을 유도했다. 직원들은 다른 직원과 우연히 마주칠 확률이 높아졌고, 하루 종일 다른 직원들과 만나게 됐으며, 그 결과 사내 소통이 원활해졌다. 건물 안에 있으면 직원들의 약동하는 에너지를 느낄 수 있었다. 잡스는 철학자의 통찰과 장인의 용의주도함으로 본사 건물 건설을 지휘했다. 철과 유리 같은 단순한 재료를 어떻게 사용해야 할지 아는 건축 디자인의 달인이었다. 무엇보다 모든 철제 구조물에 페인트칠을 하지 않고 그대로 드러냈고, 건물 벽과 문을 유리로 만들었다. 4년간의 계획과 건설 과정을 거쳐 2000년 가을에 픽사 본사 건물이 완공됐을 때, 직원들은 이 건물을 '스티브의 작품Steve's movie'이라 불렀다.

고백하건대, 한때 나는 픽사가 다른 기업들처럼 '거대 건축물 콤플렉스edifice complex'에 빠져 단순히 최고경영자의 과시용으로 으리으리하고 실속 없는 본사 건물을 지을까 봐 걱정한 적이 있다. 하지만 이는 기우였다. 2000년 추수감사절 주말부터 사용하기 시작한 본사 건물은 직원들이 창의성을 발휘할 수 있는 비옥한 토대가 됐다. 게다가 이 건물은 직원들의 마음속에서 언제나 외부 수호자처럼 느껴지던 잡스의 존재를 픽사 조직 문화와 떼려야 뗄 수 없는 일부처럼 느껴지게 했다. 건물 구조는 우리가 일하는 방식에 최적화돼 있었다. 모든 직원이 건물 곳곳에서 그의 용의주도한 배려를 느꼈다.

이 점은 픽사 직원들과 스티브 잡스의 관계를 호전시켰다. 앞서 언급했듯, 잡스와 만나는 사람들은 그의 독특한 스타일에 적응하느라 고생했다. 브래드 버드는 픽사에 입사하자마자 참석한 〈인크레더블〉 제작회의에서 잡스의 말에 상처를 입었다. 잡스는 〈인크레더블〉의 캐릭터 디자인이 "토요일 아침 TV에 나올 법한 저예산 만화영화 분위기가 난다"고 말했다. 버드의 말이다. "애니메이터들에게 이런 말은 부모를 욕하는 것 같은 모독입니다. 속이 부글부글 끓었습니다. 회의가 끝나고 앤드루 스탠튼 감독님에게 '어휴, 아까 잡스 때문에 정말 꼭지가 돌았어요'라고 말하자, 감독님은 무슨 말인지 따지지 않고 '어디 한 번뿐인가요?' 하고 말했습니다." 하지만 버드는 잡스가 비평가만이 아니라 수호자의 입장에서 직원들에게 말한다는 점을 차츰 이해하게 됐다. 지금까지 슈퍼히어로 애니메이션들은 저예산으로 제작돼 싸구려처럼 보이는 경우가 많았다. 슈퍼히어로가 주인공으로 등장하는 〈인크레더블〉도 자칫 유치한 만화영화처럼 보일 수 있었다. 잡스는 〈인크레더블〉이 흔한 슈퍼히어로 애니메이션과 격이 다른 고품질 애니메이션이 돼야 한다고 생각했고, 브래드 버드도 이에 동의했다. "그는 평범한 수준에 안주하지 않고 더 높은 수준을 보여줘야 한다고 요구했습니다. 이런 점이 그의 진면모를 보여줍니다."

외부인들은 알기 어려운 사실이지만, 스티브 잡스는 픽사 감독들과 지속적인 유대관계를 형성했다. 처음에 나는 잡스가 감독들의 창의성과 리더십을 존중하고, 감독들은 그의 지원과 통찰에 감사해서 이런 유대관계가 형성됐다고 생각했지만, 가까이서 오래 지켜보니 그들은 매우 중요한 점을 공유하고 있었다. 예를 들어, 감독들은 일부 아이디어는 작품에 쓰이지 않을 것임을 알면서도 다른 직원들 앞에서 아이디어를 발표해 반응을 살펴본다. 피칭^{pitching}(투수가 공을 던지듯 자신이 어떤 영화를 구상하고 있는지 발표하는 것 – 옮긴이)은 어떤 아이디어가 작품에 쓰일지 검토할 수 있는 기회다. 그래서 아이디어를 발표해 청중의 반응이 좋지 않으면 아이디어를 버린다. 이는 쉽지 않은 기술이다.

스티브 잡스도 이처럼 통하지 않는 아이디어를 버리는 데 능했다. 잡스는 누군가와 논쟁해서 상대방의 견해에 설득되면, 그 자리에서 자신의 생각을 굽혔다. 한때 자신이 그럴듯하다고 믿었다는 이유만으로 잘못된 아이디어를 끝까지 밀어붙이지 않았다. 아이디어를 제안할 때는 전력을 쏟았지만, 아이디어를 관철하는 일에 자존심을 걸지는 않았다. 그는 픽사 감독들도 그렇다는 데 동질감을 느꼈다.

스티브 잡스처럼 아이디어를 진지하게 제안하는 사람은 자칫 다른 사람들의 솔직한 반응을 제약할 수 있다. 회의 때 잡스처럼 자아가 강한 사람이 있으면, 다른 참석자들은 위축돼 면전에서 다른 의견을 제시하지 못할 수도 있다. 이런 일이 발생하는 것을 막으려면 어떻게 해야 할까? 회의의 초점을 아이디어를 제시한 사람이 아닌 아이디어 자체에 맞추는 것이 관건이다. 사람들은 누가 그 아이디어를 냈는지에 따라 아이디어를 수용하거나 비평을 피하는 경우가 많다. 하지만 잡스는 자신의 아이디어가 이런 식으로 다른 사람들의 동의를 얻는 데 관심이 없었다. 사람들이 어떻게 반응하는지 보려고 허공에 아이디어들을 막 던졌다. 만약 아이디어가 제대로 연결되지 않고 통하지 않는 것 같으면 더 밀어붙이지 않았다. 잡스의 이런 아이디어 전개 방식은 아이디어를 규정하고 아이디어에 관해 소통하는 최선의 방법을 찾는 스토리텔링 기법 같은 효과를 냈다. 잡스를 제대로 이해하지 못하는 사람들은 그가 아이디어들을 열정적으로 제시하는 모습을 보고, 자기 생각을 강요하고 황소처럼 밀어붙이는 독재자 같다고 오해했다.

스티브 잡스를 스토리텔러라고 묘사한 글은 지금까지 별로 없었고, 그 역시 자신은 영화 제작 실무에 무지하다고 늘 말했다. 하지만 관객의 호응을 얻는 스토리를 구축하는 것이 영화에서 얼마나 중요한지 이해하고 있었기에 감독들과 유대관계를 형성할 수 있었다. 애플 신제품 발표회에서도 이런 스토리텔링 기술을 사용했다. 청중 앞에서 어떻게 말해야 더 효율적으로 소통할 수 있는지도 이해했다. 그의 발표회를 한 번이라도 본 사람들은 그가 얼마나 정교하게 계획해서 발표하는지 알 수 있었다.

스티브 잡스는 픽사 감독들이 스토리를 구상하는 과정에도 참가했다. 나는 잡스가 이런 경험을 통해 인간의 심리를 더 잘 이해하게 됐다고 믿는다. 그는 영화에서 관객의 공감을 불러일으키는 방법을 궁리하면서 깨달음을 얻었다. 그리고 픽사의 성공이 관객이 얼마나 공감하는 작품을 만드느냐에 달려 있음을 알게 됐다. 잡스의 공격적인 성격을 묘사하는 일화들을 접한 독자는 그가 감독들에게 건설적인 피드백을 제공하는 일에 미숙했을 것이라고 생각할지도 모른다. 하지만 세월이 흐르면서 차츰 감독들에게 건설적 피드백을 제공하는 일에 능숙해졌다. 피트 닥터는 언젠가 잡스가 다음 생에는 픽사 감독으로 다시 태어나고 싶다고 말하는 것을 들었다. 잡스가 다시 태어난다면 최고의 감독이 되리라 믿는다.

． ． ．

2003년 가을로 접어들 무렵, 스티브 잡스는 자신의 건강 상태를 더 이상 더 숨길 수 없게 됐다. 밤이건 낮이건 이메일을 받으면 몇 분 안에 답하기로 유명했는데, 이 무렵에는 내가 전화를 걸거나 이메일을 보내도 응답하지 않았다. 더불어 이사회 회의가 없는 한 픽사 본사에 오지 않고 전화로 업무 상황을 보고 받았는데, 2003년 10월에 이례적으로 픽사 본사에 들렀다. 존 래스터와 내가 자리에 앉자 잡스는 사무실 문을 닫고, 등의 통증이 가시지 않아 병원을 찾아갔더니 췌장암으로 밝혀졌다고 말했다. 잡스는 췌장암 환자의 95퍼센트가 진단 후 5년 이내 사망한다며, 계속 항암치료를 받겠지만 완치될 수 있을지 모르겠다고 말했다.

이후 8년간 잡스는 온갖 항암치료를 받았다. 비록 기력이 쇠하면서 우리와 연락하는 빈도가 줄어들었지만, 일주일에 한 번은 전화를 걸어 픽사의 상황을 보고받고 걱정하고 조언해주었다. 그러던 어느 날, 래스터와 나는 애플 본사를 방문해 잡스와 함께 점심을 먹었다. 점심식사 후 그는 은행 금고처럼 엄중한 경비시설을 갖춘 보안실로 들어가 애플이 개발 중인 아이폰이라는 비밀병기의 시제품을 보여줬다. 사용하기 쉽고 재미있는 터치스크린이 달린 아이폰을 보자마자 우리 주머니 속의 휴대전화가 구석기 시대의 유물처럼 느껴졌다. 잡스는 아이폰을 특히 자랑스러워했다. 무엇보다 사람들의 삶을 기능적으로도 미적으로도 개선해 사람들에게 '사랑받는' 휴대전화를 만드는 것이 자기 목표라고 자랑했다. 애플이 마침내 그런 휴대전화를 창조해내는 데 성공했다고 생각했다.

잡스는 아이폰을 보여준 다음 복도로 나와 죽기 전에(그는 정확히 "내가 저 세상으로 떠나기 전에before I sail away"라는 표현을 썼다) 세 가지 목표를 달성하고 싶다고 말했다. 첫째는 애플의 밝은 미래를 보장할 몇 가지 제품을 출시하는 것이었다. 둘째는 픽사가 계속 성공할 수 있는 기반을 마련하는 것이었다. 셋째이자 가장 중요한 목표는 세 명의 어린 자녀를 잘 인도하는 것이었다. 그는 당시 중학교 2학년이던 아들 리드Reed가 고등학교를 졸업하는 모습을 보고 싶다고 말했다. 한때 무엇에도 방해받지 않고 질주하던 야심가 스티브 잡스가 이렇게 몇 가지 소박한 바람을 이야기하는 것을 듣자니 가슴이 아팠지만, 그의 말은 자연스럽게 들렸다. 그는 죽음이라는 피할 수 없는 인생의 현실을 받아들일 준비를 하는 것처럼 보였다.

그는 결국 세 가지 목표를 모두 달성했다.

■ ■ ■

2007년 2월 일요일 오후, 나는 딸 지니Jeannie와 함께 자동차에서 내려 긴 레드카펫을 밟았다. 그리고 우리는 스티브 잡스를 만났다. 제79회 아카데미 시상식 몇 시간 전, 우리 셋은 인산인해를 뚫고 할리우드 중심부에 있는 코닥 극장Kodak Theatre(2002년 개관 이래 매년 아카데미 시상식장으로 사용되고 있다 - 옮긴이)을 찾아갔다. 픽사의 애니메이션 〈카〉가 아카데미 시상식 애니메이션 부문 후보로 올랐다. 후보작을 낸 다른 제작자들과 마찬가지로, 나와 잡스는 초조해했다. 잡스는 시장 바닥처럼 혼잡한 주위(우아하게 차려입은 유명인사들, 그들을 인터뷰하려고 럭비 선수들처럼 달려드는 기자들, 파파라치 사진사들, 비명을 지르는 군중, 줄지어 들어서는 리무진 차량)를 보고 말했다. "이 장면에서 정말로 필요한 것은 분신자살하는 승려 같군."

나는 스티브 잡스와 함께 사반세기 넘게 일했다. 아마도 나보다 오래 그와 함께 일한 사람은 없을 것이다. 여러 잡지, 신문, 심지어 잡스가 공인한 전기에 등장하는 무자비한 완벽주의자라는 단편적 모습과는 다른 그의 다양한 모습을 옆에서 지켜보았다. 초기에 잡스는 저돌적이고 영리하지만 타인의 감정에 무신경하고 무자비한 남자였으나, 죽기 전 20년간은 이전과 다른 남자로 변했다. 그를 알고 지내던 모든 사람이 이런 변화를 알아챘다. 잡스는 다른 사람들의 감정뿐 아니라 그들이 창의적 제품에 기여하는 가치 역시 세심하게 인지하게 됐다.

스티브 잡스가 픽사에서 보인 모습도 이런 변화의 일부분이다. 그는 실용적이면서도 재미있는 것을 창조하길 갈망했다. 이것이 그가 더 나은 세상을 만드는 방식이었다. 그 때문에 픽사를 자랑스러워했다. 더불어 픽사 애니메이션이 세상에 기여했다고 믿었다. 애플 제품들이 아무리 혁신적이어도 결국엔 매립지에서 끝날 운명인 반면, 픽사 영화들은 영원히 남을 것이라고 종종 말했다. 그는 나처럼 픽사 영화들이 인생의 진실을 얘기하기에 세월이 흘러도 사람들에게 사랑받을 것이라고 믿었고, 이런 픽사 영화들 속에서 미를 발견했다. 존 래스터는 "사람들을 즐겁게 하는 일은 고귀하다"고 말했다. 잡스는 사람들을 즐겁게 하는 것을 자신의 핵심 임무로 여겼다. 특히 인생의 막바지로 갈수록 그랬다. 그는 자신이 사람들을 즐겁게 하는 데 능하지 않다고 여겼지만, 사람들을 즐겁게 하는 일에 참여할 수 있어서 행운이라고 생각했다.

픽사는 스티브 잡스의 정신세계에서 특별한 위치를 차지했다. 픽사에서 잡스의 역할은 계속 진화했다. 초기에는 픽사가 계속 굴러갈 수 있도록 돈을 대주는 후원자였고, 나중에는 픽사의 보호자(픽사 내에서는 건설적인 비평가, 밖에서는 가장 적극적인 옹호자)가 됐다. 우리는 함께 힘든 시기를 보냈고, 이 과정에서 보기 드문 유대감을 형성했다. 나는 언제나 픽사를 잡스에게 사랑받는 양자라고 생각했다. 픽사는 잡스가 개입하기 전부터 존재했지만, 그가 오랜 세월 정성 들여 키운 덕분에 성장할 수 있었다. 나는 그의 인생 막바지 10년간 그가 픽사를 바꾸고 픽사가 그를 바꾸는 과정을 지켜봤다. 인생의 한 부분을 나머지 부분과 떼어놓고 생각할 수 없다는 사실을 인정하지만, 이 점만은 말하고 싶다. 잡스가 가장 중시한 대상이 픽사가 아니었다는 사실을 생각하면 의외겠지만, 그는 픽사와 함께 보낸 시간을 각별히 여겼을 것이라고 말이다. 그가 가장 중시한 대상은 물론 아내와 자녀들이었다. 그의 최대 업적은 애플이었다. 픽사는 그가 긴장을 풀고 놀 수 있는 장소였다. 그는 픽사에서 집중력을 잃지 않고 다른 사람들의 말을 듣는 능력을 개발해 나갔다. 그러면서 점점 더 타인에 대한 공감과 배려와 인내를 보여주었다. 그러다가 진정으로 현명해졌다. 그는 심오하면서도 진정한 변화를 겪은 것이다.

5장에서 언급했듯, 잡스는 픽사의 브레인트러스트 회의에 참석하지 않았다. 하지만 픽사 감독위원회 회의에서 영화를 상영할 때 영화를 관람한 뒤, 종종 논평했다. 영화 제작 프로젝트들이 한두 차례 위기를 겪을 때마다 그는 우리의 인식을 바꾸고 영화를 개선하는 데 도움이 되는 조언을 해줬다. 그리고 조언할 때 언제나 같은 말로 시작했다. "난 사실 영화제작자가 아니니 내 말을 모두 무시해도 상관없지만…." 그는 이렇게 말문을 열었으나, 놀라운 효율로 문제를 정확히 진단했다. 제작자들이 아니라 문제 자체에 초점을 맞추었기에 그의 비평은 더더욱 강력했다. 개인을 공격하는 비평은 기각되기 쉽다. 하지만 잡스의 비평은 영화제작자 개인을 공격하지 않았기에 기각될 수 없었다. 그가 논평한 모든 작품이 그의 통찰에 혜택을 입었다.

초기에 그의 표현은 과격하고 퉁명스러웠지만, 세월이 흐름에 따라 표현이 명료해지고 다른 사람의 기분을 배려하게 됐다. 게다가 좌중의 분위기를 읽는 법, 분위기를 누그러뜨리는 기술을 배웠다. 어떤 사람들은 그가 나이가 들면서 성격이 유해졌다고 평하지만, 이것이 실제로 그에게 일어난 변화를 정확히 표현하는 말은 아니다. 나이가 들면서 성격이 유해졌다는 표현은 마치 뭔가를 내려놓은 것처럼 수동적인 느낌이 든다. 잡스의 변화는 능동적 선택의 결과였다. 그는 언제나 사람들의 관심을 끌었다. 그저 사람들의 관심을 끄는 법을 바꿨을 뿐이다.

사람들은 스티브 잡스가 불가능한 일을 기어코 밀어붙이고자 '현실왜곡장reality distortion field'을 사용했다고 회고한다. 잡스의 공식 전기를 쓴 작가 월터 아이작슨Walter Isaacson은 전기의 한 장을 할애해 현실왜곡장에 관한 이야기를 풀어냈다. 아이작슨은 이 장에서 애플 매킨토시 프로그래머 앤디 허츠펠드Andy Hertzfeld의 말을 인용했다. "현실왜곡장은 카리스마가 있는 달변, 불굴의 의지, 눈앞의 목적에 맞게 현실마저 극복시키려는 열의가 당황스러울 정도로 뒤섞인 것이다." 나는 픽사에서도 이 문구가 사용되는 것을 종종 들었다. 픽사 직원들은 잡스의 얘기를 들을 당시에는 새로운 수준의 통찰에 도달했다고 느꼈지만, 막상 나중에 그의 추론대로 일을 해보려고 하면 잘되지 않아 머리를 긁적거렸다. 마치 귀신에 홀린 기분이 든 직원들은 잡스가 현실왜곡장을 사용했다고 표현했다.

나는 현실왜곡장이라는 표현이 마음에 들지 않는다. 이 표현은 잡스가 사실을 직시하지 않고 비현실적인 목표를 제시하면서 주변 사람들이 얼마나 밤샘 작업하고 고생할지 아랑곳하지 않고 변덕스럽게 허황된 얘기를 한다는 의미로 들린다. 잡스는 규칙(현실)을 따르길 거부했다. 타인과의 관계에서도 마찬가지였다. 유명한 예로, 그는 자동차에 번호판을 달지 않았다. 하지만 이런 측면에 지나치게 초점을 맞추다 보면 중요한 점을 놓치게 된다. 그는 여러 가지 규칙이 임의로 설정된 것임을 인식했다. 그래서 규칙의 한계를 시험하고 때때로 선을 넘었다. 이런 행동은 반사회적으로 보일 수도 있다(하지만 이런 행동으로 세상을 바꾸면 '비전이 있다'고 칭송받는다). 사람들은 한계를 넘으려고 몰아붙인다는 개념을 이론적으로는 옹호하지만, 이를 실천할 때 따르는 문제들은 무시한다.

픽사는 픽사라는 이름이 붙기 전부터 컴퓨터 애니메이션 제작이라는, 이전에 누구도 하지 못한 일을 해내기 위해 직원들이 헌신하는 곳이었다. 당시 컴퓨터 속도나 용량은 컴퓨터 애니메이션을 제작하기에 턱없이 부족했지만, 나는 이 일을 일생의 목표로 삼았고, 잡스를 비롯한 동료들도 동참했다. 창의적인 사람들의 특징은 불가능한 일이 실현되리라 상상한다는 것이다. 이런 상상(공상, 망상, 당시로서는 사실인 것을 대담하게 거부하는 것)은 새로운 것 혹은 중요한 것을 발견할 수 있는 비결이다. 잡스는 과학과 법의 가치를 이해했고, 비선형적으로, 예측불가능하게 전개되는 복잡계도 이해했다. 이렇듯 창의성을 최고 수준으로 발휘하는 사람은 세상을 놀라게 한다.

내가 생각하는 현실왜곡장의 또 다른 의미는, 결정과 행동이 낳은 결과가 자기 자신의 미래를 만든다는 믿음에서 비롯된 것이다. 행동이 자기 현실을 바꾼다. 의도가 중요하다. 하지만 대다수의 사람은 이런 식으로 생각하지 않는다. 반면 잡스는 이런 식으로 생각했다. 그는 나와 마찬가지로, 세상을 바꾸려는 의도에 따라 행동하고 자신이 믿는 가치를 준수했다.

∙∙∙

2011년 8월 24일, 최고경영자에게 요구되는 과도한 업무를 수행하지 못할 만큼 건강 상태가 나빠진 스티브 잡스는 애플 CEO직을 사임했다. 얼마 뒤, 나는 이른 아침 집에서 운동하다가 전화를 받았다. 잡스였다. 솔직히 당시 그가 한 말이 정확하게 기억나진 않는다. 그의 죽음이 임박했음을 알고 있었지만, 그의 죽음은 받아들이기 어려운 현실이었기 때문이다. 그의 목소리에서는(여러 해 동안 병마와 싸운 환자의 목소리치고는) 힘이 느껴졌다. 그는 우리와 함께 일한 세월을 이야기하며 이런 시간을 경험할 수 있어서 고마웠다고 얘기했다. 또한 픽사의 성공에 동참할 수 있어서 영광이었다고 말했다. 나 역시 영광이었다고 대답하며 그의 우정, 통찰, 오랜 지원에 감사의 마음을 전했다. 통화를 마쳤을 때, 그와 작별인사를 한 것처럼 느꼈다. 그는 이 통화 후 6주간 더 살았지만, 나는 그의 목소리를 다시 듣지 못했다(스티브 잡스는 2011년 10월 5일 사망했다 – 옮긴이).

그가 죽고 5일째 되는 날인 월요일 아침, 모든 픽사 직원이 그를 추모하기 위해 본사 건물 아트리움에 모였다. 오전 11시, 아트리움은 사람들로 꽉 찼고 추모식이 시작됐다. 나는 한쪽 구석에 서서 픽사의 가장 열렬한 지지자이자 가장 가까운 친구였던 남자에 대해 생각했다. 내가 말해야 할 차례가 왔다.

잡스에 대해 할 말이 너무도 많았다. 그가 1986년 루카스필름 그래픽스 그룹을 인수해준 덕분에 픽사가 세상에 나오기도 전에 사라질 뻔한 위기를 모면한 일을 비롯해, 컴퓨터 애니메이션이라는 개념이 아직 먼 미래의 일처럼 느껴지던 시절인 1989년 우리가 〈토이 스토리〉 제작에 착수하도록 격려해준 일, 픽사와 디즈니가 어느 한쪽에 흡수당하지 않고 서로 독립성을 유지할 수 있는 합병 계약을 조율해 픽사의 앞길을 공고히 다진 일, 픽사 직원 수가 43명에서 (그를 추모하러 아트리움에 모인) 1100명으로 늘어나도록 후원해준 일까지 파란만장했다. 지난날을 되돌아보니, 그가 나를 쿡쿡 찌르며 떠보고 나는 아이디어들을 연마하고 보강하던 초창기 시절이 머릿속에 새록새록 떠올랐다. 그는 내가 더 유연하고 현명하고 적절하게 일에 집중할 수 있도록 해주었다. 늘 세심하게 일을 처리하라고 요구하는 그와 함께 일하면서 내 생각을 명확하게 정리할 수 있었다. 그가 사라진 공간이 허전하게 느껴졌다.

"1986년 2월 픽사가 탄생한 날이 기억납니다." 이렇게 연설을 시작하는데, 머릿속에서는 루카스필름 회의실에서 잡스가 그래픽스 그룹 인수 계약서에 서명하던 모습이 떠올랐다. 우리는 잡스가 인수자로 나타나기 전, 여러 달 동안 인수자를 찾아 헤매느라 기진맥진했다. 잡스가 계약 직후 앨비 레이 스미스와 내게 한 말을 소개했다. "앞으로 계속 함께 해 나갈 텐데, 간곡하게 부탁할 것이 하나 있습니다. 우리 서로 배신하지 않고 의리를 지킵시다." 동료들에게 그가 언제나 이 약속을 지켰다고 말했다.

"픽사와 스티브 잡스는 수십 년간 여러 변화와 역경을 거쳤습니다. 극히 어려운 시기도 있었습니다. 픽사가 적자에 허덕여 문을 닫기 일보직전인 시기도 있었습니다. 다른 투자자나 벤처캐피털리스트였으면 픽사를 포기했을 겁니다." 하지만 잡스는 픽사를 포기하지 않았다. 그는 우리에게 요구한 의리를 그 자신도 지켰다.

나는 아트리움에 내리쬐는 햇빛을 보면서 다음과 같이 결론을 내렸다. "앞으로 어떤 일이 벌어질지 모르지만, 직원들의 열정과 작품의 질에 집중한 스티브 잡스 덕분에 우리가 아직 생각지도 못한 곳에 픽사가 도달할 수 있으리라 믿습니다. 나는 이 점에 대해 진심으로 그에게 감사합니다." 그 순간 잡스가 그토록 자랑스럽게 여긴 것을 이해하고 보호하는 것이 얼마나 중요한 일인지 그 어느 때보다 절실히 느꼈다. 그리고 늘 픽사가 창업자(스티브 잡스, 존 래스터, 나)보다 오래 살아남도록 지탱해줄 기업문화를 창조하는 것을 목표로 여겼다. 이제 창업자 중 한 명이 너무도 일찍 세상을 떠난 탓에, 그런 기업문화가 계속 유지되게끔 공고하게 다질 책무는 존 래스터와 내게 남았다.

연설을 마치자 잡스와 가깝게 지냈던 동료들이 차례로 무대에 올라 마이크를 들고 얘기했다. 앤드루 스탠튼은 잡스를 "픽사의 창의성을 지켜주는 방화벽"이라고 표현했다. 그는 잡스가 픽사를 지켜준 덕분에 픽사 직원들이 마음대로 돌아다니는 닭처럼 일할 수 있었다고 말했다. 청중 사이에서 웃음이 터져 나왔다. "그는 우리의 창의적 근로 환경을 지키기 위해서라면 무슨 일이든 했을 겁니다."

관찰력이 뛰어난 피트 닥터 감독이 다음으로 무대에 올라 가장 기억에 남는 잡스의 일화를 소개했다. 수년 전 닥터는 회의 도중, 잡스의 리바이스 청바지 한쪽 발목 위에 똑같이 생긴 구멍이 두 개 뚫려 있는 것을 발견했다. 잡스가 자리를 옮기자 그의 리바이스 청바지 다른쪽 발목 위에 똑같이 생긴 구멍이 두 개 뚫려 있는 것이 보였다. 그는 이유를 몰라 어리둥절해하고 있는데, 잡스가 허리를 숙여 양말을 끌어올렸다. 청바지 구멍 사이로 손가락을 넣어서 말이다. "잡스는 억만장자였지만 청바지에 구멍 뚫린 데 개의치 않았던 것 같습니다. 아니면 신축성 좋은 양말을 구하지 못해 애를 먹은 모양입니다. 어느 쪽이든 그에게도 이렇게 인간적인 면이 있었습니다."

브래드 버드 감독은 픽사가 처음으로 〈인크레더블〉 제작을 제의했을 때 과연 이 제안을 받아들여야 할지 고민했다고 회상했다. 당시 그는 자신의 전작 〈아이언 자이언트〉를 제작한 워너브러더스에 계속 남는 것을 고려했다. "하지만 내가 워너브러더스 경영진을 만나려면 한 달 전에 미리 일정을 잡아야 했습니다. 그런데 잡스는 내 아내의 이름을 알았고, 내 아이들의 이름을 물었습니다. 사전에 나에 관해 조사한 것이었지요. 나는 '이런 경영자를 놔두고 워너브러더스 경영진에게 말해 뭐하겠다는 거지?' 하는 생각이 들었습니다. 결국 픽사와 계약하기로 마음먹었습니다. 그는 작품의 질을 깐깐하게 따졌습니다. 그리고 언제나 장기적으로 생각했습니다. 불교에 심취했는데, 내게는 불교도라기보다는 영적인 사람으로 보였습니다. 그는 불교를 넘어선 뭔가를 믿는 것처럼 보였습니다." 브래드 버드는 잠시 주저하더니 말을 이었다. "우리는 그를 다시 만나게 될 겁니다. 뛰어난 사람은 결국 드러나게 마련입니다. 그는 시간이 흐를수록 진가가 드러나는 사람입니다."

이제 존 래스터가 발언할 차례였다. 아트리움은 쥐죽은 듯 고요했다. 모두 감정이 격해져 입을 열지 못했다. 무대에 오른 래스터는 잡스가 (우리 모두 소망하듯) 더 나은 사람으로 성장하는 동안 동료로 지낼 수 있어서 얼마나 영광이었는지 모르겠다고 말했다. "픽사 초기에 그는 자신만만했습니다. 어떤 사람들은 오만하다고 평했지만 저는 자신만만했다고 평하고 싶군요. 그는 다른 사람의 일을 자신이 더 잘할 수 있다고 믿었습니다. 그래서 모든 직원이 그와 함께 엘리베이터 타는 걸 지독히 꺼렸습니다. 함께 꼭대기 층에 가다가 그사이에 해고당할 수도 있다고 생각했기 때문이죠." 다시 청중 사이에서 웃음이 터져 나왔다. "하지만 픽사가 컴퓨터 판매사에서 애니메이션 제작사로 진화함에 따라 잡스는 우리가 하는 일을 보고 깜짝 놀랐습니다. 그는 자신이 결코 따라할 수 없는 일을 우리가 하고 있다는 걸 깨달았습니다. 저는 이런 깨달음이 결혼과 양육, 픽사 본사 건물 설계와 더불어 그가 경이로운 리더로 성장하는 발판이 됐다고 믿습니다." 래스터는 3주 전 마지막으로 잡스를 만났다고 밝혔다. "우리는 한 시간 동안 앉아서 그가 무척 흥미를 보인 차기 프로젝트들에 관해 얘기했습니다." 존 래스터는 떨리는 목소리로 말했다. "그 자리에서 저는 잡스가 우리가 바라는 모든 것을 줬다는 사실을 깨달았습니다. 그를 꼭 껴안고 여러분을 대신해 뺨에 입을 맞추고 말했습니다." 그가 울먹이며 말을 이었다. "고맙습니다. 사랑해요, 잡스."

아트리움은 청중의 박수 소리로 진동했다. 사내 아카펠라 그룹 픽사싱어즈Pixar Singers 멤버 한 명이 무대에 올라간 뒤에야 박수소리가 잦아들었다. 그는 모든 픽사 작품의 뒤풀이 파티에서 픽사싱어즈가 노래했듯, 이 자리에서 잡스를 기리며 노래하겠다고 조용히 말했다. 모든 직원이 '스티브의 작품'이라 부르는 건물 안에서 펼쳐진 이 행사(스티브 잡스라는 프로젝트의 완료를 기리는 뒤풀이)를 그가 봤으면 흐뭇해했을 것이란 생각을 지울 수 없다.

롤러코스터가 종점에 도착하고 좋은 친구가 롤러코스터에서 내렸지만, 참으로 굉장한 체험이었다. 우리는 얼마나 엄청난 여정을 함께했던가.

창의적 조직문화를
관리하는 법

우리가 건전한 창의적 조직문화를 창조하고 보호하기 위해 수년간 개발한 원칙들을 일부 소개한다. 복잡한 아이디어를 티셔츠 문구처럼 단순하게 요약하면 오해가 생기고 의미를 제대로 전달하지 못할 위험이 있다. 반복할 가치가 있는 경구일지라도 말하는 과정에서 참뜻을 호도할 위험이 있다. 이 경우 말은 쉽지만 실천으로 이어지지 않는 껍데기가 되기 십상이다. 나는 진실을 단순화한 경구를 좋아하지 않지만, 내가 가장 중시하는 원칙들을 독자들과 공유하고자 다음과 같이 간략하게 정리해보았다. 다음 진술들을 결론이라고 오해하지 말고, 더 깊은 논의를 위한 출발점으로 삼기 바란다.

- 평범한 팀이 좋은 아이디어를 받아 작업하면 아이디어를 망칠 것이

다. 위대한 팀이 평범한 아이디어를 받아 작업하면 아이디어를 수정하든지 더 나은 아이디어를 낼 것이다. 팀을 제대로 구성하면 제대로 된 아이디어가 나올 확률이 높아진다.

- 직원들을 채용할 때는 현재 보유한 기술 수준보다는 앞으로 성장할 잠재력을 중시하라. 오늘 어떤 일을 할 수 있느냐보다는 내일 어떤 일을 할 수 있느냐가 더 중요하다.

- 언제나 자신보다 영리한 사람을 채용하려고 노력하라. 잠재적 경쟁자로 보일지라도 언제나 더 나은 인재를 뽑아라.

- 직원들이 자유롭게 아이디어를 제안할 수 없다고 생각하는 조직은 실패하게 마련이다. 의외의 직원이 낸 아이디어라 할지라도 경시하지 마라. 누구나 영감을 얻어 아이디어를 낼 수 있다.

- 타인의 아이디어에 열린 자세를 취하는 것만으로는 충분하지 않다. 조직구성원들의 집단지성을 끊임없이 적극적으로 모아야 한다. 경영자는 직원들에게서 아이디어를 추출해야 하고, 직원들이 아이디어를 내도록 계속 유도해야 한다.

- 기업에는 직원들이 서로 솔직하게 말하지 못하는 여러 이유가 존재한다. 이런 이유들을 찾아 해소하는 것이 경영자의 임무다.

- 어느 직원이 당신의 견해에 동의하지 않는다면, 동의하지 않는 이유가 있을 것이다. 경영자의 첫 번째 임무는 직원들이 동의하지 않는 이유를 이해하는 것이다.

- 조직에 공포가 존재한다면, 공포가 존재하는 이유가 있을 것이다. 경영자의 임무는 공포를 유발하는 원인을 찾아내고, 이해하고, 근절하

는 것이다.

- 자신이 옳다고 확신하는 것만큼 확실하게 경영자의 시야를 좁히는 실수는 없다.

- 직원들은 대체로 논란을 일으키지 않으려고 한다. 브레인트러스트 회의, 데일리스 회의, 사후분석 회의, 노트 데이 토론회는 모두 직원들이 자기 의견을 말해도 괜찮다고 생각하게 유도하는 노력의 일환인 동시에, 현실을 직시하고 문제를 파악하기 위한 자기평가 기제다.

- 직원들이 회의실보다 복도에서 진실을 얘기한다면, 경영자에게 문제가 있는 것이다.

- 문제를 다른 사람들보다 먼저 보고받지 않거나 회의 중에 처음으로 알게 된 경우, 자신이 무시당했다고 생각하는 경영자가 많다. 경영자는 이런 착각을 버려야 한다.

- 문제를 대수롭지 않은 것으로 축소하려는 경영자는 직원들에게 정직하지 못하거나, 거짓을 믿거나, 무지하거나, 무신경한 경영자로 보인다. 경영자가 문제를 직원들과 공유하는 것은 직원들이 기업의 소중한 구성원이라고 느끼게 하는 포용 행위다.

- 경영자가 자신의 성공과 실패에 관해 내리는 첫 번째 결론은 대체로 잘못된 경우가 많다. 과정을 평가하지 않고 결과만 측정하다간 자기 기만이라는 함정에 빠지기 쉽다.

- 오류를 예방하면 고쳐야 할 오류가 없을 것이란 착각에 빠지지 마라. 현실에서는 오류를 예방하려고 들이는 비용이 오류를 고치는 비용보다 훨씬 많은 경우가 대부분이다.

- 변화와 불확실성은 인생의 일부다. 경영자의 임무는 변화와 불확실성에 저항하는 것이 아니라, 예기치 못한 사건이 벌어졌을 때 회복하는 능력을 키우는 것이다. 보이지 않는 문제를 파악하고 문제의 본질을 이해하려고 항상 노력하지 않는 경영자는 경영할 준비가 안 된 경영자다.

- 경영자의 임무는 리스크를 예방하는 것이 아니다. 경영자의 임무는 직원들이 리스크를 감수해도 괜찮도록 하는 것이다.

- 실패는 필요악이 아니다. 사실, 실패는 전혀 나쁘지 않다. 실패는 새로운 일을 할 때 반드시 따르는 결과이다.

- 신뢰란 직원들이 일을 망치지 않을 것이라고 믿는 것이 아니다. 신뢰란 직원들이 일을 망칠 때조차도 직원들을 믿는 것이다.

- 현장에서 계획을 실행하는 실무자들은 문제가 생겼을 때 승인받지 않고 문제 해결에 나설 권한을 부여받아야 한다. 문제를 발견하고 해결하는 것은 모든 직원이 해야 할 일이다. 누구든 생산라인을 멈출 수 있어야 한다.

- 경영자는 만사 매끄럽게 운영하는 것을 목표로 삼아서는 안 된다. 이런 목표를 세우면 문제 해결 능력보다는 직원들이 저지른 실수에 따라 직원들을 평가하게 된다.

- 개발 중인 제품을 다른 사람들에게 평가받기 전에는 제품이 완성됐다고 생각하지 마라. 개발 초기부터 제품을 직원들에게 자주 공개하라. 아무리 멋진 제품일지라도 제작 단계에서는 멋지지 않다. 이것은 당연한 이치다.

- 기업의 소통 구조는 조직 구조를 반영해서는 안 된다. 누구든 직책이나 직급에 상관없이 누구에게나 말할 수 있어야 한다.

- 너무 많은 규칙을 만들지 마라. 규칙은 경영자에게는 편리한 도구이지만, 제대로 일하는 95퍼센트의 직원에게는 모욕이 될 수도 있다. 나머지 5퍼센트를 규제하려고 규칙을 만들지 마라. 상식을 벗어나는 문제를 일으키는 직원들에게는 개별적으로 접근하라. 이 경우 경영자가 해야 할 일은 많아지지만, 조직은 더 건전해진다.

- 한도를 설정하면 창의적 반응을 촉진할 수 있다. 목표를 달성하기 불편하거나 어려워 보이는 환경에서 탁월한 작품이 나올 수 있다.

- 극도로 어려운 문제에 직면한 경영자는 다르게 생각하도록 요구받는다.

- 조직은 전체적으로 조직 구성원 개개인들보다 보수적이고 변화에 저항한다. 조직의 일반적 합의가 곧 변화로 이어질 것이라고 생각하지 마라. 모든 구성원이 동의하더라도 집단을 움직이려면 상당한 에너지가 필요하다.

- 건전한 조직은 각자의 의제는 다를 수 있어도 각자의 목표는 상호의존적인 부서들로 구성된다. 한 부서가 중시하는 의제가 다른 부서의 의제들을 압도하면 조직 전체가 실패한다.

- 창의적인 성과를 내려는 경영자의 임무는, '위대한 작품을 창조하려면 그리 위대하지 않은 단계들을 거쳐야 한다'는 이치를 이해하지 못하는 사람들에게서 새로운 아이디어를 보호하는 것이다. 과거가 아닌 미래를 보호하라.

- 새로운 위기가 늘 통탄할 만한 것은 아니다. 위기는 회사의 가치를 검증하고 보여준다. 문제를 해결하는 과정에서 직원들의 유대가 강해지고, 조직문화가 적절하게 유지된다.

- '탁월, 품질, 훌륭함'은 우리가 자신을 평가할 때 쓰는 단어가 아니라 우리의 성과를 남이 평가할 때 쓰는 단어여야 한다.

- 안정성을 목표로 삼지 마라. 안정보다는 균형이 중요하다.

- 과정을 목표라고 착각하지 마라. 제작 공정을 더 쉽고 효율적이고 우수하게 개선하는 작업은 경영자가 계속 추진해야 하는 필수불가결한 과제이지만, 경영의 목표는 아니다. 경영의 목표는 위대한 제품을 만드는 것이다.

- 회의실에서 가장 권한이 약한 사람이 발언해도 안전하다고 생각하는가? 대답이 '아니오'라면 문제가 있는 것이다.

감사의 말

에드 캣멀

수많은 사람의 도움이 없었으면 이렇게 다년간의 학습과 경험이 담긴 책을 쓰지 못했을 것이다. 이 책은 픽사와 디즈니에서 일하는 모든 동료와 친구의 조언과 수고에 도움을 받았다. 여기서 미처 이름을 언급하지 못했더라도, 그 모든 분에게 감사한다.

현재 픽사 애니메이션 스튜디오의 사장인 짐 모리스는 수년 동안 나에게 귀중한 조언을 아끼지 않았다. 그는 확장판에 추가한 모든 새로운 자료를 아낌없이 검토해 줬고 여러 부분에서 특정 사건과 결정에 대한 상황 설명으로 책의 완성도를 크게 높여줬다. 캐서린 새러피언, 톰 포터, 크리스틴 프리먼, 짐 케네디도 마찬가지다. 피트 닥터, 앤드루 스탠튼, 리 언크리치도 창작 과정에 대해 더 많은 통찰력을 공유했으며, 앤디 빌, 메리 콜

574

먼, 니콜 그린드, 다나 머레이, 귀도 콰로니, 데니스 림도 그렇다. 제이미 울프와 브리타 윌슨은 픽사의 문화에 대한 부분을 두 번 이상 검토해 줘서 사실과 뉘앙스를 제대로 잡을 수 있었다. 내가 그렇게 하지 못한 부분은 내 책임이다.

디즈니에서는 많은 사람들이 자신의 일이 아닌데도 수정을 도와줬다. 특히 월트 디즈니 애니메이션 스튜디오의 사장 겸 최고 크리에이티브 책임자인 클라크 스펜서와 제니퍼 리, 그리고 바이런 하워드 감독과 크리스 벅 감독이 큰 도움을 줬다. 한편 아판타시아에 대한 글렌 킨의 통찰력은 내가 그것을 이해하는 데 큰 도움이 되었다. 월트 디즈니 스튜디오 회장인 앨런 버그먼도 오랫동안 이 프로젝트를 응원했다.

원작에 많은 공헌을 한 분들의 소개도 빠질 수 없다. 픽사와 디즈니 애니메이션의 CCO로 수년간 근무했던 존 래스터는 많은 기억과 통찰력을 보여주며 크게 기여했다. 2014년 (그리고 현재도!) 월트 디즈니 컴퍼니의 회장이자 최고 경영자였던 밥 아이거는 이 책을 처음부터 응원했으며 그의 피드백 덕분에 내용이 더 알차졌다. 이제 월트 디즈니 스튜디오의 전 회장이 된 앨런 혼은 과거 많은 변화를 겪으면서 나와 긴밀히 협력한 현명한 리더였다.

2019년 은퇴할 때까지 나는 운이 좋게도 훌륭한 관리팀과 매일 함께 일할 수 있었다. 픽사에서는 짐 모리스와 함께 인사 담당 부사장인 로리 맥애덤스, 디즈니 애니메이션에서는 총괄 매니저인 앤드루 밀스타인, 그리고 제작 및 인사 담당 부사장인 앤 르캠과 함께 일했다. 네 사람 모두 나를 더 현명한 길로 이끌어준 훌륭한 파트너였다.

에이전트 크리스티 플레처Christy Fletcher와 앤디 워드Andy Ward 랜덤하우스 출판사 편집장이 없었으면, 이 책은 나오지 못했을 것이다. 앤디 워드 편집장은 집필 프로젝트의 구상부터 완료까지 전 과정을 인도해줬다. 그는 모든 페이지를 더 읽을 만하고 더 흥미롭고 더 나은 방향으로 개선하도록 도와준 훌륭한 편집자다. 13년간 내 일정을 세심하게 관리해준 비서 웬디 탠질로 Wendy Tanzillo에게도 감사한다.

동료들과 나눈 토론 덕분에 이 책에서 다룬 일부 어려운 개념들을 더 잘 통찰할 수 있었다. 내게 더없이 소중한 통찰을 제공한 동료 중에는 마이클 안트, 브래드 버드, 밥 피터슨이 있다. 필립 모핏 Phillip Moffitt 라이프 밸런스 연구소 소장에게도 많은 도움을 받았다.

집필 과정에서 많은 분들에게 원고를 검토해달라고 부탁했다. 나는 픽사에서 영화를 제작할 때처럼 다양한 사람에게서 더 많은 평을 받을수록 더 나은 책이 나올 것이라고 믿었다. 책의 분량을 감안하면 들어주기 쉽지 않은 부탁이었지만, 많은 분들이 주저 없이 부탁을 들어줬다. 부탁을 들어준 다음 분들에게 감사한다. 제니퍼 아커 Jennifer Aaker, 달라 앤더슨, 브래드 버드, 지니 캣멀, 린지 콜린스, 피트 닥터, 밥 프리스 Bob Friese, 마크 그린버그 Marc Greenberg, 케이시 호킨스 Casey Hawkins, 바이런 하워드, 마이클 제닝스 Michael Jennings, 마이클 존슨, 짐 케네디 Jim Kennedy, 존 래스터, 앤 르캠, 제이슨 레비 Jason Levy, 로런스 레비 Lawrence Levy, 에밀리 루스 Emily Loose, 레니 멘던커 Lenny Mendonca, 앤드루 밀스타인, 짐 모리스, 도너 뉴볼드 Donna Newbold, 카렌 파익, 톰 포터, 코리 라이, 조너스 리베라, 앨리 로거니 Ali Rowghani, 피터 심스 Peter Sims, 앤디 스미스 Andy Smith, 앤드루 스탠튼, 갈린 서스먼, 밥 서튼, 카렌 텐커프 Karen Tenkoff, 리 언크리치, 제이미 울프를 비롯해, 커다란 화이트보드를 들고 내 사무실을 방문해 이 책을 구성하는 작업을 도와준 로버트

576

베어드^{Robert Baird}, 댄 거슨^{Dan Gerson}, 네이슨 그레노에게도 감사한다. 픽사에서 기록물 관리 업무를 맡고 있는 크리스틴 프리먼^{Christine Freeman}은 방대한 사전조사 작업을 도와줬고, 엘리즈 클라이드먼과 코리 녹스^{Cory Knox}는 자료 정리 작업을 도와줬으며, 오렌 제이콥은 중간에 빠진 부분을 보충해줬다.

이 책에서 다룬 아이디어들은 내가 45년간 고민해온 것이고, 그 과정에서 수많은 사람의 도움을 받았다는 사실을 언급하고 싶다. 이 책은 역사서가 아니다. 내가 제시하는 개념들을 설명하고자 과거에 일어난 일들을 곁들이기는 했지만, 일부 직원(특히 기술직)의 활약은 일반 독자들이 이해하기에 너무 전문적이고 복잡하기에 언급하지 않았다. 픽사의 가장 위대한 업적인 예술과 기술의 융합에 결정적으로 기여한 빌 리브스^{Bill Reeves}, 에븐 오스트비^{Eben Ostby}, 앨비 레이 스미스에게 이 자리를 빌려 감사하고 싶다.

그동안 인내심을 발휘해 나를 지원해주고 사랑해준 아내 수전과 내 일곱 아이들 벤, 데이비드, 지니, 맷, 마이클, 마일스, 션에게도 감사한다. 나의 아버지(얼 캣멀)에게도 감사한다. 책을 집필하는 과정에서 나보다 내 어린 시절을 선명하게 기억하고 있는 아버지에게 많은 도움을 받았다.

에이미 월러스

먼저, 내가 이 프로젝트를 맡을 수 있도록 중개해준 에이전트 엘리즈 체니^{Elyse Cheney}에게 감사한다. 명석한 두뇌로 여러모로 도움을 준 랜덤하우스 출판사의 앤디 워드에게도 감사한다. 아들 잭 뉴튼^{Jack Newton}의 통찰력과 영감에 감사한다. 내가 이 책을 맡을 수 있도록 너무도 많이 도와준 《로스앤젤레스》 매거진과 《GQ》의 매리 멜튼Mary Melton, 짐 넬슨Jim Nelson 편집장에게도 감사한다. 중요한 순간들을 묘사할 수 있도록 도와준 픽사, 디즈니 애니메이션 스튜디오 직원들에게도 감사한다. 특히 브래드 버드, 피트 닥터, 크리스틴 프리먼, 엘리즈 클라이드먼, 존 래스터, 짐 모리스, 톰 포터, 앤드루 스탠튼, 웬디 탠질로에게 감사한다. "책을 쓰고 싶으면 먼저 읽어라"라고 가르쳐준 부모님에게 감사한다. 언제든 기꺼이 상담해준 다음 친구들에게도 감사 인사를 전한다. 줄리 버크너Julie Buckner, 칼라 클레멘트Karla Clement, 사샤 파인먼Sacha Feinman, 벤 골드허시Ben Goldhirsh, 칼라 홀Carla Hall, 개리 해리스Gary Harris, 낸시 해스Nancy Hass, 존 협스트Jon Herbst, 클레어 호프먼Claire Hoffman, 베스 허버드Beth Hubbard, 저스틴 맥러드Justin McLeod, J. R. 모링거J. R. Moehringer, 밥 로Bob Roe, 줄리아 세인트 피에르Julia St. Pierre, 미나 토빈 핑거Minna Towbin Pinger, 발레리 밴 갤더Valerie Van Galder, 브렌든 보건Brendan Vaughan, 셰리 울프Sherri Wolf. 마지막으로, 이 책의 집필 과정에 초대해준 에드 캣멀에게 감사한다.

CREATIVITY, INC.

옮긴이 **윤태경**

중앙대학교를 졸업하고, 번역가 모임인 바른번역에서 경제·경영 및 인문·사회 전문 번역가로 활동 중이다. 독자들이 이해하기 쉬운 간결하고 명확한 번역 스타일을 선호한다. 옮긴 책으로는 《위대한 도약》, 《제트코노미》, 《공동체 경제학》, 《미쉐린 타이어는 왜 레스토랑에 별점을 매겼을까?》, 《블랙 에지》, 《메이커스》, 《규모와 민첩성을 연결하라》, 《마켓바스켓 이야기》, 《혁신의 대가들》, 《기업의 경제학》, 《죽은 경제학자들의 만찬》, 《무엇이 가격을 결정하는가?》, 《중국 없는 세계》, 《미각의 지배》, 《우리는 도시에서 행복한가》, 《모든 악마가 여기에 있다》, 《기대 감소의 시대》 등 다수가 있다.

옮긴이 **조기준**

부산대학교를 졸업하고, 북에디터로 활동 중이다. 라디오 DJ로 책과 음악을 소개하는 프로그램을 진행했으며, 작가, 번역가, 강사, 콘텐츠기획자 등 다양한 영역에서 자질을 키워왔다. 《밤 열두 시 나의 도시》, 《내 나이 벌써 마흔인데 해놓은 게 아무것도 없어》, 《쓸데없이 열심입니다》, 《두 번째 스물이 첫 번째 스물에게》, 《편집장을 빌려드립니다》 등을 썼으며, 《거절할 수 없는 제안》, 《위대한 공식》 외 다수 작품을 옮겼다.

창의성을 지휘하라(확장판)

초판 1쇄 인쇄 2025년 1월 7일 | 초판 1쇄 발행 2025년 1월 21일

지은이 에드 캣멀, 에이미 월러스 | 옮긴이 윤태경, 조기준

펴낸이 신광수
출판사업본부장 강윤구 | 출판개발실장 위귀영
단행본팀 김혜연, 조기준, 조문채, 정혜리
출판디자인팀 최진아, 김가민 | 저작권 김마이, 이아람
출판사업팀 이용복, 민현기, 우광일, 김선영, 이강원, 신지애, 허성배, 정유, 정슬기, 정재욱, 박세화, 김종민, 정영묵, 전지현
출판지원파트 이형배, 이주연, 이우성, 전효정, 장현우

펴낸곳 (주)미래엔 | 등록 1950년 11월 1일(제16-67호)
주소 06532 서울시 서초구 신반포로 321
미래엔 고객센터 1800-8890
팩스 (02)541-8249 | 이메일 bookfolio@mirae-n.com
홈페이지 www.mirae-n.com

ISBN 979-11-7347-062-2 03320

픽사의 로고에 등장하는 룩소 주니어 상. 캘리포니아 주 에머리빌에 있는 픽사 본사 건물 밖에 놓여 있다.

2012년 봄, 픽사 본사의 정문 내부. 벽 한가운데 픽사 애니메이션 〈메리다와 마법의 숲〉의 한 장면을 담은 그림이 걸려 있다.

어머니 진과 함께 있는 유아 시절의 에드 캣멀

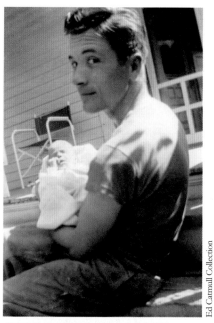

아버지 얼 캣멀과 함께 있는 갓난아기 때의 에드 캣멀

루카스필름에 재직하던 1979년, 자신의 사무실에서 일하고 있는 에드 캣멀

1985년 무렵,
루카스필름 그래픽스
그룹의 직원들.
앞줄 앨비 레이 스미스,
뒷줄 왼쪽부터
로렌 카펜터, 빌 리브스,
에드 캣멀, 롭 쿡,
존 래스터, 에븐 오츠비,
데이비드 살레신,
크레이그 굿, 그리고
샘 레플러

존 래스터가 디자인 스케치한 단편 애니메이션
〈앙드레와 꿀벌 윌리의 모험〉에 등장하는
꿀벌 윌리

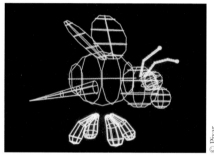

꿀벌 윌리 캐릭터의 '와이어프레임'

1994년 무렵,
〈토이 스토리〉를
제작하는 동안 디즈니
중역들과의 컨설팅을
위해 조 랜프트,
피트 닥터, 존 래스터,
앤드루 스탠튼은
사우스웨스트 항공사
비행기를 타고
오클랜드와 버뱅크
사이를 숱하게
오고갔다.

2011년 픽사대학과 관련,
프레스토 극장에 모인 픽사 프로듀서들.
앞줄 왼쪽부터 조너스 리베라, 짐 모리스,
달라 K. 앤더슨, 가운데 줄 왼쪽부터
린지 콜린스, 데니스 림, 개런 서스먼.
마지막 줄 왼쪽부터 케빈 레어,
캐서린 새러피언, 존 워커, 톰 포터

앤드루 스탠튼, 리 언크리치, 피트 닥터 등
픽사 개발부서 및 브레인트러스트 회의
참석자들이 모여 〈토이 스토리 3〉의
첫 번째 내본을 읽고 있다.

〈토이 스토리 3〉 리뷰 회의 장면.
왼쪽부터 댈러 K. 앤더슨, 제이슨 카츠,
댄 스캔론, 존 래스터, 리 언크리치,
그리고 수전 레빈

영화 스토리보드를 제작하고 있는
〈라따뚜이〉의 감독 브래드 버드

왼쪽부터 픽사 크리에이티브 부문 부사장 존 래스터, CEO 스티브 잡스,
월트 디즈니 컴퍼니 CEO 밥 아이거, 픽사 사장 에드 캣멀.
2006년 1월 24일, 픽사 아트리움에서 디즈니의 픽사 인수에 관해 발표하고 있다.

2012년 11월 5일, 스티브 잡스 사후 1년이 좀 지났을 무렵.
에드 캣멀, 존 래스터, 밥 아이거가 픽사 본사 건물을 스티브 잡스 빌딩으로 재헌정했다.

2013년 브루클린에 위치한 픽사 애니메이션 빌딩에
모인 프로듀서들. 코리 라이, 데니스 림,
캐서린 새러피언, 달라 K. 앤더슨

〈업〉의 공동감독인 밥 피터슨,
제작 디자이너 리키 니얼바, 공동감독 피트 닥터가
〈업〉에 나오는 거대한 새인 케빈을
더 잘 형상화할 수 있도록 타조를 관찰하고 있다.

자세한 현장조사를 위해 미슐랭 가이드 별 세 개 등급을 받은 레스토랑 '프렌치 론드리'의 셰프
토머스 켈러(왼쪽)가 〈라따뚜이〉 프로듀서인 브래드 루이스에게 라따뚜이 만드는 법을 보여주고 있다.

〈메리다와 마법의 숲〉 제작에 참여한 픽사 애니메이션 스튜디오 직원들이
샌프란시스코 금문교 공원에서 양궁 강습에 참여하고 있다.

1997년 9월, 스티브 잡스, 존 래스터, 그리고 에드 캣멀이 픽사대학 졸업식 환송회에서
이야기를 나누고 있다.

존 래스터가 픽사 아트리움에서 노트데이 행사 시작 때 솔직한 피드백의 가치에 대한 자신의 생각을 직원들에게 얘기하고 있다

2011년 10월 5일, 스티브 잡스의 타계를 발표하고 난 직후 픽사 본사에 떠오른 무지개(아이폰으로 촬영했다)